APONTAMENTOS DE DIREITO TRIBUTÁRIO

CB047574

VALÉRIA C. P. FURLAN

APONTAMENTOS DE DIREITO TRIBUTÁRIO

*3ª edição,
ampliada, revista e atualizada*

APONTAMENTOS DE DIREITO TRIBUTÁRIO
© VALÉRIA C. P. FURLAN

2ª ed., 2002.

ISBN: 978-85-7420-922-7

Direitos reservados desta edição por
MALHEIROS EDITORES LTDA.
Rua Paes de Araújo, 29, conjunto 171
CEP 04531-940 – São Paulo – SP
Tel.: (11) 3078-7205 – Fax: (11) 3168-5495
URL: www.malheiroseditores.com.br
e-mail: malheiroseditores@terra.com.br

Composição
Acqua Estúdio Gráfico Ltda.

Capa
Criação: Vânia Lúcia Amato
Arte: PC Editorial Ltda.

Impresso no Brasil
Printed in Brazil
02.2009

"Não há circunstância que consiga despertar em nós um estranho de cuja existência nem sequer teríamos suspeitado. Viver é nascer lentamente. Não é certo que seria demasiado simples receber almas já acabadas? (...) Não terei o direito de falar de aparição súbita em mim de outro diferente de mim, porque esse outro, sou eu que o edifico."

(SAINT-EXUPERY, Piloto de Guerra)

*Aos alunos da Faculdade de Direito
de São Bernardo do Campo,
sempre com a convicção de que podemos contribuir
para um mundo melhor.*

*Aos meus pais, Armando e Joeliz,
de cujas vidas posso conceber a imensa compreensão,
respeito e amor que sinto pelo ser humano.*

Ao Ricardo, pelos meus dias de sol.

*A todos aqueles com quem posso compartilhar
minha eterna condição de aprendiz.*

SUMÁRIO

1. Direito Tributário

1.1 Definição	19
1.2 Evolução	19
1.3 Autonomia	20
1.4 Sistema tributário	21
DOUTRINA	21
QUESTÕES	25
DISSERTAÇÃO	25
TEMA PARA PESQUISA	25
TESTES	25

2. Tributo

2.1 Diretrizes gerais	27
2.2 Norma jurídica tributária	28
2.2.1 Nascimento do tributo	29
2.2.2 "Fato gerador" da obrigação tributária – Código Tributário Nacional	31
2.3 Elementos da obrigação tributária	32
2.3.1 Denominação do tributo e destinação legal do dinheiro arrecadado	35
2.4 Obrigação tributária principal e acessória – Código Tributário Nacional	36
DOUTRINA	37
JURISPRUDÊNCIA	42
QUESTÕES	47
CONSULTAS	49
DISSERTAÇÕES	49
TEMA PARA PESQUISA	49
TESTES	49

3. Classificação dos Tributos

3.1 Relevância da classificação dos tributos	50
3.2 Classificação segundo o ente tributante	51
3.3 Classificação segundo a materialidade da hipótese de incidência	53
3.4 Classificação segundo a destinação do produto arrecadado	57
DOUTRINA	58
JURISPRUDÊNCIA	61
QUESTÕES	62
DISSERTAÇÃO	62
TEMA PARA PESQUISA	62
TESTES	62

4. Princípios Constitucionais Tributários

4.1 Princípios jurídicos	64
4.2 Princípio da legalidade	65
4.2.1 Lei em sentido amplo e em sentido estrito	66
4.2.1.1 Emenda constitucional	67
4.2.1.2 Lei complementar	68
4.2.1.3 Lei ordinária	69
4.2.1.4 Lei delegada	70
4.2.1.5 Medida provisória	70
4.2.1.6 Decreto legislativo	72
4.2.1.7 Resolução	72
4.2.1.8 Decretos-leis	73
4.2.2 Exceções ao princípio da legalidade tributária	74
4.3 Princípio da anterioridade	76
4.3.1 Princípio da anterioridade nonagesimal	77
4.4 Princípio da irretroatividade	78
DOUTRINA	79
JURISPRUDÊNCIA	86
QUESTÕES	94
CONSULTAS	95
DISSERTAÇÃO	95
TEMAS PARA PESQUISA	98
TESTES	98

5. Da Legislação Tributária

5.1 Fontes formais do Direito	103
5.2 Legislação tributária	104

5.2.1 Lei complementar e Código Tributário Nacional 105
5.2.2 Decretos 105
5.2.3 Tratado internacional e convênios internos na esfera tributária ... 106
  5.2.3.1 Tratado internacional e isenção heterônoma 108
    DOUTRINA 109
    JURISPRUDÊNCIA 111
    QUESTÕES 122
    CONSULTAS 122
    DISSERTAÇÃO 122
    TEMA PARA PESQUISA 122
    TESTES 123

6. Vigência e Aplicação da Legislação Tributária
6.1 Noções gerais 125
6.2 Vigência da legislação tributária no espaço 126
6.3 Vigência da legislação tributária no tempo 127
6.4 Aplicação da legislação tributária 128
  DOUTRINA 129
  JURISPRUDÊNCIA 131
  QUESTÕES 135
  DISSERTAÇÃO 136
  TESTE 136

7. Interpretação e Integração da Legislação Tributária
7.1 Interpretação 137
7.2 Integração 139
  7.2.1 Analogia 140
  7.2.2 Princípios gerais 140
  7.2.3 Eqüidade 141
    DOUTRINA 141
    JURISPRUDÊNCIA 147
    QUESTÕES 155
    CONSULTAS 155
    MEDIDAS JUDICIAIS 156
    DISSERTAÇÕES 157
    TESTES 157

8. Competência e Capacidade Tributária
8.1 Função legislativa e função administrativa 161
8.2 Competência tributária 162

8.3 Características da competência tributária 163
8.4 Bitributação e "bis in idem" 164
8.5 Entes tributantes 165
8.6 Capacidade tributária 166
    DOUTRINA 168
    JURISPRUDÊNCIA 171
    QUESTÕES 172
    CONSULTA 172
    DISSERTAÇÃO 173
    TEMAS PARA PESQUISA 173
    TESTES 173

9. Imposto

9.1 Definição 176
9.2 Princípios informadores dos impostos
    9.2.1 Princípio da capacidade contributiva 177
    9.2.2 Princípio da seletividade 179
9.3 Critério quantitativo da hipótese de incidência tributária 180
    9.3.1 Base de cálculo 180
    9.3.2 Alíquotas 180
    9.3.3 Princípio da não-cumulatividade 182
9.4 Classificação dos impostos segundo a Constituição Federal de 1988 ... 182
    9.4.1 Impostos federais 183
    9.4.2 Impostos estaduais e distritais 187
    9.4.3 Impostos municipais e distritais 187
9.5 Classificação dos impostos segundo o Código Tributário Nacional de 1966 188
9.6 Classificações doutrinárias 190
    DOUTRINA 193
    JURISPRUDÊNCIA 195
    QUESTÕES 196
    DISSERTAÇÃO 196
    TEMA PARA PESQUISA 196
    TESTES 196

10. Taxa

10.1 Diretrizes gerais 202
10.2 Sujeitos ativo e passivo 204
10.3 Base de cálculo 205

SUMÁRIO

10.4 Taxa de serviço 206
10.5 Tarifa/preço público 207
10.6 Pedágio 209
10.7 Taxa de polícia 210
    DOUTRINA 211
    JURISPRUDÊNCIA 216
    QUESTÕES 227
    CONSULTAS 227
    MEDIDAS JUDICIAIS 228
    DISSERTAÇÃO 228
    TEMAS PARA PESQUISA 229
    TESTES 229

11. Contribuição de Melhoria
11.1 Conceito 231
11.2 Ente tributante 232
11.3 Sujeito passivo 232
11.4 Princípio informador 232
11.5 Base de cálculo 233
11.6 Requisitos legais 233
    DOUTRINA 235
    JURISPRUDÊNCIA 236
    QUESTÕES 243
    CONSULTAS 244
    DISSERTAÇÃO 244
    TEMA PARA PESQUISA 244
    TESTES 244

12. Imunidade Tributária
12.1 Diretrizes gerais 246
    12.1.1 Definição 247
    12.1.2 Isenção 248
    12.1.3 Imunidade e espécies tributárias 248
    12.1.4 Imunidade e lei complementar 249
12.2 Imunidades genéricas (art. 150, VI, da CF de 1988) 250
    12.2.1 Pessoas políticas de direito público 250
    12.2.2 Templos de qualquer culto 251
    12.2.3 Partidos políticos e suas fundações, sindicatos dos trabalhadores, instituições assistenciais e educacionais 252
    12.2.4 Livro, jornal, periódico, bem como o papel destinado à sua impressão 253

12.3 Imunidades específicas 253
    12.3.1 Imposto sobre produtos industrializados – IPI (art. 153,
    § 3º, III, da CF de 1988) 253
    12.3.2 Imposto territorial rural – ITR (art. 153, § 4º, II, da CF
    de 1988) 253
    12.3.3 Imposto sobre circulação de mercadorias e serviços – ICMS
    (art. 155, § 2º, X, "a", "b" e "c", da CF de 1988) 254
    12.3.4 ICMS, imposto de importação e exportação (art. 155, § 3º,
    da CF de 1988) 255
    12.3.5 Imposto sobre transmissão de bens imóveis – ITBI (art. 156,
    II, "in fine", da CF de 1988) 255
    12.3.6 Contribuição para a seguridade social (art. 195, § 7º, da CF
    de 1988) 256
    Doutrina 256
    Jurisprudência 260
    Questões 267
    Consultas 267
    Medidas Judiciais 269
    Dissertação 270
    Tema para Pesquisa 271
    Testes 271

13. Responsabilidade Tributária

13.1 Conceitos 276
13.2 Classificação doutrinária 279
    13.2.1 Por transferência 279
    13.2.2 Por substituição 280
13.3 Classificação legal 280
    13.3.1 Responsabilidade dos sucessores 281
    13.3.2 Responsabilidade de terceiros 283
    13.3.3 Responsabilidade por infrações 283
    Doutrina 284
    Jurisprudência 286
    Questões 297
    Consultas 297
    Medidas Judiciais 299
    Dissertação 300
    Testes 300

14. Constituição do Crédito Tributário e Prazos Decadencial e Prescricional

- **14.1 Acepções da expressão "crédito tributário"** 305
- **14.2 Lançamento** 305
  - 14.2.1 Efeito "ex tunc" do lançamento 306
  - 14.2.2 Presunção de veracidade e legitimidade do lançamento 307
  - 14.2.3 Espécies de lançamento e prazos decadencial e prescricional .. 308
    - 14.2.3.1 Lançamento direto, de ofício ou unilateral 308
    - 14.2.3.2 Lançamento misto ou por declaração 310
    - 14.2.3.3 Lançamento por homologação ou autolançamento 311
- **14.3 Alterabilidade do lançamento** 312
- **14.4 Auto de infração** 312
- **14.5 Ainda sobre decadência e prescrição** 313
  - 14.5.1 Causas suspensivas do prazo prescricional 314
  - 14.5.2 Causas interruptivas do prazo prescricional 315
    - Doutrina 316
    - Jurisprudência 319
    - Questões 335
    - Consultas 336
    - Medidas Judiciais 336
    - Dissertações 337
    - Tema para Pesquisa 337
    - Testes 337

15. Garantias e Privilégios do Crédito Tributário

- **15.1 Diretrizes gerais** 341
- **15.2 Garantias** 342
  - 15.2.1 Bem de família 344
  - 15.2.2 FGTS 344
  - 15.2.3 Presunção de fraude 345
  - 15.2.4 Indisponibilidade dos bens e rendas do devedor 345
- **15.3 Privilégios** 346
  - 15.3.1 Na falência 347
  - 15.3.2 Recuperação judicial e extrajudicial 350
  - 15.3.3 Privilégios entre os entes tributantes 351
    - Doutrina 351
    - Jurisprudência 353
    - Questões 359
    - Dissertações 359
    - Testes 360

16. Suspensão da Exigibilidade do Crédito Tributário

16.1 Introdução 361
16.2 Moratória 362
16.3 Depósito judicial 365
16.4 Recurso administrativo 366
16.5 Concessão de liminar 366
16.6 Parcelamento 366
    DOUTRINA 367
    JURISPRUDÊNCIA 368
    QUESTÕES 377
    CONSULTA 377
    DISSERTAÇÃO 377
    TESTES 377

17. Extinção do Crédito Tributário

17.1 Formas de extinção do crédito tributário 380
    17.1.1 Pagamento 381
    17.1.2 Compensação 384
    17.1.3 Transação 388
    17.1.4 Remissão 389
    17.1.5 A prescrição e decadência 389
    17.1.6 A conversão de depósito em renda 390
    17.1.7 O pagamento antecipado e a homologação do lançamento nos termos do disposto no art. 150 e seus §§ 1º e 4º do CTN ... 391
    17.1.8 Consignação em pagamento, nos termos do disposto no § 2º do art. 164 391
    17.1.9 A decisão judicial passada em julgado 391
    17.1.10 A dação em pagamento em bens imóveis, na forma e condições estabelecidas em lei 392
    DOUTRINA 392
    JURISPRUDÊNCIA 395
    QUESTÕES 404
    CONSULTAS 404
    DISSERTAÇÃO 405
    TESTES 405

18. Exclusão do Crédito Tributário

18.1 Diretrizes gerais 408
18.2 Isenção 408
    18.2.1 Revogação de isenção e princípio da anterioridade ... 409
    18.2.2 Isenção e obrigações acessórias 411

SUMÁRIO

18.3 Anistia 411
    DOUTRINA 412
    JURISPRUDÊNCIA 414
    QUESTÕES 419
    CONSULTAS 420
    DISSERTAÇÃO 421
    TEMA PARA PESQUISA 421
    TESTES 421

19. Da Administração Tributária

19.1 Fiscalização 424
19.2 Dívida ativa 427
19.3 Certidões negativas 428
    DOUTRINA 430
    JURISPRUDÊNCIA 430
    QUESTÕES 449
    CONSULTA 449
    DISSERTAÇÃO 450
    TESTES 450

20. Processo Administrativo Tributário

20.1 Noções preambulares 452
20.2 Consulta tributária 453
    20.2.1 Na esfera federal 453
    20.2.2 Na esfera estadual 454
    20.2.3 Na esfera municipal 454
20.3 Denúncia espontânea 454
20.4 Restituição 455
20.5 Compensação 455
20.6 Contencioso
    20.6.1 Na esfera federal 456
    20.6.2 Na esfera estadual 459
    20.6.3 Na esfera municipal (Município de São Paulo) 460
        DOUTRINA 460
        JURISPRUDÊNCIA 461
        QUESTÕES 465
        CONSULTAS 465
        DISSERTAÇÃO 465
        TESTES 465

21. Do Processo Judicial Tributário

21.1 Processo tributário 467
21.2 Ações do Fisco 468
    21.2.1 Execução fiscal 469
    21.2.2 Cautelar fiscal 471
21.3 Suspensão da exigibilidade do crédito tributário 472
21.4 Ações do contribuinte 472
    21.4.1 Embargos à execução contra a Fazenda Pública 473
    21.4.2 Ação anulatória 475
        21.4.2.1 Renúncia 476
    21.4.3 Ação de repetição de indébito 477
    21.4.4 Ação declaratória 478
    21.4.5 Ação de consignação em pagamento 480
    21.4.6 Mandado de segurança 482
21.5 Medidas liminares 484
    21.5.1 Liminar em mandado de segurança 484
    21.5.2 Tutela antecipada 485
    21.5.3 Medida cautelar 487
21.6 Recursos 488
    21.6.1 Apelação 489
    21.6.2 Agravo 490
    21.6.3 Embargos infringentes 491
    21.6.4 Embargos de declaração 492
    21.6.5 Recurso ordinário 493
    21.6.6 Recurso Especial e Recurso Extraordinário 493
    21.6.7 Embargos de divergência em Recurso Extraordinário e em Recurso Especial 495
    21.6.8 Recurso Extraordinário e repercussão geral 496
21.7 Divisão judiciária 496
    21.7.1 Justiça Federal 496
    21.7.2 Justiça Estadual 497
    21.7.3 Órgãos jurisdicionais 497
21.8 Competência jurisdicional 498
21.9 Competência territorial 499
    21.9.1 Justiça Federal 499
    21.9.2 Justiça Estadual 500
21.10 Competência quanto à matéria 500
21.11 Competência de juízo 500
21.12 Competência quanto ao valor da causa 500
21.13 Quanto à possibilidade de prorrogação da competência 500

21.14 Quadro sinótico de competências 501
    DOUTRINA 502
    JURISPRUDÊNCIA 504
    QUESTÕES 527
    CONSULTAS 527
    MEDIDAS JUDICIAIS 528
    DISSERTAÇÕES 532
    TESTES 532

Anexos

1. *Gabaritos das medidas judiciais (pontos do Exame de Ordem/SP)* 535
2. *Gabarito das consultas (questões práticas do Exame de Ordem/SP)* 540
3. *Gabarito dos testes* 547

Bibliografia 549

1
DIREITO TRIBUTÁRIO

1.1 Definição. 1.2 Evolução. 1.3 Autonomia. 1.4 Sistema tributário.
[DOUTRINA – QUESTÕES – DISSERTAÇÃO – TEMA PARA PESQUISA – TESTES]

1.1 Definição

Direito tributário é o ramo didaticamente autônomo do Direito que *disciplina* a criação, a arrecadação e a fiscalização de tributos.

A ciência do direito tributário *estuda* o conjunto de normas jurídicas que integram o direito tributário.

É dever do legislador apenas prescrever condutas, disciplinar o comportamento humano; ao doutrinador incumbe estudar as prescrições normativas, traçar definições, elaborar classificações.

1.2 Evolução

A norma tributária impõe o comportamento de dar dinheiro ao Estado coercitivamente.

Assim, tendo em conta que a ação estatal de tributar vulnera valores fundamentais do Homem, como a liberdade e a propriedade, desenvolveu-se o ramo do direito tributário.

Direito constitucional é o ramo do Direito que disciplina a organização e a estrutura do Estado; o *direito administrativo* disciplina a atuação estatal; o *direito financeiro* limita-se a regular a atividade financeira do Estado; por fim, o objeto do *direito tributário* cinge-se a disciplinar a tributação (ação estatal de tributar).

Em remate, de acordo com o objeto da disciplina normativa, pode-se dizer que o direito tributário corresponde a um capítulo do direito financeiro; e este, a um sub-ramo do direito administrativo, que, por sua vez, seria um ramo do direito constitucional.

1.3 Autonomia

Direito é um conjunto de normas jurídicas dispostas hierarquicamente, tendo por objeto a disciplina do comportamento humano.

Pelo referido, o Direito é uno e indivisível (incindível).

Sua divisão em ramos tem apenas fins didáticos, uma vez que as normas jurídicas têm existência autônoma, estão sempre interligadas, isto é, dispostas segundo uma estrutura hierárquica.

Logo, é apenas *didaticamente* autônomo o direito tributário, já que integrado por normas que direta ou indiretamente disciplinam a ação estatal de tributar.

Para ilustrar, veja-se o seguinte exemplo, mencionado por Paulo de Barros Carvalho,[1] sobre a norma instituidora do imposto predial e territorial urbano (IPTU).

Diz a norma que o aludido imposto será devido por quem tiver a propriedade, o domínio útil ou a posse de bem imóvel no perímetro urbano do Município, num dia determinado do exercício financeiro.

Para analisá-la, no entanto, há de se recorrer a outros ramos do Direito; observe-se:

– É preciso examinar no direito civil as normas que cuidam da propriedade, posse e domínio útil.

– No direito administrativo encontraremos as normas que tratam de perímetro urbano.

– No direito constitucional, as normas que dispõem sobre o Município (pessoa política de direito público).

---

1. Paulo de Barros Carvalho, *Curso de Direito Tributário*, 18ª ed., São Paulo, Saraiva, 2000, p. 14.

1.4 Sistema tributário[2]

Sistema é um conjunto de elementos inter-relacionados formando um todo unitário. Portanto, "Direito" e "sistema jurídico" são expressões equivalentes.

A expressão "sistema jurídico" pode referir-se tanto ao sistema prescritivo do direito positivo quanto ao sistema descritivo da ciência do Direito.

Sistema jurídico positivo é o conjunto de normas jurídicas *válidas* numa certa sociedade, historicamente determinada no tempo e no espaço, dispostas hierarquicamente (direito positivo ou direito posto).

Sistema jurídico tributário (positivo) é o conjunto de normas jurídicas tributárias *válidas* numa certa sociedade, historicamente determinada no tempo e no espaço, segundo uma estrutura hierárquica, que disciplina o fenômeno da tributação (direito tributário positivo).

A Constituição Federal de 1988 impõe o regime jurídico tributário, isto é, as regras e os princípios que devem ser rigorosamente observados no exercício do poder de tributar.

O Código Tributário Nacional e as demais leis infraconstitucionais que tratam da tributação devem ser estudados sempre em confronto com a Constituição Federal.

Doutrina

Gian Antonio Micheli[3] discerne direito tributário da ciência do direito tributário, bem como realça a função aglutinante do tributo:

> Pode-se, portanto, dizer que as normas que são abrangidas sob a definição de direito tributário disciplinam o tributo, qualquer tributo, nos mais diversos momentos, de forma que estas possam aparecer como tendo uma estrutura e um objeto diferente; a heterogeneidade das próprias normas oferece, por outro lado, um elemento unificador constituído, como se disse, pelo tributo e pela sua realização concreta por obra do próprio ente impositor, dos sujeitos passivos e dos órgãos jurisdicionais.

---

2. Sobre o tema, cf. Paulo de Barros Carvalho, *Curso de Direito Tributário*, 18ª ed., pp. 10-12.

3. Gian Antonio Micheli, *Curso de Direito Tributário*, trad. de Marco Aurélio Greco e Pedro Luciano Marrey Jr., São Paulo, Ed. RT, 1978, p. 6.

Como ramo da Ciência Jurídica, o direito tributário tem, portanto, como objeto o estudo sistemático daquelas normas e se apresenta como um ramo do direito público. Este pode ser, por isso, referido ao direito administrativo (somente se entendido em sentido amplo), já que se este último alcança, sem dúvida, também a atividade tributária do ente impositor e as suas relações com os sujeitos passivos; por outra parte, o tributo envolve estreitos vínculos de conexão com outros campos do direito positivo, o que torna necessário um estudo particular das normas a esse respeito.

Paulo de Barros Carvalho[4] assim conceitua *direito tributário*:

É o ramo didaticamente autônomo do Direito, integrado pelo conjunto das proposições jurídico-normativas que correspondam, direta ou indiretamente, à instituição, arrecadação e fiscalização de tributos.

Geraldo Ataliba,[5] de seu turno, explicita:

12.3 Modernamente, é universal o fenômeno da circunscrição da noção de tributo à referibilidade ao comportamento que tem por objeto a entrega de dinheiro aos cofres públicos. Tal é a postura da Constituição de 1988.

E, assim, só as normas que impõem este comportamento constituem o direito tributário material.

(...).

12.6 Didática e praticamente, se convencionou discernir a parte (direito tributário) do todo (direito administrativo), pelo isolamento do instituto fundamental daquele (o tributo). Reconhece-se o subsistema direito tributário, dentro do sistema positivo de direito administrativo.

12.7 Em torno dessa noção se construiu a ciência do direito tributário, com autonomia didática, a qual tem por objeto o estudo do direito tributário objetivo, que se compõe das normas que regulam a tributação (ação tributária, privativamente estatal), o tributo e as relações jurídicas entre tributante e tributados, em razão da tributação. Núcleo, base, ponto de partida e fundamento imediato dessas normas é a Constituição.

Quanto à *autonomia do direito tributário*, pondera Luciano Amaro:[6]

---

4. Paulo de Barros Carvalho, *Curso de Direito Tributário*, 18ª ed., p. 15.
5. Geraldo Ataliba, *Hipótese de Incidência Tributária*, 6ª ed., 9ª tir., São Paulo, Malheiros Editores, 2008, p. 41.
6. Luciano Amaro, *Direito Tributário Brasileiro*, 14ª ed., p. 9.

Portanto, se se quiser dizer que o direito tributário goza de *autonomia legislativa* (por ser objeto de conjuntos de normas dirigidas especificamente à disciplina dos tributos), ou que possui *autonomia científica* (por abrigar princípios e institutos não comuns a outros ramos do Direito) e que desfruta, ademais, de *autonomia didática* (por ser ensinado em cadeiras autônomas nos cursos jurídicos), é preciso sublinhar que, em todos esses aspectos, a autonomia é sempre *relativa*. *Não se legisla, nem se teoriza, nem se ensina* matéria tributária sem que se tenham *conceitos estruturados noutros ramos da Ciência Jurídica*. Não se pode, por exemplo, falar do imposto de renda sem o conhecimento de um sem-número de conceitos que se encontram definidos não nas leis ou nos códigos tributários, mas na lei civil, comercial, trabalhista etc. O próprio conceito jurídico de pessoa (como ente sujeito de direitos e obrigações), de pessoa física, de pessoa jurídica, de sociedade, de casamento, de filho, de espólio, de aluguel, de salário e inúmeros outros que permeiam a legislação dos vários tributos não são definidos nas leis tributárias, mas no Código Civil, na lei comercial, nos diplomas trabalhistas etc. Isso não impede que, em regra geral, a lei tributária possa modificar, para fins tributários, os conceitos dados por outros ramos do Direito.

A propósito da noção de *sistema jurídico*, esclarece Roque Antonio Carrazza:[7]

> Sistema, pois, é a reunião ordenada das várias partes que formam um todo, de tal sorte que elas se sustentam mutuamente e as últimas explicam-se pelas primeiras. As que dão razão às outras chamam-se *princípios*, e o sistema é tanto mais perfeito, quanto em menor número existam.

De sua vez, Paulo de Barros Carvalho[8] expõe a relevância da distinção entre a função legislativa e o labor exegético:

> A linguagem do legislador é uma linguagem técnica, o que significa dizer que se assenta no discurso natural, mas aproveita em quantidade considerável palavras e expressões de cunho determinado, pertinentes ao domínio das comunicações científicas. Os membros das Casas Legislativas, em países que se inclinam por um sistema democrático de governo, representam os vários segmentos da sociedade.

---

7. Roque Carrazza, *Curso de Direito Constitucional Tributário*, 24ª ed., São Paulo, Malheiros Editores, 2008, p. 37.
8. Paulo de Barros Carvalho, *Curso de Direito Tributário*, 18ª ed., pp. 5-6.

Alguns são médicos, outros bancários, industriais, agricultores, engenheiros, advogados, dentistas, comerciantes, operários, o que confere um forte caráter de homogeneidade, peculiar aos regimes que se queiram representativos. E podemos aduzir que tanto mais autêntica será a representatividade do Parlamento quanto maior for a presença, na composição de seus quadros, dos inúmeros setores da comunidade social.

Ponderações desse jaez nos permitem compreender o porquê dos erros, impropriedades, atecnias, deficiências e ambigüidades que os textos legais cursivamente apresentam. Não é, de forma alguma, o resultado de um trabalho sistematizado cientificamente. Aliás, no campo tributário, os diplomas têm se sucedido em velocidade espantosa, sem que a cronologia corresponda a um plano preordenado e com a racionalidade que o intérprete almeja encontrar. Ainda que as Assembléias nomeiem comissões encarregadas de cuidar dos aspectos formais e jurídico-constitucionais dos diversos estatutos, prevalece a formação extremamente heterogênea que as caracteriza.

(...).

Se, de um lado, cabe deplorar produção legislativa tão desordenada, por outro, sobressai, com enorme intensidade, a relevância do labor científico do jurista, que surge nesse momento como a única pessoa credenciada a construir o conteúdo, sentido e alcance da matéria legislada.

Ensina-nos Aliomar Baleeiro:[9]

O direito financeiro é compreensivo do conjunto das normas sobre todas as instituições financeiras – receitas, despesas, orçamento, crédito e processo fiscal –, ao passo que o direito fiscal, sinônimo de direito tributário, aplica-se contemporaneamente, e a despeito de qualquer contra-indicação etimológica, ao campo restrito das receitas de caráter compulsório. Regula precipuamente as relações jurídicas entre o Fisco, como sujeito ativo, e o contribuinte, ou terceiros, como sujeitos passivos.

O direito fiscal é o sub-ramo do direito financeiro que apresenta maior desenvolvimento doutrinário e maior riqueza de diplomas no direito positivo dos vários países. Alguns destes já o codificaram, como o Brasil com o Projeto Osvaldo Aranha/Rubens Gomes de Sousa, hoje integrado na Lei n. 5.172, de 1966.

---

9. Aliomar Baleeiro, *Direito Tributário Brasileiro*, 11ª ed., Rio de Janeiro, Forense, 2000, p. 5.

QUESTÕES[10]

1. Que é "direito tributário"? E "ciência do direito tributário"?
2. Direito tributário é um ramo autônomo do Direito? Explique.
3. Como se deu a evolução do direito tributário?
4. Que é "sistema tributário"?
5. Qual é a linguagem do legislador? E a do jurista?

DISSERTAÇÃO

"Direito Tributário. Conceito, Evolução e Autonomia".

TEMA PARA PESQUISA

"Sistema Constitucional Tributário Brasileiro".

TESTES

1. Ciência do direito tributário:

a) ( ) É a relação jurídica que se estabelece entre o Fisco e o contribuinte decorrente de um fato lícito previsto em lei.

b) ( ) É o veículo introdutor de normas no ordenamento jurídico.

c) ( ) É um conjunto organizado de normas que disciplinam o comportamento humano.

d) ( ) É o ramo didaticamente autônomo do Direito, integrado pelo conjunto de normas jurídicas que disciplinam a instituição, arrecadação e fiscalização de tributos.

e) ( ) É o ramo do Direito que estuda as normas tributárias.

2. O objeto do direito tributário positivo:

a) ( ) É o estudo das normas jurídicas tributárias.

b) ( ) É a disciplina jurídica da ação estatal de tributar, assim como do comportamento de levar dinheiro aos cofres públicos, dela decorrente.

c) ( ) É apenas o estudo dos impostos.

d) ( ) É a disciplina da atividade financeira do Estado.

e) ( ) Apenas as alternativas "a" e "b" estão corretas.

---

10. Cada capítulo conterá, em regra, testes e questões elaborados pela autora ou exigidos em concursos públicos.

3. [AFTN-MEFP/1991] Em relação ao Direito, como um todo, o direito tributário:

a) ( ) É totalmente independente dos demais ramos, possuindo metodologia própria de interpretação e estruturação.

b) ( ) Vincula-se apenas ao direito administrativo, não se relacionando com os demais ramos.

c) ( ) Vincula-se apenas ao direito constitucional, não se relacionando com os demais ramos.

d) ( ) É considerado autônomo apenas do ponto de vista didático, relacionando-se com todos os demais ramos, dada a unicidade do Direito.

e) ( ) Relaciona-se apenas com os demais ramos do direito público, prescindindo totalmente dos diversos ramos do direito privado.

2
TRIBUTO

2.1 Diretrizes gerais. 2.2 Norma jurídica tributária: 2.2.1 Nascimento do tributo – 2.2.2 "Fato gerador" da obrigação tributária – Código Tributário Nacional. 2.3 Elementos da obrigação tributária: 2.3.1 Denominação do tributo e destinação legal do dinheiro arrecadado. 2.4 Obrigação tributária principal e acessória – Código Tributário Nacional. [DOUTRINA – JURISPRUDÊNCIA – QUESTÕES – CONSULTAS – DISSERTAÇÕES – TEMA PARA PESQUISA – TESTES]

2.1 Diretrizes gerais

"Tributo" é palavra polissêmica, ou seja, apresenta muitas significações. Costuma ser empregado indistintamente como sinônimo de: *quantia em dinheiro*; *dever jurídico do sujeito passivo*; *direito subjetivo do sujeito ativo*; *norma jurídica tributária*; *relação jurídica tributária*; *norma, fato e relação jurídica*.[1]

Para fazer ciência, todavia, impõe-se rigor terminológico, devendo-se evitar o emprego de uma única palavra para designar realidades distintas, sob pena de antojar uma inócua miscelânea de juízos acerca do objeto cognoscente. Nessa esteira, incumbe ao estudioso do Direito informar a acepção atribuída aos termos empregados em seus trabalhos científicos.[2]

---

1. Cf. Paulo de Barros Carvalho, *Curso de Direito Tributário*, 13ª ed., São Paulo, Saraiva, 2000, p. 19. V. também Eduardo Marcial Ferreira Jardim, *Manual de Direito Financeiro e Tributário*, 3ª ed., São Paulo, Saraiva, 1996, pp. 71 e ss.

2. Observe-se que na linguagem legislativa não há essa preocupação com o rigor terminológico, que se revela imprescindível ao labor exegético.

Diante disso, enfocaremos neste capítulo a noção constitucional de tributo como norma jurídica tributária e, de antemão, exporemos, em breve síntese, as acepções, ora adotadas, de direito, lei, norma jurídica e de outros institutos, que se fizerem necessárias para alcançar tal mister.

Nesse percurso serão inseridos os dispositivos do Código Tributário Nacional que revelarem teor correlato aos tópicos abordados.

2.2 Norma jurídica tributária

Direito é um conjunto de normas dispostas hierarquicamente, tendo por objeto a disciplina do comportamento humano.

As leis (enunciados escritos) são os veículos introdutores de normas (comandos implícitos) no ordenamento jurídico.

Classificam-se as normas jurídicas em *normas de estrutura* e *normas de comportamento*.

Na Constituição Federal predominam as normas jurídicas de estrutura, isto é, as normas que informam o processo de elaboração de outras normas.

A Constituição brasileira de 1988 não cria nem impõe a criação e o aumento de tributo. Apenas estabelece quem pode criá-lo e como criá-lo.

A criação de tributo enseja o comportamento de dar dinheiro ao Estado.

Toda norma jurídica contém a descrição genérica e abstrata de um fato e de uma conseqüência.

A parte da norma tributária que descreve uma situação ou conduta situada no tempo e no espaço denomina-se *antecedente normativo* ou *hipótese de incidência tributária* ou, ainda, *fato gerador "in abstracto"*.

Exemplifiquemos com a hipótese de incidência da norma que institui o imposto sobre a renda (IR), que consiste no comportamento de alguém auferir renda, no Brasil ou no Exterior, no período de 1º de janeiro a 31 de dezembro.

Vejamos alguns dos possíveis aspectos dessa hipótese de incidência: (1) *aspecto material* – auferir renda (conduta abstraída do tempo e do espaço); (2) *aspecto espacial* – no Brasil ou no Exterior (local em que pode ocorrer a conduta para fins de IR); (3) *aspecto temporal* – 1º janeiro a 31 de dezembro (momento em que a conduta pode ocorrer para fins de IR).

Na outra parte da norma, que se denomina *conseqüente normativo*, encontramos os efeitos atribuídos à realização do fato que se encontra descrito na hipótese de incidência acima referida.

Nesse mesmo exemplo, temos como conseqüência o surgimento de uma relação jurídica entre o Fisco e o contribuinte, cujo objeto é uma prestação pecuniária.

Vejamos, então, os possíveis aspectos do conseqüente normativo: (1) *aspecto pessoal* (quanto aos sujeitos dessa relação jurídica) – de um lado o contribuinte e, no pólo ativo, o Fisco, isto é, o credor do IR; (2) *aspecto quantitativo* (critérios legais para a apuração do montante tributário) – via de regra, as alíquotas e a base de cálculo.

Cravada, em breve síntese, a estrutura da norma jurídica tributária e ressaltados seus possíveis aspectos, cumpre enfatizar a questão terminológica que envolve a expressão "fato gerador", o que será feito no tópico seguinte.

2.2.1 Nascimento do tributo

Como norma de comportamento, a norma instituidora de tributo descreve uma conduta e prescreve uma conseqüência correlata.

A parte da norma que descreve a conduta selecionada denomina-se *antecedente normativo* ou *hipótese de incidência tributária*. Pode ser estudada sob os aspectos material, espacial e temporal.

Com a previsão legal de uma conduta atrelada a uma conseqüência diz-se que foi criado ou que nasceu abstratamente o tributo.

Para melhor esclarecer, a criação em abstrato do tributo supõe a elaboração de uma lei pela pessoa política competente (ente tributante), da qual se inferirá, por meio da atividade interpretativa, a norma jurídica tributária que contém a hipótese de incidência e a respectiva obrigação tributária, abstratamente previstas.

Com a subsunção – isto é, realizando-se no mundo real a conduta que se enquadra na descrição legal –, diz-se que foi criado ou que nasceu concretamente o tributo.

Cumpre relembrar que a aplicação da norma jurídica ao caso concreto é resultado de um silogismo, ou seja, tem-se a aplicação da norma (conclusão) ante uma norma jurídica (premissa maior) e um caso concreto (premissa menor). Exemplifiquemos.

Premissa maior – alguém auferir renda num determinado exercício financeiro (fato gerador previsto em lei, sinônimo de hipótese de incidência tributária).

Premissa menor – João auferiu R$ 100.000,00 no ano passado (fato gerador que ocorreu no mundo físico, que se distingue do fato descrito na hipótese de incidência apenas por não ser genérico e abstrato).

Conclusão – João é contribuinte do IR.

Observe-se que a expressão "fato gerador" pode referir-se tanto à hipótese de incidência quanto ao fato concreto que nela se enquadra, de modo que, quando isoladamente empregada, é ambígua,[3] pois não distingue o fato lícito, genérico e abstrato previsto em lei daquele fato concreto que efetivamente ocorreu no mundo físico.

Por tal razão, na ciência do direito tributário costumam ser empregadas as seguintes expressões:

Fato gerador "in abstracto" ou *hipótese de incidência tributária* – para referir-se àquele fato previsto em lei.

Fato gerador "in concreto", *fato imponível* ou *fato jurídico tributário* – para referir-se àquele fato concreto, individualizado, que ocorreu no mundo físico e que se enquadra rigorosamente na previsão legal.

O mesmo se verifica com a expressão "base de cálculo", isto é, com o critério utilizado para valorar o fato descrito na hipótese de incidência e, assim, permitir a apuração do montante tributário, mediante sua conjugação com a respectiva alíquota.

Ocorre que a locução "base de cálculo", por si só, não distingue o critério legal (abstrato) para a apuração do montante tributário (exemplo: valor venal do imóvel) da base real que resulta da aplicação da referida base abstrata (exemplo: o imóvel de João vale R$ 100.000,00). Daí a necessidade de empregar termos distintos para essas duas reali-

---

3. Essa é a razão pela qual Alfredo Augusto Becker enfatiza que "'fato gerador' não gera coisa alguma além de confusão intelectual" (*Teoria Geral do Direito Tributário*, 3ª ed., São Paulo, Lejus, 1998, p. 318).

dades: (a) base de cálculo *in abstracto* e (b) base de cálculo *in concreto* ou base imponível.

2.2.2 *"Fato gerador"* da obrigação tributária – Código Tributário Nacional

Referindo-se ao fato imponível ou fato gerador em concreto, dispõe o CTN:

[CTN] Art. 116. Salvo disposição de lei em contrário, considera-se ocorrido o fato gerador e existentes os seus efeitos: I – tratando-se de situação de fato, desde o momento em que se verifiquem as circunstâncias materiais necessárias a que produza os efeitos que normalmente lhe são próprios; II – tratando-se de situação jurídica, desde o momento em que esteja definitivamente constituída, nos termos de direito aplicável.

Parágrafo único. A autoridade administrativa poderá desconsiderar atos ou negócios jurídicos praticados com a finalidade de dissimular a ocorrência do fato gerador do tributo ou a natureza dos elementos constitutivos da obrigação tributária, observados os procedimentos a serem estabelecidos em lei ordinária.

O parágrafo único desse artigo permite à autoridade administrativa apurar a existência de fraude praticada com o escopo de encobrir a ocorrência do fato gerador do tributo. Exemplifiquemos.

O montante obtido mediante doação não é tributável pelo IR. O devedor opta por fazer a doação ao credor de um bem de valor equivalente à sua dívida, em vez de quitá-la mediante o pagamento da quantia devida. Nesse caso, o Fisco deverá detectar a fraude, desconsiderar a doação que se supõe realizada com a finalidade de dissimular a ocorrência do fato gerador do IR e proceder à qualificação jurídica da situação real.[4]

Por fim, quanto aos fatos geradores consistentes em atos ou negócios condicionais, estabelece o CTN:

---

4. Cf. Nélson Monteiro Neto, "Ato fraudulento e alcance do poder impositivo do Fisco (novo parágrafo único do art. 116 do CTN)", *IOB* 1/15.732, São Paulo, IOB, 1ª quinzena de março/2001.

[CTN] Art. 117. Para os efeitos do inciso II do artigo anterior e salvo disposição de lei em contrário, os atos ou negócios jurídicos condicionais reputam-se perfeitos e acabados: I – sendo suspensiva a condição, desde o momento de seu implemento; II – sendo resolutória a condição, desde o momento da prática do ato ou da celebração do negócio.

Art. 118. A definição legal do fato gerador é interpretada abstraindo-se: I – da validade jurídica dos atos efetivamente praticados pelos contribuintes, responsáveis, ou terceiros, bem como da natureza do seu objeto ou dos seus efeitos; II – dos efeitos dos fatos efetivamente ocorridos.

A condição suspensiva impede a ocorrência do fato gerador; isto é, somente após o implemento da condição suspensiva haverá a incidência da norma tributária.

A condição resolutiva, diversamente, não impede o nascimento da obrigação tributária, de modo que a norma tributária incidirá tão logo se realize o ato ou negócio jurídico, sendo irrelevante o advento da condição resolutória para fins tributários.

2.3 Elementos da obrigação tributária

Como *sinônimo de obrigação tributária*, tributo é o vínculo jurídico entre o Estado[5] e o contribuinte decorrente de um fato lícito previsto em lei,[6] tendo por objeto uma prestação pecuniária.

Analisemos essa definição.

Como toda e qualquer obrigação jurídica, a obrigação tributária consiste numa relação entre dois sujeitos vinculados a um objeto de natureza patrimonial.

Obrigação é instituto jurídico presente em todos os ramos do Direito; é o liame entre duas pessoas (credor e devedor) em face de um objeto (prestação de fazer ou não fazer algo) de natureza patrimonial.

---

5. Também costumam ser empregados como equivalentes "Fisco", "Erário", "Fazenda Pública" (Federal, Estadual, Distrital ou Municipal) – todos referindo-se à pessoa que tem direito de exigir o cumprimento da prestação tributária.
6. Em regra, lei ordinária.

Obrigação tributária, deste modo, é a relação jurídica entre o Fisco e o contribuinte decorrente de um fato lícito previsto em lei,[7] tendo por objeto uma prestação de dinheiro (fazer).

Sujeito ativo (*credor*) é a pessoa que tem o direito de exigir o pagamento do tributo; em regra, é a própria pessoa que tem competência legislativa tributária (a pessoa que criou o tributo).

Sujeito passivo (*devedor*) é a pessoa que tem o dever de pagar o tributo criado em conformidade com o regime constitucional tributário;[8] em regra, é a pessoa que realizou o fato gerador (contribuinte); excepcionalmente é uma terceira pessoa legalmente incumbida do recolhimento, embora não tenha realizado o fato gerador (responsável).

A capacidade para ser sujeito passivo da obrigação independe da capacidade civil do contribuinte; o tributo nasce com a ocorrência do fato lícito (fato gerador) previsto em lei. O contribuinte é livre apenas para realizar ou não o fato gerador; realizando-o, nascerá concretamente a obrigação tributária, que se encontra prevista de forma genérica e abstrata no conseqüente normativo.

O *objeto* da relação jurídica tributária é uma prestação de fazer (positiva), consistente em dar dinheiro ao Estado.

Como toda e qualquer obrigação jurídica, o tributo tem natureza patrimonial. Peculiaridade da obrigação tributária: a *lei* deve prever o pagamento em *dinheiro*, sob pena de violar a noção constitucional implícita de tributo.[9]

---

7. Alcides Jorge Costa adverte: "Na verdade, a lei é a causa eficiente de toda e qualquer obrigação, mas não sua condição determinante" ("Obrigação tributária", in Ives Gandra da Silva Martins (coord.), *Curso de Direito Tributário*, 7ª ed., São Paulo, Saraiva, 2000, p. 185).

8. Observa Eduardo Marcial Ferreira Jardim que obrigação "significa um vínculo entre sujeitos, no qual o dever é um componente" (*Manual de Direito Financeiro e Tributário*, 3ª ed., p. 172).

9. Saliente-se que a dação em pagamento somente é cabível após o nascimento da obrigação tributária. A propósito, entendemos ser possível a dação em pagamento desde que observados os seguintes pressupostos: (a) o objeto da obrigação tributária deve ser necessariamente uma prestação pecuniária, sob pena de inconstitucionalidade da lei que a instituiu; (b) que haja o consentimento dos sujeitos passivo e ativo da relação tributária quanto à possibilidade de dação em pagamento; (c) que o sujeito ativo esteja expressamente autorizado por lei do próprio ente tributante a aceitar a dação em pagamento; (d) que essa lei estabeleça critérios de avaliação e demais condições para que se perfaça essa modalidade de extinção do tributo sem ofensa ao regime jurídico constitucional tributário.

Tributo não é multa – isto é, a lei não cria tributo com a finalidade de punir o contribuinte pela prática de um ato *ilícito*, mas sim com o objetivo de arrecadar dinheiro para abastecer os cofres públicos, de modo a assegurar o desempenho da atividade estatal. Portanto, a lei não pode tributar condutas ilícitas.

Subsunção em matéria tributária designa o fenômeno pelo qual um fato real, concreto (fato imponível), enquadra-se rigorosamente na previsão legal de um fato lícito, genérico e abstrato (hipótese de incidência).

No direito penal o enquadramento da conduta concretizada pelo agente na norma penal denomina-se *tipicidade*. Assim, subsunção no direito tributário equivale ao que se chama tipicidade no direito penal. São expressões distintas referindo-se, quanto à essência, a um mesmo fenômeno: o enquadramento de um fato concreto à sua previsão legal.

O art. 3º do CTN traz expressamente o conceito de tributo:

> **[CTN] Art. 3º.** Tributo é toda prestação pecuniária compulsória, em moeda ou cujo valor nela se possa exprimir, que não constitua sanção de ato ilícito, instituída em lei e cobrada mediante atividade administrativa plenamente vinculada.

A assertiva "cobrada mediante atividade administrativa plenamente vinculada" é despicienda como critério identificador do tributo, uma vez que se aplica à cobrança de toda e qualquer dívida pública.

Entrementes, os dizeres "em moeda ou cujo valor nela se possa exprimir", além de redundantes – pois já foi dito que se trata de prestação pecuniária (dinheiro) –, alargam demasiadamente o objeto da prestação tributária, alcançando, por exemplo, prestação de serviço e bem *in natura*.

Ante os comentos expostos, o conceito apresentado pelo legislador, *grosso modo*, não destoa da definição constitucional de tributo explicitada pela doutrina.[10]

---

10. Registre-se que a Constituição Federal de 1988 traz implicitamente o conceito de tributo.

2.3.1 Denominação do tributo e destinação legal do dinheiro arrecadado

Andou bem, ademais, o Código Tributário Nacional ao enfatizar o que não deve ser levado em conta para determinar juridicamente o gênero tributário:

> **[CTN] Art. 4º.** A natureza jurídica específica do tributo é determinada pelo fato gerador da respectiva obrigação, sendo irrelevantes para qualificá-la: I – a denominação e demais características formais adotadas pela lei; II – a destinação legal do produto da sua arrecadação.

Nesses termos, para se atribuir o caráter tributário a uma obrigação jurídica são irrelevantes a denominação dada pelo legislador e o destino do produto de sua arrecadação. É imprescindível apenas que estejam presentes os elementos que caracterizam o gênero *tributo*, com a plena observância do regime constitucional tributário.

Noutro giro, é pacífico que o nome e o destino dado ao produto arrecadado não são critérios que permitem identificar juridicamente o gênero *tributo*.

Todavia, discute-se, ainda, na doutrina se o destino do produto da arrecadação deve, ou não, ser utilizado como critério jurídico para distinguir as *espécies* tributárias.

De um lado, entende-se que o destino do dinheiro proveniente da arrecadação de tributos constitui objeto de outro ramo do Direito – qual seja, o direito financeiro.

De outro, a despeito da regra geral da destinação pública do dinheiro proveniente da arrecadação de tributos, argumenta-se que a própria Constituição Federal também impõe que (a) o dinheiro arrecadado a título de empréstimo compulsório seja destinado a satisfazer as despesas relativas ao pressuposto que tiver fundamentado sua instituição e, posteriormente, restituído ao contribuinte; (b) o dinheiro arrecadado a título de contribuição especial seja destinado à sua respectiva finalidade; (c) o dinheiro arrecadado por meio de impostos, em regra, não tenha vinculação legal específica, mas sim à satisfação das despesas gerais do Estado; etc.

Enfatize-se, no entanto, o princípio constitucional da destinação necessariamente pública do produto da arrecadação de *tributos*, que não admite exceção.

2.4 Obrigação tributária principal e acessória
– Código Tributário Nacional

No art. 113 do CTN há uma classificação legal da obrigação tributária em *principal* e *acessória*:[11]

> **[CTN] Art. 113.** A obrigação tributária é principal ou acessória.
>
> § 1º. A obrigação principal surge com a ocorrência do fato gerador, tem por objeto o pagamento de tributo ou penalidade pecuniária e extingue-se juntamente com o crédito dela decorrente.
>
> § 2º. A obrigação acessória decorre da legislação tributária e tem por objeto as prestações, positivas ou negativas, nela previstas no interesse da arrecadação ou da fiscalização dos tributos.

Segundo esse preceptivo didático formulado pelo legislador, a obrigação tributária "principal" tem por objeto tanto o (a) pagamento de tributo, em decorrência de um fato lícito, quanto o (b) pagamento de penalidade, decorrente do descumprimento de um dever.

Visando a harmonizar esse dispositivo com o art. 3º (conceito legal de tributo), pode-se dizer que, num sentido bem amplo, as obrigações tributárias compreendem o tributo e as multas fiscais.

Numa acepção estrita, porém, *tributo* e *obrigação tributária* são expressões equivalentes – e, desse modo, seu objeto somente pode referir-se ao comportamento de dar dinheiro ao Estado em decorrência de um fato lícito. Sob esse prisma, é passível de crítica o disposto no § 1º do art. 113 no que diz respeito ao objeto da obrigação tributária principal.

Aliás, oportunamente veremos que o próprio Código Tributário Nacional reconhece a distinção entre tributo e multa, ao dispor que a imposição de penalidade não ilide o pagamento integral do crédito tributário (art. 157).

No mais, registre-se, ainda, que as chamadas *obrigações tributárias acessórias* não são, a rigor, obrigações, mas, sim, meros deveres jurídicos, uma vez seu objeto é desprovido de caráter patrimonial.

---

11. Para se abster de uma comparação superficial com a classificação da obrigação civil em "principal" e "acessória", recomenda-se a análise desse dispositivo à luz da Teoria Geral do Direito.

Outrossim, as obrigações tributárias acessórias nem sempre nascem com a ocorrência do fato gerador, de modo que não há razão para serem designadas de "acessórias".[12]

Em breve síntese, conclui-se do exposto que o legislador do Código Tributário Nacional, ao determinar o objeto das obrigações tributárias "principal" e "acessória", confundiu obrigação com dever e dificultou a distinção entre tributo e multa.

QUADRO SINÓTICO

Obrigação Tributária Principal	Obrigação Tributaria Acessória
Nasce com a ocorrência do fato gerador	Pode nascer ou não com a obrigação tributária principal
Objeto: dar dinheiro ao Estado (fazer)	Objeto: prestações positivas (fazer) ou negativas (não fazer)
Finalidade: arrecadatória	Finalidade: auxiliar o Fisco na fiscalização e fiscalização e arrecadação de tributos
Exemplos – auferir renda (IR) – praticar operações mercantis (ICMS)	Exemplos – apresentar declaração de renda (fazer) – não vender mercadoria sem nota fiscal (não fazer)

Doutrina

Para a ciência das finanças, tributo é uma das modalidades de receita pública, ou seja, consiste na entrada definitiva de dinheiro aos cofres públicos. Vejamos, pois, nessa seara, as palavras de Geraldo Ataliba[13] acerca da classificação das receitas públicas em originárias e derivadas:

> Costuma a doutrina classificar as receitas em: originárias e derivadas, conforme provenham da exploração, pelo Estado, de seus instrumentos (bens ou serviços), ou provenham do uso de seu poder de constranger os submetidos à sua fôrça [*sic*] ao concurso compulsório.

---

12. Por tais razões, Paulo de Barros Carvalho prefere designá-las de "deveres instrumentais formais" (*Curso de Direito Tributário*, 13ª ed., p. 172).

13. Geraldo Ataliba, *Apontamentos de Ciência das Finanças, Direito Financeiro e Tributário*, São Paulo, Ed. RT, 1969, pp. 26-27.

Estas duas formas se viabilizam mediante duas fórmulas jurídicas distintas: a contratação da venda de bens e serviços, ou a imposição unilateral de uma obrigação jurídica, com fundamento no poder público, manejado pelo Estado.

A primeira se rege pelo princípio geral informativo dos contratos: autonomia da vontade.

Seu critério é o do *ut des*.

Tais receitas são também designadas pela doutrina como patrimoniais ou "de direito privado".

É que os princípios que as regem são os mesmos aplicáveis aos contratos privados, aos quais as pessoas aderem livremente.

Esta distinção é puramente jurídica e decorre da natureza jurídica da relação que se estabelece entre o Estado e a pessoa que entrega o dinheiro aos cofres públicos.

A relação jurídica privada, que dá lugar às entradas originárias, é determinada pela vontade livre das partes, ao contrário da relação jurídica que determinam as entradas chamadas derivadas, que são coativamente estabelecidas.

Esta nomenclatura nasceu da consideração de que umas receitas se originam do próprio patrimônio público, de seu uso e exploração, pelo Estado, com a finalidade de auferir receitas: daí a designação *receitas originárias*.

Doutro lado, as restantes receitas são derivadas do patrimônio das pessoas privadas, mediante compulsão legal.

Sobre o *conceito de tributo* à luz da ciência do Direito, esclarece Geraldo Ataliba:[14]

> Direitos constitucionalmente pressupostos ou definidos não podem ser "redefinidos" por lei. Admiti-lo é consentir que as demarcações constitucionais corram o risco de ter sua eficácia comprometida.
>
> (...).
>
> *9.4* Constrói-se o conceito jurídico-positivo de tributo pela observação e análise das normas jurídicas constitucionais.
>
> A verificação da universidade e constância de um fenômeno, pelo cientista, leva-o a concluir pelo reconhecimento de uma categoria, à

---

14. Geraldo Ataliba, *Hipótese de Incidência Tributária*, 6ª ed., 9ª tir., São Paulo, Malheiros Editores, 2008, p. 33.

qual, para efeito de síntese, dá uma designação. A Constituição de 1988 adota um preciso – embora implícito – conceito de tributo.

Também merecem destaque as palavras de Geraldo Ataliba[15] acerca da distinção entre *hipótese de incidência tributária* e *fato imponível*:

> *22.1* A hipótese de incidência é a descrição hipotética e abstrata de um fato. É parte da norma tributária. É o meio pelo qual o legislador institui um tributo. Está criado um tributo desde que a lei descreva sua h.i., a ela associando o mandamento "pague".
>
> (...).
>
> *23.1* Fato imponível é o fato concreto, localizado no tempo e no espaço, acontecido efetivamente no universo fenomênico, que – por corresponder rigorosamente à descrição prévia, hipoteticamente formulada pela h.i. legal – dá nascimento à obrigação tributária.
>
> Cada fato imponível determina o nascimento de uma obrigação tributária.
>
> (...).
>
> *27.8* Assim, reiteradas vendas de um mesmo comerciante a um mesmo freguês, da mesma ou diferentes mercadorias, constituem cada qual um fato imponível, não obstante a identidade de pessoas, aspecto material, data etc. Cada venda é um fato imponível, com individualidade completa, identificável por suas peculiaridades próprias. Na hipótese de incidência, tais características estarão enunciadas genericamente, de forma necessariamente abstrata. Em cada fato imponível estarão configuradas com nitidez, de forma particularizada e concreta, suas características básicas, legalmente definidas.
>
> (...).
>
> *28.2* Pois esta categoria ou protótipo (hipótese de incidência) se apresenta sob variados aspectos, cuja reunião lhe dá entidade. Tais aspectos não vêm necessariamente arrolados de forma explícita e integrada na lei. Pode haver – e tal é o caso mais raro – uma lei que os enumere e especifique a todos, mas, normalmente, os aspectos integrativos da hipótese de incidência estão esparsos na lei, ou em diversas leis, sendo que muitos são implícitos no sistema jurídico. Esta multiplicidade de aspectos não prejudica, como visto, o caráter unitário e indivisível da hipótese de incidência. Percebe-o o jurista, utilizando o instrumental da ciência do Direito.

---

15. Idem, p. 65.

(...).

28.13 São, pois, aspectos da hipótese de incidência as qualidades que esta tem de determinar hipoteticamente os sujeitos da obrigação tributária, bem como seu conteúdo substancial, local e momento de nascimento. Daí designarmos os aspectos essenciais da hipótese de incidência tributária por: (a) aspecto pessoal; (b) aspecto material; (c) aspecto temporal; e (d) aspecto espacial.

(...).

28.19 Ao intérprete cabe reconhecer e identificar os diversos aspectos da h.i., aplicando as noções científicas no seu trabalho exegético. Não incumbe ao legislador desdobrar sinoticamente, de forma didática, seus comandos e preceitos, esquematizando-os para facilitar a tarefa do hermeneuta. O legislador não é cientista, nem didata. Esgota sua tarefa formulando a hipótese e o respectivo comando, como melhor lhe pareça.[16]

No que tange à denominação conferida ao tributo pela lei, assim sintetizou Aliomar Baleeiro:[17]

A recíproca também foi proclamada pelo STF: o erro na denominação do tributo não prejudica a sua legalidade se, pelo fato gerador, ele se insere razoavelmente na competência da pessoa de direito público que o decretou com *nomen iuris* impróprio (por exemplo, Súmula n. 306 do STF).

Sobre a *tributação de fatos ilícitos*, Amílcar Falcão[18] comenta a ilustração referida por Hensel:

As expressões *non olet*, no texto usadas por Hensel e de que Bühler se servira para designar o "princípio do *non olet*" – "das Prinzip des *non olet*" (...) –, são atribuídas a Vespasiano, em resposta a seu filho Tito que lhe sugeria extinguir o impôsto, então criado, sôbre as cloacas ou mictórios públicos – ou ironicamente chamados de *monumenta Vespasiani* ou simplesmente *Vespasiani*. Quis o Imperador romano dêsse modo significar que o dinheiro não tem cheiro, importando es-

---

16. Idem, pp. 66, 68, 74, 76, 78 e 79. Cf. Paulo de Barros Carvalho, *Curso de Direito Tributário*, 13ª ed., pp. 73 e ss.

17. Aliomar Baleeiro, *Direito Tributário Brasileiro*, 11ª ed., Rio de Janeiro, Forense, 2000, p. 64.

18. Amílcar Falcão, *Fato Gerador da Obrigação Tributária*, 1ª ed., Rio de Janeiro, Financeiras, 1964, p. 97.

sencialmente ao Estado o emprêgo que faça dos seus tributos e não a circunstância de que provenham. Claro está que, na sua versão atual, as expressões perderam o conteúdo cínico da anedota, para se penetrarem de alto sentido ético, qual o de procurar atingir isonomamente a capacidade econômica do contribuinte sem preconceitos falsos ou ingênuos pruridos de sentimentalismo piegas quanto à licitude da atividade que constitua o fato gerador do tributo.

Sobre a *intributabilidade dos comportamentos ilícitos*, também argumenta Misabel Derzi:[19]

> Parece-nos ter havido evolução no sentido de não mais se admitir a irrelevância da ilicitude. *Non olet*! Ao contrário, deve-se sustentar a intributabilidade dos bens, valores e direitos oriundos de atividades ilícitas.
>
> (...).
>
> Imposto poderá incidir sobre a ostentação de riqueza ou o crescimento patrimonial incompatíveis com a renda declarada, no pressuposto de ter havido anterior omissão de receita. Receita, em tese, de *origem lícita*, porém nunca comprovadamente criminosa. Não seria ético, conhecendo o Estado a origem criminosa dos bens e direitos, que legitimasse a ilicitude, associando-se ao delinqüente e dele cobrando uma quota, a título de tributo.
>
> Portanto, põem-se alternativas excludentes, ou a origem dos recursos é lícita, cobrando-se em conseqüência o tributo devido e sonegado, por meio da execução fiscal, ou é ilícita, sendo cabível o perdimento dos bens e recursos, fruto da infração.

Por fim, quanto às *obrigações acessórias*, adverte Roque Antonio Carrazza:[20]

> Entendemos que os decretos, as portarias, os atos administrativos em geral, só podem existir para tornar efetivo o cumprimento dos deveres instrumentais criados pela lei. Assim, *v.g.*, se ela obriga uma classe de comerciantes a manter livros fiscais, pode o decreto regulamentar estabelecer o tipo, o tamanho e o modelo dos mesmos, bem como a forma de preenchê-los, de modo a facilitar-lhes o manuseio.

---

19. Misabel Derzi, "Notas de Atualização" ao *Direito Tributário Brasileiro*, de Aliomar Baleeiro, 11ª ed., Rio de Janeiro, Forense, 2000, nota 3, pp. 715-716.
20. Roque Carrazza, *Curso de Direito Constitucional Tributário*, 24ª ed., São Paulo, Malheiros Editores, 2008, pp. 334-336.

(...).

(...). Repugna ao senso jurídico que uma pessoa possa ser compelida a pagar multa com base no não-acatamento de um dever criado por norma jurídica infralegal.

(...).

Com estas ponderações, fácil é percebermos que não é só o tributo (obrigação tributária) que se submete ao princípio da legalidade. Os deveres instrumentais tributários (que a doutrina tradicional, seguindo nas sendas do Código Tributário Nacional, chama, impropriamente, de "obrigações acessórias") também a ele se subsumem, (...).

JURISPRUDÊNCIA

Não obstante o posicionamento doutrinário acima transcrito, em sentido diverso já se manifestou o Superior Tribunal de Justiça:[21]

Tributário – ICMS – Obrigação acessória: legalidade. 1. Legalidade da legislação estadual, que passou a exigir informações selecionadas do ICMS. 2. Autorização legal que levou, por via de conseqüência, à mudança de equipamento. 3. Recurso improvido. **[STJ, 2ª T., RMS 8.254-RJ, rela. Min. Eliana Calmon, j. 21.10.1999, v.u., *DJU*-1 29.11.1999, p. 146]**

O STF decidiu que configura crime de sonegação fiscal o não-recolhimento de imposto incidente sobre o lucro advindo de atividade criminosa:

Sonegação fiscal de lucro advindo de atividade criminosa – *Non olet* – Drogas – Tráfico de drogas, envolvendo sociedades comerciais organizadas, com lucros vultosos subtraídos à contabilização regular

---

21. Consta no voto: "É certo que a resolução estatal atingiu, de forma direta, os interesses da empresa, a qual vem celebrando, com supermercados e outros estabelecimentos congêneres, contrato de cessão de uso de máquinas registradoras. A resolução ensejou o sucateamento de um enorme número de máquinas registradoras recentemente adquiridas, com prejuízos elevadíssimos, o que atenta contra o princípio da livre iniciativa e livre concorrência. (...). O que se argumenta é o seguinte: poderia o Executivo criar obrigação acessória sem o respaldo de lei? Ocorre que, pelo art. 47 da Lei estadual n. 1.423/19, ficou o Fisco autorizado a exigir informações selecionadas de seus contribuintes. Ora, a resolução, em última análise, não exige troca de equipamento. Exige, sim, que o contribuinte forneça informações selecionadas da incidência do ICMS, em procedimento de absoluta legalidade".

das empresas e subtraídos à declaração de rendimentos – Caracterização, em tese, de crime de sonegação fiscal, a acarretar a competência da Justiça Federal e atrair, pela conexão, o tráfico de entorpecentes – Irrelevância da origem ilícita, mesmo quando criminal, da renda subtraída à tributação. A exoneração tributária dos resultados econômicos de fato criminoso – antes de ser corolário do princípio da moralidade – constitui violação do princípio de isonomia fiscal, de manifesta inspiração ética. [**STF, 1ª Turma, HC 77.530-RS, rel. Min. Sepúlveda Pertence, j. 25.8.1998, v.u., *DJU* 18.9.1998, p. 7**]

Por outro lado, também já decidiu que tributo não é multa:

Acréscimo de 200% ao imposto imobiliário sobre imóveis onde haja construções irregulares – Acréscimo que configura sanção a ilícito administrativo. O art. 3º do CTN não admite que se tenha como tributo prestação pecuniária compulsória que constitua sanção de ato ilícito, o que implica dizer que não é permitido, em nosso sistema tributário, que se utilize de um tributo com a finalidade extrafiscal de se penalizar a ilicitude. Tributo não é multa, nem pode ser usado como se o fosse. Se o Município quer agravar a punição de quem constrói irregularmente, cometendo ilícito administrativo, que crie ou agrave multas com essa finalidade. O que não pode – por ser contrário ao art. 3º do CTN, e, conseqüentemente, por não se incluir no poder de tributar que a Constituição Federal lhe confere – é criar adicional de tributo para fazer as vezes de sanção pecuniária de ato ilícito – Recurso extraordinário conhecido e provido, declarada a inconstitucionalidade da redação dada, pela Lei n. 7.785, de 20.9.1972, ao inciso I do art. 15 da Lei n. 6.989, já alterado pela Lei n. 7.572, de 29.12.1970, todas do Município de São Paulo. [**STF, Tribunal Pleno, RE 94.001-SP, rel. Min. Moreira Alves, j. 11.3.1982, v.u., *DJU* 11.6.1982, p. 5.680**]

Tendo em conta que o tributo é espécie de obrigação *ex lege*, cumpre perquirir se seria irretratável a confissão do débito pelo contribuinte como condição para o deferimento de pedido de parcelamento da dívida. O STF já decidiu pela possibilidade de retratação, ou, melhor, pela possibilidade de discutir *judicialmente* a dívida anteriormente confessada perante o Fisco:[22]

---

22. A propósito, v. no capítulo "Processo Administrativo Tributário" desta obra a jurisprudência colacionada acerca de legislação que condicionava o seguimento do recurso administrativo voluntário ao arrolamento de bens e direitos de valor equivalen-

Controle judicial – Sua inafastabilidade – Lei estadual que atribui ao pedido de parcelamento de crédito fiscal o efeito de confissão irretratável e de renúncia a qualquer defesa ou recurso administrativo ou judicial, bem como desistência dos já interpostos – Inconstitucionalidade desse dispositivo relativamente à expressão "ou judicial", por ofensiva ao art. 153, § 4º, da CF – Recurso extraordinário conhecido e provido. **[STF, Tribunal Pleno, RE 94.141-SP, rel. Min. Soarez Muñoz, j. 10.11.1982, v.u., *DJU* 4.3.1983, p. 1.937]**

Em sentido contrário, decidiu o STJ pela irretratabilidade da confissão de débitos tributários, *verbis*:

Processual – Recurso especial – Agravo regimental – Súmula n. 07 – Parcelamento da dívida – Discussão – Impossibilidade. A ponderação acerca da necessidade ou não de prova pericial remeteria o STJ à análise do contexto fático reunido no procedimento administrativo. "No momento em que o contribuinte prefere parcelar a dívida, aceita o que lhe é exigido pelo Fisco, não mais havendo lugar para a discussão sobre o principal e os acréscimos" (REsp n. 147.697/Garcia) – Agravo regimental improvido. **[STJ, 1ª Turma, REsp 147.697, rel. Min Humberto Gomes de Barros, j. 19.4.2001, v.u., *DJU* 13.8.2001, p. 56]**

Outrossim:

Processual civil – Agravo regimental no recurso especial – Tributário – Adesão ao REFIS – Embargos à execução fiscal – Extinção do processo com base no art. 269, V, do CPC – Precedente da 1ª Seção/STJ. 1. "É pacífico neste Sodalício o entendimento de que, consoante consta do art. 3º, I, da Lei n. 9.964/2000, a adesão ao REFIS depende de confissão irrevogável e irretratável dos débitos fiscais, o que leva à extinção do feito com julgamento do mérito em razão da renúncia ao direito sobre o qual se funda a ação", razão pela qual "a extinção do processo deve ocorrer com arrimo no que dispõe o art. 269, V, do CPC, como condição para que seja assegurado à empresa o direito de ingressar no programa" (STJ, EREsp n. 727.976-PR, 1ª Seção, rel. Min. Humberto Martins, *DJU* 28.8.2006). 2. Agravo regimental desprovido. **[STJ, 1ª Turma, REsp/AgR 722.915-RS, rela. Min. Denise Arruda, j. 14.8.2007, v.u., *DJU* 13.9.2007, p. 157]**

---

te a 30% da exigência fiscal. No mais, v. também o disposto no capítulo sobre "Processo Tributário" acerca do parágrafo único do art. 38 da Lei de Execuções Fiscais.

Cite-se, ademais, o seguinte acórdão do TRF-4ª Região:

> Tributário – Processual civil – Nulidade da CDA – Imposto de renda pessoa jurídica – Confissão de dívida – Lucro presumido – Migração para o regime do lucro real – Impossibilidade para o mesmo exercício fiscal – Compensação – Art. 16, § 3º, da Lei n. 6.830 – Lei n. 8.383 – Identidade das espécies tributárias. (...). 2. A confissão de dívida tributária não impede a discussão judicial fundada na inconstitucionalidade ou na incorreta aplicação da legislação infraconstitucional, daí decorrendo, diante da aplicação de índices de atualização, juros e outros encargos que ensejam controvérsia, o inafastável direito do devedor de pleitear sua revisão, assim na via administrativa como na judicial, notadamente quando reputa incorretos e excessivamente onerosos os critérios adotados, de vez que os parâmetros de cálculo do débito fiscal não se inserem no âmbito de discricionariedade da autoridade administrativa, e sim de sua atuação vinculada. A obrigação tributária decorre de lei, e a confissão do contribuinte diz respeito tão-somente ao fato do inadimplemento, do que denota não importar, a sua concordância inicial com o valor do débito apurado pelo Fisco, na imutabilidade deste, pois que ao credor não se reconhece o direito de cobrar mais do que é efetivamente devido, por força de lei (...). **[TRF-4ª Região, 1ª Turma, AC 2000.04.01.048455-3, rela. Juíza Vivian Josete Pantaleão Caminha, j. 30.11.2005, v.u., *DJU* 25.1.2006, p. 125]**

Sendo o tributo obrigação *ex lege*, a base de cálculo há de estar prevista em lei. Nesse sentido:

> Recurso especial – Tributário – Princípio da legalidade – Base de cálculo – Descumprimento de obrigações acessórias – Impossibilidade de redução por regulamento. (...). 4. Incontroverso haver infringência ao princípio da legalidade, o qual determina que a delimitação da base de cálculo deve ser realizada por lei, e não por regulamento, mesmo no caso de descumprimento de obrigações acessórias, como sói acontecer *in casu* – Recurso especial parcialmente conhecido e, nessa parte, improvido. **[STJ, 2ª Turma, REsp 796.573-RS, rel. Min. Humberto Martins, j. 19.10.2006, v.u., *DJU* 30.10.2006, p. 277]**

Ainda sobre a necessidade de se ater aos limites da lei:

> Tributário – IPI – Mandado de segurança – Nulidade do auto de infração – Obrigação acessória – Decretos ns. 70.162/1972 e 83.263/1979 – Violação ao princípio da legalidade tributária – Lei n. 4.502/1964. I – Os arts. 169, §§ 3º e 5º, do Decreto n. 70.162/1972 e 266,

§§ 3º e 5º, e 397 do Decreto n. 83.263/1979, ao regulamentarem a Lei n. 4.502/1964, determinando a classificação fiscal dos produtos e a correção do imposto lançado, assim como a cominação da mesma penalidade imposta ao industrial ou remetente, pela falta apurada, extrapolaram a disposição legal, criando obrigação não imposta por lei, ferindo o princípio da legalidade tributária, a teor do art. 97 do CTN. II – Recurso especial improvido. [STJ, 1ª Turma, REsp 552.479-RJ, rel. Min. Francisco Falcão, j. 8.11.2005, v.u., *DJU* 19.12.2005, p. 215]

No que se refere ao emprego de instrução normativa para viabilizar o cumprimento de obrigação acessória, veja-se:

Embargos de declaração – Multa – Atraso na entrega da DCTF. (...) 3. A Instrução Normativa n. 73/1996 estabelece apenas os regramentos administrativos para a apresentação das DCTFs, revelando-se perfeitamente legítima a exigibilidade da obrigação acessória, não havendo que se falar em violação ao princípio da legalidade. 2. Embargos de declaração acolhidos. [STJ, 1ª Turma, REsp/ED no AgR 507.467-PR, rel. Min. Luiz Fux, j. 20.11.2003, v.u., *DJU* 9.12.2003, p. 225]

Sobre o emprego das obrigações acessórias para o fim de atestar a ocorrência do fato gerador em concreto, veja-se o seguinte acórdão do STJ:

Tributário – Recurso ordinário em mandado de segurança – ICMS – Imunidade fiscal – Obrigações acessórias previstas no Decreto n. 11.803/2005 do Estado do Mato Grosso do Sul – Atos fiscalizatórios praticados com o objetivo de assegurar a existência efetiva da exportação da mercadoria objeto do favor fiscal – Inexistência de ofensa à Constituição Federal e à Lei Complementar n. 87/1996 – Ausência do porte de remessa e de retorno – Deserção do recurso – Aplicação da Súmula n. 187/STJ – Recurso ordinário desprovido. 1. Cuida-se de recurso ordinário em mandado de segurança, com pedido de efeito suspensivo (fls. 139-164), apresentado por Cerinter Importadora Exportadora Ltda., em impugnação a acórdão proferido pelo TJMS, segundo o qual o Decreto estadual n. 11.803/2005, que impõe obrigações acessórias à fiscalização de procedimento de isenção do ICMS (operações com mercadorias destinadas ao Exterior), não ofende os arts. 155, § 2º, X, da CF e 3º da Lei Complementar n. 87/1996. 2. O Decreto n. 11.803/2005, emitido pelo Estado do Mato Grosso do Sul, instituiu uma série de obrigações tributárias acessórias, com o objetivo de tornar eficaz o procedimento de fiscalização da efetiva exportação ou não-exportação das mercadorias destinadas ao Exterior, com o objetivo de assegurar que a imunidade tributária constitucional seja aplicada com absoluta segurança e legalidade. 3. Não se identifica a apontada ilegalidade nesse ato legislativo. Ao contrário, é a própria Constituição Federal que estabelece a competência do Estado para instituir o ICMS (art. 155, II), sendo conseqüência legal de direito que esse mesmo Estado seja responsável pela emissão de regras legais que se aplicam ao tributo, nos termos do prescrito no art. 113, § 2º, do CTN. 4. Não se caracteriza a apontada violação do art. 3º da Lei Complementar n. 87/1996, que isenta do ICMS as operações e procedimentos de transporte afetos à mercadorias destinadas à exportação, isso porque o decreto instituído pelo Estado do Mato Grosso do Sul não afasta ou impede a aplicação de tal isenção/imunidade, mas cria mecanismos administrativos (obrigações tributárias acessórias) que objetivam atestar a efetiva concretização da operação de exportação, de forma a evitar que, eventualmente, seja aplicado o favor fiscal em referência a operações de compra/venda realizadas apenas no âmbito interno. 5. Não se encontram nos autos o porte de remessa e o retorno, pois que, necessariamente, deveriam haver sido pagos e apresentados no momento da interposição do recurso ordinário (conforme assinalado pelo *Parquet* Federal a fls. 205), o que torna inafastável a aplicação do teor inscrito na Súmula n. 187 deste STJ: "É deserto o recurso interposto para o STJ quando o recorrente não recolhe, na origem, a importância das despesas de remessa e retorno dos autos". 6. Recurso ordinário não conhecido. **[STJ, 1ª Turma, RMS 21.789-MS, rel. Min. José Delgado, j. 5.10.2006, v.u., *DJU* 26.10.2006, p. 221]**

Questões

1. Que é "tributo"?

2. Compare tributo com multa fiscal, com indenização por dano e com obrigação convencional (contrato).

3. Como se classifica a obrigação tributária segundo o Código Tributário Nacional? Quais são as críticas doutrinárias a esse respeito?

4. Quando nasce abstratamente a obrigação tributária? E efetivamente? Explique.

5. Que é "hipótese de incidência tributária"? E "fato imponível"?

Consultas

1. [118º Exame de Ordem/SP, 2002, n. 4] As relações jurídicas sancionadoras, instaladas pelo descumprimento de obrigação tributária ou de relação jurídica de deveres instrumentais, poderão integrar o conceito de obrigação tributária? São relações jurídico-tributárias ou não? Justifique e fundamente sua resposta.

2. [105º Exame de Ordem, junho, n. 3] Um comerciante de artigos de procedência estrangeira, seu cliente, assoberbado com o excesso de trabalho no mês de março, esqueceu-se de escriturar no livro próprio a entrada de mercadorias importadas, conforme determina a legislação, embora tenha pago os respectivos impostos. Ele o consulta perguntando se, pela falta de escrituração, o Fisco poderá multá-lo. Justifique.

Dissertações

1. "Tributo. Análise da Definição Doutrinária".
2. "Obrigação Tributária. Conceito. Nascimento. Fato Gerador. Terminologia".
3. "Obrigações Tributárias Principal e Acessória. Art. 3º do CTN. Críticas Doutrinárias".

Tema para Pesquisa

"Objeto da Obrigação Tributária".

Testes

1. [132º Exame de Ordem/SP, 2007, n. 85] No que tange à definição de tributo, é correto afirmar que é toda prestação pecuniária compulsória, em moeda, ou cujo valor nela se possa exprimir:

a) ( ) Que não constitua sanção de ato ilícito, instituída em lei e cobrada mediante atividade plenamente vinculada.

b) ( ) Que constitua sanção de ato ilícito, instituída em lei e cobrada mediante atividade plenamente vinculada.

c) ( ) Que não constitua sanção de ato ilícito, instituída em lei complementar e cobrada mediante atividade plenamente vinculada.

d) ( ) Que não constitua sanção de ato ilícito, instituída em lei e cobrada mediante atividade legislativa.

2. [178º Concurso de Ingresso na Magistratura Estadual/SP, junho/2006] A obrigação tributária acessória:

a) ( ) Decorre somente da lei.

b) ( ) Tem por objeto o pagamento da penalidade pecuniária.

c) ( ) É prevista no interesse da arrecadação ou fiscalização dos tributos.

d) ( ) Tem por objeto unicamente prestações positivas.

3. [131º Exame de Ordem/SP, 2007] O Código Tributário Nacional estabelece que a natureza jurídica específica do tributo é determinada:

a) ( ) Pela destinação legal do produto da sua arrecadação
b) ( ) Pela denominação e demais características formais adotadas pela lei
c) ( ) Pelo fato gerador da respectiva obrigação.
d) ( ) Pelo órgão fiscalizador.

4. [179º e 180º Concursos de Ingresso na Magistratura Estadual/SP, 2007] O fato gerador da obrigação principal é a situação definida:

a) ( ) Na lei como necessária e suficiente à sua ocorrência.
b) ( ) Exclusivamente pelo texto constitucional, nos termos das limitações ao poder de tributar.
c) ( ) Pelas leis, decretos e normas regulamentares da Administração Pública direta.
d) ( ) Pelas leis, decretos e normas regulamentares da Administração Pública direta, indireta e fundacional.

5. [179º 180º Concursos de Ingresso na Magistratura Estadual/SP, 2007] A natureza jurídica específica do tributo é determinada:

a) ( ) Pelo lançamento.
b) ( ) Pelo fato gerador da obrigação.
c) ( ) Pela denominação legal.
d) ( ) Pela destinação legal do produto da arrecadação.

6. [130º Exame de Ordem/SP, 2006, n. 86] Assinale a alternativa que não apresenta uma das características da definição de tributo prevista no Código Tributário Nacional:

a) ( ) Tributo não constitui sanção de ato ilícito.
b) ( ) Tributo pode ser instituído por decreto.
c) ( ) Tributo é cobrado mediante atividade administrativa plenamente vinculada.
d) ( ) Tributo é uma prestação pecuniária compulsória, em moeda, ou cujo valor nela se possa exprimir.

7. [123º Exame de Ordem/SP, 2004, n. 86] A obrigação tributária principal:

a) ( ) É um vínculo jurídico que nasce com a ocorrência do fato gerador e somente tem por objeto o pagamento, pelo contribuinte, de uma prestação, o tributo, ao Estado.
b) ( ) Compreende, além do tributo, a penalidade pecuniária.
c) ( ) É um vínculo jurídico que nasce com o lançamento válido.
d) ( ) Pode ser afetada por circunstâncias que modificam o crédito tributário, sua extensão ou seus efeitos, ou as garantias ou os privilégios a ele atribuídos, ou que excluem sua exigibilidade.

3
CLASSIFICAÇÃO DOS TRIBUTOS

3.1 Relevância da classificação dos tributos. 3.2 Classificação segundo o ente tributante. 3.3 Classificação segundo a materialidade da hipótese de incidência. 3.4 Classificação segundo a destinação do produto arrecadado. [DOUTRINA – JURISPRUDÊNCIA – QUESTÕES – DISSERTAÇÃO – TEMA PARA PESQUISA – TESTES]

3.1 Relevância da classificação dos tributos

Classificar é agrupar em categorias distintas elementos que tenham uma característica comum. Noutro giro, de acordo com um critério classificatório preestabelecido, é possível reunir ou separar elementos para realçar suas semelhanças ou dessemelhanças, respectivamente.

A relevância da classificação consiste em viabilizar uma análise específica para os elementos que se encontram reunidos, segundo determinado critério, numa categoria própria. Desse modo, a utilidade da classificação, assim como do critério classificatório, dependerá do tipo de exame que se pretende realizar nas categorias apartadas.

Com isso, pode-se dizer que para a dogmática jurídica o critério classificatório deve ser extraído do próprio direito positivo, com o fim de verificar o tratamento específico a ser dado a cada categoria de normas jurídicas.

Aliás, isso já fora feito no capítulo precedente, quando analisamos a norma jurídica tributária com o fim de ressaltar os elementos identificadores do gênero *tributo*, apartando-o dos demais institutos jurídicos. Após esse primeiro passo, será possível conhecer o caminho que deve ser rigorosamente trilhado para a criação de qualquer espécie tributária – qual seja, o regime jurídico constitucional *geral* tributário.

Neste capítulo, contudo, passaremos ao estudo da classificação jurídica dos tributos com o escopo de identificar o regime jurídico constitucional *específico* para a instituição de cada espécie tributária.

3.2 Classificação segundo o ente tributante

Vimos que na norma jurídica instituidora de tributo, sempre inferida do texto legal, encontraremos uma obrigação de dar dinheiro decorrente de um fato lícito. Podemos, doutro lado, desde já enfatizar que cada ente tributante tem um campo de competência tributária próprio para instituir os tributos especificados pela Constituição Federal.

Por tal razão, nenhum ente tributante pode invadir a competência tributária do outro, sob penda de violar o princípio da reserva de competência tributária (impositiva). Dessas considerações evidencia-se a utilidade para a ciência do direito tributário de identificar as espécies que cada ente tributante pode instituir com o escopo de verificar se o exercício da competência tributária nos casos concretos apresenta-se em conformidade com o citado princípio constitucional.

Assim, tomando-se como critério classificatório a pessoa que recebeu competência para instituir tributos, teremos quatro categorias de tributos: federais, estaduais, distritais e municipais. É o que se depreende do disposto no art. 145, I, II e III, de nossa Lei Maior:

> **[CF] Art. 145.** A União, os Estados, o Distrito Federal e os Municípios poderão instituir os seguintes tributos: I – impostos; II – taxas, em razão do exercício do poder de polícia ou pela utilização, efetiva ou potencial, de serviços públicos específicos e divisíveis, prestados ao contribuinte ou postos à sua disposição; III – contribuição de melhoria, decorrente de obras públicas.

Observe-se que todos os entes têm competência para instituir impostos, taxas e contribuição de melhoria.

Noutras passagens, porém, a Constituição refere-se a outros tributos, os quais, todavia, somente a União poderá instituir. Vejamo-los:

> **[CF] Art. 148.** A União, mediante lei complementar, poderá instituir empréstimos compulsórios: (...).

Parágrafo único. A aplicação dos recursos provenientes de empréstimo compulsório será vinculada à despesa que fundamentou sua instituição.

Art. 149. Compete exclusivamente à União instituir contribuições sociais, de intervenção no domínio econômico e de interesse das categorias profissionais ou econômicas, como instrumento de sua atuação nas respectivas áreas, observado o disposto nos arts. 146, III, e 150, I e III, e sem prejuízo do previsto no art. 195, § 6º, relativamente às contribuições a que alude o dispositivo.

§ 1º. Os Estados, o Distrito Federal e os Municípios instituirão contribuição, cobrada de seus servidores, para o custeio, em benefício destes, do regime previdenciário de que trata o art. 40, cuja alíquota não será inferior à da contribuição dos servidores titulares de cargos efetivos da União. *[Redação dada pela Emenda Constitucional 41, de 19.12.2003]*

Retomando o critério classificatório acima mencionado, podemos apartar duas categorias de tributos: (a) a que contém espécies tributárias que podem ser instituídas por todos os entes tributantes (impostos, taxas e contribuição de melhoria); (b) a que contém espécies tributárias que só podem ser instituídas pela União (empréstimo compulsório e contribuições especiais).

Outrossim, no dispositivo constitucional abaixo transcrito temos que somente os Municípios e o Distrito Federal poderão instituir a chamada COSIP:

[CF] Art. 149-A. Os Municípios e o Distrito Federal poderão instituir contribuição, na forma das respectivas leis, para o custeio do serviço de iluminação pública, observado o disposto no art. 150, I e III. *[Incluído pela Emenda Constitucional 39/2002]*

Apenas para ilustrar e realçar a relevância dessa classificação, podemos afirmar que seria inconstitucional lei municipal que instituísse empréstimo compulsório, pelo simples fato de que somente a União poderia fazê-lo, e não por ofensa a uma suposta hierarquia entre as pessoas políticas de direito público (União, Estados, Distrito Federal e Municípios).

A relevância, portanto, da *classificação jurídica tributária* está em identificar a espécie tributária para, só então, examinar o respectivo regime jurídico constitucional tributário.

Por ora, segundo o critério preestabelecido, vimos de ver que, ao atribuir competência tributária à União, aos Estados, ao Distrito Federal e aos Municípios, a Constituição Federal enseja a classificação dos tributos em *federais, estaduais, distritais* e *municipais*, conforme o quadro abaixo:

QUADRO SINÓTICO
(CONFORME O ENTE TRIBUTANTE, CF/1988)

União	Estados	Distrito Federal	Municípios
Impostos federais (arts. 145, I, e 153)	Impostos estaduais (art. 155)	Impostos distritais (arts. 147, *in fine*, e 155)	Impostos municipais (art. 156)
Impostos extraordinários (art. 154, I)	—	—	—
Impostos residuais (art. 154, II)	—	—	—
Taxas federais (art. 145, II)	Taxas estaduais (art. 145, II)	Taxas distritais (art. 145, III)	Taxas municipais (art. 145, II)
Contribuição de melhoria federal (art. 145, III)	Contribuição de melhoria estadual (art. 145, III)	Contribuição de melhoria distrital (art. 145, III)	Contribuição de melhoria municipal (art. 145, III)
Empréstimo compulsório (art. 148 e incisos)	—	—	—
Contribuições especiais: social, interventiva e corporativa (art. 149, *caput*)	Contribuição social de seus servidores (art. 149, § 1º)	Contribuição social de seus servidores (art. 149, § 1º)	Contribuição social de seus servidores (art. 149, § 1º)
		COSIP (art. 149-A)	COSIP (art. 149-A)

3.3 Classificação segundo a materialidade da hipótese de incidência

Nesse passo, cumpre, agora, ressaltar outro critério classificatório hábil a ensejar uma classificação útil à ciência do direito tributário.

Comecemos por enfatizar que todos os entes tributantes têm competência para instituir impostos, taxas e contribuição de melhoria, *po-*

rém não indiscriminadamente. Com efeito, a Constituição Federal de 1988 estabelece os impostos que cada ente tributante pode instituir, bem como fornece critérios para delimitar a competência tributária no tocante às taxas e à contribuição de melhoria.

Considere-se, outrossim, que a norma instituidora de tributo, também denominada regra-matriz de incidência tributária, pode ser examinada sob alguns enfoques específicos – quais sejam, os aspectos material, espacial, temporal, pessoal e quantitativo. Pois bem, para um estudo analítico do direito tributário, quaisquer desses aspectos podem ser eleitos como critérios classificatórios das espécies tributárias.

Também já sabemos que na norma jurídica instituidora de tributo, inferida do texto legal, devemos encontrar uma obrigação de dar dinheiro decorrente de um fato lícito. Esse fato lícito descrito em lei é também conhecido como hipótese de incidência, a qual deve precisar o fato em si (verbo + complemento = aspecto material), o momento em que deve ocorrer (aspecto temporal), assim como o local em que deve ocorrer (aspecto espacial), para que possa irromper a respectiva obrigação de dar dinheiro, que também se encontra abstratamente descrita em lei.

Pois bem, a tradicional classificação jurídica dos tributos em vinculados e não-vinculados a uma atuação estatal leva em conta o aspecto material da hipótese de incidência tributária. Dito de outro modo, se o fato descrito em lei consistir numa atividade estatal sem a qual a respectiva obrigação tributária não nascerá, então, cuida-se de tributo vinculado.

Doutra parte, se o aspecto material da hipótese de incidência (verbo + complemento) consistir num comportamento qualquer do contribuinte que a Lei Maior permite tributar, nesse caso estaremos diante de um tributo desvinculado ou não-vinculado a uma atuação estatal.

Em suma, o nascimento da obrigação tributária depende sempre da ocorrência do fato descrito em lei (hipótese de incidência). Se esse fato, por sua vez, consistir numa atuação estatal ou um comportamento do próprio contribuinte, teremos, então, respectivamente, os chamados tributos vinculados ou não-vinculados a uma atuação estatal.

Para tanto, cumpre verificar quais são os fatos que cada pessoa política de direito público pode tributar; ou seja, resta examinar a repartição constitucional de competência tributária, para que, só então, possamos discernir os tributos que são vinculados e os que não são vinculados a uma atuação estatal. Em breves linhas, temos:

Para tanto, cumpre verificar quais são os fatos que cada pessoa política de direito público pode tributar; ou seja, resta examinar a repartição constitucional do poder de tributar para que, após identificarmos a competência tributária de cada ente tributante, possamos discernir os tributos que são vinculados e os que não são vinculados a uma atuação estatal. Em breves linhas, temos:

• *Impostos* – a Constituição Federal de 1988 traça a regra-matriz (norma-padrão) de cada imposto e determina o ente tributante que poderá instituí-lo (*v.g.*, arts. 153, 155 e 156). Todos os fatos ali discriminados dizem respeito apenas a um comportamento ou situação na qual o contribuinte se encontre.

Daí as seguintes definições de *imposto*:

– *Tipo (espécie) de tributo que tem por "fato gerador" um fato qualquer, não consistente numa atuação estatal.*

– *Tipo de tributo que tem por "fato gerador" um comportamento do contribuinte ou uma situação na qual ele se encontre.*

– *Exemplos*:

Alguém auferir rendimentos (comportamento) – IR.

Alguém praticar operações mercantis (comportamento) – ICMS.

Alguém ser proprietário de um veículo automotor (situação) – IPVA.

Alguém ser proprietário de um imóvel rural (situação) – ITR.

O dinheiro arrecadado por meio de impostos terá destinação pública; os benefícios são difusos, ou seja, todos na sociedade serão beneficiados, até mesmo aqueles que não pagam, haja vista que os impostos se destinam a satisfazer as despesas públicas gerais do Estado (saneamento básico, segurança pública, iluminação pública etc.).

• *Taxas de serviço e de polícia* – o ente tributante será a pessoa política de direito público que tiver competência administrativa para realizar o serviço ou praticar o ato de polícia passíveis de tributação.

• *Contribuição de melhoria* – o ente tributante será a pessoa política de direito público que tiver competência administrativa para realizar a obra pública a que se refere a hipótese de incidência.

Observe-se que a competência dos entes tributantes para a instituição de taxas e contribuição de melhoria é correlata à sua esfera de competência administrativa, sempre atrelada à respectiva competência legislativa – acerca da qual sugerimos, para relembrar, a leitura do disposto nos arts. 21 a 24 (competência da União), nos arts. 25 e 26 (competência dos Estados e do Distrito Federal) e no art. 30 (competência do Município e do Distrito Federal).

Assim, temos os impostos como espécie de tributo não-vinculado a uma atuação estatal e, noutra categoria, as taxas e a contribuição de melhoria como tributos vinculados, cujas hipóteses de incidência devem conter a descrição de uma atuação estatal dentre as referidas genericamente nos incisos II e III do art. 145 da CF.

Convém não olvidar que a Constituição Federal de 1988 também autoriza a criação de *empréstimos compulsórios* (art. 148) e de *contribuições especiais* (arts. 149 e 195), os quais, conforme o aspecto material da hipótese de incidência da lei que os instituir, poderão enquadrar-se na categoria dos tributos vinculados ou não-vinculados a uma atuação estatal de sua respectiva competência federal, estadual, distrital ou municipal.[1]

Vejamos. O *empréstimo compulsório* e as *contribuições sociais* terão a feição jurídica de impostos ou de taxas conforme o fato lícito, genérico e abstrato descrito na lei tributária, situando-se ou na categoria dos tributos vinculados ou na categoria dos tributos não-vinculados a uma atuação estatal.

É dizer, o *empréstimo compulsório* é tributo porque consiste numa relação jurídica entre o Estado e o contribuinte decorrente de fato lícito previsto em lei, tendo por objeto uma prestação pecuniária. Sua hipótese de incidência pode ser vinculada ou desvinculada de uma atuação estatal. A circunstância de o dinheiro arrecadado ser restituído ao contribuinte não descaracteriza sua natureza tributária.

As *contribuições especiais* igualmente são tributos porque também consistem numa relação jurídica entre o Estado e o contribuinte decorrente de fato lícito previsto em lei, tendo por objeto uma presta-

---

1. Sintetiza Aliomar Baleeiro: "Tributo que não se enquadra nos conceitos de taxa ou de contribuição de melhoria é imposto" (*Direito Tributário Brasileiro*, 11ª ed., Rio de Janeiro, Forense, 2000, p. 198).

ção pecuniária. Sua hipótese de incidência pode ser vinculada ou desvinculada de uma atuação estatal. A peculiaridade das contribuições sociais é a finalidade específica do dinheiro arrecadado, determinada pela própria Lei Maior.

Os *impostos extraordinários* e os *impostos residuais*, como também se depreende da Lei Maior, são tributos não-vinculados a uma atuação estatal.

3.4 Classificação segundo a destinação do produto arrecadado

Outro critério classificatório das espécies tributárias, cuja utilidade se questiona para a ciência do direito tributário, consiste na vinculação (destinação) do dinheiro proveniente da arrecadação de tributos. Com base nesse critério, de um lado têm-se, por exemplo, os impostos, em que o dinheiro arrecadado deve ser destinado a custear as despesas gerais do Estado; de outro, as contribuições especiais e o empréstimo compulsório, cujo dinheiro arrecadado deve ter uma finalidade legal preestabelecida, nos termos da Lei Maior.

Segundo essa classificação, têm-se cinco espécies tributárias: impostos, taxas, contribuição de melhoria, empréstimo compulsório e contribuições especiais. A crítica que lhe é feita consiste na alegação de que a destinação do dinheiro público é assunto pertinente à ciência das finanças, a qual tem por objeto o estudo das receitas e despesas públicas. Seus defensores, todavia, contra-argumentam que é a própria Constituição Federal que impõe a destinação como elemento identificador das referidas espécies tributárias, cuja não-observância ensejará sua inconstitucionalidade.

Retornando ao critério anterior do ente compete para instituir tributos, vimos que, segundo o art. 145, podem ser criados impostos, taxas e contribuição de melhoria. Ocorre que a Constituição Federal de 1988 também autoriza a criação de *empréstimos compulsórios* (art. 148), *impostos residuais* (art. 154, I), *impostos extraordinários* (art. 154, II) e *contribuições sociais* (arts. 149 e 195).

Desse modo, vejamos a classificação dos tributos, com e sem destinação específica, constante no quadro abaixo. Saliente-se que atrelamos o requisito da destinação específica aos casos em que a Constituição impõe a observância de algum pressuposto (por exemplo, guerra externa) para a instituição de determinados tributos.

QUADRO SINÓTICO
(CONFORME A DESTINAÇÃO, CF/1988)[2]

Sem Destinação Específica	Com Destinação Específica
Impostos (art. 167, IV)	—
—	Impostos extraordinários (art. 154, I)
Impostos residuais (art. 154, II)	—
—	Taxas (art. 145, III)
Contribuição de melhoria[2] (art. 145, III)	—
—	Empréstimo compulsório (art. 148 e incisos)
—	Contribuições especiais: social, interventiva e corporativa (art. 149, *caput*)
—	COSIP (art. 149-A)

DOUTRINA

Como bem elucida Vittorio Cassone,[3] a evolução legislativa demonstra que, conforme o texto constitucional em vigor, as contribuições parafiscais (especiais) ora figurarão como espécies tributárias, ora sem natureza tributária. Deveras, a Emenda Constitucional 8, de 14.4.1977, retirara essas contribuições do rol de tributos constantes na Constituição à época vigente, razão pela qual o Código Tributário Nacional (Lei 5.172/1966) não as menciona em seu art. 5º. Sintetiza o autor:

> *13.* Os inciso [*sic*] I, II e III do art. 145 fornecem a primeira classificação dos tributos (mas não a definitiva, como veremos a seguir): impostos, taxas e contribuição de melhoria.

---

2. Há divergência doutrinária sobre a destinação do dinheiro proveniente da arrecadação da contribuição de melhoria, isto é, se deve, ou não, ser empregado para custear a obra pública realizada. Segundo o Código Tributário Nacional (Lei 5.172/1966), tem destinação específica.

3. Vittorio Cassone, *Direito Tributário*, 18ª ed., São Paulo, Atlas, 2007, pp. 46 e 51.

Mas o exegeta deve perquirir, no corpo da Constituição, se existe mais alguma espécie do gênero tributo. E, nessa procura, encontramo-las nos arts. 148 e 149, que a Constituição – muito acertadamente – não arrolou como incisos seguintes àqueles três, simplesmente por serem de competência exclusiva da União, quando se sabe que o art. 145 trata apenas dos tributos comuns às quatro pessoas públicas políticas competentes (U-E-DF-M). Ante isso, ficamos com a seguinte classificação, que a própria Constituição fornece: (a) impostos; (b) taxas; (c) contribuição de melhoria; (d) contribuições especiais; (e) empréstimos compulsórios.

(...)

14. No Brasil, fato curioso ocorreu com a Emenda Constitucional 8/1977, que, de conformidade com decisão unânime do STF, Pleno, no RE 86.595-BA (*RTJ* 87/271 e *RDTributário* 5/295), ao alterar a redação do art. 21, § 2º, I (que tratava do encargo da União na previdência social), e ao acrescentar o inciso X ao art. 43, ambos da CF/1967, retirou as contribuições de previdência (mais FUNRURAL, PIS etc.) do rol dos tributos, passando a classificá-los como de natureza não-tributária (o art. 43 no inciso I falava em tributos e no inciso X falava em contribuições sociais, daí a decisão do STF em distinguir essas duas exações). Classificação criticada pela doutrina, no entendimento de que a natureza das exações, se tributária ou não, deveria ser feita em função da materialidade de sua hipótese de incidência, de conformidade com os arts. 3º e 4º do CTN/1966, e não em função do lugar que o instituto ocupa na Constituição.

15. Em suma, em vista da decisão do STF, contribuições sociais do tipo FUNRURAL, previdência social, PIS, até a Emenda Constitucional 8/1977 possuíam natureza tributária (RE 86.595-BA, *RTJ* 87/171 e *RED* 5/295); passaram a não ser dessa natureza a partir da Emenda Constitucional 8/1977 (idem); e, conforme proposição aprovada no 1º CNET, a partir da Constituição Federal/1988 voltaram a ser tributos.

Márcio Severo Marques[4] conjuga três critérios para elaborar uma classificação jurídica dos tributos, expondo-os no seguinte gráfico:

---

4. Márcio Severo Marques, *Classificação Constitucional dos Tributos*, São Paulo, Max Limonad, 2000, p. 225.

TRIBUTOS IDENTIFICADOS	1º Critério exigência constitucional de previsão legal de vinculação entre a materialidade do antecedente normativo e uma atividade estatal referida ao contribuinte	2º Critério exigência constitucional de previsão legal de destinação específica para o produto de arrecadação	3º Critério exigência constitucional de previsão legal de restituição do montante arrecadado ao contribuinte, ao cabo de determinado período
Impostos	Não	Não	Não
Taxas	Sim	Sim	Não
Contribuição de melhoria	Sim	Não	Não
Contribuições	Não	Sim	Não
Empréstimo compulsório	Não	Sim	Sim

Sobre a *importância da classificação jurídica de tributos*, já enfatizava Aliomar Baleeiro:[5]

> Sem observância dessa classificação rígida de tributos, que se subdividem em impostos, taxas e contribuição de melhoria, estará defraudada a discriminação de receitas que o constituinte consagrou como base de autonomia local e da convivência harmoniosa das três esferas de governo. Se for permitido ao legislador batizar de taxa, ou de contribuição de melhoria, determinado imposto dos arts. 15, 19 ou 29, ou mesmo do art. 21, qualquer pessoa de direito público pode invadir impunemente o campo de competência privativa da outra, secando-lhe as fontes de subsistência e, ao mesmo tempo, zombando dos direitos subjetivos dos contribuintes.

De sua vez, acentua Sacha Calmon:[6]

> (...) a quantidade nominal de espécies tributárias é determinada pela teoria dos tributos vinculados ou não a uma atuação estatal (ato, serviço,

---

5. Aliomar Baleeiro, *Direito Tributário Brasileiro*, 11ª ed., p. 25.
6. Sacha Calmon Navarro Coêlho, *Curso de Direito Tributário Brasileiro*, 3ª ed., Rio de Janeiro, Forense, 1999, p. 400.

obra ou benefício), pouco importando o *nomen juris*, a denominação dada ao tributo pelo legislador (que jamais é um perito em Direito).

Que importância prática tem o estudo das espécies tributárias? Nada mais, nada menos, do que a aplicação dos princípios e das normas constitucionais e infraconstitucionais especificamente endereçadas aos impostos, às taxas e às contribuições. É da aplicabilidade do Direito que estamos a tratar, e não é pouco.

JURISPRUDÊNCIA

Em julgamento proferido em junho/1992,[7] o Min. Moreira Alves acolheu a classificação dos tributos em cinco espécies tributárias, cujo trecho do voto transcrevemos abaixo:

> De feito, a par das três modalidades de tributos (os impostos, as taxas e as contribuições de melhoria) a que se refere o art. 145 para declarar que são competentes para instituí-los a União, os Estados, o Distrito Federal e os Municípios, os arts. 148 e 149 aludem a duas outras modalidades tributárias, para cuja instituição só a União é competente: o empréstimo compulsório e as contribuições sociais, inclusive as de intervenção no domínio econômico e de interesse das categorias profissionais ou econômicas.

De seu turno, em voto proferido em recurso extraordinário[8] julgado em setembro/1992, o Min. Relator, Carlos Velloso, mencionou a existência no direito positivo brasileiro de apenas quatro espécies de tributos, especificando, todavia, as subespécies:

> As diversas espécies tributárias, determinadas pela hipótese de incidência ou pelo fato gerador da respectiva obrigação (CTN, art. 4º), são as seguintes: a) os impostos (CF, arts. 145, I, 153, 154, 155 e 156); b) as taxas (CF, art. 145, II); c) as contribuições, que podem ser assim classificadas: c.1. de melhoria (CF, art. 145, III); c.2. parafiscais (CF, art. 149), que são: c.2.1. sociais, c.2.1.1. de seguridade social (CF, art. 195, I, II, III), c.2.1.2. outras de seguridade social (CF, art. 195, § 4º), c.2.1.3. sociais gerais (o FGTS, o salário-educação, CF, art. 212, § 5º, contribuições para o SESI, SENAI, SENAC, CF art. 240); c.3. espe-

---

7. STF, Tribunal Pleno, RE 146.733-9-SP, rel. Min. Moreira Alves, j. 29.6.1992, v.u., *DJU* 6.11.1992, p. 20.110.
8. STF, Tribunal Pleno, RE 138.284-8-CE, rel. Min. Carlos Velloso, j. 1.7.1992, v.u., *DJU* 28.8.1992, p. 13.456.

ciais: c.3.1. de intervenção no domínio econômico (CF, art. 149) e c.3.2. corporativas (CF, art. 149). Constituem, ainda, espécie tributária: d) os empréstimos compulsórios (CF, art. 148).

QUESTÕES

1. Que se entende por "classificar"? E por "classificação jurídica"?

2. Qual a relevância da classificação jurídica dos tributos?

3. Que se entende por "espécie de tributo"?

4. Na vigência da Constituição Federal de 1988, quais são as espécies tributárias, conforme o ente tributante?

5. Na vigência da Constituição de 1988, quais são as espécies de tributos, segundo a vinculação a uma atividade estatal? E segundo a vinculação do produto arrecadado? Explique.

DISSERTAÇÃO

"Classificação dos Tributos. Relevância. Posições Doutrinárias. Espécies Tributárias".

TEMA PARA PESQUISA

"Classificação Constitucional dos Tributos".

TESTES

1. [124º Exame de Ordem/SP, 2004, n. 81] Sobre as espécies tributárias, pode-se afirmar que:

a) ( ) As taxas são cobradas em razão da utilização de bens e serviços públicos.

b) ( ) As contribuições se distinguem dos impostos em função do seu fato gerador.

c) ( ) As contribuições de melhoria são tributos que podem ser instituídos pela União, pelos Estados, pelo Distrito Federal e pelos Municípios.

d) ( ) As contribuições não podem ter base de cálculo própria de impostos.

2. [119º Exame de Ordem/SP, 2003, n. 82] Lei complementar da União instituiu empréstimo compulsório para absorver temporariamente poder aquisitivo da população, em face da tendência à hiperinflação causada pelo atual Governo. Esse empréstimo compulsório:

a) ( ) É constitucional, pois trata-se de matéria urgente e de relevante interesse nacional.

b) ( ) Deveria ter sido criado por lei ordinária federal.
c) ( ) É inconstitucional, pois escapa às hipóteses permissivas de sua instituição e cobrança.
d) ( ) É inconstitucional, por ter sido instituído por lei complementar.

3. [119º Exame de Ordem/SP, 2003, n. 83] A destinação do produto da arrecadação, à luz da Carta Magna de 1988, é:

a) ( ) Irrelevante.
b) ( ) Relevante, em se tratando de taxas de poder de polícia.
c) ( ) Relevante, em se tratando de empréstimo compulsório.
d) ( ) Relevante, em se tratando de contribuição de melhoria.

4
PRINCÍPIOS CONSTITUCIONAIS TRIBUTÁRIOS

4.1 Princípios jurídicos. 4.2 Princípio da legalidade: 4.2.1 Lei em sentido amplo e em sentido estrito: 4.2.1.1 Emenda constitucional – 4.2.1.2 Lei complementar – 4.2.1.3 Lei ordinária – 4.2.1.4 Lei delegada – 4.2.1.5 Medida provisória – 4.2.1.6 Decreto legislativo – 4.2.1.7 Resolução – 4.2.1.8 Decretos-leis – 4.2.2 Exceções ao princípio da legalidade tributária. 4.3 Princípio da anterioridade: 4.3.1 Princípio da anterioridade nonagesimal. 4.4 Princípio da irretroatividade. [DOUTRINA – JURISPRUDÊNCIA – QUESTÕES – CONSULTAS – DISSERTAÇÃO – TEMAS PARA PESQUISA – TESTES]

4.1 Princípios jurídicos

Princípios jurídicos são regras que, por sua grande generalidade, ocupam posição de destaque no mundo do Direito e, por tal razão, permitem o correto entendimento e a boa aplicação dos demais preceitos normativos.[1]

Noutro giro, sem esses meios para proceder a uma interpretação sistemática do Direito não seria possível identificar a conformidade das leis infraconstitucionais com os ditames estabelecidos na Lei Maior. Aliás, sem os princípios não seria possível sequer conceituar institutos jurídicos, nem construir abstratamente as demais normas jurídicas que estão implícitas nos textos legais.

Por isso se diz que os princípios são imprescindíveis para dar unicidade ao Direito; afinal, tendo-os como vetor interpretativo, as demais normas jurídicas podem ser inferidas harmoniosamente do vasto emaranhado de enunciados escritos que configuram os textos de lei.

---

1. Cf. Roque Antonio Carrazza, *Curso de Direito Constitucional Tributário*, 24ª ed., São Paulo, Malheiros Editores, 2008, p. 39.

Neste capítulo cuidaremos tão-somente dos princípios constitucionais tributários informadores da instituição dos tributos em geral, tais como o da legalidade, o da irretroatividade e o da anterioridade. Quanto aos princípios que integram o regime jurídico específico de cada espécie tributária, serão abordados, sempre que oportuno, nos capítulos seguintes.

4.2 Princípio da legalidade

Nossa Constituição Federal assegura a todos o direito à liberdade, à igualdade, à segurança e à propriedade (art. 5º), donde se inferem os respectivos princípios, que servem para direcionar os passos dos que buscam pautar-se em conformidade com a ordem jurídica.

Nada obstante, ao traçar os contornos do direito à liberdade e à propriedade, a Constituição Federal excepciona, genérica (inciso II do art. 5º) e especificamente (inciso I do art. 150), que a lei – e somente a lei – poderá impor ou proibir determinadas condutas, tal como a obrigação de dar dinheiro ao Estado oriunda do poder estatal de tributar. Leiamos, pois, os dispositivos em comento:

> **[CF] Art. 5º.** (...) II – ninguém será obrigado a fazer ou deixar de fazer alguma coisa senão em virtude de lei; (...).
>
> **Art. 150.** Sem prejuízo de outras garantias asseguradas ao contribuinte, é vedado à União, Estados, Distrito Federal e Municípios: I – exigir ou aumentar tributo sem lei que o estabeleça; (...).

O princípio constitucional da legalidade foi reproduzido no capítulo que trata do Sistema Tributário Nacional (art. 150, I) apenas para realçar sua importância no âmago tributário, razão pela qual também é conhecido como princípio da estrita legalidade tributária.

Dito de outro modo, somente na lei devemos encontrar a descrição de um fato lícito, assim como o momento e o local de sua possível ocorrência; de igual modo, somente na lei há de estar prevista a respectiva obrigação tributária em abstrato, com todos os seus elementos identificadores – quais sejam, os sujeitos da relação jurídica e seu objeto de cunho pecuniário (via de regra, alíquota e base de cálculo).

Não é demasia dizer que as chamadas "obrigações tributárias acessórias" também se submetem ao princípio da legalidade, em face do já registrado art. 5º, II, da CF.

Cumpre, pois, relembrar a noção desse instrumento normativo (lei), sem o qual fica vedada a exigência de tributos.

4.2.1 Lei em sentido amplo e em sentido estrito

Lei é o instrumento normativo hábil a inovar o ordenamento jurídico; ou seja, somente lei pode veicular originariamente restrições ao exercício da liberdade e da propriedade.

Há, no entanto, outros instrumentos normativos que podem explicitar as prescrições legais, sem, todavia, ampliar ou restringir o que estiver estabelecido em lei. São os chamados "instrumentos normativos secundários", tais como decretos, instruções normativas, portarias e circulares.

Interessam-nos, por ora, os instrumentos normativos primários, discriminados na própria Lei Maior, *verbis*:

> **[CF] Art. 59.** O processo legislativo compreende a elaboração de: I – emendas à Constituição; II – leis complementares; III – leis ordinárias; IV – leis delegadas; V – medidas provisórias; VI – decretos legislativos; VII – resoluções.

Observe-se que nossa Constituição Federal consagrou o processo legislativo indireto ou representativo, por meio do qual o povo (mandante) elege seus representantes (mandatários) para legislar e, em conformidade com as leis e diretrizes constitucionais, administrar a coisa pública.

O processo de elaboração de leis ordinárias é – como o próprio nome está a dizer – ordinário, ou simplesmente comum. Só para registro, a lei ordinária deriva do processo legislativo comum, cujo projeto de lei submete-se às seguintes fases: (a) iniciativa; (b) discussão; (c) votação; (d) sanção ou veto; (e) promulgação. A publicação da lei visa a dar conhecimento a todos de que a ordem jurídica foi originariamente inovada. Para a votação exige-se a presença da maioria absoluta dos membros de cada Casa e de suas Comissões; e para ser aprovada, a maioria dos votos. Veja-se:

> **[CF] Art. 47.** Salvo disposição constitucional em contrário, as deliberações de cada Casa e de suas Comissões serão tomadas por maioria dos votos, presente a maioria absoluta de seus membros.

Todavia, exige-se um rito especial para o processo legislativo de emenda constitucional, lei complementar, lei delegada, medida provisória, resoluções e leis financeiras.

Com efeito, para a elaboração de emenda constitucional há necessidade de ser o projeto discutido e votado em cada Casa do Congresso Nacional, em dois turnos, considerando-se aprovado se obtiver, em ambos, três quintos dos votos dos respectivos membros (§ 2º do art. 60 da CF).

A lei complementar, no tocante ao processo legislativo, situa-se entre a emenda constitucional e a lei ordinária. Dito de outro modo, a lei complementar submete-se ao mesmo processo de elaboração de lei ordinária, exigindo-se tão-somente que seja aprovada pela maioria *absoluta* para a votação do respectivo projeto (art. 69 da CF de 1988).

4.2.1.1 *Emenda constitucional*

Acerca de legitimidade ativa para a propositura de emenda constitucional dispõe a CF em vigor:

> **[CF] Art. 60.** A Constituição poderá ser emendada mediante proposta: I – de um terço, no mínimo, dos membros da Câmara dos Deputados ou do Senado Federal; II – do Presidente da República; III – de mais da metade das Assembléias Legislativas das unidades da Federação, manifestando-se, cada uma delas, pela maioria relativa de seus membros.
>
> (...).
>
> § 2º. A proposta será discutida e votada em cada Casa do Congresso Nacional, em 2 (dois) turnos, considerando-se aprovada se obtiver, em ambos, três quintos dos votos dos respectivos membros.
>
> (...).
>
> § 4º. Não será objeto de deliberação a proposta de emenda tendente a abolir: I – a forma federativa de Estado; II – o voto direto, secreto, universal e periódico; III – a separação dos Poderes; IV – os direitos e garantias individuais.

Nossa Constituição é rígida, tanto que somente pode ser alterada por emenda constitucional, jamais por lei ordinária, lei complementar ou por qualquer outra espécie legislativa infraconstitucional. Aliás, há determinados assuntos que nem emenda poderá reduzir seu alcance, razão pela qual recebem o nome de cláusulas de pedra (§ 4º do art. 60 da CF).

A propósito, para fins tributários exige-se um estudo mais meticuloso acerca do (a) princípio federativo, bem como dos (b) direitos e garantias individuais.

No primeiro caso, para saber se uma reforma tributária poderia ampliar ou reduzir o campo de competência de determinado ente tributante. Deveras, a Constituição Federal de 1988 consagrou o princípio federativo, o da autonomia política dos Municípios, bem como o da isonomia das pessoas políticas de direito público. Para viabilizar a efetiva preservação desses princípios, assegurou-lhes, concomitantemente, a correlata autonomia financeira, com a possibilidade de auferirem receitas públicas em igualdade de condições. De conseguinte, emenda constitucional que viesse a fortalecer o poder de tributar de determinado ente tributante em detrimento dos demais violaria cláusula pétrea.

No segundo, para saber se os princípios da estrita legalidade tributária, da anterioridade, da irretroatividade, da capacidade contributiva, da imunidade, dentre outros que integram o regime jurídico constitucional tributário – também conhecido como limitações constitucionais ao poder de tributar –, poderiam ser suprimidos ou excepcionados por emenda constitucional. Enfim, cumpre perquirir se os direitos e garantias dos contribuintes se inserem dentre os direitos e garantias individuais a que se refere o inciso IV do § 4º do art. 60 da Lei das Leis, mormente num país em que a edição de emenda constitucional tenta competir, em termos quantitativos, com a edição de medidas provisórias.

4.2.1.2 *Lei complementar*

A Constituição especifica expressamente a matéria reservada à lei complementar. Na esfera tributária, por exemplo, exige lei complementar para a instituição de empréstimo compulsório, impostos residuais, contribuições sociais residuais, bem como para veicular normas gerais em matéria de legislação tributária.

Nesse passo, convém ressaltar a necessidade de lei complementar para veicular essas *normas gerais*, consoante dispõe o art. 146 da CF de 1988, *verbis*:

> **[CF] Art. 146.** Cabe à lei complementar: I – dispor sobre conflitos de competência, em matéria tributária, entre a União, os Estados, o

Distrito Federal e os Municípios; II – regular as limitações constitucionais ao poder de tributar; III – estabelecer normas gerais em matéria de legislação tributária, especialmente sobre: a) definição de tributos e de suas espécies, bem como, em relação aos impostos discriminados nesta Constituição, a dos respectivos fatos geradores, bases de cálculo e contribuintes; b) obrigação, lançamento, crédito, prescrição e decadência tributários; c) adequado tratamento tributário ao ato cooperativo praticado pelas sociedades cooperativas; d) definição de tratamento diferenciado e favorecido para as microempresas e para as empresas de pequeno porte, inclusive regimes especiais ou simplificados no caso do imposto previsto no art. 155, II, das contribuições previstas no art. 195, I e §§ 12 e 13, e da contribuição a que se refere o art. 239. *[Incluído pela Emenda Constitucional 42, de 19.12.2003]*

Sob a égide da Carta de 1967 desenvolveram-se duas interpretações acerca do art. 18, § 1º, que também se reportavam às funções da lei complementar no âmbito tributário:

(a) A linha tradicional,[2] que ainda hoje predomina, sustenta que a lei complementar tem exatamente essas três funções em matéria tributária: (a) veicular normas gerais em matéria de legislação tributária; (b) dispor sobre conflitos de competência entre os entes tributantes; (c) regular as limitações constitucionais ao poder de tributar. Como conseqüência – somente para ilustrar –, nenhum ente tributante pode exercer sua competência impositiva sem que tenha sido observado o disposto no referido inciso III do art. 146.

(b) A corrente minoritária atribui à lei complementar a única função de veicular normas gerais de direito tributário apenas no que tange aos conflitos de competência entre os entes tributantes e às limitações constitucionais ao poder de tributar, sob pena de ser inócua ou inconstitucional, haja vista que lei infraconstitucional alguma pode ampliar ou restringir a competência dos entes tributantes conferida pela própria Lei Maior.

4.2.1.3 *Lei ordinária*

A instituição de tributos deve ser realizada por meio de lei ordinária da pessoa política de direito público competente. Esse é um

---

2. Também conhecida como Escola "Bem-Comportada" do Direito Tributário Brasileiro.

mandamento constitucional implícito. As exceções são referidas expressamente pela Lei Maior (v. o item 4.2.2).

Convém explicitar que uma lei só pode ser revogada ou alterada por outra lei de igual hierarquia. Logo, a modificação da norma instituidora do tributo ou sua extinção somente podem ser perpetradas por lei de igual hierarquia do mesmo ente tributante.

Saliente-se, ademais, que está implicitamente proscrita a delegação da função legislativa por meio de lei infraconstitucional a pessoas diversas dos entes tributantes constitucionalmente competentes; afinal, é o que se infere dos princípios constitucionais da indelegabilidade da função legislativa e da separação dos Poderes.

Deveras, se a outorga de competência legislativa é feita pela própria Lei Maior, por meio das chamadas normas de estrutura, nenhuma lei infraconstitucional poderá exceder o campo de atuação que lhe fora reservado, sob pena de inconstitucionalidade.

4.2.1.4 *Lei delegada*

Na esteira do que vimos de ver, cumpre também ressaltar que o campo reservado à lei delegada é bastante restrito, dada a excepcionalidade de ser elaborada pelo Presidente da República.

Desse modo, a lei delegada é uma exceção constitucional ao princípio da indelegabilidade da função legislativa; afinal, encontra-se autorizada e rigorosamente delimitada pela própria Constituição Federal:

> [CF] **Art. 68.** As leis delegadas serão elaboradas pelo Presidente da República, que deverá solicitar a delegação ao Congresso Nacional.
>
> § 1º. Não serão objeto de delegação os atos de competência exclusiva do Congresso Nacional, os de competência privativa da Câmara dos Deputados ou do Senado Federal, a matéria reservada à lei complementar, nem a legislação sobre: I – organização do Poder Judiciário e do Ministério Público, a carreira e a garantia de seus membros; II – nacionalidade, cidadania, direitos individuais, políticos e eleitorais; III – planos plurianuais, diretrizes orçamentárias e orçamentos.

4.2.1.5 *Medida provisória*

Medida provisória não é lei em sentido formal, pois produz eficácia sem ter sido submetida ao crivo do Poder Legislativo.

Nada obstante, frise-se que somente em casos de relevância e urgência a própria Lei Maior autoriza sua edição pelo chefe do Executivo.

É, todavia, lei em sentido material, pois consiste num instrumento normativo com força de lei; isto é, pode inovar originariamente nosso ordenamento jurídico.

Torna-se bastante discutível a possibilidade de medida provisória criar ou majorar tributos, ainda que autorizada pelo poder constituinte derivado, haja vista que a liberdade e a propriedade são valores fundamentais para o homem, bem como o fato de ser um instrumento normativo que dispensa o prévio consenso dos Poderes Legislativo e Executivo para produzir eficácia.

Feita essa ressalva, convém registrar a inovação trazida por emenda constitucional no tocante ao cabimento de medida provisória em matéria tributária:

> **[CF] Art. 62.** Em caso de relevância e urgência, o Presidente da República poderá adotar medidas provisórias, com força de lei, devendo submetê-las de imediato ao Congresso Nacional. [*Redação dada pela Emenda Constitucional 32/2001*]
>
> § 1º. É vedada a edição de medidas provisórias sobre matéria: I – relativa a: a) nacionalidade, cidadania, direitos políticos, partidos políticos e direito eleitoral; b) direito penal, processual penal e processual civil; c) organização do Poder Judiciário e do Ministério Público, a carreira e a garantia de seus membros; d) planos plurianuais, diretrizes orçamentárias, orçamento e créditos adicionais e suplementares, ressalvado o previsto no art. 167, § 3º; II – que vise a detenção ou seqüestro de bens, de poupança popular ou qualquer outro ativo financeiro; III – reservada a lei complementar; IV – já disciplinada em projeto de lei aprovado pelo Congresso Nacional e pendente de sanção ou veto do Presidente da República.
>
> § 2º. Medida provisória que implique instituição ou majoração de impostos, exceto os previstos nos arts. 153, I, II, IV, V, e 154, II, só produzirá efeitos no exercício financeiro seguinte se houver sido convertida em lei até o último dia daquele em que foi editada.
>
> § 3º. As medidas provisórias, ressalvado o disposto nos §§ 11 e 12, perderão eficácia, desde a edição, se não forem convertidas em lei no prazo de 60 (sessenta) dias, prorrogável, nos termos do § 7º, uma vez por igual período, devendo o Congresso Nacional disciplinar, por decreto legislativo, as relações jurídicas delas decorrentes.

4.2.1.6 *Decreto legislativo*

Versa sobre matéria de competência exclusiva do Congresso Nacional, a quem também compete dispor sobre seu processo legislativo. A propósito, ante o silêncio da Lei Maior, submete-se o decreto legislativo à regra geral do art. 47 da Lei Maior.

É por meio de decreto legislativo emanado do Congresso Nacional que as medidas provisórias, sob pena de perderem a eficácia, desde a sua edição, deverão ser convertidas em lei no prazo de 60 dias, prorrogável por igual período (§ 3º do art. 62 da CF).

Por fim, também em prol do princípio constitucional da legalidade, os tratados e convênios que versem sobre matéria tributária deverão ser ratificados por meio de decreto legislativo, a fim de produzir eficácia. Noutras palavras, o decreto legislativo está no mesmo patamar hierárquico das leis ordinárias, podendo inovar originariamente a ordem jurídica ao incorporar o conteúdo dos convênios internos e dos tratados internacionais. É o que também se pode inferir da CF:

> **[CF] Art. 49.** É da competência exclusiva do Congresso Nacional: I – resolver definitivamente sobre tratados, acordos ou atos internacionais que acarretem encargos ou compromissos gravosos ao patrimônio nacional; (...).

4.2.1.7 *Resolução*

Dispõe sobre matéria de competência exclusiva do Congresso Nacional ou de qualquer de suas Casas, em regra com efeitos internos. Submete-se ao rito legislativo ordinário, ressalvados os casos em que a própria Constituição impõe forma especial.

A resolução do Congresso Nacional que outorga delegação ao Presidente da República para legislar deve atender às exigências do art. 68 da CF:

> **[CF] Art. 68.** As leis delegadas serão elaboradas pelo Presidente da República, que deverá solicitar a delegação ao Congresso Nacional.
>
> (...).
>
> § 2º. A delegação ao Presidente da República terá a forma de resolução do Congresso Nacional, que especificará seu conteúdo e os termos de seu exercício.

No âmbito tributário compete às resoluções do Senado fixar alíquotas máximas do imposto *causa mortis* e sobre doação de quaisquer bens ou direitos (CF, art. 155, § 1º, IV).

Também por resolução do Senado, de iniciativa do Presidente da República ou de um terço dos senadores, aprovada pela maioria absoluta de seus membros, serão estabelecidas as alíquotas aplicáveis às operações e prestações interestaduais e de exportação (art. 155, § 2º, IV).

As alíquotas mínimas de ICMS nas operações internas (art. 155, § 2º, V, "a") e as máximas, quando houver conflito de interesses estadual (art. 155, § 2º, V, "b"), também serão estabelecidas por resolução.

Transcreva-se:

> **[CF] Art. 155.** Compete aos Estados e ao Distrito Federal instituir impostos sobre: I – transmissão *causa mortis* e doação, de quaisquer bens ou direitos; II – operações relativas à circulação de mercadorias e sobre prestações de serviços de transporte interestadual e intermunicipal e de comunicação, ainda que as operações e as prestações se iniciem no Exterior; (...).
>
> (...).
>
> § 2º. O imposto previsto no inciso II atenderá ao seguinte: (...) IV – resolução do Senado Federal, de iniciativa do Presidente da República ou de um terço dos senadores, aprovada pela maioria absoluta de seus membros, estabelecerá as alíquotas aplicáveis às operações e prestações, interestaduais e de exportação; V – é facultado ao Senado Federal: a) estabelecer alíquotas mínimas nas operações internas, mediante resolução de iniciativa de um terço e aprovada pela maioria absoluta de seus membros; b) fixar alíquotas máximas nas mesmas operações para resolver conflito específico que envolva interesse de Estados, mediante resolução de iniciativa da maioria absoluta e aprovada por dois terços de seus membros; (...).

4.2.1.8 *Decretos-leis*

A figura do decreto-lei restou extinta com a Constituição Federal de 1988. Na verdade, permanece com uma nova roupagem, ou, melhor, com uma nova denominação – qual seja, medida provisória. Sobre os decretos-leis então vigentes à época da promulgação da Lei Maior aplica-se a seguinte disciplina:

[ADCT] Art. 25. Ficam revogados, a partir de 180 (cento e oitenta) dias da promulgação da Constituição, sujeito este prazo a prorrogação por lei, todos os dispositivos legais que atribuam ou deleguem a órgão do Poder Executivo competência assinalada pela Constituição ao Congresso Nacional, especialmente no que tange a: I – ação normativa; II – alocação ou transferência de recursos de qualquer espécie.

§ 1º. Os decretos-lei em tramitação no Congresso Nacional e por este não apreciados até a promulgação da Constituição terão seus efeitos regulados da seguinte forma: I – se editados até 2 de setembro de 1988, serão apreciados pelo Congresso Nacional no prazo de até 180 (cento e oitenta) dias a contar da promulgação da Constituição, não computado o recesso parlamentar; II – decorrido o prazo definido no inciso anterior, e não havendo apreciação, os decretos-lei ali mencionados serão considerados rejeitados; III – nas hipóteses definidas nos incisos I e II, terão plena validade os atos praticados na vigência dos respectivos decretos-lei, podendo o Congresso Nacional, se necessário, legislar sobre os efeitos deles remanescentes.

§ 2º. Os decretos-lei editados entre 3 de setembro de 1988 e a promulgação da Constituição serão convertidos, nesta data, em medidas provisórias, aplicando-se-lhes as regras estabelecidas no art. 62, parágrafo único.

De tudo o que foi exposto neste item 4.2, convém enfatizar, em breve síntese, que é regra absoluta a necessidade de lei para instituir tributos. Pode-se, todavia, entender que, como regra geral, são criados por lei ordinária, seja federal, estadual, distrital ou municipal, conforme a atribuição constitucional de competência tributária entre os referidos entes tributantes. Excepcionalmente, por exemplo, alguns tributos podem ser criados por lei complementar – mas, frise-se, sempre por lei.

Após essa observação, impõe-se trazer a contexto que a Constituição Federal de 1988 faculta expressamente ao Poder Executivo fixar alíquotas de alguns impostos federais com função extrafiscal, quais sejam: impostos de importação, impostos de exportação, imposto sobre produtos industrializados – IPI e impostos sobre operações financeiras – IOF. Têm-se, dessa forma, as chamadas exceções ao princípio da legalidade tributária. Vejamo-las com mais vagar.

4.2.2 Exceções ao princípio da legalidade tributária

Vimos de ver que os tributos devem ser instituídos por meio de instrumentos normativos primários. Regra geral (implícita), lei *ordi-*

nária do ente tributante competente. Observe-se que a Constituição Federal, de um lado, impõe genericamente a necessidade de lei para instituir tributos (art. 150, I) e, de outro, traça o campo tributário de cada uma das quatro pessoas políticas de direito público (*v.g.*, no caso de impostos, arts. 153, 155 e 156).

Dessa forma, fica implícito que os tributos podem ser criados pelas respectivas leis ordinárias federais, estaduais, distritais e municipais. As exceções a essa regra são apontadas expressamente (por exemplo, arts. 148, 154, I, e 195, § 4º).

Dessa primeira análise, pode-se afirmar que, como regra absoluta, os tributos são veiculados apenas pelos instrumentos normativos primários. Dentro dessa categoria, no entanto, podemos falar em regra e exceções. Com efeito, a regra é que os tributos são criados por lei ordinária e excepcionalmente por lei complementar.

Por outro lado, convém destacar, sob um outro enfoque, as conhecidas exceções ao princípio da legalidade tributária, mais precisamente a fixação de alíquotas pelo chefe do Executivo. Destacam-se os seguintes impostos:

[CF] Art. 153. (...).

§ 1º. É facultado ao Poder Executivo, atendidas as condições e os limites estabelecidos em lei, alterar as alíquotas dos impostos enumerados nos incisos I, II, IV e V.

Registre-se, ademais, a exceção ao princípio constitucional da estrita legalidade veiculada por emenda constitucional, *verbis*:

[CF] Art. 177. (...).

(...).

§ 4º. A lei que instituir contribuição de intervenção no domínio econômico relativa às atividades de importação ou comercialização de petróleo e seus derivados, gás natural e seus derivados e álcool combustível deverá atender aos seguintes requisitos: I – a alíquota da contribuição poderá ser: (...) b) reduzida e restabelecida por ato do Poder Executivo, não se lhe aplicando o disposto no art. 150, III, "b"; (...). *[Incluído pela Emenda Constitucional 33/2001]*

O § 1º do art. 153 não trata, a rigor, de exceções ao princípio da legalidade, uma vez que os tributos, sem exceção, devem ser instituídos por lei. No caso em apreço, porém, a lei estabelecerá as condições que, se presentes no mundo fenomênico, autorizarão o Presidente da República a reajustar as alíquotas desses impostos. Para que isso ocorra também será necessário que a lei estabeleça alíquotas mínima e máxima, cujos limites não poderão ser desrespeitados pelo decreto do chefe do Executivo (§ 1º do art. 153 da CF de 1988).

Doutra parte, tem-se no art. 177, § 4º, I, "b", a redução do alcance de uma garantia constitucional (art. 150, I) levada a cabo mediante o exercício do poder constituinte derivado (Emenda Constitucional 33/2001), por meio da qual se permite a fixação de alíquota de uma dada contribuição de caráter tributário por simples ato do Poder Executivo, sem necessidade de lei para veicular as alíquotas mínima e máxima, bem como para estabelecer as condições para sua alteração.

Observe-se, ademais, que também para esse fim é prescindível o emprego de medida provisória, haja vista que sua edição depende da observância dos requisitos constitucionais de relevância *e* urgência, além de sua subseqüente apreciação pelo Poder Legislativo para eventual conversão em lei – exigências, essas, que não foram impostas pela Lei Maior quando veiculou o disposto no § 1º do art. 153.

4.3 Princípio da anterioridade

Dispõe a CF de 1988:

> [CF] **Art. 150.** Sem prejuízo de outras garantias asseguradas ao contribuinte, é vedado à União, Estados, Distrito Federal e Municípios: (...) III – cobrar tributos: (...) b) no mesmo exercício financeiro em que haja sido publicada a lei que os instituiu ou aumentou; (...).

A lei que cria ou aumenta tributo (*v.g.*, impostos, taxas ou contribuição de melhoria) somente pode incidir sobre fatos que ocorrerem no exercício financeiro seguinte ao da data da sua publicação (art. 150, III, "b", CF de 191988). Como se pode notar, a Constituição Federal assegura ao contribuinte o direito de não ter sua situação agravada da noite para o dia.

Com isso, pode-se asseverar que a lei que revoga isenção também se sujeita ao princípio em tela, uma vez que aqueles que se encontravam isentos passarão, com a revogação, a ser tributados. Ainda *pari passu* com a observação assinalada acerca do princípio da legalidade, os decretos legislativos que ratifiquem tratados e convênios também deverão observar o princípio da anterioridade.

Impende explicitar que não se trata de vedação à *cobrança* de tributo no mesmo exercício financeiro em que a lei instituidora tenha sido publicada, mas, sim, da própria impossibilidade do *nascimento* da obrigação tributária, sob pena de se tolher o alcance dessa *vacatio* constitucional – que, diga-se de passagem, é uma garantia expressamente assegurada pela Lei Maior aos contribuintes, em consonância com o princípios constitucionais implícitos da segurança jurídica e da não-surpresa tributária.

Exceções:

> **[CF] Art. 150.** (...).
>
> § 1º. A vedação do inciso III, "b", não se aplica aos tributos previstos nos arts. 148, I, 153, I, II, IV e V; e 154, II; (...).

Frise-se, portanto, que não precisam observar o princípio da anterioridade os seguintes impostos federais: imposto de importação, imposto de exportação, IPI, IOF e os tributos lançados em razão de guerra externa ou calamidade pública (imposto extraordinário e empréstimo compulsório).

4.3.1 Princípio da anterioridade nonagesimal

Quanto ao disposto na alínea "c" do dispositivo em comento (art. 150), inserida pela Emenda Constitucional 42/2003, tem-se, como regra, que nenhum tributo poderá ser exigido antes de decorridos 90 dias da data em que haja sido publicada a lei que o instituiu ou aumentou e, além disso, não antes do primeiro dia do exercício financeiro subseqüente.

Exceções:

> **[CF] Art. 150.** Sem prejuízo de outras garantias asseguradas ao contribuinte, é vedado à União, aos Estados, ao Distrito Federal e aos Municípios: (...) III – cobrar tributos: (...) c) antes de decorridos 90 (noventa) dias da data em que haja sido publicada a lei que os instituiu ou aumentou, observado o disposto na alínea "b"; (...).
>
> § 1º. (...) a vedação do inciso III, "c", não se aplica aos tributos previstos nos arts. 148, I, 153, I, II, III e V; e 154, II, nem à fixação da base de cálculo dos impostos previstos nos arts. 155, III, e 156, I.

Em breve síntese, *não* se submetem ao princípio da anterioridade especial (ou nonagesimal) os seguintes impostos federais: imposto de importação, imposto de exportação, IR, IOF. Também são exceções os tributos lançados em razão de guerra externa ou calamidade pública (imposto extraordinário e empréstimo compulsório), bem como a fixação da base de cálculo do imposto sobre a propriedade predial e territorial urbana (IPTU) e do imposto sobre a propriedade de veículo automotor (IPVA).

Quanto às contribuições sociais, já dispunha a Constituição Federal de 1988:

[CF] Art. 195. (...).

(...).

§ 6º. As contribuições sociais de que trata este artigo só poderão ser exigidas após decorridos 90 (noventa) dias da data da publicação da lei que as houver instituído ou modificado, não se lhes aplicando o disposto no art. 150, III, "b".

Em outras palavras, a lei que cria ou aumenta contribuições sociais somente poderá incidir sobre fatos que ocorrerem após 90 dias contados da data da sua publicação, ainda que, conforme a data de sua publicação, possa incidir no mesmo exercício financeiro em que tiver sido publicada a referida lei.

4.4 Princípio da irretroatividade

A lei que cria ou aumenta tributos não poderá atingir fatos ocorridos anteriormente à sua vigência. Veja-se:

[CF] Art. 150. Sem prejuízo de outras garantias asseguradas ao contribuinte, é vedado à União, aos Estados, ao Distrito Federal e aos Municípios: (...) III – cobrar tributos: a) em relação a fatos geradores ocorridos antes do início da vigência da lei que os houver instituído ou aumentado (...).

O princípio da irretroatividade não se confunde com o princípio da anterioridade, pois, enquanto este veda a exigência do tributo no mesmo exercício financeiro em que tiver sido publicada a lei que o institui, aquele, de sua vez, veda a incidência da lei sobre fatos que ocorreram antes da sua entrada em vigor.

Observe-se que o princípio da anterioridade assegura algo mais ao contribuinte: confere-lhe a possibilidade de se beneficiar com um prazo, após a publicação da lei, maior que o da *vacatio legis* prevista na Lei de Introdução ao Código Civil. Com efeito, a lei tributária, além de não alcançar fatos anteriores a ela (princípio da irretroatividade), também não incidirá sobre fatos que ocorrerem no mesmo exercício financeiro em que tenha sido publicada (princípio da anterioridade).

Todavia, o CTN, no art. 106, traz as seguintes *exceções ao princípio da irretroatividade*:

> **[CTN] Art. 106.** A lei aplica-se a ato ou fato pretérito: I – em qualquer caso, quando seja expressamente interpretativa, excluída a aplicação de penalidade à infração dos dispositivos interpretados; II – tratando-se de ato não definitivamente julgado: a) quando deixe de defini-lo como infração; b) quando deixe de tratá-lo como contrário a qualquer exigência de ação ou omissão, desde que não tenha sido fraudulento e não tenha implicado em falta de pagamento de tributo; c) quando lhe comine penalidade menos severa que a prevista na lei vigente ao tempo da sua prática.

Em síntese, pode-se afirmar que *não* há exceção ao aludido princípio quando se tratar de lei que, de algum modo, empiore a situação do contribuinte ou do infrator.

Doutra parte, para fins de retroatividade da lei tributária, deve-se entender por *lei expressamente interpretativa* a que, sem desrespeitar o princípio da igualdade, seja favorável ao contribuinte e, ademais, haja autorização legal explícita da sua retroatividade.

No tocante às infrações e crimes fiscais, respectivamente, na esfera administrativa e na esfera penal, aplica-se o disposto no inciso XV do art. 5º da Lei Maior: "a lei penal não retroagirá, salvo para beneficiar o réu".

DOUTRINA

Sobre as acepções do termo "princípio", leciona Paulo de Barros Carvalho:[3]

---

3. Paulo de Barros Carvalho, *Curso de Direito Tributário*, 13ª ed., São Paulo Saraiva, 2000, pp. 104 e 106.

Em Direito, utiliza-se o termo "princípio" para denotar as regras de que falamos, mas também se emprega a palavra para apontar normas que fixam importantes critérios objetivos, além de ser usada, igualmente, para significar o próprio valor, independentemente da estrutura a que está agregado e, do mesmo modo, o limite objetivo sem a consideração da norma.

(...).

Seja como for, os princípios aparecem como linhas diretivas que iluminam a compreensão de setores normativos, imprimindo-lhes caráter de unidade relativa e servindo de fator de agregação num dado feixe de normas. Exercem eles uma reação centrípeta, atraindo em torno de si regras jurídicas que caem sob seu raio de influência e manifestam a força de sua presença. Algumas vezes constam de preceito expresso, logrando o legislador constitucional enunciá-los com clareza e determinação. Noutras, porém, ficam subjacentes à dicção do produto legislado, suscitando um esforço de feitio indutivo para percebê-los e isolá-los. São os princípios implícitos. Entre eles e os expressos não se pode falar em supremacia, a não ser pelo conteúdo intrínseco que representam para a ideologia do intérprete, momento em que surge a oportunidade de cogitar-se de princípios e de sobreprincípios.

De seu turno, Ricardo Lobo Torres[4] observa que nem o vigente texto constitucional brasileiro se encontra a salvo das contradições de princípios, inclusive das antinomias entre os princípios constitucionais tributários, ainda que passíveis de correção, se insuficiente a interpretação conforme a Constituição:

Em certas épocas os princípios tributários estão em agudo contraste e por não se equilibrarem harmoniosamente dentro da Constituição fazem com que *desapareça a própria ordem constitucional*. A Constituição de Weimar foi um exemplo: muito bonita, muito justa, mas contraditória; alguns de seus artigos foram redigidos pela Direita, outros pela Esquerda; quando aquela Constituição começou a ser aplicada trouxe os maiores problemas, porque realmente não tinha possibilidade de atuar, em vista da contradição de seus princípios.

A nossa Constituição Federal/1946 também era contraditória e por isso mesmo durou pouco. Temos ainda, no Brasil, evidentemente, sérias

---

4. Ricardo Lobo Torres, *Normas de Interpretação e Integração do Direito Tributário*, 3ª ed., Rio de Janeiro, Renovar, 2000, pp. 42-43.

antinomias de valores e princípios, como as que ocorrem entre a segurança e a justiça, entre capacidade contributiva e desenvolvimento econômico. Problema que se coloca há muitos anos e que se sintetiza na "teoria do bolo": devemos primeiro deixar o país crescer, para depois dividir o bolo da riqueza, ou, pelo contrário, vamos desde logo fazer a justiça, aplicando os princípios da capacidade contributiva e da redistribuição de renda, para depois pensar no desenvolvimento econômico? A Constituição de 1988 procurou oferecer saída para algumas contradições.

Celso Antônio Bandeira de Mello[5] explicita a relevância dos princípios jurídicos, dentre os quais destacam-se o da supremacia do interesse público sobre o privado bem como o da legalidade:

> *3.* O princípio da supremacia do interesse público sobre o interesse privado é princípio geral de Direito inerente a qualquer sociedade. É a própria condição de sua existência. Assim, não se radica em dispositivo específico algum da Constituição, ainda que inúmeros aludam ou impliquem manifestações concretas dele, como, por exemplo, os princípios da função social da propriedade, da defesa do consumidor ou do meio ambiente (art. 170, III, V e VI), ou tantos outros. Afinal, o princípio em causa é um pressuposto lógico do convívio social. (...)
>
> (...).
>
> *6.* Onde há função, pelo contrário, não há autonomia da vontade, nem a liberdade em que se expressa, nem a autodeterminação da finalidade a ser buscada, nem a procura de interesses próprios, pessoais. Há adscrição a uma finalidade previamente estabelecida e, no caso de função pública, há submissão da vontade ao escopo pré-traçado na Constituição ou na lei e há o dever de bem curar um interesse alheio, que, no caso, é o interesse público; vale dizer, da coletividade como um todo, e não da entidade governamental em si mesma considerada.
>
> (...).
>
> (...) o princípio da legalidade é o da completa submissão da Administração às leis. Esta deve tão-somente obedecê-las, cumpri-las, pô-las em prática. Daí que a atividade de todos os seus agentes, desde o que lhe ocupa a cúspide, isto é, o Presidente da República, até o mais modesto dos servidores, só pode ser a de dóceis, reverentes, obsequio-

---

5. Celso Antônio Bandeira de Mello, *Curso de Direito Administrativo*, 25ª ed., 2ª tir., São Paulo, Malheiros Editores, 2008, pp. 96, 98, 101 e 103.

sos cumpridores das disposições gerais fixadas pelo Poder Legislativo, pois esta é a posição que lhes compete no Direito Brasileiro.

(...).

Portanto, a função do ato administrativo só poderá ser a de agregar à lei nível de concreção; nunca lhe assistirá instaurar originariamente qualquer cerceio a direitos de terceiros.

A respeito do *princípio da legalidade*, elucida Luciano Amaro:[6]

Esse princípio é multissecular, tendo sido consagrado, na Inglaterra, na Magna Carta de 1215, do rei João-sem-Terra, a quem os barões ingleses impuseram a necessidade de obtenção prévia de aprovação dos súditos para a cobrança de tributos (*no taxation without representation*).

O conteúdo do princípio da legalidade tributária vai além da simples *autorização* do Legislativo para que o Estado cobre tal ou qual tributo. É mister que a lei defina *in abstracto* todos os aspectos relevantes para que, *in concreto*, se possa determinar quem terá de pagar, quanto, a quem, à vista de que fatos ou circunstâncias. A lei deve esgotar, como preceito geral e abstrato, os dados necessários à identificação do fato gerador da obrigação tributária e à quantificação do tributo, sem que restem à autoridade poderes para, discricionariamente, determinar se "A" irá ou não pagar tributo, em face de determinada situação. Os critérios que definirão se "A" deve ou não contribuir, ou que montante estará a reconhecer, devem figurar na lei, e não no juízo de conveniência ou oportunidade do administrador público.

Sobre os instrumentos normativos secundários que visam a disciplinar o funcionamento da Administração e a conduta funcional de seus agentes, portanto, que não atingem nem obrigam aos particulares, leciona Hely Lopes Meirelles:[7]

Atos administrativos ordinatórios são os que visam a disciplinar o funcionamento da Administração e a conduta funcional de seus agentes. São provimentos, determinações ou esclarecimentos que se endereçam aos servidores públicos a fim de orientá-los no desempenho de suas atribuições.

---

6. Luciano Amaro, *Direito Tributário Brasileiro*, 14ª ed., São Paulo, Saraiva, 2008, pp. 111-112.
7. Hely Lopes Meirelles, *Direito Administrativo Brasileiro*, 34ª ed., São Paulo, Malheiros Editores, 2008, pp. 187-188.

(...).

Dentre os *atos administrativos ordinatórios* de maior freqüência e utilização na prática merecem exame as *instruções*, as *circulares*, os *avisos*, as *portarias*, as *ordens de serviço*, os *ofícios* e os *despachos*.

4.2.1 *Instruções* – *Instruções* são ordens escritas e gerais a respeito do modo e forma de execução de determinado serviço público, expedidas pelo superior hierárquico com o escopo de orientar os subalternos no desempenho das atribuições que lhes estão afetas, e assegurar a unidade de ação no organismo administrativo. (...).

4.2.2 *Circulares* – *Circulares* são ordens escritas, de caráter uniforme, expedidas a determinados funcionários ou agentes administrativos incumbidos de certo serviço, ou do desempenho de certas atribuições em circunstâncias especiais. (...).

4.2.3 *Avisos* – *Avisos* são atos emanados dos Ministros de Estado a respeito de assuntos afetos aos seus Ministérios. (...).

4.2.4 *Portarias* – *Portarias* são atos administrativos internos pelos quais os chefes de órgãos, repartições ou serviços expedem determinações gerais ou especiais a seus subordinados, ou designam servidores para funções e cargos secundários. Por portaria também se iniciam sindicâncias e processos administrativos. (...).

(...).

4.2.5 *Ordens de serviço* – *Ordens de serviço* são determinações especiais dirigidas aos responsáveis por obras ou serviços públicos autorizando seu início, ou contendo imposições de caráter administrativo, ou especificações técnicas sobre o modo e forma de sua realização. (...).

4.2.6 *Provimentos* – São atos administrativos internos, contendo determinações e instruções que a Corregedoria ou os tribunais expedem para a regularização e uniformização dos serviços, especialmente os da Justiça, com o objetivo de evitar erros e omissões na observância da lei.

4.2.7 *Ofícios* – *Ofícios* são comunicações escritas que as autoridades fazem entre si, entre subalternos e superiores, e entre Administração e particulares, em caráter oficial. (...). Diferem os *ofícios* dos *requerimentos* e *petições*, por conterem aqueles uma comunicação ou um convite, ao passo que estes encerram sempre uma pretensão do particular à Administração.

4.2.8 Despachos – *Despachos administrativos* são decisões que as autoridades executivas (ou legislativas e judiciárias, em funções administrativas) proferem em papéis, requerimentos e processos sujeitos à sua apreciação. (...).

No mais, salienta, com precisão, Hely Lopes Meirelles:[8]

> Na Administração Pública não há liberdade nem vontade pessoal. Enquanto na administração particular é lícito fazer tudo que a lei não proíbe, na Administração Pública só é permitido fazer o que a lei autoriza. A lei para o particular significa "pode fazer assim"; para o administrador público significa "deve fazer assim".

Sobre o princípio da legalidade, estampado no inciso II do art. 5º da CF, e o correlato princípio da indelegabilidade da função legislativa posiciona-se Celso Antônio Bandeira de Mello:[9]

> Note-se que o preceptivo não diz "decreto", "regulamento", "portaria", "resolução" ou quejandos. Exige *lei* para que o Poder Público possa impor obrigações aos administrados. É que a Constituição brasileira, seguindo tradição já antiga, firmada por suas antecedentes republicanas, não quis tolerar que o Executivo, valendo-se de regulamento, pudesse, por si mesmo, interferir com a liberdade ou a propriedade das pessoas.
>
> (...).
>
> *30.* Considera-se que há delegação disfarçada e inconstitucional, efetuada fora do procedimento regular, toda vez que a lei remete ao Executivo a criação das regras que configuram o direito ou que geram a obrigação, o dever ou a restrição à liberdade. Isto sucede *quando fica deferido ao regulamento definir por si mesmo as condições ou requisitos necessários ao nascimento do direito material ou ao nascimento da obrigação, dever ou restrição*. Ocorre, mais evidentemente, quando a lei faculta ao regulamento determinar obrigações, deveres, limitações ou restrições que já não estejam previamente definidos e estabelecidos na própria lei. Em suma: quando se faculta ao regulamento inovar inicialmente na ordem jurídica. E inovar quer dizer introduzir algo cuja preexistência não se pode conclusivamente deduzir da lei regulamentada.

---

8. Idem, p. 89.
9. Celso Antônio Bandeira de Mello, *Curso de Direito Administrativo*, 25ª ed., 2ª tir., pp. 338 e 352-353.

A propósito, sobre o § 1º do art. 153 da CF de 1988, expõe Roque Antonio Carrazza:[10]

> Os atos administrativos de graduação das alíquotas dos impostos em pauta serão veiculados por meio de *decreto* (do Presidente da República), que deverá sempre obedecer às condições e aos limites apontados na lei federal. Ao contrário do que já sustentamos em edição anterior, estamos hoje convencidos de que *resoluções* (do Conselho de Política Aduaneira, do Banco Central etc.) não têm força jurídica para tratar desse assunto, que é eminentemente regulamentar e, portanto, de competência exclusiva do chefe do Executivo Federal.

No que concerne ao princípio da anterioridade, impende, mais uma vez, trazer as lições de Roque Antonio Carrazza:[11]

> (...) *princípio jurídico é um enunciado lógico, implícito ou explícito, que, por sua grande generalidade, ocupa posição de preeminência nos vastos quadrantes do Direito e, por isso mesmo, vincula, de modo inexorável, o entendimento e a aplicação das normas jurídicas que com ele se conectam.*
>
> (...).
>
> (...) a lei que cria ou aumenta um tributo – esta é a regra geral estampada no art. 150, III, "b", da CF –, ao entrar em vigor, fica com sua *eficácia paralisada*, até o início do próximo exercício financeiro, quando – aí, sim – *incidirá*, ou seja, passará a produzir todos os efeitos, na ordem jurídica. Exemplificando, para melhor esclarecer: se, em meados deste ano, uma lei vier a criar um tributo, ele só poderá ser exigido a partir do próximo dia 1º de janeiro. (...).
>
> (...).
>
> Este é o tão decantado *princípio da anterioridade*, que não deve ser confundido com o *princípio da anualidade*, pelo qual nenhum tributo podia ser cobrado, em cada exercício, sem prévia autorização orçamentária anual.

Outrossim, acerca da acepção da palavra "cobrar", a que se refere o inciso III do art. 150 da CF, adverte Misabel Derzi:[12]

---

10. Roque Carrazza, *Curso de Direito Constitucional Tributário*, 24ª ed., p. 297.
11. Idem, pp. 39 e 186-187, respectivamente.
12. Misabel Derzi, "Notas de Atualização" ao *Direito Tributário Brasileiro*, de Aliomar Baleeiro, 11ª ed., Rio de Janeiro, Forense, 2000, p. 103.

Acrescente-se apenas que a expressão "cobrar", utilizada no art. 150, III, tanto para servir ao princípio da irretroatividade quanto ao princípio da anterioridade, assegura-nos de que o sentido é único, de modo que os marcos temporais apostos pelas letras "a" e "b" do mesmo inciso somente se podem referir à eficácia, ou seja, à aptidão das normas para desencadear efeitos jurídicos, instalar a obrigação tributária ou modificá-la. Em hipótese contrária, reduzindo-se o "cobrar" a mero prazo de pagamento, tanto a irretroatividade como a anterioridade, princípios basilares do sistema, estariam anulados por uma interpretação absolutamente equivocada. No caso da irretroatividade, bastaria aguardar o início de vigência da lei nova para que tributos pudessem ser "cobrados" em relação a fatos geradores ocorridos antes do início da vigência da lei (já que a cobrança se referiria a uma lei nova vigente), em franca retroatividade, contrária ao art. 5º, XXXVI, da Constituição, ao Estado de Direito e a seus princípios estruturais. Igualmente, a anterioridade, norma de Direito e garantia fundamental do contribuinte, estaria extinta com idêntica interpretação. Bem se vê que o termo "cobrar" não pode ter duas acepções radicalmente distintas no mesmo artigo e inciso. Somente há um sentido que concilie tanto o princípio da irretroatividade ao da anterioridade: eficácia (ou mesmo vigência, como entendem alguns).

Por fim, acerca da *lei complementar em matéria tributária*, enfatiza Roque Antonio Carrazza:[13]

É evidente que a lei complementar veiculadora de normas gerais em matéria de legislação tributária não cria (e nem pode criar) limitações ao "poder de tributar". Disto se ocupou o próprio Texto Máximo. O que ela pode fazer é regular as limitações constitucionais "ao poder de tributar", para a salvaguarda dos direitos subjetivos dos contribuintes e para prevenir a ocorrência de conflitos de competência entre as pessoas credenciadas a legislar acerca da matéria.

JURISPRUDÊNCIA

Acerca da ilegalidade – e não inconstitucionalidade – do regulamento que extrapola os limites da lei, decidiu a Suprema Corte:

---

13. Roque Carrazza, *Curso de Direito Constitucional Tributário*, 24ª ed., p. 926.

> Constitucional – Comercial – Seguro marítimo – Regulamento – Regulamento que vai além do conteúdo da lei: questão de ilegalidade e não de inconstitucionalidade – Decreto-lei n. 73, de 21.11.1963 – Decretos ns. 60.459/1967 e 61.589/1967. I – Se o regulamento vai além do conteúdo da lei, ou se afasta dos limites que esta lhe traça, comete ilegalidade e não inconstitucionalidade, pelo quê não se sujeita, quer no controle concentrado, quer no controle difuso, à jurisdição constitucional – Precedentes do STF: ADI ns. 536-DF, 589-DF e 311-DF, Velloso, *RTJ* 137/580, 137/1100 e 133/69; ADI n. 708-DF, Moreira Alves, *RTJ* 142/718; ADI n. 392-DF, Marco Aurélio, *RTJ* 137/75; ADI n. 1.347-DF, Celso de Mello, *DJU* 1.12.1995. II – Recurso extraordinário não conhecido. **[STF, 2ª Turma, RE 189.550-SP, rel. Min. Carlos Velloso, j. 8.4.1997, m.v., *DJU* 27.6.1997, p. 30.246]**

A respeito de medida provisória instituidora de tributo em cotejo com o princípio da anterioridade, veja-se o acórdão que segue:

> Ação direta de inconstitucionalidade – Pedido de liminar. Quando uma medida provisória é convertida em lei, a argüição de inconstitucionalidade deve atacar esta e não aquela. Essa regra, porém, não se aplica a casos em que a inconstitucionalidade que se alega com relação à medida provisória diz respeito exclusivamente a ela (o de ser, ou não, cabível medida provisória para instituir ou aumentar imposto), refletindo-se sobre a lei de conversão no tocante à sua vigência para o efeito da observância do princípio constitucional da anterioridade – Inocorrência, em exame compatível com pedido de liminar, de relevância jurídica dos fundamentos em que se baseia a argüição de inconstitucionalidade – Prevalência do *periculum in mora* em favor da Fazenda, máxime quando é discutível a relevância jurídica da argüição – Pedido de liminar indeferido. **[STF, Tribunal Pleno, ADI/MC 1.005-DF, rel. Min. Moreira Alves, j. 11.11.1994, m.v., *DJU* 19.5.1995, p. 13.991]**

Declarou-se a inconstitucionalidade do art. 1º do Decreto-lei 1.724/1979, por ofensa ao *princípio da indelegabilidade da função legislativa*, uma vez que referido dispositivo cuida da delegação de competência ao Ministro da Fazenda para extinguir, por meio de portaria, os estímulos fiscais de que tratam os arts. 1º e 5º do Decreto-lei 491/1969. Veja-se:

> Legislação tributária – Normas gerais – Lei qualificada. Normas gerais sobre legislação tributária hão de estar contidas em lei comple-

mentar – IPI – Incentivos fiscais – Aumento – Redução – Suspensão – Extinção – Decretos-leis ns. 491/1969 e 1.724/1979 – Delegação ao Ministro de Estado da Fazenda – Inconstitucionalidade. A delegação ao Ministro de Estado da Fazenda versada no art. 1º do Decreto-lei n. 1.724, de 7.12.1979, mostrou-se inconstitucional, considerados os incentivos fiscais previstos no Decreto-lei n. 491, de 5.3.1969. **[STF, Tribunal Pleno, RE 208.260-RS, rel. Min. Maurício Corrêa, relator para o acórdão Min. Marco Aurélio, j. 16.12.2004, m.v., *DJU* 28.10.2005, p. 36]**

No sentido de que cabe à *lei complementar* a função de definir tributos e suas espécies, bem como o fato gerador, a base de cálculo e o contribuinte dos impostos, nos termos do art. 146, III, da CF, assim se manifestou a Suprema Corte:

> Recurso extraordinário – Moldura fática. Na apreciação do enquadramento do recurso extraordinário em um dos permissivos constitucionais parte-se da moldura fática delineada pela Corte de origem. Impossível é pretender substituí-la para, a partir de fundamentos diversos, chegar-se à conclusão sobre o desrespeito a dispositivo da Lei Básica federal. Tributo – Relação jurídica Estado/contribuinte. No embate diário Estado/contribuinte, a Carta Política da República exsurge com insuplantável valia no que, em prol do segundo, impõe parâmetros a serem respeitados pelo primeiro. Dentre as garantias constitucionais explícitas – e a constatação não exclui o reconhecimento de outras decorrentes do próprio sistema adotado –, exsurge a de que somente à lei complementar cabe "a definição de tributos e de suas espécies, bem como, em relação aos impostos discriminados nesta Constituição, a dos respectivos fatos geradores, bases de cálculo e contribuintes" – alínea "a" do inciso III do art. 146 do Diploma Maior de 1988 – Imposto sobre operações relativas à circulação de mercadorias e sobre prestações de serviços de transporte interestadual e intermunicipal e de comunicação – Ativo fixo – Alienação de bem. Longe fica de implicar violência à alínea "b" do inciso I do art. 155 da CF acórdão que haja resultado no afastamento da legitimidade da cobrança do imposto sobre operações relativas à circulação de mercadorias e sobre prestações de serviços de transporte interestadual e intermunicipal e de comunicação relativamente a operação que não se qualifique como de circulação de mercadoria como é a alusiva à alienação esporádica e motivada pelas circunstâncias reinantes de bem integrado ao ativo fixo da

empresa. **[STF, 2ª Turma, AI/AgR 177.698-SP, rel. Min. Marco Aurélio, j. 12.3.1996, v.u., *DJU* 26.4.1996, p. 13.131]**

Decidiu o STF que não é necessário lei complementar para estabelecer as condições e limites para a majoração dos impostos federais referidos no art. 153, § 1º, da CF, sendo suficiente, para esse fim, sua previsão na própria lei ordinária federal do ente tributante. Veja-se:

> Recurso extraordinário – Constitucional – Tributário – Imposto de importação – Majoração de alíquota – Decreto – Ausência de motivação e inadequação da via legislativa – Exigência de lei complementar – Alegações improcedentes. 1. A lei de condições e limites para a majoração da alíquota do imposto de importação, a que se refere o art. 153, § 1º, da CF, é a ordinária, visto que lei complementar somente será exigida quando a norma constitucional expressamente assim o determinar – Aplicabilidade da Lei n. 3.244/1957 e suas alterações posteriores. 2. Decreto – Majoração de alíquotas do imposto de importação – Motivação – Exigibilidade – Alegação insubsistente. A motivação do decreto que alterou as alíquotas encontra-se no procedimento administrativo de sua formação. 3. Majoração de alíquota – Inaplicabilidade sobre os bens descritos na Guia de Importação – Improcedência. A vigência do diploma legal que alterou a alíquota do imposto de importação é anterior à ocorrência do fato gerador do imposto de importação, que se operou com a entrada da mercadoria no território nacional – Recurso extraordinário conhecido e provido. **[STF, RE 224.285-9-CE, rel. Min. Maurício Corrêa, j. 17.3.1999, v.u., *DJU* 28.5.1999]**

A Emenda Constitucional 37/2002 – que prorrogou a lei instituidora da CPMF, n. 9.311/1996, modificada pela Lei 9.539/1997 – foi votada e aprovada na Câmara dos Deputados, sofreu alteração no Senado e acabou sendo promulgada sem que tivesse retornado à Casa iniciadora para nova votação quanto à parte objeto de modificação. A Suprema Corte, todavia, entendeu que *essa alteração não enseja mudança substancial* do sentido do texto (conforme precedente: ADC 3, rel. Min. Nelson Jobim), assim como a referida prorrogação não viola o *princípio da anterioridade nonagesimal*, a que se refere o art. 195, § 6º, da CF, aplicável tão-somente aos casos de instituição ou modificação de contribuição social, já que no caso ocorreu mera prorrogação da lei que instituíra a CPMF. Veja-se a ementa:

Ação direta de inconstitucionalidade – Contribuição provisória sobre movimentação ou transmissão de valores e de créditos e direitos de natureza financeira/CPMF (arts. 84 e 85, acrescentados ao ADCT pelo art. 3º da Emenda Constitucional n. 37, de 12.6.2002). 1. Impertinência da preliminar suscitada pelo Advogado-Geral da União, de que a matéria controvertida tem caráter *interna corporis* do Congresso Nacional, por dizer respeito à interpretação de normas regimentais, matéria imune à crítica judiciária – Questão que diz respeito ao processo legislativo previsto na Constituição Federal, em especial às regras atinentes ao trâmite de emenda constitucional (art. 60), tendo clara estatura constitucional. 2. Proposta de emenda que, votada e aprovada na Câmara dos Deputados, sofreu alteração no Senado Federal, tendo sido promulgada sem que tivesse retornado à Casa iniciadora para nova votação quanto à parte objeto de modificação – Inexistência de ofensa ao art. 60, § 2º, da CF no tocante à supressão, no Senado Federal, da expressão "observado o disposto no § 6º do art. 195 da Constituição Federal", que constava do texto aprovado pela Câmara dos Deputados em dois turnos de votação, tendo em vista que essa alteração não importou em mudança substancial do sentido do texto (precedente: ADC n. 3, rel. Min. Nelson Jobim) – Ocorrência de mera prorrogação da Lei n. 9.311/1996, modificada pela Lei n. 9.539/1997, não tendo aplicação ao caso o disposto no § 6º do art. 195 da CF. O princípio da anterioridade nonagesimal aplica-se somente aos casos de instituição ou modificação da contribuição social, e não ao caso de simples prorrogação da lei que a houver instituído ou modificado. 3. Ausência de inconstitucionalidade material. O § 4º, inciso IV, do art. 60 da Constituição veda a deliberação quanto a proposta de emenda tendente a abolir os direitos e garantias individuais. Proibida, assim, estaria a deliberação de emenda que se destinasse a suprimir do texto constitucional o § 6º do art. 195, ou que excluísse a aplicação desse preceito a uma hipótese em que, pela vontade do constituinte originário, devesse ele ser aplicado. A presente hipótese, no entanto, versa sobre a incidência ou não desse dispositivo, que se mantém incólume no corpo da Carta, a um caso concreto. Não houve, no texto promulgado da emenda em debate, qualquer negativa explícita ou implícita de aplicação do princípio contido no § 6º do art. 195 da Constituição. 4. Ação direta julgada improcedente. **[STF, Tribunal Pleno, ADI 2.666-DF, rela. Min. Ellen Gracie, j. 3.10.2002, v.u., *DJU* 6.12.2002, p. 51]**

De igual modo, assim já havia se manifestado sobre a possibilidade de prorrogação de leis ordinárias com amparo em emenda constitucional:

CPMF – Emenda Constitucional n. 21/1999 – Processo legislativo – Repristinação das Leis ns. 9.311/1996 e 9.539/1997 – Constitucionalidade – ADI n. 2.031-5-DF. 1. A constitucionalidade da exigência da CPMF, bem como do processo legislativo da Emenda Constitucional n. 21/1999, é questão pacificada pelo STF no julgamento, em sede de liminar, da ADI n. 2.031-DF. 2. Nada impede a repristinação de lei ordinária pela própria Constituição, preservada assim a garantia da legalidade tributária, que prevalece para obstar à exigibilidade do tributo instituído por meio de ato administrativo, não para inibir de criá-lo o legislador constituinte derivado. 3. Apelação conhecida e improvida. [**TRF-4ª Região, 1ª Turma, AMS 1999.04.01.111721-RS, rela. Juíza Maria Isabel Pezzi Klein, j. 19.9.2000, v.u., *DJU*-E-2 8.11.2000, p. 59**]

No tocante às medidas provisórias – que têm eficácia imediata devido à urgência de sua edição – e sua compatibilidade com o *princípio da anterioridade*, ressalte-se o entendimento do STF exposto nas três ementas que seguem:

Previdência social. Na ADI n. 1.135, com eficácia *erga omnes* inclusive para esta Corte, entendeu esta que a Medida Provisória n. 560/1994 reviveu constitucionalmente a contribuição social dos servidores públicos ao estabelecer nova tabela progressiva de alíquotas, o que valeu pela própria reinstituição do tributo, devendo, portanto, ser observada a regra da anterioridade mitigada do art. 195, § 6º, da Constituição, o que implica dizer que essa contribuição, com base na referida medida provisória e suas sucessivas reedições, só pode ser exigida após o decurso de 90 dias da data de sua publicação. Por outro lado, o Plenário deste Tribunal, ao julgar o RE n. 232.896, acentuou que "não perde eficácia a medida provisória, com força de lei, não apreciada pelo Congresso Nacional mas reeditada, por meio de nova medida provisória, dentro de seu prazo de validade de 30 dias". Dessas orientações divergiu o acórdão recorrido – Recurso extraordinário conhecido e provido. [**STF, 1ª Turma, RE 243.311-RO, rel. Min. Moreira Alves, j. 28.3.2000, v.u., *DJU* 12.5.2000, pp. 33**]

Contribuição social – Instituição ou aumento por medida provisória – Prazo de anterioridade (CF, art. 195, § 6º). O termo *a quo* do prazo de anterioridade da contribuição social criada ou aumentada por medida provisória é a data de sua primitiva edição, e não daquela que – após sucessivas reedições – tenha sido convertida em lei. [**STF, 1ª Turma, RE 278.561-0-MG, rel. Min. Sepúlveda Pertence, j. 3.10.2000, v.u., *DJU*-E-1 10.11.2000, pp. 107**]

Constitucional – Tributário – Contribuição social – PIS/PASEP – Princípio da anterioridade nonagesimal – Medida provisória – Reedição. I – Princípio da anterioridade nonagesimal – CF, art. 195, § 6º – Contagem do prazo de 90 dias – Medida provisória convertida em lei. Conta-se o prazo de 90 dias a partir da veiculação da primeira medida provisória. II – Inconstitucionalidade da disposição inscrita no art. 15 da Medida Provisória n. 1.212, de 28.11.1995, "aplicando-se aos fatos geradores ocorridos a partir de 1º de outubro de 1995", e de igual disposição inscrita nas medidas provisórias reeditadas e na Lei n. 9.715, de 25.11.1998, art. 18. III – Não perde eficácia a medida provisória, com força de lei, não apreciada pelo Congresso Nacional mas reeditada, por meio de nova medida provisória, dentro de seu prazo de validade de 30 dias. IV – Precedentes do STF: ADI n. 1.617-MS, Min. Octávio Gallotti, *DJU* 15.8.1997; ADI n. 1.610-DF, Min. Sydney Sanches; RE n. 221.856-PE, Min. Carlos Velloso, 2ª Turma, 25.5.1998. V – Recurso extraordinário conhecido e provido, em parte. **[STF, Pleno, RE 232.896-PA, rel. Min. Carlos Velloso, j. 2.8.1999, v.u., *DJU*-E-2 1.8.2000, p. 52]**

No tocante à *substituição tributária para a frente*, em que se questiona a cobrança de um tributo antes da ocorrência de seu fato imponível, assim se posicionou o STJ:

Tributário – Imposto de Circulação de Mercadorias e Serviços – Recolhimento antecipado – Regime de substituição tributária para a frente – Inconstitucionalidades afastadas pelo STF – Legitimidade reconhecida nas duas Turmas de Direito Público do STJ. O regime de substituição tributária, em que se procede ao recolhimento antecipado do tributo, tem sua constitucionalidade reconhecida por reiterados julgados do STF. No âmbito do STJ igualmente encontra-se uniformizada a jurisprudência que reconhece legitimidade à sistemática, a qual encontra lastro na Emenda Constitucional n. 3/1993 (art. 150, § 7º) e legislação federal vigente – Iterativos precedentes – Recurso a que se nega provimento – Decisão unânime. **[STJ, 2ª Turma, ROMS 9.248-ES, rel. Min. Franciulli Neto, j. 19.10.2000, *DJU*-1 19.2.2001, pp. 145-146]**

Ao analisar a legislação anterior à Emenda Constitucional 3/1993 o STF reconhecera a constitucionalidade do *sistema de substituição tributária para frente* (1ª Turma, RE 213.396-SP, rel. Min. Ilmar Galvão, j. 2.8.1999, m.v., *DJU* 1.12.2000, p. 383). Em 2006, no RE 266.602-MG, entendeu-se, quanto à aplicação da norma a partir de

1.3.1989, violado o *princípio da irretroatividade*, visto que o Convênio ICMS-10/1989, publicado no dia 30.3.1989, alterou o sujeito passivo desse imposto, e, por se tratar do sistema de substituição tributária para frente, não poderia retroagir de modo a imputar, de forma pretérita, a condição de responsável tributário a quem não detinha esse *status* sob a égide da legislação ainda vigente. Eis o entendimento da Suprema Corte:

> Recurso extraordinário – ICMS – Substituição tributária – Derivados de petróleo – Constitucionalidade. 1. O Plenário desta Corte, ao julgar o RE n. 213.396 (*DJU* 1.12.2000), assentou a constitucionalidade do sistema de substituição tributária "para frente", mesmo antes da promulgação da Emenda Constitucional n. 3/1993. 2. Alegação de que a aplicação do sistema de substituição tributária no mês de março/1989 ofenderia o princípio da irretroatividade – Procedência. Embora a instituição deste sistema não represente a criação de um novo tributo, há substancial alteração no sujeito passivo da obrigação tributária. 3. Recurso extraordinário conhecido e provido em parte. **[STF, Tribunal Pleno, RE 266.602-MG, rela. Min. Ellen Gracie, j. 14.9.2006, m.v., *DJU* 2.2.2007, p. 1.248]**

> Tributário – Imposto de renda e contribuição social sobre o lucro – Dedução de prejuízos fiscais – Limitações impostas pelo art. 58 da Lei n. 8.981/1995 – Afronta aos princípios constitucionais da anterioridade e irretroatividade das leis – Ofensa ao direito adquirido e ao ato jurídico perfeito – Violação aos princípios da certeza e segurança jurídicas, lealdade da Administração e boa-fé. 1. As limitações à dedução dos prejuízos fiscais constantes da Lei n. 8.981/1995, em seus arts. 42 e 58, não podem ser impostas no exercício de 1995, sob pena de ofensa aos princípios constitucionais da anterioridade e da irretroatividade da lei, pois pretende colher em suas malhas situações consumadas a lume de legislação anterior, e, embora publicada em 31.12.1994, mas somente dada à publicação em janeiro/1995. 2. A Constituição Federal de 1988 protege o direito adquirido, o ato jurídico perfeito e a irretroatividade das leis (arts. 5º, XXXVI, e 60, inciso IV), garantindo certeza e segurança jurídicas. 3. É de se afastar disposição que afronte os princípios da lealdade da Administração, da boa-fé e da certeza e segurança jurídicas, por serem esses imanentes ao ordenamento. 4. Apelação da União desprovida e remessa oficial parcialmente provida, para reduzir o *decisum* monocrático aos limites do pedido, anu-

lando parte da decisão que tratou da Lei n. 9.065/1995. 5. Confirmo, no mais, a decisão monocrática. **[TRF-3ª Região, AMS 42.620 (reg. 97.03.031462-7), rela. Juíza Lúcia Figueiredo, j. 17.12.1997, *DJU* 3.11.1998, p. 224]**

> Tributário – IPI – Lei n. 7.799/1989 – Correção monetária – BTN – Princípios da não-cumulatividade e da capacidade contributiva – Sentença denegatória – Improvimento. I – A diminuição do prazo de recolhimento de 15 dias para 9, estabelecida na Lei n. 7.799/1989, não viola o princípio da capacidade contributiva, uma vez que a correção monetária, como reiteradamente tem decidido a jurisprudência, não acresce a dívida, deixa-a com o valor da data do recolhimento (cf. RE n. 195.947-9-RS, rel. Min. Néri da Silveira, j. 12.12.1996, *DJU* 14.2.1997, Seção I, pp. 2.001-2.002). II – Doutra parte, o sujeito passivo da obrigação tributária tão-somente repassa aos cofres públicos a quantia descontada do consumidor final. Logo, não há ofensa ao princípio da não-cumulatividade. Neste sentido: AMS n. 92.03.076345-SP, 6ª Turma do TRF-3ª Região, rela. Juíza Marli Ferreira, j. 21.10.1996, *DJU* 4.12.1996, p. 93.892; ED/AMS n. 90.02.23139-RJ, 2ª Turma do TRF-2ª Região, rel. Juiz Paulo Espírito Santo, j. 10.5.1995, *DJU* 17.8.1995. III – Apelação improvida. **[TRF-3ª Região, 4ª Turma, AMS 178.509 (reg. 97.03.012183-7), rela. Juíza Lúcia Figueiredo, j. 22.10.1997, v.u.]**

Finalmente, registre-se o entendimento da Suprema Corte no sentido de que na fixação de índices de correção monetária não há necessidade de observância dos princípios da irretroatividade e da anterioridade, uma vez que não acarretará aumento de tributo. Veja-se:

> Constitucional – Tributário – Correção monetária – Índices – Princípios da irretroatividade e da anterioridade – CF, art. 150, III, "a" e "b". I – Índices de correção monetária não se confundem com tributo, pelo quê não se lhes aplicam os princípios da irretroatividade e da anterioridade: CF, art. 150, III, "a" e "b". II – Agravo não provido. **[STF, 2ª Turma, RE/AgR 234.002-MG, rel. Min. Carlos Velloso, j. 4.2.2003, v.u., *DJU* 4.2.2003, p. 50]**

Questões

1. Que é "princípio jurídico"?
2. Compare o princípio da legalidade com o da irretroatividade.

3. Quais são as exceções ao princípio da legalidade? E ao da anterioridade?
4. Qual a função da lei complementar na esfera tributária?
5. Medida provisória pode instituir tributos? Fundamente sua resposta.

Consultas

1. [131º Exame de Ordem/SP, fevereiro/2006, n. 2] Suponha que em 11.12.2006 tenha sido editada uma lei aumentando a alíquota do IPI de determinado produto em 50%. Com base nos princípios constitucionais tributários, a partir de que dia poderá ser exigido o aumento do referido tributo? Fundamente a resposta.

2. [131º Exame de Ordem/SP, fevereiro/2006, n. 4] A legislação criadora da CPMF previa hipóteses de aplicação de multas que podiam chegar a 450%. Determinada empresa consulta-o acerca da constitucionalidade da aplicação dessa multa tendo em vista o recebimento de auto de infração pelo não-recolhimento da CPMF em operações de adiantamento de crédito (ACC). Qual o fundamento a ser utilizado para contestar a multa em questão?

3. [116º Exame de Ordem/SP, fevereiro/2002, n. 1] No momento da elaboração da folha de pagamento do mês de janeiro/2002, a ser paga em fevereiro, seu cliente, empregador, tem dúvidas a respeito da tabela a ser usada na retenção do IR dos empregados. Em 8.1.2002 foi publicada a Medida Provisória 22, que corrigiu as faixas salariais de retenção, resultando em redução do imposto devido. Ocorre que, no entender de seu cliente, as normas relativas a impostos apenas se aplicam no exercício fiscal seguinte ao de sua edição, com o agravante de que, em se tratando de medida provisória, a aplicação se dá no exercício fiscal seguinte ao de sua conversão em lei. A Medida Provisória 22 ainda não foi convertida em lei. Deverá seu constituinte usar a tabela instituída pela Medida Provisória 22 ou a antiga? Opine e explique.

4. [116º Exame de Ordem/SP, fevereiro/2002, n. 2] Determinada sociedade de economia mista, instituída pelo Município de Cotia para a comercialização de alimentos, indaga-o a respeito da necessidade de oferecer à tributação o lucro auferido em sua atividade, por entender que é vedado à União Federal cobrar impostos sobre as rendas municipais. Formule e motive seu parecer.

Dissertação

"Princípios Tributários. Conceito. Princípios da Legalidade, da Anterioridade, da Reserva de Competência Impositiva, da Capacidade Contributiva, da Irretroatividade".

TEMAS PARA PESQUISA

1. "Medida provisória e a instituição de tributos".
2. "Tratado Internacional em Matéria Tributária".

TESTES

1. [134º Exame de Ordem/SP, 2008, n. 89] Constitui exceção ao princípio da anterioridade:

a) ( ) A instituição de contribuição para o custeio do serviço de iluminação pública.

b) ( ) A instituição de empréstimos compulsórios no caso de investimento público de caráter urgente e de relevante interesse nacional.

c) ( ) A instituição de contribuição de intervenção no domínio econômico.

d) ( ) A instituição ou majoração do imposto sobre a exportação, para o exterior, de produtos nacionais ou nacionalizados.

2. [133º Exame de Ordem/SP, 2007, n. 90] Determinado contribuinte teve contra si lavrado auto de infração, com aplicação de multa de 100% sobre o valor do imposto devido. Antes que a defesa apresentada na esfera administrativa fosse julgada, foi editada lei reduzindo a referida multa para 75% do valor do imposto devido. Considerando que o sujeito passivo efetivamente cometeu a infração que lhe foi imputada, a multa devida é de:

a) ( ) 100%, em face do princípio da anterioridade.

b) ( ) 100%, em face do princípio da irretroatividade.

c) ( ) 75%, em face do princípio da retroatividade benigna.

d) ( ) 75%, em face do princípio da isonomia.

3. [132º Exame de Ordem/SP, 2006, n. 87] Assinale a alternativa correta:

a) ( ) Mesmo que a nova lei comine penalidade menos severa a uma determinada infração do que a lei existente ao tempo de sua prática, pelo princípio constitucional da irretroatividade, a nova lei não poderá ser aplicada.

b) ( ) A lei aplica-se a ato ou fato pretérito quando lhe comine penalidade menos severa que a prevista na lei vigente ao tempo da sua prática.

c) ( ) A nova lei que cominar penalidade menos severa a uma determinada infração do que a da lei existente ao tempo de sua prática só pode ser aplicada 90 dias após sua promulgação.

d) ( ) Somente entrará em vigor no exercício financeiro seguinte ao da publicação a lei que cominar penalidade menos severa a uma determinada infração, comparada com a lei vigente ao tempo de sua prática.

4. [132º Exame de Ordem/SP, 2007, n. 86] Sobre os impostos de importação e exportação é correto afirmar que:

a) ( ) Podem ser instituídos ou aumentados no mesmo exercício financeiro em que foi publicada a lei que os instituiu ou aumentou.

b) ( ) Só podem ser aumentados ou instituídos, por força do princípio constitucional da anterioridade, no exercício financeiro seguinte ao da publicação da lei que os aumentou ou instituiu.

c) ( ) Só podem ser aumentados ou instituídos no prazo de 90 dias contados da data da lei que os aumentou ou instituiu.

d) ( ) Por serem tributos chamados "extrafiscais", podem ser aumentados e instituídos por decreto, desde que com vigência a partir do exercício financeiro seguinte ao de publicação do decreto que os aumentou ou instituiu.

5. [180º Concurso de Ingresso na Magistratura de São Paulo, 2007] O art. 150, I, da CF consagra o princípio da legalidade tributária ao ditar que "é vedado à União, aos Estados, ao Distrito Federal e aos Municípios exigir ou aumentar tributo sem lei que o estabeleça". Em matéria tributária, nos termos do Código Tributário Nacional, não depende de lei:

a) ( ) A atualização monetária da base de cálculo.

b) ( ) A definição do fato gerador da obrigação tributária principal.

c) ( ) A extinção de tributos.

d) ( ) A fixação de alíquota do tributo e a sua base de cálculo.

6. [180º Concurso de Ingresso na Magistratura de São Paulo, 2007] O art. 150, III, alínea "a", da CF consagra o princípio da irretroatividade tributária estabelecendo que "é vedado à União, aos Estados, ao Distrito Federal e aos Municípios cobrar tributos em relação a fatos geradores ocorridos antes do início da vigência da lei que os houver instituído ou aumentado". Da leitura do Código Tributário Nacional conclui-se que pode ser aplicada retroativamente:

a) ( ) Em nenhum caso, pois a retroatividade no direito tributário é impossível.

b) ( ) Quando a lei seja expressamente interpretativa.

c) ( ) Quando extinga tributo ou deixe de definir determinado ato como infração, ainda que já definitivamente julgado.

d) ( ) Quando institua tributo.

7. [131º Exame de Ordem/SP, 2006, n. 84] Sobre as limitações do poder de tributar, assinale a alternativa incorreta:

a) ( ) O princípio da legalidade estabelece que é vedado à União, aos Estados, ao Distrito Federal e aos Municípios exigir ou aumentar tributo sem lei que o estabeleça.

b) ( ) A União, os Estados, o Distrito Federal e os Municípios não podem cobrar tributos em relação a fatos geradores ocorridos antes do início da vigência da lei que os houver instituído ou aumentado.

c) ( ) O princípio da igualdade estabelece que é vedado à União, aos Estados, ao Distrito Federal e aos Municípios instituir tratamento desigual entre contribuintes que se encontrem em situação equivalente, proibida qualquer distinção em razão de ocupação profissional ou função por eles exercida, independentemente da denominação jurídica dos rendimentos, títulos ou direitos.

d) ( ) A União, os Estados, o Distrito Federal e os Municípios não podem instituir impostos sobre patrimônio, renda ou serviços uns dos outros, sendo certo que tal imunidade não se estende às autarquias e às fundações instituídas e mantidas pelo Poder Público.

8. [130º Exame de Ordem/SP, n. 83] Assinale a alternativa incorreta acerca do IPI:

a) ( ) É um tributo seletivo, em função da essencialidade do produto.

b) ( ) Não incide sobre produtos industrializados destinados ao Exterior.

c) ( ) O aumento de sua alíquota somente pode ser cobrado a partir do exercício financeiro seguinte ao da publicação da lei prevendo tal aumento, em atenção ao princípio da anterioridade.

d) ( ) É um tributo não-cumulativo, compensando-se o que for devido em cada operação com o montante cobrado nas anteriores.

9. [129º Exame de Ordem/SP, n. 82] Assinale a alternativa incorreta relativa às contribuições de intervenção no domínio econômico:

a) ( ) Não incidem sobre as receitas decorrentes de exportação.

b) ( ) Podem incidir sobre a importação de produtos estrangeiros ou serviços.

c) ( ) Terão alíquotas máximas fixadas pelo Poder Judiciário.

d) ( ) Podem ter incidência única, conforme definido em lei.

10. [129º Exame de Ordem/SP, n. 81] Em relação à edição de medidas provisórias sobre matéria tributária, é correto afirmar que:

a) ( ) O aumento da alíquota do imposto sobre a renda por meio de medida provisória produz efeitos no próprio exercício em que for editada a medida provisória.

b) ( ) Medida provisória que implique instituição ou majoração de impostos só produz efeitos, em qualquer hipótese, no exercício financeiro seguinte se houver sido convertida em lei até o último dia daquele em que foi editada.

c) ( ) Em caso de relevância e urgência, o Presidente da República pode adotar medida provisória para instituir ou aumentar impostos.

d) ( ) É vedado tratar de matéria tributária por meio de medida provisória.

11. [128º Exame de Ordem/SP, 2005, n. 90] Sobre o imposto sobre heranças e doações é correto afirmar:

a) ( ) Este tributo terá suas alíquotas máximas fixadas pelo Senado Federal.

b) ( ) Incide sobre transmissões a título oneroso, quando o bem se situar no Exterior.

c) ( ) Não incide sobre a doação de bens imóveis.

d) ( ) O contribuinte deverá ser necessariamente o donatário.

12. [127º Exame de Ordem/SP, 2005, n. 87] Com relação ao imposto de importação e ao imposto de exportação, é correto afirmar:

a) ( ) Seguem estritamente o princípio da legalidade e tipicidade cerrada.

b) ( ) Apenas o II, por força de um desequilíbrio da balança comercial, poderá ter suas alíquotas alteradas por ato do Presidente da República.

c) ( ) As alterações de suas alíquotas e base de cálculo somente poderão ocorrer por meio de lei ordinária editada pelo Congresso Nacional.

d) ( ) Em ambos os casos (II e IE) há uma mitigação do princípio da legalidade, de tal forma que estes tributos poderão ter a sua alíquota alterada por ato do Presidente da República.

13. [126º Exame de Ordem/SP, 2005, n. 82] O imposto estadual sobre transmissão de bens *causa mortis* e doação de quaisquer bens ou direitos:

a) ( ) Terá suas alíquotas máximas fixadas pelo Senado Federal.

b) ( ) Compete ao Estado onde estiver situada a sede da companhia, relativamente a ações de companhias abertas.

c) ( ) Deverá ter alíquotas diferentes de acordo com a localização e o uso do imóvel.

d) ( ) Não incide sobre a transmissão de bens ou direitos incorporados ao patrimônio de pessoa jurídica em realização de capital, nem sobre a transmissão decorrente de fusão, incorporação, cisão ou extinção de pessoa jurídica, salvo se, nesses casos, a atividade preponderante do adquirente for a compra e venda desses bens ou direitos, locação de bens imóveis ou arrendamento mercantil.

14. [179º Concurso de Ingresso na Magistratura – São Paulo, 2006] É vedado aos Estados e Municípios:

a) ( ) Cobrar tributos em relação a fatos geradores ocorridos antes do início da vigência da lei que os houver instituído ou aumentado e no mesmo exercício em que haja sido publicada a lei que os instituiu ou aumentou e, ainda, nunca antes de decorridos 90 dias da data em que haja sido publicada a lei que os instituiu ou aumentou.

b) ( ) Cobrar tributos em relação a fatos geradores ocorridos antes do início da vigência da lei que os houver instituído ou aumentado e no mesmo exercício em que haja sido publicada a lei que os instituiu ou aumentou e, ainda, nunca antes de decorridos 30 dias da data em que haja sido publicada a lei que os instituiu ou aumentou.

c) ( ) Cobrar tributos em relação a fatos geradores ocorridos antes do início da vigência da lei que os houver instituído ou aumentado, bem como antes de decorridos 90 dias da data de sua publicação.

d) ( ) Cobrar tributos em relação a fatos geradores ocorridos antes do início da vigência da lei que os houver instituído ou aumentado, bem como antes de decorridos 30 dias da data de sua publicação.

15. [IX Concurso de Ingresso na Magistratura Federal, 1ª Região, 2004, n. 58] Marque com "V" a assertiva verdadeira e com "F" a falsa, assinalando em seguida a opção correspondente:

( ) Os princípios da estrita reserva legal e da anterioridade, no que concerne à majoração de alíquotas, não se aplicam ao imposto sobre produtos industrializados.

( ) De acordo com o princípio da irretroatividade da lei tributária, a lei deve anteceder ao fato por ela escolhido para dar início à incidência do tributo ou para aumentá-lo.

( ) As contribuições para a seguridade social devem observância ao princípio da anterioridade previsto no art. 150, inciso III, alínea "b", da CF, de modo que a lei que as instituir ou aumentar só poderá ser aplicada no exercício financeiro seguinte ao de sua publicação.

( ) Define-se o princípio da capacidade contributiva como a vedação de tributação que seja tão onerosa, a ponto de ser sentida como penalidade.

a) ( ) Os quatro assertos são falsos.

b) ( ) O primeiro asserto é verdadeiro, e os demais falsos.

c) ( ) Os dois últimos assertos são falsos, e os demais verdadeiros.

d) ( ) O segundo asserto é verdadeiro, e os demais falsos.

16. [IX Concurso de Ingresso na Magistratura Federal, 1ª Região, 2004, n. 59] Ainda não foi superada, no Brasil, controvérsia doutrinária a respeito da possibilidade da instituição e da majoração de tributos por meio de leis delegadas. A atual Constituição Federal, porém, veda expressamente a utilização de tais normas jurídicas para a criação e a alteração das alíquotas de:

a) ( ) Contribuições de intervenção no domínio econômico.

b) ( ) Empréstimos compulsórios.

c) ( ) Taxas e contribuições de melhoria.

d) ( ) Impostos extraordinários.

17. [IX Concurso de Ingresso na Magistratura Federal, 1ª Região, 2004] Considerando a hipótese de, no dia 30.12.2001, haver sido publicada lei aumentando os valores da taxa de fiscalização dos mercados de seguro, de capitalização e da previdência privada aberta, omissa quanto à data de início de sua vigência, pergunta-se: quando referida lei começaria a vigorar?

a) ( ) No dia 1.1.2002.

b) ( ) No dia 30.12.2001.

c) ( ) No dia 13.2.2002.

d) ( ) No dia 29.1.2002.

18. [124º Exame de Ordem/SP, 2004, n. 86] Para todos os tributos, é correto afirmar que:

a) ( ) Sua alíquota deve ser fixada por lei.

b) ( ) Não podem ser cobrados em relação a fatos geradores ocorridos antes do início da vigência da lei que os houver instituído ou aumentado.

c) ( ) Não podem incidir sobre templos de qualquer culto.

d) ( ) Não podem ser cobrados no mesmo exercício em que tenha sido publicada a lei que os tenha instituído ou aumentado.

19. [122º Exame de Ordem/SP, 2003, n. 86] O aumento, por medida provisória, de alíquota de contribuição social:

a) ( ) É inconstitucional, porque a matéria é reservada à lei complementar.

b) ( ) Produz efeitos imediatamente.

c) ( ) Produz efeitos no exercício seguinte, independentemente da sua conversão em lei.

d) ( ) Está sujeito à anterioridade nonagesimal.

20. [120º Exame de Ordem/SP, 2003, n. 85] Medida provisória editada em 10.4.2003 aumentou as alíquotas do imposto de renda, mantendo inalteradas as faixas de rendimento sobre as quais se dá a incidência do imposto. A majoração de alíquotas promovida pela medida provisória:

a) ( ) Produzirá efeitos em 90 dias a contar de sua publicação, em obediência ao princípio da anterioridade mitigada.

b) ( ) É inconstitucional, por tratar-se de matéria reservada à lei complementar.

c) ( ) É inconstitucional, por ser a matéria tributária vedada às medidas provisórias.

d) ( ) Produzirá efeitos a partir de 2004 se for convertida em lei até o término de 2003.

21. [119º **Exame de Ordem/SP, 2003, n. 85**] São princípios normativos de direito tributário aplicáveis a situações gerais ou específicas relativas aos tributos:

a) ( ) Cumulatividade, legalidade, anualidade, anterioridade da lei, uniformidade e igualdade.

b) ( ) Legalidade, anterioridade da lei, uniformidade, não-limitação ao tráfego de pessoas ou mercadorias, não-cumulatividade e seletividade do IPI e do ICMS.

c) ( ) Não-seletividade do IPI, legalidade, anualidade, uniformidade e isonomia.

d) ( ) Exclusividade, legalidade, uniformidade, não-cumulatividade, anualidade e igualdade.

5
DA LEGISLAÇÃO TRIBUTÁRIA

5.1 Fontes formais do Direito. 5.2 Legislação tributária: 5.2.1 Lei complementar e Código Tributário Nacional – 5.2.2 Decretos – 5.2.3 Tratado internacional e convênios internos na esfera tributária: 5.2.3.1 Tratado internacional e isenção heterônoma. [DOUTRINA – JURISPRUDÊNCIA – QUESTÕES – CONSULTAS – DISSERTAÇÃO – TEMA PARA PESQUISA – TESTES]

5.1 Fontes formais do Direito

Para melhor examinar os dispositivos do Código Tributário Nacional que cuidam da legislação tributária, impende relembrar noções sobre as *fontes do Direito*.

Segundo a doutrina tradicional, *leis* são fontes formais[1] do direito positivo.

A Constituição Federal de 1988 especifica quais são os instrumentos normativos hábeis à veiculação de normas jurídicas: *emenda constitucional, lei complementar, leis ordinárias, leis delegadas, medidas provisórias, decretos legislativos* e *resoluções* (art. 59). Somente essas podem inovar originariamente o ordenamento jurídico brasileiro.[2]

Os chamados "atos normativos infralegais", tais como os *decretos*, as *portarias*, as *instruções ministeriais*, dentre outros, são válidos na medida em que estejam em plena conformidade com as leis.

---

1. Na terminologia precisa de Paulo de Barros Carvalho, são instrumentos introdutórios de normas (cf. *Curso de Direito Tributário*, 13ª ed., São Paulo, Saraiva, 2000, p. 72).
2. A respeito, v. no Capítulo 4 o que foi dito sobre o princípio da estrita legalidade tributária.

5.2 Legislação tributária

Tecidas estas considerações a respeito das fontes do Direito, passaremos ao exame da *legislação tributária*, que, segundo o Código Tributário Nacional, tem acepção mais abrangente que a de lei. Se não, vejamos:

> **[CTN] Art. 96.** A expressão "legislação tributária" compreende as leis, os tratados e as convenções internacionais, os decretos e as normas complementares que versem, no todo ou em parte, sobre tributos e relações jurídicas a eles pertinentes.

A expressão "normas complementares", que compõe a referida legislação tributária, por sua vez, abrange atos administrativos de cunho normativo, decisões e práticas da Administração, bem como convênios internos:

> **[CTN] Art. 100.** São normas complementares das leis, dos tratados e das convenções internacionais e dos decretos: I – os atos normativos expedidos pelas autoridades administrativas; II – as decisões dos órgãos singulares ou coletivos de jurisdição administrativa, a que a lei atribua eficácia normativa; III – as práticas reiteradamente observadas pelas autoridades administrativas; IV – os convênios que entre si celebrem a União, os Estados, o Distrito Federal e os Municípios.
>
> Parágrafo único. A observância das normas referidas neste artigo exclui a imposição de penalidades, a cobrança de juros de mora e a atualização do valor monetário da base de cálculo do tributo.

Ressalte-se que, em decorrência do princípio constitucional da estrita legalidade, os atos normativos das autoridades administrativas (portarias, ordens de serviço, instruções normativas etc.) são atos infralegais desprovidos de força vinculante – e, portanto, subordinados à lei.

Vale, ainda, salientar que práticas reiteradas da Administração, a rigor, não têm força normativa vinculante, haja vista o disposto no art. 5º, II, da Lei Maior. Nada obstante, sua observância afasta a imposição de penalidades, juros de mora e até mesmo, nos termos do referido art. 100, a atualização monetária da base de cálculo.

Com efeito, segundo esse dispositivo, a penalidade de cunho administrativo prevista em lei para os casos de descumprimento de deveres ou obrigações será desconsiderada se houver sido respeitada a referida norma complementar – que, vale frisar, compreende atos infralegais, decisões e práticas reiteradas da Administração.

5.2.1 Lei complementar e Código Tributário Nacional

Como foi visto no Capítulo 4, predomina na doutrina e na jurisprudência o entendimento de que a lei complementar tem três funções em matéria tributária: (a) veicular normas gerais em matéria de legislação tributária; (b) dispor sobre conflitos de competência entre os entes tributantes; (c) regular as limitações constitucionais ao poder de tributar (v., por exemplo, o disposto no item 12.1.4). Nessa esteira, nenhum ente tributante pode exercer sua competência impositiva sem que tenha sido observado o disposto no inciso III do art. 146 da CF de 1988.

Ainda como corolário desse entendimento majoritário, o Código Tributário Nacional – que, vale gizar, é a Lei ordinária 5.172/1966 – teve grande parte de seus dispositivos recepcionada pela atual Constituição no *status* de lei complementar, mais precisamente os que veiculam normas gerais em matéria de legislação tributária (art. 146, III, da CF de 1988). Em tais hipóteses, portanto, é vista como lei nacional, e não como simples lei federal.

5.2.2 Decretos

Como já restou explicitado no estudo sobre o princípio da legalidade, constante do Capítulo 4 desta obra, os decretos, como todo e qualquer ato infralegal, hão de estar sempre subordinados à lei. Logo, o dispositivo do Código Tributário Nacional abaixo transcrito tem função meramente declaratória acerca do que já se irradia da Lei Maior:

> **[CTN] Art. 97.** Somente a lei pode estabelecer: I – a instituição de tributos, ou a sua extinção; II – a majoração de tributos, ou sua redução, ressalvado o disposto nos arts. 21, 26, 39, 57 e 65; III – a definição do fato gerador da obrigação tributária principal, ressalvado o disposto no inciso I do § 3º do art. 52, e do seu sujeito passivo; IV – a fixação de alíquota do tributo e da sua base de cálculo, ressalvado o disposto nos arts. 21, 26, 39, 57 e 65; V – a cominação de penalidades para as ações ou omissões contrárias a seus dispositivos, ou para

outras infrações nela definidas; VI – as hipóteses de exclusão, suspensão e extinção de créditos tributários, ou de dispensa ou redução de penalidades.

§ 1º. Equipara-se à majoração do tributo a modificação da sua base de cálculo, que importe em torná-lo mais oneroso.

§ 2º. Não constitui majoração de tributo, para os fins do disposto no inciso II deste artigo, a atualização do valor monetário da respectiva base de cálculo.

Saliente-se, ademais, que a atualização monetária da base de cálculo do tributo não implica sua majoração, mas tão-somente preserva seu real valor, eventualmente prejudicado em períodos inflacionários. Logo, desde que o índice de correção monetária esteja previsto em lei, cabe ao decreto, sempre que se fizer necessário, viabilizar a referida atualização da base de cálculo.[3]

Como se não bastasse, explicita o Código Tributário Nacional, em breve síntese, a função meramente declaratória dos atos infralegais, como se pode verificar no dispositivo abaixo transcrito:

[CTN] Art. 99. O conteúdo e o alcance dos decretos restringem-se aos das leis em função das quais sejam expedidos, determinados com observância das regras de interpretação estabelecidas nesta Lei.

5.2.3 Tratado internacional e convênios internos na esfera tributária

De plano, cumpre frisar que a questão de ser, ou não, o tratado internacional fonte do Direito tem redundado nas teorias monista e dualista. Esta, parte da premissa de que o Direito Internacional e o Direito Interno são autônomos, razão pela qual o tratado internacional, para produzir eficácia num dado ordenamento jurídico, há de ser "convertido" em lei. Noutro giro, o Direito Interno sobrepõe-se ao Direito Internacional e, portanto, estabelece as regras para que o teor do tratado seja transformado em norma jurídica no âmbito interno.

---

3. Nesse sentido tem-se a Súmula 160 do STJ: "É defeso ao Município atualizar o IPTU, mediante decreto, em percentual superior ao índice oficial de correção monetária".

Noutro extremo, a teoria monista defende a preeminência do Direito Internacional, uma vez que deita suas raízes no princípio universal *pacta sunt servanda*. De conseguinte, torna-se despicienda qualquer "adaptação formal" do tratado para valer internamente.

Numa posição limítrofe tem-se, ainda, a teoria mista ou moderada. No Brasil, por exemplo, o tratado internacional poderá produzir eficácia internamente, sem necessidade de ser convertido noutro instrumento normativo, desde que se submeta a ao crivo do Poder Legislativo. Com efeito, infere-se da Lei Maior que o Congresso Nacional tem competência para, mediante decreto legislativo, ratificar o teor dos tratados internacionais celebrados pelo Presidente da República. Se não, vejamos:

> [CF] **Art. 49.** É da competência exclusiva do Congresso Nacional: I – resolver definitivamente sobre tratados, acordos ou atos internacionais que acarretem encargos ou compromissos gravosos ao patrimônio nacional; (...).
>
> **Art. 84.** Compete privativamente ao Presidente da República: (...) VIII – celebrar tratados, convenções e atos internacionais, sujeitos a referendo do Congresso Nacional; (...).

Nesse passo, convém ressaltar o disposto no Código Tributário Nacional – diga-se de passagem, lei infraconstitucional:

> [CTN] **Art. 98.** Os tratados e as convenções internacionais revogam ou modificam a legislação tributária interna, e serão observados pela que lhes sobrevenha.

Dessa breve síntese, pode-se dizer que esse dispositivo, no enfoque dos defensores da teoria monista, tem eficácia meramente declaratória, ou até mesmo que atende ao prescrito no art. 146, III, da CF de 1988. Noutro giro, os tratados prevalecem sobre a legislação interna.

Nada obstante, para os defensores da teoria dualista moderada, esse preceito, no que concerne ao eventual conflito de normas no tempo, também tem caráter declaratório; afinal, aplicando-se os critérios da cronologia e da especialidade, o tratado, devidamente ratificado pelo Congresso Nacional, poderá revogar ou modificar a legislação tributária interna que esteja vigendo e, quanto à que lhe sobrevenha, poderá ou não ser revogado, conforme sejam gerais ou específicas as normas veiculadas.

5.2.3.1 Tratado internacional e isenção heterônoma

Como regra decorrente dos princípios da autonomia política e da reserva de competência impositiva, pode-se afirmar que as isenções, na esfera tributária, hão de ser concedidas pelo ente tributante no que concerne aos tributos que compõem sua esfera de competência. São as chamadas isenções autônomas.

Todavia, essa regra, se excepcionada, dá ensejo às chamadas isenções heterônomas, isto é, às isenções concedidas por pessoa diversa do ente tributante competente para concedê-las. Diante disso, cumpre verificar se e quando essas exceções são admitidas pela vigente Constituição Federal. Interessa-nos, por ora, apenas analisar a possibilidade de tratado internacional conceder isenções tributárias. A esse respeito, preceitua a Lei Maior:

> [CF] **Art. 151.** É vedado à União: (...) III – instituir isenções de tributos da competência dos Estados, do Distrito Federal ou dos Municípios.

Nada obstante, destacam-se duas posições interpretativas acerca desse dispositivo. De um lado, defende-se que está proscrita a concessão de isenções heterônomas, ainda que mediante tratados internacionais, ante a expressa vedação constitucional acima referida.

A roborar esse entendimento, acrescente-se a necessidade de observância dos princípios federativo e da autonomia política dos Municípios, donde se extrai o fundamento para a vedação da ingerência de um ente tributante na esfera de competência do outro. Veja-se:

> [CF] **Art. 18.** A organização político-administrativa da República Federativa do Brasil compreende a União, os Estados, o Distrito Federal e os Municípios, todos autônomos, nos termos desta Constituição.

Doutro lado, há o entendimento de que nosso ordenamento jurídico admite isenção heterônoma na esfera tributária sob o argumento de que o tratado firmado pela União, em nome do Estado Brasileiro, não ostenta o *status* de lei federal, mas sim de lei nacional. Aliás, o próprio art. 49 da CF, já citado, refere-se ao patrimônio "nacional".

Doutrina

Para Valério de Oliveira Mazzuoli,[4] o art. 98 do CTN apenas confirma a doutrina (monista) da superioridade do Direito Internacional relativamente à legislação interna estatal. Vejamos:

> À luz do texto constitucional em vigor, nenhum conflito apresenta o art. 98 relativamente a qualquer dispositivo inscrito na Lei Maior. Pelo contrário: a constitucionalidade dessa disposição legal é reafirmada pelo seu *status* de lei complementar, em consonância com o disposto no art. 146, inciso III, da Constituição de 1988, segundo o qual cabe à lei complementar "estabelecer normas gerais em matéria de legislação tributária". Neste caso, a lei complementar (art. 98 do CTN), disciplinando o que a Constituição reservou para o seu âmbito de competência, passa a vincular o legislador ordinário ao cumprimento daqueles tratados celebrados pela República Federativa do Brasil e em vigor na nossa ordem jurídica interna. Em outras palavras, a lei *posterior* que pretenda violar o art. 98 do CTN e *revogar* (em verdade, tornar ineficaz) o tratado em matéria tributária preexistente passa a ser *inconstitucional*, mas não por atacar diretamente o texto da Lei Maior, e sim por pretender violar o campo de competência que a Constituição atribuiu, com exclusividade, à legislação complementar.

Quanto ao descumprimento das *normas complementares* a que se refere o art. 100 do CTN, explicita Hugo de Brito Machado:[5]

> Como regras jurídicas de categoria inferior, as normas complementares evidentemente não podem modificar as leis, nem os decretos e regulamentos. Por isto não asseguram ao contribuinte o direito de não pagar um tributo que seja efetivamente devido, nos termos da lei. Mas se o não-pagamento se deveu à observância de uma norma complementar, o contribuinte fica a salvo de penalidades, bem como da cobrança de juros moratórios e correção monetária. O parágrafo único do art. 100 do CTN assim o determina. Não seria justo punir o contribuinte que se conduzir de acordo com norma, embora ilegal, editada pela própria Administração Tributária.

---

4. Valério de Oliveira Mazzuoli, *Curso de Direito Internacional Público*, 2ª ed., São Paulo, Ed. RT, 2007, p. 319.
5. Hugo de Brito Machado, *Curso de Direito Tributário*, 29ª ed., São Paulo, Malheiros Editores, 2008, p. 90.

No que diz respeito ao uso e às práticas reiteradas da administração, Gian Antonio Micheli[6] frisa que não são fontes de Direito. São suas estas palavras:

> Não parece nem mesmo possível reconhecer o uso como fonte de Direito nas matérias em que não se estende a reserva de lei, e onde esta última nada dispõe. Trata-se, com efeito, em tais casos, de normas que disciplinam os diferentes procedimentos de imposição e que, portanto, regulam de modo preciso as atividades do particular ou da entidade e que não se prestam a ser disciplinadas pelo uso. Este último não pode ser tomado em consideração relativamente à matéria da tutela penal e daquela jurisdicional penal, civil ou administrativa.
>
> Eficácia de fonte de Direito não se pode, por fim, reconhecer à chamada praxe, isto é, os comportamentos práticos seguidos uniformemente pelos órgãos administrativos, determinados por exigências práticas e técnicas que não vinculam em nada, nem a Administração Pública nem os particulares.

Oswaldo Aranha Bandeira de Mello[7] traça a distinção entre *costume*, *praxe* e *precedente administrativo*:

> (...) modernamente, no direito administrativo quase nenhuma aplicação tem o costume *praeter legem*, e em especial no direito administrativo brasileiro. Aliás, como observado, o direito administrativo pouco deve, na sua formação, ao costume. Ele é de criação pretoriana. Já o costume *secundum legem*, o juiz pode considerá-lo, na sua obra de aplicação do Direito, como elemento para elucidar suas decisões. Assim, terá como justificável comportamento de administrado na conformidade de interpretação costumeira de texto legal pela Administração Pública, não obstante por esta já observada como errônea, e, assim, deixar de lhe aplicar penalidade, ante a sua boa-fé.
>
> (...).
>
> A *praxe administrativa* é a atividade interna da Administração, reiterada e uniforme, formando um uso, na aplicação de regras jurídicas normativas e outros atos jurídico-administrativos, criando a rotina

---

6. Gian Antonio Micheli, *Curso de Direito Tributário*, trad. de Marco Aurélio Greco e Pedro Luciano Marrey Jr., São Paulo, Ed. RT, 1978, p. 30.
7. Oswaldo Aranha Bandeira de Mello, *Princípios Gerais de Direito Administrativo*, 3ª ed., vol. I, São Paulo, Malheiros Editores, 2007, pp. 392-393.

administrativa. Não envolve normas jurídicas, mas simples atividade técnica, de prática administrativa, entendida de utilidade, para execução das leis e outros atos jurídico-administrativos.

O *precedente administrativo* é a atividade interna da Administração Pública, reiterada e uniforme, formando a jurisprudência administrativa, no decidir casos individuais, ao aplicar as regras normativas e ao executar outros atos jurídico-administrativos.

Tanto a praxe administrativa como o precedente administrativo não obrigam a Administração Pública e sequer podem ser confundidos com o costume.

Servem, entretanto, para se apreciar as diretrizes governamentais e a sua conformidade com o Direito.

Jurisprudência

O STJ já se manifestou sobre a necessidade de lei complementar definir o fato gerador de imposto:

> Constitucional – Lei complementar em matéria tributaria – Fato gerador. A definição do fato gerador de imposto não previsto no regime constitucional anterior depende, no atual, de lei complementar (CF, art. 146, III, "a"); enquanto não for editada, vige regra provisória que autoriza "as leis necessárias à aplicação do Sistema Tributário Nacional" (ADCT, art. 34, § 3º) – Embargos de declaração rejeitados. **[STJ, 2ª Turma, RMS/ED 6.462-SP, rel. Min. Ari Pargendler, j. 3.6.1996, v.u., *DJU* 24.6.1996, p. 22.745]**

Outrossim, veja-se, nos dois acórdãos que seguem, a decisão sobre a necessidade de lei complementar para dispor sobre prescrição e decadência:

> Tributário – Prescrição – Interrupção e suspensão – Contagem do prazo – CTN, art. 174 – Lei n. 6.830, de 22.9.1980, arts. 2º, § 3º, e 40 e §§. I – Sob a égide da Constituição anterior (EC n. 1/1969, art. 18, § 1º) muito se discutiu se prescrição constituía, ou não, matéria integrante do conceito de "normas gerais de direito tributário", a ser versada em lei complementar, tema, esse, que, a final, foi expressamente incluído no contexto das referidas normas gerais *ex vi* do art. 146, III, "b", da vigente Lei Maior. Até então, a jurisprudência procurou compatibilizar as disposições dos arts. 2º, § 3º, e 40 e seus §§ da Lei n. 6.830, de 22.9.1980, com as regras consubstanciadas no art. 174 do

CTN. Tal proceder foi razoável, tendo em conta que o Código Tributário Nacional é uma lei ordinária de eficácia complementar e o princípio segundo o qual as regras atinentes à restrição do exercício de direitos devem ser interpretadas de modo mais favorável aos titulares destes. Nesse sentido os procedentes deste Tribunal. II – No caso, adota-se esse entendimento jurisprudencial, porquanto se trata de execuções ajuizadas sob a égide da Constituição anterior. III – Recurso especial não conhecido. [STJ, 2ª Turma, REsp 36.311-RS, rel. Min. Antônio de Pádua Ribeiro, j. 31.10.1996, v.u., *DJU* 25.11.1996, p. 46.172]

Processual – Tributário – Prescrição da cobrança de tributos fiscais (Lei n. 6.830/1980) – Possibilidade de ser tratada em lei ordinária. Os dispositivos que tratam da prescrição da ação de cobrança de tributos não constituem "normas gerais de direito tributário". Podem, assim ser tratados em lei federal ordinária. [STJ, 1ª Turma, REsp 43.845-RS, rel. Min. Humberto Gomes de Barros, j. 11.4.1994, v.u., *DJU* 16.5.1994, p. 11.723]

Sobre a necessidade de a base de cálculo estar prevista em lei, decidiu o STJ:

Recurso especial – Tributário – Princípio da legalidade – Base de cálculo – Descumprimento de obrigações acessórias – Impossibilidade de redução por regulamento. 1. A querela em tela reside na discussão a respeito da violação do art. 97, inciso IV, do CTN, que assim dispõe: "a fixação de alíquota do tributo e da sua base de cálculo, ressalvado o disposto nos arts. 21, 26, 39, 57 e 65". O acórdão recorrido, que apreciou os embargos infringentes, aos quais se insurge a recorrente, entendeu que o Fisco arbitrou a base de cálculo do ICMS, no caso presente, com respaldo em regulamento administrativo, e não em lei. 2. O recorrente sustenta que o *decisum* guerreado violou o art. 97, inciso IV, do CTN quando previu que a redução da base de cálculo do ICMS teria sido efetuada por descumprimento de obrigações acessórias. Defende a recorrente que tal redução decorreu da concretização da regra-matriz de incidência tributária encartada no art. 10, § 10, da Lei estadual n. 8.820/1989, pois, nesse diploma, há menção de as "saídas" serem somente as "internas". 3. Sobre a questão da legislação estadual, nessa parte, não conheço do recurso porque inviável no especial. Neste sentido: AgR no REsp n. 801.756-PB; AgR no REsp n. 2005/0200902-9, rela. Min. Laurita Vaz (1.120), Órgão Julgador 5ª Turma, data do julgamento 18.4.2006, data da publicação/

fonte *DJU* 15.5.2006, p. 286. 4. Incontroverso haver infringência ao princípio da legalidade, o qual determina que a delimitação da base de cálculo deve ser realizada por lei, e não por regulamento, mesmo no caso de descumprimento de obrigações acessórias, como sói acontecer in *casu* – Recurso especial parcialmente conhecido e, nessa parte, improvido. [**STJ, 2ª Turma, REsp 796.573-RS, rel. Min. Humberto Martins, j. 19.10.2006, v.u.,** *DJU* **30.10.2006, p. 277**]

Os índices de correção monetária devem estar fixados em lei. Nesse sentido:

Processual civil – Recurso especial – Tributário – Correção monetária das demonstrações financeiras em empresas (Leis ns. 7.730/1989, 7.799/1989 e 8.200/1991) – Atualização dos balanços pelo BTNF. (...). O art. 43 do CTN se limita a definir o fato gerador do imposto de renda, entendendo-o como o acréscimo patrimonial oriundo do capital ou do trabalho, sem qualquer menção a indexação de renda ou correção monetária das demonstrações financeiras de empresas. Em face do sistema jurídico-constitucional vigente, não se pode sobrepor princípios estatuídos em lei ordinária a preceito de lei ordinária promulgada subseqüentemente, sabendo-se que é regra assente no direito positivo que a lei posterior revoga a anterior, naquilo que disciplinar de forma diferente. A correção monetária está sujeita ao princípio da legalidade estrita e somente a lei formal expressa é que poderá determinar o seu cabimento. Ao contribuinte não é dado arvorar-se no direito de utilizar índice de correção monetária que lhe pareça mais favorável que o preconizado na lei. Inexiste direito adquirido a índice de correção, e, por isso mesmo, o fator de atualização do débito tributário pode, através de lei, ser substituído por outro, sem ofensa a qualquer garantia constitucional. *In casu*, a lei estipulou o fator de correção (dos balanços) e quantificou o percentual para a atualização, no período considerado, daí ser injurídico pretender-se a utilização de outro índice, por mais apropriado (ou real) que seja, por ausência de base legal. O legislador não está impedido de instituir índices de atualização diferenciados para atender à diversidade de situações e de condições tais que caracterizam, em dado momento, a conjuntura financeira do país. A correção monetária das disponibilidades financeiras das empresas há de obedecer ao que preconizam as Leis ns. 7.730/1989 e 7.799/1989 – Recurso improvido – Votos vencidos. [**STJ, 1ª Turma, REsp 98.060-RS, rel. Min. Demócrito Reinaldo, j. 6.2.1997, m.v.,** *DJU* **31.3.1997, p. 9.598**]

Já decidiu o STJ que a fixação do prazo de pagamento de tributo é matéria afeta à legislação tributária:

> Tributário – Recolhimento de tributos – Prazo fixado por decreto. A fixação do prazo de pagamento de tributos está afeta à "legislação tributária" (CTN, art. 160), expressão que abrange os decretos e as normas regulamentares (CTN, art. 96 c/c o art. 100). Processo civil – Honorários de advogado – Ação declaratória. Na ação declaratória, o juiz deve arbitrar eqüitativamente os honorários do advogado, segundo os critérios previstos nas alíneas "a", "b" e "c" do § 3º do art. 20 do CPC, tendo em vista o valor da causa – Recurso especial conhecido e provido em parte. [**STJ, 2ª Turma, REsp 34.709-SP, rel. Min. Ari Pargendler, j. 17.10.1996, v.u., *DJU* 4.11.1996, p. 42.455**]

Instrução normativa não é veículo hábil a instituir tributos. Nesse sentido:

> Processual civil e tributário – Recurso especial por ofensa a instrução normativa – Ausência de prequestionamento – Inadmissibilidade. O conhecimento do especial impõe que a questão jurídica em que se funda tenha sido discutida e julgada nas instâncias ordinárias. A mera instrução normativa não configura embasamento para viabilizar o especial por ofensa à legislação federal. A Instrução Normativa n. 62/1990 inseriu no conceito de "aplicações financeiras", para efeito de tributação com o IOF, "os depósitos voluntários para garantia de instâncias e os depósitos judiciais", instituindo hipóteses de incidência definidas em lei, sendo, portanto, ilegítimas (CTN, art. 97, I). A instrução (como o regulamento), em nosso sistema jurídico, deve estar sempre subordinada à lei tributária à qual se refere, em face da proeminência desta sobre aquela, devendo existir, entre ambas, absoluta compatibilidade. Em matéria tributária, é defeso à instrução normativa, ainda que travestida de regulamento, instituir tributos, definir infrações ou impor outros encargos que repercutam na liberdade ou no patrimônio dos cidadãos – Recurso não conhecido – Decisão unânime. [**STJ, 1ª Turma, REsp 86.819-SP, rel. Min. Demócrito Reinaldo, j. 12.11.1996, v.u., *DJU* 16.12.1996, p. 50.757**]

Decidiu a Suprema Corte – em votação unânime quanto ao cabimento e por maioria quanto ao resultado, vencidos os Mins. Carlos Velloso, Ilmar Galvão, Marco Aurélio e Sepúlveda Pertence – questão relacionada à incorporação dos tratados internacionais no ordenamento jurídico brasileiro:

Ação direta de inconstitucionalidade (...) – Procedimento constitucional de incorporação dos tratados ou convenções internacionais. É na Constituição da República – e não na controvérsia doutrinária que antagoniza monistas e dualistas – que se deve buscar a solução normativa para a questão da incorporação dos atos internacionais ao sistema de direito positivo interno brasileiro. O exame da vigente Constituição Federal permite constatar que a execução dos tratados internacionais e a sua incorporação à ordem jurídica interna decorrem, no sistema adotado pelo Brasil, de um ato subjetivamente complexo, resultante da conjugação de duas vontades homogêneas: a do Congresso Nacional, que resolve, definitivamente, mediante decreto legislativo, sobre tratados, acordos ou atos internacionais (CF, art. 49, I), e a do Presidente da República, que, além de poder celebrar esses atos de Direito Internacional (CF, art. 84, VIII), também dispõe – enquanto chefe de Estado, que é – da competência para promulgá-los mediante decreto. O *iter* procedimental de incorporação dos tratados internacionais – superadas as fases prévias da celebração da convenção internacional, de sua aprovação congressional e da ratificação pelo chefe de Estado – conclui-se com a expedição, pelo Presidente da República, de decreto, de cuja edição derivam três efeitos básicos que lhe são inerentes: (a) a promulgação do tratado internacional; (b) a publicação oficial de seu texto; e (c) a executoriedade do ato internacional, que passa, então, e somente então, a vincular e a obrigar no plano do direito positivo interno – Precedentes.

Subordinação normativa dos tratados internacionais à Constituição da República. No sistema jurídico brasileiro, os tratados ou convenções internacionais estão hierarquicamente subordinados à autoridade normativa da Constituição da República. Em conseqüência, nenhum valor jurídico terão os tratados internacionais que, incorporados ao sistema de direito positivo interno, transgredirem, formal ou materialmente, o texto da Carta Política. O exercício do *treaty-making power* pelo Estado Brasileiro – não obstante o polêmico art. 46 da Convenção de Viena sobre o Direito dos Tratados (ainda em curso de tramitação perante o Congresso Nacional) – está sujeito à necessária observância das limitações jurídicas impostas pelo texto constitucional.

Controle de constitucionalidade de tratados internacionais no sistema jurídico brasileiro. O Poder Judiciário – fundado na supremacia da Constituição da República – dispõe de competência para, quer em sede de fiscalização abstrata, quer no âmbito do controle difuso, efetuar o exame de constitucionalidade dos tratados ou convenções internacionais já incorporados ao sistema de direito positivo interno – Doutrina e jurisprudência.

Paridade normativa entre atos internacionais e normas infraconstitucionais de Direito Interno. Os tratados ou convenções internacionais, uma vez regularmente incorporados ao Direito Interno, situam-se, no sistema jurídico brasileiro, nos mesmos planos de validade, de eficácia e de autoridade em que se posicionam as leis ordinárias, havendo, em conseqüência, entre estas e os atos de direito internacional público mera relação de paridade normativa – Precedentes. No sistema jurídico brasileiro, os atos internacionais não dispõem de primazia hierárquica sobre as normas de Direito Interno. A eventual precedência dos tratados ou convenções internacionais sobre as regras infraconstitucionais de Direito Interno somente se justificará quando a situação de antinomia com o ordenamento doméstico impuser, para a solução do conflito, a aplicação alternativa do critério cronológico (*lex posterior derogat priori*) ou, quando cabível, do critério da especialidade – Precedentes.

Tratado internacional e reserva constitucional de lei complementar. O primado da Constituição, no sistema jurídico brasileiro, é oponível ao princípio *pacta sunt servanda*, inexistindo, por isso mesmo, no direito positivo nacional o problema da concorrência entre tratados internacionais e a Lei Fundamental da República, cuja suprema autoridade normativa deverá sempre prevalecer sobre os atos de direito internacional público. Os tratados internacionais celebrados pelo Brasil – ou aos quais o Brasil venha a aderir – não podem, em conseqüência, versar matéria posta sob reserva constitucional de lei complementar. É que, em tal situação, a própria Carta Política subordina o tratamento legislativo de determinado tema ao exclusivo domínio normativo da lei complementar, que não pode ser substituída por qualquer outra espécie normativa infraconstitucional, inclusive pelos atos internacionais já incorporados ao direito positivo interno. (...).

Legitimidade constitucional da Convenção n. 158/OIT, desde que observada a interpretação conforme fixada pelo STF. A Convenção n. 158/OIT, além de depender de necessária e ulterior intermediação legislativa para efeito de sua integral aplicabilidade no plano doméstico, configurando, sob tal aspecto, mera proposta de legislação dirigida ao legislador interno, não consagrou, como única conseqüência derivada da ruptura abusiva ou arbitrária do contrato de trabalho, o dever de os

Estados-Partes, como o Brasil, instituírem, em sua legislação nacional, apenas a garantia da reintegração no emprego. Pelo contrário, a Convenção n. 158/OIT expressamente permite a cada Estado-Parte (art. 10) que, em função de seu próprio ordenamento positivo interno, opte pela solução normativa que se revelar mais consentânea e compatível com a legislação e a prática nacionais, adotando, em conseqüência, sempre com estrita observância do estatuto fundamental de cada país (a Constituição brasileira, no caso), a fórmula da reintegração no emprego e/ou da indenização compensatória – Análise de cada um dos artigos impugnados da Convenção n. 158/OIT (arts. 4º a 10). **[STF, Tribunal Pleno, ADI/MC 1.480-DF, rel. Min. Celso de Mello, j. 4.9.1997, *DJU* 18.5.2001, p. 429]**

De igual modo, porém, na esfera tributária, veja-se acórdão anterior à Emenda Constitucional 45/2004:

MERCOSUL – Carta rogatória passiva – Denegação de *exequatur* – Protocolo de Medidas Cautelares (Ouro Preto/MG) – Inaplicabilidade, por razões de ordem circunstancial – Ato internacional cujo ciclo de incorporação ao Direito Interno do Brasil ainda não se achava concluído à data da decisão denegatória do *exequatur*, proferida pelo Presidente do STF – Relações entre o Direito Internacional, o Direito Comunitário e o Direito Nacional do Brasil – Princípios do efeito direto e da aplicabilidade imediata – Ausência de sua previsão no sistema constitucional brasileiro – Inexistência de cláusula geral de recepção plena e automática de atos internacionais, mesmo daqueles fundados em tratados de integração – Recurso de agravo improvido. A recepção dos tratados ou convenções internacionais em geral e dos acordos celebrados no âmbito do MERCOSUL está sujeita à disciplina fixada na Constituição da República. A recepção de acordos celebrados pelo Brasil no âmbito do MERCOSUL está sujeita à mesma disciplina constitucional que rege o processo de incorporação, à ordem positiva interna brasileira, dos tratados ou convenções internacionais em geral. É, pois, na Constituição da República, e não em instrumentos normativos de caráter internacional, que reside a definição do *iter* procedimental pertinente à transposição, para o plano do direito positivo interno do Brasil, dos tratados, convenções ou acordos – inclusive daqueles celebrados no contexto regional do MERCOSUL – concluídos pelo Estado Brasileiro – Precedente: ADI n. 1.480-DF, rel. Min. Celso de Mello. Embora desejável a adoção de mecanismos constitucionais diferenciados, cuja instituição privilegie o processo de recepção dos atos, acordos, protocolos ou tratados celebrados pelo Brasil no âmbito do MERCOSUL, esse é um tema que depende, essencialmente, quanto à sua solução, de reforma do texto da Constituição brasileira, reclamando, em conseqüência, modificações *de jure constituendo*. Enquanto não sobrevier essa necessária reforma constitucional, a questão da vigência doméstica dos acordos celebrados sob a égide do MERCOSUL continuará sujeita ao mesmo tratamento normativo que a Constituição brasileira dispensa aos tratados internacionais em geral.

Procedimento constitucional de incorporação de convenções internacionais em geral e de tratados de integração (MERCOSUL). A recepção dos tratados internacionais em geral e dos acordos celebrados pelo Brasil no âmbito do MERCOSUL depende, para efeito de sua ulterior execução no plano interno, de uma sucessão causal e ordenada de atos revestidos de caráter político-jurídico, assim definidos: (a) aprovação, pelo Congresso Nacional, mediante decreto legislativo, de tais convenções; (b) ratificação desses atos internacionais, pelo chefe de Estado, mediante depósito do respectivo instrumento; (c) promulgação de tais acordos ou tratados, pelo Presidente da República, mediante decreto, em ordem a viabilizar a produção dos seguintes efeitos básicos, essenciais à sua vigência doméstica: (1) publicação oficial do texto do tratado e (2) executoriedade do ato de direito internacional público, que passa, então – e somente então –, a vincular e a obrigar no plano do direito positivo interno – Precedentes. O sistema constitucional brasileiro não consagra o princípio do efeito direto e nem o postulado da aplicabilidade imediata dos tratados ou convenções internacionais. A Constituição brasileira não consagrou, em tema de convenções internacionais ou de tratados de integração, nem o princípio do efeito direto, nem o postulado da aplicabilidade imediata. Isso significa, *de jure constituto*, que enquanto não se concluir o ciclo de sua transposição, para o Direito Interno, os tratados internacionais e os acordos de integração, além de não poderem ser invocados, desde logo, pelos particulares, no que se refere aos direitos e obrigações neles fundados (princípio do efeito direto), também não poderão ser aplicados, imediatamente, no âmbito doméstico do Estado Brasileiro (postulado da aplicabilidade imediata). O princípio do efeito direto (aptidão de a norma internacional repercutir, desde logo, em matéria de direitos e obrigações, na esfera jurídica dos particulares) e o postulado da aplicabilidade imediata (que diz respeito à vigência automática da norma internacional na ordem jurídica interna) traduzem diretrizes que não se acham consagradas e nem positivadas no texto da Constituição da República, motivo pelo qual tais princípios não podem ser invocados para legitimar a incidência, no plano do ordenamento doméstico brasileiro, de qualquer convenção internacional, ainda que se cuide de tratado de integração, enquanto não se concluírem os diversos ciclos que compõem o seu processo de incorporação ao sistema de Direito Interno do Brasil – Magistério da doutrina. Sob a égide do modelo constitucional brasileiro, mesmo cuidando-se de tratados de integração, ainda subsistem os clássicos mecanismos institucionais de recepção das convenções internacionais em geral, não bastando, para afastá-los, a existência da norma inscrita no art. 4º, parágrafo único, da Constituição da República, que possui conteúdo meramente programático e cujo sentido não torna dispensável a atuação dos instrumentos constitucionais de transposição, para a ordem jurídica doméstica, dos acordos, protocolos e convenções celebrados pelo Brasil no âmbito do MERCOSUL. **[STF, Tribunal Pleno, CR/AgR 8.279-AT, rel. Min. Celso de Mello, j. 17.6.1998, v.u., *DJU* 10.8.2000, p. 6]**

A isenção heterônoma é vedada pelo art. 151, III, da CF de 1988, segundo entendimento do STF:

Direito tributário – Recepção pela Constituição da República de 1988 do Acordo Geral de Tarifas e Comércio – Isenção de tributo estadual prevista em tratado internacional firmado pela República Federativa do Brasil – Art. 151, inciso III, da Constituição da República – Art. 98 do CTN. Não-caracterização de isenção heterônoma – Recurso extraordinário conhecido e provido. 1. A isenção de tributos estaduais prevista no Acordo Geral de Tarifas e Comércio para as mercadorias importadas dos países signatários quando o similar nacional tiver o mesmo benefício foi recepcionada pela Constituição da República de 1988. 2. O art. 98 do CTN "possui caráter nacional, com eficácia para a União, os Estados e os Municípios" (voto do eminente Min. Ilmar Galvão). 3. No Direito Internacional apenas a República Federativa do Brasil tem competência para firmar tratados (art. 52, § 2º, da Constituição da República), dela não dispondo a União, os Estados-membros ou os Municípios. O Presidente da República não subscreve tratados como chefe de governo, mas como ghefe de Estado, o que descaracteriza a existência de uma isenção heterônoma, vedada pelo art. 151, inciso III, da Constituição. 4. Recurso extraordinário conhecido e provido. **[STF, Tribunal Pleno, RE 229.096-RS, rel. Min. Ilmar Galvão, j. 16.8.2007, v.u., *DJU* 11.4.2008, p. 985]**

Outrossim:

> Constitucional – Tributário – ISS – Isenção concedida pela União – CF/1967, com a Emenda Constitucional n. 1/1969, art. 19, § 2º – Proibição de concessão, por parte da União, de isenções de tributos estaduais e municipais – CF/1988, art. 151, III. I – O art. 41, ADCT/1988, compreende todos os incentivos fiscais, inclusive isenções de tributos, dado que a isenção é espécie do gênero incentivo fiscal. II – Isenções de tributos municipais concedidas pela União na sistemática da CF/1967, art. 19, § 2º; Decreto-lei n. 406/1968, art. 11, redação da Lei Complementar n. 22/1971 – Revogação, com observância das regras de transição inscritas no art. 41, §§ 1º, 2º e 3º, ADCT/1988. III – Agravo não provido. **[STF, 2ª Turma, RE/Ag 361.829-RJ, rel. Min. Carlos Velloso, j. 17.5.2005, v.u., DJU 2.9.2005, p. 43]**

O STJ passou a entender que o art. 98 do CTN só tem aplicação no que concerne aos tratados-contratos, ou, melhor, aos contratos bilaterais que não veiculam norma geral e abstrata de Direito Internacional. Cite-se, como exemplo:

> Tributário – Isenção do AFRMM em relação a mercadorias importadas sob a égide do GATT – Impossibilidade. O mandamento contido no art. 98 do CTN não atribui ascendência às normas de Direito Internacional em detrimento do direito positivo interno, mas, ao revés, posiciona-as em nível idêntico, conferindo-lhes efeitos semelhantes. O art. 98 do CTN, ao preceituar que tratado ou convenção não são revogados por lei tributária interna, refere-se aos acordos firmados pelo Brasil a propósito de assuntos específicos e só é aplicável aos tratados de natureza contratual. Se o ato internacional não estabelecer, de forma expressa, a desobrigação de contribuições para a intervenção no domínio econômico, inexiste isenção pertinente ao AFRMM – Recurso provido – Decisão unânime. **[STJ, 1ª Turma, REsp 196.560-RJ, rel. Min. Demócrito Reinaldo, j. 18.3.1999, v.u., DJU 10.5.1999, p. 118]**

O STJ já decidiu que tratado internacional não pode conceder isenção referente a tributo estadual, distrital ou municipal. Se não, vejamos:

> Tributário – Isenção – ICMS – Tratado internacional. 1. O sistema tributário instituído pela Constituição Federal/1988 vedou a União

Federal de conceder isenção a tributos de competência dos Estados, do Distrito Federal e Municípios (art. 151, III). 2. Em conseqüência, não pode a União firmar tratados internacionais isentando o ICMS de determinados fatos geradores se inexiste lei estadual em tal sentido. 3. A amplitude da competência outorgada à União para celebrar tratados sofre os limites impostos pela própria Carta Magna. 4. O art. 98 do CTN há de ser interpretado com base no panorama jurídico imposto pelo novo sistema tributário nacional. 5. Recurso especial improvido. [**STJ, 1ª Turma, REsp 90.871-PE, rel. Min. José Delgado, j. 17.6.1997, v.u., *DJU* 20.10.1997, p. 52.977**]

Sobre convênios internos:

Tributário – Convênios – Natureza. Os convênios são normas complementares das leis (CTN, art. 100, IV), hierarquicamente inferiores a estas, de modo que sua violação não autoriza o recurso especial; o Convênio n. 66, de 1968, tem situação peculiar, porque, fundado no art. 34, § 8º, do ADCT, tem força de lei até que seja editada a lei complementar ali prevista – Agravo regimental improvido. [**STJ, 2ª Turma, Ag/AgR 86.637-SP, rel. Min. Ari Pargendler, j. 6.12.1995, v.u., *DJU* 26.2.1996, p. 400**]

Os dois acórdão que seguem versam sobre as práticas administrativas de que trata o art. 100 do CTN:

Tributário – Práticas administrativas. Se o contribuinte recolheu o tributo à base de prática administrativa adotada pelo Fisco, eventuais diferenças devidas só podem ser exigidas sem juros de mora e sem atualização do valor monetário da respectiva base de cálculo (CTN, art. 100, III, c/c parágrafo único) – Recurso especial conhecido e provido, em parte. [**STJ, REsp 98.703-SP, rel. Min. Ari Pargendler, j. 18.6.1998, v.u., *DJU* 3.8.1998, p. 179**]

Tributário – Prática reiterada de atos pela Administração – Penalidade inaplicável – Inteligência do art. 100, inciso III, e parágrafo único, do CTN. 1. Restando configurada a prática constante de atos pela Administração, há de se aplicar o preceito insculpido no art. 100, III, e parágrafo único, do CTN, que exclui o contribuinte da imposição de penalidades, da cobrança de juros de mora e a atualização do valor monetário da base de cálculo do tributo. 2. Recurso improvido. [**STJ, 1ª Turma, REsp 162.616-CE, rel. Min. José Reinaldo, j. 2.4.1998, v.u., *DJU* 15.6.1998, p. 53**]

QUESTÕES

1. Que se entende por "fontes primárias e secundárias"? Dê exemplos.
2. Segundo o Código Tributário Nacional, "lei tributária" e "legislação tributária" são expressões equivalentes?
3. Critique o disposto nos arts. 96 e 100 do CTN.
4. Qual o papel da lei complementar em matéria tributária?
5. Emenda constitucional pode instituir novos tributos?

CONSULTAS

1. **[128º Exame de Ordem/SP, 2005, n. 3]** O Sr. Pierre, francês, mudou-se há três anos de Paris para São Paulo para viver com a sua esposa brasileira. Todavia, o Sr. Pierre continua a receber uma série de rendimentos pagos por fontes situadas na França e que somam cerca de R$ 50.000,00 por mês. No Brasil o Sr. Pierre recebe um salário de R$ 20.000,00 da subsidiária da empresa francesa onde trabalha. Oriente o Sr. Pierre a respeito da tributação dos referidos rendimentos no Brasil, observando a existência de um tratado internacional contra a bitributação firmado entre o Brasil e a França.

2. **[127º Exame de Ordem/SP, 2005, n. 3]** O Brasil firma um acordo internacional com país vizinho visando a assegurar a isenção de impostos incidentes sobre um empreendimento de grande importância estratégica para os dois países, especificamente da incidência do ICMS. Referido acordo internacional tem o seu texto referendado pelo Congresso Nacional, e em seguida é promulgado o Decreto Legislativo n. 100/2004. Após a ratificação do acordo, é expedido, pelo Presidente da República, o Decreto n. 2.142/2004, completando-se, assim, o processo de celebração do acordo internacional. Um determinado Estado da República Federativa do Brasil, vislumbrando a perda de receitas tributárias por força da isenção concedida pelo acordo internacional, decide questionar a sua constitucionalidade. Analise a questão à luz do disposto no art. 151, III, da CF.

DISSERTAÇÃO

"Legislação Tributária. Arts. 96 e 100 do CTN. Críticas".

TEMA PARA PESQUISA

"Lei Complementar e Normas Gerais em Matéria Tributária".

Testes

1. [129º Exame de Ordem/SP, 2006, n. 87] Na ausência de disposição expressa, o Código Tributário Nacional estabelece que a autoridade competente para aplicar a legislação tributária utilizará, sucessivamente, na ordem indicada:

a) ( ) A analogia; as decisões dos órgãos singulares ou coletivos de jurisdição administrativa; e as súmulas do STF.

b) ( ) A eqüidade; os princípios gerais de direito tributário; e os princípios gerais de direito público.

c) ( ) As decisões dos órgãos singulares ou coletivos de jurisdição administrativa; as práticas reiteradamente observadas pelas autoridades administrativas; e a eqüidade.

d) ( ) A analogia; os princípios gerais de direito tributário; os princípios gerais de direito público; e a eqüidade.

2. [126º Exame de Ordem/SP, 2005, n. 86] Cabe à lei complementar:

a) ( ) Disciplinar o regime de compensação de tributos e contribuições monofásicos, quando não-cumulativos.

b) ( ) Fixar, para efeito da cobrança do ICMS e definição do estabelecimento responsável, o local das operações relativas à circulação de mercadorias e das prestações de serviços.

c) ( ) Definir o fato gerador, a base de cálculo e os contribuintes dos impostos que recaírem no campo da competência concorrente.

d) ( ) Estabelecer os casos em que empréstimos compulsórios poderão ser instituídos pelos Estados e pelo Distrito Federal.

3. [126º Exame de Ordem/SP, 2005, n. 87] Sobre a aplicação da legislação tributária, é correto afirmar que a lei se aplica a ato ou fato pretérito:

a) ( ) Quando deixe de defini-lo como infração, desde que se trate de ato não definitivamente julgado.

b) ( ) Mesmo fraudulento, desde que não definitivamente julgado, quando deixe de tratá-lo como contrário a qualquer exigência de ação ou omissão.

c) ( ) Quando lhe comine penalidade mais severa que a prevista ao tempo da sua prática, exigida a revisão do lançamento, se for o caso, para cominar a maior penalidade, exceto se tiver sido efetuado o pagamento.

d) ( ) Quando lhe comine penalidade menos severa que a prevista ao tempo da sua prática, facultada a revisão do julgamento, mesmo que definitivo, para cominar a menor penalidade.

4. [124º Exame de Ordem/SP, 2004, n. 87] Sobre a vigência da legislação tributária, é correto afirmar que:

a) ( ) A lei aplica-se a ato ou fato pretérito quando deixe de definir um ato, não definitivamente julgado, como infração.

b) ( ) Os atos administrativos expedidos pelas autoridades administrativas entram em vigor no prazo de 45 dias de sua publicação.

c) ( ) As decisões dos órgãos singulares ou coletivos de jurisdição administrativa a que a lei atribua eficácia normativa entram em vigor na data de sua publicação.

d) ( ) A lei tributária apenas pode prever, em sua hipótese de incidência, circunstâncias que se limitem ao território da pessoa jurídica de direito público que instituir o tributo.

5. [124º Exame de Ordem/SP, 2004, n. 82] Cabe à lei complementar em matéria tributária:

a) ( ) Instituir os tributos de competência da União.

b) ( ) Instituir os tributos de competência concorrente da União e dos Estados.

c) ( ) Instituir os tributos de competência concorrente entre dois Estados ou entre dois Municípios.

d) ( ) Instituir empréstimos compulsórios.

6. [123º Exame de Ordem/SP, 2004, n. 88] A propósito da legislação tributária, pode-se dizer que:

a) ( ) É expressão empregada no Código Tributário Nacional como sinônimo de lei tributária.

b) ( ) Sua observância exclui a imposição de penalidades, mas não a cobrança de juros.

c) ( ) Inclui as normas complementares das leis, dos tratados e das convenções internacionais e dos decretos, tais como as práticas reiteradamente observadas pelas autoridades administrativas.

d) ( ) Salvo disposição em contrário, entra em vigor 45 dias contados de sua publicação.

7. [121º Exame de Ordem/SP, 2003, n. 81] Não é matéria reservada à lei complementar a:

a) ( ) Instituição de empréstimos compulsórios.

b) ( ) Definição de fato gerador e base de cálculo de impostos discriminados na Constituição.

c) ( ) Criação de impostos não previstos na Constituição.

d) ( ) Instituição de contribuição de melhoria.

6
VIGÊNCIA E APLICAÇÃO DA LEGISLAÇÃO TRIBUTÁRIA

6.1 Noções gerais. 6.2 Vigência da legislação tributária no espaço. 6.3 Vigência da legislação tributária no tempo. 6.4 Aplicação da legislação tributária. [DOUTRINA – JURISPRUDÊNCIA – QUESTÕES – DISSERTAÇÃO – TESTE]

6.1 Noções gerais

Vigência: aptidão da norma para incidir tão logo ocorram no mundo físico os fatos nela previstos.

Aplicação: fenômeno pelo qual se extrai de regras superiores o fundamento de validade para a edição de outras regras.

Eficácia jurídica: representa a fenomenologia da incidência, isto é, a produção de efeitos jurídicos ante a ocorrência no mundo físico dos fatos descritos em lei.

A legislação tributária rege-se pelas disposições legais aplicáveis às normas jurídicas em geral; portanto, pelo disposto a esse respeito na Lei de Introdução ao Código Civil – LICC (Lei 4.657/1942). Nesse sentido, dispõe o Código Tributário Nacional:

> **[CTN] Art. 101.** A vigência, no espaço e no tempo, da legislação tributária rege-se pelas disposições legais aplicáveis às normas jurídicas em geral, ressalvado o previsto neste Capítulo.

Fases do processo legislativo:

Iniciativa – é a fase em que o projeto de lei é apresentado ao Poder Legislativo. Estamos com Roque Antonio Carrazza quando afirma que a lei isentiva continua sendo da iniciativa do chefe do Executivo (senhor do Erário).

Constitutiva – compreende a deliberação parlamentar e a executiva (sanção ou veto); *deliberação parlamentar* é a fase em que o projeto de lei é discutido e votado; *sanção* é a aprovação do referido projeto de lei pelo chefe do Executivo; *veto*, ao contrário, é sua não-aprovação.

Complementar – nessa fase têm-se promulgação e publicação: (a) *promulgação* é o ato que atesta a existência da lei; em regra, é o último controle do Poder Executivo ou do Legislativo, conforme a hipótese; é o ato por meio do qual o Executivo atesta sua existência. Lei promulgada é lei que se presume válida, pois findo está todo o processo de sua elaboração; (b) *publicação* é ato de conhecimento da lei; requisito de eficácia da lei. A publicação regular confere presunção absoluta de que a lei é por todos conhecida. A propósito, dispõe a LICC: "Art. 3º. Ninguém se escusa de cumprir a lei alegando que não a conhece". A falta de publicação ou a publicação irregular acarretam a inexistência jurídica da lei. Tem efeito certificatório: proclama que a ordem jurídica foi inovada. Permite que o contribuinte se valha da elisão fiscal.

Diga-se de passagem que todo ato normativo presume-se válido, ou seja, presume-se em plena conformidade com o ordenamento jurídico. Somente pela via judicial poderá ser declarada sua eventual nulidade.

6.2 Vigência da legislação tributária no espaço

Como foi visto no item anterior, a legislação tributária rege-se pelas disposições legais aplicáveis às normas jurídicas em geral; portanto, pelo disposto a esse respeito na Lei de Introdução ao Código Civil – LICC (Lei 4.657/1942), ressalvadas as disposições que constam no Código Tributário Nacional, ora em comento.

Previsão legal: art. 102 do CTN.

> **[CTN] Art. 102.** A legislação tributária dos Estados, do Distrito Federal e dos Municípios vigora, no país, fora dos respectivos territórios, nos limites em que lhe reconheçam extraterritorialidade os con-

vênios de que participem, ou do que disponham esta ou outras leis de normas gerais expedidas pela União.

Regra: a legislação tributária é aplicada dentro do território da pessoa política que a editou.

Exceção: poderá ser aplicada fora do território da pessoa política que a editou se assim reconhecerem os convênios ou as normas gerais previstas em *lei complementar*.

6.3 Vigência da legislação tributária no tempo

A lei tributária entra em vigor na data em que ela própria estabelecer. Se nada disser: 45 dias após a publicação, no Brasil; 3 meses após a publicação, no exterior (Lei de Introdução ao Código Civil). Para essa contagem exclui-se o *dies a quo* e inclui-se o *dies ad quem*.

A cada nova publicação deve-se reabrir o prazo, salvo se a publicação visa apenas a sanar eventuais equívocos que não alterem o teor da lei.

A *vacatio legis* permite aos destinatários da lei, conhecendo-a, prepararem-se para bem cumpri-la.

A lei continuará vigendo até ser revogada por outra lei editada pela mesma pessoa política. A propósito, diz a Lei de Introdução ao Código Civil: "Não se destinando à vigência temporária, a lei terá vigor até que outra a modifique ou revogue" (art. 2º do Decreto-lei 4.657/1942).

Não há efeito repristinatório no direito tributário brasileiro; assim, lei que tenha sido revogada por outra lei, posteriormente também revogada, não mais volta a viger.

Art. 103 do CTN: salvo disposição em contrário, *entram em vigor*: (a) os *atos administrativos*, na data da sua publicação; (b) as *decisões administrativas*, 30 dias após a dada da sua publicação; (c) os *convênios*, na data neles prevista.

Princípio da anterioridade (*vacatio constitutiones*): a lei que cria ou aumenta tributo não adquirirá vigência antes do primeiro dia do exercício financeiro seguinte àquele em que ocorra sua publicação.

6.4 Aplicação da legislação tributária

Art. 105 do Código Tributário Nacional: fatos geradores futuros e pendentes; irrelevância da distinção, uma vez que só há fato gerador *in concreto* quando se realiza plenamente sua hipótese de incidência (descrição legal) no mundo real.[1]

Deveras, ocorrido o fato imponível (fato gerador em concreto) – isto é, realizado no mundo fenomênico o fato que se encontra descrito em lei –, aplica-se a lei tributária respectiva. Nada obstante, dispõe o Código Tributário Nacional que a legislação tributária poderá ser aplicada àqueles fatos irrelevantes juridicamente, uma vez que, sendo futuros ou pendentes, ainda não se perfizeram como fatos imponíveis:

> **[CTN] Art. 105.** A legislação tributária aplica-se imediatamente aos fatos geradores futuros e aos pendentes, assim entendidos aqueles cuja ocorrência tenha tido início mas não esteja completa nos termos do art. 116.

Nossa Constituição Federal de 1988 consagrou expressamente o princípio da irretroatividade tanto para as leis penais não-benéficas ao réu quanto para as leis tributárias que criam ou aumentam tributos. No entanto, o Código Tributário Nacional admite a retroatividade da lei "expressamente interpretativa", excluída a aplicação de penalidade à infração dos dispositivos interpretados:

> **[CTN] Art. 106.** A lei aplica-se a ato ou fato pretérito: I – em qualquer caso, quando seja expressamente interpretativa, excluída a aplicação de penalidade à infração dos dispositivos interpretados; II – tratando-se de ato não definitivamente julgado: a) quando deixe de defini-lo como infração; b) quando deixe de tratá-lo como contrário a qualquer exigência de ação ou omissão, desde que não tenha sido fraudulento e não tenha implicado em falta de pagamento de tributo; c) quando lhe comine penalidade menos severa que a prevista na lei vigente ao tempo da sua prática.

---

1. Cf. despacho do Min. Marco Aurélio de Mello, no Agravo de Instrumento n. 205.304-1, publicado na *Revista Dialética de Direito Tributário*, v. 30, março/1998, p. 191: "(...). A teor do disposto no mencionado § 7º do art. 155, a lei que preveja tal espécie de responsabilidade, considerado fato gerador a ocorrer em data futura, deve assegurar a imediata e preferencial restituição da quantia paga, caso não se realize o fato gerador presumido".

Relegando a um segundo plano a discussão acerca da chamada "interpretação autêntica" e afastando-se os casos em que poderá haver violação ao princípio constitucional da igualdade, infere-se desse dispositivo que a legislação tributária *favorável* ao contribuinte poderá retroagir somente se for *expressa* nesse sentido; caso contrário há de se submeter rigorosamente à regra geral da irretroatividade. No tocante ao infrator, aplica-se a exceção constitucional da retroatividade benéfica, explicitada pelo referido dispositivo.

DOUTRINA

Sobre existência, validade, vigência e eficácia das normas jurídicas, leciona Paulo de Barros Carvalho:[2]

> As normas jurídicas, proposições prescritivas que são, têm sua valência própria. Delas não se pode dizer que sejam verdadeiras ou falsas, valores imanentes às proposições descritivas da ciência do Direito, mas as normas jurídicas serão sempre válidas ou inválidas, com referência a um determinado sistema "S". E ser norma válida quer significar que mantém relação de pertinencialidade com o sistema "S", ou que nele foi posta por órgão legitimado a produzi-la, mediante procedimento estabelecido para esse fim. (...). É intuitivo crer que a validade se confunde com a existência, de sorte que afirmar que u'a norma existe implica reconhecer sua validade, em face de determinado sistema jurídico. Do que se pode inferir: ou a norma existe, está no sistema e é, portanto, válida, ou não existe como norma jurídica. (...). Já a eficácia pode ser estudada sob três ângulos, que denominamos eficácia jurídica, eficácia técnica e eficácia social. (...). Eficácia jurídica é a propriedade de que está investido o fato jurídico de provocar a irradiação dos efeitos que lhe são próprios, ou seja, a relação de causalidade jurídica, no estilo de Lourival Villanova. Não seria, portanto, atributo da norma, mas sim do fato nela previsto. (...) a norma jurídica se diz vigente quando está apta para qualificar fatos e determinar o surgimento de efeitos de direito, dentro dos limites que a ordem positiva estabelece, no que concerne ao espaço e no que consulta ao tempo.

Sobre a *possibilidade de a lei tributária retroagir*, leciona Hugo de Brito Machado:[3]

---

2. Paulo de Barros Carvalho, *Curso de Direito Tributário*, 18ª ed., pp. 81-85.
3. Hugo de Brito Machado, *Curso de Direito Tributário*, 29ª ed., São Paulo, Malheiros Editores, 2008, p. 99.

Quando se diz que a lei retroage, o que se quer dizer é que a lei pode ser utilizada na qualificação jurídica de fatos ocorridos antes do início de sua vigência. Em princípio, o fato regula-se juridicamente pela lei em vigor na época de sua ocorrência. Esta é a regra geral do denominado *direito intertemporal*. A lei incide sobre o fato que, concretizando sua hipótese de incidência, acontece durante o tempo em que é vigente. Surgindo uma lei *nova* para regular fatos do mesmo tipo, ainda assim, aqueles fatos acontecidos durante a vigência da lei anterior foram por ela qualificados juridicamente e a eles, portanto, aplica-se a lei antiga. Excepcionalmente, porém, uma lei pode elidir os efeitos da incidência de lei anterior. É desta situação excepcional que trata o art. 106 do CTN.

Carlos Maximiliano[4] tece breve digressão histórica no Direito Brasileiro acerca da lei interpretativa, também conhecida, diga-se de passagem, como "filha do Absolutismo":

> O assunto ficou esclarecido, e de modo completo, quando se elaborou o Código Civil de 1916. O Projeto de Clóvis Beviláqua era precedido de uma Lei de Introdução, cujo art. 6º preceituava: "Salvante a disposição do artigo antecedente, *[a que mandava respeitar o direito adquirido, o ato jurídico perfeito e a coisa julgada]* a lei interpretativa se considera da mesma data da interpretada". O jurisconsulto Andrade Figueira, que auxiliava a Comissão Especial da Câmara dos Deputados no estudo e melhoria do Projeto, impugnou o art. 6º, da forma seguinte: "Isso é um princípio muito velho em jurisprudência, mas, infelizmente, *muito falso*".
>
> Acrescentou haver o autor implicitamente reconhecido os defeitos da doutrina, com antepor uma ressalva que inutilizava o dispositivo: a dos direitos adquiridos, a da coisa julgada e dos atos consumados ou perfeitos.
>
> A estes argumentos, Clóvis, também presente aos trabalhos da Comissão, após a escusa, consistente em alegar que, exatamente por existir aquela ficção de se atribuir a uma norma jurídica a data de outra, ele a consagrou, porém com a defesa expressa dos direitos adquiridos. O Congresso preferiu o parecer de Andrade Figueira, eliminou todo o dispositivo. Portanto, do debate resultou triunfante o princípio que nega

---

4. Carlos Maximiliano, *Hermenêutica e Aplicação do Direito*, 15ª ed., Rio de Janeiro, Forense, 1995, p. 89.

efeito retroativo às leis, sem excetuar a interpretativa; só se aplica esta aos casos futuros, e não desde a data da regra interpretada.

A respeito da distinção entre infrações fiscais e crimes tributários, explicita Paulo de Barros Carvalho:[5]

> Definimos a infração tributária, portanto, como toda ação ou omissão que, direta ou indiretamente, represente o descumprimento dos deveres jurídicos estatuídos em leis fiscais.
>
> (...).
>
> O comportamento violador do dever jurídico estabelecido em lei tributária pode revestir as características de meras infrações ou ilícitos tributários, bem como de crimes fiscais, dessa maneira definidos em preceitos da lei penal. Entre tais entidades existe uma distinção formal e, atrás disso, uma grande diferença de regime jurídico, posto que os crimes fiscais estão subordinados aos princípios, institutos e formas do direito penal, ao passo que as infrações contidas em leis tributárias, de caráter não-criminal, sujeitam-se aos princípios gerais do direito administrativo.

JURISPRUDÊNCIA

Em argüição de inconstitucionalidade em embargos de divergência em recurso especial, o STJ reconheceu o caráter inovador do disposto no art. 3º da Lei 118/2005, bem como a inconstitucionalidade de seu art. 4º, que, dizendo-se interpretativo, determinava a aplicação retroativa – nos moldes do disposto no inciso I do art. 106 do CTN – do novo prazo prescricional, a que se refere o aludido art. 3º, para a propositura de ação repetição de indébito dos tributos sujeitos a lançamento por homologação. Vejamos:

> Constitucional – Tributário – Lei interpretativa – Prazo de prescrição para a repetição de indébito nos tributos sujeitos a lançamento por homologação – Lei Complementar n. 118/2005 – Natureza modificativa (e não simplesmente interpretativa) do seu art. 3º – Inconstitucionalidade do seu art. 4º, na parte que determina a aplicação retroativa. 1. Sobre o tema relacionado com a prescrição da ação de repetição de

---

5. Paulo de Barros Carvalho, *Curso de Direito Tributário*, 18ª ed., pp. 523-524.

indébito tributário, a jurisprudência do STJ (1ª Seção) é no sentido de que, em se tratando de tributo sujeito a lançamento por homologação, o prazo de cinco anos, previsto no art. 168 do CTN, tem início não na data do recolhimento do tributo indevido, e sim na data da homologação – expressa ou tácita – do lançamento. Segundo entende o Tribunal, para que o crédito se considere extinto não basta o pagamento: é indispensável a homologação do lançamento, hipótese de extinção albergada pelo art. 156, VII, do CTN. Assim, somente a partir dessa homologação é que teria início o prazo previsto no art. 168, I. E, não havendo homologação expressa, o prazo para a repetição do indébito acaba sendo, na verdade, de 10 anos a contar do fato gerador. 2. Esse entendimento, embora não tenha a adesão uniforme da doutrina e nem de todos os juízes, é o que legitimamente define o conteúdo e o sentido das normas que disciplinam a matéria, já que se trata do entendimento emanado do órgão do Poder Judiciário que tem a atribuição constitucional de interpretá-las. 3. O art. 3º da Lei Complementar n. 118/2005, a pretexto de interpretar esses mesmos enunciados, conferiu-lhes, na verdade, um sentido e um alcance diferente daquele dado pelo Judiciário. Ainda que defensável a "interpretação" dada, não há como negar que a lei inovou no plano normativo, pois retirou das disposições interpretadas um dos seus sentidos possíveis, justamente aquele tido como correto pelo STJ, intérprete e guardião da legislação federal. 4. Assim, tratando-se de preceito normativo modificativo, e não simplesmente interpretativo, o art. 3º da Lei Complementar n. 118/2005 só pode ter eficácia prospectiva, incidindo apenas sobre situações que venham a ocorrer a partir da sua vigência. 5. O art. 4º, segunda parte, da Lei Complementar n. 118/2005, que determina a aplicação retroativa do seu art. 3º, para alcançar inclusive fatos passados, ofende o princípio constitucional da autonomia e independência dos Poderes (CF, art. 2º) e o da garantia do direito adquirido, do ato jurídico perfeito e da coisa julgada (CF, art. 5º, XXXVI). 6. Argüição de inconstitucionalidade acolhida. [**STJ, Corte Especial, Argüição de Inconstitucionalidade nos EREsp 644.736-PE, rel. Min. Teori Albino Zavascki, j. 6.6.2007, v.u., *DJU* 27.8.2007, p. 170**]

Considera-se efetivada a publicação das normas no dia em que o *Diário Oficial* estiver disponível para ser adquirido pelo público interessado, e não no dia em que é feita sua distribuição pelos Correios. Nesse sentido:

Tributário – Vigência da Lei n. 8.383/1991. Publicada no dia 31.12.1991, a Lei n. 8.383/1991 entrou em vigor no primeiro dia do exercício seguinte (CTN, art. 104) – Recurso especial conhecido e provido. [STJ, 2ª Turma, REsp 161.447-SP, rel. Min. Ari Pargendler, j. 19.3.1998, v.u., *DJU* 6.4.1998, p. 2]

Com fulcro no art. 105 do CTN, decidiu o STJ:

Tributário – FUNRURAL – Aquisição de produtos rurais de terceiros não-produtores – Lei Complementar n. 11/1971 – Art. 128 do CTN – Não incidência – Art. 30, IV, da Lei n. 8.212/1991 – Falta de prequestionamento – Inaplicabilidade – Art. 105 do CTN. 1. À luz da Lei Complementar n. 11/1971, a contribuição para o custeio do FUNRURAL não é devida na aquisição de produtos rurais de comerciantes ou intermediários não-produtores. Imputar responsabilidade ao comprador, em tal situação, seria atribuir a terceiro, sem previsão legal, responsabilidade tributária, o que não encontra respaldo no preceito inscrito no art. 128 do CTN. 2. Incidem os óbices previstos nas Súmulas ns. 282 e 356 do STF quando a questão infraconstitucional suscitada não foi enfocada no acórdão recorrido e nem houve oposição de embargos declaratórios. 3. O art. 30, IV, da Lei n. 8.212/1991, alterado pela Lei n. 9.528/1997, que prevê a cobrança do FUNRURAL na hipótese em que o produto rural for adquirido de terceiro intermediário, não se aplica a fato gerador pretérito, sobretudo diante da norma inscrita no art. 105 do CTN. 4. Recurso especial parcialmente conhecido e, nessa parte, não provido. [STJ, 2ª Turma, REsp 229.688-CE, rel. Min. João Otávio de Noronha, j. 5.4.2005, p. 280]

De igual modo:

Tributário – Responsabilidade do sócio-cotista – Arts. 134 e 135 do CTN – Inaplicabilidade do art. 13 da Lei n. 8.620/1993 – Irretroatividade da lei tributária – art. 105 do CTN. 1. Os sócios-cotistas não podem ser responsabilizados, na forma dos arts. 134, VIII, e 135, III, do CTN, se não realizaram atos de gestão na sociedade, respondendo apenas pelo capital não-integralizado da pessoa jurídica – Precedentes (REsp n. 238.668-MG, REsp n. 141.516-SC, REsp n. 93.609-AL e REsp n. 40.435-SP). 2. Incide em violação ao art. 105 do CTN a aplicação do art. 13 da Lei 8.620/1993 à execução fiscal referente a débitos anteriores ao citado diploma legal, que, ademais, somente pode ser interpretado em sintonia com o art. 135 do CTN. 3. Recurso especial improvido. [STJ, 2ª Turma, REsp 325.375-SC, rela. Min. Eliana Calmon, j. 19.9.2002, v.u., *DJU* 21.10.2002, p. 331]

Tributário – ICMS – Prazo de recolhimento – Antecipação mediante decreto – Impossibilidade. Decreto que antecipa prazo de recolhimento de tributos, cujos fatos geradores já ocorreram, ofende os arts. 105, 116 e 144 do CTN. **[STJ, 1ª Turma, REsp/ED 81.078-SP, rel. Min. Humberto Gomes de Barros, j. 18.4.1996, v.u., *DJU* 3.6.1996, p. 19.212]**

Tributário – ICMS – Fato gerador – Prazo de recolhimento – CTN, arts. 105, 113, § 1º, e 144 – Decreto-lei n. 406/1968 – Lei n. 6.374/1989 – Decreto estadual n. 33.707/1991 (art. 4º). 1. A obrigação tributária surge com o fato gerador, tão logo ocorrido, legitimando a cobrança e recolhimento. Se o disciplinamento fiscal do local da atividade fixou prazos específicos para o pagamento do ICMS, após a ocorrência do fato gerador, não foi malferida a legalidade, esmaecendo a afirmação de ofensa à legislação federal. 2. Precedentes jurisprudenciais. 3. Recurso improvido. **[STJ, 1ª Turma, REsp 57.486-SP, rel. Min. Milton Luiz Pereira, j. 13.9.1995, v.u., *DJU* 2.10.1995, p. 32.332]**

A propósito do disposto no art. 106, II, do CTN:

Tributário — Analogia e retroatividade de lei mais benéfica – Arts. 106 e 108 do CTN. 1. Descabe a aplicação da analogia se existe legislação específica regulando o tema. 2. Não cabe a retroatividade de lei em matéria tributária se não configurada qualquer das hipóteses do art. 106, II, do CTN. 3. Recurso especial improvido. **[STJ, 2ª Turma, REsp 450.909-SP, rela. Min. Eliana Calmon, j. 22.6.2004, v.u., *DJU* 20.9.2004, p. 231]**

Sobre a retroatividade de lei que reduza multa moratória, decidiu o STJ, com fulcro no art. 106, II, "c", do CTN:

Recurso especial (...) – Embargos à execução fiscal – Lei estadual n. 9.399/1996 – Multa – Redução – Art. 106, III, "c", do CTN – Retroatividade da lei mais benéfica – Recurso parcialmente conhecido e, nessa parte, desprovido. 1. À falta do indispensável prequestionamento, não se conhece do recurso especial. São aplicáveis os princípios estabelecidos nas Súmulas ns. 282 e 356 do STF. 2. Não tendo sido definitivamente julgada a controvérsia, tem direito o devedor à redução da multa moratória prevista na Lei estadual n. 9.399/1996. Isso porque o STJ, com fundamento nos arts. 106, II, "c", e 112 do CTN, consagra entendimento no sentido da possibilidade de redução da multa moratória mesmo que proveniente de atos anteriores à lei mais benéfica. 3. Recurso especial parcialmente conhecido e, nessa parte, desprovido. **[STJ, 1ª Turma, REsp 721.428-SP, rela. Min. Denise Arruda, j. 6.11.2007, v.u., *DJU* 29.11.2007, p. 173]**

Tributo – Regência – Art. 146, inciso III, da CF – Natureza. O princípio revelado no inciso III do art. 146 da CF há de ser considerado em face da natureza exemplificativa do texto, na referência a certas matérias. Multa – Tributo – Disciplina. Cumpre à legislação complementar dispor sobre os parâmetros da aplicação da multa, tal como ocorre no art. 106 do CTN. Multa – Contribuição social – Restrição temporal – Art. 35 da Lei n. 8.212/1991. Conflita com a Carta da República – art. 146, inciso III – a expressão "para os fatos geradores ocorridos a partir de 1º de abril de 1977", constante do art. 35 da Lei n. 8.212/1991, com a redação decorrente da Lei n. 9.528/1997, ante o envolvimento de matéria cuja disciplina é reservada à lei complementar. **[STF, Tribunal Pleno, RE 407.190-RS, rel. Min. Marco Aurélio, j. 27.10.2004, v.u., *DJU* 13.5.2005, p. 6]**

Tributário – Benefício da Lei n. 1.687/1979, art. 5º – Redução da multa para 5% – Ato definitivamente julgado – Art. 106, II, "c", do CTN. Se a decisão administrativa ainda pode ser submetida ao crivo do Judiciário, e para este houve recurso do contribuinte, não há de se ter o ato administrativo ainda como definitivamente julgado, sendo esta a interpretação que há de dar-se ao art. 106, II, "c", do CTN. E não havendo ainda julgamento definitivo, as multas previstas nos arts. 80 e 81 da Lei n. 4.502/1964, com a redação dada pelo art. 2º, alterações 22 e 23, do Decreto-lei n. 34/1966, ficam reduzidas para 5% se o débito relativo ao IPI houver sido declarado em documento instituído pela Secretaria da Receita Federal ou por outra forma confessado, até a data da publicação do Decreto-lei n. 1.680/1979, segundo o benefício concedido pelo art. 5º da Lei n. 1.687/1979 – Acórdão que assim decidiu é de ser confirmado. **[STF, 2ª Turma, RE 95.900-BA, rel. Min. Aldir Passarinho, j. 4.12.1984, v.u., *DJU* 8.3.1985, p. 249]**

QUESTÕES

1. Quando entra em vigor a lei que cria ou aumenta tributo?

2. Para quê serve a *vacatio legis*?

3. O que se entende por "repristinação"?

4. Alteração da lei enseja sempre nova publicação e nova *vacatio legis*?

5. Quando entram em vigor as normas complementares a que se refere o art. 100 do CTN?

DISSERTAÇÃO

"Vigência e Aplicação da Lei Tributária. Conceitos. Termos Inicial e Final da Vigência da Lei. Publicação (Conceito e Relevância). Alteração da Lei. Normas Complementares (Entrada em Vigor). Repristinação. Princípios da Anterioridade e da Irretroatividade".

TESTE

1. **[132º Exame de Ordem/SP, 2007, n. 87]** Assinale a alternativa correta:

   a) ( ) Mesmo que a nova lei comine penalidade menos severa a uma determinada infração do que a lei existente ao tempo de sua prática, pelo princípio constitucional da irretroatividade, a nova lei não poderá ser aplicada.

   b) ( ) A lei aplica-se a ato ou fato pretérito quando lhe comine penalidade menos severa que a prevista na lei vigente ao tempo da sua prática.

   c) ( ) A nova lei que cominar penalidade menos severa a uma determinada infração do que a lei existente ao tempo de sua prática só pode ser aplicada 90 dias após sua promulgação.

   d) ( ) Somente entrará em vigor no exercício financeiro seguinte ao da publicação a lei que cominar penalidade menos severa a uma determinada infração, comparada com a lei vigente ao tempo de sua prática.

7
INTERPRETAÇÃO E INTEGRAÇÃO DA LEGISLAÇÃO TRIBUTÁRIA

7.1 Interpretação. 7.2 Integração: 7.2.1 Analogia – 7.2.2 Princípios gerais – 7.2.3 Eqüidade. [DOUTRINA – JURISPRUDÊNCIA – QUESTÕES – CONSULTAS – MEDIDAS JUDICIAIS – DISSERTAÇÕES – TESTES]

7.1 Interpretação

Interpretação é o procedimento lógico mediante o qual se desvenda dos textos legais a própria norma jurídica com todos os seus contornos. Logo, é pressuposto da interpretação a existência de lei específica para que se possa verificar a possibilidade de sua aplicação ao caso que se tem para resolver. E, mais, por igual razão deve-se afastar a idéia de que a lei clara dispensa interpretação.

Hermenêutica é a teoria científica que formula e sistematiza as regras que viabilizam o trabalho do intérprete. Apresenta, de modo genérico, os meios, critérios e esquemas interpretativos. De conseguinte, conforme a linha interpretativa adotada, chega-se a posições doutrinárias distintas.

Somente para ilustrar, a *interpretação jurídica*, consoante a ciência hermenêutica, pode ser classificada em conformidade com os seguintes critérios:

Quanto ao sujeito que a realiza – (a) autêntica; (b) doutrinária; (c) judicial.

Quanto aos meios de que se vale o intérprete – (a) gramatical (literal); (b) lógica (sistemática e teleológica).

Quanto ao resultado – (a) extensiva (além da lei); (b) restritiva (aquém da lei); (c) declaratória (nos limites da lei).

Tecidas essas singelas considerações, vejamos o que dispõe o Código Tributário Nacional sobre esse assunto. Por primeiro, ressalta, em seu art. 107, que a legislação tributária deverá ser interpretada em consonância com o disposto em seu Capítulo IV, intitulado "Interpretação e Integração da Legislação Tributária". Nada obstante, depreende-se, do que vimos linhas atrás, que a lei, qualquer que seja, deve ser interpretada segundo as diretrizes traçadas pela ciência hermenêutica.

Feita essa ressalva, vejamos o que dispõe o festejado art. 110 do Código em apreço:

> **[CTN] Art. 110.** A lei tributária não pode alterar a definição, o conteúdo e o alcance de institutos, conceitos e formas de direito privado, utilizados, expressa ou implicitamente, pela Constituição Federal, pelas Constituições dos Estados, ou pelas Leis Orgânicas do Distrito Federal ou dos Municípios, para definir ou limitar competências tributárias.

Ora, esse dispositivo apenas ressalta o que já é cediço na Ciência Jurídica. Com efeito, se em nosso ordenamento jurídico tem-se uma Constituição Federal rígida que reparte a competência tributária entre as quatro pessoas políticas de direito público, infere-se que lei infraconstitucional alguma poderá alterar, para fins de tributação, a definição, o conteúdo e o alcance de institutos, conceitos e formas de direito privado que tenham sido considerados pela Lei Maior ao traçar o campo de competência de cada ente tributante.

Noutras palavras, o art. 110 do CTN apenas realça que devem ser aproveitados os conceitos próprios dos demais ramos do Direito para a interpretação da lei tributária. Afinal, como fora visto no primeiro capítulo, a autonomia relativa dos ramos do Direito não impede que o direito tributário modifique os conceitos de outras searas jurídicas, salvo se isso implicar ampliação da esfera de competência tributária constitucional.

Doutra parte, enfatiza o Código Tributário Nacional que as causas suspensivas da exigibilidade do crédito tributário assim como os casos de isenção, anistia e remissão de obrigações tributárias hão de receber interpretação nos exatos termos da lei, isto é, *secundum legem*. Dito de outro modo, deve-se afastar, nesses casos, a possibilidade de interpretação extensiva. Veja-se:

[CTN] Art. 111. Interpreta-se literalmente a legislação tributária que disponha sobre: I – suspensão ou exclusão do crédito tributário; II – outorga de isenção; III – dispensa do cumprimento de obrigações acessórias.

E, no tocante às penalidades, o Código Tributário Nacional apresenta-se em conformidade com o disposto na vigente Constituição Federal, segundo a qual a lei penal poderá retroagir para beneficiar o réu (art. 5º, XL). É dizer, lei posterior benéfica ao infrator tem efeitos retroativos por expressa determinação constitucional. Nesse sentido, também dispõe o CTN:

[CTN] Art. 112. A lei tributária que define infrações, ou lhe comina penalidades, interpreta-se da maneira mais favorável ao acusado, em caso de dúvida quanto: I – à capitulação legal do fato; II – à natureza ou às circunstâncias materiais do fato, ou à natureza ou extensão dos seus efeitos; III – à autoria, imputabilidade, ou punibilidade; IV – à natureza da penalidade aplicável, ou à sua graduação.

7.2 Integração

Por primeiro, ressalte-se a distinção entre *interpretação* e *integração*, pois esta, ao contrário daquela, supõe a ausência de disposição legal que possa ser aplicável ao caso concreto que demanda solução. A propósito, estabelece o Decreto-lei 4.657, de 4.9.1942, conhecido como Lei de Introdução ao Código Civil – LICC:

[LICC] Art. 4º. Quando a lei for omissa, o juiz decidirá o caso de acordo com a analogia, os costumes e os princípios gerais de Direito.

De seu turno, estabelece o CTN:

[CTN] Art. 108. Na ausência de disposição expressa, a autoridade competente para aplicar a legislação tributária utilizará sucessivamente, na ordem indicada: I – a analogia; II – os princípios gerais de direito tributário; III – os princípios gerais de direito público; IV – a eqüidade.

Registre-se que o art. 108, acima transcrito, não discrimina fontes formais do Direito para viabilizar a interpretação ou a integração da legislação tributária, mas, sim, aponta critérios hábeis a fundamentar decisões judiciais ou administrativas ante um suposto caso de ausência de disposição legal específica.

7.2.1 Analogia

Textos legais referentes a determinadas situações jurídicas podem ser aplicados a outras situações jurídicas semelhantes, haja vista que essa semelhança revela a identidade de razão necessária ao emprego da analogia. É o que revela o célebre brocardo *ubi eadem ratio, eadem ius* – ou seja, uma mesma disposição legal pode ser aplicada a situações jurídicas unificadas pela identidade de razão.

Todavia, não se confunde *analogia* com *interpretação extensiva*, pois nesta existe lei para se aplicar ao caso concreto, após um labor exegético hábil a desvendar seus reais conteúdo e alcance.

Outrossim, convém ressaltar que não se pode fazer uso da analogia em questões patrimoniais, dentre as quais se situa a exigência de tributos. A propósito, explicita o CTN:

> **[CTN] Art. 108.** (...).
>
> § 1º. O emprego da analogia não poderá resultar na exigência de tributo não previsto em lei.

7.2.2 Princípios gerais

Ante a impossibilidade de fazer uso da analogia legal, devido à ausência de lei específica a ser aplicada em caso semelhante ao por ele regulado, o Código Tributário Nacional determina que se empregue a analogia jurídica, isto é, que se recorra aos princípios de direito tributário, e eventualmente aos de direito público, para que se possa viabilizar a aplicação do Direito.

Princípios gerais de direito tributário, exemplos: da capacidade contributiva, da anterioridade, da estrita legalidade, da proibição de tributo com efeito de confisco, da imunidade, da reserva de competência impositiva etc.

Princípios gerais de direito público, exemplos: da igualdade, da irretroatividade das leis, da pessoalidade da pena, da ampla defesa, da liberdade profissional, da segurança jurídica etc.

Acerca dos princípios gerais de direito privado, ressalta o Código Tributário Nacional que incumbe apenas à lei estabelecer os efeitos tributários que poderão advir dos institutos de direito privado:

> **[CTN] Art. 109.** Os princípios gerais de direito privado utilizam-se para pesquisa da definição, do conteúdo e do alcance de seus institutos, conceitos e formas, mas não para definição dos respectivos efeitos tributários.

7.2.3 Eqüidade

Por meio da eqüidade o juiz tem condições precisas de ajustar a generalidade da lei às peculiaridade do caso concreto. Se não lhe fosse permitido fazer uso da eqüidade, o exercício da judicatura circunscrever-se-ia a um mister autômato, que dispensa raciocínio e sensibilidade jurídica.

Convém frisar, todavia, que não se pode fazer uso da eqüidade para proferir decisões *contra legem*. Nesse sentido, dispõe o CTN:

> **[CTN] Art. 108.** (...).
> (...).
> § 2º. O emprego da equidade não poderá resultar na dispensa do pagamento de tributo devido.

DOUTRINA

De plano, Paulo de Barros Carvalho[1] explicita a *distinção entre hermenêutica e interpretação*:

> Firmemos a premissa de que o direito positivo é um corpo de linguagem, de cunho prescritivo, organizado para disciplinar o comportamento dos seres humanos no convívio social. É um plexo de proposições normativas destinado a regular a conduta das pessoas, nas suas relações de inter-humanidade.
>
> Vimos que a aplicação do Direito pressupõe a interpretação, e esse vocábulo há de ser entendido como a atividade intelectual que se de-

---

1. Paulo de Barros Carvalho, *Curso de Direito Tributário*, 13ª ed., São Paulo, Saraiva, 2000, pp. 67-68.

senvolve à luz de princípios hermenêuticos, com a finalidade de declarar o conteúdo, o sentido e o alcance das regras jurídicas. Hermenêutica é a teoria científica que se propõe pesquisar os meios de interpretação. Esta se reduz, assim, a mero emprego dos princípios hermenêuticos, e porque tão-só declara um conteúdo volitivo que já existe essa atividade intelectual tem natureza eminentemente declaratória.

Para bem explicar a diferença que se instala entre a hermenêutica e a interpretação, convém dizer que neste instante, enquanto tratamos, de modo genérico, dos meios, critérios e esquemas interpretativos, estamos laborando em campo nitidamente hermenêutico. Agora, se nos propusermos analisar um determinado dispositivo legal e formos aplicar os princípios, instrumentos e fórmulas preconizados pela hermenêutica, aí, sim, estaremos certamente desenvolvendo uma atividade interpretativa.

Oswaldo Aranha Bandeira de Mello[2] aponta três escolas fundamentais de hermenêutica que veiculam diretrizes para desvendar o sentido do texto legal e das quais decorrem teorias diferentes, com resultados diferentes e, segundo o autor, com critérios até antagônicos na sua aplicação, ante a referida diversidade de interpretações:

São elas: (a) a *Jurídico-Exegética*, que dá prevalência à vontade do legislador, através de ginásticas de raciocínio para deduzi-la, no apego fetichista à lei; (b) a *Jurídico-Sociológica*, que considera as exigências sociais da vida, para cujo fim o Direito existe, mas para atendê-las dentro do conteúdo, entretanto, disposto pela lei, mediante juízos de valor objetivados no seu contexto, adaptando-o aos imperativos da evolução histórica; (c) a do *Direito Livre*, que propugna se despreze a própria lei quando se revela em contradição com as necessidades sociais e políticas, com os interesses reais da vida, na procura de norma efetivamente justa, relegando amplo campo de arbítrio ao intérprete.

A *Escola Jurídico-Exegética* proclama a verdade dos brocardos *Dura lex sed lex* e *Stulta sapientia, quae vult lege sapientior esse*. Teve sua culminância com o aparecimento do Código Napoleônico, considerado obra perfeita pelo seu autor, que temia que esse majestoso trabalho se esboroasse pela ação dos intérpretes. Envolve substituir

---

2. Oswaldo Aranha Bandeira de Mello, *Princípios Gerais de Direito Administrativo*, 3ª ed., vol. I, São Paulo, Malheiros Editores, 2007, p. 403.

o amor do Direito pelo culto da lei, que passa a encerrar a plenitude da ordem jurídica. Dizia Bugnet, em sua cátedra de Direito: "Je ne connais pas le droit civil; je n'enseigne que le Code Napoléon".

Carlos Maximiliano,[3] a propósito, exalta a função renovadora do Direito promovida pela interpretação. Noutro giro, a interpretação assegura a vitaliciedade do Direito, de modo que sempre poderá ser aplicado à realidade que se fizer presente, frise-se, quaisquer que sejam os tempos:

> Deve o intérprete sentir como o próprio autor do trabalho estuda; imbuir-se das idéias inspiradoras da obra concebida e realizada por outrem. Anatole France diz, no *Jardim de Epicuro*: "Compreender uma obra-prima é, em suma, criá-la em si mesmo, de novo". Este pensamento é aplicável a qualquer produto do intelecto do homem, isolado este, ou em coletividade; abrange a linguagem em geral; as expressões do Direito, em particular.
>
> Entretanto, o trabalho ficaria em meio se apenas se limitassem a perquirir acerca do fator subjetivo, da intenção dos prolatores. O objetivo da norma, positiva ou consuetudinária, é servir à vida, regular a vida; destina-se a lei a estabelecer a ordem jurídica, a segurança do Direito. Se novos interesses despontam e se enquadram na letra expressa, cumpre adaptar o sentido do texto antigo ao fim atual.
>
> A pesquisa não fica adstrita ao objetivo primordial da regra obrigatória; descobre também o fundamento *hodierno* da mesma. A *ratio juris* é uma força viva e móvel que anima os dispositivos e os acompanha no seu desenvolvimento. "É como uma linfa que conserva sempre verde a planta da lei e faz de ano em ano desabrocharem novas flores e surgirem novos frutos." Não só o sentido evolve, mas também o *alcance* das expressões de Direito.

Ricardo Lobo Torres[4] discorre sobre a influência das correntes interpretativas na elaboração do nosso Código Tributário Nacional:

> O nosso Código Tributário Nacional sofreu a influência direta e avassaladora do Positivismo, como, de resto, todo o Direito Brasilei-

---

3. Carlos Maximiliano, *Hermenêutica e Aplicação do Direito*, 15ª ed., Rio de Janeiro, Forense, 1995, pp. 153-154.
4. Ricardo Lobo Torres, *Normas de Interpretação e Integração do Direito Tributário*, 3ª ed., Rio de Janeiro, Renovar, 2002, pp. 300-301 e 309.

ro. Só que as normas de interpretação nele estampadas se filiam, simultânea e confusamente, assim à vertente do Positivismo lógico e conceptualista como à do Positivismo sociológico. Houve uma tentativa, absolutamente ineficaz, de sincretismo ou de ecletismo – traço também marcante da nossa cultura –, a exemplo do que aconteceu em outros códigos brasileiros.

O ar. 108, com a sua hierarquia de métodos, é tipicamente logicista. O art. 109 agarra-se às teses do Positivismo finalista e sociológico. No art. 110 aparece a influência do Civilismo. O art. III *[sic]* denota preocupações formalistas. O art. 118 volta-se a se filiar às teses do reducionismo sociológico. Gilberto de Ulhoa Canto, em pertinente crítica, reputou como grave equívoco do Código Tributário Nacional "a tomada de posições estabelecendo normas de interpretação, de um modo ou de outro", ao revés de se limitar a estabelecer, quando muito, que "as leis tributárias são interpretadas da mesma maneira que as demais leis o são". Faltou ao Código Tributário Nacional a uniformidade de pontos de vista, não obstante o fato de a Comissão que elaborou o Anteprojeto haver declarado que adotava a "interpretação teleológica ou finalista".

(...).

As normas de interpretação, embora politicamente motivadas, são ineficazes, pois não conseguem eternizar o partidarismo de que promanam.

Vejam-se, outrossim, as lições de Roque Antonio Carrazza[5] sobre o conceito de "interpretação", bem como sobre a desnecessidade de preceitos legais para traçar regras de interpretação:

> (...) a interpretação é uma atividade cognoscitiva que visa a precisar o significado e o alcance das normas jurídicas, possibilitando-lhes uma correta aplicação. Esta tarefa, voltada, precipuamente, à descoberta da *mens legis* (da vontade do Estado contida na norma jurídica), exige a constante invocação dos grandes princípios, mormente em face das disposições incertas e das palavras equívocas ou polissêmicas que costumam recamar nossos textos legislativos. (...).
>
> (...).

---

5. Roque Carrazza, *Curso de Direito Constitucional Tributário*, 24ª ed., São Paulo, Malheiros Editores, 2008, pp. 42 e 939-940.

Também nos parece certo que o Código Tributário Nacional não pode estabelecer o modo pelo qual deverão ser entendidas e aplicadas, aos casos concretos, as leis tributárias federais, estaduais, municipais e distritais. Noutras palavras, não lhe é dado disciplinar "a interpretação e a integração da legislação tributária".

Observamos, em primeiro lugar, que as chamadas "normas interpretativas", por se apresentarem despidas de imperatividade (já que nem proíbem, nem mandam, nem facultam), não são verdadeiras normas jurídicas.

De outro lado, o legislador complementar – justamente por não ter recebido aptidão constitucional para tanto – não pode determinar o *método de interpretação* a ser observado pelo aplicador do Direito. Logo, norma que se ocupe com este assunto não possui valor vinculante, nem para o Executivo, nem, muito menos, para o Judiciário.

Ricardo Lobo Torres,[6] de seu turno, observa que os conceitos de "interpretação" e de "integração" constituem, por si sós, problema de interpretação e, ademais, é variável, nos diversos países, o próprio conceito de "interpretação":

A grande diferença entre interpretação e integração, portanto, está em que na primeira o intérprete visa a estabelecer as premissas para o processo de aplicação através do recurso à argumentação retórica, aos dados históricos e às valorizações éticas e políticas, tudo dentro do sentido possível do texto; já na integração o aplicador se vale dos argumentos de ordem lógica, como a analogia e o argumento *a contrario*, operando fora da possibilidade expressiva do texto da norma.

Sucede que a interpretação e a integração apresentam uma zona fronteiriça de pouquíssima nitidez, de forma que a separação é fluídica e imprecisa. A distinção entre analogia e interpretação extensiva ou entre analogia e interpretação analógica, por exemplo, é fugidia.

Não são fontes formais do Direito, no entender de Oswaldo Aranha Bandeira de Mello,[7] a analogia, os princípios gerais do Direito e a doutrina. Se não, vejamos:

---

6. Ricardo Lobo Torres, *Normas de Interpretação e Integração do Direito Tributário*, ob. cit., pp. 34-35.
7. Oswaldo Aranha Bandeira de Mello, *Princípios Gerais de Direito Administrativo*, 3ª ed., vol. I, p. 412.

A analogia, os princípios gerais do Direito e a doutrina – isto é, o direito científico – não são fontes formais do Direito, e nem métodos de interpretação, pois não buscam perscrutar o sentido exato da lei, nem criam norma para espécie não regulamentada, para regê-la. Visam apenas a resolver as lacunas do direito legislado e do costumeiro. Oferecem ao juiz os subsídios para amoldar outra norma à espécie não regulamentada ou, mesmo, para criá-la, a fim de reger a espécie. São, como direito científico, fontes filosóficas do Direito, ou meios utilizados pelo julgador para criação de fonte formal do Direito. O direito científico expressa-se, no direito positivo, através da decisão judicial. Esta é a forma jurídica de sua manifestação. Depende dela para vir a existir na ordem positiva em que o direito legal e o costumeiro se apresentam lacunosos. Transmuda-se em norma de direito positivo pela *jurisprudência*, ante uniformes e reiteradas decisões em casos semelhantes, e por igual fundamento, aplicando-o.

Mais uma vez, enfatiza Ricardo Lobo Torres[8] a desnecessidade de normas de interpretação serem legalmente disciplinadas:

As ideologias defendem que a hierarquia dos valores se corporifica nas normas sobre a interpretação. As proibições de interpretar e de empregar a analogia e as regras para a interpretação literal, sistemática e subjetiva visam apenas a garantir a segurança. Dispositivo como o art. 1º do CC suíço denotam, ao revés, a preocupação exacerbada com a justiça.

As normas da antiga codificação tributária alemã tinham o objetivo de buscar casuisticamente a igualdade e a justiça fiscal. As do Código Tributário Nacional, pela sua preocupação com a interpretação literal, com a hierarquia de métodos e com a proibição de analogia engajam-se, desenganadamente, na defesa da segurança jurídica.

As normas de interpretação do direito tributário, em suma, introduzem a desarmonia no sistema de valores, pelo quê se tornam ilegítimas e inválidas. Se interpretadas no sentido de que não prejudicam o equilíbrio entre os princípios e as idéias jurídicas fundamentais, tornam-se supérfluas, pois os valores não se traduzem em linguagem normativa e a sua concretização depende da qualidade do ordenamento jurídico e da prática interpretativa.

---

8. Ricardo Lobo Torres, *Normas de Interpretação e Integração do Direito Tributário*, ob. cit., pp. 344-345.

Por fim, vejamos as lições de Carlos Maximiliano[9] acerca dos brocardos *in dubio contra fiscum* e *in dubio pro fiscum*:

(...) não se interpreta a lei tendo em vista só a defesa do contribuinte, nem tão pouco a do Thesouro apenas. O cuidado do exegeta não pode ser unilateral: deve mostrar-se equanime o hermeneuta e conciliar os interesses em momentaneo, occasional contraste. *[sic]*

Não attende sómente á *letra*, nem se deixa dominar pela preoccupação de *restringir*; resolve de modo que o *sentido* prevaleça e o fim obvio, o transparente objectivo, seja attingido. O escopo, a razão da lei, a causa, os valores juridico-sociaes (*ratio legis*, dos romanos; *Werturteil*, dos tudescos) influem mais do que a linguagem, infiel transmissora de idéias. *[sic]*

Experimenta, em summa, o interprete os varios processos de hermeneutica; abstem-se de exigir *mais* do que a norma reclama; porém extrae, para ser cumprido, *tudo*, absolutamente tudo o que na mesma se contem. Se depois desse esforço ainda persiste a duvida, applica afinal a paremia, resolve contra o Fisco e a favor do contribuinte. *[sic]*

O rigor é maior em se tratando de disposição excepcional, de isenções ou abrandamentos de onus em proveito de individuos ou corporações. *Não se presume* o intuito de abrir mão de direitos inherentes á autoridade suprema. A outorga deve ser feita em termos claros, irretorquíveis; ficar provada até á evidencia, e se não extender além das hypotheses figuradas no texto; jamais será inferida de factos que não indiquem irresistivelmente a existencia da concessão ou de um contracto que a envolva. No caos, não tem cabimento o brocardo celebre; na duvida, se decide contra as isenções totaes ou parciaes, e a favor do Fisco; ou, melhor, presume-se não haver o Estado aberto mão da sua autoridade para exigir tributos. *[sic]*

Jurisprudência

O conceito de "propriedade", para fins de IPTU, deve coincidir com o conceito que se infere da própria Lei Maior, sob pena de exceder os limites do campo de competência tributária municipal:

---

9. Carlos Maximiliano, *Hermenêutica e Aplicação do Direito*, 19ª ed., Rio de Janeiro, Forense, 2001, pp. 271-272.

Tributário – IPTU – Propriedade – Conceito pressuposto pela Constituição Federal de 1988 – Ampliação do conceito que extravasa o âmbito da violação da legislação infraconstitucional para infirmar a própria competência tributária constitucional. (...). 1. O IPTU, na sua configuração constitucional, incide sobre a propriedade predial e territorial urbana, cujo conceito pressuposto pela Carta Magna envolve a faculdade de usar, de gozar e de dispor, sendo a propriedade a revelação de riqueza capaz de ensejar a sujeição do seu titular a esse imposto de competência municipal. 2. Sob esse enfoque, é impositiva a regra do art. 156, I, da CF de 1988, *verbis*: "Art. 156. Compete aos Municípios instituir impostos sobre: I – propriedade predial e territorial urbana; (...)". 3. Outrossim, a Constituição utiliza os conceitos de direito no seu sentido próprio, com que implícita a norma do art. 110 do CTN, que interdita a alteração da categorização dos institutos. 4. Consectariamente, o conceito pressuposto pela Constituição Federal de propriedade corresponde àquele emprestado pela Teoria Geral do Direito, que não qualifica como propriedade outros direitos reais e pessoais que não ostentam todas as suas faculdades, sob pena de violação ao correlato preceito constitucional. (...). 11. Recurso especial parcialmente conhecido, e nesta parte desprovido. [**STJ, 1ª Turma, REsp 884.087-RJ, rel. Min. Luiz Fux, j. 6.9.2007, v.u.,** *DJU* **8.10.2007, p. 222**]

Também nesse sentido, decidiu o STJ que o conceito de "serviço", para fins de ISS, deve, nos termos do citado art. 110 do CTN, ser buscado no próprio texto constitucional. Por igual razão, para fins de contribuição social não se deve equiparar "remuneração" a "salário", em desrespeito ao conceito de "salário" constante da Consolidação das Leis do Trabalho:

Tributário – ISS – Arrendamento mercantil – Obrigação de fazer – Conceito pressuposto pela Constituição Federal de 1988 – Ampliação do conceito que extravasa o âmbito da violação da legislação infraconstitucional para infirmar a própria competência tributária constitucional. (...). 1. A 1ª Turma de Direito Público pacificou a jurisprudência desta Corte no sentido de que a questão relativa à caracterização da operação de arrendamento mercantil como prestação de serviço (obrigação de fazer), para fins de incidência do ISS, nos termos do art. 156, III, da Carta Magna, encerra índole notadamente constitucional, razão pela qual revela-se de integral competência do STF (REsp n. 805.317-RS, rel. para acórdão Min. Luiz Fux, *DJU*

21.9.2006). 2. Deveras, àquela oportunidade restou assente que, *in verbis*: "A interpretação dos dispositivos constitucionais não pode deixar de lado os conceitos utilizados expressamente pela Constituição. Admitir-se que o legislador pudesse modificá-los seria permitir ao legislador alterar a própria Constituição Federal, modificando as competências tributárias ali definidas. Por isso, ensina Aires F. Barreto que 'o conceito de serviço tributável, empregado pela Constituição Federal para discriminar (identificar, demarcar) a esfera de competência dos Municípios, é um conceito de direito privado'. Conclui afirmando ser 'indispensável – para reconhecer a precisa configuração dessa competência – verificar o quê, segundo o direito privado, se compreende no conceito de serviço'. Assim, o estudo do significado de serviço de qualquer natureza incorporado pela Constituição Federal/1988 para definir a competência tributária dos Municípios deve ser feito tendo-se em conta o conceito construído pelo direito privado, por força do disposto no art. 110 do CTN. Este dispositivo traz uma relevante regra de conduta destinada ao legislador tributário ao dispor que: 'A lei tributária não pode alterar a definição, o conteúdo e o alcance de institutos, conceitos e formas de direito privado, utilizados, expressa ou implicitamente, pela Constituição Federal, pelas Constituições dos Estados, ou pelas Leis Orgânicas do Distrito Federal ou dos Municípios, para definir ou limitar competências tributárias'. Convém ressaltar que este comando criado pelo legislador complementar, com o objetivo de obstar à violação da norma constitucional que atribui competência tributária, é meramente expletivo, pois à mesma conclusão se chegaria interpretando-se o sistema constitucional tributário. Para Paulo de Barros Carvalho, 'o imperativo não vem diretamente do preceito exarado no art. 110. (...). A rígida discriminação de campos materiais para o exercício da atividade legislativa dos entes tributantes, tendo estatura constitucional, por si só já determina essa inalterabilidade'. A definição de cada instituto utilizada pela Constituição Federal não pode ser manipulada pelo legislador para ampliar o campo de incidência tributária. Como se verá adiante com maior profundidade, isto resulta não apenas na violação da regra ínsita no art. 110 do CTN, mas na ofensa à própria norma constitucional que definiu a regra-matriz de incidência. Essa orientação é pacífica não apenas entre os doutrinadores, mas emana do entendimento exarado pelo próprio STF, que, em diversas oportunidades, vedou a manipulação do texto constitucional que tinha por objetivo o acréscimo de receita tributária do Estado. (...). A doutrina é pacífica no sentido de que todos os fatos sobre os quais é possível instituir imposto estão definidos na Constituição Federal/1988, ainda que implicitamente, para a partilha de competências tributárias. Pode-se dizer que a Constituição traz preestabelecidos os limites para o exercício das competências pelas pessoas políticas designadas, que devem ser respeitados, sob pena de violação ao próprio texto constitucional. Por esta razão, Aires F. Barreto defende ser 'inteiramente descabida a busca por critérios ou parâmetros definidores das competências tributárias em normas que não sejam da própria Constituição'. A hermenêutica do sistema constitucional tributário, portanto, não autoriza tributar fatos que não se amoldem à definição, conteúdo e alcance de institutos e conceitos utilizados pela Constituição para definir ou limitar competências tributárias. Este é o sentido didático do art. 110 do CTN, que, 'ainda que não existisse, teria de ser como nele está determinado, para se evitar que a esfera de competência seja ampliada de maneira inconstitucional. Como demonstrado, o STF, nas oportunidades em que enfrentou esta questão, tem reconhecido a inconstitucionalidade da legislação infraconstitucional em descompasso com os conceitos constitucionais utilizados para delimitar a competência impositiva. As regras de competência tributária impostas às pessoas políticas são desrespeitadas neste caso, porquanto quando não se tributa a prestação de serviço pretendida pela Constituição se estarão tributando outros fatos, tais como a compra e venda, o financiamento e a renda, invadindo, pois sua vez, a competência tributária dos Estados (art. 155, II) e da União (art. 153, III e V) assinalada pela Constituição Federal/1988. Em vista disso, e para se preservar a harmonia do sistema constitucional tributário, impende reconhecer a inconstitucionalidade da lei complementar que prevê como hipótese de incidência do ISS fatos que não são serviços. Oportunas as lições do saudoso Geraldo Ataliba sobre o ISS, no sentido de que 'a circunstância de outorgar a Constituição à lei complementar a tarefa de definir os serviços não quer significar, absolutamente, que a Constituição tenha dado ao legislador complementar a liberdade de ampliar o conceito de serviço pressuposto constitucionalmente. Roque Carrazza, em sintonia com esse entendimento, é categórico ao afirmar que 'a lei complementar não pode criar, para fins de ISS, a figura do 'serviço por definição legal'. Se o fizer, será inconstitucional, por dilatar competências tributárias municipais e, o que é pior, por atropelar direitos inalienáveis dos contribuintes'. Aires F. Barreto não diverge ao sustentar que 'todo e qualquer fato que, exorbitando o conceito de serviço empregado pelo art. 156, III, da CF, for colocado sob a incidência de imposto municipal importa exigência inconstitucional de tributo por invasão de competência alheia'. A rigidez conceitual das regras de competência deve ser privilegiada, também, por força da estrutura federativa concebida na Constituição Federal/1988, que prevê autonomia legislativa entre os entes federados e harmonia de atuação entre eles. O princípio federativo, expressamente consagrado no art. 1º da CF/1988, é um dos pilares de sustentação do sistema constitucional, com ampla aplicação no que se refere às normas de imposição tributária. Sua importância, vale frisar, a elegeu a cláusula pétrea constitucional (art. 60, § 4º). José Eduardo Soares de Melo, por seu turno, elenca as características básicas do regime federativo, dentre as quais destacamos para o estudo, pela pertinência, o esquema de constituição rígida e poderes que derivam da sua constituição compatibilizada com a repartição de competências que está na Constituição Federal. Sobre a estrutura federativa, Roque Carrazza comenta que 'a Constituição estruturou o país sob a forma federativa e, para reforçá-la, repartiu as competências legislativas (inclusive tributárias) entre a União, Estados e Municípios. Por estas razões, pensamos que a alteração do conceito de serviço implica grave violação da partilha de competência tributária delimitada na Constituição, desestabilizando, por conseguinte, a estrutura federativa de Estado por ela adotada'. Assim, diante das inconstitucionalidades que recendem no presente estudo, perpetradas pelo legislador complementar ao modificar o conceito de serviço adotado pela Constituição, é manifesta a competência do STF para o julgamento da questão, nos termos do comando ínsito no art. 102 da CF/1988" (parecer da lavra de Luiz Rodrigues Wambier, datado de 20.7.2006). 3. Recurso especial não conhecido. **[STJ, 1ª Turma, REsp 838.968-SC, rel. Min. Luiz Fux, j. 6.9.2007, v.u., *DJU* 15.10.2007, p. 235]**

O acórdão abaixo transcrito versa sobre a necessidade de se interpretar restritivamente a lei que conceda isenção:

Tributário – Isenção – ICMS – Importação de merluza – Impossibilidade. Em regra, a interpretação da legislação tributária sobre isenção é restritiva, salvo quando, por construção sistêmica, tal critério não atenda aos princípios postos no ordenamento jurídico-fiscal – Precedentes do STJ – Conhecimento e recebimento dos embargos de divergência. **[STJ, 1ª Seção, EREsp 196.469-SP, rel. Min. Francisco Falcão, j. 25.4.2001, v.u., *DJU* 24.9.2001, p. 233]**

Também nesse sentido:

> Processual civil e tributário – Sociedade de prestação de serviços médicos – Isenção da COFINS – Art. 6º, inciso II, da Lei Complementar n. 70/1991 – Impossibilidade – Registro na Junta Comercial do Estado – Interpretação literal – Art. 111 do CTN – Falta de prequestionamento – Súmula n. 211/STJ – Demonstração analítica da divergência não configurada. (...). III – A teor da exegese prevista no art. 111 do CTN, às normas que concedem isenção devem ser respeitadas as regras de hermenêutica de interpretação literal, não cabendo ampliar ou restringir a regra legal. IV – Não se permite haver isenção em casos que não haja previsão legal para tanto, como na falta de qualquer dos elementos previstos no art. 1º do Decreto-lei n. 2.397/ 1987, ao qual faz referência o art. 6º, inciso II, da Lei Complementar n. 70/1991, ou seja, quando não há registro da empresa no Registro Civil das Pessoas Jurídicas. V – Recurso especial improvido. **[STJ, 1ª Turma, REsp 856.926-MG, rel. Min. Francisco Falcão, j. 19.9.2006, v.u., *DJU* 16.10.2006, p. 336]**

No julgado que se abaixo transcreve decidiu-se pela vedação do emprego da analogia, nos termos do art. 108 do CTN:

> ISS – Item 33 da Lista anexa ao Decreto-lei n. 839/1969 – Âmbito de incidência do tributo. A análise técnica de que trata o item 33 de Lista de Serviços anexa ao Decreto-lei n. 839/1969 não pode incluir as atividades-meios que fornecem a matéria para análise. A inclusão dessa atividade no âmbito de incidência definido naquele item importa integração analógica, que malfere a regra do art. 108 do CTN – Recurso não conhecido. **[STF, 2ª Turma, RE 114.354-RJ, rel. Min. Carlos Madeira, j. 6.11.1987, v.u., *DJU* 4.12.1987, p. 481]**

E, quanto, ao emprego da analogia extensiva:

> Tributário – ICMS – Incidência sobre a habilitação de telefones celulares – Impossibilidade – Atividade que não se constitui em serviço de telecomunicações – Analogia extensiva – Exigência de tributo sobre fato gerador não previsto em lei – Proibição – Art. 108, § 1º, do CTN. I – No ato de habilitação de aparelho móvel celular inocorre qualquer serviço efetivo de telecomunicação, senão de disponibilização do serviço, de modo a assegurar ao usuário a possibilidade de fruição do serviço de telecomunicações. II – O ICMS incide, tão-somente, na atividade final, que é o serviço de telecomunicação propria-

mente dito, e não sobre o ato de habilitação do telefone celular, que se afigura como atividade meramente intermediária. III – O Convênio ICMS n. 69/1998, ao determinar a incidência do ICMS sobre a habilitação de aparelho móvel celular, empreendeu verdadeira analogia extensiva do âmbito material de incidência do tributo, em flagrante violação ao art. 108, § 1º, do CTN. IV – Recurso ordinário provido. **[STJ, 1ª Seção, RMS 11.368-MT, rel. Min. Francisco Falcão, j. 13.12.2004, v.u., *DJU* 9.2.2005, p. 182]**

No tocante ao emprego da equidade:

Tributário – PIS e COFINS – Base de cálculo – Faturamento – "Vendas inadimplidas" – Exclusão – Equiparação com vendas canceladas – Eqüidade – Art. 108, § 2º, do CTN. 1. Incidem o PIS e a COFINS sobre a receita bruta das pessoas jurídicas, ai incluídos os valores de "vendas a prazo" que, embora faturados, não ingressaram efetivamente no caixa da empresa devido à inadimplência dos compradores. 2. O art. 3º, § 2º, da Lei n. 9.718/1998 estabelece as deduções autorizadas da base de cálculo do PIS e da COFINS, nele não se incluindo o de "vendas inadimplidas". 3. O Sistema Tributário Nacional fixou o regime de competência como regra geral para apuração dos resultados da empresa, e não o regime de caixa. Pelo primeiro regime, o registro dos fatos contábeis é realizado a partir de seu comprometimento, vale dizer, da concretização do negócio jurídico, e não do efetivo desembolso ou ingresso da receita correspondente àquela operação. 4. Se a lei não excluiu as "vendas inadimplidas" da base de cálculo das contribuições ao PIS e à COFINS, não cabe ao intérprete fazê-lo por eqüidade, equiparando-as às vendas canceladas. O art. 108, § 2º, do CTN é expresso ao dispor que "o emprego da eqüidade não poderá resultar na dispensa do pagamento de tributo devido". 5. No cancelamento da venda ocorre o desfazimento do negócio jurídico, o que implica ausência de receita e conseqüente intributabilidade da operação. O distrato caracteriza-se, de um lado, pela devolução da mercadoria vendida e, de outro, pela anulação dos valores registrados como receita. 6. Embora da inadimplência possam resultar o cancelamento da venda e conseqüente devolução da mercadoria, a chamada "venda inadimplida", caso não seja a operação efetivamente cancelada, importa em crédito para o vendedor, oponível ao comprador, subsistindo o fato imponível das contribuições ao PIS e à COFINS. 7. Recurso especial não provido. **[STJ, 2ª Turma, REsp 953.011-PR, rel. Min. Castro Meira, j. 25.9.2007, v.u., *DJU* 8.10.2007, p. 255]**

Sobre a dispensa da multa decorrente do descumprimento da obrigação acessória, assim decidiu o STJ:

Tributário – Imposto de renda de pessoa física – Preenchimento incorreto da declaração – Multa por descumprimento de obrigação acessória – Inaplicabilidade – Prejuízo do Fisco – Inexistência – Princípio da razoabilidade. 1. A sanção tributária, à semelhança das demais sanções impostas pelo Estado, é informada pelos princípios congruentes da legalidade e da razoabilidade. 2. A atuação da Administração Pública deve seguir os parâmetros da razoabilidade e da proporcionalidade, que censuram o ato administrativo que não guarde uma proporção adequada entre os meios que emprega e o fim que a lei almeja alcançar. 3. A razoabilidade encontra ressonância na ajustabilidade da providência administrativa consoante o consenso social acerca do que é usual e sensato. Razoável é conceito que se infere *a contrario sensu*; vale dizer, escapa à razoabilidade "aquilo que não pode ser". A proporcionalidade, como uma das facetas da razoabilidade, revela que nem todos os meios justificam os fins. Os meios conducentes à consecução das finalidades, quando exorbitantes, superam a proporcionalidade, porquanto medidas imoderadas em confronto com o resultado almejado. 4. À luz dessa premissa, é lícito afirmar-se que a declaração efetuada de forma incorreta não equivale à ausência de informação, restando incontroverso, na instância ordinária, que o contribuinte olvidou-se em discriminar os pagamentos efetuados às pessoas físicas e às pessoas jurídicas, sem, contudo, deixar de declarar as despesas efetuadas com os aludidos pagamentos. 5. Deveras, não obstante a irritualidade, não sobejou qualquer prejuízo para o Fisco, consoante reconhecido pelo mesmo, porquanto implementada a exação devida no seu *quantum* adequado. 6. *In casu*, "a conduta do autor que motivou a autuação do Fisco foi o lançamento, em sua declaração do imposto de renda, dos valores referentes aos honorários advocatícios pagos, no campo Livro-Caixa, quando o correto seria especificá-los, um a um, no campo Relação de Doações e Pagamentos Efetuados, de acordo com o previsto no art. 13 e §§ 1º, 'a' e 'b', e 2º do Decreto-lei n. 2.396/ 1987. Da análise dos autos, verifica-se que o autor realmente lançou as despesas do ano-base de 1995, exercício 1996, no campo Livro-Caixa de sua Declaração de Imposto de Renda Pessoa Física. Porém, deixou de discriminar os pagamentos efetuados a essas pessoas no campo próprio de sua Declaração de Ajuste do IRPF (fls. 101)" (fls. 122-123). 7. Desta sorte, assente na instância ordinária que o erro no preenchimento da declaração não implicou na alteração da base de cálculo do imposto de renda devido pelo contribuinte, nem resultou em prejuízos aos cofres públicos, depreende-se a ausência de razoabilidade na cobrança da multa de 20%, prevista no § 2º [*do art. 13*] do Decreto-lei n. 2.396/1987. 8. Aplicação analógica do entendimento perfilhado no seguinte precedente desta Corte: "Tributário – Importação – Guia de Importação – Erro de preenchimento e posterior correção – Multa indevida. 1. A legislação tributária é rigorosa quanto à observância das obrigações acessórias, impondo multa quando o importador classifica erroneamente a mercadoria na Guia própria. 2. A par da legislação sancionadora (art. 44, I, da Lei n. 9.430/1996 e art. 526, II, do Decreto n. 91.030/1985), a própria Receita preconiza a dispensa da multa quando não tenha havido intenção de lesar o Fisco, estando a mercadoria corretamente descrita, com o só equívoco de sua classificação (Atos Declaratórios Normativos COSIT ns. 10 e 12, de 1997). 3. Recurso especial improvido" (REsp n. 660.682-PE, rela. Min. Eliana Calmon, 2ª Turma, *DJU* 10.5.2006). 9. Recurso especial provido, invertendo-se os ônus sucumbenciais. [**STJ, 1ª Turma, REsp 728.999-PR, rel. Min. Luiz Fux, j. 12.9.2006, v.u.,** *DJU* **26.10.2006, p. 229**]

QUESTÕES

1. Em que consiste a hermenêutica jurídica?

2. Em que consisteM a interpretação e a integração jurídica?

3. Como pode ser classificada a interpretação jurídica?

4. Há método próprio para interpretar leis tributárias?

5. Na ausência de norma tributária expressa, como deverá ser aplicado o Direito ao caso concreto?

CONSULTAS

1. [119º Exame de Ordem/SP, 2002, n. 1] A empresa de Metais Nordeste Ltda. realizou venda de mercadorias cuja saída do estabelecimento comercial ocorreu em 1.12.2000, ocasião em que vigia a Lei 8.236, de 1.12.1999, que previa a alíquota de 17% para o ICMS. Em 21.10.2002, por ocasião de conferência dos procedimentos adotados, a empresa constatou a falta de recolhimento do ICMS relativo àquela operação. Na data da conferência, todavia, vigorava a Lei 10.777, publicada em 20.12.2001, que fixava a alíquota do imposto em 16%. Desejoso de regularizar a situação, antes que a Fiscalização identificasse a irregularidade e lhe aplicasse penalidade onerosa, o contribuinte consultou-o(a) para saber se poderia utilizar a alíquota de ICMS de 16% para recolher o tributo, uma vez que esta legislação lhe era mais benéfica. Qual sua posição? Responda e fundamente.

2. [116º Exame de Ordem/SP, 2002, n. 3] A aplicação de sanção tributária deve respeitar os princípios da legalidade, irretroatividade, vedação do confisco, capacidade contributiva, tipicidade, segurança jurídica e anterioridade? Deduza sua resposta, justificando-a sobre todos os princípios enumerados.

MEDIDAS JUDICIAIS

1. [125º Exame de Ordem/SP, 2005, n. 1] A empresa Emporium ingressou em juízo com o objetivo de afastar a alteração da base de cálculo da contribuição para o financiamento da seguridade social – COFINS, veiculada pelo art. 3º da Lei 9.718/1998, que equiparou o faturamento à receita bruta. A sentença de primeira instância foi de procedência, tendo a União Federal interposto o competente recurso de apelação. O TRF-3ª Região negou provimento ao recurso de apelação da União Federal e à remessa oficial, sob o fundamento de que o art. 110 do CTN veda a equiparação do conceito de "faturamento" ao de "receita bruta", em acórdão assim ementado: "Tributário – COFINS – Lei n. 9.718/1998, arts. 2º e 3º – Equiparação da espécie 'faturamento' ao gênero 'receita ilegal' – Elastério na base de cálculo – Violação do art. 110 do CTN – Contenção de competência tributária constitucionalmente fixada a partir de conceito já estabilizado no direito privado – Desnecessidade de questionamento em nível constitucional. I – Leis complementares que veiculam normas gerais em matéria de legislação tributária são normas sobre normas e têm por finalidade dar consistência ao Sistema Tributário. II – O art. 110 do CTN garante a preservação de uma tipicidade cerrada em relação a hipóteses de incidência tributária cuja instituição a Constituição autoriza e cujo conteúdo, ademais, o próprio texto constitucional prefigura. III – Ilegalidade qualificada dos arts. 2º e 3º da Lei n. 9.718/1998, por afronta a disposição da Lei n. 5.172/1966, a que inerente o valor de norma de lei complementar. IV – Com apoio no princípio *iuri novit curia*, o Colegiado acolheu por fundamento de ilegalidade ambos os pedidos da apelante, restando afastada a oportunidade de se instaurar o incidente de argüição de inconstitucionalidade, previsto no art. 480 do CPC". O acórdão do julgamento da apelação foi publicado no *DJU* do dia 27.9.2004, uma segunda-feira, sendo a intimação pessoal do Procurador da União realizada nesta mesma data. O Procurador da União Federal interpôs somente recurso extraordinário, em 28.10.2004, com os seguintes fundamentos: (i) o TRF não poderia afastar a aplicação da lei sem declarar a sua inconstitucionalidade, o que somente poderia ser feito pela Corte Especial do Tribunal Regional, nos termos do art. 97 da CF; e (ii) o art. 3º da Lei 9.718/1998 não é inconstitucional, porque somente esclareceu o conteúdo do conceito de "faturamento", equiparando-o ao de "receita bruta", inserindo-se, destarte, no art. 195, I, da CF, em sua redação original. **QUESTÃO:** Como advogado da empresa Emporium, elabore a peça processual adequada.

DISSERTAÇÕES

1. "Interpretação e Integração da Legislação Tributária. Distinção. Art. 108 do CTN".

2. "Eqüidade: Meio de Integração ou de Interpretação?".

TESTES

1. [132º Exame de Ordem/SP, 2007, n. 90] Determinado contribuinte teve contra si lavrado auto de infração, com aplicação de multa de 100% sobre o valor do imposto devido. Antes que a defesa apresentada na esfera administrativa fosse julgada, foi editada lei reduzindo a referida multa para 75% do valor do imposto devido. Considerando que o sujeito passivo efetivamente cometeu a infração que lhe foi imputada, a multa devida é de:

a) ( ) 100%, em face do princípio da anterioridade.

b) ( ) 100%, em face do princípio da irretroatividade.

c) ( ) 75%, em face do princípio da retroatividade benigna.

d) ( ) 75%, em face do princípio da isonomia.

2. [131º Exame de Ordem/SP, 2007, n. 89] Nos termos do Código Tributário Nacional, interpreta-se literalmente a legislação tributária que disponha sobre:

a) ( ) Suspensão ou exclusão do crédito tributário, outorga de isenção e dispensa do cumprimento de obrigações tributárias acessórias.

b) ( ) Analogia, dispensa do cumprimento de obrigações tributárias acessórias e princípios gerais de direito tributário.

c) ( ) Suspensão ou exclusão do crédito tributário, outorga de isenção e eqüidade.

d) ( ) Outorga de isenção, dispensa do cumprimento de obrigações tributárias acessórias e princípios gerais de direito público.

3. [129º Exame de Ordem/SP, 2006, n. 87] Na ausência de disposição expressa, o Código Tributário Nacional estabelece que a autoridade competente para aplicar a legislação tributária utilizará, sucessivamente, na ordem indicada:

a) ( ) A analogia; as decisões dos órgãos singulares ou coletivos de jurisdição administrativa; e as súmulas do STF.

b) ( ) A eqüidade; os princípios gerais de direito tributário; e os princípios gerais de direito público.

c) ( ) As decisões dos órgãos singulares ou coletivos de jurisdição administrativa; as práticas reiteradamente observadas pelas autoridades administrativas; e a eqüidade.

d) ( ) A analogia; os princípios gerais de direito tributário; os princípios gerais de direito público; e a eqüidade.

4. [128º Exame de Ordem/SP, 2005, n. 86] Em matéria de crimes contra a ordem tributária, tem-se sustentado na doutrina entendimento recentemente albergado por decisão do STF, segundo o qual:

a) ( ) Na hipótese de autuação do contribuinte, tendo sido constatado indício de crime contra a ordem tributária, nos termos da Lei 8.137/1990, o Ministério Público, assim que notificado pela autoridade administrativa, deverá oferecer imediatamente denúncia contra os responsáveis, dando-se início à ação penal, que deverá seguir paralelamente ao processo administrativo.

b) ( ) A ação penal não deverá ter seguimento até que se conclua o processo administrativo, uma vez que somente neste é que se deverá apurar a responsabilidade subjetiva (dolo) do agente no cometimento de eventual delito fiscal.

c) ( ) Deve-se aguardar o encerramento do processo administrativo, pois somente na hipótese de decisão definitiva na esfera administrativa, mediante constatação cabal de ilícitos praticados pelo contribuinte e que irá servir de fundamento à ação penal, é que esta (ação penal) deverá ter seguimento.

d) ( ) Não há relação de prejudicialidade entre o processo administrativo e o penal.

5. [126º Exame de Ordem/SP, 2005, n. 88] Sobre a interpretação e a integração da legislação tributária, é correto afirmar que:

a) ( ) O emprego da eqüidade é permitido em matéria tributária, desde que não resulte na dispensa do pagamento de tributo devido.

b) ( ) O emprego da analogia é vedado em matéria tributária.

c) ( ) A lei tributária interpreta-se de maneira mais favorável ao contribuinte, ressalvados os casos de dolo ou fraude do contribuinte.

d) ( ) Os princípios gerais de direito privado utilizam-se para pesquisa da definição, do conteúdo e do alcance de seus institutos, conceitos e formas, bem como para a definição dos respectivos efeitos tributários.

6. [123º Exame de Ordem/SP, 2004, n. 89] Assinale a alternativa correta quanto à interpretação e integração em matéria tributária:

a) ( ) A lei tributária que define infrações interpreta-se de maneira mais favorável ao acusado, em caso de dúvida quanto à capitulação legal do fato.

b) ( ) Na ausência de disposição expressa, a autoridade competente para aplicar a legislação tributária não pode empregar a analogia.

c) ( ) A definição, o conteúdo e o alcance de institutos, conceitos e formas de direito privado empregados pela lei tributária devem ser buscados no próprio direito privado, vedado ao legislador tributário empregar definições próprias para os efeitos tributários.

d) ( ) A lei que dispuser acerca de uma isenção deve ser interpretada de modo amplo, buscando atingir sua finalidade, ainda que para tanto se vá além do texto literal.

7. [122º Exame de Ordem/SP, 2003, n. 85] Lei tributária que, simultaneamente, (i) disponha sobre suspensão do crédito tributário, (ii) sobre dispensa do cumprimento de obrigações acessórias e (iii) que defina infrações interpreta-se, respectivamente:

a) ( ) Literalmente, extensivamente e de maneira mais favorável ao acusado.

b) ( ) Literalmente, e de maneira mais favorável ao acusado.

c) ( ) Analogicamente, extensivamente e de maneira mais favorável ao acusado.

d) ( ) Extensivamente, literalmente e analogicamente.

8. [121º Exame de Ordem/SP, 2003, n. 85] A lei tributária é aplicada a fato anterior à sua vigência quando:

a) ( ) Extingue tributo.

b) ( ) Reduz a alíquota de tributo.

c) ( ) Deixa de definir como infração ato não definitivamente julgado.

d) ( ) Institui substituição tributária.

9. [120º Exame de Ordem/SP, 2003, n. 82] Lei nova que extinga determinada infração tributária:

a) ( ) Poderá retroagir, quando os atos não tenham sido definitivamente julgados.

b) ( ) Produzirá efeitos apenas para o futuro.

c) ( ) Em hipótese alguma retroagirá.

d) ( ) Retroagirá a todos os casos ocorridos na vigência da lei revogada.

10. [119º Exame de Ordem/SP, 2003, n. 88] Determinado contribuinte praticou infração à legislação tributária, tendo-lhe sido cominada multa equivalente a 75% do valor do tributo envolvido. Essa multa foi quitada sem que o contribuinte a tivesse impugnado na esfera administrativa. Posteriormente, sobreveio nova legislação que reduziu a multa exigível nessa mesma hipótese para 50%. O contribuinte:

a) ( ) Não tem direito à restituição da diferença, uma vez que a nova lei é posterior ao pagamento daquele débito.

b) ( ) Não tem direito à restituição da diferença, por aplicação do princípio da irretroatividade da lei tributária.

c) ( ) Tem direito à restituição da diferença, porque a lei tributária retroage para beneficiar o contribuinte.

d) ( ) Tem direito à restituição da diferença, porque se aplica retroativamente a lei que comine penalidade menos severa.

11. [118º Exame de Ordem/SP, 2002, n. 61] Assinale a alternativa inverídica:

a) ( ) O conceito de "poder de polícia" encontra-se no Código Tributário Nacional.

b) ( ) Na iminência ou no caso de guerra externa, a União pode instituir, temporariamente, impostos extraordinários.

c) ( ) Não constitui majoração de tributo a atualização do valor monetário da respectiva base de cálculo.

d) ( ) Existe método próprio para a interpretação das normas tributárias.

8
COMPETÊNCIA E CAPACIDADE TRIBUTÁRIA

8.1 Função legislativa e função administrativa. 8.2 Competência tributária. 8.3 Características da competência tributária. 8.4 Bitributação e "bis in idem". 8.5 Entes tributantes. 8.6 Capacidade tributária. [DOUTRINA – JURISPRUDÊNCIA – QUESTÕES – CONSULTA – DISSERTAÇÃO – TEMAS PARA PESQUISA – TESTES]

8.1 Função legislativa e função administrativa

Como é sabido, a Constituição Federal de 1988 não cria nem impõe a instituição e/ou majoração de tributo. Nada obstante, por meio das chamadas *normas constitucionais de estrutura*, estabelece:

– as pessoas que podem legislar no Brasil, isto é, as chamadas "pessoas políticas de direito público" (União, Estados, Distrito Federal e Municípios);

– os instrumentos normativos hábeis à veiculação de normas jurídicas (emenda constitucional, lei complementar, leis ordinárias, leis delegadas, medidas provisórias, decretos legislativos e resoluções);

– o processo legislativo para a elaboração das respectivas espécies normativas;

– a repartição, por matéria, da função legislativa para cada pessoa política de direito público;

– as cláusulas pétreas, ou seja, veda emenda constitucional tendente a abolir a forma federativa de Estado; o voto direto, secreto, universal e periódico; a separação dos Poderes; os direitos e garantias individuais.

Por ora, cumpre distinguir a função legislativa da função administrativa.

Função legislativa diz respeito à elaboração de leis, observando-se que as leis são os veículos introdutores de normas jurídicas no sistema normativo. O Poder Legislativo tem por escopo a disciplina do comportamento humano visando à consecução do bem comum. Por conseguinte, o homem tem liberdade para fazer ou deixar de fazer o que quiser, desde que a lei não proíba ou não lhe imponha a realização de determinada conduta.

Doutra parte, incumbe ao Poder Executivo atuar sempre em conformidade com os comandos normativos. A *função administrativa*, portanto, cinge-se ao fiel e irrestrito cumprimento das leis. Daí a célebre frase de Seabra Fagundes: "Administrar é aplicar a lei de ofício". A Administração Pública somente dispõe de discricionariedade para agir quando estiver legalmente autorizada.

Em abono ao alegado, podemos inferir que por meio da *função legislativa* o tributo nasce abstratamente. Após a ocorrência do fato imponível tem-se a obrigação tributária concreta, cujo objeto (prestação pecuniária) deverá ser exigido mediante o exercício da *função administrativa*.

Em suma, o sujeito ativo (credor) da relação jurídica tributária é determinado pelo legislador (ente tributante) que tenha permissão constitucional para legislar em matéria tributária e, portanto, para criar abstratamente tributo.

8.2 Competência tributária

Competência tributária é a permissão para criar tributo atribuída pela Constituição Federal a determinadas pessoas (entes tributantes).

Noutras palavras, somente a Lei Maior determina quem pode legislar em matéria tributária no Brasil, isto é, quem pode instituir abstratamente tributo; donde também deriva a faculdade de majorá-lo, minorá-lo, conceder e revogar isenção e remissão, assim como para estabelecer os correlatos deveres instrumentais.

Criar tributo é elaborar uma lei de onde se podem inferir o fato gerador (conduta delimitada no tempo e no espaço), os sujeitos ativo e passivo da relação jurídica tributária, a(s) alíquota(s) e a base de cálculo. É dizer, somente no texto de lei poderemos desvendar a obrigação tributária em abstrato e o correlato fato genérico e abstrato como pressuposto de seu nascimento.

Noutro dizer, o tributo nasce abstratamente com a previsão legal de uma conduta lícita associada a uma conseqüência jurídica. Somente com a realização do fato imponível a obrigação tributária concretiza-se.

Apenas para registro, há divergência doutrinária quanto à necessidade de lei para fixar o local, a forma e o momento em que deverá ser efetuado o pagamento (princípio da legalidade) ou se essas respostas podem ser encontradas no vasto campo da legislação tributária (art. 96 do CTN).

Para majorar o tributo, isto é, para aumentar o tributo já criado abstratamente, deve-se elevar a alíquota e/ou a base de cálculo (função legislativa).

Para minorá-lo, isto é, para diminuir o tributo já criado abstratamente, deve-se reduzir a alíquota e/ou a base de cálculo (função legislativa).

Para conceder isenção (excluir do campo tributável pelo ente tributante determinadas pessoas ou situações) o ente tributante deverá usar parcialmente sua competência tributária, de modo que nas hipóteses de isenção a obrigação tributária sequer nascerá abstratamente.

Remissão é o perdão pelo próprio ente tributante da dívida tributária oriunda da ocorrência do fato imponível. Noutras palavras, a obrigação tributária concreta, cujo nascimento se deve à ocorrência do fato imponível, desaparecerá com a dispensa legal do cumprimento de seu objeto (pagamento).

8.3 Características da competência tributária

Somente a Constituição Federal pode atribuir competência legislativa, por meio das chamadas "normas de estrutura". Essas normas não criam tributos, mas, sim, informam o processo de elaboração das normas de comportamento que criam tributos.

As normas de comportamento instituidoras de tributos são emanadas de leis infraconstitucionais; e, portanto, devem estar sempre em conformidade com o disposto na Lei Maior.

Por isso, a competência tributária (norma constitucional de estrutura) é irrenunciável, inalterável e indelegável pelos entes tributantes, seja por meio de lei ordinária, seja por meio de lei complementar, sob pena de inconstitucionalidade.

Também é incaducável, pois os entes tributantes não precisam exercer sua competência dentro de um determinado período para preservá-la.

Frise-se, ainda, que não há hierarquia entre as leis federais, estaduais, distritais e municipais quando dispõem sobre seus respectivos tributos, pois seu fundamento de validade advém diretamente da Lei Maior.

Para ilustrar, se lei ordinária de determinado Município institui o IPTU estabelecendo uma alíquota de 0,5% sobre o valor venal do imóvel e posteriormente lei ordinária federal eleva referida alíquota para 2%, há de prevalecer a lei do ente tributante competente para instituir o IPTU (Município), padecendo a referida lei ordinária federal de flagrante inconstitucionalidade, por violação ao princípio da reserva de competência tributária (impositiva), isto é, por ter invadido a esfera de competência tributária municipal.

8.4 Bitributação e "bis in idem"

Bitributação é o fenômeno pelo qual o mesmo "fato gerador" vem a ser tributado duas ou mais vezes por *entes tributantes diversos*.

Por exemplo, lei ordinária do Município "X", em conformidade com sua competência constitucional, cria o IPTU, descrevendo como fato gerador a situação de alguém ser proprietário de um imóvel urbano e como base de cálculo o valor venal do imóvel. Doutra parte, lei ordinária do Município "Y", a pretexto de criar o IPTU, descreve como fato gerador a situação de alguém ser proprietário de um imóvel urbano e como base de cálculo o valor do aluguel que o proprietário recebe. Nesse último caso, evidencia-se que o Município "Y" invadiu a competência da União, ao instituir o imposto sobre a renda sob o rótulo de IPTU.

Bis in idem é o fenômeno pelo qual o *mesmo ente tributante* tributa duas ou mais vezes o mesmo "fato gerador".

Para melhor elucidar, exemplifiquemos: lei ordinária federal cria o imposto de importação, descrevendo como hipótese de incidência o comportamento de alguém importar mercadoria estrangeira e como base de cálculo o valor da mercadoria.

Nova lei ordinária federal, no entanto, a pretexto de criar uma taxa (tributo) sobre determinado serviço público aduaneiro (fato gerador), também atribui como base de cálculo respectiva o valor da mercadoria importada, quando, a rigor, deveria referir-se ao custo despendido para a prestação do serviço público.

No caso em tela, o que de fato estará sendo tributado duas vezes pelo mesmo ente tributante é a situação de alguém importar mercadoria estrangeira, já que tanto o imposto quanto a referida taxa apresentam a mesma base de cálculo (valor da mercadoria).

Em remate, bitributação e *bis in idem* são inconstitucionais, salvo nas hipóteses em que a própria Constituição Federal excepcionar (*v.g.*, o inciso II do art. 154 da CF de 1988); afinal, somente a ela cabe circunscrever o campo de competência tributária de cada ente tributante.

8.5 Entes tributantes

São as pessoas políticas de direito público: União, Estados-membros, Distrito Federal e Municípios. Somente os quatro têm competência tributária para instituir tributos mediante lei infraconstitucional: lei ordinária, em regra; excepcionalmente, lei complementar.

E não poderia ser de outro modo, haja vista que para elaborar lei é necessário ter Poder Legislativo. Assim, a União cria tributo por meio de lei ordinária federal elaborada pelo Congresso Nacional. O Estado, por meio de lei ordinária estadual, elaborada pela Assembléia Legislativa. O Distrito Federal, mediante lei ordinária emanada da Câmara Legislativa. O Município, de sua vez, cria tributo por meio de lei ordinária municipal, elaborada pela Câmara dos Vereadores.

Apenas para ilustrar, os Territórios[1] não podem instituir tributo porque não têm Poder Legislativo. Logo, não são entes tributantes.

---

1. Preceitua o art. 147 da CF de 1988: "Competem à União, em Território Federal, os impostos estaduais e, se o Território não for dividido em Municípios, cumulativamente, os impostos municipais; (...)". Doutra parte, estabelece o ADCT: "Art. 14. Os Territórios Federais de Roraima e do Amapá são transformados em Estados Federados, mantidos seus atuais limites geográficos"; "Art. 15. Fica extinto o Território Federal de Fernando de Noronha, sendo sua área reincorporada ao Estado de Pernambuco".

8.6 Capacidade tributária

É a aptidão para figurar nos pólos ativo (credor; regra geral, é o próprio ente tributante) ou passivo (devedor, seja na condição de contribuinte, seja na condição de responsável tributário) da relação jurídica tributária.

A capacidade tributária (gênero) é determinada por lei do próprio ente tributante, segundo as diretrizes constitucionais.

Capacidade tributária ativa é aptidão para arrecadar tributo[2] e dispor do dinheiro arrecadado para o atingimento de finalidade pública ou de interesse público.

Sujeito ativo é a pessoa que recebeu capacidade tributária ativa, ou seja, é a pessoa que dispõe de autorização legal para arrecadar tributo.

Assim, qualquer pessoa pode ser sujeito ativo da relação jurídica tributária, desde que (a) autorizada por lei emanada de quem tenha competência tributária e que (b) persiga finalidade pública ou interesse público.

Sendo omissa a lei instituidora do tributo, o sujeito ativo será o próprio ente tributante.

Em síntese, se o poder constituinte originário, embora pudesse fazê-lo, não criou tributo, mas tão-somente atribuiu competência tributária, tem-se que os sujeitos da relação jurídica tributária só poderão ser estabelecidos por quem recebeu essa competência para criá-lo – ou seja, o próprio ente tributante.

Outrossim, *capacidade tributária ativa auxiliar* é a aptidão para arrecadar tributo e repassá-lo à entidade tributante.

Traduzem exemplo de sujeição ativa auxiliar as instituições bancárias (Banco do Brasil, Caixa Econômica Federal) quando incumbidas de arrecadar determinado tributo para, em seguida, repassá-lo ao ente tributante respectivo. De igual modo, convém destacar as empresas distribuidoras de eletricidade e as telefônicas, respectivamente quanto à arrecadação do ICMS sobre energia elétrica e aos serviços de telefonia.

---

2. "Tributo" como sinônimo de quantia em dinheiro, como objeto de prestação tributária.

Outro desdobramento importante da capacidade tributária ativa consiste na *parafiscalidade*. Cuida-se também da dissociação entre o ente tributante e o agente arrecadador do tributo, sendo que este último reterá o tributo recolhido para a satisfação de finalidades públicas ou de interesse público.

Pode-se dizer, portanto, que *parafiscalidade* é a delegação da capacidade tributária ativa por meio de lei do próprio ente tributante a terceira pessoa, pública ou privada, perseguidora de finalidade pública ou de interesse público.

Em regra, são alvo de parafiscalidade as contribuições sociais corporativas instituídas pela União e devidas, por exemplo, ao Conselho Regional de Medicina, ao Conselho Regional de Arquitetura, à Ordem dos Advogados do Brasil.

Contribuição parafiscal é o tributo arrecadado por meio da parafiscalidade, seja contribuição social ou não.

O art. 7º do CTN aparentemente cerceia a esfera constitucional de competência tributária ao admitir a delegação da capacidade tributária ativa apenas às pessoas jurídicas de direito público.

Todavia, o § 3º do citado artigo permite que essa função arrecadatória possa também ser atribuída a pessoas de direito privado. Portanto, a rigor, há apenas mera imprecisão terminológica nesses dispositivos legais. Veja-se:

> **[CTN] Art. 7º.** A *competência* tributária é indelegável, salvo atribuição das *funções de arrecadar ou fiscalizar* tributos, ou de executar leis, serviços, atos ou decisões administrativas em matéria tributária, conferida por uma pessoa jurídica de direito público a outra, nos termos do § 3º do art. 18 da Constituição.
>
> (...).
>
> § 3º. Não constitui delegação de *competência* o cometimento, a pessoas de direito privado, do encargo ou da *função de arrecadar* tributos. *[Grifamos]*

Cumpre obtemperar que a delegação da capacidade tributária ativa a pessoa jurídica de direito privado bem como a pessoa física somente é possível com a plena observância do princípio da destinação pública do tributo arrecadado.

Por óbvio que também haverá o controle externo do dinheiro arrecadado por meio da tributação pelo Tribunal de Contas (art. 71, II, da CF de 1988).

Merece, ainda, comentos a *extrafiscalidade*, para desde já ressaltar sua dessemelhança com a parafiscalidade.

Sem torneios de linguagem, *extrafiscalidade* é o emprego de meios tributários com a finalidade precípua de disciplinar comportamentos de virtuais contribuintes, relegando para um segundo plano a arrecadação do tributo.

Bom exemplo, a propósito, de extrafiscalidade é a concessão de incentivos fiscais, tais como isenções, diminuição de alíquotas, aumento do prazo para pagar etc., com o intuito de estimular o desenvolvimento industrial nas regiões menos favorecidas do país.

Por derradeiro, *capacidade tributária passiva* é a aptidão para figurar no pólo passivo da relação jurídica tributária, ou seja, para efetuar o recolhimento do tributo.

DOUTRINA

Sacha Calmon[3] explicita o *sistema de divisão de Poderes* e as *funções do Estado*:

> O Estado, ente constitucional, uma vez constituído, realiza os seus fins por meio de três funções em que se reparte a sua atividade: legislação, administração e jurisdição.
>
> (...).
>
> Assim, a função legislativa é formadora do direito pós-constitucional. A administração, executora. Ao Executivo cabe aplicar, executar, o direito posto. O Executivo é servo da lei, subalterna é a função administrativa. Não está acima da lei. É instrumento de sua realização sob a vigilância do Judiciário, que lhe fiscaliza o grau de fidelidade ao direito legislado, em defesa da ordem jurídica e dos cidadãos jurisdicionados.
>
> (...).
>
> Entre nós, como de resto entre os povos civilizados, a Constituição atribui ao Legislativo editar as leis tributárias dentro das balizas

---

3. Sacha Calmon Navarro Coêlho, *Curso de Direito Tributário Brasileiro*, 3ª ed., Rio de Janeiro, Forense, 1999, pp. 38-42.

fincadas no próprio Texto Maior. Comete ao Executivo o poder-dever de aplicar as leis tributárias e reserva ao Judiciário a resolução das controvérsias surgidas ao propósito de sua aplicação. Com efeito, não cabe ao príncipe criar o tributo, impô-lo e, ainda, decidir sobre a legalidade de seu ato. Aqui, mais que em qualquer outro setor da vida coletiva, impõe-se a estrutura de freios e contrapesos implícita no sistema da divisão de Poderes e funções do Estado, em favor de uma eficaz proteção ao cidadão/contribuinte.

José Afonso da Silva,[4] de sua vez, leciona:

> Nossa Constituição é rígida. Em conseqüência, é a lei fundamental e suprema do Estado Brasileiro. Toda autoridade só nela encontra fundamento e só ela confere poderes e competências governamentais. Nem o Governo Federal, nem os Governos do Estado, nem os dos Municípios ou Distrito Federal são soberanos, porque todos são limitados, expressa ou implicitamente, pelas normas positivas daquela lei fundamental. Exercem suas atribuições nos termos nela estabelecidos.
>
> Por outro lado, todas as normas que integram a ordenação jurídica nacional só serão válidas se se conformarem com as normas da Constituição Federal.

Sobre o *Territórios*, esclarece Aliomar Baleeiro:[5]

> Os Territórios não são pessoas de direito público interno, como a União, o Distrito Federal, os Estados-membros e os Municípios. Não passam de possessões às quais a União, por lei, querendo, poderá outorgar maior ou menor autonomia administrativa. O ideal seria que a outorgasse gradativamente, seguindo, também nesse ponto, a política dos Estados Unidos da América, imitada desde a anexação do Acre. Este foi prematuramente convertido em Estado-membro sem uma fase preparatória de adaptação ao *self government* (v. RDA 74/338).
>
> Mas os Municípios dos Territórios são pessoas de direito público interno, e nisso não há paradoxo, pois no Brasil, diferentemente dos Estados Unidos da América, não se identificam como criaturas dos Estados-membros. Historicamente, gozaram de autonomia antes das

---

4. José Afonso da Silva, *Curso de Direito Constitucional Positivo*, 31ª ed., São Paulo, Malheiros Editores, 2008, p. 46.
5. Aliomar Baleeiro, *Direito Tributário Brasileiro*, 11ª ed., Rio de Janeiro, Forense, 2000, p. 208.

Províncias e Capitanias coloniais. A eles referiram-se todas as Constituições, desde a de 1824 até a atual (art. 15 e especialmente o inciso II, "a").

Segundo o festejado mestre Roque Antonio Carrazza:[6]

Competência tributária é a aptidão para criar, *in abstracto*, tributos. No Brasil, por injunção do princípio da legalidade, os tributos são criados, *in abstracto*, por meio de lei (art. 150, I, da CF), que deve descrever todos os *elementos essenciais* da norma jurídica tributária. Consideram-se elementos essenciais da norma jurídica tributária os que, de algum modo, influem no *an* e no *quantum* do tributo; a saber: a *hipótese de incidência* do tributo, seu *sujeito ativo*, seu *sujeito passivo*, sua *base de cálculo* e sua *alíquota*. Estes elementos essenciais só podem ser veiculados por meio de lei.

(...).

Sublinhamos que, neste passo, estamos aludindo à criação de tributos, tarefa exclusivamente legislativa, e não à sua mera arrecadação, mister que se relaciona com o exercício da função administrativa. Conforme já consignamos, o exercício da competência tributária é uma das manifestações do exercício da função legislativa, que flui da Constituição. Em suma, criar tributos é legislar; arrecadá-los, administrar.

(...).

(...). Deveras, o tributo só vai irromper, *in concreto*, quando, tendo uma lei traçado, cuidadosamente, todos os aspectos da norma jurídica tributária, verifica-se, no mundo fenomênico, o fato imponível (fato gerador *in concreto*). Pois bem, a competência tributária, como vimos, é exatamente a faculdade de editar esta lei, criando, *in abstracto*, o tributo. (...).

Quanto ao *sujeito ativo* da relação jurídica tributária, expõe Luciano Amaro:[7]

O art. 119 do CTN ficou perdido no tema. Ao dizer que "sujeito ativo da obrigação é a pessoa jurídica de direito público (...)", parece

---

6. Roque Carrazza, *Curso de Direito Constitucional Tributário*, 24ª ed., São Paulo, Malheiros Editores, 2008, pp. 491, 492 e 493-494.
7. Luciano Amaro, *Direito Tributário Brasileiro*, 14ª ed., São Paulo, Saraiva, 2008, p. 294.

querer reservar a designação para os entes políticos, mas termina por dizer: "(...) titular da competência para exigir o seu cumprimento". Ora, *quem exige o cumprimento da obrigação* é o *credor*, que nem sempre é o ente político que institui o tributo.

As pessoas que a lei põe na condição de credores de obrigações tributárias nas situações comentadas, embora não tenham *competência tributária* (isto é, não possuam a aptidão constitucional de *criar* tributos), detêm *capacidade tributária ativa*, isto é, são habilitadas a figurar no *pólo ativo* de obrigações tributárias. Nesse sentido é que deve ser entendido o art. 119 do CTN, ao falar de competência para *exigir* o *cumprimento* da obrigação tributária. Esse dispositivo peca, porém, quando supõe que o credor da obrigação tributária necessariamente tenha de ser pessoa jurídica de *direito público*, quando se sabe que o sistema constitucional admite a existência de outras entidades na condição de credoras de obrigações tributárias. Não vemos que outro rótulo dar a elas a não ser o de *sujeito ativo de obrigação tributária*.

Jurisprudência

Sobre a capacidade tributária ativa da ELETROPAULO para arrecadar empréstimo compulsório em benefício da ELETROBRÁS, assim decidiu o TRF-3ª Região:

I – Processo civil – Mandado de segurança – Legitimidade da ELETROPAULO – Concessionária de serviço público – Competência delegada. II – Empréstimo compulsório instituído em benefício da ELETROBRÁS – Exigência até 1993 – Perda do objeto do mandado de segurança. 1. Legitimidade do Presidente da ELETROPAULO – Eletricidade de São Paulo S/A para figurar no pólo passivo, por configurar hipótese de autoridade em exercício de competência delegada. 2. Nada mais resta a ser protegido pelo *mandamus*, eis que o gravame só foi exigido até o ano de 1993 (Lei n. 7.181/1983). 3. Apelação a que se nega provimento. **[TRF-3ª Região, 4ª Turma, AMS 91.03.011409-0, rel. Juiz Andrade Martins, j. 19.3.1997, *DJU* 16.9.1997, p. 74.497]**

O STJ, outrossim, ressaltou a indelegabilidade da competência tributária no acórdão abaixo transcrito;

Administrativo e tributário – Autarquias e empresas estatais – Descentralização de funções – Delegação de poderes – Indelegabilidade do poder de tributar. 1. O entendimento sobre a legitimidade da delegação de poderes às autarquias e empresas estatais para o exercício de funções descentralizadas consolidou-se na jurisprudência do extinto TFR e do STJ. 2. Indelegável é o poder de tributar, isto é, de instituir impostos, taxas, contribuições e empréstimos compulsórios, reservado ao Estado pela Constituição Federal (arts. 145 e 148). 3. Recurso especial não conhecido. [**STJ, 2ª Turma, REsp 7.828-991-DF, rel. Min. Peçanha Martins, j. 28.3.1996,** *DJU* **3.6.1996, p. 19.**230]

Em casos de parafiscalidade, perde o ente tributante legitimidade para figurar no pólo passivo da ação em prol do titular da capacidade tributária ativa. Nesse sentido:

Previdenciário – Contribuição previdenciária – Parafiscalidade. 1. A presente demanda versa sobre contribuição de natureza parafiscal, cuja arrecadação compete ao INSS, não possuindo a União Federal pertinência subjetiva para figurar no pólo passivo do feito – Inteligências dos arts. 11, parágrafo único, "a", e 33, *caput*, primeira parte, da Lei n. 8.212/1991 – Carência da ação, por ilegitimidade passiva *ad causam* da União Federal, reconhecida. 2. Remessa oficial, considerada interposta, e apelação providas. [**TRF-3ª Região, 1ª Turma, AC 03013123, rel. Juiz Theotônio Costa, j. 18.3.1997**]

Questões

1. Diferencie "competência tributária" de "capacidade tributária ativa".
2. Quais são as características da competência tributária? Justifique.
3. Que é "bitributação"? E "*bis in idem*"?
4. Diferencie "capacidade tributária ativa" de "capacidade ativa auxiliar".
5. Que é "parafiscalidade"? E "extrafiscalidade"?

Consulta

1. [121º Exame de Ordem/SP, 2003, n. 4] O Poder Legislativo paulista, por meio de lei ordinária, instituiu alíquota do ICMS em 18%, facultando ao Executivo fixá-la em até dois pontos percentuais a maior, por determinado prazo. Aprecie a matéria sob o prisma da Lei Maior.

2. [133º Exame de Ordem/SP, 2007, n. 4] Até o presente momento a União não criou o denominado imposto sobre grandes fortunas (IGF), previsto na CF de 1988, em seu art. 153, inciso VII. Suponha que, neste mês, seja editada uma lei complementar criando o referido tributo. Após a publicação mencionada. procura-o a empresa "E", querendo contestar a cobrança do IGF, alegando caducidade do direito de instituição do aludido tributo. Seria possível tal alegação? Fundamente a resposta.

DISSERTAÇÃO

"Competência e Capacidade Tributária Ativa. Distinção. Características. Ente Tributante. Sujeito Ativo. Parafiscalidade. Capacidade Ativa Auxiliar".

TEMAS PARA PESQUISA

1. "Reforma Tributária e Normas Constitucionais que Versam sobre Competência Tributária".
2. "Parafiscalidade".

TESTES

1. [127º Exame de Ordem/SP, 2005, n. 84] Considerando o disposto no art. 153, §4º, III, da CF, acerca do imposto sobre a propriedade territorial rural, *não* é correto afirmar que:
  a) ( ) Há transferência da competência tributária da União para os Municípios.
  b) ( ) Aos Municípios é vedado editar lei acerca da instituição do ITR.
  c) ( ) É possível a transferência de capacidade tributária ativa, da União para os Municípios.
  d) ( ) Os Municípios poderão, na forma da lei, efetuar o lançamento do imposto em relação às propriedades rurais que se encontrem localizadas em seu território.

2. [Concurso para Procurador do Município/SP, março/2000] Quando a União, os Estados, os Municípios e o Distrito Federal autorizam, por lei, terceiras pessoas a procederem à cobrança tributária e disporem do produto arrecadado para o implemento de suas finalidades, tem-se a:
  a) ( ) Extrafiscalidade.
  b) ( ) Fiscalidade.
  c) ( ) Capacidade tributária ativa mista.
  d) ( ) Parafiscalidade.
  e) ( ) Sujeição ativa auxiliar.

3. [Concurso para Procurador do Município/SP, março/2000] A indelegabilidade, a inalterabilidade, a irrenunciabilidade e a privatividade são características:
  a) ( ) Da imunidade.
  b) ( ) Da capacidade tributária ativa.

c) ( ) Da capacidade tributária passiva.
d) ( ) Da competência tributária.
e) ( ) Da capacidade tributária ativa e da competência tributária.

4. [103º Exame de Ordem/SP, 1997] A respeito da delegação da capacidade tributária ativa, é lícito afirmar-se que:

a) ( ) Somente a União pode, por meio de lei própria, autorizar terceiras pessoas a procederem à cobrança tributária.

b) ( ) Os Estados não podem autorizar que terceiras pessoas, públicas ou privadas, procedam à cobrança tributária.

c) ( ) Não há impedimento legal em nosso ordenamento jurídico para que pessoa diversa daquela pessoa política que criou o tributo venha, desde que autorizada por lei, a arrecadá-lo.

d) ( ) Não é necessário autorização legal para que se possa delegar capacidade tributária ativa, excetuando-se os casos em que a União for interessada na delegação.

5. [103º Exame de Ordem/SP, 1997] Assinale a única alternativa que não traduz a verdade com relação à competência tributária:

a) ( ) No Brasil tão-somente têm competência tributária a União, os Estados e os Municípios.

b) ( ) No Direito Brasileiro a União e os Estados possuem, no tocante à instituição de tributos, exclusividade, uma vez que são titulares de faixas tributárias privativas.

c) ( ) A pessoa política que recebe da Carta Magna uma determinada competência tributária não pode renunciá-la, ou até mesmo delegá-la a terceiros.

d) ( ) O não-exercício de uma determinada competência tributária não tem o condão de impedir que a pessoa política, querendo, venha a criar, por meio de lei, os tributos que lhe foram constitucionalmente deferidos.

6. [103º Exame de Ordem/SP, 1997] O Estado de São Paulo aprova lei que determina a sua renúncia em tributar as operações mercantis. Tal lei é inconstitucional, eis que:

a) ( ) Os Estados não possuem autonomia para dispor livremente da arrecadação tributária, eis que são obrigados a repartir o produto da mesma com entidades políticas diversas.

b) ( ) Esta é matéria exclusivamente de direito constitucional; portanto, indisponível, estando as pessoas políticas proibidas de delegar ou renunciar suas respectivas competências tributárias.

c) ( ) Somente a União, através de lei federal, pode estabelecer tal renúncia referente à tributação de operações mercantis.

d) ( ) O Estado de São Paulo não pode abdicar de seu direito, a não ser por meio de convênios celebrados com os demais Estados.

7. [VI Concurso para Juiz Federal, TRF-3ª Região] Competência e capacidade tributária ativa:

a) ( ) Não se distinguem.

b) ( ) Distinguem-se, porque a competência tributária é intransferível, enquanto a capacidade tributária não.

c) ( ) Distinguem-se, porque a competência tributária deriva diretamente da lei, enquanto que a capacidade tributária depende de delegação.

d) ( ) Não se distinguem, porque somente o competente para legislar tem capacidade tributária ativa.

9
IMPOSTO

9.1 Definição. 9.2 Princípios informadores dos impostos: 9.2.1 Princípio da capacidade contributiva – 9.2.2 Princípio da seletividade. 9.3 Critério quantitativo da hipótese de incidência tributária: 9.3.1 Base de cálculo – 9.3.2 Alíquotas – 9.3.3 Princípio da não-cumulatividade. 9.4 Classificação dos impostos segundo a Constituição Federal de 1988: 9.4.1 Impostos federais – 9.4.2 Impostos estaduais e distritais – 9.4.3 Impostos municipais e distritais. 9.5 Classificação dos impostos segundo o Código Tributário Nacional de 1966. 9.6 Classificações doutrinárias. [DOUTRINA – JURISPRUDÊNCIA – QUESTÕES – DISSERTAÇÃO – TEMA PARA PESQUISA – TESTES]

9.1 Definição

Imposto é espécie do gênero *tributo*, ou seja, também consiste num vínculo entre o Estado e contribuinte decorrente de um fato lícito previsto em lei, tendo por objeto uma prestação pecuniária.

Distingue-se das demais espécies tributárias pelo seu "fato gerador" (hipótese de incidência), que será sempre um comportamento do contribuinte ou uma situação na qual ele se encontre. Em outros falares, se a hipótese de incidência do tributo consistir numa atuação estatal, cuidar-se-á de taxa ou de contribuição de melhoria, jamais de imposto, ainda que tenha recebido essa denominação pelo legislador (a propósito, v. art. 4º, I, do CTN).

Nesse sentido, também dispõe o art. 16 do CTN:

> **[CTN] Art. 16.** Imposto é o tributo cuja obrigação tem por fato gerador uma situação independente de qualquer atividade estatal específica, relativa ao contribuinte.

Imposto, portanto, é espécie tributária que tem por hipótese de incidência (fato gerador *in abstracto*) um comportamento do contribuinte ou uma situação na qual ele se encontre.

Cumpre salientar que o produto da arrecadação de impostos não pode ter destinação específica, pois deve ser destinado à consecução das despesas gerais do Estado. Vejamos o que dispõe a Lei Maior, bem como as exceções introduzidas via emenda constitucional:

[CF] Art. 167. São vedados: (...) IV – a vinculação de receita de impostos a órgão, fundo ou despesa, ressalvadas a repartição do produto da arrecadação dos impostos a que se referem os arts. 158 e 159, a destinação de recursos para as ações e serviços públicos de saúde, para manutenção e desenvolvimento do ensino e para realização de atividades da Administração Tributária, como determinado, respectivamente, pelos arts. 198, § 2º, 212 e 37, XXII, e a prestação de garantias às operações de crédito por antecipação de receita, previstas no art. 165, § 8º, bem como o disposto no § 4º deste artigo; (...) *[Redação dada pela Emenda Constitucional 42, de 19.12.2003]*

(...).

§ 4º. É permitida a vinculação de receitas próprias geradas pelos impostos a que se referem os arts. 155 e 156, e dos recursos de que tratam os arts. 157, 158 e 159, I, "a" e "b", e II, para a prestação de garantia ou contragarantia à União e para pagamento de débitos para com esta.

Vejam-se, outrossim, as inovações constantes no ADCT:

[ADCT] Art. 76. É desvinculado de órgão, fundo ou despesa, até 31 de dezembro de 2011, 20% (vinte por cento) da arrecadação da União de impostos, contribuições sociais e de intervenção no domínio econômico, já instituídos ou que vierem a ser criados até a referida data, seus adicionais e respectivos acréscimos legais. *[Redação dada pela Emenda Constitucional 56/2007]*

9.2 Princípios informadores dos impostos

9.2.1 Princípio da capacidade contributiva

O princípio informador dos impostos é o da *capacidade contributiva*, também chamado *princípio da capacidade econômica do contri-*

buinte. É o princípio que deve ser levado em conta pelo ente tributante no exercício de sua competência impositiva, isto é, para a instituição e majoração de imposto. Por sem dúvida, decorre o princípio da capacidade contributiva do princípio constitucional da igualdade, que permeia toda a ação estatal de tributar.[1]

Preceitua a CF de 1988:

> **[CF] Art. 145. (...).**
>
> § 1º. *Sempre que possível, os impostos terão caráter pessoal e serão graduados segundo a capacidade econômica do contribuinte*, facultado à Administração Tributária, especialmente para conferir efetividade a esses objetivos, identificar, respeitados os *direitos individuais e nos termos da lei, o patrimônio, os rendimentos e as atividades econômicas do contribuinte*. *[Grifamos]*

Noutras palavras, esse princípio deve orientar o legislador no momento da definição do fato gerador, da fixação de alíquotas, da determinação da base de cálculo e da escolha do contribuinte, sempre que se tratar de imposto.

Em breve síntese, a Constituição Federal discrimina os fatos-signos presuntivos de riqueza não-vinculados a uma atuação estatal que os entes tributantes podem tributar por meio de impostos, bem como impõe a observância do princípio da capacidade contributiva como diretriz interpretativa. Diante disso, pode-se dizer que é possível extrair da Lei Maior a chamada *regra-matriz padrão de incidência tributária* que deverá ser rigorosamente respeitada pelo ente tributante ao instituir impostos.

Segundo esse princípio, somente fatos que objetivamente demonstrem o poder aquisitivo do contribuinte (signos presuntivos de riqueza) podem ser alvo de incidência do imposto. Para melhor explicitar, incumbe ao legislador infraconstitucional (ente tributante) tributar por

---

1. Cite-se o disposto na Lei Maior: "Art. 150. Sem prejuízo de outras garantias asseguradas ao contribuinte, é vedado à União, aos Estados, ao Distrito Federal e aos Municípios: (...) II – instituir tratamento desigual entre contribuintes que se encontrem em situação equivalente, proibida qualquer distinção em razão de ocupação profissional ou função por eles exercida, independentemente da denominação jurídica dos rendimentos, títulos ou direitos; (...)". De igual modo: "Art. 152. É vedado aos Estados, ao Distrito Federal e aos Municípios estabelecer diferença tributária entre bens e serviços, de qualquer natureza, em razão de sua procedência ou destino".

meio de impostos somente fatos que presumivelmente revelem a riqueza do contribuinte.

Por igual razão, o sujeito passivo há de ser a pessoa que realiza o fato descrito em lei revelador de sua capacidade contributiva. Demais disso, as alíquotas devem ser estabelecidas em conformidade com a base de cálculo em abstrato, e esta, de seu turno, há de ser hábil a mensurar a respectiva materialidade da hipótese de incidência.

Diga-se de passagem que as portas do Judiciário estão abertas a todos aqueles que quiserem evitar ou afastar de si a cobrança de imposto que lhes parecer ilegal ou inconstitucional, bem como para pleitear a devolução de indébito tributário pago.

9.2.2 Princípio da seletividade

O *princípio da seletividade* em função da essencialidade do serviço, do produto ou da mercadoria também deriva do princípio da igualdade tributária.

Vimos de ver que o princípio da capacidade contributiva permite um tratamento igualitário aos sujeitos passivos de impostos. Todavia, a regra-matriz de determinados impostos não viabiliza a observância do princípio da capacidade contributiva no que concerne à fixação de alíquotas. É o caso, por exemplo, dos impostos indiretos, isto é, dos impostos em que o sujeito passivo repassa o valor do imposto ao consumidor final.

Todavia, a Lei Maior contorna esse fato, impondo o respeito a outro princípio que, tanto quanto o princípio da capacidade contributiva, também decorre do princípio constitucional da igualdade. Desse modo, impostos como o IPI e o ICMS devem atender ao princípio da seletividade, cujas alíquotas variarão em conformidade com a essencialidade do produto, mercadoria ou serviço que esteja sendo objeto de tributação. Veja-se:

> **[CF] Art. 153.** (...).
>
> (...).
>
> § 3º. O imposto previsto no inciso IV: I – será seletivo, em função da essencialidade do produto; (...).
>
> **Art. 155.** (...).
>
> (...).

§ 2º. O imposto previsto no inciso II atenderá ao seguinte: (...) III – poderá ser seletivo, em função da essencialidade das mercadorias e dos serviços; (...).

Assim, o critério para um tratamento tributário igualitário entre os que efetivamente estão sujeitos ao encargo tributário é o da seletividade em função da essencialidade do produto quando se tratar de IPI, ou da essencialidade da mercadoria e/ou serviço, quando se tratar de ICMS.

9.3 Critério quantitativo da hipótese de incidência tributária

Como já visto no Capítulo 2, o referido critério enseja a apuração do *quantum debeatur*, ou, melhor, do montante tributário devido.

9.3.1 Base de cálculo

No tocante aos impostos, vimos que a hipótese de incidência deve revelar a capacidade econômica do contribuinte. Por via de conseqüência, sua base de cálculo, conjugada à alíquota, deve sujeitar-se ao mesmo princípio, ou seja, deve ser hábil para mensurar o signo presuntivo de riqueza descrito no antecedente da norma tributária.

Exemplifiquemos. A base de cálculo constitucionalmente possível do imposto de importação (II) deve ser o valor da mercadoria importada, assim com a base de cálculo constitucionalmente possível do imposto sobre propriedade de veículos automotores (IPVA) deve ser o valor do veículo.

9.3.2 Alíquotas

Em geral, os impostos têm como critérios de apuração da quantia devida pelo contribuinte a base de cálculo e a alíquota.

As alíquotas, em tese, podem ser proporcionais, bem como progressivas, conforme a conjugação da alíquota à base de cálculo. Tributo com valor fixo estabelecido em lei fere o princípio constitucional da igualdade, pois não proporciona aos virtuais contribuintes um tratamento igualitário, uma vez que todos, independentemente de sua capacidade econômica para contribuir, deverão pagar a mesma quantia.

Diz-se proporcional a alíquota quando o critério quantitativo estabelecido em lei consistir em uma base de cálculo em abstrato e a correlata alíquota, de modo que a quantia devida pelo contribuinte a título de imposto será proporcional à variação da base de cálculo *in concreto* a ser conjugada com a única alíquota referida em lei.

Doutra parte, há progressividade quando para cada base de cálculo em abstrato a lei indicar as respectivas alíquotas, de modo que para a apuração do tributo deverá ser conjugada a cada base de cálculo em concreto a respectiva alíquota.

À guisa de exemplo, podemos ilustrar de forma didática com o imposto de renda (IR). Sua hipótese de incidência é a aquisição de renda em determinado exercício financeiro. Sua base de cálculo abstrata há de ser a renda líquida apurada.

Se houver apenas uma única alíquota (por exemplo, 10%), o contribuinte pagará proporcionalmente à base de cálculo concreta. Desta forma, seja qual for a renda auferida no caso concreto, a alíquota será sempre 10%.

Sendo diversas as alíquotas, na hipótese de progressividade, o contribuinte pagará de acordo com sua *efetiva* capacidade econômica – por exemplo, conjugando-se uma alíquota de 1% para uma renda de até R$ 3.000,00; 5% para uma renda de R$ 3.001,00 a R$ 5.000,00; 10% para uma renda de R$ 5.001,00 até R$ 10.000,00 – e assim por diante.

A Constituição Federal de 1988 possibilita "expressamente" a progressividade fiscal de alíquotas apenas no tocante ao IR (art. 153, § 2º, I) e ao IPTU (art. 156, § 1º, I). Assim, apegando-se à literalidade dos dispositivos constitucionais, somente esses dois impostos poderiam ter alíquotas progressivas.

Entrementes, também é possível sustentar que todos os impostos com fins meramente fiscais (arrecadatórios) devem ter alíquotas progressivas, sob o fundamento de que somente assim se estaria atendendo plenamente ao princípio constitucional da capacidade contributiva.

Nesse passo, convém ressalvar apenas os impostos seletivos, tais como o IPI e o ICMS, cujas alíquotas deverão ser seletivas, isto é, fixadas de acordo com a essencialidade do produto, mercadoria ou serviço.

9.3.3 Princípio da não-cumulatividade

Permite que o imposto incida somente sobre o quanto for aditado ao preço referente à operação anterior (valor agregado), abatendo-se o imposto pago sobre os componentes do produto final. Aplica-se ao IPI e ao ICMS, conforme determina a CF de 1988:

> [CF] **Art. 153.** Compete à União instituir impostos sobre: (...) IV – produtos industrializados; (...).
>
> (...).
>
> § 3º. O imposto previsto no inciso IV: (...) II – será não-cumulativo, compensando-se o que for devido em cada operação com o montante cobrado nas anteriores; (...).
>
> **Art. 155.** Compete aos Estados e ao Distrito Federal instituir impostos sobre: (...) II – operações relativas à circulação de mercadorias e sobre prestações de serviços de transporte interestadual e intermunicipal e de comunicações, ainda que as operações e as prestações se iniciem no Exterior; (...).
>
> (...).
>
> § 2º. O imposto previsto no inciso II atenderá ao seguinte: I – será não-cumulativo, compensando-se o que for devido em cada operação relativa à circulação de mercadorias ou prestação de serviços com o montante cobrado nas anteriores pelo mesmo ou outro Estado ou pelo Distrito Federal; (...).

9.4 Classificação dos impostos segundo a Constituição Federal de 1988

Vimos no Capítulo 4 que a Constituição Federal, ao atribuir competência tributária à União, aos Estados, ao Distrito Federal e aos Municípios, enseja a classificação dos *tributos* em *federais, estaduais, distritais* e *municipais*.

Por igual razão, ao discriminar os *impostos* que podem ser instituídos pelos entes tributantes, também permite classificá-los em impostos *federais, estaduais, distritais* e *municipais*.

Essas classificações são juridicamente relevantes diante do *princípio da reserva de competência tributária* (impositiva).

Observe-se, ademais, que, ao atribuir competência tributária aos entes tributantes, a Constituição Federal de 1988 estabelece a *regra-matriz* (*norma-padrão*) dos impostos. A hipótese de incidência constitucionalmente possível do imposto é sempre um signo presuntivo de riqueza. Vejamos:

9.4.1 Impostos federais

A União pode instituir os impostos conhecidos como: *imposto de importação* (II); *imposto de exportação* (IE); *imposto de renda* (IR); *imposto sobre produtos industrializados* (IPI); *imposto sobre operações financeiras* (IOF); *imposto territorial rural (ITR)*; *imposto sobre grandes fortunas* (IGF).

Vejamos como efetivamente consta na Constituição Federal de 1988:

> **[CF] Art. 153.** Compete à União instituir impostos sobre: I – importação de produtos estrangeiros; II – exportação, para o Exterior, de produtos nacionais ou nacionalizados; III – renda e proventos de qualquer natureza; IV – produtos industrializados; V – operações de crédito, câmbio e seguro, ou relativas a títulos ou valores mobiliários; VI – propriedade territorial rural; VII – grandes fortunas, nos termos de lei complementar.

A Lei Maior também confere à União competência residual no tocante aos impostos, isto é, autoriza a instituição de novos impostos além dos já mencionados, sem, todavia, predeterminar sua regra-matriz,[2] deixando-a livre quanto à escolha de novas hipóteses de incidência, porém vinculada à observância do regime jurídico constitucional dos impostos.

Cuida-se dos *impostos residuais*, também chamados *impostos previamente indeterminados*:

> **[CF] Art. 154.** A União poderá instituir: I – mediante lei complementar, impostos não previstos no artigo anterior, desde que sejam

---

2. Por tal razão, Paulo de Barros Carvalho denomina-os de "impostos previamente indeterminados" (*Curso de Direito Tributário*, 13ª ed., São Paulo, Saraiva, 2000, p. 38).

não-cumulativos e não tenham fato gerador ou base de cálculo próprios dos discriminados nesta Constituição; (...).

Art. 157. Pertencem aos Estados e ao Distrito Federal: (...) II – 20% do produto da arrecadação do imposto que a União instituir no exercício da competência que lhe é atribuída pelo art. 154, I; (...).

Registre-se, de passagem, a competência residual da União para a instituição de *contribuições sociais*. Com efeito, preceitua a CF de 1988:

[CF] Art. 195. (...).

(...).

§ 4º. A lei poderá instituir outras fontes destinadas a garantir a manutenção ou expansão da seguridade social, obedecido o disposto no art. 154, I.

Assim, quanto aos *impostos* e *contribuições sociais residuais*, podemos sintetizar:

Hipótese de incidência – qualquer fato, exceto os já discriminados na Constituição.

Ente tributante – União.

Instrumento normativo – lei complementar.

Não poderão ter a mesma base de cálculo nem a mesma hipótese de incidência dos demais impostos previstos na Constituição Federal de 1988.

Estados e Distrito Federal – têm o direito de se beneficiarem com 20% do produto arrecadado.

Observação: Em época de paz só é possível instituir novos impostos e/ou contribuições sociais observando-se rigorosamente o disposto nos arts. 154, I, 157, II, e 195, § 6º, da CF de 1988.

Não obstante, a Emenda Constitucional 12/1996 autorizou a criação de um novo tributo – sem a observância dos referidos dispositivos. Assim, surgiu a contribuição provisória sobre movimentação ou transmissão de valores e de créditos e direitos de natureza financeira – CPMF, exigível pelo prazo de dois anos (até 22.1.1999).

A Emenda Constitucional 21, de 18.3.1999, além de formalmente inconstitucional, "prorrogou" por mais 36 meses a cobrança da

CPMF, instituída pela Lei 9.311/1996, modificada pela Lei 9.539/1997, embora estas já tivessem perdido sua vigência e validade com o transcurso do prazo fixado pela Emenda Constitucional 12/1996.

Na madrugada do dia 13.12.2007 houve a rejeição, por 45 dos 79 senadores presentes, da Proposta de Emenda à Constituição Federal que prorrogaria por mais quatro anos a cobrança da CPMF – Contribuição Provisória sobre Movimentação Financeira.

A esse feixe de competência impositiva da União acrescente-se o *empréstimo compulsório*, que – segundo parte da doutrina – não é uma quarta espécie tributária, mas, sim, um tributo que pode ser vinculado ou não-vinculado a uma atuação estatal.

Com isso, o empréstimo compulsório pode assumir a feição de imposto federal se sua hipótese de incidência consistir num dos fatos elencados no art. 153 da Lei Maior, assim como pode ser um tributo vinculado se sua hipótese de incidência consistir numa atuação estatal federal, nos termos do art. 145, II, da CF.

Frise-se que somente a União, mediante lei complementar, pode instituir empréstimo compulsório, e desde que estejam concretizados os pressupostos constantes no art. 154 da CF de 1988, *verbis*:

> **[CF] Art. 148.** A União, mediante lei complementar, poderá instituir empréstimos compulsórios: I – para atender a despesas extraordinárias, decorrentes de calamidade pública, de guerra externa ou sua iminência; II – no caso de investimento público de caráter urgente e de relevante interesse nacional, observado o disposto no art. 150, III, "b".
>
> Parágrafo único. A aplicação dos recursos provenientes de empréstimo compulsório será vinculada à despesa que fundamentou sua instituição.

Em síntese, quanto ao *empréstimo compulsório*:

Hipótese de incidência – qualquer fato lícito da esfera de competência federal, vinculado ou não-vinculado a uma atuação estatal, sempre de âmbito federal.

Assim, conforme sua hipótese de incidência, o empréstimo compulsório poderá assumir a feição jurídica de imposto ou a de tributo vinculado a uma atuação estatal.

Sujeito passivo – é a pessoa que realiza o fato gerador *in concreto* (fato imponível).

Instrumento normativo – lei complementar.

Data da restituição – deve constar na lei complementar que o instituir.

Pressupostos – (a) para atender a despesas extraordinárias decorrentes de calamidade pública, de guerra externa ou sua iminência (art. 148, I, da CF de 1988); (b) no caso de investimentos público de caráter urgente e de relevante interesse nacional, observando-se apenas, neste caso, o princípio da anterioridade (art. 148, II, da CF de 1988).

Não se deve confundir os pressupostos para a criação abstrata do empréstimo compulsório com sua hipótese de incidência. Noutras palavras, somente serão contribuintes do empréstimo compulsório as pessoas que realizarem o fato imponível, isto é, que realizarem no mundo físico o fato descrito na hipótese de incidência da norma tributária.

Por fim, também pertence à União a competência para instituir *impostos extraordinários*:

> **[CF] Art. 154.** A União poderá instituir: (...) II – na iminência ou no caso de guerra externa, impostos extraordinários, compreendidos ou não em sua competência tributária, os quais serão suprimidos, gradativamente, cessadas as causas de sua criação.

O imposto extraordinário traduz exemplo de *bis in idem* ou de *bitributação* excepcionalmente autorizado pela Lei Maior – ou seja, o mesmo "fato gerador" poderá ser tributado duas vezes sempre que a União instituir um imposto extraordinário com a mesma hipótese de incidência de um imposto já previsto em lei federal, estadual, distrital ou municipal.[3]

Em síntese, quanto aos *impostos extraordinários* tem-se:

Hipótese de incidência – qualquer conduta lícita, até mesmo as já discriminadas na Constituição Federal de 1988.

Pressupostos – guerra externa ou sua iminência.

Ente tributante – União.

---

3. A Constituição de 1946 dispôs pela primeira vez no Brasil sobre o imposto extraordinário.

Instrumento normativo – lei ordinária federal.

Os princípios da *reserva de competência impositiva* e da *anterioridade* não precisam ser observados.

Em remate, a *União* tem competência tributária para instituir, além dos impostos elencados no art. 153, o *empréstimo compulsório*, o *imposto extraordinário*, o *imposto residual*, bem como a *contribuição social residual*.

9.4.2 Impostos estaduais e distritais

Os Estados e o Distrito Federal podem instituir os seguintes impostos: (a) *imposto sobre transmissão "causa mortis" e "inter vivos", a título gratuito* (doação); (b) *imposto sobre a prática de operações mercantis* (ICMS); (c) *imposto sobre a propriedade de veículos automotores* (IPVA).

Vejamos:

> **[CF] Art. 155.** Compete aos Estados e ao Distrito Federal instituir impostos sobre: I – transmissão *causa mortis* e doação, de quaisquer bens ou direitos; II – operações relativas à circulação de mercadorias e sobre prestações de serviços de transporte interestadual e intermunicipal e de comunicação, ainda que as operações e as prestações se iniciem no Exterior; III – propriedade de veículos automotores.

Também podem instituir contribuições sociais para o custeio de previdência social:

> **[CF] Art. 149.** (...).
>
> § 1º. Os Estados, o Distrito Federal e os Municípios poderão instituir contribuição, cobrada de seus servidores, para o custeio, em benefício destes, do regime previdenciário de que trata o art. 40, cuja alíquota não será inferior à da contribuição dos servidores titulares de cargos efetivos da União. *[Redação dada pela Emenda Constitucional 41/2003]*

9.4.3 Impostos municipais e distritais

Além das contribuições sociais para o custeio de previdência social (§ 1º do art. 149), os Municípios e o Distrito Federal podem instituir os seguintes impostos: (a) *sobre a propriedade predial e territorial urbana* (IPTU); (b) *sobre transmissão "inter vivos"*[4] (ITBI ou sisa); (c) *sobre a prestação de serviços* (ISS).

Diz a Constituição Federal de 1988:

[CF] **Art. 147.** (...); ao Distrito Federal cabem os impostos municipais.

Art. 156. Compete aos Municípios instituir impostos sobre: I – propriedade predial e territorial urbana; II – transmissão *inter vivos*, a qualquer título, por ato oneroso, de bens imóveis, por natureza ou acessão física, e de direitos reais sobre imóveis, exceto os de garantia, bem como cessão de direitos à sua aquisição; III – serviços de qualquer natureza, não compreendidos no art. 155, II, definidos em lei complementar.

Os Municípios e o Distrito Federal – só para registro – também podem instituir contribuição para o custeio do serviço de iluminação pública:

[CF] **Art. 149-A.** Os Municípios e o Distrito Federal poderão instituir contribuição, na forma das respectivas leis, para o custeio do serviço de iluminação pública, observado o disposto no art. 150, I e III. *[Incluído pela Emenda Constitucional 39/2002]*

Parágrafo único. É facultada a cobrança da contribuição a que se refere o *caput*, na fatura de consumo de energia elétrica. *[Incluído pela Emenda Constitucional 39/2002]*

9.5 Classificação dos impostos segundo o Código Tributário Nacional de 1966

O CTN, nos termos do art. 146, III, da CF, traz, como norma geral, a definição do fato gerador, da base de cálculo e do contribuinte dos impostos.

---

4. Observe-se que o imposto sobre a transmissão de bens e direitos *causa mortis* ou *inter vivos* (doação), a título gratuito, pertence aos Estados e ao Distrito Federal. O imposto sobre a transmissão de bens e direitos a título oneroso pertence aos Municípios e ao Distrito Federal, exceto os de garantia.

QUADRO SINÓTICO
(CÓDIGO TRIBUTÁRIO NACIONAL DE 1966)

Impostos sobre o Comércio Exterior	Impostos sobre o Patrimônio e a Renda	Impostos sobre a Produção e a Circulação	Impostos Especiais
Imposto sobre a importação	Impostos sobre a propriedade territorial rural	Imposto sobre produto industrializado	Imposto sobre operações relativas a combustíveis, lubrificantes, energia elétrica e minerais do país
Imposto sobre a exportação	Impostos sobre a propriedade predial e territorial urbana	Imposto sobre operações relativas à circulação de mercadorias	Impostos extraordinários
	Imposto sobre a transmissão de bens imóveis e de direitos a ele relativos	Imposto sobre operações de crédito, câmbio e seguro, e sobre operações relativas a títulos e valores mobiliários (arts. 63 e ss.)	
	Imposto sobre a renda e proventos de qualquer natureza	Imposto sobre serviços de transportes e comunicações	
		Imposto sobre serviços de qualquer natureza	

9.6 Classificações doutrinárias

Os impostos também são classificados em *pessoais* e *reais*, *diretos* e *indiretos*.

Para muitos são consideradas *classificações não-jurídicas*, porque não são elaboradas a partir de um critério classificatório jurídico-científico, isto é, inferido de um dos aspectos da própria norma jurídica; de modo que não são úteis à ciência do direito tributário positivo, embora o sejam para a ciência das finanças ou para as ciências econômicas. Nada obstante, têm sido acolhidas pelo Poder Judiciário, razão pela qual teceremos algumas considerações:

Impostos pessoais – são os que se referem a pessoas, ou seja, às condutas que podem ser tributadas. Exemplos: imposto sobre a renda, imposto sobre a importação, imposto sobre a prática de operações mercantis etc.

Impostos reais – são os que se referem a coisas, mais precisamente à propriedade. Exemplos: imposto predial e territorial urbano, imposto sobre a propriedade de veículos automotores etc.

Convém esclarecer que, sob o prisma jurídico, todos os impostos são pessoais, na medida em que no pólo passivo da relação jurídica tributária sempre haverá uma pessoa (física ou jurídica) a quem se atribui o dever de dar dinheiro ao Estado. Aliás, toda relação jurídica obrigacional supõe um vínculo apenas entre pessoas.[5]

Vejamos o seguinte exemplo: o imposto sobre a propriedade de veículos automotores (IPVA) tem como hipótese de incidência a condição de alguém ser proprietário de um veículo automotor. O sujeito ativo é o próprio Estado-membro competente para sua instituição ou outra pessoa legalmente designada para arrecadá-lo. O sujeito passivo constitucionalmente possível, obviamente, não é o veículo automotor (propriedade, bem móvel, coisa), mas, sim, o *proprietário* do veículo (pessoa).

Depreende-se do exposto que, necessariamente, a relação jurídica é um vínculo entre pessoas, tanto no pólo ativo como no pólo passivo.

---

5. Cf. Roque Carrazza, *Curso de Direito Constitucional Tributário*, 24ª ed., São Paulo, Malheiros Editores, 2008, pp. 519-520, nota de rodapé 44.

Como corolário disso, o princípio da capacidade contributiva há de ser sempre observado pelo ente tributante, seja para a instituição dos impostos reais, seja dos impostos pessoais.

O STF, no entanto, prestigiou a aludida classificação dos impostos em reais e pessoais para declarar inconstitucional lei municipal instituidora do IPTU com alíquotas progressivas em conformidade com o princípio da capacidade contributiva.[6]

Dentre os fundamentos referidos, alegou que, sendo o IPTU um imposto real – isto é, um imposto que incide sobre a propriedade –, desnecessária se faz a observância do princípio da capacidade econômica do contribuinte.

A Emenda Constitucional 29, de 13.9.2000, contudo, encampou expressamente o posicionamento doutrinário favorável ao emprego da progressividade fiscal no IPTU:

> **[CF] Art. 156.** (...).
>
> § 1º. Sem prejuízo da progressividade no tempo a que se refere o art. 182, § 4º, inciso II, o imposto previsto no inciso I poderá: I – ser progressivo em razão do valor venal do imóvel; e II – ter alíquotas diferentes de acordo com a localização e o uso do imóvel.

Tornando ao nosso rumo, o critério classificatório dos impostos em diretos e indiretos também padece da mesma crítica, ou seja, não proporciona uma classificação jurídico-científica, uma vez que leva em conta o fenômeno da repercussão financeira – noutras palavras, a destinação do produto arrecadado.

Imposto diretos ou que não repercutem – são aqueles cuja carga econômica é suportada pelo próprio contribuinte, isto é, pelo realizador do fato gerador *in concreto* (fato imponível). Exemplos: imposto de exportação, imposto sobre serviços, imposto territorial rural etc.

Impostos indiretos ou que repercutem – são aqueles cuja carga econômica é suportada não pelo contribuinte, mas por terceira pessoa que não realizou o fato gerador *in concreto* (geralmente é o consumidor final do produto ou da mercadoria) e que sequer figura como sujeito passivo pela lei instituidora do imposto. Exemplo: o *quantum* de

---

6. STF, RE 204.827-5, rel. Min. Ilmar Galvão, j. 12.12.1996, *DJU* 19.12.1996, p. 51.764.

ICMS recolhido por quem realizou operação mercantil (contribuinte de direito) integrará o preço da mercadoria e será pago pelo consumidor final (contribuinte de fato).

O próprio art. 4º do CTN enfatiza que "a natureza jurídica específica do tributo é determinada pelo fato gerador *[hipótese de incidência]* da respectiva obrigação, sendo irrelevantes para qualificá-la: (...) II – a destinação legal do produto da sua arrecadação".

Assim, por maior razão, o fato de haver ou não repasse do valor antecipadamente recolhido para o preço final do produto, mercadoria ou serviço ultrapassa os lindes do direito tributário.

Poder-se-ia sustentar, no entanto, que seria juridicamente relevante saber quem de fato arcará com o imposto apenas "para interpretar certas normas de imunidade ou isenção, pela consideração substancial sobre a carga tributária, em relação à pessoa que a suportará".[7]

Seja como for, o problema exsurge diante da restituição dos chamados "impostos indiretos", tendo em conta as exigências impostas pelo Código Tributário Nacional, que, segundo a crítica já referida, são de constitucionalidade duvidosa:

> **[CTN] Art. 166.** A restituição de tributos que comportem, por sua natureza, transferência do respectivo encargo financeiro somente será feita a quem prove haver assumido referido encargo, ou, no caso de tê-lo transferido a terceiro, estar por este expressamente autorizado a recebê-la.

O STF, todavia, acolheu a classificação dos impostos em diretos e indiretos, bem como uma das condições legais impostas para se pleitear a restituição do dinheiro pago indevidamente a título de imposto indireto, conforme se infere da Súmula 546:

> **[STF, Súmula 546]** Cabe a restituição do tributo pago indevidamente, quando reconhecido por decisão que o contribuinte *de jure* não recuperou do contribuinte *de facto* o *quantum* respectivo.

Desse modo, torna-se praticamente inviável a devolução pelo Fisco do dinheiro indevidamente arrecadado a título de imposto indireto.

---

7. Cf. Geraldo Ataliba, *Hipótese de Incidência Tributária*, 6ª ed., 9ª tir., São Paulo, Malheiros Editores, 2008, p. 143.

DOUTRINA

Alfredo Augusto Becker adverte:[8]

A relação jurídica tem dois pólos: o positivo e o negativo. A pessoa (física ou jurídica) é o único pólo admissível das relações jurídicas. Por isto, toda e qualquer relação jurídica (inclusive a que atribui direito real ao *sujeito ativo*) é *sempre pessoal*: entre pessoa e pessoa, nunca entre pessoa e coisa.

Sobre a *base de cálculo*, esclarece Paulo de Barros Carvalho:[9]

Temos para nós que a base de cálculo é a grandeza instituída na conseqüência da regra-matriz tributária, e que se destina, primordialmente, a dimensionar a intensidade do comportamento inserto no núcleo do fato jurídico, para que, combinando-se à alíquota, seja determinado o valor da prestação pecuniária. Paralelamente, tem a virtude de confirmar, infirmar ou afirmar o critério material expresso na composição do suposto normativo. A versatilidade categorial desse instrumento jurídico se apresenta em três funções distintas: (a) medir as proporções reais do fato; (b) compor a específica determinação da dívida; e (c) confirmar, infirmar ou afirmar o verdadeiro critério material da descrição contida no antecedente da norma.

Pondera, de seu turno, Roque Antonio Carrazza:[10]

(...) *Impostos diretos* ou *que não repercutem* são aqueles cuja carga econômica é suportada pelo contribuinte, isto é, pelo realizador do *fato imponível*. É o caso do IR, em que o patrimônio de quem auferiu rendimentos líquidos é alcançado por esta tributação.

Já, *impostos indiretos* ou *que repercutem* são aqueles cuja carga econômica é suportada não pelo contribuinte, mas por terceira pessoa, que não realizou o fato imponível. Esta terceira pessoa geralmente é o consumidor final da mercadoria ou do produto. É o caso do ICMS. Quem suporta sua carga econômica não é o patrimônio, por exemplo, do comerciante, que vendeu a mercadoria, mas o patrimônio do consumidor final desta mesma mercadoria. Este, ao adquirir a mercado-

---

8. Alfredo Augusto Becker, *Teoria Geral do Direito Tributário*, 3ª ed., São Paulo, Lejus, 1998, p. 341.
9. Paulo de Barros Carvalho, *Curso de Direito Tributário*, 13ª ed., pp. 324-325.
10. Roque Carrazza, *Curso de Direito Constitucional Tributário*, 24ª ed., nota de rodapé 44, pp. 519-520.

ria, verá embutido em seu preço o *quantum* de ICMS que foi sendo recolhido, por todos os que realizaram as operações mercantis, que levaram o bem às suas mãos.

Essa classificação, em rigor, não é jurídica, já que, perante o Direito, é despiciendo saber quem suporta a carga econômica do imposto. O que importa, sim, é averiguar quem realizou seu fato imponível, independentemente de haver, ou não, o repasse do valor do imposto para o preço final do produto, da mercadoria, do serviço etc.

De qualquer modo, na prática, infelizmente, esta distinção entre impostos diretos e indiretos (ou que repercutem e que não repercutem) tem sido prestigiada inclusive pelo Poder Judiciário, que, apesar das contundentes críticas da melhor doutrina (v., por todos, Eduardo Domingos Bottallo, "Restituição de impostos indiretos", in *RDP* 22/314), tem mandado cumprir o malfadado e esdrúxulo art. 166 do CTN (...).

Por outro lado, *impostos pessoais* são os que se referem a pessoas, e *impostos reais*, a coisas. Assim, o IR seria um imposto pessoal (já que diz de perto com a pessoa que auferiu rendimentos líquidos), ao passo que o IPTU seria um imposto real (porque se refere ao imóvel urbano, que é uma coisa).

Esta distinção, sem nenhuma dúvida, não é jurídica. Juridicamente, *todos* os impostos são pessoais, na medida em que o contribuinte é sempre uma pessoa (física ou jurídica). Dito de outro modo, no pólo passivo das obrigações impositivas – como, de resto, de todas as relações jurídicas – só pode figurar uma pessoa; nunca uma coisa.

Quanto à *progressividade de alíquotas do IPTU*, sustentamos:[11]

(...) há, *grosso modo*, dois tipos de progressividade nos impostos, conhecidas como: 1) *progressividade fiscal*, decorrente do princípio da capacidade contributiva, cuja presença, nesta hipótese, torna-se imprescindível em todo e qualquer imposto; 2) *progressividade extrafiscal*, que, segundo entendemos – embora exigível apenas e tão-somente desde que respeitados certos pressupostos constitucionais –, sempre que verificável, poderá ser aplicada concomitantemente com a progressividade fiscal.

---

11. Valéria C. P. Furlan, *IPTU*, 2ª ed., São Paulo, Malheiros Editores, 2004, pp. 175-176.

É dizer: "o emprego da extrafiscalidade não se confunde com a necessidade de obediência ao princípio da capacidade contributiva", como bem observa Elizabeth Nazar Carrazza.

(...).

Ademais, foi visto que o emprego da extrafiscalidade nos impostos deve se ater ao mesmo regime jurídico-constitucional dos impostos com fins meramente fiscais, mormente o princípio da isonomia, o qual não poderá ser infringido, sob pena de imputar efeitos confiscatórios aos tributos, o que é expressamente vedado pelo nosso ordenamento jurídico.

Assim, com apoio no § 1º do art. 145 da Lei Maior, todos os impostos admitem a progressividade fiscal, isto é, com base no princípio da capacidade contributiva.

Em outras passagens, todavia, prevê a Constituição Republicana os casos em que determinados impostos devem também atender a finalidades extrafiscais.

Assim – convém reafirmar –, não acatamos a classificação econômica dos impostos em reais e pessoais e, de conseguinte, não defendemos a tese de que o princípio da capacidade contributiva não se estende a todos os impostos, mas apenas aos que têm caráter pessoal.

Noutro dizer: sustentamos que todos os impostos têm natureza pessoal, pois revelam um vínculo jurídico entre pessoas. Coisas não podem figurar como sujeitos passivos ou ativos das obrigações jurídicas.

Demais disso, infere-se da Constituição – a qual, além de rotular as espécies tributárias, indicou as respectivas hipóteses de incidências – que os fatos geradores dos impostos devem ser passíveis de valoração econômica.

JURISPRUDÊNCIA

O STF decidiu pela inconstitucionalidade da Lei Complementar distrital 26/1997, que, a despeito da vedação do art. 167, IV, da Lei Maior, faculta a vinculação da receita do IPVA ao criar o Programa de Incentivo às Atividades Esportivas, mediante concessão de incentivo fiscal às pessoas físicas que patrocinem ou façam doações e investimentos em favor de atletas ou pessoas jurídicas com finalidade desportiva sem fins lucrativos, sediados no Distrito Federal. Veja-se:

Ação direta de inconstitucionalidade – Lei Complementar distrital n. 26/1997 – Criação do Programa de Incentivo às Atividades Esportivas mediante concessão de incentivo fiscal às pessoas jurídicas contribuintes do imposto sobre propriedade de veículos automotores – Violação do disposto no art. 167, inciso IV, da Constituição do Brasil. 1. É inconstitucional a lei complementar distrital que cria Programa de Incentivo às Atividades Esportivas mediante concessão de benefício fiscal às pessoas jurídicas, contribuintes do IPVA, que patrocinem, façam doações e investimentos em favor de atletas ou pessoas jurídicas. 2. O ato normativo atacado faculta a vinculação de receita de impostos, vedada pelo art. 167, inciso IV, da Constituição brasileira/1988. Irrelevante se a destinação ocorre antes ou depois da entrada da receita nos cofres públicos. 3. Ação direta de inconstitucionalidade julgada procedente para declarar a inconstitucionalidade da vinculação do IPVA, contida na Lei Complementar n. 26/1997 do Distrito Federal. [**STF, Tribunal Pleno, ADI 1.750-DF, rel. Min. Eros Grau, j. 20.9.2006, v.u.,** *DJU* **13.10.2006, p. 43**]

QUESTÕES

1. Que é "imposto"?
2. Qual é o princípio informador dos impostos? Explique.
3. Cite uma classificação jurídica dos impostos, informe o critério e dê exemplos.
4. Que são impostos reais e pessoais?
5. Que são impostos diretos e indiretos?

DISSERTAÇÃO

"Imposto. Conceito. Princípio Informador. Classificações Jurídicas e Não-Jurídicas".

TEMA PARA PESQUISA

"Restituição dos Impostos Indiretos".

TESTES

1. [**134º Exame de Ordem/SP, 2008, n. 87**] Os princípios constitucionais que informam a cobrança do IPI são:

a) ( ) A não-cumulatividade e a seletividade.
b) ( ) A não-cumulatividade e a progressividade.
c) ( ) A seletividade e a generalidade.
d) ( ) A progressividade e a generalidade.

2. [132º Exame de Ordem/SP, 2007, n. 89] Assinale a alternativa correta:
a) ( ) Em casos excepcionais, os Estados, mediante lei ordinária, poderão instituir tributos, desde que ainda não previstos na Constituição Federal.
b) ( ) Somente a União, mediante lei complementar, poderá instituir impostos não previstos na Constituição Federal, desde que sejam não-cumulativos e não tenham fato gerador ou base de cálculo próprios dos discriminados na Constituição Federal.
c) ( ) A União, mediante lei complementar, poderá determinar que parcela do ICMS (de competência constitucional dos Estados) seja recolhida a ela, para fazer frente a programas de erradicação da fome no país.
d) ( ) Os Municípios, mediante lei ordinária, poderão dispor que, do valor do ITR – imposto federal sobre a propriedade territorial rural – devido sobre imóveis rurais existentes nos respectivos Municípios, 80% sejam a eles recolhidos.

3. [131º Exame de Ordem/SP, 2007, n. 85] Sobre a competência tributária da União, assinale a alternativa correta:
a) ( ) Competem à União, em Território Federal, os impostos estaduais e, se o Território não for dividido em Municípios, cumulativamente, os impostos municipais.
b) ( ) Compete à União instituir impostos sobre importação de produtos estrangeiros; exportação, para o Exterior, de produtos nacionais ou nacionalizados; renda e proventos de qualquer natureza; produtos industrializados; e transmissão *causa mortis* e doação, de quaisquer bens ou direitos.
c) ( ) Compete primeiramente aos Estados e, subsidiariamente, à União instituir contribuições sociais, de intervenção no domínio econômico e de interesse das categorias profissionais ou econômicas, como instrumento de sua atuação nas respectivas áreas.
d) ( ) Compete à União instituir impostos sobre importação de produtos estrangeiros; exportação, para o Exterior, de produtos nacionais ou nacionalizados; renda e proventos de qualquer natureza; propriedade de veículos automotores; e serviços de qualquer natureza.

4. [131º Exame de Ordem/SP, 2007, n. 83] No que se refere aos empréstimos compulsórios, é correto afirmar que:

a) ( ) Em caso de relevância e urgência, o Presidente da República pode instituí-los mediante medidas provisórias.

b) ( ) A União, mediante lei complementar, poderá instituí-los (i) para atender a despesas extraordinárias, decorrentes de calamidade pública, de guerra externa ou sua iminência; ou (ii) no caso de investimento público de caráter urgente e de relevante interesse nacional.

c) ( ) A União, mediante lei ordinária, poderá instituí-los (i) para atender a despesas de guerra externa ou sua iminência; ou (ii) no caso de investimento público de caráter urgente e de relevante interesse nacional.

d) ( ) Em relação aos empréstimos compulsórios, no caso de investimento público de caráter urgente e de relevante interesse nacional é dispensada a observância do princípio da anterioridade, segundo o qual é vedado à União cobrar tributos no mesmo exercício financeiro em que haja sido publicada a lei que os instituiu ou aumentou.

5. [131º Exame de Ordem/SP, 2007, n. 82] O chamado princípio da capacidade contributiva, previsto na Constituição Federal, estabelece que:

a) ( ) Somente a pessoa capaz de direitos e deveres na ordem civil pode revestir-se da condição de contribuinte.

b) ( ) Os tributos só podem ser cobrados sobre fatos lícitos, pois os fatos ilícitos não revelam a capacidade contributiva do sujeito passivo da obrigação tributária.

c) ( ) Todos os brasileiros maiores de 18 anos devem apresentar Declaração de Imposto de Renda.

d) ( ) Sempre que possível, os impostos serão graduados segundo a capacidade econômica do contribuinte.

6. [130º Exame de Ordem/SP, 2006, n. 83] Assinale a alternativa incorreta acerca do IPI:

a) ( ) É um tributo seletivo, em função da essencialidade do produto.

b) ( ) Não incide sobre produtos industrializados destinados ao Exterior.

c) ( ) O aumento de sua alíquota somente pode ser cobrado a partir do exercício financeiro seguinte ao da publicação da lei prevendo tal aumento, em atenção ao princípio da anterioridade.

d) ( ) É um tributo não-cumulativo, compensando-se o que for devido em cada operação com o montante cobrado nas anteriores.

7. [130º Exame de Ordem/SP, 2006, n. 84] Compete aos Municípios instituir impostos sobre:

a) ( ) Propriedade predial e territorial urbana; transmissão *inter vivos*, a qualquer título, por ato oneroso, de bens imóveis, por natureza ou acessão física, e de direitos reais sobre imóveis, exceto os de garantia, bem como cessão de direitos à sua aquisição; serviços de qualquer natureza, não compreendidos na competência dos Estados e do Distrito Federal, definidos em lei complementar.

b) ( ) Operações de crédito, câmbio e seguro, ou relativas a títulos ou valores mobiliários; transmissão *causa mortis* e doação, de quaisquer bens ou direitos; serviços de qualquer natureza, não compreendidos na competência dos Estados e do Distrito Federal, definidos em lei complementar.

c) ( ) Propriedade predial e territorial urbana; transmissão *causa mortis* e doação, de quaisquer bens ou direitos; serviços de qualquer natureza, não compreendidos na competência dos Estados e do Distrito Federal, definidos em lei complementar.

d) ( ) Propriedade de veículos automotores; transmissão *inter vivos*, a qualquer título, por ato oneroso, de bens imóveis, por natureza ou acessão física, e de direitos reais sobre imóveis, exceto os de garantia, bem como cessão de direitos à sua aquisição; prestações de serviços de transporte interestadual e intermunicipal e de comunicação.

8. [128º Exame de Ordem/SP, 2005, n. 83] Nos termos da competência tributária estabelecida pela Constituição Federal, admite-se que a União possa:

a) ( ) Instituir isenções de tributos da competência dos Estados, do Distrito Federal ou dos Municípios.

b) ( ) Tributar a renda das obrigações da dívida pública dos Estados, do Distrito Federal e dos Municípios.

c) ( ) Instituir tributo não-uniforme em todo o território nacional, ainda que não se trate de incentivo regional.

d) ( ) Instituir, mediante lei complementar, outros tributos além daqueles expressamente mencionados pela CF, no art. 153, desde que estes tributos sejam não-cumulativos e não tenham fato gerador ou base de cálculo próprios dos discriminados na Constituição Federal.

9. [127º Exame de Ordem/SP, 2005, n. 86] Os empréstimos compulsórios, instituídos pela União para custeio dos investimentos públicos:

a) ( ) Estão submetidos ao princípio da anterioridade nonagesimal.

b) ( ) Deverão respeitar o princípio da anterioridade.

c) ( ) Deverão ser instituídos por lei ordinária, como ocorre com os demais tributos.

d) ( ) São uma forma de ingresso de recursos definitivos nos cofres públicos.

10. [127º Exame de Ordem/SP, 2005, n. 83] Assinale a alternativa correta:

a) ( ) Somente a União pode instituir, mediante lei ordinária, impostos extraordinários cujos fatos geradores e bases de cálculo sejam diversos daqueles já previstos na Constituição Federal.

b) ( ) Somente a União pode instituir, mediante lei ordinária, outras fontes destinadas a garantir a manutenção da seguridade social, desde que os respectivos fatos geradores e bases de cálculo sejam diversos daqueles já previstos na Constituição Federal.

c) ( ) Somente a União pode instituir, mediante lei complementar, impostos extraordinários cujos fatos geradores e bases de cálculo sejam diversos daqueles já previstos na Constituição Federal.

d) ( ) A União, os Estados, o Distrito Federal e os Municípios podem, concorrentemente, instituir, apenas mediante lei complementar, impostos extraordinários cujos fatos geradores e bases de cálculo sejam diversos daqueles já previstos na Constituição Federal.

11. [**125º Exame de Ordem/SP, 2005, n. 81**] Mediante lei ordinária, a União pode instituir:

a) ( ) Imposto sobre operações relativas à circulação de ouro, definido em lei como ativo financeiro ou instrumento cambial, na operação de origem, desde que sua alíquota não ultrapasse 1%.

b) ( ) Impostos extraordinários, compreendidos na competência tributária dos Estados ou dos Municípios, na iminência de guerra externa.

c) ( ) Empréstimos compulsórios para atender a despesas extraordinárias decorrentes de calamidade pública, de guerra externa ou sua iminência.

d) ( ) Imposto sobre doações de bens móveis, quando doador e donatário tiverem domicílio no Exterior.

12. [**123º Exame de Ordem/SP, 2004, n. 85**] O Imposto sobre Produtos Industrializados – IPI:

a) ( ) É não-cumulativo e progressivo.

b) ( ) É não-cumulativo e seletivo em função da essencialidade do produto.

c) ( ) É progressivo e informado pelos critérios da generalidade e universalidade.

d) ( ) É não-cumulativo e seletivo em função da procedência do produto.

13. [**123º Exame de Ordem/SP, 2004, n. 83**] Os empréstimos compulsórios:

a) ( ) São tributos instituídos pela União, pelos Estados, pelo Distrito Federal ou pelos Municípios, criados por lei complementar.

b) ( ) Podem ser criados por lei complementar com a finalidade de enxugamento da moeda em circulação na economia, desde que sejam restituídos no prazo de dois anos.

c) ( ) Instituem-se por lei complementar, observado o princípio da anterioridade.

d) ( ) Em casos de despesas extraordinárias, decorrentes de calamidade pública, podem ser cobrados no mesmo exercício financeiro em que haja sido publicada a lei que os houver instituído.

IMPOSTO

14. [121º Exame de Ordem/SP, 2003, n. 89] A restituição de tributo que comporte, por sua natureza, transferência do respectivo encargo financeiro será deferida:

a) ( ) Ao contribuinte de fato, sem exceção, desde que comprove o desembolso do tributo devido.

b) ( ) Ao contribuinte de direito, sem exceção.

c) ( ) Ao responsável pela obrigação tributária, indiscriminadamente.

d) ( ) A quem prove haver assumido o referido encargo, ou, no caso de tê-lo transferido a terceiro, estar autorizado a recebê-la.

15. [118º Exame de Ordem/SP, 2002, n. 64] Indique a asserção correta:

a) ( ) A enumeração dos impostos da União pela Constituição Federal é exaustiva, vedada a sua ampliação.

b) ( ) A Constituição Federal enumera os impostos de competência da União, que pode instituir, mediante lei complementar, outros além dos previstos, desde que respeitadas restrições constantes da Carta Maior quanto à natureza, ao fato gerador e à base de cálculo.

c) ( ) A Constituição Federal enumera os impostos de competência da União, que somente por emenda constitucional poderá instituir novos impostos, além dos já previstos, para compor a sua receita tributária.

d) ( ) A enumeração dos impostos da União pela Constituição Federal é exaustiva, podendo lei complementar ampliá-los somente se se tratar de impostos extraordinários na iminência ou no caso de guerra externa.

16. [118º Exame de Ordem/SP, 2002, n. 63] Marque a disjuntiva exata:

a) ( ) A União pode instituir isenções de tributos estaduais e municipais, desde que o faça para promover o equilíbrio socioeconômico das diferentes regiões do país.

b) ( ) Aos Estados, ao Distrito Federal e aos Municípios é permitido estabelecer diferença tributária entre bens e serviços, de qualquer natureza, em razão de sua procedência ou destino.

c) ( ) No regime de substituição tributária é assegurada a imediata e preferencial restituição da quantia paga a título de imposto ou contribuição caso, posteriormente, não se realize o fato gerador presumido.

d) ( ) A instituição, pela União, de tributo não-uniforme em todo o território nacional somente é permitida a título de incentivo fiscal.

10
TAXA[1]

10.1 *Diretrizes gerais*. 10.2 *Sujeitos ativo e passivo*. 10.3 *Base de cálculo*. 10.4 *Taxa de serviço*. 10.5 *Tarifa/preço público*. 10.6 *Pedágio*. 10.7 *Taxa de polícia*. [DOUTRINA – JURISPRUDÊNCIA – QUESTÕES – CONSULTAS – MEDIDAS JUDICIAIS – DISSERTAÇÃO – TEMAS PARA PESQUISA – TESTES]

10.1 Diretrizes gerais

Embora nossa primeira Constituição Republicana (1891) autorizasse a instituição de impostos e taxas, havia na doutrina certa dificuldade em distinguir essas duas espécies tributárias. A Constituição de 1946 consagrou, ademais, a contribuição de melhoria. E, de lá para cá, esses três tributos sempre foram mantidos.

A propósito, estabelece a CF de 1988:

[CF] **Art. 145.** A União, os Estados, o Distrito Federal e os Municípios poderão instituir os seguintes tributos: (...) II – taxas, em razão do exercício do poder de polícia ou pela utilização, efetiva ou potencial, de serviços públicos específicos e divisíveis, prestados ao contribuinte ou postos à sua disposição; (...).

Também nesse sentido já dispunha o CTN:

[CTN] **Art. 77.** As taxas cobradas pela União, pelos Estados, pelo Distrito Federal ou pelos Municípios, no âmbito de suas respectivas atribuições, têm como fato gerador o exercício regular do

---

1. Previsão legal: art. 145, II, da CF de 1988 e art. 77 do CTN.

poder de polícia, ou a utilização, efetiva ou potencial, de serviço público específico e divisível, prestado ao contribuinte ou posto à sua disposição.

Em suma, *taxa* é espécie de obrigação tributária que decorre de uma prestação estatal. Noutras palavras, taxa é um tipo de tributo que tem por hipótese de incidência uma atuação estatal consistente na prestação de serviço público ou na realização de atos de polícia.

A atividade pública distingue-se da atividade privada porque deve sujeitar-se ao regime jurídico de direito público, que supõe, por exemplo, obediência aos princípios da legalidade, da prevalência do interesse público sobre o particular e da indisponibilidade da coisa pública.

De igual modo, a atribuição de caráter público a determinada atividade é feita pelo legislador, em conformidade com a repartição constitucional da competência administrativa. Como corolário, pode-se afirmar que a atividade pública deve ser prestada por força de lei, e não mediante contraprestação em dinheiro (pagamento).

A despeito da gratuidade da atuação estatal, a Constituição de 1988 admite que apenas duas espécies de atividade pública possam ser remuneradas, desde que em absoluta conformidade com o regime jurídico constitucional tributário, quais sejam: *serviço público* e *atos de polícia*.

Desse modo, é imprescindível buscar no direito constitucional administrativo os precisos contornos jurídicos de *serviço público* e de *poder de polícia*, para que o princípio da reserva de competência tributária possa, nessa esteira, ser observado, uma vez que – enfatize-se – a competência para instituir taxas está estritamente vinculada à competência administrativa para o exercício do poder de polícia e para a prestação de serviços públicos.

A respeito, dispõe o CTN:

> **[CTN] Art. 80.** Para efeito de instituição e cobrança de taxas, consideram-se compreendidas no âmbito das atribuições da União, dos Estados, do Distrito Federal ou dos Municípios aquelas que, segundo a Constituição Federal, as Constituições dos Estados, as Leis Orgânicas do Distrito Federal e dos Municípios e a legislação com elas compatível, competem a cada uma dessas pessoas de direito público.

Noutro giro, conforme a competência constitucional administrativa[2] para realizar atos de polícia ou para prestar serviços públicos, tem-se, respectivamente, a competência tributária para a instituição de *taxas de polícia* federais, estaduais, distritais e municipais bem como *taxas de serviço* federais, estaduais, distritais e municipais.

Note-se que, por se tratar de espécie tributária, sua exigência submete-se ao regime jurídico constitucional tributário, ou seja, deve obediência, dentre outros, aos princípios gerais da legalidade, da irretroatividade, da anterioridade e, em especial, ao da retributividade, que consiste em mero desdobramento do princípio maior da igualdade.

Por igual razão, taxa supõe uma relação jurídica entre o Fisco e o contribuinte, cujo objeto é uma prestação pecuniária. Nesse passo, cumpre, então, observar que, sendo inadimplente o contribuinte, ainda assim deverá ser realizada, no mundo fenomênico, a atividade pública que consta na sua respectiva hipótese de incidência. Afinal, como se infere do regime jurídico de direito administrativo, a atuação estatal deve ser cumprida por força de lei, e não mediante contraprestação pecuniária (preço).

Por via de conseqüência, vale lembrar que o serviço público e o exercício do poder de polícia hão de ser sempre realizados por força de lei, ainda que não se verifique o pagamento das respectivas taxas pelo contribuinte, pois a cobrança de qualquer dívida tributária, vencida e não paga, somente pode ser regularmente efetivada mediante o ajuizamento de execução fiscal.

10.2 Sujeitos ativo e passivo

Infere-se do art. 145, II, da CF de 191988 que todas as pessoas políticas de direito público podem instituir taxas em conformidade com sua competência administrativa para prestar o serviço ou realizar atos de polícia. Logo, o sujeito ativo da taxa é o próprio ente tributante, ou terceira pessoa, se houver parafiscalidade.

---

2. A propósito, v. art. 21, § 1º do art. 25, art. 30 e § 1º do art. 32, todos da CF de 1988. Observe-se que a competência administrativa residual pertence aos Estados-membros e ao Distrito Federal, de modo que, por via de conseqüência, também lhes pertence a competência tributária residual para a instituição de taxas.

De igual modo, depreende-se que o contribuinte há de ser o usuário do serviço público, específico e divisível, ou a pessoa sujeita ao exercício do poder de polícia. É dizer, o sujeito passivo da taxa é a pessoa a quem se dirige a atuação estatal.

10.3 Base de cálculo

A base de cálculo deve ser hábil a mensurar o fato tributável que se encontra descrito na respectiva hipótese de incidência da norma tributária. Diante disso, conforme se trate de tributo vinculado ou de tributo não-vinculado a uma atuação estatal, suas bases de cálculo jamais serão as mesmas.

Com efeito, a base de cálculo do imposto (tributo não-vinculado) há de mensurar o fato-signo-presuntivo de riqueza a que se refere sua hipótese de incidência, enquanto a base de cálculo da taxa deve considerar os gastos necessários ao oferecimento da atuação estatal descrita em sua respectiva hipótese de incidência.

Se houver taxa e imposto com idêntica base de cálculo, pode-se concluir que, a rigor, se tem um mesmo tributo sendo exigido duplamente – e, assim, em total desrespeito ao regime jurídico constitucional tributário. A propósito, veja-se como nossa Constituição foi efusiva no que concerne à base de cálculo das taxas:

[CF] Art. 145. (...).

(...).

§ 2º. As taxas não poderão ter base de cálculo própria de impostos.

É o que também já explicitava o CTN:

[CTN] Art. 77. (...).

Parágrafo único. A taxa não pode ter base de cálculo ou fato gerador idênticos aos que correspondam a imposto nem ser calculada em função do capital das empresas. *[V. Ato Complementar 34, de 30.1.1967]*

O princípio informador da taxa, portanto, é o da retributividade (art. 145, § 2º, da CF de 1988), ou seja, o montante a ser exigido a título de taxa deve ser equivalente ao custo das despesas necessárias ao desempenho da respectiva atuação estatal. O serviço público e o ato de polícia são indisponíveis, isto é, "coisas fora do comércio"; logo, em si, não têm preço. Em suma, quando se institui taxa, sua base de cálculo deve ser um critério hábil a mensurar tão-somente os gastos necessários à consecução do serviço público ou ato de polícia descrito na hipótese de incidência.

Desse modo, a base de cálculo constitucionalmente possível das taxas em nenhuma hipótese poderá coincidir com a dos impostos, que são tributos não-vinculados a uma atuação estatal (art. 145, § 2º, da CF de 1988). Afinal, como vimos de ver, taxa com base de cálculo própria de imposto representa, na verdade, um imposto disfarçado de taxa, que, em tese, configura *bis in idem* ou bitributação inconstitucionais.

10.4 Taxa de serviço

No Brasil somente podem ser instituídos dois tipos de taxas: *taxas de serviço* e *taxas de polícia* (art. 145, II, da CF de 1988).

A *taxa de serviço* é um tipo de tributo que tem por "fato gerador" a utilização efetiva ou potencial de serviço público específico e divisível, prestado ao contribuinte ou posto à sua disposição.

O conceito de "serviço público" compreende dois aspectos:

Material – utilidade ou comodidade fruível pelos administrados e oferecida pelo Estado ou por quem lhe faça as vezes (exemplos: água, gás, telefone, transporte coletivo etc.).

Formal – sujeita-se ao regime jurídico-administrativo, ou seja, o que torna público um serviço é a circunstância de ser legalmente submetido ao regime jurídico de direito público.

Em conformidade com o regime jurídico tributário brasileiro, os serviços públicos, para serem custeados por taxas, devem ser específicos, divisíveis, efetivamente prestados ao contribuinte ou postos à sua disposição.

Dispõe o art. 79 do CTN:

> **[CTN] Art. 79.** Os serviços públicos a que se refere o art. 77 consideram-se: I – utilizados pelo contribuinte: a) efetivamente, quando por ele usufruídos a qualquer título; b) potencialmente, quando, sendo de utilização compulsória, sejam postos à sua disposição mediante atividade administrativa em efetivo funcionamento; II – espe-

cíficos, quando possam ser destacados em unidades autônomas de intervenção, de utilidades ou de necessidades; III – divisíveis, quando suscetíveis de utilização, separadamente, por parte de cada um dos seus usuários.

Específicos (singulares ou *uti singuli*) – suscetíveis de serem destacados em unidades autônomas. Exemplos: serviço de fornecimento domiciliar de água potável, de energia elétrica, de gás, de transporte público etc.

Serviços gerais (universais ou *uti universi*) – alcançam toda a comunidade, ou, melhor, todos se beneficiam indistintamente; devem, por tal razão, ser custeados pelas receitas gerais do Estado, tais como as provenientes da arrecadação de impostos. Exemplos: serviços de segurança pública, de iluminação pública etc.

Divisíveis – suscetíveis de utilização, separadamente, por parte de cada um de seus usuários; cada utente deverá pagar na medida da utilização; a divisibilidade permite que seja repartido o custo total da manutenção do serviço por todos os usuários. Exemplos: serviço de expedição de cartas (serviço de Correio), serviço de conservação de estradas etc.

Efetivamente prestados – em regra, a taxa de serviço só poderá ser exigida após a efetiva prestação do serviço público ao contribuinte.

Postos à disposição – exige-se a chamada "taxa de disponibilidade" pela utilização potencial do serviço público; ou seja, basta que o serviço exista e que esteja à disposição do contribuinte. Nesses casos, o Código Tributário Nacional explicita que essa utilização potencial refere-se aos serviços de utilização compulsória, os quais supõem uma atividade administrativa em efetivo funcionamento para atender ao contribuinte. Exemplo: serviço de fornecimento domiciliar de água potável.

Em alguns casos recomenda-se a gratuidade na prestação de determinados serviços públicos, ainda que específicos e divisíveis, tais como o de vacinação.

10.5 Tarifa/preço público

Discute-se, na doutrina, se a prestação de serviço público específico e divisível, sob o regime de concessão ou permissão, no termos do art. 175 da CF, pode ensejar taxa (espécie tributária) ou tarifa (preço público). Veja-se:

[CF] Art. 175. Incumbe ao Poder Público, na forma da lei, diretamente ou sob regime de concessão ou permissão, sempre através de licitação, a prestação de serviços públicos.

Parágrafo único. A lei disporá sobre: I – o regime das empresas concessionárias e permissionárias de serviços públicos, o caráter especial de seu contrato e de sua prorrogação, bem como as condições de caducidade, fiscalização e rescisão da concessão ou permissão; II – os direitos dos usuários; III – política tarifária; IV – a obrigação de manter serviço adequado.

Vimos que, como tributo, a taxa supõe uma relação jurídica entre o Fisco e o contribuinte que tem por objeto uma prestação pecuniária. Nesse passo, cumpre observar que, sendo inadimplente o contribuinte, ainda assim deverá ser realizada, no mundo fenomênico, a atividade pública que consta na hipótese de incidência da taxa. Afinal, como se infere do regime jurídico de direito administrativo, a atuação estatal deve ser cumprida por força de lei, e não mediante contraprestação pecuniária.

Assim, na hipótese de não-pagamento da taxa pelo contribuinte, impõe-se a execução fiscal para sua cobrança, e não o encerramento da prestação de serviço ou a abstenção de atos de polícia.

Preço, noutro extremo, é instituto de direito privado, informado pelo princípio da autonomia da vontade. Ora, sob esse prisma, se a Administração não tem disponibilidade dos bens e serviços públicos, não poderá, em hipótese alguma, remunerar-se por meio de preços. Por igual razão, também não poderá ressarcir-se mediante o pagamento de preço público (tarifa) – figura híbrida que está simultaneamente sujeita ao regime constitucional de direito público e de direito privado –, afinal, o Direito não comporta "minotauros jurídicos";[3] afinal, ou se está diante do regime constitucional de direito público ou, ao revés, sob o regime constitucional de direito privado.

Nada obstante, pela prestação de serviços públicos tem-se admitido a exigência dessa figura *sui generis*, isto é, que não constitui taxa (tributo) nem preço (instituto de direito privado). É dizer, exige-se do usuário de serviços públicos o pagamento de tarifas (preço público).

---

3. A propósito, está eloqüente expressão já fora consagrada por Roque Antonio Carrazza em diversas passagens acadêmicas.

Ambas – taxa e tarifa – têm como pressuposto comum a realização de serviço público. A diferença exsurge apenas quanto ao regime jurídico a que estão submetidas. Noutro giro, a exigência de tarifas *não* está subordinada à observância do regime jurídico constitucional tributário, acima referido, por não ser tributo.

Como corolário disso, na hipótese de não-pagamento da tarifa pelo usuário de serviço público, sem prejuízo de eventual cobrança judicial, admite-se também o encerramento da prestação do serviço, a pretexto de ser esta a autêntica interpretação que se faz do Código de Defesa do Consumidor, que admite a exceção do contrato não cumprido.

Em breve síntese, segundo o entendimento jurisprudencial dominante, apenas os serviços públicos de utilização compulsória podem ensejar taxas de serviço. Já os serviços prestados mediante concessão sujeitam-se à cobrança de preço público (tarifa), que, por não revelar sua natureza tributária, exime-se da necessidade de observar rigorosamente o regime jurídico constitucional tributário, onde repousam os direitos de virtuais contribuintes.

Argumenta-se, a favor da constitucionalidade das tarifas, sua habilidade para salvaguardar o equilíbrio econômico-financeiro das concessionárias de serviços públicos.

Desse segundo entendimento cremos poder concluir que, em tese, quando se tratar de serviços relacionados com exploração de atividades econômicas regidas pelas normas aplicáveis a empreendimentos privados, ou em que haja contraprestação ou pagamento de preços ou tarifas pelo usuário, poder-se-ia exigir, além de tarifas, também o imposto sobre o serviço (ISS ou ICMS, conforme o caso), já que a própria Constituição os excepciona, em tais casos, da imunidade recíproca (art. 150, VI, e §§ 2º e 3º, da CF de 1988).

10.6 Pedágio

Estabelece a Lei Maior:

> **[CF] Art. 150.** Sem prejuízo de outras garantias asseguradas ao contribuinte, é vedado à União, aos Estados, ao Distrito Federal e aos Municípios: (...) V – estabelecer limitações ao tráfego de pessoas ou bens, por meio de tributos interestaduais ou intermunicipais, ressalva-

do a cobrança de pedágio pela utilização de vias conservadas pelo Poder Público; (...).

Conforme a hipótese de incidência constitucionalmente possível do tributo em comento, a ser considerada, têm-se as respectivas conclusões. Vejamos:

(a) Se a hipótese consistir na prestação de serviço de conservação da rodovia, o pedágio devido pelo usuário será uma taxa de serviço.

(b) Se a hipótese consistir na mera utilização de rodovia, o pedágio corresponderá a uma taxa de uso de bem público.

10.7 Taxa de polícia

É um tipo de tributo que tem por "fato gerador" o exercício do poder de polícia diretamente referido às pessoas que o provocam ou o exigem em razão de sua atividade.

O *poder de polícia* consiste em restrições legais – e também por atos infralegais, desde que com respaldo em lei – ao exercício do direito de propriedade e de liberdade das pessoas, em prol do interesse público.

O art. 78 do CTN conceitua "poder de polícia":

[CTN] **Art. 78.** Considera-se poder de polícia a atividade da Administração Pública que, limitando ou disciplinando direito, interesse ou liberdade, regula a prática de ato ou abstenção de fato, em razão de interesse público concernente à segurança, à higiene, à ordem, aos costumes, à disciplina da produção e do mercado, ao exercício de atividades econômicas dependentes de concessão ou autorização do Poder Público, à tranqüilidade pública ou ao respeito à propriedade e aos direitos individuais ou coletivos.

Os *atos de polícia* consubstanciam-se num agir concreto e específico da Administração, dando eficácia à lei que disciplina o exercício dos direitos à propriedade e à liberdade das pessoas, visando ao interesse público, seja ao autorizar, licenciar, permitir etc., seja ao negar, indeferir, não conceder, não autorizar seu exercício, sempre nos termos da lei.

A taxa de polícia pode ser exigida em razão do exercício do poder de polícia, ou seja, somente pode ser cobrada após a efetiva realização do ato de polícia, que, afinal, é fato gerador da referida obrigação tributária.

Exemplos:

Taxas de polícia federais – de inspeção e fiscalização de bebidas alcoólicas; taxa de conservação de rodovias federais.

Taxas de polícia estaduais – para porte de arma (expedida pela Secretaria de Segurança do Estado de São Paulo); taxa de vistoria em anúncios e painéis luminosos em rodovias estaduais.

Taxas de polícia municipais – de licença para edificar; para demolir (alvará de demolição); de licença para propaganda; de conservação das ruas; de localização e funcionamento (a "Zona Azul" é taxa de polícia, porque há serviço de fiscalização de estacionamento); etc.

Doutrina

Como restou bem observado por Geraldo Ataliba,[4] a competência tributária para instituir taxas corresponde à competência administrativa para realizar a atuação estatal passível de tributação:

> *61.12* Não há necessidade de a Constituição discriminar competências para exigência de taxas (como há, pelo contrário, no que respeita a impostos), porque a h.i. da taxa é sempre uma atuação estatal (atividade de polícia, prestação de serviço público). A pessoa pública competente para desempenhar a atuação, e só ela, é competente para legislar sobre sua atividade e colocar essa atuação no núcleo da h.i. de taxa sua.
>
> (...).
>
> *62.5* Sujeito passivo da taxa será, pois, a pessoa que requer, provoca ou, de qualquer modo, utiliza o serviço público específico e divisível, ou o tem à sua disposição (nos casos de taxa de serviço), ou cuja atividade requer fiscalização e controle públicos (taxas "de polícia").
>
> *62.6* A taxa pela disponibilidade do serviço só é exigível quando o serviço é, por lei administrativa válida (conforme a Constituição), obrigatório. É o caso, por exemplo, do abastecimento de água, coleta de esgoto, vacinação, identificação, enterramento de mortos, interna-

---

4. Geraldo Ataliba, *Hipótese de Incidência Tributária*, 6ª ed., 9ª tir., São Paulo, Malheiros Editores, 2008, pp. 155-157.

ção de loucos ou portadores de doenças contagiosas, remoção de lixo, demolição de edifícios perigosos, destruição de aparelhos e instrumentos danosos ao meio ambiente, apreensão de objetos instrumentais de delitos etc. Em casos semelhantes, se a lei administrativa, com base na Constituição, tornar o serviço obrigatório, sua simples disponibilidade pode tornar a respectiva taxa obrigatória.

(...).

62.9 Com base na lei, a Administração Pública licencia, permite, autoriza, fiscaliza e controla as atividades privadas. Os custos desse controle e fiscalização são remunerados pelos interessados cujas atividades o exigem mediante taxas, chamadas "de polícia" (...).

Sobre o caráter contraprestacional dos tributos discorre Bernardo Ribeiro de Moraes:[5]

A contraprestação é, também, um dos elementos característicos (não privativo) da taxa. Em todo tributo existe sempre, genericamente, uma contraprestação. É inconcebível a existência de prestação do Poder Público que não tenha uma contrapartida. A taxa como qualquer outro tributo (imposto ou contribuição de melhoria) possui uma relação de troca entre o Estado e o contribuinte. Quem paga contribuição ao Poder Público, o faz em troca de algo (necessidades coletivas indivisíveis, utilização de serviço público específico e divisível, uso regular do poder de polícia ou valorização imobiliária). A taxa é paga porque o contribuinte recebe, do Poder Público, uma atividade especial (serviço público específico e divisível ou uso regular do poder de polícia).

Sobre *pedágio*, sustenta Misabel Derzi[6] sua natureza de preço público:

Questão polêmica à luz da Constituição de 1988 se apresenta com a possibilidade da concessão dos serviços de reparação ou conservação de vias públicas a empresas privadas.

De um lado encontram-se aqueles que, em face da concessão, descaracterizam a natureza da taxa-pedágio para preço público; de

---

5. Bernardo Ribeiro de Moraes, *A Taxa no Sistema Tributário Brasileiro*, São Paulo, Ed. RT, 1968, p. 56.
6. Misabel Derzi, "Notas de Atualização" ao *Direito Tributário Brasileiro*, de Aliomar Baleeiro, 11ª ed., Rio de Janeiro, Forense, 2000, pp. 112-113.

outro aqueles que, ao contrário, nessas circunstâncias, confirmam a natureza tributária do rodágio cobrado, com as conseqüências daí decorrentes. Mas a Constituição brasileira, a par de afirmar que os serviços públicos serão custeados por meio de tributos, denominados taxas, admite ainda, expressamente, a prestação de serviços mediante concessão ou permissão e cobrança de preços públicos (art. 175).

Quanto à *distinção entre taxa e tarifa* (preço público), Hugo de Brito Machado[7] aponta o critério que leva em consideração a existência de compulsoriedade, ou não, na prestação do serviço:

O que caracteriza a remuneração de um serviço público como taxa ou como preço público é a compulsoriedade, para a taxa, e a facultatividade, para o preço, conforme já decidiu o STF. Importante, porém, é a compreensão adequada, que se há de ter, do que sejam essa compulsoriedade e essa facultatividade.

A título de exemplo, imaginemos a necessidade que se tem de energia elétrica. Se o ordenamento jurídico nos permite atender a essa necessidade com a instalação de um grupo gerador em nossa residência, ou estabelecimento industrial ou comercial, então a remuneração que o Estado nos cobra pelo fornecimento de energia é um preço público, pois não somos juridicamente obrigados a utilizar o serviço público para a satisfação de nossa necessidade. Embora nos seja mais conveniente a utilização do serviço público, do ponto de vista econômico ou por outra razão qualquer, do ponto de vista rigorosamente jurídico nada nos impede de por outro meio atender à necessidade de energia elétrica. A remuneração que pagamos pelo serviço de fornecimento de energia elétrica, portanto, não é compulsória. Por outro lado, se há norma jurídica proibindo a instalação de grupo gerador ou unidade de captação de energia solar em residências ou estabelecimentos comerciais ou industriais, de sorte que o atendimento da necessidade de energia elétrica por qualquer outro meio que não seja o serviço público torna-se impossível *sem violação da ordem jurídica*, tem-se que a utilização do serviço, e por isto mesmo o pagamento da remuneração correspondente, é compulsória. Neste caso, essa remuneração correspondente é taxa.

---

7. Hugo de Brito Machado, *Curso de Direito Tributário*, 29ª ed., São Paulo, Malheiros Editores, 2008, p. 432.

Entendimento diverso era sustentado por Geraldo Ataliba,[8] que, dentre outras premissas, considerava que os preceitos da Constituição Federal não se subsomem em simples sugestões:

> *64.1.4* Na verdade, essa interpretação não é correta. Ou a Constituição é norma e, pois, preceito obrigatório, ou não é nada; não existe; não tem eficácia. O que não pode o jurista é atribuir-lhe a singela função de lembrete ou recomendação. A Constituição, lei máxima, sagrada e superior, ordena, manda, determina, impõe. A tarefa do intérprete é, exatamente, desvendar o que a norma está impondo em cada caso.
>
> Aqui, a única liberdade que a Constituição dá ao legislador é para decidir se a prestação de dado serviço público divisível e específico (isto é: que possa ter prestação individual e, pois, fruição singular pelos utentes) será remunerada ou não. Com efeito, pode o legislador decidir que os serviços (vacinação, identificação ou profilaxia etc.) sejam prestados sem remuneração. Se, entretanto, resolver que haverá remuneração, não pode senão optar pela taxa. A sua prestação só pode ser retribuída mediante taxa.
>
> (...).
>
> *64.1.6* Entende-se por regime tributário o conjunto de princípios e normas constitucionais que regulam o exercício da tributação (...).
>
> *64.1.7* Não pode, por isso, o legislador deixá-lo de lado, para estabelecer regime de preços, típico do direito privado, informado pela autonomia da vontade, de que decorrem a liberdade de contratar e a liberdade contratual, inconviventes com o regime administrativo estritamente informador de toda atividade pública, seja de polícia, seja de prestação de serviços públicos. Preço só cabe quando há disponibilidade da coisa. Ora, a Administração não tem nenhuma disponibilidade sobre as coisas públicas.

Por fim, salienta Roque Antonio Carrazza[9] os reflexos jurídicos da distinção entre *taxa* e *tarifa*:

> Na prática, pelo respaldo que um setor expressivo da doutrina lhes dá, as pessoas políticas têm-se remunerado, pelos serviços públicos

---

8. Geraldo Ataliba, *Hipótese de Incidência Tributária*, 6ª ed., 9ª tir., pp. 160-161.
9. Roque Carrazza, *Curso de Direito Constitucional Tributário*, 24ª ed., São Paulo, Malheiros Editores, 2008, p. 536, nota de rodapé 65.

que prestam ou pelos atos de polícia que realizam, por meio de "tarifas" ("preços"). Uma parte significativa das receitas públicas advém das "tarifas" que o Poder Público manipula, com total liberdade, sem se preocupar com os direitos dos contribuintes. De fato, aí estão as tarifas de correio, de telefone, de água, de luz, de transporte, todas aumentadas por decretos (quando não por portarias), sem maiores insurgências, seja da parte dos contribuintes, seja da doutrina em geral, que, em síntese, sustenta que "tarifa não é tributo e, portanto, não precisa obedecer ao regime jurídico tributário". Com isto, as entidades tributantes atropelam impunemente os princípios da legalidade, igualdade, anterioridade etc. (...).

Luiz Alberto Pereira Filho,[10] de seu turno, admite a existência de tarifa, desde que restrita às partes contratantes – no caso, o Poder Público concedente e a concessionária:

> A tarifa (espécie de preço), que é objeto de estipulação contratual, não pode ser cobrada, pela concessionária, diretamente do usuário, já que o contrato que a estabelece tem a virtude de obrigar somente as partes contratantes. Somente se houver a previsão desta tarifa, em instrumento legal, será lícito à concessionária exigi-la do administrado, mesmo porque aí já não mais será tarifa, mas, sim, taxa. Isso porque a tarifa é o cerne de uma obrigação jurídica explicitada, exclusivamente, em instrumento normativo de índole contratual – no caso, o contrato administrativo de concessão –, não sendo permitida a sua previsão em um veículo legal.

Esse mesmo autor,[11] ao comentar as lições de Antônio Carlos Cintra do Amaral, assim se posiciona:

> (...) quando a concessionária de energia elétrica contrata a execução de uma obra necessária à prestação do serviço concedido, paga *preço* à construtora, mas quando cobra do usuário do serviço público de transporte a ela concedido, recebe *taxa*. No outro exemplo, quando a concessionária cobra do usuário do serviço público de transporte ferroviário de passageiros uma remuneração pelo serviço prestado, recebe *taxa* (o valor da passagem), porém quando exige, desse mesmo

---

10. Luiz Alberto Pereira Filho, *As Taxas no Sistema Tributário Brasileiro*, Curitiba, Juruá Editora, 2002, p. 137.
11. Idem, pp. 145-146.

usuário, uma remuneração pela guarda, na estação rodoviária, de sua bagagem, recebe *preço*. Onde está versado *tarifa*, portanto, deve-se entender que se trata de *taxa*.

JURISPRUDÊNCIA

Acerca da desnecessidade de lei para aumentar tarifas, veja-se a seguinte Súmula do STF:

> **Súmula 148.** É legítimo o aumento de tarifas portuárias por ato do Ministro da Viação e Obras Públicas.

Sobre taxa de renovação de licença, reiterou-se o seguinte entendimento:

> Agravo regimental – Matéria sumulada – Óbice ao seguimento de recurso especial – Súmula n. 157 do STJ – Escritório de Advocacia – Renovação de licença – Taxa indevida. É ilegítima a cobrança de taxa, pelo Município, na renovação anual de licença para funcionamento de estabelecimento comercial ou industrial, inclusive escritórios de Advocacia. **[STJ, 2ª Turma, Ag/AgR 205.118-SP, rel. Min. Hélio Mosimann, j. 5.3.1999, v.u., *DJU* 5.4.1999, p. 121]**

Ainda, quanto à discussão sobre a constitucionalidade da exigência de taxa para a renovação de licença, assim sumulou o STJ:

> **[STJ] Súmula 157**: É ilegítima a cobrança de taxa, pelo Município, na renovação de licença para localização de estabelecimento comercial ou industrial.
>
> Taxa – Localização – Fato gerador – Súmula n. 157 do STJ. Não se comprovou o exercício do poder de polícia nos anos subseqüentes ao da instalação. É ilegítima a cobrança de renovação da taxa. Este entendimento foi cristalizado na Súmula n. 157 – Recurso provido. **[STJ, 1ª Turma, REsp 160.856 (reg. 97/0093209-5), rel. Min. Garcia Vieira, j. 10.3.1998, v.u., *DJU* 4.5.1998, p. 113]**

Posteriormente esse entendimento deixou de prevalecer, tendo, inclusive, sido cancelada a referida Súmula:

> Tributário – Taxa de fiscalização, localização e funcionamento – Violação ao art. 535 do CPC não configurada. Legitimidade da cobrança – Precedentes. O julgador não é obrigado a abordar todos os temas invocados pelas partes, para decidir a questão controvertida, se ape-

nas um deles é suficiente ou prejudicial dos demais. Consoante orientação traçada pelo egrégio STF, a cobrança da taxa em referência pelo Município prescinde da comprovação fiscalizadora, face à notoriedade do exercício do poder de polícia pelo aparato da Municipalidade. Com base nesse entendimento, a egrégia 1ª Seção de Direito Público cancelou a Súmula n. 157 deste Tribunal, reconhecendo a legitimidade da cobrança da referida exação – Recurso especial conhecido, porém improvido. [**STJ, 2ª Turma, REsp 519.899-SP, rel. Min. Francisco Peçanha Martins, j. 2.2.2006, v.u., *DJU* 28.3.2006, p. 203**]

Também nesse sentido, destacou-se a desnecessidade do efetivo exercício do poder de polícia para a exigência de taxa de fiscalização de anúncio:

Tributário – Taxa de fiscalização de anúncio – Legitimidade da cobrança – Art. 77 do CTN. 1. O STF já proclamou a constitucionalidade de taxas, anualmente renováveis, pelo exercício do poder de polícia, e se a base de cálculo não agredir o Código Tributário Nacional. 2. Afastada a incidência do enunciado da Súmula n. 157/STJ. 3. Desnecessária a prova da efetiva fiscalização, sendo suficiente sua potencial existência. 4. Recurso especial provido. [**STJ, 1ª Seção, REsp 678.267-RN, rela. Min. Eliana Calmon, j. 9.11.2005, v.u., *DJU* 28.11.2005, p. 179**]

Deveras, segundo entendimento do STJ, é despiciendo o efetivo exercício do poder de polícia para a exigência da respectiva taxa:

Processual civil – Administrativo e tributário – Taxa de fiscalização de vigilância sanitária – Súmula n. 7/STJ – Matéria constitucional – Súmula n. 283/STF – Recurso especial não conhecido. I – O presente recurso foi interposto sustentando duas irresignações: a primeira alega a ilegalidade da cobrança da taxa de fiscalização de vigilância sanitária, aduzindo o recorrente que o referido tributo não estaria diretamente ligado à fiscalização de saúde, tendo sim caráter de imposto, desvinculado de materialidade; a segunda está dirigida ao valor da taxa em apreciação, entendendo o recorrente ser o valor exacerbado. II – Quanto à primeira irresignação, observa-se que o Tribunal *a quo*, ao entender pela legalidade da cobrança da taxa, registrou a potencial necessidade da atuação estatal em face da natureza das operações da recorrente. Para negar tal convicção e entender que o aludido tributo não trata de atuação estatal, mas sim de tributo desvinculado com teor arrecadatório, faz-se necessário o reexame do conjunto probatório, o que não é suscetível no âmbito do recurso especial. Por outro lado, ainda sobre a legalidade da taxa, o Tribunal *a quo* utilizou também como baldrame o fundamento de que o art. 23 da Lei n. 9.782/1999 previa a instituição da taxa de fiscalização de vigilância sanitária para as atividades da recorrente. Tal afirmação não foi contestada pela recorrente, o que revela a incidência da Súmula n. 283 do STF. III – Por outro lado, a jurisprudência desta Corte Superior, bem assim a do STF, está orientada no sentido de que não se faz impositiva, para a cobrança da taxa em razão do poder de polícia, a prova da efetiva fiscalização, sendo suficiente sua potencial existência. Sobre o assunto, confiram-se: REsp n. 698.559-MG, rela. Min. Eliana Calmon, *DJU* 10.10.2005, AgR no Ag n. 519.988-MG, rel. Min. Francisco Peçanha Martins, *DJU* 21.3.2005, e RE n. 216.207-MG, rel. Min. Ilmar Galvão, *DJU* 25.6.1999. IV – Em relação à segunda irresignação, ou seja, sobre a exorbitância do valor da taxa em comento, verifica-se que tanto a irresignação da recorrente quanto a resposta dirigida pelo Tribunal a tal súplica foram construídas com base na interpretação de princípios e dispositivos constitucionais, *ipso facto*, tem-se inviabilizado o exame dessa parcela recursal. V – Recurso não conhecido. **[STJ, 1ª Turma, REsp 721.184-DF, rel. Min. Francisco Falcão, j. 4.4.2006, v.u., *DJU* 4.5.2006, p. 139]**

Aliás, ainda que sequer exista órgão para realizar o exercício do poder de polícia, será devida a taxa de fiscalização, localização e funcionamento:

Tributário – Taxa de fiscalização, localização e funcionamento – Município de São Paulo – Escritório de Advocacia – Legitimidade da referida taxa – Precedentes do STF e STJ. É pacífico nesta Corte Superior de Justiça o entendimento segundo o qual é legítima a cobrança da taxa de fiscalização, localização e funcionamento aos escritórios de Advocacia, em razão do exercício do poder de polícia do Município, cumpridas as exigências dos arts. 77 e 78 do CTN (precedentes: REsp n. 480.324-MG, rel. para o acórdão este Magistrado, j. 2.10.2003; AGA n. 316.696-MG, rel. Min. Castro Meira, *DJU* 12.8.2003; Ag n. 421.076-MG, rel. Min. João Otávio de Noronha, *DJU* 11.9.2003; REsp n. 218.516-SP, rela. para o acórdão Min. Eliana Calmon, *DJU* 19.5.2003; REsp n. 271.265-SP, rel. Min. Peçanha Martins, *DJU* 10.3.2003, entre outros). "O STF tem sistematicamente reconhecido a legitimidade da exigência, anualmente renovável, pelas Municipalidades, da taxa em referência, pelo exercício do poder de polícia, não podendo o contribuinte furtar-se à sua incidência sob alegação de que o ente público não exerce a fiscalização devida, não dispondo sequer de órgão incumbido desse mister" (RE n. 198.904-RS, rel. Min. Ilmar Galvão, *DJU* 27.9.1996) – Recurso especial provido. **[STJ, 2ª Turma, REsp 648.000-SP, rel. Min. Franciulli Netto, j. 21.9.2004, v.u., *DJU* 21.2.2005, p. 156]**

De igual modo, veja-se o seguinte acórdão do STJ no que tange ao *critério de apuração* da taxa pelo serviço que se encontra à disposição do usuário:

> Tarifa – Água – Cobrança – Consumo mínimo presumido – Legalidade. É lícita a cobrança de água em valor correspondente a um consumo mínimo presumido de 20m^3 mensais, e não de acordo com o registrado no hidrômetro – Embargos rejeitados. **[STJ, 1ª Turma, REsp 95.920, rel. Min. Garcia Vieira, j. 6.8.1998, v.u., *DJU* 14.9.1998, p. 9]**

Ainda sobre o aspecto quantitativo da taxas, a Suprema Corte já decidiu pela inconstitucionalidade de taxa instituída com a mesma base de cálculo de imposto:

> Recurso extraordinário – Tributário – Taxa de licenciamento de importação – Art. 10 da Lei n. 2.145/1953, com a redação dada pelo art. 1º da Lei n. 7.690/1988 – Inconstitucionalidade – Tributo cuja base de cálculo coincide com a que corresponde ao imposto de importação – Inconstitucionalidade das normas em face do art. 145, § 2º, da CF de 1988 – Precedente do Plenário da Corte – Recurso extraordinário conhecido e provido. **[STF, RE 141.619-0, rel. Min. Maurício Corrêa, j. 2.9.1997, v.u., *DJU* 17.4.1998, p. 16]**

Nesse sentido, bem explicita o TJMG:

> Taxas municipais de fiscalização – Base de cálculo idêntica à do IPTU – Inadmissibilidade. É inadmissível a exigência das taxas de fiscalização de localização e funcionamento e de fiscalização sanitária, reguladas por lei municipal, se calculadas em razão da área do estabelecimento a ser tributado, coincidindo com a base de cálculo específica do IPTU, o que contraria, frontalmente, o art. 145, § 2º, da CF. Ademais, a fixação das mesmas fere, também, princípios essenciais de direito tributário, por não guardar qualquer relacionamento com a atividade desenvolvida pelo Fisco, mas com bens do contribuinte, o que legalmente é fundamento e base para impostos. Em sendo a taxa um

tributo vinculado, cuja hipótese de incidência é uma atuação estatal direta e imediatamente referida ao obrigado, há de ter como base imponível a distingui-la dos demais atributos o valor do serviço estatal prestado, pois se a tem tirada da grandeza própria da pessoa ou coisa tributada deixará de ser taxa, passando a constituir imposto, indevida e legalmente. [**TJMG, 2ª Câmara Cível, AC 86.779-2, Belo Horizonte, rel. Des. Sérgio Lellis Santiago, v.u., *DJMG* 16.10.1992**]

Sobre o critério que permite a distinção entre taxa e tarifa, o STJ optou pelo da compulsoriedade, ou não, na prestação do serviço:

Tributário – Serviço de fornecimento de água – Taxa – Natureza tributária. 1. O serviço de fornecimento de água e esgoto é cobrado do usuário pela entidade fornecedora como sendo taxa, quando tem compulsoriedade. 2. Trata-se, no caso em exame, de serviço público concedido, de natureza compulsória, visando a atender a necessidades coletivas ou públicas. 3. Não tem amparo jurídico a tese de que a diferença entre taxa e preço público decorre da natureza da relação estabelecida entre o consumidor ou usuário e a entidade prestadora ou fornecedora do bem ou do serviço, pelo quê, se a entidade que presta o serviço é de direito público, o valor cobrado caracterizar-se-ia como taxa, por ser a relação entre ambos de direito público; ao contrário, sendo o prestador do serviço público pessoa jurídica de direito privado, o valor cobrado é preço público/tarifa. 4. Prevalência no ordenamento jurídico das conclusões do X Simpósio Nacional de Direito Tributário, no sentido de que "a natureza jurídica da remuneração decorre da essência da atividade realizadora, não sendo afetada pela existência da concessão. O concessionário recebe remuneração da mesma natureza daquela que o poder concedente receberia, se prestasse diretamente o serviço" (*RF*, julho-setembro, ano 1987, 299/40). 5. O art. 11 da Lei n. 2.312, de 3.9.1994 (Código Nacional de Saúde), determina: "É obrigatória a ligação de toda construção considerada habitável à rede de canalização de esgoto, cujo afluente terá destino fixado pela autoridade competente". 6. No Município de Santo André/SP as Leis municipais ns. 1.174, de 29.11.1956, e 2.742, de 21.3.1966, obrigam que todos os prédios se liguem à rede coletora de esgotos, dispondo, ainda, que os prédios situados em locais servidos de rede de distribuição de água devem a ela ser ligados, obrigatoriamente (memorial apresentado pela recorrente). 7. Obrigatoriedade do serviço de água e esgoto – Atividade pública (serviço) essencial posta à disposição da coletividade para o seu bem-estar e proteção à saúde, no Município de Santo André/SP. 8. "A remuneração dos serviços de água e esgoto normalmente é feita por taxa, em face da obrigatoriedade da ligação domiciliar à rede pública" (Hely Lopes Meirelles, in *Direito Municipal Brasileiro*, 3ª ed., Ed. RT, 1977, p. 492). 9. "Se a ordem jurídica obriga a utilização de terminado serviço, não permitindo o atendimento da respectiva necessidade por outro meio, então, é justo que a remuneração correspondente, cobrada pelo Poder Público, sofra as limitações próprias de tributo" (Hugo de Brito Machado, in "Regime tributário da venda de água", *Revista Jurídica da Procuradoria-Geral da Fazenda Estadual/Minas Gerais* 5/11). 10. Adoção da tese, na situação específica examinada, de que a contribuição pelo fornecimento de água é taxa – Aplicação da prescrição tributária, em face da ocorrência de mais de cinco anos do início da data em que o referido tributo podia ser exigido. 11. Recurso especial provido. **[STJ, 1ª Turma, REsp 167.489-SP (reg. 98/0018591-7), rel. Min. José Delgado, j. 2.6.1998, v.u., *DJU* 24.8.1998, p. 24]**

Ainda sobre taxa e tarifas:

Preço público – Taxa de armazenagem portuária – Alíquota – Fixação – Meio. A taxa de armazenagem portuária não passa de preço público, sendo legítima a fixação de alíquota através de portaria. **[STJ, 1ª Turma, REsp 156.962-SP, rel. Min. Garcia Vieira, j. 19.2.1998, v.u., *DJU* 20.4.1998, p. 42]**

Taxa – Estadia e pesagem de veículo – Terminal alfandegário. É taxa e não preço público a exação correspondente ao uso compulsório de pátio que dá acesso a terminal alfandegário. **[STJ, 1ª Turma, REsp 221.488-RS, rel. Min. Garcia Vieira, j. 16.9.1999, v.u., *DJU* 25.10.1999, p. 65]**

Relegando o critério da compulsoriedade a um segundo plano, decidiu-se pelo cabimento de preço público por não estar este condicionado a prévia previsão orçamentária:

Tributário – Transporte coletivo – EMTU/SP – Cobrança pelos serviços de gerenciamento – Poder de polícia – Preço de serviços públicos e taxas (diferenças) – CTN, arts. 3º e 4º, I e II – Lei estadual n. 1.492/1977. 1. A obrigatoriedade de retribuição pelo serviço prestado, no caso, é indireta, porque contratualmente existe direta submissão ao gerenciamento do transporte coletivo legalmente entregue à empresa pública criada para essa finalidade, constituída por fundamento de ordem social que transcende o próprio pagamento exigido.

2. A obrigação, pela sua natureza, emanada do poder de polícia, com fundamento na ordem social, por isso, divorciando-se do pagamento em si mesmo. Em tais casos, o elemento "obrigatoriedade" não é suficiente para transformar dita retribuição em taxa. 3. Preços de serviços públicos e taxas não se confundem, porque estas, diferentemente daquelas, têm a sua cobrança condicionada a prévia autorização orçamentária, em relação à lei que as instituiu, e constituem receita da União, Estado ou Município. No caso, a retribuição constitui receita da própria EMTU/SP. 4. Precedentes da jurisprudência. 5. Recurso improvido. [STJ, 1ª Turma, REsp 37.656-SP, rel. Min. Milton Luiz Pereira, j. 22.3.1995, v.u., *DJU* 17.4.1995, p. 9.561]

A contrario sensu, pode-se inferir da decisão abaixo transcrita que ao preço público não se aplica a vedação de que trata o 2º do art. 145 da Lei Maior:

Tributário – Lei n. 2.145/1953, art. 10, modificado pela Lei n. 7.690/1988 – Taxa sobre o valor de Guias de Importação – Violação ao art. 77 do CTN. 1. Está assentado na jurisprudência desta Corte (1ª e 2ª Turmas) que a incidência da taxa exigida pelo art. 10 da Lei n. 2.145/1953, conforme redação que lhe deu a Lei n. 7.690/1988, fere o art. 77 do CTN. 2. A referida exação, conforme é exigida, tem natureza tributária. Os elementos que a constituem não a elevam ao conceito de preço público, por incidir sobre serviço público remunerado, sem possibilidade de acordo entre partes sobre o seu valor. 3. Sendo taxa, por seu pagamento se apresentar como obrigatório e instituído de modo unilateral, não pode recair sobre base de cálculo própria de imposto – no caso, o de importação. 4. Recurso provido. [STJ, 1ª Turma, REsp 83.718-MG, rel. Min. José Delgado, j. 14.3.1996, v.u., *DJU* 15.4.1996, p. 11.502]

Nada obstante, já houve decisão no sentido de que é devida a exigência de taxa pelos serviços de transporte prestados pela EMTU:

Administrativo – Mandado de segurança – Permissionárias de transporte coletivo de passageiros – Insurgência contra cobrança instituída pela Resolução n. SHDU-42, do Sr. Secretário de Habitação e Desenvolvimento Urbano do Estado de São Paulo – Taxa – Preço público – Tarifa – Diferenciação – Poder de polícia – Contrato administrativo – Observância do princípio da equação econômico-financeira – Alegação de tratar-se de retribuição pecuniária aos serviços prestados pela EMTU, os quais possuem natureza contratual e configuram preço público ou tarifa – Improcedência da alegação – Natureza tributária da malsinada cobrança, que, para sua legalidade, somente poderia ser instituída por lei – Recurso provido. **[STJ, 2ª Turma, RMS 582-SP, rel. Min. Américo Luz, j. 20.10.1991, v.u., *DJU* 11.11.1991, p. 16.138]**

O STJ também já decidiu pela inconstitucionalidade de taxa pela prestação de serviços gerais:

Taxa – Iluminação pública, coleta de lixo e limpeza – Divisibilidade e especificidade. Nos serviços públicos referentes à conservação e limpeza de vias públicas encontram-se presentes os requisitos de especificidade e da divisibilidade, previstos no CTN – arts. 77 e 79 –, o que não ocorre com o serviço de iluminação pública, que tem caráter genérico e não divisível, sendo prestado à coletividade como um todo. **[STJ, 1ª Turma, REsp 87.591-RJ, rel. Min. José de Jesus Filho, v.u., *DJU* 17.3.1997, p. 7.434]**

Taxa – Iluminação pública – Divisibilidade e especificidade – Ausência – Ilegalidade. À luz dos princípios legais estatuídos nos arts. 77 e 79 do CTN, os serviços de iluminação pública não têm o caráter de divisibilidade e especificidade, sendo ilegal a cobrança da respectiva taxa. **[STJ, 1ª Turma, REsp 83.129-RJ, rel. Min. Demócrito Reinaldo, v.u., *DJU* 19.8.1996, p. 28.439]**

Tributário – Taxa de limpeza urbana – Lei n. 6.989/1966, na redação dada pela Lei n. 11.152/1991, do Município de São Paulo. A taxa de limpeza urbana, no modo como disciplinada no Município de São Paulo, remunera, – além dos serviços de "remoção de lixo domiciliar", outros que não aproveitam especificamente ao contribuinte ("varrição, lavagem e capinação"; "desentupimento de bueiros e bocas-de-lobo"); ademais, a respectiva base de cálculo não está vinculada à atuação estatal, valorizando fatos incapazes de mensurar-lhe o custo (localização, utilização e metragem do imóvel) – tudo com afronta aos arts. 77, *caput*, e 79, inciso II, do CTN – Embargos de divergência rejeitados. **[STJ, 1ª Seção, EREsp 125.181-SP, j. 25.11.1998, v.u., *DJU* 14.12.1998, p. 86]**

Doutro lado, o STF decidiu pela constitucionalidade da taxa de incêndio:

Tributário – Recurso ordinário em mandado de segurança – Taxa de incêndio – Lei estadual n. 14.938/2003 – Constitucionalidade. 1. É legítima a taxa de incêndio instituída pela Lei estadual n. 6.763/1975, com redação dada pela Lei n. 14.938/2003, uma vez que preenche os requisitos da divisibilidade, da especificidade e a sua base de cálculo não guarda semelhança com a base de cálculo de nenhum imposto. 2. Recurso ordinário improvido. [**STF, 2ª Turma, RMS 21.280-MG, rel. Min. João Otávio de Noronha, j. 22.8.2006, v.u., *DJU* 21.9.2006, p. 247**]

O STJ também decidiu pelo não-cabimento de taxa sobre a utilização de espaço aéreo:

> Administrativo e tributário – Art. 77 do CTN – Matéria constitucional – Art. 145, § 2º, da CF – Mandado de segurança – Utilização de espaço aéreo por concessionária de serviço público de energia elétrica – Passagem de cabos – "Retribuição pecuniária" – Ilegitimidade. 1. O art. 77 do CTN reproduz dispositivo da Constituição Federal, implicando sua interpretação a apreciação de questão constitucional, inviável em recurso especial. 2. Ante a dicção legal de que é vedada a cobrança de valores quando da utilização, pelas concessionárias de serviço público de energia elétrica, dos bens de domínio público, sendo as calçadas e ruas de uso do povo – comum –, a cobrança da "retribuição" pelo uso merece ser afastada. 3. A nominada "remuneração pecuniária" não se encaixa no conceito de taxa ou preço, pois não há serviço prestado pelo Município ou exercício de poder de polícia. Também, ao "ceder" o espaço aéreo e o solo para a instalação de postes e passagens de cabos transmissores de energia elétrica não desenvolve atividade empresarial, seja de natureza comercial ou industrial – Precedentes: RMS n. 12.081-SE, rela. Min. Eliana Calmon, *DJU* 10.9.2001, e RMS n. 12.258-SE, rel. Min. José Delgado, *DJU* 5.8.2002. 4. Recurso especial conhecido em parte e provido. [**STJ, 2ª Turma, REsp 694.684-RS, rel. Min. Castro Meira, j. 12.2.2006, v.u., *DJU* 13.3.2006, p. 267**]

Sob o mesmo fundamento, é indevida a taxa de ocupação do solo:

> Tributário e administrativo – Taxa de ocupação do solo – Pagamento por empresa exploradora da comercialização de energia elétrica – Utilização de área situada no solo ou subsolo abrangidos por logradouros públicos – Mandado de segurança – Entendimento do Tribunal *a quo* – Fato gerador da cobrança de natureza administrativa – Denegação da segurança – Recurso ordinário – Natureza tributária da exação instituída como taxa – Ilegitimidade – Provimento do recurso. I – A União, os Estados e o Distrito Federal e os Municípios

poderão instituir "taxas, em razão do exercício do poder de polícia ou pela utilização, efetiva ou potencial, de serviços públicos específicos e divisíveis, prestados ao contribuinte ou postos à sua disposição" (arts. 145, II, da CF e 77 do CTN). II – É ilegítima a cobrança de taxa instituída em lei municipal para incidir na ocupação do solo pelas empresas dedicadas à comercialização de energia elétrica se não restaram observados os pressupostos constitucionais e legais para configuração do fato gerador desta espécie de tributo – Precedente jurisprudencial. III – Recurso ordinário provido. [STJ, 1ª Turma, RMS 11.910-SE, rel. Min. Garcia Vieira, j. 7.5.2002, v.u., *DJU* 3.6.2002, p. 142]

Outrossim, não é devida taxa de licença para publicidade e pela exploração de atividade em logradouros públicos, uma vez que a utilização de bem público não é tributável:

> Administrativo e tributário – Taxa de licença para publicidade e pela exploração de atividade em logradouros públicos. 1. A intitulada "taxa" cobrada pela colocação de postes de iluminação em vias públicas não pode ser considerada como de natureza tributária, porque não há serviço algum do Município, nem o exercício do poder de polícia. 2. Só se justificaria a cobrança como preço se se tratasse de remuneração por um serviço público de natureza comercial ou industrial, o que não ocorre na espécie. 3. Não sendo taxa ou preço, temos a cobrança pela utilização das vias públicas, utilização, esta, que se reverte em favor da coletividade. 4. Recurso ordinário provido, segurança concedida. [STJ, 2ª Turma, RMS 12.081-SE, rela. Min. Eliana Calmon, j. 15.5.2001, v.u., *DJU* 10.9.2001, p. 366]

O STJ posicionou-se no sentido de que não há ilegalidade na taxa exigida pelo IBAMA com fulcro na Lei 10.165/2000, que reproduziu o disposto na Lei 9.960/2000, cuja exigibilidade fora suspensa pela Suprema Corte:

> Tributário e processual civil – Recurso especial – TCFA/taxa de controle e fiscalização ambiental – Leis ns. 10.165/2000, art. 1º, e 6.938/1981 – Cobrança pelo IBAMA – Possibilidade – Exercício regular do poder de polícia – Adequada fundamentação do acórdão recorrido – Inocorrência de violação ao art. 535 do CPC – Competência do STF para exame de ofensa a dispositivos constitucionais. 1. Trata-se de recurso especial interposto por empresas (postos) revendedoras de combustível, objetivando "declarar a inexistência de

relação jurídica tributária que obrigue os apelantes ao recolhimento da TCFA e ao seu cadastramento junto ao IBAMA, devolvendo-se as quantias depositadas judicialmente pelos apelantes a esse título (...)". O apelo, em síntese, alega que o acórdão impugnado violou dispositivos legais e constitucionais, vez que a norma que autoriza a cobrança da taxa em referência (Lei n. 10.165, de 27.10.2000), ao conferir nova redação ao art. 17-B da Lei n. 6.938, de 31.8.1981, reproduziu a taxa de fiscalização ambiental, criada pela Lei n. 9.960/2000, cuja exigibilidade foi suspensa pelo STF (ADI n. 2.178-8-DF). 2. Não se verifica o apontado óbice legal, vez que a Lei n. 10.165/2000, ao conferir nova redação à Lei n. 6.938/1981, autorizou de modo expresso, direto e induvidoso o *munus* público exercitado pelo IBAMA: "Art. 17-B. Fica instituída a taxa de controle e fiscalização ambiental – TCFA, cujo fato gerador é o exercício regular do poder de polícia conferido ao Instituto Brasileiro do Meio Ambiente e dos Recursos Naturais Renováveis – IBAMA para controle e fiscalização das atividades potencialmente poluidoras e utilizadoras de recursos naturais" (Lei n. 10.165/2000, art. 1º) 3. Adequadamente fundamentado o acórdão e enfrentadas as questão indispensáveis à solução da lide, não se reconhece violação dos arts. 458, II, e 535 do CPC. 4. A via processual do recurso especial não autoriza a alegação de ofensa a dispositivos constitucionais, cujo julgamento compete ao STF. 5. Recurso especial conhecido em parte, e nessa desprovido. [STJ, 1ª Turma, REsp 695.368-RJ, rel. Min. José Delgado, j. 3.3.2005, v.u., *DJU* 11.4.2005, p. 203]

Sobre a natureza tributária das custas e emolumentos judiciais, citem-se os seguintes julgados, para ilustrar:

Constitucional – Tributário – Custas e emolumentos – Natureza jurídica – Taxa – Destinação de parte do produto de sua arrecadação a entidade de classe: Caixa de Assistência dos Advogados – Inconstitucionalidade – Lei n. 5.672/1992, do Estado da Paraíba. I – As custas, a taxa judiciária e os emolumentos constituem espécie tributária, são taxas, segundo a jurisprudência iterativa do STF – Precedentes do STF. II – A Constituição, art. 167, IV, não se refere a tributos, mas a impostos – Sua inaplicabilidade às taxas. III – Impossibilidade da destinação do produto da arrecadação, ou de parte deste, a instituições privadas, entidades de classe e à Caixa de Assistência dos Advogados. Permiti-lo importaria ofensa ao princípio da igualdade – Precedentes do STF. IV – Ação direta de inconstitucionalidade julgada procedente.

[STF, Tribunal Pleno, ADI 1.145-PB, rel. Min. Carlos Velloso, j. 3.10.2002, v.u., *DJU* 8.11.2002, p. 20]

Direito constitucional e tributário – Custas e emolumentos – Serventias judiciais e extrajudiciais – Ação direta de inconstitucionalidade – Resolução n. 7/1995 do TJPR – Ato normativo – Medida cautelar. 1. A ação direta de inconstitucionalidade, como proposta, pode ser examinada, ainda que impugnando apenas a última resolução do TJ-PR, que é a de n. 7/1995, pois o ataque se faz em face da Constituição Federal de 1988. 2. A resolução regula as custas e emolumentos nas serventias judiciais e extrajudiciais, que são tributos, mais precisamente taxas, e que só podem ser regulados por lei formal, excetuada, apenas, a correção monetária dos valores, que não é o de que aqui se trata. 3. A relevância jurídica dos fundamentos da ação (plausibilidade jurídica) (*fumus boni iuris*) está evidenciada, sobretudo diante dos precedentes do STF, que só admitem lei a respeito da matéria, não outra espécie de ato normativo. 4. Presente, também, o requisito do *periculum in mora*, pois, durante o curso do processo, os que têm de pagar custas e emolumentos, nas serventias judiciais e extrajudiciais do Paraná, terão de fazê-lo no montante fixado na resolução impugnada, quando só estariam sujeitos ao previsto em lei. 5. Medida cautelar deferida, para suspensão, *ex nunc*, da eficácia da resolução impugnada, até o julgamento final da ação. 6. Plenário. Decisão unânime. **[STF, Tribunal Pleno, ADI/MC 1.444-PR, rel. Min. Sydney Sanches, j. 26.12.1997, v.u.]**

Questões

1. Que é "taxa"?

2. Quais são os tipos de taxas admitidos pelo ordenamento jurídico brasileiro? Explique.

3. Que são "tarifas" ou "preços públicos"?

4. Quem tem competência residual para instituir taxas? Justifique.

5. Qual é a base de cálculo constitucionalmente possível das taxas? E seu princípio informador? Justifique.

Consultas

1. [132º Exame de Ordem/SP, 2007, n. 3] Determinada unidade da Federação decide enviar à Assembléia Legislativa projeto de lei para a criação de uma taxa de segurança das praças públicas. Após votação apertada na referida Casa Legislativa, ocorre a aprovação e criação da mencionada exação tributária. Como advogado de alguns contribuintes, quais os argumentos contrários à cobrança da aludida taxa? Fundamente.

2. [122º Exame de Ordem/SP, 2003, n. 4] O Município de Rio das Piranhas instituiu taxa de coleta de lixo, exigida dos proprietários de terrenos naquele Município, cobrada pelo valor de R$ 150,00 ao ano, independentemente de os terrenos serem edificados ou não. Os terrenos são servidos por caminhões de lixo, regularmente. Proprietário de um terreno de pequenas proporções procura-o, inconformado, alegando: (i) que não é justo que seu lote, de pequenas proporções, pague tanto quanto os terrenos de grande valor venal e (ii) que ele sequer utiliza o serviço, já que o terreno foi adquirido recentemente e ainda não se iniciou sua edificação. Comente os argumentos do proprietário.

MEDIDAS JUDICIAIS

1. [133º Exame de Ordem/SP, 2007, n. 1] Sua cliente, empresa "A", sediada no Estado de São Paulo, procura-o, pois foi surpreendida com a notícia de que o *Diário Oficial do Estado* publicou texto de lei que instituiu uma taxa cujo fato gerador consiste na prestação de serviços públicos de segurança pública em todo o território do referido Estado. A mencionada taxa será cobrada em valores fixos das pessoas físicas e jurídicas domiciliadas no respectivo Estado. A taxa será devida anualmente. Há casos previstos em lei de isenção para pessoas físicas com idade superior a 65 anos. A empresa "A" pretende antecipar-se à referida cobrança e contrata-o para tomar as medidas judiciais cabíveis. **QUESTÃO:** Como advogado contratado da empresa, ingresse com a medida judicial tendente a evitar a cobrança futura da referida taxa.

2. [129º Exame de Ordem/SP, 2006, n. 1] O Município em que está estabelecida a empresa "X" editou lei instituindo taxa de limpeza pública para o custeio do serviço público municipal de limpeza de logradouros públicos. Sua base de cálculo é o faturamento das empresas estabelecidas no Município e sua alíquota é de 0,5%. Referida taxa passará a ser exigida no dia 1º de janeiro do próximo ano. **QUESTÃO:** Na qualidade de advogado da empresa "X", tome as medidas judiciais cabíveis para questionar a exigência dessa taxa.

DISSERTAÇÃO

"Taxas. Conceito. Classificações. Taxas de Disponibilidade. Princípio Informador. Base de Cálculo".

Temas para Pesquisa
 1. "Taxa e Tarifa".
 2. "Taxa e o Destino do Produto da Arrecadação".

Testes
 1. [133º Exame de Ordem/SP, 2007, n. 81] Com o objetivo de viabilizar financeiramente a conservação de estradas de rodagem, foi editada lei municipal instituindo taxa de conservação a ser cobrada dos proprietários de imóveis sediados na zona rural, tendo como base de cálculo o número de hectares de propriedade do contribuinte. A aludida taxa:
 a) ( ) É constitucional, por representar valorização da propriedade do contribuinte.
 b) ( ) É inconstitucional, dentre outras razões, por determinar base de cálculo típica de imposto.
 c) ( ) É constitucional, uma vez que se refere a uma atuação estatal específica, relativa ao contribuinte.
 d) ( ) É inconstitucional, dentre outras razões, por determinar base de cálculo típica de contribuição de melhoria.

 2. [131º Exame de Ordem/SP, 2007, n. 88] Sobre os tributos previstos no Código Tributário Nacional, assinale a alternativa correta:
 a) ( ) Imposto é o tributo cuja obrigação tem por fato gerador uma situação que depende de uma atividade estatal específica relativa ao contribuinte.
 b) ( ) As taxas têm como fato gerador o exercício regular do poder de polícia ou a utilização, efetiva ou potencial, de serviço público específico e divisível, e somente podem ser cobradas pela União.
 c) ( ) Em razão do princípio da legalidade, é vedado ao Poder Executivo alterar as alíquotas ou as bases de cálculo do imposto sobre a importação.
 d) ( ) As taxas não podem ter base de cálculo ou fato gerador idênticos aos que correspondam a imposto.

 3. [129º Exame de Ordem/SP, 2006, n. 90] Das taxas relacionadas, não se enquadra nas disposições do art. 78 do Código Tributário Nacional – CTN:
 a) ( ) Taxa de controle e fiscalização de produtos químicos.
 b) ( ) Taxa judiciária.
 c) ( ) Taxa de fiscalização de anúncios publicitários.
 d) ( ) Taxa de licença de funcionamento.

4. [124º e 125º Exames de Ordem/SP, 2004, n. 83, e 2005, n. 83] As taxas:
a) ( ) São tributos compreendidos na competência residual.
b) ( ) Não poderão ter base de cálculo própria de impostos.
c) ( ) São cobradas em decorrência da valorização do imóvel em razão de obras públicas.
d) ( ) São tributos cobrados dos presidiários, em razão da atuação da polícia.

5. [123º Exame de Ordem/SP, 2004, n. 81] As taxas:
a) ( ) Somente são espécie de receita originária do Estado como remuneração dos serviços prestados ao Estado.
b) ( ) Somente são cobradas em razão do exercício de poder de polícia efetivo ou posto à disposição da comunidade.
c) ( ) Somente podem ser instituídas pela União, os Estados, o Distrito Federal e os Municípios, em razão do exercício do poder de polícia ou pela utilização, efetiva ou potencial, de serviços públicos específicos e divisíveis, prestados ao contribuinte ou postos à sua disposição.
d) ( ) Terão caráter pessoal e serão graduadas segundo a capacidade econômica do contribuinte.

6. [119º Exame de Ordem/SP, 2003, n. 81] A competência para a instituição de taxas é comum à União, aos Estados, ao Distrito Federal e aos Municípios, não podendo estes, entretanto:
a) ( ) Cobrá-las uns aos outros.
b) ( ) Lançá-las contra pessoas jurídicas.
c) ( ) Cobrá-las com base de cálculo idêntica à que corresponda aos impostos.
d) ( ) Cobrá-las em função dos fatores constantes das letras "a" e "c".

11
CONTRIBUIÇÃO DE MELHORIA[1]

11.1 Conceito. 11.2 Ente tributante. 11.3 Sujeito passivo. 11.4 Princípio informador. 11.5 Base de cálculo. 11.6 Requisitos legais. [DOUTRINA – JURISPRUDÊNCIA – QUESTÕES – CONSULTAS – DISSERTAÇÃO – TEMA PARA PESQUISA – TESTES]

11.1 Conceito

A Constituição Federal de 1988 atribui competência às pessoas políticas de direito público para instituir a modalidade de tributo denominada contribuição de melhoria decorrente de obra pública (art. 145, II). Cuida-se, portanto, de espécie de tributo, e por tal razão se submete ao regime jurídico tributário.

A contribuição de melhoria é um tipo de tributo que, assim como as taxas, também tem como *fato gerador* uma atuação estatal. Por isso, enquadra-se na categoria dos tributos vinculados, distinguindo-se dos impostos, que são tributos não-vinculados a uma atuação pública.

Infere-se de uma interpretação sistemática que sua hipótese de incidência consiste na realização de obra pública que valorize o imóvel adjacente. A realização da obra pública, por si só, não é passível de tributação, seja pela mesma razão que os serviços gerais e indivisíveis não são tributados, seja porque, se exigível dos proprietários de imóveis, independentemente de eventual valorização, seria um adicional de imposto sobre a propriedade exigível por quaisquer dos entes tributantes que tenha realizado a obra.

---

1. Previsão legal: art. 145, III, da CF/1988 e arts. 81 e 82 do CTN.

Com efeito, *taxa* e *contribuição de melhoria* não se confundem, pois decorrem de atuações estatais diversas. Afinal, a única atuação estatal que pode ensejar contribuição de melhoria é a realização de obra pública. Ademais, doutrina e jurisprudência caminham no mesmo sentido: é imprescindível a valorização do imóvel do contribuinte causada pela obra pública.

A sobrevalorização do imóvel do contribuinte advinda de nova obra pública configura novo fato imponível, a ensejar nova contribuição de melhoria.

Cuidando-se de espécie tributária que se submete ao regime constitucional tributário, devem ser observados, dentre outros, os princípios da legalidade e da anterioridade para sua instituição.

11.2 Ente tributante

Tem competência tributária para instituir contribuição de melhoria a pessoa que, de igual modo, tenha competência administrativa para realizar a obra pública passível de ensejar a valorização de imóveis adjacentes. Assim, pode-se falar em contribuição de melhoria *federal*, *estadual*, *distrital* ou *municipal*.

11.3 Sujeito passivo

É o proprietário de um imóvel que tenha sido valorizado em decorrência da realização de obra pública.

Distingue-se do contribuinte do IPTU, que há de ser, em tese, todo e qualquer proprietário de imóvel urbano num determinado dia do ano, nos termos da lei municipal instituidora dessa exação.

11.4 Princípio informador

O princípio informador da contribuição de melhoria é o da proporcionalidade ao especial benefício recebido.

Deveras, se a obra realizada é pública, conclui-se que todos serão, de um modo geral, por ela favorecidos. Contudo, não se pode negar que alguns poderão ter um benefício a mais (especial), consistente na eventual valorização de seu imóvel, de acordo com a proximidade de sua localização junto à referida obra, razão pela qual será chamado a contribuir na condição de contribuinte dessa espécie tributária o proprietário desse imóvel assim valorizado.

11.5 Base de cálculo

Predomina na doutrina o entendimento de que a base de cálculo da contribuição de melhoria é o *quantum* de valorização[2] experimentada pelo imóvel em decorrência – e só em decorrência – da obra pública realizada em suas imediações, ainda que o total arrecadado supere o custo da obra. No entanto, dispõe o art. 81 do CTN:

> **[CTN] Art. 81.** A contribuição de melhoria cobrada pela União, pelos Estados, pelo Distrito Federal ou pelos Municípios, no âmbito de suas respectivas atribuições, é instituída para fazer face ao custo de obras públicas de que decorra valorização imobiliária, tendo como limite total a despesa realizada e como limite individual o acréscimo de valor que da obra resultar para cada imóvel beneficiado.

Entende-se por "obra pública" qualquer construção, edificação, reparação ou ampliação de um imóvel pertencente ou incorporado ao domínio público.

11.6 Requisitos legais

O Código Tributário Nacional – Lei 5.172, de 25.10.1966 – elenca uma série de requisitos para serem observados pelo ente tributante que tencione instituir a contribuição de melhoria. Transcreva-se:

> **[CTN] Art. 82.** A lei relativa à contribuição de melhoria observará os seguintes requisitos mínimos: I – publicação prévia dos seguintes elementos: a) memorial descritivo do projeto; b) orçamento do custo da obra; c) determinação da parcela do custo da obra a ser financiada pela contribuição; d) delimitação da zona beneficiada; e) determinação do fator de absorção do benefício da valorização para toda a zona ou para cada uma das áreas diferenciadas, nela contidas;

---

2. Cálculos atuariais: apuram a valorização do imóvel (ciência das finanças).

II – fixação de prazo não inferior a 30 (trinta) dias para impugnação, pelos interessados, de qualquer dos elementos referidos no inciso anterior; III – regulamentação do processo administrativo de instrução e julgamento da impugnação a que se refere o inciso anterior, sem prejuízo da sua apreciação judicial.

§ 1º. A contribuição relativa a cada imóvel será determinada pelo rateio da parcela do custo da obra a que se refere a alínea "c" do inciso I, pelos imóveis situados na zona beneficiada em função dos respectivos fatores individuais de valorização.

§ 2º. Por ocasião do respectivo lançamento, cada contribuinte deverá ser notificado do montante da contribuição, da forma e dos prazos de seu pagamento e dos elementos que integram o respectivo cálculo.

Observe-se, todavia, que, posteriormente, o Decreto-lei 195, de 24.2.1967, também disciplinou esse assunto:

[DL 195/1967] Art. 1º. A contribuição de melhoria, prevista na Constituição Federal, tem como fato gerador o acréscimo do valor do imóvel localizado nas áreas beneficiadas direta ou indiretamente por obras públicas.

Art. 2º. Será devida a contribuição de melhoria no caso de valorização de imóveis de propriedade privada, em virtude de qualquer das seguintes obras públicas: I – abertura, alargamento, pavimentação, iluminação, arborização, esgotos pluviais e outros melhoramentos de praças e vias públicas; II – construção e ampliação de parques, campos de desportos, pontes, túneis e viadutos; III – construção ou ampliação de sistemas de trânsito rápido, inclusive todas as obras e edificações necessárias ao funcionamento do sistema; IV – serviços e obras de abastecimento de água potável, esgotos, instalações de redes elétricas, telefônicas, transportes e comunicações em geral ou de suprimento de gás, funiculares, ascensores e instalações de comodidade pública; V – proteção contra secas, inundações, erosão, ressacas, e de saneamento de drenagem em geral, diques, cais, desobstrução de barras, portos e canais, retificação e regularização de cursos d'água e irrigação; VI – construção de estradas de ferro e construção, pavimentação e melhoramento de estradas de rodagem; VII – construção de aeródromos e aeroportos e seus acessos; VIII – aterros e realizações de embelezamento em geral, inclusive desapropriações em desenvolvimento de plano de aspecto paisagístico.

Art. 3º. A contribuição de melhoria, a ser exigida pela União, Estado, Distrito Federal e Municípios para fazer face ao custo das obras públicas, será cobrada pela unidade administrativa que a realizar, adotando-se como critério o benefício resultante da obra, calculado através de índices cadastrais das respectivas zonas de influência, a serem fixados em regulamentação deste Decreto-lei.

§ 1º. A apuração, dependendo da natureza das obras, far-se-á levando em conta a situação do imóvel na zona de influência, sua testada, área, finalidade de exploração econômica e outros elementos a serem considerados, isolada ou conjuntamente.

§ 2º. A determinação da contribuição de melhoria far-se-á rateando, proporcionalmente, o custo parcial ou total das obras entre todos os imóveis incluídos nas respectivas zonas de influência.

§ 3º. A contribuição de melhoria será cobrada dos proprietário de imóveis do domínio privado situados nas áreas direta e indiretamente beneficiadas pela obra.

§ 4º. Reputam-se feitas pela União as obras executadas pelos Territórios.

DOUTRINA

Aliomar Baleeiro[3] sustenta a necessidade de valorização do imóvel adjacente à obra pública realizada, para que se possa exigir contribuição de melhoria:

A contribuição de melhoria oferece matiz próprio e específico: ela não é a contraprestação de um serviço público incorpóreo, mas a *recuperação do enriquecimento ganho por um proprietário em virtude de obra pública concreta no local da situação do prédio*. Daí a justificação do tributo pelo princípio do enriquecimento sem causa, peculiar ao direito privado. Se o Poder Público, embora agindo no interesse da coletividade, emprega vultosos fundos desta em obras restritas a certo local, melhorando-o tanto que se observa elevação do valor dos imóveis aí situados, com exclusão de outras causas decorrentes da diligência do proprietário, impõe-se que este, por elementar princípio de justiça e de moralidade, restitua parte do benefício originado do dinheiro alheio.

---

3. Aliomar Baleeiro, *Direito Tributário Brasileiro*, 11ª ed., Rio de Janeiro, Forense, 2000, p. 570.

Sobre a *distinção entre serviço público e obra pública*, esclarece Celso Antônio Bandeira de Mello:[4]

> **9.** Obra pública é a construção, reparação, edificação ou ampliação de um bem imóvel pertencente ou incorporado ao domínio público. Obra pública não é serviço público. De fato, serviço público e obra pública distinguem-se com grande nitidez, como se vê da seguinte comparação: (a) a obra é, em si mesma, um produto estático; o serviço é uma atividade, algo dinâmico; (b) a obra é uma coisa: o produto cristalizado de uma operação humana; o serviço é a própria operação ensejadora do desfrute; (c) a fruição da obra, uma vez realizada, independe de uma prestação, é captada diretamente, salvo quando é apenas o suporte material para a prestação de um serviço; a fruição do serviço é a fruição da própria prestação; assim, depende sempre integralmente dela; (d) a obra, para ser executada, não presume a prévia existência de um serviço; o serviço público, normalmente, para ser prestado, pressupõe uma obra que lhe constitui o suporte material.

Aliomar Baleeiro,[5] outrossim, manifesta-se sobre o problema da avaliação para fins tributários:

> Enfim, o problema da avaliação, increpado à contribuição de melhoria, não é peculiar ou exclusivo dela: jaz no fundo de quase todos os demais tributos. É o mesmo do imposto territorial, urbano ou não; do imposto predial quanto às casas utilizadas pelo proprietário; do imposto de transmissão *inter vivos* e *causa mortis*; do imposto de renda em vários dos seus aspectos, como os da cédula G, cálculo de valorização, depreciações, fundos de amortizações de minas, área etc. Nem por isso esses tributos foram abandonados ou reduzidos a métodos indiciários, como nos tempos dos impostos sobre "portas e janelas". Muito pelo contrário, cada dia se aprimora a sua técnica, nos embates do velho e eterno jogo de astúcia e sutilezas entre o Fisco e os contribuintes.

JURISPRUDÊNCIA

O STJ decidiu ser indevida repetição de quantia paga a título de contribuição de melhoria, ainda que não tenham sido observados os

---

4. Celso Antônio Bandeira de Mello, *Curso de Direito Administrativo*, 25ª ed., 2ª tir., São Paulo, Malheiros Editores, 2008, pp. 670-671.
5. Aliomar Baleeiro, *Direito Tributário Brasileiro*, 11ª ed., p. 578.

requisitos previstos no Decreto-lei 195/1967 e no Código Tributário Nacional a esse respeito, uma vez que o pagamento se embasou num contrato entre o Município e o proprietário. Veja-se:

> Processual civil – Recurso especial – Tributário – Contribuição de melhoria – Cobrança ilegítima – Pedido de repetição – Valores devidos por força de contrato – Acórdão recorrido fulcrado nas peculiaridades do caso concreto. 1. Examinando-se os preceitos legais supostamente violados, verifica-se que, na hipótese, a instituição e a cobrança da contribuição de melhoria não atenderam a alguns dos requisitos previstos no Decreto-lei n. 195/1967 e nos arts. 81 e 82 do CTN. Como bem esclarece Hugo de Brito Machado, "o fato gerador da contribuição de melhoria é a valorização do imóvel do qual o contribuinte é proprietário, ou enfiteuta, desde que essa valorização seja decorrente de obra pública". A obrigação "só nasce se da obra pública decorrer valorização" – afirma o autor. No caso dos autos, é incontroverso que os valores cobrados refletem o custo da obra, sem levar em consideração a valorização imobiliária, além de não estarem vinculados ao limite individual ("acréscimo de valor que da obra resultar para cada imóvel beneficiado" – art. 81 do CTN). 2. Contudo, os valores pagos a título de contribuição de melhoria são, na verdade, parcelas devidas pela ora recorrente ao Município de Maringá/PR, por força de contrato firmado entre eles. Constata-se, do exame do acórdão recorrido, que, por meio do contrato mencionado, o Município de Maringá/PR obrigou-se a efetuar a pavimentação asfáltica e galerias pluviais de área equivalente a 1.004m^2, obrigando-se a outra contratante (ora recorrente) a efetuar o pagamento das parcelas previstas no referido contrato. O Município, cumprindo a sua obrigação, cobrou as parcelas devidas pela outra contratante por meio de contribuição de melhoria, havendo o respectivo pagamento. Em virtude dessas circunstâncias, o Tribunal *a quo* entendeu que é descabida a repetição do suposto indébito, tendo em vista que "ela, evidentemente, daria azo ao enriquecimento injusto da apelante" (ora recorrente). 3. Assim, malgrado haja manifesta ilegalidade na instituição e na cobrança do tributo em comento, o deferimento do pedido de repetição está atrelado à modificação das premissas fáticas que motivaram o acórdão recorrido, bem como ao exame das cláusulas estabelecidas no contrato referido, o que é inviável em sede de recurso especial, tendo em vista as circunstâncias obstativas decorrentes do disposto nas Súmulas ns. 5 e 7 desta Corte. 4. Recurso especial não conhecido. [**STJ, 1ª Turma, REsp 766.107-PR, rela. Min. Denise Arruda, j. 8.4.2008, v.u.,** *DJU* **28.4.2008, p. 1**]

Continuam válidos os arts. 81 e 82 do CTN e o Decreto-lei 195/1967, segundo entendimento do STJ, *verbis*:

> Tributário – Contribuição de melhoria – Arts. 81 e 82 do CTN – Decreto-lei n. 195/1967 – Base de cálculo – Valorização do imóvel – Presunção *iuris tantum* – Ônus da prova. 1. "A alteração superveniente da competência, ainda que ditada por norma constitucional, não afeta a validade da sentença anteriormente proferida', sendo que, 'válida a sentença anterior do juiz que a prolatou, subsiste a competência do tribunal respectivo" (CC 6.967-7, Min. Sepúlveda Pertence, *DJU* 26.9.1997). Com base em tal orientação a jurisprudência do STJ afirmou a sua competência para julgar recursos especiais interpostos antes da Emenda Constitucional n. 45/2004, mesmo quando tratem de matéria que, por força da referida Emenda, foi atribuída a outros órgãos jurisdicionais (nesse sentido: CC 57.402, 1ª Seção, Min. José Delgado, *DJU* 19.6.2006; no CC 58.566, 1ª Seção, Min. Eliana Calmon, *DJU* 7.8.2006; no AgR no REsp n. 809.810, 1ª Turma, Min. José Delgado, *DJU* 15.5.2006; e no REsp n. 507.907, 2ª Turma, Min. Castro Meira, *DJU* 25.9.2006)" (REsp n. 598.183-DF, 1ª Seção, rel. Min. Teori Albino Zavascki, *DJU* 27.11.2006). 2. De acordo com a jurisprudência desta Corte, continuam em vigor os arts. 81 e 82 do CTN, bem como as disposições do Decreto-lei n. 195/1967, os quais regulamentam a contribuição de melhoria. 3. "Só depois de pronta a obra e verificada a existência da valorização imobiliária que ela provocou é que se torna admissível a tributação por via de contribuição de melhoria" (Carrazza, Roque Antonio, *Curso de Direito Constitucional Tributário*, São Paulo, Malheiros, 2006, p. 533). 4. O lançamento da contribuição de melhoria deve ser precedido de processo específico, conforme descrito no art. 82 do CTN. 5. Cabe ao Poder Público apresentar os cálculos que irão embasar a cobrança da contribuição de melhoria, concedendo, entretanto, prazo para que o contribuinte, em caso de discordância, possa impugná-los administrativamente. Trata-se, pois, de um valor presumido, cujo cálculo está a cargo da própria Administração. 6. O procedimento administrativo não exclui a revisão pelo Judiciário. 7. Recurso especial desprovido. **[STJ, 1ª Turma, REsp 671.560-RS, rela. Min. Denise Arruda, j. 15.5.2007, v.u.,** *DJU* **11.6. 2007, p. 265]**

A propósito, impõe-se a publicação de edital, nos termos do Decreto-lei 195/1967, para que se possa exigir contribuição de melhoria:

Tributário – Recurso especial – Contribuição de melhoria – Edital. 1. "A partir do Decreto-lei n. 195/1967, a publicação do edital é necessária para cobrança da contribuição de melhoria. Pode, entretanto, ser posterior à realização da obra pública" (REsp n. 84.417, rel. Min. Américo Luz) – Precedentes da 1ª e 2ª Turma. 2. Recurso especial improvido. **[STJ, 2ª Turma, REsp 143.998-SP, rel. Min. Castro Meira, j. 8.3.2005, v.u., *DJU* 13.6.2005, p. 217]**

O STJ também já se posicionou pela necessidade de valorização do imóvel em decorrência de obra pública para que se possa exigir contribuição de melhoria:

Tributário – Contribuição de melhoria – Fato gerador – Valorização do imóvel. 1. A contribuição de melhoria tem como fato gerador a real valorização do imóvel, não servindo como base de cálculo tão-só o custo da obra pública realizada (REsp n. 280.248-SP, rel. Min. Francisco Peçanha Martins, 2ª Turma, *DJU* 28.10.2002). 2. Recurso especial provido. **[STJ, 2ª Turma, REsp 629.471-RS, rel. Min. João Otávio de Noronha, j. 13.2.2007, v.u., *DJU* 5.3.2007, p. 270]**

Por igual razão, não há como se exigir contribuição de melhoria antes do término da obra pública:

Tributário – Ação de repetição de indébito – Contribuição de melhoria – Obra inacabada – Hipótese de incidência e fato gerador da exação – Obra pública efetivada – Valorização do imóvel – Nexo de causalidade – Inocorrência – Direito à restituição. 1. Controvérsia que gravita sobre se a obra pública não-finalizada dá ensejo à cobrança de contribuição de melhoria. 2. Manifesta divergência acerca do atual estágio do empreendimento que deu origem à exação discutida, sendo certo que é vedado a esta Corte Superior, em sede de recurso especial, a teor do Verbete Sumular n. 07/STJ, invadir a seara fático-probatória, impondo-se adotar o entendimento unânime da época em que proferido o julgamento pelo Tribunal *a quo*, tanto pelo voto vencedor como pelo vencido, de que quando foi instituída a contribuição de melhoria a obra ainda não havia sido concluída, porquanto pendente a parte relativa à pavimentação das vias que circundavam o imóvel de propriedade da recorrente. 3. A base de cálculo da contribuição de melhoria é a diferença entre o valor do imóvel antes da obra ser iniciada e após a sua conclusão (precedentes do STJ: REsp n. 615.495-RS, rel. Min. José Delgado, *DJU* 17.5.2004; REsp n. 143.996-SP, rel. Min. Francisco Peçanha Martins, *DJU* 6.12.1999). 4. Isto porque a hipótese de incidência da contribuição de melhoria pressupõe o binômio valorização do imóvel e realização da obra pública, sendo indispensável o nexo de causalidade entre os dois para sua instituição e cobrança. 5. Consectariamente, o fato gerador de contribuição de melhoria se perfaz somente após a conclusão da obra que lhe deu origem e quando for possível aferir a valorização do bem imóvel beneficiado pelo empreendimento estatal. 6. É cediço em doutrina que: "(...). Só depois de pronta a obra e verificada a existência da valorização imobiliária que ela provocou é que se torna admissível a tributação por via de contribuição de melhoria" (Roque Antonio Carrazza, in *Curso de Direito Constitucional Tributário*, Malheiros, 2002, p. 499). 7. Revela-se, portanto, evidente o direito de a empresa que pagou indevidamente a contribuição de melhoria – uma vez que incontroversa a não-efetivação da valorização do imóvel, haja vista que a obra pública que deu origem à exação não foi concluída – obter, nos termos do art. 165 do CTN, a repetição do indébito tributário. 8. Precedentes: REsp n. 615.495-RS, rel. Min. José Delgado, *DJU* 17.5.2004; REsp n. 143.996-SP, rel. Min. Francisco Peçanha Martins, *DJU* 6.12.1999. 9. Recurso especial provido. **[STJ, 1ª Turma, REsp 647.134-SP, rel. Min. Luiz Fux, j. 10.10.2006, m.v., *DJU* 1.2.2007, p. 397]**

Outrossim:

Tributário – Contribuição de melhoria. 1. A entidade tributante ao exigir o pagamento de contribuição de melhoria tem de demonstrar o amparo das seguintes circunstâncias: (a) a exigência fiscal decorre de despesas decorrentes de obra pública realizada; (b) a obra pública provocou a valorização do imóvel; (c) a base de cálculo é a diferença entre dois momentos: o primeiro, o valor do imóvel antes da obra ser iniciada; o segundo, o valor do imóvel após a conclusão da obra. 2. É da natureza da contribuição de melhoria a valorização imobiliária (Geraldo Ataliba). 3. Precedentes jurisprudenciais: (a) RE n. 116.147-7-SP, 2ª Turma, *DJU* 8.5.1992, rel. Min. Célio Borja; (b) RE n. 116.148-5-SP, rel. Min. Octávio Gallotti, *DJU* 25.5.1993; (c) REsp n. 35.133-2-SC, rel. Min. Milton Luiz Pereira, 1ª Turma, j. 20.3.1995; REsp n. 634-0-SP, rel. Min. Milton Luiz Pereira, *DJU* 18.4.1994. 4. Adoção, também, da corrente doutrinária que, no trato da contribuição da melhoria, adota o critério de mais-valia para definir o seu fato gerador ou hipótese de incidência (no ensinamento de Geraldo Ataliba, de saudosa memória). 5. Recurso provido. **[STJ, 1ª Turma, REsp 169.131-SP, rel. Min. José Delgado, j. 2.6.1998, v.u., *DJU* 3.8.1998, p. 143]**

Nada obstante, já decidiu o STJ pela necessidade de observar o limite total e individual na apuração da base de cálculo da contribuição de melhoria:

> Direito tributário – Contribuição de melhoria – Base de cálculo – Valorização imobiliária. Tem como limite total a despesa realizada e como limite individual o acréscimo de valor que da obra resultar para cada imóvel beneficiado. Se não houver aumento do valor do imóvel, não pode o Poder Público cobrar-lhe a mais-valia – Recurso provido. **[STJ, 1ª Turma, REsp 200.283-SP, rel. Min. Garcia Vieira, j. 4.5.1999, v.u., *DJU* 21.6.1999, p. 89]**

O STJ já decidiu pela necessidade de lei específica para cada obra pública a ser realizada e, conseqüentemente, para cada contribuição de melhoria a ser exigida:

> Processo civil e tributário – Embargos de declaração – Recurso especial – Contribuição de melhoria – Lei específica para cada obra – Necessidade. I – O aresto embargado assentou o entendimento sobre a necessidade de lei específica para cada obra, presente o propósito da Municipalidade em instituir contribuição de melhoria. II – Nesse contexto, esclareceu que a cobrança de tributo por simples ato administrativo da autoridade competente fere, ademais, o princípio da anterioridade – ou não-surpresam para alguns –, na medida em que impõe a potestade tributária sem permitir ao contribuinte organizar devidamente seu orçamento, nos moldes preconizados pela Constituição Federal (art. 150, III, "a"). III – Embargos de declaração rejeitados. **[STJ, 1ª Turma, REsp/ED 739.342-RS, rel. Min. Francisco Falcão, j. 1.6.2006, v.u., *DJU* 19.6.2006, p. 110]**

Desse mesmo teor:

> Tributário – Contribuição de melhoria – Lei específica para cada obra – Necessidade. I – Inexiste, *in casu*, a alegada violação ao art. 535, II, do CPC, porquanto o extenso voto-condutor do aresto recorrido examinou detidamente todas as questões pertinentes ao desate da lide, sendo certo que o mero inconformismo não justifica a oposição de embargos de declaração. II – No tocante ao dissídio pretoriano, saliente-se que o recorrente limitou-se a transcrever as ementas dos acórdãos indicados como paradigmas, sem, no entanto, proceder ao devido cotejo analítico, de modo que restou desatendido o art. 255, e §§, do RISTJ. III – A questão a ser dirimida por esta Corte cinge-se à

necessidade, ou não, de lei específica para exigência de contribuição de melhoria em cada obra feita pelo Município; ou seja, uma lei para cada vez que a Municipalidade for exigir o referido tributo em decorrência de obra por ela realizada. IV – É de conhecimento comum que a referida contribuição de melhoria é tributo cujo fato imponível decorre de valorização imobiliária causada pela realização de uma obra pública. Nesse passo, sua exigibilidade está expressamente condicionada à existência de uma situação fática que promova a referida valorização. Este é o seu requisito ínsito, um fato específico do qual decorra incremento no sentido de valorizar o patrimônio imobiliário de quem eventualmente possa figurar no pólo passivo da obrigação tributária. V – Mesmo sem adentrar conclusivamente a questão da classificação das espécies tributárias, é fácil perceber que determinados tributos revelam inequívoca carga discriminatória, porquanto somente podem atingir determinadas pessoas que efetivamente podem ser sujeitos passivos da obrigação tributária, seja por se beneficiarem de um serviço estatal público específico e divisível (no caso das taxas), seja em razão de valorização na sua propriedade em face de o Estado ter realizado uma obra pública, como ocorre na hipótese ora *sub judice*. E isto em decorrência da mera leitura de preceitos constitucionais (art. 145 da CF). Por isso a exigência, também constitucional, de respeito ao princípio da legalidade. VI – Acrescente-se, ainda, que a cobrança de tributo por simples ato administrativo da autoridade competente fere, ademais, o princípio da anterioridade – ou não-surpresa, para alguns –, na medida em que impõe a potestade tributária sem permitir ao contribuinte organizar devidamente seu orçamento, nos moldes preconizados pela Constituição Federal (art. 150, III, "a"). VII – Por fim, quanto ao argumento do recorrente no sentido de que cumpriu as exigências de publicação prévia de dois editais, verifico que a Corte *a quo*, soberana quanto à possibilidade de exame do conjunto fático-probatório, não reconheceu plausibilidade à alegação, de modo que se revela inviável essa apreciação em sede de recurso especial, por força do óbice imposto pela Súmula n. 7/STJ. VIII – Recurso especial parcialmente conhecido e, nesta parte, improvido. [**STJ, 1ª Turma, REsp 739.342-RS, rel. Min. Francisco Falcão, j. 4.4.2006, v.u.,** *DJU* **4.5.2006, p. 141**]

Nesse sentido, também decidiu o TJSC:

> Mandado de segurança – Contribuição de melhoria – Sistema de esgoto insular da Capital – Decadência arredada – Princípio da ante-

rioridade – Lei n. 3.238/1989 e Decreto n. 20/1992 – Exigência no mesmo exercício – Inadmissibilidade – Vulneração do art. 150, inciso III, letra "b", da Lei Maior – Ausência, ademais, de lei específica – Lançamentos anulados – Sentença incensurável – Remessa desprovida. Cuidando-se de prestações de trato sucessivo, a ofensa ao direito líquido e certo do contribuinte passa a fluir da data da expedição dos carnês de pagamento do tributo, quando, em verdade, configura-se o ato autorizatório da impetração da ação mandamental. Limitando-se a fixar critérios genéricos para a incidência da contribuição de melhoria, o Código Tributário de Florianópolis não supre a exigência legal da indispensabilidade de lei individualizadora a legitimar a exigência do tributo. E lançamentos procedidos sem a existência dessa lei específica que os autorize afrontam direito líquido e certo dos contribuintes, ensejando a reparação da ilegalidade pela via do mandado de segurança. Outrossim, a contribuição de melhoria tem a sua exigibilidade subordinada à execução da obra, embora possa tornar-se ela exigível excepcionalmente quando já concluída ela em parte, somente fazendo-se devida pelos proprietários dos imóveis pela mesma valorizados. A par disso, a exigibilidade da contribuição de melhoria instituída pelo Município de Florianópolis como forma de financiamento do sistema de esgoto insular e com base na Lei n. 3.238/1989, regulamentada pelo Decreto n. 20/1992, no mesmo exercício financeiro em que se deu a edição da norma regulamentadora faz-se totalmente espúria, por afronta cabal à garantia constitucional apontada no art. 150, III, "b", da Lei Fundamental. [**TJSC, 4ª Câmara Cível, AMS 99.006928-1, rel. Des. Trindade dos Santos, j. 3.8.2000, v.u., *DJSC* 30.8.2000, pp. 10-11**]

Questões

1. Que é "contribuição de melhoria"?

2. Qual é o princípio informador da contribuição de melhoria? Explique.

3. É possível cobrar contribuição de melhoria antes de realizada a obra pública? Justifique.

4. A contribuição de melhoria equivale à taxa de obra? Explique.

5. Qual é a base de cálculo constitucionalmente possível da contribuição de melhoria?

Consultas

1. [121ª Exame de Ordem/SP, 2003, n. 2] Prefeitura interiorana isenta, por prazo indeterminado, o IPTU de alguns imóveis em virtude da precária condição de moradia do local. Alguns meses após a publicação da lei de isenção ocorre a publicação de nova lei, instituindo contribuição de melhoria em virtude de asfaltamento das ruas onde estão localizados os ditos imóveis. O proprietário de imóvel beneficiado pela isenção do IPTU pede a sua opinião sobre a instituição da contribuição de melhoria. Qual a sua posição? Responda e fundamente.

2. [108ª Exame de Ordem/SP, junho/1998, n. 3] O cliente, em consulta, diz que reside em imóvel de sua propriedade, defronte a uma praça municipal. A Prefeitura local canalizou ali um córrego, asfaltou as ruas adjacentes à praça, arborizando-a e ajardinando-a. Por conseqüência, a casa de seu cliente aumentou de preço. Ele quer saber se, em razão da valorização de sua propriedade, terá que pagar outro tributo além do IPTU (imposto predial e territorial urbano). Justifique.

Dissertação

"Contribuição de Melhoria. Conceito. Obra Pública. Princípio Informador. Base de Cálculo. Sobrevalorização".

Tema para Pesquisa

"Base de Cálculo Constitucionalmente Possível da Contribuição de Melhoria".

Testes

1. [129º Exame de Ordem/SO, 2006, n. 86] O Código Tributário Nacional prevê que:

a) ( ) A competência tributária, também chamada de capacidade tributária ativa, pode ser delegada nas hipóteses previstas em lei.

b) ( ) Imposto é o tributo cuja obrigação tem por fato gerador uma situação que depende de uma atividade estatal específica relativa ao contribuinte.

c) ( ) As taxas têm como fato gerador o exercício regular do poder de polícia, ou a utilização, efetiva ou potencial, de serviço público específico e divisível, prestado ao contribuinte ou posto à sua disposição.

d) ( ) A contribuição de melhoria é instituída para fazer face ao custo de obras públicas de que decorra valorização imobiliária, sendo que, nas hipóteses previstas em lei, seu limite total pode superar o montante da despesa realizada.

2. [120º **Exame de Ordem/SP, 2003, n. 88**] Município instituiu contribuição de melhoria para custear obra pública de ampliação de via expressa de ligação entre bairros. A previsão do custo total da obra é de R$ 1.000.000,00 e a previsão de arrecadação da contribuição é de R$ 1.500.000,00. O valor da contribuição, para cada imóvel, foi calculado com base na efetiva valorização imobiliária e em plano de rateio previamente publicado. A irregularidade no procedimento descrito consiste em não poder:

a) ( ) O total de arrecadação ser superior ao custo da obra.

b) ( ) A contribuição de melhoria destinar-se ao custeio de obra viária.

c) ( ) A contribuição de cada imóvel ser calculada com base na sua valorização imobiliária.

d) ( ) O plano de rateio ser publicado previamente.

12
IMUNIDADE TRIBUTÁRIA

12.1 Diretrizes gerais: 12.1.1 Definição – 12.1.2 Isenção – 12.1.3 Imunidade e espécies tributárias – 12.1.4 Imunidade e lei complementar. 12.2 Imunidades genéricas (art. 150, VI, da CF de 1988): 12.2.1 Pessoas políticas de direito público – 12.2.2 Templos de qualquer culto – 12.2.3 Partidos políticos e suas fundações, sindicatos dos trabalhadores, instituições assistenciais e educacionais – 12.2.4 Livro, jornal, periódico, bem como o papel destinado à sua impressão. 12.3 Imunidades específicas: 12.3.1 Imposto sobre produtos industrializados – IPI (art. 153, § 3º, III, da CF de 1988) – 12.3.2 Imposto territorial rural – ITR (art. 153, § 4º, II, da CF de 1988) – 12.3.3 Imposto sobre circulação de mercadorias e serviços – ICMS (art. 155, § 2º, X, "a", "b" e "c", da CF de 1988) – 12.3.4 ICMS, imposto de importação e exportação (art. 155, § 3º, da CF de 1988) – 12.3.5 Imposto sobre transmissão de bens imóveis – ITBI (art. 156, II, "in fine", da CF de 1988) – 12.3.6 Contribuição para a seguridade social (art. 195, § 7º, da CF de 1988). [DOUTRINA – JURISPRUDÊNCIA – QUESTÕES – CONSULTAS – MEDIDAS JUDICIAIS – DISSERTAÇÃO – TEMA PARA PESQUISA – TESTES]

12.1 Diretrizes gerais

A demarcação do campo tributário se dá, *grosso modo*, mediante a seleção dos fatos da vida real que poderão e dos que não poderão ser tributados.

Dito de outro modo, infere-se o campo de competência tributária mediante a identificação do que expressamente poderá e do que expressa ou implicitamente não poderá ser tributado. No primeiro caso, em que a vedação é expressa, tem-se a hipótese de imunidade; ou seja, a Constituição aponta expressamente o que não poderá ser tributado; no segundo, tudo o que não estiver compreendido no campo tributário delimitado expressamente, de forma positiva ou negativa, pertence – por exclusão, em decorrência de vedação implícita – ao vasto campo de não-incidência tributária.

Somente a Constituição Federal estabelece os casos de imunidade tributária, uma vez que o poder de atribuir competência legislativa lhe é inerente e, portanto, uma vez concedida, é indelegável pelo seu destinatário – no caso, o ente tributante.

12.1.1 Definição

Para fins meramente didáticos, convém relembrar os fenômenos de incidência e não-incidência da norma jurídica, bem como as tradicionais definições de imunidade e isenção.

Dá-se a *incidência* da norma com a ocorrência do fato gerador *in concreto*.

Dá-se o fenômeno da *não-incidência* da norma jurídica tributária quando não ocorrer o fato gerador *in concreto* ou quando ocorrer um fato tributariamente irrelevante. Em suma, quando não ocorrer no mundo físico o fato que se enquadra rigorosamente na hipótese de incidência tributária.

Isenção é hipótese de não-incidência *legalmente* qualificada. A lei infraconstitucional diz quais são as hipóteses de isenção, ou seja, aponta, dentro do campo de competência que lhe pertence, o que expressamente deixará de tributar.

Ora, o exercício da competência tributária pelo ente tributante é uma faculdade, de modo que, em decorrência de uma opção pré-legislativa, poderá abster-se de exercê-la, e, assim, não criar o tributo, como também poderá optar por exercê-la plenamente, criando o tributo em toda a sua extensão ou parcialmente. Nesta última hipótese tem-se a isenção.

Imunidade é hipótese de não-incidência *constitucionalmente* qualificada, pois apenas a Constituição Federal determina expressamente os casos que não se inserem no campo de competência tributária.

A propósito, sempre que a Constituição Federal determinar expressamente o que não pode ser tributado, cuidar-se-á necessariamente de imunidade, ainda que não faça menção a esse termo ou empregue outra forma de dizer que não incidirá – como, por exemplo, referindo-se impropriamente ao termo "isenção".

Afinal, por meio de norma imunizante realça-se a competência tributária, cujos contornos – convém frisar – somente podem ser traçados pelo próprio poder constituinte, razão pela qual deve ser resguardada a distinção essencial entre imunidade e isenção.

12.1.2 Isenção

Por serem a imunidade e a isenção hipóteses explícitas de não-incidência tributária, em tais casos sequer haverá dívida tributária a ser exigida, pois somente fatos passíveis de juridicização, e se juridicizados, poderão ensejar o nascimento de obrigação tributária.

A diferença entre *imunidade* e *isenção*, como se pode inferir, reside unicamente na origem da vedação da incidência normativa, a qual, conforme o caso, pode derivar da própria Constituição (imunidade) ou por opção do ente tributante (isenção).

A imunidade, portanto, reflete uma garantia maior ao seu titular, haja vista que não pode ser revogada por lei infraconstitucional, sendo, ademais, questionável sua supressão via emenda constitucional.

12.1.3 Imunidade e espécies tributárias

A Constituição Federal pode veicular casos de imunidade acerca de *qualquer tributo*.

É dizer, a imunidade não alcança somente os impostos, mas também, *v.g.*, taxas e contribuições, nos casos em que o poder constituinte assim estabelecer.

A respeito, vejam-se alguns casos de imunidade quanto às taxas que, em tese, poderiam incidir em serviços públicos específicos e divisíveis, tais como:

> [CF] Art. 5º. (...) XXXIV – são a todos assegurados, independentemente do pagamento de taxas: a) o direito de petição aos Poderes Públicos em defesa de direitos ou contra ilegalidade ou abuso de poder; b) a obtenção de certidões em repartições públicas, para defesa de direitos e esclarecimento de situações de interesse pessoal; (...)

LXXIII – qualquer cidadão é parte legítima para propor ação popular que vise a anular ato lesivo ao patrimônio público ou de entidade de que o Estado participe, à moralidade administrativa, ao meio ambiente e ao patrimônio histórico e cultural, ficando o autor, salvo comprovada má-fé, isento de custas judiciais e do ônus da sucumbência; LXXIV – o Estado prestará assistência jurídica integral e gratuita aos que comprovarem insuficiência de recursos; (...) LXXVI – são gratuitos para os reconhecidamente pobres, na forma da lei: a) o registro civil de nascimento; b) a certidão de óbito; LXXVII – são gratuitas as ações de *habeas corpus* e *habeas data*, e, na forma da lei, os atos necessários ao exercício da cidadania; (...).

Art. 203. A assistência social será prestada a quem dela necessitar, independentemente de contribuição à seguridade social, (...).

Art. 208. O dever do Estado com a educação será efetivado mediante a garantia de: I – ensino fundamental, obrigatório e gratuito, assegurada, inclusive, sua oferta gratuita para todos os que a ele não tiveram acesso na idade própria; (...).

Art. 226. (...).

§ 1º. O casamento é civil e gratuita a celebração.

Art. 230. (...).

(...).

§ 2º. Aos maiores de 65 (sessenta e cinco) anos é garantida a gratuidade dos transportes coletivos urbanos.

12.1.4 Imunidade e lei complementar

A Constituição, sob o título "Das Limitações do Poder de Tributar" (Título VI, Capítulo I, Seção II), põe em destaque a necessidade de observância dos princípios da legalidade, da irretroatividade e da anterioridade, bem como das imunidades genéricas dos impostos; ou seja, enfatiza os trilhos pelos quais devem se pautar os detentores da competência tributária.

Diante disso, pode-se afirmar que, nas hipóteses em que a Constituição Federal condicionar o benefício da imunidade aos requisitos previstos em *lei*, há de ser a *lei complementar* a que se refere, genericamente, seu art. 146, II.

12.2 Imunidades genéricas (art. 150, VI, da CF de 1988)

As imunidades genéricas em apreço são assim denominadas por se referirem a todos os impostos e somente aos impostos. Vejamos:

12.2.1 Pessoas políticas de direito público

Dispõe a Lei Maior que os entes tributantes não podem instituir impostos sobre "patrimônio, renda ou serviços, uns dos outros" (art. 150, VI, "a").

Isso se explica pelo fato de não existir hierarquia entre as pessoas políticas. Ora, a tributação recíproca poderia ensejar dependência econômica entre as pessoas políticas de direito público e, desse modo, uma desigualdade que repercutiria desfavoravelmente na forma federativa do Estado Brasileiro. A propósito, convém frisar que o princípio federativo figura entre nossas cláusulas pétreas (inciso I do § 4º do art. 60 da CF de 1988).

A imunidade recíproca estende-se também às autarquias[1] e fundações públicas, porém apenas no que concerne a suas finalidades essenciais ou delas decorrentes (art. 150, § 2º, da CF de 1988):

> **[CF] Art. 150.** (...).
>
> (...).
>
> § 2º. A vedação do inciso VI, "a", é extensiva às autarquias e às fundações instituídas e mantidas pelo Poder Público, no que se refere

---

[1]. Maria Sylvia Zanella Di Pietro conceitua *autarquia* como "a pessoa jurídica de direito público, criada por lei, com capacidade de auto-administração, para o desempenho de serviço público descentralizado, mediante controle administrativo exercido nos limites da lei" (*Direito Administrativo*, 19ª ed., p. 423). Para ilustrar, ressalta a classificação das autarquias conforme o tipo de atividade: "(1) econômicas, destinadas ao controle e incentivo à produção, circulação e consumo de certas mercadorias, como o Instituto do Açúcar e do Álcool; (2) de crédito, como as Caixas Econômicas (hoje transformadas em empresa; (3) industriais, como a Imprensa Oficial do Estado (hoje também transformada em empresa); (4) de previdência e assistência, como o INSS e o IDESP; (5) profissionais ou corporativas, que fiscalizam o exercício das profissões, como a OAB; as culturais ou de ensino, em que se incluem as universidades" (pp. 424-425).

ao patrimônio, à renda e aos serviços, vinculados a suas finalidades essenciais ou às delas decorrentes.

O Estado, para satisfazer as despesas necessárias à consecução das necessidades públicas, dispõe das receitas originárias e derivadas. Essas últimas são as receitas tributárias, instituídas e arrecadadas sob o regime de direito público. As primeiras, de seu turno, dizem respeito à exploração estatal direta de atividade econômica sob o regime de direito privado, na forma assegurada pelo art. 173 da Lei Maior.

Noutro giro, o Estado, por meio de suas empresas públicas e sociedades de economia mista, intervém na esfera econômica reservada à livre iniciativa, de modo que, em tal hipótese, submete-se, como qualquer pessoa que explora atividade econômica sob o regime de direito privado, aos impostos porventura devidos. Vejamos:

[CF] Art. 150. (...).

(...).

§ 3º. As vedações do inciso VI, "a", e do parágrafo anterior *não se aplicam ao patrimônio, à renda e aos serviços, relacionados com exploração de atividades econômicas regidas pelas normas aplicáveis a empreendimentos privados, ou em que haja contraprestação ou pagamento de preços ou tarifas pelo usuário*, nem exonera o promitente comprador da obrigação de pagar imposto relativamente ao bem imóvel. [*Grifamos*]

12.2.2 Templos de qualquer culto

É vedada pela nossa Constituição republicana a instituição de impostos sobre templos de qualquer culto (art. 150, VI, "b").

Referida imunidade alcança não apenas o templo propriamente dito, mas todos os anexos que viabilizam o culto (a casa paroquial, o seminário, o convento, o centro de formação de rabinos, a casa do pastor etc.), bem como todas as funções caracterizadoras do culto.

No caso em tela, a Constituição tem por escopo assegurar a livre manifestação da religiosidade das pessoas, assim como preservar a igualdade de tratamento entre as diversas religiões.

12.2.3 *Partidos políticos e suas fundações, sindicatos dos trabalhadores, instituições assistenciais e educacionais*

Essas pessoas jurídicas estão imunes aos impostos sobre seu patrimônio, renda ou serviços, desde quem – convém refrisar – vinculados a suas finalidades essenciais ou às delas decorrentes, nos termos do art. 150, VI, "c", da vigente CF brasileira.

Demais disso, para fazer jus a essa imunidade, impõe-se a observância dos requisitos apontados em lei complementar, conforme determina a CF:

> **[CF] Art. 146.** Cabe à lei complementar: (...) II – regular as limitações constitucionais ao poder de tributar; (...).
>
> **Art. 150.** (...).
>
> (...).
>
> § 4º. As vedações expressas no inciso VI, alíneas "b" e "c", compreendem somente o patrimônio, a renda e os serviços, relacionados com as finalidades essenciais das entidades nelas mencionadas.

O art. 14 do CTN, recepcionado pela vigente Constituição Federal, traz os requisitos que, se observados, apenas viabilizam a consecução das finalidades às quais se refere a imunidade em apreço, sem restringir ou ampliar seu alcance:

> **[CTN] Art. 14.** O disposto na alínea "c" do inciso IV do art. 9º é subordinado à observância dos seguintes requisitos pelas entidades nele referidas: I – não distribuírem qualquer parcela de seu patrimônio ou de suas rendas, a qualquer título; II – aplicarem integralmente, no país, os seus recursos na manutenção dos seus objetivos institucionais; III – manterem escrituração de suas receitas e despesas em livros revestidos de formalidades capazes de assegurar sua exatidão.
>
> § 1º. Na falta de cumprimento do disposto neste artigo, ou no § 1º do art. 9º, a autoridade competente pode suspender a aplicação do benefício.
>
> § 2º. Os serviços a que se refere a alínea "c" do inciso IV do art. 9º são exclusivamente os diretamente relacionados com os objetivos institucionais das entidades de que trata este artigo, previstos nos respectivos estatutos ou atos constitutivos.

12.2.4 Livro, jornal, periódico, bem como o papel destinado à sua impressão

Essa regra imunizante favorece a liberdade de imprensa e a livre manifestação de pensamento ao tornar mais acessível a aquisição de livros, jornais e periódicos, mediante a não-incidência de impostos como o ICMS e o IPI.

Observe-se que, por tal razão, cuida-se de imunidade objetiva, pois não se estende à renda, patrimônio nem aos serviços, por exemplo, da editora ou do autor da obra literária.[2]

12.3 Imunidades específicas

Referem-se a impostos, taxas e contribuições nos casos especificados pela Lei Maior. Destacam-se, pois, como imunidades específicas:

12.3.1 Imposto sobre produtos industrializados – IPI (art. 153, § 3º, III, da CF de 1988)

Não incidirá o IPI sobre produtos industrializados destinados ao Exterior. Infere-se que o objetivo dessa regra imunizante consiste em assegurar preços competitivos a esses produtos no mercado internacional.

12.3.2 Imposto territorial rural – ITR (art. 153, § 4º, II, da CF de 1988)

Não incidirá o ITR sobre pequenas glebas rurais, definidas em lei, quando as explore o proprietário que não possua outro imóvel.

Por "pequenas glebas rurais" pode-se entender as que não sejam superiores a 50ha, em analogia ao disposto no art. 191 da CF,[3] até que advenha lei complementar disciplinando o assunto especificamente.

---

2. A respeito, v. trabalho de conclusão de curso de Danilo Yak, publicado no *Cadernos de Iniciação Científica da Faculdade de Direito de São Bernardo do Campo*, São Bernardo do Campo.
3. Nesse sentido: Roque Antonio Carrazza, *Curso de Direito Constitucional Tributário*, 24ª ed., São Paulo, Malheiros Editores, 2008, p. 798.

A Lei ordinária 9.393/1996 cuidou corretamente do tema. Porém, pode-se argumentar que é formalmente inconstitucional, diante do disposto no art. 146, II, da CF, que exige lei complementar para regular as limitações constitucionais ao poder de tributar.

12.3.3 Imposto sobre circulação de mercadorias e serviços – ICMS (art. 155, § 2º, X, "a", "b" e "c", da CF de 1988)

(a) Não incidirá o ICMS no que concerne às *operações que destinem mercadorias para o Exterior, nem sobre serviços prestados a destinatários no Exterior*, assegurados a manutenção e o aproveitamento do montante do imposto cobrado nas operações e prestações anteriores (alínea "a" do art. 155, § 2º, X, inserida pela Emenda Constitucional 42/2003).

Aqui, o objetivo consiste em assegurar preços competitivos no mercado internacional aos aludidos produtos.

(b) Não incidirá o ICMS sobre *operações que destinem a outros Estados petróleo, inclusive lubrificantes, combustíveis líquidos e gasosos dele derivados, e energia elétrica.*

Infere-se desse dispositivo que a imunidade em tela tem por escopo reduzir os custos dos produtos e mercadorias derivados de petróleo e energia elétrica provenientes de outro Estado-membro.

(c) Não incidirá o ICMS sobre o *ouro*. Operações com ouro, quando utilizado como ativo financeiro ou instrumento cambial, sujeitam-se apenas ao IOF (art. 153, § 5º, da CF).

Desse modo, o ouro-mercadoria enseja tributação via ICMS; o ouro destinado ao mercado financeiro acarreta somente a incidência do imposto sobre operações de crédito, câmbio e seguro, ou relativas a títulos ou valores mobiliários – IOF.

(d) Também não incidirá ICMS nas prestações de serviços de comunicação nas modalidades de radiodifusão sonora e de sons e imagens de recepção livre e gratuita.

Cuida-se de uma pseudo-imunidade inserida pela Emenda Constitucional 42, de 19.12.2003, uma vez que, nos termos estabelecidos pelo poder constituinte originário, a prestação, na esfera privada, de serviços gratuitos sequer pertence ao campo tributável do ICMS ou de qualquer outro tributo.[4]

12.3.4 ICMS, imposto de importação e exportação (art. 155, § 3º, da CF de 1988)

Somente o ICMS e os impostos sobre o comércio exterior poderão incidir sobre operações relativas à energia elétrica, serviços de telecomunicações, derivados de petróleo, combustíveis e minerais do país.

Assim, não haverá incidência do PIS e da COFINS, uma vez que têm por base de cálculo o faturamento (receita bruta) decorrente dessas operações.

A imunidade em apreço, porém, não alcança outros impostos cujas hipóteses de incidência não estejam relacionadas a tais operações, como, por exemplo, o imposto sobre a renda, o imposto sobre a propriedade urbana, os impostos sobre a transmissão de bens etc.

12.3.5 Imposto sobre transmissão de bens imóveis – ITBI (art. 156, II, "in fine", da CF de 1988)

Não incidirá o imposto sobre transmissão de direitos reais de garantia de bens imóveis, isto é, decorrente de hipoteca ou anticrese.

Nas demais hipóteses de transmissão *inter vivos*, a qualquer título, desde que por ato oneroso, de direitos reais sobre imóveis, por natureza ou acessão física, poderá incidir o ITBI.

Todavia, não incidirá o aludido imposto sobre a transmissão de bens ou direitos incorporados ao patrimônio de pessoa jurídica em realização de capital, nem sobre a transmissão de bens ou direitos decorrentes de fusão, incorporação, cisão ou extinção de pessoa jurídica (art. 156, § 2º, I, da CF de 1988).

A razão de ser dessa imunidade consiste em facilitar a mobilização e desmobilização dos bens de raiz, razão pela qual a respectiva transmissão não será alcançada pela imunidade quando a atividade preponde-

---

4. Nesse sentido: Roque Antonio Carrazza, *Curso de Direito Constitucional Tributário*, 24ª ed., p. 809.

rante da pessoa jurídica adquirente consistir na compra e venda desses bens ou direitos, locação de bens imóveis ou arrendamento mercantil.

O art. 37, § 1º, do CTN considera atividade preponderante, para esse fim, quando mais de 50% da receita operacional da pessoa jurídica adquirente, nos dois anos anteriores e nos dois anos subseqüentes à aquisição, decorrer das transações ora mencionadas.

12.3.6 Contribuição para a seguridade social (art. 195, § 7º, da CF de 1988)

Dispõe a Lei Maior:

[CF] Art. 195. (...)

(...).

§ 7º. São isentas de contribuição para a seguridade social as entidades beneficentes de assistência social que atendam às exigências estabelecidas em lei.

Apesar da impropriedade terminológica ("isenção"), cuida o dispositivo constitucional de imunidade tributária. Afinal, é a própria Constituição que está definindo o campo de incidência desse tributo. Logo, as entidades beneficentes de assistência social que atendam às exigências estabelecidas em lei estão imunes à contribuição para a seguridade social.

Essa imunidade alcança todas as pessoas que, sem fins lucrativos, secundam o Estado na realização dos objetivos expostos no art. 203 da CF de 1988.

O art. 14 do CTN, como visto no item 12.2.3, recepcionado pelo art. 146, II, da CF de 191988, traz os requisitos necessários ao benefício da imunidade em questão.

DOUTRINA

Sacha Calmon Navarro Coêlho[5] ressalta a *distinção entre princípios e imunidades*:

---

5. Sacha Calmon Navarro Coêlho, *Curso de Direito Tributário*, 3ª ed., Rio de Janeiro, Forense, 1999, p. 157.

Princípios e imunidades são institutos jurídicos diversos, embora certos princípios façam brotar ou rebrotar imunidades (implícitas). (...). O que, precisamente os distingue?

Os princípios constitucionais *dizem* como devem ser feitas as leis tributárias, condicionando o legislador sob o guante dos juízes, zeladores que são do texto dirigente da Constituição.

As imunidades expressas *dizem* o que não pode ser tributado, *proibindo ao legislador o exercício da sua competência tributária* sobre certos fatos, pessoas ou situações, por expressa determinação da Constituição (não-incidência constitucionalmente qualificada). Sobre as imunidades exerce o Judiciário, igualmente, a sua zeladoria.

De notar, pois, que a expressão "limitações ao poder de tributar" alberga princípios e imunidades.

Sobre *imunidade*, disserta Aliomar Baleeiro:[6]

O art. 19, III, da CF estabelece imunidades, isto é, vedações absolutas ao poder de tributar certas pessoas (subjetivas) ou certos bens (objetivas) e, às vezes, uns e outros. Imunidades tornam inconstitucionais as leis ordinárias que as desafiam. Não se confundem com isenções, derivadas da lei ordinária ou da complementar (CF, art. 19, § 2º), que, decretando o tributo, exclui expressamente certos casos, pessoas ou bens, por motivos de política fiscal. A violação do dispositivo onde se contém a isenção importa em ilegalidade e não em inconstitucionalidade (CTN, arts. 175 a 179).

Se o legislador ordinário competente, podendo decretar o imposto, abstém-se de fazê-lo, há caso de não-incidência. Já se discutiu no STF, que decidiu pela negativa, se equivale à isenção a cláusula "livre de direitos" da tarifa aduaneira. Acreditamos, entretanto, que sim (RE 66.567, *RTJ* 52/120; 73.986, *RTJ* 62/809, que cita outros; *RTJ* 63/468; etc.).

Quanto à *possibilidade de imunizar taxas*, expõe Misabel Derzi:[7]

---

6. Aliomar Baleeiro, *Direito Tributário Brasileiro*, 11ª ed., Rio de Janeiro, Forense, 2000, pp. 113-114.
7. Mizabel Derzi, "Notas de Atualização" à obra de Aliomar Baleeiro, *Direito Tributário Brasileiro*, 11ª ed., p. 115.

Entretanto, convém observar que há certas imunidades que, por serem logicamente dedutíveis de princípios fundamentais irreversíveis como a forma federal de Estado e a igualdade/capacidade contributiva, independem de consagração expressa na Constituição. É o caso das imunidades recíprocas das pessoas estatais e das instituições de educação e assistência social sem finalidades lucrativa, por exemplo. Por essa mesma razão é que as imunidades, como regra geral, contemplam impostos. Eventualmente, por razões de política econômica, a Constituição consagra imunidade mais ampla, abrangendo qualquer espécie tributária (art. 155, § 3º), ou, por imperativo de justiça, a Constituição consagra a imunidade daqueles reconhecidamente pobres, em relação a certas taxas e emolumentos (art. 5º, LXXIV e LXXVI). Mas as hipóteses são excepcionais.

Quanto à *isenção*, ressalta Hugo de Brito Machado:[8]

Distingue-se a *isenção* da *não-incidência*. Isenção é a exclusão, por lei, de parcela da hipótese de incidência, ou suporte fático da norma de tributação, sendo objeto da isenção a parcela que a lei retira dos fatos que realizam a hipótese de incidência da regra de tributação. A *não-incidência*, diversamente, configura-se em face da própria norma de tributação, sendo objeto da não-incidência todos os fatos que não estão abrangidos pela própria definição legal da *hipótese de incidência*.

(...).

Ainda que na Constituição esteja escrito que determinada situação é de *isenção*, na verdade de isenção não se cuida, mas de *imunidade*. E se a lei porventura referir-se a hipótese de *imunidade*, sem estar apenas reproduzindo, inutilmente, norma da Constituição, a hipótese não será de imunidade, mas de *isenção*.

(...).

A revogação de uma lei que concede isenção equivale à criação de tributo. Por isto deve ser observado o princípio da anterioridade da lei, assegurado pelo art. 150, inciso III, letra "b", da CF, e já por nós estudado. O STF, todavia, tem entendido de modo diverso, decidindo que a revogação da isenção tem eficácia imediata, vale dizer, ocorrendo a

---

8. Hugo de Brito Machado, *Curso de Direito Tributário*, 29ª ed., São Paulo, Malheiros Editores, 2008, pp. 228, e 229-230 e 232.

revogação da isenção, o tributo pode ser cobrado no curso do mesmo exercício, sem ofensa ao referido princípio constitucional (RE n. 99.908-RS, rel. Min. Rafael Mayer, publicado na *RTJ* 107/430-432).

Noutra linha de raciocínio, registre-se o conceito de Paulo de Barros Carvalho[9] acerca da *imunidade tributária*:

(...) classe finita e imediatamente determinável de normas jurídicas, contidas no texto da Constituição Federal, e que estabelecem, de modo expresso, a incompetência das pessoas políticas de direito constitucional interno para expedir regras instituidoras de tributos que alcancem situações específicas e suficientemente caracterizadas.

Por fim, atento para não confundir a linguagem do direito positivo com a realidade social que ele normatiza, leciona Paulo de Barros Carvalho[10] sobre a *isenção* na esfera tributária:

(...) as normas de isenção pertencem à classe das regras de estrutura, que intrometem modificações no âmbito da regra-matriz de incidência tributária, esta, sim, norma de conduta. (...). O que o preceito de isenção faz é subtrair *parcela* do campo de abrangência do critério do antecedente ou do conseqüente. (...). Consoante o entendimento que adotamos, a regra de isenção pode inibir a funcionalidade da regra-matriz tributária, comprometendo-a para certos casos, de oito maneiras distintas: quatro pela hipótese e quatro pelo conseqüente: I – *pela hipótese*: (a) atingindo-lhe o critério material, pela desqualificação do verbo; (b) atingindo-lhe o critério material, pela subtração do complemento; (c) atingindo-lhe o critério espacial; (d) atingindo-lhe o critério temporal; II – *pelo conseqüente*: (e) atingindo-lhe o critério pessoal, pelo sujeito ativo; (f) atingindo-lhe o critério pessoal, pelo sujeito passivo; (g) atingindo-lhe o critério quantitativo, pela base de cálculo; (h) atingindo-lhe o critério quantitativo, pela alíquota. *(Grifos do autor)*

No que concerne ao campo de abrangência da imunidade tributária, Roque Antonio Carrazza,[11] a roborar que o mister científico supõe um contínuo descortinar de verdades sempre que essas se revelarem

---

9. Paulo de Barros Carvalho, *Curso de Direito Tributário*, 18ª ed., p. 195.
10. Idem, pp. 503-504 e 506.
11. Roque Antonio Carrazza, *Curso de Direito Constitucional Tributário*, 24ª ed., pp. 715, 716 e 718.

mais compatíveis com as premissas acolhidas, reformulou seu entendimento para sustentar que, em tese, o invólucro da imunidade contribui para traçar as fronteiras de todas as espécies tributárias.

Neste ponto estávamos influenciados pela doutrina tradicional, que de modo apriorístico, sustenta que as imunidades foram feitas sob medida para os impostos e os tributos que guardam esta característica (como, por exemplo, as contribuições patrimoniais para a seguridade social).

Não tínhamos ainda percebido algo óbvio, ou seja, que nada impede que a Constituição de um país disponha de modo contrário às diretrizes doutrinárias.

(...).

Levou-nos a mudar de opinião a leitura do excelente livro de Regina Helena Costa titulado *Imunidades Tributárias*. (...).

Agora estamos convencidos, pois, de que, ao lume de nosso direito constitucional positivo, não procede a assertiva de que a imunidade tributária, no Brasil, só alcança os impostos.

JURISPRUDÊNCIA

O STF, no julgamento em que se discutiu a constitucionalidade da *emenda constitucional* instituidora do Imposto Provisório sobre Movimentação Financeira – IPMF, reconheceu o caráter imutável das imunidades genéricas a que se refere o art. 150, VI, da CF de 1988:

Direito constitucional e tributário – Ação direta de inconstitucionalidade de emenda constitucional e de lei complementar – Imposto Provisório sobre a Movimentação ou Transmissão de Valores e de Créditos e Direitos de Natureza Financeira/IPMF – Arts. 5º, § 2º, 60, § 4º, I e IV, 150, III, "b", e VI, "a", "b", "c" e "d", da CF. 1. Uma emenda constitucional, emanada, portanto, de Constituinte derivada, incidindo em violação à Constituição originária, pode ser declarada inconstitucional pelo STF, cuja função precípua é de guarda da Constituição (art. 102, I, "a", da CF). 2. A EC n. 3, de 17.3.1993, que, no art. 2º, autorizou a União a instituir o IPMF, incidiu em vício de inconstitucionalidade ao dispor, no § 2º desse dispositivo, que quanto a tal tributo não se aplica "o art. 150, III, 'b', e VI', da Constituição", porque, desse modo, violou os seguintes princípios e normas imutáveis (somente eles, não outros): (1) o princípio da anterioridade, que é garantia individual do contribuinte (art. 5º, § 2º, art. 60, § 4º, IV, e art. 150, III, "b" da Constituição); (2) o princípio da imunidade tributária recíproca (que veda à União, aos Estados, ao Distrito Federal e aos Municípios a instituição de impostos sobre o patrimônio, rendas ou serviços uns dos outros) e que é garantia da Federação (art. 60, § 4º, I, e art. 150, VI, "a", da CF); (3) a norma que, estabelecendo outras imunidades, impede a criação de impostos (art. 150, III) sobre: "b) templos de qualquer culto"; "c) patrimônio, renda ou serviços dos partidos políticos, inclusive suas fundações, das entidades sindicais dos trabalhadores, das instituições de educação e de assistência social, sem fins lucrativos, atendidos os requisitos da lei"; e "d) – livros, jornais, periódicos e o papel destinado à sua impressão". 3. Em conseqüência, é inconstitucional, também, a Lei Complementar n. 77, de 13.7.1993, sem redução de textos, nos pontos em que determinou a incidência do tributo no mesmo ano (art. 28) e deixou de reconhecer as imunidades previstas no art. 150, VI, "a", "b", "c" e "d" da CF (arts. 3º, 4º e 8º do mesmo diploma, Lei Complementar n. 77/1993). 4. Ação direta de inconstitucionalidade julgada procedente, em parte, para tais fins, por maioria, nos termos do voto do Relator, mantida, com relação a todos os contribuintes, em caráter definitivo, a medida cautelar, que suspendera a cobrança do tributo no ano de 1993. [STF, **Tribunal Pleno, ADI n. 939-DF, rel. Min. Sydney Sanches, j. 15.12.1993, m.v., *DJU* 18.3.1994**]

Convém, ainda, salientar uma parte do voto proferido pelo Relator, Min. Sidney Sanches, no que diz respeito às cláusulas pétreas em comento:

> Não é despiciendo alertar que, entre as cláusulas pétreas do art. 60, § 4º, incisos I a IV, da CF não se inclui a vedação ao poder constituinte derivado de deliberar sobre emenda constitucional que preveja um novo imposto, ou elimine outros, ou modifique os que já haviam sido discriminados. (...). Infere-se, pois, que os direitos e garantias protegidos pela cláusula pétrea do art. 60, § 4º, inciso IV, da Carta Política de 1988 não abarcam todos os direitos e garantias expressos na Constituição, nem os decorrentes do regime e dos princípios por ela adotados, ou dos tratados internacionais em que a República Federativa do Brasil seja parte, pois, se assim fosse, petrificada estaria, praticamente, toda a Constituição. (...). Portanto, repita-se que, como as normas oriundas do poder constituinte derivado, tendo atuado este em harmonia com o art. 60 da Lei Máxima, têm a mesma natureza e hierarquia

das normas provenientes do poder constituinte originário, tendo sido os preceitos do art. 2º da EC n. 3/1993 adicionados, provisoriamente, à Constituição Federal de 1988, não há de se cogitar de inconstitucionalidade da própria Constituição. Enfatize-se, outrossim, que, como a instituição do acoimado imposto não ocorreu mediante o uso da competência tributária residual da União, não há de se perquirir, *in specie*, de descuramento aos requisitos do art. 154, I, da CF (...). **[STF, Tribunal Pleno, ADI n. 939-DF, rel. Min. Sydney Sanches, j. 15.12.1993, m.v., *DJU* 18.3.1994]**

A olvidar a supremacia da Constituição Federal, a Lei ordinária federal 9.532/1997 previa a incidência de imposto de renda sobre rendimentos auferidos por qualquer beneficiário, *inclusive pessoa imune*, nas aplicações em fundos de investimentos.[12] Posteriormente, assim se manifestou o STF:

> Constitucional – Tributário – Imposto de renda – Imunidade tributária – CF, art. 150, VI, "a", "b", "c" e "d" – Lei n. 9.532/1997, art. 28. I – Inconstitucionalidade da expressão "inclusive pessoa jurídica imune", inscrita no art. 28 da Lei n. 9.532/1997 – CF, art. 150, VI, "a", "b", "c" e "d". II – Ação direta de inconstitucionalidade julgada procedente. **[STF, Tribunal Pleno, ADI 1.758-DF, rel. Min. Carlos Velloso, j. 10.11.2004, v.u., *DJU* 11.3.2005, p. 6]**

Observe-se que a imunidade recíproca estende-se às autarquias, desde que se refira a suas finalidades públicas essenciais ou às delas decorrentes. Nesse sentido:

> Constitucional – Tributário – Imunidade tributária recíproca – Autarquia estadual – IPTU – CF, art. 150, VI, "a", e § 2º. I – A imunidade tributária recíproca dos entes políticos (art. 150, VI, "a") é extensiva às autarquias no que se refere ao patrimônio, à renda e aos serviços vinculados a suas finalidades essenciais ou às delas decorrentes – CF, art. 150, § 2º. II – No caso, o imposto (IPTU) incide sobre prédio ocupado pela autarquia. Está, pois, coberto pela imunidade tributária. III – Recurso extraordinário não conhecido. **[STF, 2ª Turma, RE 203.839-3, rel. Min. Carlos Velloso, j. 17.12.1996, v.u., *DJU* 2.5.1997, p. 16.574]**

---

12. A propósito, a Lei Complementar 116/2003 atribui à pessoa jurídica tomadora ou intermediária de serviços, ainda que imune ou isenta, a condição de responsável tributária pelo ISS, multa e acréscimos legais (art. 6º, § 2º, II).

De igual modo, não incide IPTU nos imóveis de uso especial da Cia. Docas do Estado de São Paulo – CODESP, na qualidade de delegatária do serviço de exploração do Porto de Santos, conforme entendimento do STF:

> Recurso extraordinário – Tributário – IPTU – Imóveis do acervo patrimonial do Porto de Santos – Imunidade recíproca – Taxas. 1. Imóveis situados no porto, área de domínio público da União, e que se encontram sob custódia da companhia em razão de delegação prevista na Lei de Concessões Portuárias – Não-incidência do IPTU, por tratar-se de bem e serviço de competência atribuída ao Poder Público (arts. 21, XII, "f", e 150, VI, da CF). 2. Taxas – Imunidade – Inexistência, uma vez que o preceito constitucional só faz alusão expressa a imposto, não comportando a vedação à cobrança de taxas – Recurso extraordinário parcialmente provido. **[STF, 2ª Turma, RE 265.749-SP, rel. Min. Maurício Corrêa, j. 27.5.2003, v.u., *DJU* 12.9.2003, p. 49]**

Também quanto à imunidade recíproca cuida-se de saber se incide IPVA em veículos de empresa pública, mais especificamente no caso da Empresa Brasileira de Corretos e Telégrafos – ECT, que, frise-se, executa, ao menos, dois serviços de manutenção obrigatória para a União – quais sejam: os serviços postais e o de Correio Aéreo Nacional, nos termos do art. 21, X, da CF de 191988.

A dificuldade reside no fato de se tratar de *empresa pública federal, que também explora atividade econômica sob regime de direito privado*. Afinal, a ECT, além dos serviços acima mencionados, executa outros que não são públicos nem têm caráter de serviços postais. Veja-se, a respeito:

> Processual civil – Ação cível originária – Decisão monocrática que indefere antecipação de tutela – Agravo regimental – Constitucional – Tributário – Imposto sobre a propriedade de veículos automotores (IPVA) – Imunidade recíproca – Empresa Brasileira de Correios e Telégrafos (ECT) – Exame da índole dos serviços prestados – Diferenciação entre serviços públicos de prestação obrigatória e serviços de índole econômica – Art. 150, VI, "a", e § 3º, da Constituição. Em juízo cautelar reputa-se plausível a alegada extensão da imunidade recíproca à propriedade de veículos automotores destinados à prestação de serviços postais – Precedentes da 2ª Turma do STF – Agravo regimental conhecido e provido. **[STF, Tribunal Pleno, ACO/AgR**

765-RJ, rel. Min. Marco Aurélio, relator para acórdão Min. Joaquim Barbosa, j. 5.10.2006, m.v., *DJU* 15.12.2006, p. 81]

O STF reformou acórdão de Tribunal de Justiça que decidira que a imunidade sobre templos de qualquer culto não deve se estender a lotes vagos e prédios comerciais da entidade religiosa dados em locação, haja vista que apenas a imunidade de templos de qualquer culto (alínea "b" do inciso VI do art. 150 da CF) fora questionada, razão pela qual nesse julgamento não foi acolhida a interpretação ampliativa que o STF vem imprimindo à matéria sob o pálio da alínea "c" do citado dispositivo. Veja-se a ementa:

> Recurso extraordinário – 2. Imunidade tributária de templos de qualquer culto – Vedação de instituição de impostos sobre o patrimônio, renda e serviços relacionados com as finalidades essenciais das entidades – Art. 150, VI, "b", e § 4º, da Constituição. 3. Instituição religiosa – IPTU sobre imóveis de sua propriedade que se encontram alugados. 4. A imunidade prevista no art. 150, VI, "b", da CF deve abranger não somente os prédios destinados ao culto, mas, também, o patrimônio, a renda e os serviços "relacionados com as finalidades essenciais das entidades nelas mencionadas". 5. O § 4º do dispositivo constitucional serve de vetor interpretativo das alíneas "b" e "c" do inciso VI do art. 150 da CF – Equiparação entre as hipóteses das alíneas referidas. 6. Recurso extraordinário provido. [**STF, Tribunal Pleno, RE 325.822, rel. Min. Ilmar Galvão, j. 18.12.2002, m.v., *DJU* 14.5.2004, p. 246**]

Como visto no item 12.2.3, os partidos políticos e suas fundações, sindicatos dos trabalhadores, instituições assistenciais e educacionais estarão imunes aos impostos sobre seu patrimônio, renda ou serviços somente se vinculados às suas finalidades essenciais. Nesse sentido, registre-se a Súmula 724 do STF:

> [**STF**] **Súmula 724.** Ainda quando alugado a terceiros, permanece imune ao IPTU o imóvel pertencente a qualquer das entidades referidas pelo art. 150, VI, "c", da Constituição, desde que o valor dos aluguéis seja aplicado nas atividades essenciais de tais entidades.

Outrossim, registre-se o entendimento do STF que afasta a incidência do IPTU em imóveis pertencentes a instituições de assistência social, no caso sociedade religiosa, ainda que se encontrem alugados para terceiros, pois, consoante ensinamento de Luciano Amaro, citado no voto do Min. Sepúlveda Pertence, se "rendas relacionadas com as finalidades essenciais" fossem apenas as rendas produzidas pelo objeto social da entidade – que, via de regra, enseja despesas, e não recursos –, seria praticamente inócuo o dispositivo que assegura a imunidade em tela:

> Imunidade tributária do patrimônio das instituições de assistência social (CF, art. 150, VI, "c"): sua aplicabilidade de modo a preexcluir a incidência do IPTU sobre imóvel de propriedade da entidade imune, ainda quando alugado a terceiro, sempre que a renda dos aluguéis seja aplicada em suas finalidades institucionais. **[STF, Tribunal Pleno, RE 237.718-SP, rel. Min. Sepúlveda Pertence, j. 29.3.2001, m.v., *DJU* 6.9.2001, p. 21]**

Consoante o teor da Súmula 730 do STF, somente se não houver contribuição de seus beneficiários as entidades fechadas de previdência social farão jus ao benefício da imunidade, *verbis*:

> **[STF] Súmula 730.** A imunidade tributária conferida a instituições de assistência social sem fins lucrativos pelo art. 150, VI, "c", da Constituição somente alcança as entidades fechadas de previdência social privada se não houver contribuição dos beneficiários.

Considerando-se que toda a renda do SESC é aproveitada em suas finalidades assistenciais à categoria dos comerciários e à comunidade, bem como o fato de que as rendas oriundas da prestação de serviço figuram entre as que constituem os recursos que constam em seu regulamento, decidiu a Suprema Corte pelo cabimento da imunidade no caso em apreço:

> ISS – SESC – Cinema – Imunidade tributária (art. 19, III, "c", da EC n. 1/1969) – Código Tributário Nacional (art. 14). Sendo o SESC instituição de assistência social, que atende aos requisitos do art. 14 do CTN – o que não se pôs em dúvida nos autos –, goza da imunidade tributária prevista no art. 19, III, "c", da EC n. 1/1969, mesmo na operação de prestação de serviços de diversão pública (cinema), mediante cobrança de ingressos aos comerciários (seus filiados) e ao público em geral. **[STF, 1ª Turma, RE 166.188-SP, rel. Min. Octávio Gallotti, j. 20.2.1990, m.v., *DJU* 16.3.1990, p. 1.869]**

Acerca do alcance da imunidade genérica sobre livros, jornais e periódicos, bem como do papel destinado à sua impressão, restou consolidada a Súmula 657 do STF:

[STF] Súmula 657. A imunidade prevista no art. 150, VI, "d", da CF abrange os filmes e papéis fotográficos necessários à publicação de jornais e periódicos.

Como visto, as imunidades genéricas referentes aos livros, jornais e periódicos não abrangem a tinta, pois, em consonância com o entendimento da Suprema Corte, tinta não pode ser considerada insumo relacionado ao papel:

> Imposto de importação – Tinta especial para jornal – Não-ocorrência de imunidade tributária. Esta Corte já firmou o entendimento (a título de exemplo, nos RE ns. 190.761, 174.476, 203.859, 204.234 e 178.863) de que apenas os materiais relacionados com o papel – assim, papel fotográfico, inclusive para fotocomposição por *laser*, filmes fotográficos, sensibilizados, não-impressionados, para imagens monocromáticas e papel para telefoto – estão abrangidos pela imunidade tributária prevista no art. 150, VI, "d", da Constituição. No caso, trata-se de tinta para jornal, razão por que o acórdão recorrido, por ter esse insumo como abrangido pela referida imunidade, e, portanto, imune ao imposto de importação, divergiu da jurisprudência desta Corte – Recurso extraordinário conhecido e provido. **[STF, 1ª Turma, RE 284.430-6-RJ, rel. Min. Moreira Alves, j. 28.11.2000, v.u., *DJU*-E-1 9.2.2001, p. 40]**

> Constitucional – Tributário – Imunidade tributária – Papel: filmes destinados à produção de capas de livros – CF, art. 150, VI, "d". I – Material assimilável a papel, utilizado no processo de impressão de livros e que se integra no produto final – capas de livros sem capadura –, está abrangido pela imunidade do art. 150, VI, "d" – Interpretação dos precedentes do STF, pelo seu Plenário, nos RE ns. 174.476-SP, 190.761-SP, Min. Francisco Rezek, e 203.859-SP e 204.234-RS, Min. Maurício Corrêa. II – Recurso extraordinário conhecido e improvido. **[STF, 2ª Turma, RE 392.221, rel. Min. Carlos Velloso, j. 18.5.2004, v.u., *DJU* 11.6.2004, p. 16]**

Álbum de figurinhas foi considerado imune aos impostos, uma vez que o STF reconheceu que sua finalidade consiste em estimular o público infantil a se familiarizar com os meios de comunicação impressos e, desse modo, cumpre a finalidade de facilitar o acesso à cultura, à informação e à educação. O TJSP havia entendido que, pelo fato de terem o mesmo tema de programa televisivo, os álbuns de figurinhas apenas serviriam de veículo de propaganda do programa. A Suprema Corte, todavia, decidiu que atribuir à publicação caráter puramente comercial seria imiscuir-se em seara subjetiva não amparada pela Lei Maior. Cite-se:

> Constitucional – Tributário – Imunidade – Art. 150, VI, "d", da CF/1988 – "Álbum de figurinhas" – Admissibilidade. 1. A imunidade tributária sobre livros, jornais, periódicos e o papel destinado à sua impressão tem por escopo evitar embaraços ao exercício da liberdade de expressão intelectual, artística, científica e de comunicação, bem como facilitar o acesso da população à cultura, à informação e à educação. 2. O constituinte, ao instituir esta benesse, não fez ressalvas quanto ao valor artístico ou didático, à relevância das informações divulgadas ou à qualidade cultural de uma publicação. 3. Não cabe ao aplicador da norma constitucional em tela afastar este benefício fiscal instituído para proteger direito tão importante ao exercício da democracia por força de um juízo subjetivo acerca da qualidade cultural ou do valor pedagógico de uma publicação destinada ao público infanto-juvenil. 4. Recurso extraordinário conhecido e provido. [**STF, 2ª Turma, RE 221.239-SP, rela. Min. Ellen Grace, j. 25.5.2004, v.u.,** *DJU* **6.8.2004, p. 61**]

Questões

1. Imunidades tributárias são cláusulas pétreas?
2. Quais as semelhanças e dessemelhanças entre "imunidade" e "isenção"?
3. Quais são as imunidades genéricas? Explique-as.
4. Cite três exemplos de imunidade específica. Justifique.
5. A imunidade concedida aos impostos conflita com o princípio da capacidade contributiva?

Consultas

1. [**133º Exame de Ordem/SP, 2007, n. 5**] Determinada entidade religiosa, imune nos termos do disposto no art. 150, inciso VI, da CF, procura-o, pois recebeu cobrança de IPTU de imóvel de sua propriedade alugado para uma empresa que explora estacionamentos de veículos. Qual seria a argumentação que poderia ser utilizada na defesa dos interesses da aludida entidade religiosa?

2. [**132º Exame de Ordem/SP, 2007, n. 1**] A empresa "X", importadora de revistas estrangeiras, foi surpreendida pela cobrança, por parte do Fisco Federal,

de imposto de importação (II) e imposto sobre produtos industrializados (IPI) sobre a importação de revistas americanas, especificamente *Playboy*, *Hustler* e *Penthouse* (revistas de entretenimento e fotos de homens e mulheres nus). Alegou o Fisco Federal que, apesar de a importação de tais produtos ser permitida pela legislação em vigor, não constituindo qualquer espécie de prática ilícita, as referidas revistas não continham qualquer conteúdo intelectual ou cultural que justificasse o não-pagamento de tributos na importação. Como advogado da empresa "X", quais os argumentos que poderão ser utilizados em sua defesa? Fundamente.

3. [132º Exame de Ordem/SP, 2007, n. 4] A empresa "Z" desenvolve, exclusivamente, atividade comercial na área de tapeçaria. Seu sócio majoritário, tendo em vista o desenvolvimento e crescimento das vendas durante o ano de 2007, decide construir, em nome próprio, uma nova loja no interior de São Paulo. Após a construção do referido imóvel, o sócio majoritário decide aumentar o capital da empresa "Z" mediante integralização de capital com o citado imóvel. Após efetivar o mencionado aumento de capital, a empresa "Z" recebe a cobrança do imposto sobre a transmissão *inter vivos* de bens e direitos reais sobre imóveis (ITBI). Como advogado de "Z", quais os argumentos em defesa de seu cliente? Fundamente.

4. [126º Exame de Ordem/SP, 2005, n. 1] A Santa Casa de determinada localidade, entidade assistencial sem fins lucrativos, é detentora de um imóvel, na região central da cidade, no qual exerce atividade hospitalar a pessoas carentes e explora parte de seu terreno como estacionamento, em benefício de suas finalidades. Para obter recursos de maior monta, promoveu campanha de rifas, dando ao vencedor o direito de uso do terreno do estacionamento, por um ano, sem qualquer ônus. O ganhador resolveu utilizar o referido terreno para estacionamento de seus familiares. No início do ano foi notificado pela Prefeitura Municipal para pagar o IPTU, sendo considerado contribuinte, na qualidade de possuidor do imóvel a título de direito de uso (art. 34 do CTN). É devido o IPTU nas circunstâncias relatadas? Fundamente a sua resposta.

5. [124º Exame de Ordem/SP, 2004, n. 2] O Lar dos Idosos da Irmã Teodora, entidade civil sem fins lucrativos, voltada ao amparo aos idosos, mantém um conjunto residencial, ocupado por idosos que, (i) mediante o pagamento de um valor único (*lump sum*), subsidiado, adquirem o direito de uso do apartamento, em caráter vitalício, sem possibilidade de transferência a terceiros; (ii) mediante o pagamento de alugueres mensais simbólicos, ocupam suas unidades. Havendo unidades vagas, estas são alugadas a terceiros, a valores de mercado, voltando-se a renda à manutenção do conjunto residencial. Os administradores do Lar formulam consulta, indagando-lhe: (a) Embora tenham ciência de que não haveria imposto de renda sobre os ganhos obtidos na cessão de uso dos imóveis aos idosos, as receitas obtidas no aluguel de unidades, no mercado, também estariam protegidas daquele imposto? (b) Incide o IPTU sobre as unidades cedidas a título vitalício? Fundamente.

IMUNIDADE TRIBUTÁRIA 269

6. [122º Exame de Ordem/SP, 2003, n. 3] Lei do Município de Valetas instituiu, em 31.12.2003, imposto sobre serviços de qualquer natureza, que passa a ser exigido, a partir de 1.1.2004, dos prestadores de serviços de assessoria em Informática. Fundação instituída e mantida pelo Governo Estadual consulta-o sobre a possibilidade de afastar a exigência sobre seus serviços prestados em janeiro e fevereiro, com base na imunidade recíproca. Você concordaria com a existência de tal direito? Justifique. Em caso negativo, poderia a exigência ser afastada por outro fundamento?

7. [120º Exame de Ordem/SP, 2003, n. 3] Manuel assinou contrato de compromisso de compra e venda de imóvel pertencente à União, localizado no Município de Itavocaba da Serra. Surpreendeu-se, entretanto, com a informação de que deveria recolher ao referido Município o ITBI *inter-vivos* e o IPTU relativos ao imóvel. Acredita ele que, na qualidade de compromissário comprador de imóvel registrado em nome da União, não se sujeita ao pagamento de impostos. Oriente Manuel a respeito de sua situação.

MEDIDAS JUDICIAIS

1. [132º Exame de Ordem/SP, 2007, n. 3] A Igreja Evangélica "X" recebeu intimação da Secretaria do Estado, por intermédio da qual se solicitam esclarecimentos acerca da utilização de frota de veículos de propriedade da instituição. Após o recebimento de tal consulta, a entidade religiosa respondeu ao Fisco Estadual que todos os veículos eram utilizados em serviços administrativos da entidade. Não satisfeita com a resposta aludida, a Secretaria do Estado realiza o lançamento do IPVA dos últimos cinco anos com imposição de multa. A entidade religiosa consulta-o a respeito da constitucionalidade de tal medida. **QUESTÃO:** Como advogado da entidade religiosa, redija a medida judicial que contemple a não-necessidade de desembolso de caixa imediato para pagamento ou garantia do referido tributo.

2. [132º Exame de Ordem/SP, 2007, n. 1] A instituição de educação Colégio dos Mares S/C ingressou com consulta perante determinada Municipalidade com intuito de ver confirmado o seu entendimento no sentido de que está imune do IPTU sobre imóveis de sua propriedade, locados para terceiros (um imóvel está locado para uma padaria e outro para um hotel). A resposta do referido Município foi negativa. Entendeu a ilustre Consultoria do Município que somente estariam albergados pela imunidade aludida os imóveis utilizados na consecução dos fins essenciais da mencionada entidade de educação. Portanto, no entender da Municipalidade, a locação de bens a terceiros não constituiria uma atividade essencial da aludida instituição. **QUESTÃO:** Como advogado do Colégio dos Mares S/C, formule a medida judicial mais célere e menos custosa possível com o objetivo de não se ver constrangido, de imediato, ao pagamento do referido tributo.

3. [131º Exame de Ordem/SP, 2006, n. 1] A empresa estatal "A", criada por lei e prestadora de serviços públicos mediante delegação da União, recebeu, no mês de janeiro/2007, vários lançamentos do IPVA ("carnês"), relativos à sua frota de veículos. Os referidos lançamentos referem-se aos fatos geradores ocorridos de janeiro/1998 a janeiro/2007. Cabe ressaltar que a empresa "A" nunca havia recebido qualquer cobrança de IPVA sobre a propriedade de seus veículos. Caso seja obrigada a pagar a mencionada exação, terá um forte impacto no seu caixa. **QUESTÃO:** Por não concordar com a exigência do IPVA acima mencionado, a aludida empresa contrata-o, após processo licitatório, para propor uma medida judicial que afaste a cobrança do IPVA de imediato. Pede o cliente que a referida medida judicial seja a mais célere possível e que não acarrete maiores ônus em caso de perda da ação. Como advogado, redija a peça adequada.

4. [124º Exame de Ordem/SP, 2004, n. 1] Determinada Câmara de Direito Público do egrégio TJSP, em ação ordinária, negou provimento a apelação interposta pelo Estado de São Paulo ao entendimento de que é aplicável a imunidade tributária à importação de filmes de laminação para capas de livros (polímero de polipropileno, filme BOPP). O acórdão porta a seguinte ementa: "Tributos – ICMS – Declaratória – Imunidade – Filme de laminação de capas de livros (polímero de polipropileno, filme BOPP) – Material que se integra no produto final, incorporado ao papel das capas dos livros, tem a mesma natureza deste, gozando de sua imunidade – Honorários fixados de acordo com o tempo e trabalho exigidos do advogado – Negado provimento aos recursos". O Estado de São Paulo interpõe recurso extraordinário, tempestivamente, sustentando, em síntese, o seguinte: (i) que foi ofendido mandamento constitucional de imunidade, já que o polímero de polipropileno (filme de laminação para capa de livro) não é consumido no processo de impressão de livros; (ii) que a decisão contraria a jurisprudência, que vem excluindo da proteção constitucional máquinas e mercadorias que tecnicamente são consideradas da família dos plásticos; (iii) que o insumo "polímero de polipropileno", da família dos plásticos, não é consumido imediatamente no processo produtivo, mas desgasta-se paulatinamente na produção; (iv) que as atividades praticadas pela empresa não se restringem à edição, comercialização, importação e exportação de livros, jornais e revistas, mas também à exploração da indústria gráfica em suas diversas modalidades. **QUESTÃO:** Na qualidade de advogado do contribuinte, elabore a peça adequada para apreciação pelo Tribunal competente.

Dissertação

"Imunidade e Isenção. Conceito. Distinções. Imunidades Genéricas e Específicas. Exemplos".

Tema para Pesquisa
"Imunidade e Cláusula Pétrea".

Testes

1. [132º Exame de Ordem/SP, 2007, n. 84] Com relação ao exato significado (inclusive em função do julgamento pelo STF) do termo "isenção", constante do art. 195, § 7º, da CF, que dispõe: "São isentas de contribuição para a seguridade social as entidades beneficentes de assistência social que atendam às exigências estabelecidas em lei", pode-se afirmar que:

a) ( ) Se trata efetivamente do instituto da isenção.
b) ( ) Se refere a hipótese de não-incidência.
c) ( ) Se trata de imunidade constitucional.
d) ( ) Se refere a isenção condicionada.

2. [131º Exame de Ordem/SP, 2007, n. 84] Sobre as limitações do poder de tributar, assinale a alternativa incorreta:

a) ( ) O princípio da legalidade estabelece que é vedado à União, aos Estados, ao Distrito Federal e aos Municípios exigir ou aumentar tributo sem lei que o estabeleça.
b) ( ) A União, os Estados, o Distrito Federal e os Municípios não podem cobrar tributos em relação a fatos geradores ocorridos antes do início da vigência da lei que os houver instituído ou aumentado.
c) ( ) O princípio da igualdade estabelece que é vedado à União, aos Estados, ao Distrito Federal e aos Municípios instituir tratamento desigual entre contribuintes que se encontrem em situação equivalente, proibida qualquer distinção em razão de ocupação profissional ou função por eles exercida, independentemente da denominação jurídica dos rendimentos, títulos ou direitos.
d) ( ) A União, os Estados, o Distrito Federal e os Municípios não podem instituir impostos sobre patrimônio, renda ou serviços, uns dos outros, sendo certo que tal imunidade não se estende às autarquias e às fundações instituídas e mantidas pelo Poder Público.

3. [130º Exame de Ordem/SP, 2006, n. 88] Assinale a alternativa incorreta:

a) ( ) As taxas somente podem ser cobradas pela utilização efetiva de um serviço público específico e divisível e não por sua utilização potencial.
b) ( ) A competência tributária é indelegável, salvo atribuição das funções de arrecadar ou fiscalizar tributos.

c) ( ) A imunidade de impostos sobre o patrimônio, a renda ou serviços dos partidos políticos, inclusive suas fundações, das entidades sindicais dos trabalhadores, das instituições de educação e de assistência social, sem fins lucrativos, está subordinada à observância dos seguintes requisitos por essas entidades: (i) não distribuírem qualquer parcela de seu patrimônio ou de suas rendas, a qualquer título; (ii) aplicarem integralmente, no PAÍS, os seus recursos na manutenção dos seus objetivos institucionais; (iii) manterem escrituração de suas receitas e despesas em livros revestidos de formalidades capazes de assegurar sua exatidão.

d) ( ) A contribuição de melhoria cobrada pela União, pelos Estados, pelo Distrito Federal ou pelos Municípios, no âmbito de suas respectivas atribuições, é instituída para fazer face ao custo de obras públicas de que decorra valorização imobiliária, tendo como limite total a despesa realizada, e como limite individual o acréscimo de valor que da obra resultar para cada imóvel beneficiado.

4. [130º Exame de Ordem/SP, 2006, n. 82] Sobre a imunidade recíproca prevista no art. 150, VI, "a", da CF, é incorreto afirmar que:

a) ( ) Consiste na vedação à União, aos Estados, ao Distrito Federal e aos Municípios de instituir impostos sobre o patrimônio, renda ou serviços, uns dos outros.

b) ( ) É extensiva às autarquias e às fundações instituídas e mantidas pelo Poder Público, no que se refere ao patrimônio, à renda e aos serviços vinculados a suas finalidades essenciais ou às delas decorrentes.

c) ( ) Não se aplica ao patrimônio, à renda e aos serviços relacionados com exploração de atividades econômicas regidas pelas normas aplicáveis a empreendimentos privados, ou em que haja contraprestação ou pagamento de preços ou tarifas pelo usuário, nem exonera o promitente comprador da obrigação de pagar imposto relativamente ao bem imóvel.

d) ( ) Estabelece que as empresas públicas não devem pagar imposto de renda sobre os lucros que apurarem, mas que tal disposição não se aplica às sociedades de economia mista.

5. [129º Exame de Ordem/SP, 2006, n. 83] Das alternativas apresentadas, assinale aquela que cuida de hipótese de isenção tributária e não de imunidade:

a) ( ) Não-tributação, por impostos, do patrimônio, renda ou serviços das entidades sindicais dos trabalhadores.

b) ( ) Não-tributação pelo IPI dos produtos industrializados destinados ao Exterior.

c) ( ) Não-tributação pelo imposto sobre transmissão *inter vivos*, a qualquer título, por ato oneroso, de bens imóveis e de direitos reais sobre imóveis – ITBI na transmissão de bens ou direitos incorporados ao patrimônio de pessoa jurídica em realização de capital, nem sobre a transmissão de bens ou direitos decorrente de fusão, incorporação, cisão ou extinção de pessoa jurídica.

d) ( ) Não-tributação pelo IPI dos automóveis de passageiros de fabricação nacional adquiridos por pessoas portadoras de deficiência física, visual, mental, severa ou profunda, ou autistas.

6. [126º Exame de Ordem/SP, 2005, n. 84] É vedado à União, aos Estados, ao Distrito Federal e aos Municípios:

a) ( ) Instituir imposto sobre a renda das entidades sindicais de trabalhadores e empresariais que atendam aos requisitos da lei complementar.

b) ( ) Instituir impostos no mesmo exercício financeiro em que haja sido publicada a lei que os instituiu ou aumentou, ressalvada a incidência dos impostos aduaneiros, do IPI, do IOF e PIS/COFINS-Importação.

c) ( ) Cobrar tributos em relação a fatos geradores ocorridos antes do início da vigência da lei que os houver instituído ou aumentado.

d) ( ) Instituir tributos sobre templos de qualquer culto.

7. [124º Exame de Ordem/SP, 2004, n. 88] É vedado à União:

a) ( ) Bem como aos Estados, ao Distrito Federal e aos Municípios cobrar tributos uns dos outros.

b) ( ) Celebrar tratados em matéria tributária.

c) ( ) Instituir impostos extraordinários, fora de sua competência tributária, em caso de iminência de guerra externa.

d) ( ) Instituir incidência plurifásica, cumulativa ou não, do imposto sobre operações de crédito, câmbio e seguro, ou relativas a títulos ou valores mobiliários, sobre o ouro, definido em lei como ativo financeiro.

8. [IX Concurso Público de Ingresso na Magistratura Federal, TRF-1ª Região, 2004, n. 65] Assinale a alternativa correta:

a) ( ) A União poderá, em determinadas situações, conceder isenção do ICMS, de competência dos Estados, e do ISS, de competência dos Municípios.

b) ( ) Estados Federados poderão, em determinadas situações, conceder isenção de tributos municipais.

c) ( ) Lei que institui isenção para determinado tipo de indústria não poderá estendê-la às taxas e às contribuições de melhoria.

d) ( ) Isenção concedida por prazo indeterminado poderá ser revogada a qualquer tempo, sem a observância do princípio da anterioridade.

9. [122º Exame de Ordem/SP, 2003, n. 81] Imunidade:
a) ( ) Abrange o patrimônio, renda ou serviços das organizações das sociedades civis de interesse Público (OSCIPs).
b) ( ) Abrange as empresas públicas exploradoras de atividade econômica nos termos do § 1º do art. 173 da Magna Carta.
c) ( ) Pode ser alterada por lei complementar.
d) ( ) Impede a incidência de impostos sobre o patrimônio, a renda ou serviços das instituições de assistência social, atendidos os requisitos da lei.

10. [121º Exame de Ordem/SP, 2003, n. 90] Empresa sujeita a imunidade tributária está desobrigada de adimplir ou cumprir:
a) ( ) As obrigações acessórias, nos termos do inciso III do art. 14 do CTN.
b) ( ) As obrigações principais, nos termos da Constituição Federal.
c) ( ) Tanto as obrigações principais quanto as acessórias, nos termos da Constituição Federal.
d) ( ) A imunidade não desobriga o contribuinte nem das obrigações principais e nem das obrigações acessórias.

11. [120º Exame de Ordem/SP, 2003, n. 84] Imóvel de propriedade de sócio da empresa ABC Corretora e Administradora de Imóveis Ltda., que se dedica à atividade de compra, venda e locação de imóveis, é incorporado ao patrimônio desta para integralização do capital social. Nessa hipótese:
a) ( ) Incidirá imposto de transmissão *causa mortis* e doações (ITCMD), por tratar-se de transmissão não-onerosa a propriedade.
b) ( ) Não haverá incidência de qualquer imposto de transmissão, por tratar-se de imunidade constitucional.
c) ( ) Incidirá imposto de transmissão *inter vivos* (ITBI), de competência do Município da situação do imóvel.
d) ( ) Incidirá imposto sobre circulação de mercadorias e serviços (ICMS), por tratar-se de operação normalmente exercida pela sociedade, como atividade empresarial.

12. [119º Exame de Ordem/SP, 2003, n. 90] Tratando-se de imunidade tributária, é correto afirmar que:
a) ( ) Não se aplica às taxas e contribuições sociais.
b) ( ) Pode ser instituída por intermédio de lei complementar.
c) ( ) É norma constitucional que colabora no desenho das competências impositivas.
d) ( ) É extensiva aos partidos políticos, no que se refere ao patrimônio, à renda e aos serviços vinculados ou não a suas finalidades essenciais.

13. [119º Exame de Ordem/SP, 2003, n. 84] Quanto aos templos de qualquer culto, é correto afirmar que:

a) ( ) Estão isentos de qualquer tributação.
b) ( ) Poderão ser tributados em relação às taxas e contribuição de melhoria.
c) ( ) Poderão ser tributados em relação ao IPTU.
d) ( ) Poderão ser tributados apenas em relação aos impostos federais.

14. [118º Exame de Ordem/SP, 2002, n. 68] Entidade beneficente de assistência social, sem fins lucrativos e que preencha os requisitos para fruição de imunidade tributária está sujeita, em princípio:

a) ( ) Às taxas, à contribuição de melhoria e à contribuição de seguridade social.
b) ( ) Aos impostos sobre o patrimônio, às taxas e à contribuição de seguridade social.
c) ( ) Às taxas e à contribuição de melhoria.
d) ( ) Às taxas e à contribuição de seguridade social.

13
RESPONSABILIDADE TRIBUTÁRIA

13.1 Conceitos. 13.2 Classificação doutrinária: 13.2.1 Por transferência – 13.2.2 Por substituição. 13.3 Classificação legal: 13.3.1 Responsabilidade dos sucessores – 13.3.2 Responsabilidade de terceiros – 13.3.3 Responsabilidade por infrações. [DOUTRINA – JURISPRUDÊNCIA – QUESTÕES – CONSULTAS – MEDIDAS JUDICIAIS – DISSERTAÇÃO – TESTES]

13.1 Conceitos

Sujeito passivo da obrigação tributária é o devedor, ou seja, é a pessoa que tem o dever legal de cumprir a pretensão consistente em dar dinheiro ao Estado.

A *responsabilidade* supõe um dever a ser cumprido ou, ainda, a sujeição de alguém às conseqüências do descumprimento de um dever, como, por exemplo, o não-pagamento do tributo dentro do prazo legal.

Em ambas as hipóteses, nos termos do Código Tributário Nacional, a lei indicará expressamente quem figurará no pólo passivo da relação jurídica obrigacional decorrente da hipótese de incidência tributária ou do descumprimento do dever de pagar o tributo, nada obstante, nesta segunda hipótese, seu cunho sancionatório.

Por via de conseqüência, acordo entre o contribuinte e terceiros não vale contra o Fisco para o fim de liberar o sujeito passivo previsto em lei de sua responsabilidade pelo cumprimento do objeto da retrocitada obrigação. Vejamos:

[CTN] Art. 123. Salvo disposições de lei em contrário, as convenções particulares, relativas à responsabilidade pelo pagamento de tributos, não podem ser opostas à Fazenda Pública, para modificar a definição legal do sujeito passivo das obrigações tributárias correspondentes.

A propósito, o CTN traz as seguintes definições:

[CTN] Art. 121. (...).

Parágrafo único. O sujeito passivo da obrigação diz-se: I – contribuinte, quando tenha relação pessoal e direta com a situação que constitua o respectivo fato gerador; II – responsável, quando, sem revestir a condição de contribuinte, sua obrigação decorra de disposição expressa de lei.

Contribuinte é a pessoa que realizou o fato imponível e que, em regra, deve efetuar o recolhimento do tributo. Num sentido amplo, também é responsável tributário (devedor).

Responsável tributário em sentido restrito é uma terceira pessoa que, embora não tenha realizado o fato gerador *in concreto*, tem o dever de efetuar o pagamento do tributo, por expressa determinação legal.

A responsabilidade poderá ser atribuída ao próprio contribuinte ou a terceira pessoa que esteja indiretamente ligada à ocorrência do fato gerador *in concreto*. Por tal razão, fala-se em *sujeito passivo direto* (contribuinte) e *sujeito passivo indireto* (responsável tributário).

O responsável tributário é uma pessoa que, sem revestir a condição de contribuinte – já que apenas este está diretamente vinculado ao fato gerador –, deve cumprir a prestação pecuniária, de modo que a lei deve assegurar àquele, o responsável tributário, condições de pronto ressarcimento, isto é, sem necessidade de ingresso nas vias judiciais.

Nada obstante, o art. 128 do CTN também dá margem a uma interpretação literal que enseja conclusão diversa, ou seja, a de que o responsável tributário, assim como o contribuinte, deve ser pessoa vinculada ao fato gerador:

[CTN] Art. 128. Sem prejuízo do disposto neste Capítulo, a lei pode atribuir de modo expresso a responsabilidade pelo crédito tributário a terceira pessoa, vinculada ao fato gerador da respectiva obrigação, excluindo a responsabilidade do contribuinte ou atribuindo-a a este em caráter supletivo do cumprimento total ou parcial da referida obrigação.

Por fim, acerca do disposto no artigo abaixo transcrito, parece-nos conveniente remeter o leitor ao Capítulo 2, no intuito de reavivar as críticas anteriormente referidas ao art. 113 do CTN:

> **[CTN] Art. 121.** Sujeito passivo da obrigação principal é a pessoa obrigada ao pagamento de tributo ou penalidade pecuniária.
> **Art. 122.** Sujeito passivo da obrigação acessória é a pessoa obrigada às prestações que constituam o seu objeto.

Com efeito, naquela ocasião fora registrado, em breve síntese, que, a rigor, constitui-se a obrigação tributária acessória em mero dever de auxiliar o Fisco no tocante à fiscalização e arrecadação de tributos. Já a obrigação tributária principal, a despeito do disposto no art. 3º do mesmo Código, abrange também a obrigação sancionatória.

Finalmente, conforme já é cediço, cabe à lei indicar expressamente quem figurará no pólo passivo da obrigação jurídica tributária em abstrato, de modo que assim que ocorrer, no mundo fenomênico, aquele fato lícito descrito em lei (hipótese de incidência) nascerá a obrigação em concreto, onde figurará, no pólo passivo, o contribuinte e/ou o responsável tributário pelo pagamento da prestação pecuniária e, no pólo ativo, o credor, com seu respectivo crédito.

Cumpre, no entanto, registrar que, excepcionalmente, a lei do ente tributante poderá, com fulcro no § 7º do art. 150 da CF, introduzido pela Emenda Constitucional 3/1993, determinar o nascimento de uma obrigação tributária em concreto antes da ocorrência do correlato fato imponível. É dizer: a lei poderá atribuir a condição de responsável tributário pelo pagamento de imposto ou contribuição, impondo-se o respectivo pagamento, ante a mera presunção de que ocorrerá, posteriormente, o fato imponível.[1]

---

1. Cumpre, todavia, não olvidar que o Plenário do STF já havia rechaçado a alegação de ofensa ao princípio constitucional da irretroatividade ao reconhecer a constitucionalidade da chamada "substituição tributária para frente" antes mesmo da citada emenda constitucional (RE 213.396, *DJU* 1.12.2000). Demais disso: "É constitucional o regime de substituição tributária 'para frente', em que se exige do industrial, do atacadista ou de outra categoria de contribuinte, na qualidade de substituto, o recolhimento antecipado do ICMS incidente sobre o valor final do produto cobrado ao consumidor, retirando-se do revendedor ou varejista, substituído, a responsabilidade tributária – Precedente: RE n. 213.396-SP, julgado em sessão plenária a 2.8.1999. Não há, assim, ofensa ao direito de propriedade, ou mesmo a ocorrência de confisco, *ut* art. 150, IV, da CF" (STF, AI/AgR 207.377, rel. Min. Néri da Silveira, j. 2.5.2000, *DJU* 9.6.2000).

[CF] Art. 150. (...).
(...).

§ 7º. A lei poderá atribuir a sujeito passivo de obrigação tributária a condição de responsável pelo pagamento de imposto ou contribuição, cujo fato gerador deva ocorrer posteriormente, assegurada a imediata e preferencial restituição da quantia paga, caso não se realize o fato gerador presumido.

Infere-se do referido dispositivo que, caso não se verifique o esperado fato imponível, deverá ter o responsável tributário direito à restituição preferencial e imediata da quantia paga. Diga-se de passagem, esse direito à restituição não é incondicional, segundo entendimento de nossa Suprema Corte.

13.2 Classificação doutrinária

A *sujeição passiva indireta* (responsabilidade tributária) pode dar-se por transferência e por substituição.

13.2.1 Por transferência

Quando ocorre o fato gerador *in concreto*, nasce para o contribuinte o dever de pagar o tributo. Todavia, em decorrência de um fato novo, esse dever desloca-se para a pessoa do responsável.

Na sujeição passiva indireta por transferência tem-se:

Responsável por solidariedade – duas ou mais pessoas são obrigadas pela lei a responder pelo mesmo débito tributário. Exemplo: no condomínio *pro indiviso* cada um dos condôminos é detentor de uma quota-parte ideal do imóvel, mas o Fisco poderá cobrar todo o IPTU de qualquer um dos condôminos.

Observação: Não há benefício de ordem na solidariedade tributária (art. 124, parágrafo único, do CTN).

Responsável por sucessão – ocorre quando o primitivo devedor tributário desaparece, deixando quem lhe faça juridicamente as vezes. Noutro giro, o sucessor responde pelos débitos do sucedido. Exemplos: (a) o herdeiro responde pelas dívidas no limite da herança; (b) se a empresa "X" adquire a empresa "Y", responderá pelas dívidas tributárias da empresa adquirida.

Responsável legal – ocorre nos casos em que o tributo não fora devidamente recolhido por omissão da pessoa que tem o dever legal de zelar para que o contribuinte cumpra seu mister. Deste modo, aquele responderá perante o Fisco pelo débito tributário, nos termos da lei. Exemplo: o tabelião que lavrar escritura de compra e venda sem exigir comprovação de inexistência de débitos tornar-se-á legalmente responsável pelas dívidas devidas e não-pagas pelo contribuinte, isto é, pelo realizador do fato imponível.

13.2.2 Por substituição

Neste caso, o dever de pagar o tributo nasce, desde a ocorrência do fato gerador *in concreto*, na pessoa do responsável. Exige-se o pagamento do tributo diretamente do responsável, que somente depois poderá ressarcir-se junto ao contribuinte. Exemplo: imposto de renda retido na fonte pela empresa empregadora.

13.3 Classificação legal

O Código Tributário Nacional assim classifica a sujeição passiva indireta:

O art. 129 estabelece que as obrigações nascidas e não-cumpridas até a data da sucessão serão transferidas para o sucessor, independentemente de não ter havido o lançamento até a referida data.

Cuidando-se de aquisição de imóveis, os tributos não-pagos pelo anterior proprietário até a data da transmissão serão exigidos do adquirente (art. 130).

Todavia, a prova de quitação de tributos desonera o adquirente de qualquer responsabilidade tributária, inclusive quanto aos tributos nascidos antes da transmissão e apenas posteriormente apurados.

O parágrafo único do art. 130 também exonera o arrematante que adquirir bens em hasta pública de qualquer responsabilidade tributária. A dívida tributária deverá ser quitada com o próprio dinheiro do lanço ofertado. É dizer, desconta-se do preço da arrematação o dinheiro necessário ao pagamento do tributo.

Registre-se, ainda, que na sucessão imobiliária *inter vivos* o adquirente responderá por eventuais tributos e penalidades existentes e não-satisfeitos. Já quanto à sucessão *causa mortis* o adquirente não responderá por eventuais multas fiscais, diante da impossibilidade de solicitação prévia da prova de quitação de tributos.

13.3.1 Responsabilidade dos sucessores[2]

Cumpre, de plano, explicitar que a responsabilidade por sucessão a que se refere o Código Tributário Nacional corresponde ao que a doutrina denomina de *responsabilidade por transferência*. O mesmo se pode dizer a respeito da responsabilidade de terceiros, a seguir exposta.

Vejamos o que dispõe o CTN a esse respeito:

> **[CTN] Art. 131.** São pessoalmente responsáveis: I – o adquirente ou remitente[3] pelos tributos relativos aos bens adquiridos ou remidos; II – o sucessor a qualquer título e o cônjuge meeiro, pelos tributos devidos pelo *de cujus* até a data da partilha ou adjudicação, limitada esta responsabilidade ao montante do quinhão, do legado ou da meação; III – o espólio,[4] pelos tributos devidos pelo *de cujus* até a data da abertura da sucessão.
>
> **Art. 132.** A pessoa jurídica de direito privado que resultar de fusão, transformação ou incorporação de outra ou em outra é responsável pelos tributos devidos até a data do ato pelas pessoas jurídicas de direito privado fusionadas, transformadas ou incorporadas.

O inciso I do art. 131 alarga demasiadamente as hipóteses de responsabilidade do adquirente e do remitente de bens móveis ou imóveis, sem quaisquer restrições.

Os incisos II e III veiculam uma aparente contradição; afinal, determinam que o espólio responderá pelas dívidas do *de cujus* até a data da abertura da sucessão, enquanto o sucessor responderá pelas dívidas do *de cujus* até a data da partilha.

Ocorre que, segundo dispõem os arts. 1.026 e 1.031 do CPC, a partilha e a adjudicação somente podem ser efetuadas mediante a apresentação de certidão negativa de débito.

---

2. Arts. 129 a 133 do CTN.
3. *Remição* é o ato de o devedor quitar uma dívida e resgatar um bem.
4. *Espólio* é o patrimônio de alguém após sua morte e antes de concluído o inventário.

Sendo assim, depreende-se dos dispositivos em comento que, em tese, apenas o espólio é o único responsável pelos tributos devidos até a data da partilha ou adjudicação.

Tratando-se de aquisição de estabelecimento comercial, dispõe o CTN:

> **[CTN] Art. 133.** A pessoa natural ou jurídica de direito privado que adquirir de outra, por qualquer título, fundo de comércio ou estabelecimento comercial, industrial ou profissional, e continuar a respectiva exploração, sob a mesma ou outra razão social ou sob firma ou nome individual, responde pelos tributos, relativos ao fundo ou estabelecimento adquirido, devidos até a data do ato: I – integralmente, se o alienante cessar a exploração do comércio, indústria ou atividade; II – subsidiariamente com o alienante, se este prosseguir na exploração ou iniciar dentro de 6 (seis) meses, a contar da data da alienação, nova atividade no mesmo ou em outro ramo do comércio, indústria ou profissão.

A divergência doutrinária cinge-se em saber se a responsabilidade a que se refere o inciso I é exclusiva do adquirente ou solidária. Tendo em conta que somente por meio de disposição legal expressa se atribui a sujeição passiva tributária, pode-se, de igual modo, argumentar que o contribuinte somente se exime de sua responsabilidade se houver expressa determinação legal nesse sentido. Demais disso, a responsabilidade solidária atenua eventual intuito fraudulento.

A Lei Complementar 118, de 9.2.2005, acrescentou os seguintes dispositivos:

> **[CTN] Art. 133.** (...).
>
> § 1º. O disposto no *caput* deste artigo não se aplica na hipótese de alienação judicial: I – em processo de falência; II – de filial ou unidade produtiva isolada, em processo de recuperação judicial.
>
> § 2º. Não se aplica o disposto no § 1º deste artigo quando o adquirente for: I – sócio da sociedade falida ou em recuperação judicial, ou sociedade controlada pelo devedor falido ou em recuperação judicial; II – parente, em linha reta ou colateral até o 4º (quarto) grau, consangüíneo ou afim, do devedor falido ou em recuperação judicial ou de qualquer de seus sócios; III – identificado como agente do falido ou do devedor em recuperação judicial com o objetivo de fraudar a sucessão tributária.

§ 3º. Em processo da falência, o produto da alienação judicial de empresa, filial ou unidade produtiva isolada permanecerá em conta de depósito à disposição do juízo de falência pelo prazo de 1 (um) ano, contado da data de alienação, somente podendo ser utilizado para o pagamento de créditos extraconcursais ou de créditos que preferem ao tributário.

13.3.2 Responsabilidade de terceiros[5]

[CTN] **Art. 134.** Nos casos de impossibilidade de exigência do cumprimento da obrigação principal pelo contribuinte, respondem solidariamente com este nos atos em que intervierem ou pelas omissões de que forem responsáveis: I – os pais, pelos tributos devidos por seus filhos menores; II – os tutores e curadores, pelos tributos devidos por seus tutelados ou curatelados; III – os administradores de bens de terceiros, pelos tributos devidos por estes; IV – o inventariante, pelos tributos devidos pelo espólio; V – o síndico e o comissário, pelos tributos devidos pela massa falida ou pelo concordatário; VI – os tabeliães, escrivães e demais serventuários de ofício, pelos tributos devidos sobre os atos praticados por eles, ou perante eles, em razão de seu ofício; VII – os sócios, no caso de liquidação de sociedade de pessoas.

Parágrafo único. O disposto neste artigo só se aplica, em matéria de penalidades, às de caráter moratório.

Art. 135. São pessoalmente responsáveis pelos créditos correspondentes a obrigações tributárias resultantes de atos praticados com excesso de poderes ou infração de lei, contrato social ou estatutos: I – as pessoas referidas no artigo anterior; II – os mandatários, prepostos e empregados; III – os diretores, gerentes ou representantes de pessoas jurídicas de direito privado.

13.3.3 Responsabilidade por infrações[6]

[CTN] **Art. 136.** Salvo disposição de lei em contrário, a responsabilidade por infrações da legislação tributária independe da intenção do agente ou do responsável e da efetividade, natureza e extensão dos efeitos do ato.

---

5. Arts. 134 e 135 do CTN.
6. Arts. 136 a 138 do CTN.

Art. 137. A responsabilidade é pessoal ao agente: I – quanto às infrações conceituadas por lei como crimes ou contravenções, salvo quando praticadas no exercício regular de administração, mandato, função, cargo ou emprego, ou no cumprimento de ordem expressa emitida por quem de direito; II – quanto às infrações em cuja definição o dolo específico do agente seja elementar; III – quanto às infrações que decorram direta ou exclusivamente de dolo específico: a) das pessoas referidas no art. 134, contra aquelas por quem respondem; b) dos mandatários, prepostos ou empregados, contra seus mandantes, preponentes ou empregadores; c) dos diretores, gerentes ou representantes de pessoas jurídicas de direito privado, contra estas.

O Código Tributário Nacional cuidou concomitantemente da *responsabilidade por tributos e penalidades*.

Quanto às multas, existem as de caráter moratório e as de caráter punitivo.

As *multas moratórias* podem ser transferidas para o sucessor do contribuinte inadimplente.

No que tange às *multas de caráter punitivo* a doutrina se divide. Alguns entendem que não são devidas pelo sucessor, haja vista que, por serem sancionatórias, têm caráter pessoal e subjetivo. Outros sustentam que podem ser exigidas do sucessor, uma vez que antes da sucessão já haviam se incorporado ao patrimônio do contribuinte, considerando-se, ainda, que entendimento diverso somente ensejaria fraudes.

Doutrina

Analisando o *art. 130, "caput" e parágrafo único, do CTN*, assim se posicionou Luiz Alberto Gurgel de Faria:[7]

> Quanto às penalidades, não devem elas ser estendidas aos adquirentes nos casos de sucessão imobiliária *mortis causa*, pois iria se onerar o herdeiro, o espólio ou o cônjuge meeiro que não tiveram qualquer participação na infração nem tampouco teriam mecanismo para

---

7. Luiz Alberto Gurgel de Faria, in Vladmir Passos de Freitas (coord.), *Código Tributário Nacional Comentado*, São Paulo, Ed. RT, 1999, p. 523.

se resguardar da penalidade, pois não seria possível solicitar, por motivos óbvios, antes da aquisição, a prova de quitação dos tributos.

Diferente é a situação quando a sucessão ocorre *inter vivos*, pois o adquirente pode e deve exigir a certidão de quitação. Assim não laborando, deve responder pela sua omissão, ficando solidário com o pagamento não só dos tributos como também das penalidades.

A respeito do *§ 7º do art. 150 da CF de 1988*, acrescentado pela Emenda Constitucional 3/1993, assevera Roque Antonio Carrazza:[8]

Aparentemente, agora é possível a tributação antecipada, desde que se garanta ao contribuinte a devolução preferencial do indébito tributário na hipótese de, a final, inocorrer o *fato imponível*.

Temos para nós, entretanto, como já adiantamos, que o referido § 7º é inconstitucional, porque atropela o princípio da segurança jurídica, que, aplicado ao direito tributário, exige, dentre outras coisas, que o tributo só nasça após a ocorrência real (efetiva) do *fato imponível*.

É sempre bom reafirmarmos que o princípio da segurança jurídica diz de perto com os direitos individuais e suas garantias. É, assim, "cláusula pétrea", e, nessa medida, não poderia ter sido amesquinhado por emenda constitucional (cf. art. 60, § 4º, da CF).

(...).

Estamos, sim, em face de emenda constitucional inconstitucional, por discrepar de cláusulas pétreas.

(...).

O Congresso Nacional, enquanto elabora emendas constitucionais, encontra limites na própria Carta Magna. Vai daí que seu poder constituinte é subordinado à Constituição (por isso mesmo, *poder constituinte derivado*).

Há limitações, formais e materiais, expressas e implícitas, à competência que o Congresso Nacional possui para emendar a Constituição. Tais limitações são, entre nós, conhecidas como *cláusulas pétreas*.

Dentre estas *cláusulas pétreas* figuram, sem dúvida, as que garantem aos contribuintes o direito de só serem tributados após a ocorrência dos *fatos imponíveis tributários*.

---

8. Roque Carrazza, *Curso de Direito Constitucional Tributário*, 24ª ed., São Paulo, Malheiros Editores, 2008, pp. 455-456 e 457-458.

O Congresso Nacional absolutamente não possuía poderes para, por meio de emenda constitucional, criar a tributação por *fato imponível presumido*, derrubando, em conseqüência, importantes alicerces de nosso *edifício jurídico*.

Ignorar tamanhos desconchavos equivale a destruir o "estatuto do contribuinte" plasmado pela Constituição, porque o Estado não teria mais nenhuma barreira, que não a própria voracidade, para tributar. O legislador presumiria *futuros fatos imponíveis* e, com base neles, tributaria antecipadamente, inclusive sem levar em conta a *capacidade contributiva* dos contribuintes (que, aliás, ainda nem existiriam). Tornar-se-iam, assim, inúteis as "limitações constitucionais ao poder de tributar".

JURISPRUDÊNCIA

Sobre a responsabilidade solidária:

Tributário – Contribuições previdenciárias – Cessão de mão-de-obra – Responsabilidade solidária do tomador (contratante) – Art. 31 da Lei n. 8.212/1991. 1. O STJ entende haver responsabilidade solidária entre a empresa tomadora e a prestadora de serviço para o cumprimento das obrigações previdenciárias, admitindo, contudo, a isenção da referida solidariedade apenas se a prestadora de serviço recolher, previamente, as ditas contribuições previdenciárias. 2. Caracteriza-se solidariedade tributária quando duas ou mais pessoas sejam simultaneamente obrigadas pelo pagamento do crédito tributário. 3. O instituto está previsto no art. 124 do CTN, em que o inciso I determina a solidariedade quando os sujeitos estão na mesma relação obrigacional. Deve ocorrer interesse comum das pessoas que participam da situação que origina o fato gerador. Conseqüentemente, passam à condição de devedores solidários – Agravo regimental improvido. **[STJ, 2ª Turma, REsp/ED/AgR 375.769-RS, rel. Min. Humberto Martins, j. 4.12.2007, v.u., *DJU* 14.12.2007, p. 379]**

Sobre a responsabilidade do adquirente de imóvel no que concerne ao IPTU, vejam-se os seguintes acórdãos:

Tributário – Imposto de renda retido na fonte – Repetição de indébito – Legitimidade ativa *ad causam* – Art. 123 do CTN. 1. "Assim, tem legitimidade ativa *ad causam* para propor ação de repetição de indébito pleiteando a restituição dos valores indevidamente pagos a título de adicional de imposto de renda o contribuinte substituído que realiza o fato gerador, e efetivamente tem o dever de arcar com o ônus da tributação" (REsp n. 596.275-RJ, rela. Min. Denise Arruda, 1ª Turma, *DJU* 9.10.2006). 2. "Salvo disposições de lei em contrário, as convenções particulares, relativas à responsabilidade pelo pagamento de tributos, não podem ser opostas à Fazenda Pública, para modificar a definição legal do sujeito passivo das obrigações tributárias correspondentes" (art. 123 do CTN) 3. Agravo regimental não provido. **[STJ, 2ª Turma, REsp/AgR 945.314-RS, rel. Min. Herman Benjamin, j. 16.8.2007, v.u., *DJU* 7.2.2008, p. 1]**

Processo civil – Recurso especial – Tributário – IPTU – Obrigação tributária *propter rem* – Inclusão do novel proprietário – Substituição da Certidão da Dívida Ativa/CDA – Possibilidade. 1. A obrigação tributária real é *propter rem*, por isso que o IPTU incide sobre o imóvel (art. 130 do CTN). 2. Deveras, ainda que alienada a coisa litigiosa, é lícita a substituição das partes (art. 42 do CPC), preceito que se aplica à execução fiscal, em cujo procedimento há regra expressa de alteração da inicial, qual a de que é lícito substituir a CDA antes do advento da sentença. 3. Sob esse enfoque é cediço que: "Processo civil – Tributário – Execução fiscal – CDA – Nulidade – Possibilidade de substituição até a sentença dos embargos à execução – Prescrição – Decretação de ofício – Impossibilidade – Art. 219, § 5º, do CPC. 1. É permitida à Fazenda Pública a substituição da CDA até a prolação da sentença dos embargos à execução – Inteligência do § 8º do art. 2º da Lei n. 6.830/1980. 2. Em homenagem ao princípio da celeridade processual, não é razoável manter a sentença que extinguiu o feito antes de citado o executado, sem conferir à exeqüente oportunidade para substituir o título que engloba num único valor a cobrança de diferentes exercícios. (...)" (REsp 745.195-RS, rel. Min. Castro Meira, 2ª Turma, *DJU* 15.8.2005) 4. O IPTU tem como contribuinte o novel proprietário (art. 34 do CTN), porquanto consubstanciou-se a responsabilidade tributária por sucessão, em que a relação jurídico-tributária deslocou-se do predecessor ao adquirente do bem. Por isso que impedir a substituição da CDA pode ensejar que as partes dificultem o Fisco, até a notícia da alienação, quanto à exigibilidade judicial do crédito sujeito a prescrição. 5. *In casu*, não houve citação da referida empresa, tendo a Fazenda Pública requerido a substituição da CDA e a citação do atual proprietário do imóvel. 6. Doutrina abalizada comunga do mesmo entendimento, *in verbis*: "Se a dívida é inscrita em nome de uma pessoa, não pode a Fazenda ir cobrá-la de outra nem tampouco pode a cobrança abranger outras pessoas não constantes do termo e da certidão, salvo, é claro, os sucessores, para quem a transmissão do débito é automática e objetiva, sem reclamar qualquer acertamento judicial ou administrativo" (Humberto Theodoro Jr., in *Lei de Execução Fiscal*, 7ª ed., Saraiva, 2000, p. 29). 7. Conseqüentemente, descoberto o novel proprietário, ressoa manifesta a possibilidade de que, na forma do art. 2º da Lei n. 6.830/1980, possa a Fazenda Pública substituir a CDA antes da sentença de mérito, impedindo que as partes, por negócio privado, infirmem as pretensões tributárias. 8. Recurso especial provido. **[STJ, 1ª Turma, REsp 840.623-BA, rel. Min. Luiz Fux, j. 6.9.2007, v.u., *DJU* 15.10.2007, p. 237]**

Ainda sobre a responsabilidade solidária do adquirente quanto aos impostos não pagos pelo alienante (contribuinte):

Tributário – Responsabilidade – Sucessor – ITR – CTN, art. 130 – Solidariedade. Ao alienante cabe vender o imóvel com os impostos quitados, e se não o faz por eles fica responsável, sem prejuízo do credor poder cobrá-los do adquirente. **[TRF-4ª Região, 1ª Turma, AC 94.04.55722-6-SC, rel. Juiz Vladimir Freitas, j. 10.2.1998, v.u., *DJU* 27.5.1998, p. 467]**

Tributário – Imposto de renda – Responsabilidade pelo recolhimento – Contribuinte individual – Multa do art. 44, inciso I, da Lei n. 9.430/1996 – Aplicação. 1. O contribuinte não se exime da responsabilidade pelo recolhimento do imposto de renda quando a fonte pagadora não efetiva a retenção prevista pela legislação tributária. 2. Hipótese em que, por ocasião do Ajuste Anual, haveria de declarar o débito e recolhê-lo, sob pena da multa correspondente. 3. Recurso especial provido. **[STJ, 2ª Turma, REsp 962.610-RS, rel. Min. Herman Benjamin, j. 4.9.2007, v.u., *DJU* 7.2.2008, p. 1]**

A responsabilidade do adquirente compreende o s tributos e as multas que integram o patrimônio passivo adquirido:

Recurso especial – Multa tributária – Sucessão de empresas – Responsabilidade – Ocorrência – Decadência – Tema não analisado – Retorno do autos. 1. A empresa recorrida interpôs agravo de instrumento com a finalidade de suspender a exigibilidade dos autos de infração lavrados contra a empresa a qual sucedeu. Alegou a ausência de responsabilidade pelo pagamento das multas e, também, decadência dos referidos créditos. O Tribunal *a quo* acolheu o primeiro argumento, julgando prejudicado o segundo. 2. A responsabilidade tributária não está limitada aos tributos devidos pelos sucedidos, mas também se refere às multas, moratórias ou de outra espécie, que, por representarem dívida de valor, acompanham o passivo do patrimônio adquirido pelo sucessor. 3. Nada obstante os arts. 132 e 133 apenas refiram-se aos tributos devidos pelo sucedido, o art. 129 dispõe que o disposto na Seção II do Código Tributário Nacional aplica-se por igual aos créditos tributários definitivamente constituídos ou em curso de constituição, compreendendo o crédito tributário não apenas as dívidas decorrentes de tributos, mas também de penalidades pecuniárias (art. 139 c/c o § 1º do art. 113 do CTN). 4. Tendo em vista que a alegação de decadência não foi analisada, em razão do acolhimento da não-responsabilidade tributária da empresa recorrida, determina-se o retorno do autos para que seja analisado o fundamento tido por prejudicado. 5. Recurso especial provido em parte. [**STJ, 2ª Turma, REsp 1.017.186-SC, rel. Min. Castro Meira, j. 11.3.2008, v.u., DJU 27.3.2008, p. 1**]

A responsabilidade tributária de ex-sócio depende de prova de que tenha agido com excesso de poderes ou infração do contrato social ou estatutos:

Tributário – Agravo regimental no recurso especial – Execução fiscal – Responsabilidade – Sócio-gerente – Limites – Art. 135, III, do CTN – Ônus da prova – Inovação – Impossibilidade – Precedentes. 1. É entendimento deste Tribunal que o mero inadimplemento não caracteriza infração legal. Inexistindo prova de que se tenha agido com excesso de poderes, ou infração de contrato social ou estatutos, não há falar-se em responsabilidade tributária do ex-sócio a esse título ou a título de infração legal. 2. Apesar de aceitável a nova tese trazida pelo agravante no sentido de se inverter o ônus da prova em relação ao sócio-gerente inscrito em CDA, não tem o presente recurso o condão de modificar o conteúdo do recurso negado, porquanto não ventilado no âmbito do apelo nobre, que se restringiu a discutir a aplicação do art. 135 do CTN. 3. Agravo regimental não provido. [**STJ, 1ª Turma, REsp/AgR 957.265-ES, rel. Min. José Delgado, j. 18.12.2007, v.u., DJU 25.2.2008, p. 1**]

No mesmo sentido:

Tributário e processual civil – Agravo regimental – Execução fiscal – Responsabilidade de sócio-gerente – Limites – Art. 135, III, do CTN – Uniformização da matéria pela 1ª Seção desta Corte – Precedentes. 1. Agravo regimental contra decisão que conheceu de agravo de instrumento e proveu o recurso especial da parte agravada. 2. O acórdão *a quo*, nos termos do art. 135, III, do CTN, deferiu pedido de inclusão do sócio-gerente no pólo passivo da execução fiscal, referente aos fatos geradores da época em que pertencia à sociedade. 3. Os bens do sócio de uma pessoa jurídica comercial não respondem, em caráter solidário, por dívidas fiscais assumidas pela sociedade. A responsabilidade tributária imposta por sócio-gerente, administrador, diretor ou equivalente só se caracteriza quando há dissolução irregular da sociedade ou se comprova infração à lei praticada pelo dirigente, e não apenas quando ele simplesmente exerce a gerência da empresa à época dos fatos geradores. 4. Em qualquer espécie de sociedade comercial, é o patrimônio social que responde sempre e integralmente pelas dívidas sociais. Os diretores não respondem pessoalmente pelas obrigações contraídas em nome da sociedade, mas respondem para com esta e para com terceiros solidária e ilimitadamente pelo excesso de mandato e pelos atos praticados com violação do estatuto ou lei (art. 158, I e II, da Lei n. 6.404/1976). 5. De acordo com o nosso ordenamento jurídico-tributário, os sócios (diretores, gerentes ou representantes da pessoa jurídica) são responsáveis, por substituição, pelos créditos correspondentes a obrigações tributárias resultantes da prática de ato ou fato eivado de excesso de poderes ou com infração de lei, contrato social ou estatutos (art. 135, III, do CTN). 6. O simples inadimplemento não caracteriza infração legal. Inexistindo prova de que se tenha agido com excesso de poderes, ou infração de contrato social ou estatutos, não há falar-se em responsabilidade tributária do ex-sócio a esse título ou a título de infração legal – Inexistência de responsabilidade tributária do ex-sócio – Precedentes desta Corte Superior. 7. Matéria que teve sua uniformização efetuada pela egrégia 1ª Seção desta Corte nos EREsp n. 260.107-RS, v.u., *DJU* 19.4.2004. 8. Agravo regimental não provido. **[STJ, 1ª Turma, Ag/AgR 930.334-AL, rel. Min. José Delgado, j. 6.12.2007, v.u., *DJU* 1.2.2008, p. 1]**

De igual modo:

Processual civil e tributário – Agravo regimental em recurso especial – Art. 545 do CPC – Responsabilidade tributária do sócio-cotista – Sociedade por cotas de responsabilidade limitada – Débitos relativos à seguridade social – Lei n. 8.620/1993, art. 13 – Jurisprudência consolidada pela 1ª Seção do STJ. 1. A responsabilidade patrimonial secundária do sócio, na jurisprudência do egrégio STJ, funda-se na regra de que o redirecionamento da execução fiscal, e seus consectários legais, para o sócio-gerente da empresa somente é cabível quando reste demonstrado que este agiu com excesso de poderes, infração à lei ou contra o estatuto, ou na hipótese de dissolução irregular da empresa. 2. Tratando-se de débitos de sociedade para com a seguridade social, diversos julgados da 1ª Turma, inclusive desta relatoria, perfilhavam o entendimento da responsabilidade solidária dos sócios, ainda que integrantes de sociedade por cotas de responsabilidade limitada, em virtude do disposto em lei específica, qual seja, a Lei n. 8.620/1993, segundo a qual "o titular da firma individual e os sócios das empresas por cotas de responsabilidade limitada respondem solidariamente, com seus bens pessoais, pelos débitos junto à seguridade social" (art. 13). 3. Não obstante, a 1ª Seção desta Corte, no julgamento do REsp n. 717.717-SP, da relatoria do eminente Min. José Delgado, julgado em 28.9.2005, assentou a inaplicabilidade do disposto na Lei n. 8.620/1993, nos seguintes termos: "Tributário e processual civil – Execução fiscal – Débitos para com a seguridade social – Redirecionamento – Responsabilidade do sócio (sociedade por quotas de responsabilidade limitada) – Solidariedade – Previsão pela Lei n. 8.620/1993, art. 13 – Necessidade de lei complementar (CF, art. 146, III, 'b') – Interpretações sistemática e teleológica – CTN, arts. 124, 11 e 135, III – CC, arts. 1.016 e 1.052 – Violação ao art. 535 – Inocorrência. (...) 3. A solidariedade prevista no art. 124, II, do CTN é denominada de direito. Ela só tem validade e eficácia quando a lei que a estabelece for interpretada de acordo com os propósitos da Constituição Federal e do próprio Código Tributário Nacional. 4. Inteiramente desprovidas de validade são as disposições da Lei n. 8.620/1993, ou de qualquer outra lei ordinária, que indevidamente pretenderam alargar a responsabilidade dos sócios e dirigentes das pessoas jurídicas. O art. 146, inciso III, 'b', da CF estabelece que as normas sobre responsabilidade tributária deverão se revestir obrigatoriamente de lei complementar. 5. O CTN, art. 135, III, estabelece que os sócios só respondem por dívidas tributárias quando exercerem gerência da sociedade ou qualquer outro ato de gestão vinculado ao fato gerador. O art. 13 da Lei n. 8.620/1993, portanto, só pode ser aplicado quando presentes as condições do art. 135, III, do CTN, não podendo ser interpretado, exclusivamente, em combinação com o art. 124, II, do CTN. 6. O teor do art. 1.016 do CC de 2002 é extensivo às sociedades limitadas por força do prescrito no art. 1.053, expressando hipótese em que os administradores respondem solidariamente somente por culpa quando no desempenho de suas funções, o que reforça o consignado no art. 135, III, do CTN. 7. A Lei n. 8.620/1993, art. 13, também não se aplica às sociedades limitadas, por encontrar-se esse tipo societário regulado pelo novo Código Civil, lei posterior, de igual hierarquia, que estabelece direito oposto ao nela estabelecido. 8. Não há como se aplicar a questão de tamanha complexidade e repercussão patrimonial, empresarial, fiscal e econômica interpretação literal e dissociada do contexto legal no qual se insere o direito em debate. Deve-se, ao revés, buscar amparo em interpretações sistemática e teleológica, adicionando-se os comandos da Constituição Federal, do Código Tributário Nacional e do Código Civil para, por fim, alcançar-se uma resultante legal que, de forma coerente e juridicamente adequada, não desnature as sociedades limitadas e, mais ainda, que a bem do consumidor e da própria livre iniciativa privada (princípio constitucional) preserve os fundamentos e a natureza desse tipo societário" (REsp n. 717.717-SP, da relatoria do eminente Min. José Delgado, j. 28.9.2005). 4. Todavia, em recente julgado, a 1ª Seção desta Corte Superior concluiu, no julgamento dos EREsp n. 702.232-RS, da relatoria do eminente Min. Castro Meira, publicado no *DJU* 26.9.2005, que: (a) se a execução fiscal foi ajuizada somente contra a pessoa jurídica e, após o ajuizamento, foi requerido o seu redirecionamento contra o sócio-gerente, incumbe ao Fisco a prova da ocorrência de alguns dos requisitos do art. 135 do CTN: quando reste demonstrado que este agiu com excesso de poderes, infração à lei ou contra o estatuto, ou na hipótese de dissolução irregular da empresa; (b) constando o nome do sócio-gerente como co-responsável tributário na CDA, cabe a ele o ônus de provar a ausência dos requisitos do art. 135 do CTN, independentemente se a ação executiva foi proposta contra a pessoa jurídica e contra o sócio ou somente contra a empresa, tendo em vista que a CDA goza de presunção relativa de liquidez e certeza, nos termos do art. 204 do CTN c/c o art. 3º da Lei n. 6.830/1980. 5. Os fundamentos de referido aresto restaram sintetizados na seguinte ementa: "Tributário – Embargos de divergência – Art. 135 do CTN – Responsabilidade do sócio-gerente – Execução fundada em CDA que indica o nome do sócio – Redirecionamento – Distinção. 1. Iniciada a execução contra a pessoa jurídica e, posteriormente, redirecionada contra o sócio-gerente, que não constava da CDA, cabe ao Fisco demonstrar a presença de um dos requisitos do art. 135 do CTN. Se a Fazenda Pública, ao propor a ação, não visualizava qualquer fato capaz de estender a responsabilidade ao sócio-gerente e, posteriormente, pretende voltar-se também contra o seu patrimônio, deverá demonstrar infração à lei, ao contrato social ou aos estatutos ou, ainda, dissolução irregular da sociedade. 2. Se a execução foi proposta contra a pessoa jurídica e contra o sócio-gerente, a este compete o ônus da prova, já que a CDA goza de presunção relativa de liquidez e certeza, nos termos do art. 204 do CTN c/c o art. 3º da Lei n. 6.830/1980. 3. Caso a execução tenha sido proposta somente contra a pessoa jurídica e havendo indicação do nome do sócio-gerente na CDA como co-responsável tributário, não se trata de típico redirecionamento. Neste caso, o ônus da prova compete igualmente ao sócio, tendo em vista a presunção relativa de liquidez e certeza que milita em favor da CDA. 4. Na hipótese, a execução foi proposta com base em CDA da qual constava o nome do sócio-gerente como co-responsável tributário, do que se conclui caber a ele o ônus de provar a ausência dos requisitos do art. 135 do CTN. 5. Embargos de divergência providos". 6. *In casu*, muito embora a execução fiscal tenha sido ajuizada somente em desfavor da pessoa jurídica, constam da CDA os nomes dos sócios-gerentes da empresa como co-responsáveis pela dívida tributária, motivo pelo qual, independente da demonstração da ocorrência de que os sócios agiram com excesso de poderes, infração à lei ou contra o estatuto, ou na hipótese de dissolução irregular da empresa, mister seja efetivado o redirecionamento da execução. 7. Agravo regimental desprovido. **[STJ, 1ª Turma, REsp/AgR 946.509-RS, rel. Min. Luiz Fux, j. 20.9.2007, v.u., *DJU* 22.10.2007, p. 213]**

No entanto, a responsabilidade recai apenas em relação ao período em que exerceu a administração da sociedade. Nesse sentido:

Tributário – Processual civil – Execução fiscal – Responsabilidade tributária do sócio-gerente – Ausência de prova de dolo ou culpa – Redirecionamento – Impossibilidade. 1. O posicionamento pacífico desta Corte é no sentido de que o sócio somente deve responder pelos débitos fiscais do período em que exerceu a administração da sociedade se ficar provado que agiu com dolo ou fraude e exista prova de que a sociedade, em razão de dificuldade econômica decorrente desse ato, não pôde cumprir o débito fiscal. 2. *In casu*, não restou caracterizada prova de que os sócios tenham agido com dolo ou culpa, ou, ainda, que tenha havido dissolução irregular da sociedade – Agravo regimental improvido. **[STJ, 2ª Turma, REsp/AgR 952.762-RS, rel. Min. Humberto Martins, j. 25.9.2007, v.u., *DJU* 5.10.2007, p. 255]**

Também no caso de dissolução irregular da sociedade a responsabilidade recairá sobre as pessoas com poder de mando:

> Processual civil – Violação do art. 515 do CPC – Inexistência – Tributário – Sócio-gerente – Responsabilidade tributária – Natureza subjetiva – Redirecionamento da execução fiscal – Precedentes – Dissolução irregular – Responsabilidade do sócio minoritário – Impossibilidade – Precedentes. 1. O art. 515, § 1º, do diploma processual civil autoriza ao tribunal, após afastar a prescrição, prosseguir no exame do mérito, sem que isso importe em supressão de instância – Precedente da Corte Especial no REsp n. 274.736-DF. 2. É pacífico o entendimento desta Corte no sentido de que o simples inadimplemento da obrigação tributária não caracteriza infração à lei. 3. Em caso de dissolução irregular da pessoa jurídica, somente as pessoas com poder de mando devem ser responsabilizadas. Sendo incontroverso nos autos que a empresa (sociedade por quotas de responsabilidade limitada) foi dissolvida irregularmente e que a sócia executada não detinha poderes de gerência, descabe a sua responsabilização (art. 10 do Decreto n. 3.708/1919). 4. Recurso especial improvido. **[STJ, 2ª Turma, REsp 656.860-RS, rela. Min. Eliana Calmon, j. 7.8.2007, v.u., *DJU* 16.8.2007, p. 307]**

Outrossim:

> Execução fiscal – Embargos – Sócio da empresa executada – Responsabilidade – Art. 135, inciso III, do CTN. I – O sócio-gerente é responsável pelos débitos tributários da empresa, independentemente de constar o seu nome da certidão de dívida. A responsabilidade decorre da dissolução irregular, sem o pagamento dos tributos devidos. II – Não se demonstrando, entretanto, a condição de sócio-gerente da embargante e nem que ela contribuiu para a dissolução, pois já havia se retirado da sociedade, nenhuma violação ocorreu ao dispositivo do Código Tributário – Recurso não conhecido. **[STJ, 2ª Turma, REsp 41.836-SP, rel. Min. Hélio Mosimann, v.u., *DJU* 9.12.1996, p. 49.238]**

O ônus da prova quanto ao excesso de poderes ou infração do contrato social ou estatutos que resultaram nas obrigações inadimplidas incumbe à Fazenda Pública quando o nome dos sócios não constar na CDA:

Execução fiscal – Responsabilidade dos sócios – Comprovação do excesso de poderes, infração à lei ou ao estatuto – Caso em que o nome dos sócios constava da CDA – Presunção de liquidez e certeza não abalada. I – Restou firmado no âmbito da 1ª Seção desta Corte o entendimento de que, sendo a execução proposta somente contra a sociedade, a Fazenda Pública deve comprovar a infração a lei, contrato social ou estatuto ou a dissolução irregular da sociedade para fins de redirecionar a execução contra o sócio, pois o mero inadimplemento da obrigação tributária principal ou a ausência de bens penhoráveis da empresa não ensejam o redirecionamento. II – Precedentes citados: REsp n. 868.472-RS, rel. Min. Castro Meira, *DJU* 12.12.2006; REsp n. 841.855-PR, rela. Min. Eliana Calmon, *DJU* 30.8.2006; REsp n. 738.502-SC, rel. Min. Luiz Fux, *DJU* 14.11.2005. III – Agravo regimental improvido. **[STJ, 1ª Turma, REsp/AgR 981.998-SP, rel. Min. Francisco Falcão, j. 6.12.2007, v.u., *DJU* 12.3.2008, p. 1]**

Cuidando-se de bem adquirido em arrematação ou em adjudicação:

Execução – Arrematação – Adjudicação – Credor – Ônus recaídos sobre o bem – Responsabilidade tributária (CTN, art. 130, parágrafo único). I – O credor que arremata veículo em relação ao qual pendia débito de IPVA não responde pelo tributo em atraso. O crédito proveniente do IPVA sub-roga-se no preço pago pelo arrematante – Alcance do art. 130, parágrafo único, do CTN. II – Se, entretanto, o bem foi adjudicado ao credor, é encargo deste depositar o valor correspondente ao débito por IPVA. **[STJ, 3ª Turma, REsp 905.208-SP, rel. Min. Humberto Gomes de Barros, j. 18.10.2007, v.u., *DJU* 31.10.2007, p. 332]**

Acerca da responsabilidade subsidiária referida pelo art. 133, II, do CTN:

Processual civil – Execução fiscal – Sucessão empresarial – Configuração – Art. 133, II, do CTN – Responsabilidade subsidiária – Reconhecimento na sentença – Insolvência da empresa supostamente sucedida – Ausência de comprovação por parte do Estado – Carência de ação – Acórdão recorrido – Omissão – Ocorrência – Recurso especial – Violação ao art. 535 do CPC configurada. I – A sentença proferida nos embargos à execução oferecidos pela empresa ora recorrente reconheceu ter-se dado a sucessão empresarial, nos moldes do art. 133, II, do CTN, ou seja, a empresa sucessora responderia subsidiariamente com a sucedida pelos débitos tributários remanescentes. II – Diante disso, oportunamente, foram opostos embargos de declaração pela empresa recorrente, suscitando omissão quanto à ausência, nos autos, de comprovação por parte do Estado-exeqüente acerca da inexistência de patrimônio da empresa sucedida, capaz de satisfazer à execução, o que acarretaria a carência de ação para com o feito executivo direcionado à empresa sucessora. Tais embargos foram improvidos pelo juiz singular. II (*sic*) – Em sede de apelação, alegando ocorrência de inovação de pedido, o Tribunal *a quo* desconsiderou a preliminar de carência de ação, remanescendo omisso a esse respeito, mesmo após a oposição de embargos aclaratórios. III – É de se reconhecer, pois, a violação ao art. 535 do CPC sugerida no recurso especial, haja vista que a questão de a responsabilidade tributária da recorrente ser subsidiária adveio da própria sentença, de sorte que a análise e a manifestação sobre os esclarecimentos pugnados pela empresa apelante, ora recorrente, impõem-se, por se tratar de ponto primordial ao correto deslinde da controvérsia, capaz de ocasionar, se procedente, até mesmo a extinção do feito executivo. IV – Recurso especial de Cartier Comercial Ltda. provido, determinando o retorno dos autos ao Sodalício *a quo* para a apreciação dos embargos de declaração opostos. V – Recurso especial do Estado de Minas Gerais que por ora tem sua análise prejudicada, ante o reconhecimento de violação ao art. 535 do CPC. **[STJ, 1ª Turma, REsp 847.019-MG, rel. Min. Francisco Falcão, j. 6.9.2007, v.u., *DJU* 11.10.2007, p. 302]**

A propósito da responsabilidade dos tabeliães:

Criminal – *Habeas corpus* – Estelionato – Fraude no pagamento por meio de cheque – Trancamento da ação penal – Crime material – Resultado – Vantagem ilícita em prejuízo alheio – Lesão patrimonial preexistente à emissão do cheque – Fato atípico – Ausência de justa causa evidenciada – Ordem concedida – Hipótese em que a paciente, na condição de tabeliã substituta de serventia notarial, lavrou escrituras públicas sem o prévio recolhimento do imposto de transmissão de bens imóveis e, posteriormente, emitiu cheque para o pagamento da referida exação, o qual foi devolvido por falta de provisão de fundos – Oferecimento de denúncia pelo Ministério Público imputando à paciente a suposta prática do crime de estelionato, na modalidade de fraude no pagamento por meio de cheque. Por se tratar o delito previsto no art. 171, § 2º, inciso VI, do CP de crime material, exige-se, para a sua configuração, a produção de um resultado, qual seja, a obtenção de vantagem ilícita pelo agente que emite o cheque, e, por outro lado, a caracterização de prejuízo patrimonial à vítima –

Precedentes. O prejuízo aos cofres públicos restou configurado desde o momento da lavratura das escrituras públicas de compra e venda sem o prévio recolhimento do tributo devido, sendo preexistente à emissão do cheque pela ré – Conduta da paciente que não configura crime de estelionato – Precedente do STF. Deve ser trancada a ação penal instaurada em desfavor da paciente pela suposta prática do crime de fraude no pagamento por meio de cheque – Ordem concedida, nos termos do voto do Relator. [**STJ, 5ª Turma, HC 31.046-RJ, rel. Min. Gilson Dipp, j. 17.6.2004, v.u., *DJU* 9.8.2004, p. 279**]

Sobre a substituição tributária "para frente":

Processual civil ou tributário – ICMS – Substituição tributária para a frente – Venda de produtos derivados do petróleo – Substituído ou contribuinte de fato (revendedor) – Substituto legal tributário (industrial, fabricante) – Relação jurídico-tributária – Ilegitimidade ativa *ad causam* – Extinção do processo – CPC, art. 267, VI – Precedentes. A egrégia 2ª Turma deste STJ assentou o entendimento no sentido de que o substituído, ou contribuinte de fato (revendedor), é o responsável pelo pagamento do tributo, por isso que é a pessoa vinculada ao fato gerador; não participa, portanto, da relação jurídico-tributária, faltando-lhe legitimidade para discuti-la – Ilegitimidade ativa *ad causam* da recorrente-impetrante declarada de ofício – Recurso não conhecido, para declarar extinto o processo, sem julgamento do mérito (CPC, art. 267, VI). [**STJ, 2ª Turma, REsp 100.463-SP, rel. Min. Peçanha Martins, j. 7.10.1999, v.u., *DJU* 16.11.1999, p. 202**]

Questões

1. Quem pode figurar no pólo passivo da obrigação tributária?

2. Quais são as formas de responsabilidade tributária, segundo a doutrina? Explique cada uma delas.

3. Quais são as formas de responsabilidade tributária, segundo o Código Tributário Nacional? Comente cada uma delas.

4. A solidariedade tributária admite o benefício de ordem? Explique.

5. É constitucionalmente possível a tributação antecipada, isto é, previamente à ocorrência do fato imponível?

Consultas

1. [130º Exame de Ordem/SP, 2006, n. 2] A empresa XPTO deixou, por equívoco, de recolher a contribuição para o Programa de Integração Social – PIS referente ao mês de maio. Considerando que a empresa tem a intenção de pagar esse valor à vista, elabore uma resposta à consulta do cliente sobre os encargos devidos no procedimento de denúncia espontânea, assim como sobre o entendimento das autoridades fiscais federais acerca da extensão desse instituto.

2. [127º Exame de Ordem/SP, 2005, n. 4] A Panificadora Pães & Bolos adquire, em dezembro de 2004, uma outra panificadora (Doces & Salgados) da mesma região, já que os antigos sócios desta última resolveram aposentar-se. Todavia, em meados de maio/2005, a Pães & Bolos é surpreendida com a cobrança de valores referentes a tributos federais não-pagos pela Panificadora Doces & Salgados no período compreendido entre novembro/2002 e dezembro/2003. Indaga-se: procede esta cobrança, considerando-se que os sócios da Panificadora Pães & Bolos não tinham qualquer influência sobre as decisões que eram tomadas na Panificadora Doces & Salgados? Fundamente.

3. [122º Exame de Ordem/SP, 2003, n. 1] Edmundo é acionista minoritário de uma sociedade anônima, nunca tendo exercido poder de controle, nem cargo de direção. Soube que a sociedade encerrou as suas atividades, sem procedimento formal de liquidação e sem quitar suas obrigações tributárias. Agora, Edmundo questiona-o se desse fato poderá advir-lhe alguma responsabilidade pessoal pelos débitos fiscais. Qual sua orientação? Justifique e fundamente a resposta.

4. [121º Exame de Ordem/SP, 2003, n. 1] Certa empresa adquire imóvel industrial em hasta pública realizada em 2002. Após referida aquisição, é notificada sobre a existência de débito tributário relativo ao bem arrematado, cujo fato gerador ocorreu em data anterior à da hasta pública. Desse modo, está sendo responsabilizada como sucessora. Como advogado da arrematante, quais as possibilidades jurídicas a serem consideradas?

5. [120º Exame de Ordem/SP, 2003, n. 2] Júlio e Bernardo são co-proprietários de imóvel e, nessa qualidade, solidariamente responsáveis pelo pagamento do imposto predial e territorial urbano – IPTU. Neste ano, Júlio completa 65 anos de idade e, em razão de disposição expressa na lei municipal, passa a gozar de isenção para todos os imóveis de que for proprietário. Bernardo está também exonerado do pagamento do imposto, relativamente ao imóvel comum? Justifique.

6. [120º Exame de Ordem/SP, 2003, n. 4] Por força da regra do art. 138 do CTN, a denúncia espontânea elide a exigência de multa de mora? Atraso no pagamento de tributo (mora) pode ser considerado como infração tributária? Motive as respostas.

7. [119º Exame de Ordem/SP, 2002, n. 4] A empresa Vida Feliz Ltda., contribuinte do ICMS, recolheu o imposto referente ao período de janeiro/2000 em junho do mesmo ano, independentemente de iniciativa do Fisco, acrescido de juros pela taxa SELIC e multa moratória, como exige a lei estadual. Pergunta-se: está correto seu procedimento?

8. [119º Exame de Ordem/SP, 2002, n. 3] Roberto de Carvalho adquiriu, em 18.8.1994, bem imóvel de Mário de Assis. A escritura pública foi celebrada na mesma data, registrando-se que o imóvel estava sendo alienado livre e desembaraçado de quaisquer ônus reais e acordado expressamente que os débitos tributários existentes até a data da celebração da escritura seriam de responsabilidade do vendedor. Três anos depois, Roberto de Carvalho foi notificado sobre a existência de débito tributário cujo fato gerador teria ocorrido em 1.1.1993 – portanto, em data anterior à celebração da escritura de compra e venda. Procurado por Roberto de Carvalho, qual seu parecer?

9. [119º Exame de Ordem/SP, 2002, n. 2] O Município de Várzea Nobre fez publicar a Lei 5.489, de 10.11.1997, concedendo isenção do IPTU para todos os proprietários de imóveis localizados em seu território maiores de 65 anos de idade. Antônio da Silva, de 66 anos, é co-proprietário de 1% de bem imóvel no referido Município, juntamente com Maria, João e Carlos, que detêm, respectivamente, 5%, 90% e 4% da referida propriedade. Em 1998, o Município de Várzea Nobre procedeu ao lançamento tributário, cobrando 100% do valor do IPTU de Maria, uma vez que era a única que residia naquele Município. Como Maria só detinha 5% de participação na propriedade do imóvel, estranhou a cobrança e procurou-o(a) para saber se estava obrigada ao pagamento integral do IPTU. Como advogado(a), que orientação daria à sua cliente?

10. [116º Exame de Ordem/SP, 2002, n. 4] A "substituição tributária" prevista no art. 128 do CTN implica solidariedade entre substituto e substituído? Desenvolva sinteticamente o tema.

Medidas Judiciais

1. [128º Exame de Ordem/SP, 2005, n. 3] O Sr. Ubaldo, executivo consagrado no mercado, foi contratado para o cargo de diretor da Tokiofly Ltda., empresa do segmento de helicópteros e que passa por graves dificuldades financeiras, para promover o seu saneamento e torná-la novamente lucrativa. Para o exercício da sua delicada função, iniciada em janeiro/2000, o Sr. Ubaldo recebeu amplos poderes dos sócios. Em vista do delicado quadro financeiro da empresa e para que fossem adimplidos os compromissos com empregados e fornecedores, acabou-se por não pagar a contribuição previdenciária, parte patronal, nos exercícios de 2000 e 2001. A empresa sofreu autuação fiscal em setembro/2005, sem ter, contudo, ingressado com recurso administrativo que pudesse suspender a exigibilidade do débito envolvido. Seguiu-se a execução fiscal, com a penhora dos bens pessoais do Sr. Ubaldo, em janeiro/2006, uma vez que ele figurava no pólo passivo da execução fiscal. **QUESTÃO:** Na qualidade de advogado do Sr. Ubaldo, tome as medidas cabíveis.

DISSERTAÇÃO

"Responsabilidade Tributária. Conceito. Classificação. Exemplos. Críticas ao Código Tributário Nacional".

TESTES

1. [134º Exame de Ordem/SP, 2008, n. 84] De acordo com o que dispõe o Código Tributário Nacional, a responsabilidade dos sucessores deve ser:

a) ( ) Excluída na alienação de ativos, na recuperação judicial e na falência.

b) ( ) Aplicada somente na recuperação judicial.

c) ( ) Aplicada na recuperação judicial e na falência.

d) ( ) Excluída, na alienação de ativos, somente no que se refere à recuperação judicial.

2. [134º Exame de Ordem/SP, 2008, n. 82] Da análise das disposições do Código Tributário Nacional que tratam da responsabilidade tributária pessoal de terceiros, constata-se que a responsabilidade tributária de terceiros emerge:

a) ( ) De sua capacidade contributiva.

b) ( ) Da prática comprovada de atos ilícitos.

c) ( ) Do fato de serem dirigentes de pessoas jurídicas.

d) ( ) De acréscimo de riqueza decorrente do ato ilícito cometido, necessariamente.

3. [133º Exame de Ordem/SP, 2007, n. 88] Nos termos previstos pelo Código Tributário Nacional, cabe a responsabilização pessoal de sócios de pessoa jurídica por débitos tributários uma vez configurada a seguinte situação:

a) ( ) Inadimplemento sucessivo de tributos vencidos e não recolhidos no prazo legal pela pessoa jurídica.

b) ( ) Insuficiência de bens da pessoa jurídica, quando tal situação patrimonial comprovadamente inviabiliza pagamento da dívida fiscal.

c) ( ) Identificação de atos de gerência praticados com excesso de poderes ou infração à lei, contrato social ou estatutos, não bastando o mero inadimplemento do tributo devido.

d) ( ) Identificação de atos de gerência praticados com excesso de poderes ou infração à lei, contrato social ou estatutos, ainda que o sócio não mais fizesse parte do quadro societário da empresa à época da ocorrência dos fatos geradores do tributo cobrado.

4. [132º Exame de Ordem/SP, 2007, n. 82] Em contrato de locação de imóvel, ficou pactuado entre o locador (proprietário do bem), o locatário e a empresa administradora do imóvel que o locatário assumiria todos os encargos tributários incidentes sobre o imóvel, ficando a empresa administradora responsável pela sua administração e fiel execução de todas as cláusulas contratuais que exigissem a sua interveniência. Nesse caso, o Município deve cobrar o imposto sobre a propriedade predial e territorial urbana (IPTU), nos termos do Código Tributário Nacional:

a) ( ) Do locatário, em face do disposto no referido contrato, que lhe transfere o encargo tributário.

b) ( ) Do locatário e, sucessivamente, da empresa administradora, se o primeiro recusar-se a pagá-lo, em decorrência da responsabilidade subsidiária da segunda.

c) ( ) Do locador, pois as convenções particulares, relativas à responsabilidade pelo pagamento de tributos, não podem ser opostas ao Fisco.

d) ( ) Do locador, do locatário ou da empresa administradora, conforme a conveniência do Fisco, vez que há responsabilidade solidária entre eles.

5. [132º Exame de Ordem/SP, 2007, n. 90]. Assinale a alternativa correta:

a) ( ) O não-recolhimento da contribuição devida pela empresa ao INSS e calculada sobre a folha de salários – quota patronal – implica crime de apropriação indébita e pode levar os diretores a serem processados criminalmente.

b) ( ) O não-recolhimento de contribuição ao INSS, retida mensalmente pela empresa, dos seus empregados, implica crime de apropriação indébita e pode levar os diretores da empresa a serem processados criminalmente.

c) ( ) O não-recolhimento da contribuição ao INSS pela empresa, tanto no que se refere à folha de pagamento – quota patronal – como dos valores retidos dos empregados, implica crime de apropriação indébita e pode levar os diretores da empresa a serem processados criminalmente.

d) ( ) Jamais os diretores da empresa serão processados criminalmente, mesmo que não recolham a contribuição da empresa devida ao INSS sobre a sua folha de pagamento dos empregados – quota patronal – ou retida dos empregados, se a empresa não tiver recursos financeiros para pagar.

6. [132º Exame de Ordem/SP, 2007, n. 88] Assinale a alternativa correta:

a) ( ) A responsabilidade do contribuinte é excluída pela denúncia espontânea da infração, desde que acompanhada do pagamento do tributo devido, da multa punitiva e dos juros de mora.

b) ( ) Jamais haverá exclusão da responsabilidade do contribuinte que praticou infração fiscal, mesmo que ingresse com denúncia espontânea da infração, acompanhada do pagamento do tributo devido e dos juros de mora.

c) ( ) A responsabilidade do contribuinte é excluída pela denúncia espontânea da infração, acompanhada, se for o caso, do pagamento do tributo devido e dos juros de mora, ou do depósito da importância arbitrada pela autoridade administrativa, quando o montante do tributo depender de apuração.

d) ( ) Mesmo com o início de qualquer procedimento administrativo fiscal, como a lavratura do Termo de Início de Fiscalização, a responsabilidade do contribuinte será excluída pela denúncia da infração, acompanhada, se for o caso, do pagamento do tributo devido e dos juros de mora.

7. [130º Exame de Ordem/SP, 2006, n. 87] Sobre a responsabilidade dos sucessores, o Código Tributário Nacional estabelece que a pessoa natural ou jurídica de direito privado que adquirir de outra, por qualquer título, fundo de comércio ou estabelecimento comercial, industrial ou profissional e continuar a respectiva exploração, sob a mesma ou outra razão social ou sob firma ou nome individual, responde pelos tributos relativos ao fundo ou estabelecimento adquirido, devidos até a data do ato:

a) ( ) Integralmente, em qualquer hipótese, pois fica caracterizada a sucessão tributária.

b) ( ) Integralmente, se o alienante cessar a exploração do comércio, indústria ou atividade.

c) ( ) Subsidiariamente com o alienante, em qualquer hipótese, cabendo ao Fisco exigir, primeiramente, o adimplemento dos débitos tributários do contribuinte original.

d) ( ) Subsidiariamente com o alienante, se as partes tiverem firmado instrumento particular estabelecendo expressamente que a responsabilidade pelo pagamento dos tributos devidos até a data da aquisição do fundo de comércio ou estabelecimento comercial, industrial ou profissional é do alienante.

8. [128º Exame de Ordem/SP, 2005, n. 84] O Código Tributário Nacional contempla a figura do sujeito passivo indireto (responsável), assim entendido como:

a) ( ) O sujeito passivo dos chamados tributos indiretos.

b) ( ) Pessoa que, embora não se confunda com o contribuinte, foi alçado pela lei à condição de devedor da obrigação tributária.

c) ( ) Aquele que, embora não tenha qualquer relação com o fato gerador, foi designado pela lei como responsável pelo pagamento do tributo.

d) ( ) O responsável pelo cumprimento das obrigações acessórias.

9. [126º Exame de Ordem/SP, 2005, n. 89] Sobre a responsabilidade dos sucessores, pode-se afirmar que a pessoa natural ou jurídica que adquirir de outra, em alienação judicial em processo de recuperação judicial, fundo de comércio ou estabelecimento comercial, industrial ou profissional e continuar a respectiva exploração, sob a mesma razão social:

a) ( ) Responde, integralmente, pelos tributos relativos ao fundo ou estabelecimento adquirido.

b) ( ) Responde, subsidiariamente com o alienante, pelos tributos relativos ao fundo ou estabelecimento adquirido, desde que o último prossiga na exploração ou inicie, dentro de seis meses a contar da data da alienação, nova atividade no mesmo ou em outro ramo de comércio, indústria ou profissão.

c) ( ) Responde, solidariamente com o alienante, pelos tributos relativos ao fundo ou estabelecimento adquirido, desde que o último prossiga na exploração ou inicie, dentro de seis meses a contar da data da alienação, nova atividade no mesmo ou em outro ramo de comércio, indústria ou profissão.

d) ( ) Não responde pelos tributos relativos ao fundo de comércio ou estabelecimento adquirido, excetuadas as hipóteses em que o adquirente seja sócio da sociedade em recuperação judicial, ou sociedade controlada pelo devedor em recuperação judicial, ou seu parente, ou, em qualquer hipótese, identificado como seu agente, com o objetivo de fraudar a sucessão tributária.

10. [124º Exame de Ordem/SP, 2004, n. 90] Sobre a responsabilidade por infrações à lei tributária, é correto afirmar:

a) ( ) O pagamento do tributo elide a imposição da multa punitiva, desde que efetuado antes do início da execução fiscal.

b) ( ) Salvo disposição de lei em contrário, independe da intenção do agente ou do responsável e da efetividade, natureza e extensão dos efeitos do ato.

c) ( ) O inventariante responde pelas multas punitivas devidas pelo espólio.

d) ( ) Os diretores, gerentes ou representantes de pessoas jurídicas de direito privado respondem, pessoalmente, quanto às infrações, ainda que não decorram de atos para os quais tenham concorrido.

11. [124º Exame de Ordem/SP, 2004, n. 87] Sobre a solidariedade, em matéria tributária, é correto afirmar:

a) ( ) A isenção ou remissão de crédito exonera todos os obrigados, salvo se outorgada pessoalmente a um deles, subsistindo, nesse caso, a solidariedade quanto aos demais pelo saldo.

b) ( ) Submete-se, quanto ao benefício de ordem, às regras próprias do direito privado.

c) ( ) A interrupção da prescrição, em favor de um dos obrigados, não favorece os demais obrigados.

d) ( ) A interrupção da prescrição, contra um dos obrigados, prejudica os demais.

12. [122º Exame de Ordem/SP, 2003, n. 82] O Lanifício Bahia Ltda. foi incorporado pelo Lanifício Santana S/A, em 16.4.2001. Posteriormente, o Fisco Federal levantou crédito tributário da responsabilidade do Lanifício Bahia Ltda., anterior à data da incorporação. Esse crédito tributário:

a) ( ) Deve ser cobrado do Lanifício Santana S/A.

b) ( ) Não mais pode ser cobrado.

c) ( ) Deve ser cobrado somente dos antigos sócios do Lanifício Bahia Ltda.

d) ( ) Deve ser cobrado, sem que haja, entretanto, imposição de qualquer penalidade.

13. [121º Exame de Ordem/SP, 2003, n. 86] A solidariedade, com relação aos obrigados, tem, de regra, os efeitos abaixo, exceto:

a) ( ) O benefício de ordem.

b) ( ) A prescrição interrompida por um favorece ou prejudica aos demais.

c) ( ) A remissão do crédito exonera todos, quando não outorgada pessoalmente a um deles.

d) ( ) O pagamento de um aproveita aos demais.

14. [121º Exame de Ordem/SP, 2003, n. 83] Como regra geral, é correto afirmar que a responsabilidade tributária:

a) ( ) Admite gradação conforme a intenção do agente.

b) ( ) Não pode ser elidida pela denúncia espontânea da infração.

c) ( ) Pode ser estendida ao representante legal de pessoa jurídica, no caso de ato praticado com excesso de poderes.

d) ( ) Não é matéria expressamente reservada à lei complementar.

15. [120º Exame de Ordem/SP, 2003, n. 83] A solidariedade com relação aos obrigados tem, em regra, os efeitos abaixo, exceto:

a) ( ) O pagamento por um aproveita aos demais.

b) ( ) Benefício de ordem.

c) ( ) A prescrição, quando interrompida por um, favorece aos demais.

d) ( ) A remissão do crédito exonera todos, quando não outorgada pessoalmente a um deles.

14
CONSTITUIÇÃO DO CRÉDITO TRIBUTÁRIO E PRAZOS DECADENCIAL E PRESCRICIONAL

> 14.1 Acepções da expressão "crédito tributário". 14.2 Lançamento: 14.2.1 Efeito "ex tunc" do lançamento – 14.2.2 Presunção de veracidade e legitimidade do lançamento – 14.2.3 Espécies de lançamento e prazos decadencial e prescricional: 14.2.3.1 Lançamento direto, de ofício ou unilateral – 14.2.3.2 Lançamento misto ou por declaração – 14.2.3.3 Lançamento por homologação ou autolançamento. 14.3 Alterabilidade do lançamento. 14.4 Auto de infração. 14.5 Ainda sobre decadência e prescrição: 14.5.1 Causas suspensivas do prazo prescricional – 14.5.2 Causas interruptivas do prazo prescricional. [DOUTRINA – JURISPRUDÊNCIA – QUESTÕES – CONSULTAS – MEDIDAS JUDICIAIS – DISSERTAÇÕES – TEMA PARA PESQUISA – TESTES]

14.1 Acepções da expressão "crédito tributário"

Os arts. 142 a 150 do CTN cuidam da constituição do crédito tributário da Fazenda Pública.

O crédito tributário pode ser visto em duas acepções: como sinônimo da quantia devida a título de tributo e como direito subjetivo do sujeito ativo da obrigação tributária de exigir do sujeito passivo o pagamento do tributo.

14.2 Lançamento

O lançamento é ato administrativo que, nos termos da lei instituidora do tributo, declara a ocorrência do fato gerador, identifica os sujeitos da relação jurídica tributária, explicita quando, como e onde deve ser efetuado o pagamento do tributo e, enfim, torna líquido e certo o crédito tributário – ou seja, em condições de ser exigido pelo Fisco.

O lançamento, em suma, é o ato administrativo que tanto viabiliza ao contribuinte recolher o tributo, como também à Administração efetuar a respectiva cobrança.

Saliente-se, todavia, que o Código Tributário Nacional conceitua "lançamento" como procedimento administrativo:

> **[CTN] Art. 142.** Compete privativamente à autoridade administrativa constituir o crédito tributário pelo lançamento, assim entendido o procedimento administrativo tendente a verificar a ocorrência do fato gerador da obrigação correspondente, determinar a matéria tributável, calcular o montante do tributo devido, identificar o sujeito passivo e, sendo caso, propor a aplicação da penalidade cabível.
>
> Parágrafo único. A atividade administrativa de lançamento é vinculada e obrigatória, sob pena de responsabilidade funcional.

14.2.1 Efeito "ex tunc" do lançamento

A obrigação tributária supõe uma relação jurídica entre a Fazenda Pública, que dispõe de um crédito (direito de receber), e o contribuinte, que dispõe de um débito (dever de pagar), tendo por objeto uma prestação pecuniária. Essa relação jurídica obrigacional nasce abstratamente com o exercício da competência tributária, e concretamente com a ocorrência do fato imponível.

Conseqüentemente, o crédito tributário surge também nesse mesmo instante, considerando-se que não existe obrigação sem crédito/débito.

No entanto, nem sempre o crédito tributário nasce líquido e certo, de modo que não pode ser voluntariamente pago pelo contribuinte, nem exigível de plano pela Fazenda Pública. Em tais casos torna-se necessária a realização do lançamento tributário.

Tendo em conta que o lançamento não cria o tributo, seja em abstrato, seja em concreto, tem efeitos *ex tunc*, ou seja, efeitos que retroagem à data da realização do fato imponível. Noutras palavras, para fins de apuração dos elementos identificadores da obrigação em concreto há de ser aplicada a lei vigente à época da efetiva ocorrência do fato gerador, e não nova lei que esteja vigente à época da realização do lançamento. Nesse sentido, dispõe o CTN:

[CTN] Art. 144. O lançamento reporta-se à data da ocorrência do fato gerador da obrigação e rege-se pela lei então vigente, ainda que posteriormente modificada ou revogada.

Observe-se, todavia, que deverá ser aplicada lei nova que traga critérios de apuração ou processos de fiscalização que ampliem os poderes de investigação das autoridades administrativas, ou que veicule mais garantias ou privilégios fiscais, sem, todavia, vulnerar os elementos identificadores da obrigação tributária abstratamente instituída pela lei vigente à época do fato imponível. Veja-se:

[CTN] Art. 144. (...).

§ 1º. Aplica-se ao lançamento a legislação que, posteriormente à ocorrência do fato gerador da obrigação, tenha instituído novos critérios de apuração ou processos de fiscalização, ampliando os poderes de investigação das autoridades administrativas, ou outorgado ao crédito maiores garantias ou privilégios, exceto, neste último caso, para o efeito de atribuir responsabilidade tributária a terceiros.

§ 2º. O disposto neste artigo não se aplica aos impostos lançados por períodos certos de tempo, desde que a respectiva lei fixe expressamente a data em que o fato gerador se considera ocorrido.

14.2.2 Presunção de veracidade e legitimidade do lançamento

Como todo ato administrativo, goza o lançamento das presunções *iuris tantum* de veracidade e legitimidade. Cabe, pois, ao interessado demonstrar que o lançamento não é válido. Assim, o lançamento, quando padecer de vício formal, poderá ser anulado de ofício pelo Fisco, ou mediante provocação do interessado, tanto na esfera administrativa quanto na esfera judicial.

A propósito, a Administração pode revogar, segundo razões de conveniência ou oportunidade, ou anular, por vício formal, seus próprios atos; o Poder Judiciário somente pode anular os atos da Administração. Tratando-se, todavia, de ato vinculado, o lançamento somente poderá ser anulado, jamais revogado. Nesse sentido, tem-se a seguinte súmula do STF:

[STF] Súmula 473. A Administração pode anular seus próprios atos, quando eivados de vícios que os tornam ilegais, porque deles não se originam direitos, ou revogá-los, por motivo de conveniência ou oportunidade, respeitados os direitos adquiridos, e ressalvada, em todos os casos, a apreciação judicial.

14.2.3 Espécies de lançamento e prazos decadencial e prescricional

O próprio Código Tributário Nacional viabiliza uma classificação do lançamento, levando-se em conta o grau de participação do contribuinte e do Fisco na sua realização. Ressalte-se, todavia, que cabe à lei do ente tributante estabelecer qual modalidade de lançamento corresponderá ao tributo que instituir.

Observe-se, no entanto, que a Administração Pública dispõe de um prazo legal para que o lançamento tributário seja feito. É o chamado *prazo decadencial*, cujo termo inicial de contagem dependerá da modalidade de lançamento a que a apuração do tributo esteja legalmente submetida. *Grosso modo*, fala-se em cinco anos para lançar.

Na hipótese de ter sido realizado dentro desse lapso decadencial o lançamento e ainda assim não ter sido pago o tributo, disporá a Administração Pública de um novo prazo, também qüinqüenal, para promover a cobrança judicial, isto é, para ajuizar a execução fiscal com base num título extrajudicial. É o conhecido *prazo prescricional*, que, aliás, também é oferecido ao interessado em pleitear a restituição de um tributo pago indevidamente.

Vejamos, por ora, as modalidades de lançamento a que se refere o Código Tributário Nacional, bem como os respectivos prazos decadenciais.

14.2.3.1 Lançamento direto, de ofício ou unilateral

Em breve síntese, é o lançamento que deverá ser realizado ou revisto pela própria Administração Pública, seja (a) por determinação legal, (b) seja em decorrência de omissão ou erro por parte do contribuinte nos casos em que a elaboração do lançamento dependia de sua atuação (art. 149 do CTN). O IPTU é um bom exemplo de imposto sujeito a lançamento de ofício. Vejamos o que estabelece o CTN em caráter geral:

> [CTN] Art. 149. O lançamento é efetuado e revisto de ofício pela autoridade administrativa nos seguintes casos: I – quando a lei assim o determine; II – quando a declaração não seja prestada, por quem de direito, no prazo e na forma da legislação tributária; III – quando a pessoa legalmente obrigada, embora tenha prestado declaração nos termos do inciso anterior, deixe de atender, no prazo e na forma da legislação tributária, a pedido de esclarecimento formulado pela autoridade administrativa, recuse-se a prestá-lo ou não o preste satisfatoriamente, a juízo daquela autoridade; IV – quando se comprove falsidade, erro ou omissão quanto a qualquer elemento definido na legislação tributária como sendo de declaração obrigatória; V – quando se comprove omissão ou inexatidão, por parte da pessoa legalmente obrigada, no exercício da atividade a que se refere o artigo seguinte; VI – quando se comprove ação ou omissão do sujeito passivo, ou de terceiro legalmente obrigado, que dê lugar à aplicação de penalidade pecuniária; VII – quando se comprove que o sujeito passivo, ou terceiro em benefício daquele, agiu com dolo, fraude ou simulação; VIII – quando deva ser apreciado fato não conhecido ou não provado por ocasião do lançamento anterior; IX – quando se comprove que, no lançamento anterior, ocorreu fraude ou falta funcional da autoridade que o efetuou, ou omissão, pela mesma autoridade, de ato ou formalidade especial.
>
> Parágrafo único. A revisão do lançamento só pode ser iniciada enquanto não extinto o direito da Fazenda Pública.

Deve a Administração efetuar o lançamento de tributo sujeito a lançamento de ofício após ter sido realizado o fato imponível pelo contribuinte.

Inicia-se, no entanto, o prazo decadencial de cinco anos para a Administração efetuar o referido lançamento a partir (a) a partir do primeiro dia do exercício financeiro seguinte àquele em que deveria ter sido realizado ou (b) da data da notificação ao contribuinte de qualquer medida preparatória indispensável ao lançamento, consoante preceitua o art. 173 do CTN, *verbis*:

> [CTN] Art. 173. O direito de a Fazenda Pública constituir o crédito tributário extingue-se após 5 (cinco) anos, contados: I – do primeiro dia do exercício seguinte àquele em que o lançamento poderia ter sido

efetuado; II – da data em que se torna definitiva a decisão que houver anulado, por vício formal, o lançamento anteriormente efetuado.

Parágrafo único. O direito a que se refere este artigo extingue-se definitivamente com o decurso do prazo nele previsto, contado da data em que tenha sido iniciada a constituição do crédito tributário pela notificação, ao sujeito passivo, de qualquer medida preparatória indispensável ao lançamento.

Observe-se que o inciso II do artigo em apreço revela uma causa interruptiva do prazo decadencial para a realização do lançamento de ofício, cujo prazo se reinicia a partir da data em que se tornar definitiva a decisão que houver anulado, por vício formal, o lançamento anteriormente efetuado pelo sujeito passivo.

Feito o lançamento de ofício e não pago o tributo, inicia-se o prazo prescricional para a cobrança judicial do tributo a ser promovida pelo Fisco.

14.2.3.2 Lançamento misto ou por declaração

Essa espécie de lançamento é realizada conjuntamente pela Administração e pelo contribuinte (art. 147 do CTN). Imposto de renda e imposto de exportação são exemplos de tributos que costumam ser submetidos pela lei a essa modalidade de lançamento. Só para registro:

> [CTN] **Art. 147.** O lançamento é efetuado com base na declaração do sujeito passivo ou de terceiro, quando um ou outro, na forma da legislação tributária, presta à autoridade administrativa informações sobre matéria de fato, indispensáveis à sua efetivação.
>
> § 1º. A retificação da declaração por iniciativa do próprio declarante, quando vise a reduzir ou a excluir tributo, só é admissível mediante comprovação do erro em que se funde, e antes de notificado o lançamento.
>
> § 2º. Os erros contidos na declaração e apuráveis pelo seu exame serão retificados de ofício pela autoridade administrativa a que competir a revisão daquela.

A propósito, tem-se o arbitramento pelo próprio Fisco do valor ou preço referentes à base de cálculo do tributo sempre que as declarações ou esclarecimentos prestados pelo sujeito passivo não mereçam fé ou, simplesmente, sejam omissos. Registre-se:

[CTN] Art. 148. Quando o cálculo do tributo tenha por base, ou tome em consideração, o valor ou o preço de bens, direitos, serviços ou atos jurídicos, a autoridade lançadora, mediante processo regular, arbitrará aquele valor ou preço, sempre que sejam omissos ou não mereçam fé as declarações ou os esclarecimentos prestados, ou os documentos expedidos pelo sujeito passivo ou pelo terceiro legalmente obrigado, ressalvada, em caso de contestação, avaliação contraditória, administrativa ou judicial.

Se não realizado pelo contribuinte o lançamento por declaração, inicia-se o prazo decadencial de cinco anos para a Administração efetuar o referido lançamento de ofício a partir (a) a partir do primeiro dia do exercício financeiro seguinte àquele em que deveria ter sido realizado ou (b) da data da notificação ao contribuinte de qualquer medida preparatória indispensável ao lançamento, consoante preceitua o art. 173 do CTN acima transcrito.

14.2.3.3 Lançamento por homologação ou autolançamento

Tem-se o autolançamento sempre que a lei atribuir ao contribuinte o dever de declarar o nascimento da obrigação com a ocorrência do fato imponível, bem como o de apurar o respectivo crédito tributário devido ao Fisco (art. 150 do CTN). Como exemplos rotineiros de tributos sujeitos a essa modalidade de lançamento destacam-se o ICMS, o IPI e o IOF.

Feito o lançamento pelo contribuinte, cabe à Administração verificar sua conformidade às exigências legais e, em caso positivo, homologá-lo. Frise-se que esse ato administrativo que homologa o lançamento realizado pelo contribuinte, a rigor, declara a extinção da correlata obrigação tributária.

O prazo decadencial para o Fisco realizar essa ato homologatório é de cinco anos, contados da data da realização do fato imponível (art. 150, § 4º, do CTN). Veja-se:

[CTN] Art. 150. O lançamento por homologação, que ocorre quanto aos tributos cuja legislação atribua ao sujeito passivo o dever de antecipar o pagamento sem prévio exame da autoridade administrativa, opera-se pelo ato em que a referida autoridade, tomando conhecimento da atividade assim exercida pelo obrigado, expressamente a homologa.

§ 1º. O pagamento antecipado pelo obrigado nos termos deste artigo extingue o crédito, sob condição resolutória da ulterior homologação ao lançamento.

§ 2º. Não influem sobre a obrigação tributária quaisquer atos anteriores à homologação, praticados pelo sujeito passivo ou por terceiro, visando à extinção total ou parcial do crédito.

§ 3º. Os atos a que se refere o parágrafo anterior serão, porém, considerados na apuração do saldo porventura devido e, sendo o caso, na imposição de penalidade, ou sua graduação.

§ 4º. Se a lei não fixar prazo à homologação, será ele de 5 (cinco) anos, a contar da ocorrência do fato gerador; expirado esse prazo sem que a Fazenda Pública se tenha pronunciado, considera-se homologado o lançamento e definitivamente extinto o crédito, salvo se comprovada a ocorrência de dolo, fraude ou simulação.

Na hipótese de não estar o autolançamento em conformidade com a lei, deverá a Administração proceder ao lançamento de ofício, nos termos do inciso II do art. 149, acima transcrito.

14.3 Alterabilidade do lançamento

Dispõe o art. 145 do CTN:

[CTN] **Art. 145.** O lançamento regularmente notificado ao sujeito passivo só pode ser alterado em virtude de: I – impugnação do sujeito passivo; II – recurso de ofício; III – iniciativa de ofício da autoridade administrativa, nos casos previstos no art. 149.

Admite-se a *retificação* do lançamento apenas quando se tratar de erro de fato, nos termos do art. 146 do CTN e da Súmula 227 do extinto TFR ("A mudança de critério jurídico adotado pelo Fisco não autoriza a revisão de lançamento").

14.4 Auto de infração

Auto de infração é ato administrativo de aplicação de penalidades. Confunde-se aparentemente com o lançamento, tendo em conta que numa mesma peça escrita, também denominada "auto de infração", podem reunir-se vários atos administrativos, tais como o lançamento, o ato de aplicação de penalidades, o ato de notificação do lançamento e o ato de notificação do auto de infração, dentre outros.

14.5 Ainda sobre decadência e prescrição

Nos termos do art. 146, III, "b", da CF de 1988, cabe à lei complementar estabelecer normas gerais sobre prescrição e decadência, sendo que o art. 156 do CTN inclui a prescrição e decadência como causas de extinção do crédito tributário.

Saliente-se, ademais, que, enquanto no direito tributário a decadência corresponde à perda do direito de lançar, a prescrição, de seu turno, refere-se à perda do direito de promover tanto a ação judicial para a cobrança do tributo como a ação judicial para pleitear a restituição de tributo pago indevidamente. Como conseqüência da distinção, pode-se sustentar que:

Débito prescrito pago – não cabe repetição.

Débito prescrito não pago – a Fazenda Pública deve expedir Certidão Negativa de Débito.

Dívida caduca paga – cabível a restituição, pois a Fazenda perdeu o direito ao tributo.

O prazo prescricional para o ajuizamento da execução fiscal é de cinco anos, contados da data da constituição definitiva do crédito tributário, nos termos do art. 174 do CTN.

Doutra parte, o prazo prescricional para o interessado propor ação de repetição de indébito no âmbito tributário é de cinco anos, contados do pagamento indevido ou da data em que se tornar definitiva a decisão administrativa ou passar em julgado a decisão judicial que tenha reformado, anulado, revogado ou rescindido a decisão condenatória. Se não, vejamos:

> **[CTN] Art. 168.** O direito de pleitear a restituição extingue-se com o decurso do prazo de 5 (cinco) anos, contados: I – nas hipótese dos incisos I e II do art. 165, da data da extinção do crédito tributário; *[v. art. 3º da Lei Complementar 118/2005]* II – na hipótese do inciso III do art. 165, da data em que se tornar definitiva a decisão administrativa ou passar em julgado a decisão judicial que tenha reformado, anulado, revogado ou rescindido a decisão condenatória.

Observe-se, de passagem, que para pleitear a restituição do indébito tributário no âmbito administrativo dispõe o interessado de apenas dois anos. Demais disso, esse lapso temporal poderá ser interrompido com a propositura da ação judicial, e recomeçará seu curso, por metade, após a intimação válida do representante da Fazenda Pública. Veja-se:

> **[CTN] Art. 169.** Prescreve em 2 (dois) anos a ação anulatória da decisão administrativa que denegar a restituição.
>
> Parágrafo único. O prazo de prescrição é interrompido pelo início da ação judicial, recomeçando o seu curso, por metade, a partir da data da intimação validamente feita ao representante judicial da Fazenda Pública interessada.

14.5.1 Causas suspensivas do prazo prescricional

De plano, convém gizar que as hipóteses referidas no art. 151 do CTN constituem não apenas causas suspensivas da exigibilidade do crédito tributário, como também causas suspensivas do prazo prescricional.

Outrossim, dispõe o art. 2º, § 3º, da Lei 6.830/1980 (Lei de Execução Fiscal) que a inscrição da dívida ativa suspenderá o curso do prazo prescricional para a cobrança judicial do tributo por 180 dias ou até a data da distribuição da execução fiscal, se esta ocorrer antes de findo aquele prazo. Registre-se:

> **[Lei 6.830/1980]** Art. 2º. (...).
>
> (...).
>
> § 3º. A inscrição, que se constitui no ato de controle administrativo da legalidade, será feita pelo órgão competente para apurar a liquidez e certeza do crédito e suspenderá a prescrição, para todos os efeitos de direito, por 180 (cento e oitenta) dias, ou até a distribuição da execução fiscal, se esta ocorrer antes de findo aquele prazo.

No mais, traga-se o disposto no art. 40 da Lei 6.830/1980, segundo o qual o curso da execução – e o respectivo prazo prescricional – ficará suspenso até por um ano, até que seja localizado o devedor ou encontrados bens penhoráveis. Findo esse prazo sem que um ou outro sejam encontrados, o juiz deverá ordenar o arquivamento dos autos; e se essa situação perdurar por cinco anos deverá o juiz reconhecer a prescrição intercorrente, nos termos que seguem:

> **[Lei 6.830/1980] Art. 40.** O juiz suspenderá o curso da execução, enquanto não for localizado o devedor ou encontrados bens sobre os quais possa recair a penhora, e, nesses casos, não correrá o prazo de prescrição.
>
> § 1º. Suspenso o curso da execução, será aberta vista dos autos ao representante judicial da Fazenda Pública.
>
> § 2º. Decorrido o prazo máximo de 1 (um) ano, sem que seja localizado o devedor ou encontrados bens penhoráveis, o juiz ordenará o arquivamento dos autos.
>
> § 3º. Encontrados que sejam, a qualquer tempo, o devedor ou os bens, serão desarquivados os autos para prosseguimento da execução.
>
> § 4º. Se da decisão que ordenar o arquivamento tiver decorrido o prazo prescricional, o juiz, depois de ouvida a Fazenda Pública, poderá, de ofício, reconhecer a prescrição intercorrente e decretá-la de imediato. *[Incluído pela Lei 11.051/2004]*

14.5.2 Causas interruptivas do prazo prescricional

Vimos que o prazo prescricional para o ajuizamento da execução fiscal é de cinco anos, contados da data da constituição definitiva do crédito tributário, nos termos do art. 174 do CTN, o qual, a propósito, também traz as seguintes causas interruptivas:

> **[CTN] Art. 174.** A ação para a cobrança do crédito tributário prescreve em 5 (cinco) anos, contados da data da sua constituição definitiva.
>
> Parágrafo único. A prescrição se interrompe: I – pelo despacho do juiz que ordenar a citação em execução fiscal; *[redação dada pela Lei Complementar 118/2005]* II – pelo protesto judicial; III – por qualquer ato judicial que constitua em mora o devedor; IV – por qualquer ato inequívoco ainda que extrajudicial, que importe em reconhecimento do débito pelo devedor.

DOUTRINA

Acerca do *caráter declaratório do lançamento*, discorre Aliomar Baleeiro:[1]

O Código Tributário Nacional pode induzir em equívoco quem lê na testa do Capítulo II do Título III a rubrica "Constituição do Crédito Tributário" e, no art. 142: "Compete privativamente à autoridade administrativa *constituir* o crédito tributário (...)".

Constituir o crédito tributário, e não a obrigação tributária principal.

Daí não decorre que o legislador brasileiro haja reconhecido caráter *constitutivo*, e não *declaratório*, ao lançamento. O disposto nos arts. 143 e 144 do CTN evidencia que ele próprio atribui ao lançamento efeitos de ato declaratório. E os trabalhos da Comissão do Projeto Aranha/R. G. de Sousa são claros a esse respeito, não obstante as perplexidades atribuídas por Falcão a seu ilustre autor.

A noção de ato *constitutivo* se avizinha do conceito do art. 81 do CC; é todo ato lícito que tem por fim imediato adquirir, modificar ou extinguir direito. Realizados esses fins, os de criar, alterar ou abolir uma situação jurídica, constituindo-a, ele se projeta de sua data em diante para o futuro (*ex nunc*).

Já o ato *declaratório* não cria, não extingue, nem altera um direito. Ele apenas determina, faz certo, apura, ou reconhece um direito preexistente, espancando dúvidas e incertezas.

Seus efeitos recuam até a data do ato ou fato por ele declarado ou reconhecido (*ex tunc*). Pode comparar-se com o processo de liquidação e execução depois da fase cognoscitiva.

Daí a importância prática de estabelecer-se a natureza jurídica do *lançamento*, porque seus efeitos seriam diversos se fosse constitutivo e não declaratório.

Houve de início controvérsia sobre esse assunto relevante, mas hoje pode considerar-se pacificado, tanto na doutrina brasileira quanto na maior parte da estrangeira.

(...).

No Direito Brasileiro os pronunciamentos conhecidos se manifestam pelo caráter declaratório do lançamento.

---

1. Aliomar Baleeiro, *Direito Tributário Brasileiro*, 11ª ed., Rio de Janeiro, Forense, 2000, pp. 503-504.

De sua vez, sustenta Paulo de Barros Carvalho[2] que o lançamento é ato jurídico administrativo que veicula norma individual e concreta constitutiva de direitos e deveres subjetivos:

> Lançamento é ato jurídico administrativo, da categoria dos simples, constitutivos e vinculados, mediante o qual se insere na ordem jurídica brasileira u'a norma individual e concreta, que tem como antecedente o fato jurídico tributário e como conseqüente a formalização do vínculo obrigacional, pela individualização dos sujeitos ativo e passivo, a determinação do objeto da prestação, formado pela base de cálculo e correspondente alíquota, bem como pelo estabelecimento dos termos espaço-temporais em que o crédito há de ser exigido.

Hugo de Brito Machado,[3] outrossim, observa que o Código Tributário Nacional adota a posição dualista da obrigação tributária:

> A natureza jurídica do lançamento tributário já foi objeto de grandes divergências doutrinárias. Hoje, porém, é praticamente pacífico o entendimento segundo o qual o lançamento não cria direito. Seu efeito é simplesmente declaratório. Entretanto, no Código Tributário Nacional o crédito tributário é algo diverso da obrigação tributária. Ainda que, em essência, crédito e obrigação sejam a mesma relação jurídica, o crédito é um momento distinto. É um terceiro estágio na dinâmica da relação obrigacional tributária. E o lançamento é precisamente o procedimento administrativo de determinação do crédito tributário. Antes do lançamento existe a obrigação. A partir do lançamento surge o crédito.

Acerca da possibilidade de revisão do lançamento, salienta Luciano Amaro:[4]

> Em resumo, o art. 146 provavelmente visou a expressar a impossibilidade de revisão de lançamento por erro de direito. Talvez tenha falado em modificação de critério jurídico para abranger também a hipótese de migração de um critério legalmente válido para outro também legítimo. Foi além, e decretou a vinculação do Fisco ao critério

---

2. Paulo de Barros Carvalho, *Curso de Direito Tributário*, 13ª ed., São Paulo, Saraiva, 2000, p. 383.
3. Hugo de Brito Machado, *Curso de Direito Tributário*, 29ª ed., São Paulo, Malheiros Editores, 2008, p. 174.
4. Luciano Amaro, *Direito Tributário Brasileiro*, 14ª ed., São Paulo, Saraiva, 2008, pp. 355-356.

utilizado (mesmo em relação a outros fatos geradores, ainda não objeto de lançamento), até que seja "introduzido" (não se diz como) o novo critério. Talvez tenha querido também expressar a proteção do indivíduo que obteve do Fisco uma resposta favorável num processo de consulta. Porém, a redação precária (e o entrechoque com o art. 100, parágrafo único) deixou pelo caminho um rosário de dúvidas.

Como contraponto, é preciso registrar que a legislação tem caminhado para a generalização do recolhimento de tributos sem prévio lançamento pela autoridade (que, na prática, só se manifesta se estiver em desacordo com o montante pago). Nessas situações, falar em vinculação do Fisco aos critérios por ele empregados no exercício da atividade de lançamento tem um sabor um tanto anacrônico.

Doutra parte, Agnelo Amorim Filho[5] apresenta três regras para identificar as ações sujeitas a prescrição ou a decadência:

1ª. Estão sujeitas a prescrição: todas as ações condenatórias, e somente elas (arts. 177 e 178 do CC).

2ª. Estão sujeitas a decadência (indiretamente, isto é, em virtude da decadência do direito a que correspondem): as ações constitutivas que têm prazo especial de exercício fixado em lei.

3ª. São perpétuas (imprescritíveis): (a) as ações constitutivas que não têm prazo especial de exercício fixado em lei; e (b) todas as ações declaratórias.

Várias inferências imediatas podem ser extraídas daquelas três proposições. Assim: (a) não há ações condenatórias perpétuas (imprescritíveis), nem sujeitas a decadência; (b) não há ações constitutivas sujeitas a prescrição; e (c) não há ações declaratórias sujeitas a prescrição ou a decadência.

Tavares Paes[6] sustentava que o *prazo para pleitear a restituição do indébito tributário* é prescricional:

---

5. Agnelo Amorim Filho, "Critério científico para distinguir a prescrição da decadência e para identificar as ações imprescritíveis", *RT* 300/37, São Paulo, Ed. RT. Sobre o tema, v. também Eurico Marcos Diniz de Santi, *Decadência e Prescrição no Direito Tributário*, 2ª ed., São Paulo, Max Limonad, 2001.
6. P. R. Tavares Paes, *Comentários ao Código Tributário Nacional*, 6ª ed., São Paulo, Lejus, 1998, pp. 383-384.

Trata-se de prescrição. Não é o direito que se extingue, e sim o direito de pleitear a restituição. O direito de pleitear é o exercício da pretensão que tanto pode ser de pleitear administrativamente ou de forma judicial. A redação do art. 168 é semelhante à do art. 134 do Projeto do CTN. Não temos dúvida hoje de que se trata de prescrição. Revimos nosso ponto de vista anterior. Mas estávamos em muito boa companhia. O direito de pleitear é direito de ação. Em ambos os casos do art. 168, o direito de requerer a restituição aparece automaticamente por ocasião do pagamento, ou quando se tenha tornado definitiva a defesa do contribuinte contra a exigência do Fisco. E o crédito contra o Fisco é *ex lege*, sendo dispensável o exercício de qualquer direito potestativo por parte do credor para pedir a restituição. São prazos prescricionais.

Jurisprudência

Sendo a prescrição, no direito tributário, tema de direito material (art. 156, V, do CTN), não está sujeita à disciplina de lei complementar:

Processual – Tributário – Prescrição da cobrança de tributos fiscais (Lei n. 6.830/1980) – Possibilidade de ser tratada em lei ordinária. Os dispositivos que tratam da prescrição da ação de cobrança de tributos não constituem "normas gerais de direito tributário". Podem, assim, ser tratados em lei federal ordinária. **[STJ, 1ª Turma, REsp 43.845/94-RS, rel. Min. Humberto Gomes de Barros, j. 11.4.1994, v.u., *DJU* 16.5.1994, p. 11.723]**

Instrução normativa não é instrumento normativo hábil a veicular causa interruptiva dos prazos decadencial e prescricional. Nesse sentido:

Processual civil e tributário – Alínea "c" – Acórdão recorrido em consonância com a jurisprudência desta Corte – Súmula n. 83/STJ – Alínea "a" – Tributo sujeito a lançamento por homologação – Prescrição e decadência – Interrupção do prazo na repetição de indébito em razão da Instrução Normativa n. 165/1998 da SRF – Impossibilidade – Precedentes. 1. "Não se conhece do recurso especial pela divergência quando a orientação do tribunal se firmou no mesmo sentido da decisão recorrida" (Súmula n. 83/STJ). 2. Nas ações de repetição de indébito tributário o prazo prescricional e decadencial é contado nos termos dos arts. 150, §§ 1º e 4º, 156, VII, 165, I, e 168, I, do CTN. 3. "A Instrução Normativa n. 165 e o art. 174 do CTN em nada interferem na interpretação dos preceitos legais que regulam a contagem do prazo prescricional para a propositura de ação de repetição de indébito" (REsp n. 729.235-SC, rel. Min. João Otávio de Noronha, 2ª Turma, j. 7.6.2005, *DJU* 1.8.2005). 4. Recurso especial parcialmente conhecido e, nessa extensão, desprovido. **[STJ, 2ª Turma, REsp 781.744-SC, rel. Min. Carlos Fernando Mathias, j. 17.4.2008, v.u., *DJU* 12.5.2008, p. 1]**

Quanto à citação, como causa de interrupção do prazo prescricional:

Tributário – Prazo interruptivo da prescrição (Lei n. 6.830/1980, art. 8º, § 2º, e art. 174 do CTN). No sistema jurídico-tributário vigente, o Código Tributário Nacional, que é lei complementar, se sobrepõe à Lei n. 6.830/1980, que é lei ordinária (e não se cuida de distribuição de competência para a instituição de tributos, dentre as entidades de direito público interno). A prescrição, *in casu*, só se considera interrompida a partir da efetivação da citação ao devedor (CTN, art. 174, I), e não do mero despacho que determina o respectivo chamamento para integrar a lide (Lei n. 6.830/1980, art. 8º, § 2º) – Recurso improvido – Voto vencido. **[STJ, 1ª Turma, REsp 171.272-SP (reg. 98.0026000-5), rel. Min. Garcia Vieira, rel. designado Min. Demócrito Reinaldo, j. 17.8.1998, m.v., *DJU* 19.10.1998, p. 33]**

Ainda sobre as causas interruptivas do prazo prescricional:

Tributário – Processo judicial tributário (exacional) – Execução fiscal – Prescrição do direito de cobrança judicial pelo Fisco – Prazo qüinqüenal – Termo inicial – ICMS – Tributo declarado, mas não pago – Pedido de parcelamento – Causa interruptiva do prazo prescricional (art. 174, parágrafo único) – Extinção do crédito tributário (art. 156, V, do CTN). 1. A prescrição, causa extintiva do crédito tributário, resta assim regulada pelo art. 174 do CTN, *verbis*: "Art. 174. A ação para a cobrança do crédito tributário prescreve em 5 (cinco) anos, contados da data da sua constituição definitiva. Parágrafo único. A prescrição se interrompe: I – pela citação pessoal feita ao devedor; I – pelo despacho do juiz que ordenar a citação em execução fiscal (*re*dação dada pela Lei Complementar n. 118/2005); II – pelo protesto judicial; III – por qualquer ato judicial que constitua em mora o devedor; IV – por qualquer ato inequívoco ainda que extrajudicial, que importe em reconhecimento do débito pelo devedor". 2. A constituição definitiva do crédito tributário, sujeita à decadência, inaugura o decurso do prazo prescricional de cinco anos para o Fisco cobrar judicialmente o crédito tributário. 3. Deveras, assim como ocorre com a decadência do direito de constituir o crédito tributário, a prescrição do direito de cobrança judicial pelo Fisco encontra-se disciplinada em cinco regras jurídicas gerais e abstratas, a saber: (a) regra da prescrição do direito do Fisco nas hipóteses em que a constituição do crédito se dá mediante ato de formalização praticado pelo contribuinte (tributos sujeitos a lançamento por homologação); (b) regra da prescrição do direito do Fisco com constituição do crédito pelo contribuinte e com suspensão da exigibilidade; (c) regra da prescrição do direito do Fisco com lançamento tributário *ex officio*; (d) regra da prescrição do direito do Fisco com lançamento e com suspensão da exigibilidade; e (e) regra de reinício do prazo de prescrição do direito do Fisco decorrente de causas interruptivas do prazo prescricional (in *Decadência e Prescrição no Direito Tributário*, Eurico Marcos Diniz de Santi, 3ª ed., Max Limonad, pp. 224-252). 4. Consoante cediço, as aludidas regras prescricionais revelam prazo qüinqüenal com *dies a quo* diversos. 5. Assim, conta-se da data da entrega do documento de formalização do crédito tributário pelo próprio contribuinte (DCTF, GIA etc.) o prazo qüinqüenal para o Fisco acioná-lo judicialmente, nos casos de tributos sujeitos a lançamento por homologação, em que não houve o pagamento antecipado (inexistindo valor a ser homologado, portanto), nem quaisquer das causas suspensivas da exigibilidade do crédito ou interruptivas do prazo prescricional (precedentes das Turmas de Direito Público: ED no AgR no REsp n. 859.597-PE, 1ª Turma, publicado no *DJU* 1.2.2007; REsp n. 567.737-SP, 2ª Turma, publicado no *DJU* 4.12.2006; REsp n. 851.410-RS, 2ª Turma, publicado no *DJU* 28.9.2006; e REsp n. 500.191-SP, desta relatoria, 1ª Turma, publicado no *DJU* 23.6.2003). 6. Por outro turno, nos casos em que o Fisco constitui o crédito tributário, mediante lançamento, inexistindo quaisquer causas de suspensão da exigibilidade ou de interrupção da prescrição, o prazo prescricional conta-se da data em que o contribuinte for regularmente notificado do lançamento tributário (arts. 145 e 174, ambos do CTN). 7. Entrementes, sobrevindo causa de suspensão de exigibilidade antes do vencimento do prazo para pagamento do crédito tributário, formalizado pelo contribuinte (em se tratando de tributos sujeitos a lançamento por homologação) ou lançado pelo Fisco, não tendo sido reiniciado o prazo *ex vi* do parágrafo único do art. 174 do CTN, o *dies a quo* da regra da prescrição desloca-se para a data do desaparecimento jurídico do obstáculo à exigibilidade. Sob esse enfoque, a doutrina atenta que nos "casos em que a suspensão da exigibilidade ocorre em momento posterior ao vencimento do prazo para pagamento do crédito aplicam-se outras regras: a regra da prescrição do direito do Fisco com a constituição do crédito pelo contribuinte e a regra da prescrição do direito do Fisco com lançamento". Assim, "nos casos em que houver suspensão da exigibilidade depois do vencimento do prazo para o pagamento, o prazo prescricional continuará sendo a data da constituição do crédito, mas será descontado o período de vigência do obstáculo à exigibilidade" (Eurico Marcos Diniz de Santi, in ob. cit., pp. 219-220). 8. Considere-se, por fim, a data em que suceder qualquer uma das causas interruptivas (ou de reinício) da contagem do prazo prescricional, taxativamente elencadas no parágrafo único do art. 174, a qual "servirá como *dies a quo* do novo prazo prescricional de cinco anos, qualificado pela conduta omissiva de o Fisco exercer o direito de ação" (Eurico Marcos Diniz de Santi, in ob. cit., p. 227). 9. *In casu*: (a) cuida-se de crédito tributário oriundo de saldo remanescente de ICMS (tributo sujeito a lançamento por homologação) relativo aos exercícios de setembro a dezembro/1989 e de janeiro a fevereiro/1990; (b) o dever instrumental de entrega da Guia de Informação e Apuração – GIA restou adimplido pelo contribuinte, não tendo sido explicitada a data da entrega pela instância ordinária; (c) a empresa não efetuou o pagamento antecipado da exação; (d) posteriormente, em 30.5.1990, o contribuinte apresentou confissão do débito tributário acompanhada de pedido de parcelamento; (e) deferido o pedido de parcelamento, o sujeito passivo descumpriu o acordo, ao efetuar o pagamento apenas da primeira parcela em 30.10.1990; e (f) a propositura da execução fiscal se deu em 10.7.1997. 10. A regra prescricional aplicável ao caso concreto é a que alude ao reinício da contagem do prazo, ante a ocorrência de causa interruptiva prevista no parágrafo único do art. 174 do *digesto* tributário – in casu, o pedido de parcelamento formulado em 30.5.1990, que pressupõe a confissão da dívida, ato inequívoco que importa em reconhecimento do débito pelo devedor. Contudo, o prazo da prescrição interrompido pela confissão e pedido de parcelamento recomeça a fluir no dia que o devedor deixa de cumprir o acordo celebrado (Súmula n. 248/TFR), momento em que se configura a lesão ao direito subjetivo do Fisco, dando azo à propositura do executivo fiscal. 11. Desta sorte, dado que o reinício do prazo prescricional se deu em 30.10.1990 e a execução fiscal restou intentada em 10.7.1997, dessume-se a extinção do crédito tributário em tela, ante o decurso *in albis* do prazo prescricional qüinqüenal para cobrança judicial pelo Fisco. 12. Recurso especial a que se nega provimento. **[STJ, 1ª Turma, REsp 802.063-SP, rel. Min. Luiz Fux, j. 21.8.2007, v.u., *DJU* 27.9.2007, p. 227]**

No que diz respeito à aplicação imediata da normas tributárias procedimentais:

Tributário – Normas de caráter procedimental – Aplicação intertemporal – Utilização de informações obtidas a partir da arrecadação da CPMF para a constituição de crédito referente a outros tributos – Retroatividade permitida pelo art. 144, § 1º, do CTN. 1. O art. 144, § 1º, do CTN prevê que as normas tributárias procedimentais ou formais têm aplicação imediata, ao contrário daquelas de natureza material, que somente alcançariam fatos geradores ocorridos durante a sua vigência. 2. Não existe direito adquirido de impedir a fiscalização de negócios que ensejam fatos geradores de tributos, máxime porque enquanto não existe o crédito tributário a autoridade fiscal tem o dever vinculativo do lançamento em correspondência ao direito de tributar da entidade estatal – Agravo regimental improvido. **[STJ, 2ª Turma, REsp/AgR 1.011.596-SP, rel. Min. Humberto Martins, j. 17.4.2008, v.u., *DJU* 5.5.2008, p. 1]**

Sobre o lançamento por homologação:

Tributário – Decadência – Tributos sujeitos ao regime do lançamento por homologação. Nos tributos sujeitos ao regime do lançamento por homologação a decadência do direito de constituir o crédito tributário se rege pelo art. 150, § 4º, do CTN, isto é, o prazo para esse efeito será de cinco anos a contar da ocorrência do fato gerador; a incidência da regra supõe, evidentemente, hipótese típica de lançamento por homologação, aquela em que ocorre o pagamento antecipado do tributo. **[STJ, 1ª Seção, EREsp 101.407-SP, rel. Min. Ari Pargendler, j. 7.4.2000, v.u., *DJU* 8.5.2000]**

E na hipótese de diferença a maior:

Recurso especial – Tributo sujeito a lançamento por homologação – Verificação pela Fazenda credora da existência de diferença a maior em seu favor – Necessidade de efetivação do lançamento e notificação do devedor – Recurso não provido 1. Se a Fazenda Nacional, ao examinar créditos declarados pela contribuinte, verificar a existência de diferença a maior em seu favor, deverá efetivar o lançamento com a notificação do devedor. 2. *In casu*, os valores inscritos na dívida ativa não são os declarados pela empresa, não se aplicando o disposto no art. 5º, §§ 1º e 2º, do Decreto-lei n. 2.124/1984. 3. Recurso especial não provido. [STJ, 1ª Turma, REsp 745.717-SC, rela. Min. Denise Arruda, j. 18.3.2008, m.v., *DJU* 30.4.2008, p. 1]

Cuidando-se de lançamento por homologação, admite-se sua revisão pelo Fisco. Nesse sentido:

Tributário – Compensação – Autolançamento – Possibilidade – Revisão do lançamento pelo Fisco. No âmbito do lançamento por homologação, é lícito ao contribuinte efetuar compensação entre crédito oriundo de tributo recolhido indevidamente e débito tributário. Ressalva-se ao Fisco o direito de rever o autolançamento. [STJ, 1ª Turma, REsp 125.806-GO (reg. 97.0022205-5), rel. Min. Humberto Gomes de Barros, j. 18.12.1997, v.u., *DJU* 6.5.1998, p. 27]

Antes do advento da Lei 11.051/2004 predominava o seguinte entendimento jurisprudencial acerca da prescrição intercorrente:

Execução fiscal – Prescrição – Ocorrência – CTN, art. 174; CPC, arts. 219, 231 e 232; Lei n. 6.830/1980, art. 40 – Precedentes. 1. Transcorridos mais de cinco anos após o prazo de suspensão estabelecido no art. 40 da Lei n. 6.830/1980 sem qualquer iniciativa do exeqüente para interromper a prescrição, há de se considerar prescrita a execução fiscal. 2. Interpretação sistemática dos dispositivos legais acima nomeados. 3. Recurso especial conhecido e improvido. [STJ, REsp 43.354-PR, rel. Min. Peçanha Martins, *DJU*-1 24.6.1996, p. 22.746]

A Lei Complementar 118/2005, a pretexto de interpretar, na verdade, alterou, com efeitos retroativos, o Código Tributário Nacional. Nesse sentido:

Constitucional – Tributário – Lei interpretativa – Prazo de prescrição para a repetição de indébito nos tributos sujeitos a lançamento por homologação – Lei Complementar n. 118/2005: natureza modificativa (e não simplesmente interpretativa) do seu art. 3º – Inconstitucionalidade do seu art. 4º, na parte que determina a aplicação retroativa. 1. Sobre o tema relacionado com a prescrição da ação de repetição de indébito tributário, a jurisprudência do STJ (1ª Seção) é no sentido de que, em se tratando de tributo sujeito a lançamento por homologação, o prazo de cinco anos, previsto no art. 168 do CTN, tem início não na data do recolhimento do tributo indevido, e sim na data da homologação – expressa ou tácita – do lançamento. Segundo entende o Tribunal, para que o crédito se considere extinto não basta o pagamento: é indispensável a homologação do lançamento, hipótese de extinção albergada pelo art. 156, VII, do CTN. Assim, somente a partir dessa homologação é que teria início o prazo previsto no art. 168, I. E, não havendo homologação expressa, o prazo para a repetição do indébito acaba sendo, na verdade, de 10 anos a contar do fato gerador. 2. Esse entendimento, embora não tenha a adesão uniforme da doutrina e nem de todos os juízes, é o que legitimamente define o conteúdo e o sentido das normas que disciplinam a matéria, já que se trata do entendimento emanado do órgão do Poder Judiciário que tem a atribuição constitucional de interpretá-las. 3. O art. 3º da Lei Complementar n. 118/2005, a pretexto de interpretar esses mesmos enunciados, conferiu-lhes, na verdade, um sentido e um alcance diferentes daqueles dados pelo Judiciário. Ainda que defensável a "interpretação" dada, não há como negar que a lei inovou no plano normativo, pois retirou das disposições interpretadas um dos seus sentidos possíveis, justamente aquele tido como correto pelo STJ, intérprete e guardião da legislação federal. 4. Assim, tratando-se de preceito normativo modificativo, e não simplesmente interpretativo, o art. 3º da Lei Complementar n. 118/2005 só pode ter eficácia prospectiva, incidindo apenas sobre situações que venham a ocorrer a partir da sua vigência. 5. O art. 4º, segunda parte, da Lei Complementar n. 118/2005, que determina a aplicação retroativa do seu art. 3º, para alcançar inclusive fatos passados, ofende o princípio constitucional da autonomia e independência dos Poderes (CF, art. 2º) e o da garantia do direito adquirido, do ato jurídico perfeito e da coisa julgada (CF, art. 5º, XXXVI). 6. Argüição de inconstitucionalidade acolhida. [**STJ, EREsp/AI 644.736-PE, rel. Min. Teori Albino Zavascki, j. 6.6.2007, v.u., *DJU* 27.8.2007, p. 170**]

Anteriormente à Lei Complementar 118/2005 assim se posicionava o STJ:

Tributário – Processual civil – Contribuição previdenciária – Ação declaratória – Imprescritibilidade – Inocorrência – Tributo sujeito a lançamento por homologação – Prescrição qüinqüenal – Orientação firmada pela 1ª Seção do STJ. 1. Não há, em nosso Direito, qualquer disposição normativa assegurando a imprescritibilidade da ação declaratória. A doutrina processual clássica é que assentou o entendimento, baseada em que (a) a prescrição tem como pressuposto necessário a existência de um estado de fato contrário e lesivo ao Direito e em que (b) tal pressuposto é inexistente e incompatível com a ação declaratória, cuja natureza é eminentemente preventiva. Entende-se, assim, que a ação declaratória (a) não está sujeita a prazo prescricional quando seu objeto for, simplesmente, juízo de certeza sobre a relação jurídica, quando ainda não transgredido o Direito; todavia, (b) não há interesse jurídico em obter tutela declaratória quando, ocorrida a desconformidade entre estado de fato e estado de direito, já se encontra prescrita a ação destinada a obter a correspondente tutela reparatória. 2. Sobre o tema relacionado com a prescrição da ação de repetição de indébito tributário, a jurisprudência do STJ (1ª Seção) é no sentido de que, em se tratando de tributo sujeito a lançamento por homologação, o prazo de cinco anos, previsto no art. 168 do CTN, tem início não na data do recolhimento do tributo indevido, e sim na data da homologação – expressa ou tácita – do lançamento. Segundo entende o Tribunal, para que o crédito se considere extinto não basta o pagamento: é indispensável a homologação do lançamento, hipótese de extinção albergada pelo art. 156, VII, do CTN. Assim, somente a partir dessa homologação é que teria início o prazo previsto no art. 168, I. E, não havendo homologação expressa, o prazo para a repetição do indébito acaba sendo, na verdade, de 10 anos a contar do fato gerador. 3. No caso, os pagamentos impugnados datavam de mais de 10 anos da propositura da ação – Prescrição verificada. 4. Recurso especial provido. **[STJ, 1ª Turma, REsp 675.767-AL, rel. Min. Teori Albino Zavascki, j. 17.4.2008, v.u., *DJU* 12.5.2008, p. 1]**

De igual modo:

Tributário – Tributos sujeitos a lançamento por homologação – Decadência – Prazo. Estabelece o art. 173, inciso I, do CTN que o direito da Fazenda de constituir o crédito tributário extingue-se após cinco anos, contados do primeiro dia do exercício seguinte àquele em que o lançamento por homologação poderia ter sido efetuado. Se não houve pagamento, inexiste homologação tácita. Com o encerramento do prazo para homologação (cinco anos), inicia-se o prazo para a constituição do crédito tributário. Conclui-se que, quando se tratar de tributos a serem constituídos por homologação, inexistindo pagamento, tem o Fisco o prazo de 10 anos, após a ocorrência do fato gerador, para constituir o crédito tributário – Embargos acolhidos. **[STJ, 1ª Seção, EREsp 132.329-SP, rel. Min. Garcia Vieira, j. 28.4.1999, v.u., *DJU* 7.6.1999]**

Ainda, a propósito:

Tributário – Execução fiscal – Prescrição – Lançamento por homologação – Não pagamento – Inocorrência – Lançamento de ofício – Decretos-leis ns. 2.445/1988 e 2.449/1988 – Inconstitucionalidade – Majorações de alíquota. do FINSOCIAL – Inconstitucionalidade declarada pelo STF (RE n. 150.764-1) – Lei Complementar n. 7/1970 (PIS) e Decreto-lei n. 1.940/1982 (FINSOCIAL) – Recepção pela atual Carta. 1. Nos tributos sujeitos ao chamado autolançamento ou lançamento por homologação (IPI, ICMS, PIS, FINSOCIAL e, atualmente, o próprio IR, entre outros) é o próprio sujeito passivo quem, com sua declaração, torna clara a situação impositiva, apura o *quantum* devido e faz o pagamento, sem qualquer interferência do Fisco. A atividade administrativa é posterior, limitando-se à homologação expressa ou tácita. 2. Contudo, se não há pagamento, não há o que se homologar e não se pode falar, efetivamente, que houve o lançamento por homologação. Nesse caso, podem acontecer duas situações: ou o Fisco acolhe, como absolutamente correto, tudo que foi declarado como devido pelo próprio contribuinte, ou faz revisão e chega a um *quantum* devido superior. Em ambos os casos haverá lançamento de ofício, mas com uma diferença significativa: na primeira hipótese a constituição do crédito, em sua totalidade, poderá ser feita pela imediata inscrição em dívida ativa, independentemente de qualquer procedimento administrativo prévio ou notificação; na segunda hipótese haverá necessidade de se instaurar o procedimento administrativo para o lançamento, mas tão-somente da parte que exceder o débito já reconhecido. 3. A possibilidade de se constituir regularmente o crédito tributário com a direta inscrição em dívida ativa exsurge do fato de que o próprio sujeito passivo foi quem apurou o *quantum* devido e já se autonotificou quando da entrega da declaração (DCTF, GIA etc.) ao Fisco. Não teria sentido a instauração de um procedimento administrativo para se apurar uma situação impositiva que já foi tornada clara e indubitável pelo próprio contribuinte. Estar-se-ia criando um monstrengo processual-administrativo, no qual o contribuinte iria se defender de uma "acusação" por ele mesmo formulada. 4. As contribuições para o PIS e para o FINSOCIAL foram recepcionadas pela atual Carta Magna. 5. O egrégio STF, no julgamento do RE n. 148.754-2, rel. Min. Francisco Rezek, declarou a inconstitucionalidade dos Decretos-leis ns. 2.445/1988 e 2.449/1988. 6. As majorações de alíquota do FINSOCIAL (Decreto-lei n. 1.940/1982) foram declaradas inconstitucionais em face de decisão do STF (RE n. 150.764-1). 7. A circunstância de ser indevida parcela destacável do crédito exeqüendo não retira a liquidez e certeza da CDA. 8. Remessa oficial parcialmente provida. [**TRF-3ª Região, 4ª Turma, REO 98.03.6542-4, rel. Juiz Manoel Álvares, j. 29.6.1998, v.u., *DJU* 25.8.1998, p. 611**]

A entrega da declaração de débitos e créditos tributários federais constitui o crédito tributário para fins de contagem do prazo prescricional, nos termos do art. 174 do CTN. Nesse sentido:

> Processual civil – Execução fiscal – Prescrição – Constituição do crédito por DCTF – Desnecessidade de lançamento – Prazo qüinqüenal – Cabimento. É entendimento assente neste Tribunal que, com a entrega da Declaração de Débitos e Créditos Tributários Federais – DCTF, tem-se constituído e reconhecido o crédito tributário, dispensada qualquer outra providência por parte da Fazenda. A partir desse momento, inicia-se o cômputo da prescrição qüinqüenal, em conformidade com o art. 174 do CTN – Agravo regimental improvido. [**STJ, 2ª Turma, REsp/AgR 1.035.701-RS, rel. Min. Humberto Martins, j. 22.4.2008, v.u., *DJU* 8.5.2008, p. 1**]

A existência de causas suspensivas da exigibilidade do crédito tributário não inviabiliza sua constituição pela Fazenda Pública. Nesse sentido:

> Tributário – Suspensão da exigibilidade do crédito tributário – Decadência do direito de o Fisco lançar – Existência de óbice judicial à constituição do crédito – Inércia do Fisco – Não-configuração – Ocorrência do lançamento antes do decurso do lustro decadencial. 1. As causas supervenientes suspensivas do crédito tributário não inibem a Fazenda Pública de providenciar a sua constituição, posto atividade administrativa vinculada e obrigatória. É que a Administração ativa deve lançar o crédito tributário a fim de evitar a ocorrência da decadência, possibilitando sua cobrança após encerrada a causa suspensiva de exigibilidade (precedente da 1ª Seção: EREsp n. 572.603-PR, rel. Min. Castro Meira, j. 8.6.2005, *DJU* 5.9.2005). 2. Entrementes, impende ressaltar que a decadência, assim como a prescrição, nasce em razão da realização do fato jurídico de omissão no exercício de um direito subjetivo. 3. *In casu*: (i) cuida-se de tributo sujeito a lançamento por homologação (ICMS); (ii) por força de liminar deferida em 21.7.1994, em sede de ação cautelar, o contribuinte, a partir de mar-

ço/1995, passou a creditar, em sua escrita fiscal, a correção monetária de créditos escriturais excedentes de ICMS; (iii) em 30.3.1999 o contribuinte teve contra si lavrado o Auto de Lançamento n. 001241664, no qual a autoridade coatora cobrava os valores creditados em sua escrita fiscal; (iv) em 19.1.2000, após a discussão na esfera administrativa, o contribuinte impetrou mandado de segurança preventivo, com pedido de liminar, visando à anulação do auto de lançamento lavrado pelo Fisco; (v) em 21.6.2002 restou provido recurso extraordinário interposto pelo Fisco, tendo sido reformadas as decisões que favoreciam a impetrante; (vi) em 18.12.2003 transitou em julgado o mandado de segurança, que reconhecera o direito do contribuinte em ver anulado o auto de lançamento, por afronta à decisão judicial que lhe autorizara a utilização da correção do saldo credor de ICMS; (vii) em 23.9.2004 o Fisco Estadual efetuou novo lançamento (n. 0013875825), objetivando a cobrança do valor aproveitado a partir do ano de 1995. 4. Desta sorte, malgrado a jurisprudência pacífica do STJ no sentido de que a suspensão da exigibilidade do crédito tributário não impede o lançamento, no caso *sub examine* restou obstado o exercício, pelo Fisco, do seu dever de constituir o crédito tributário enquanto vigorasse a liminar deferida no âmbito de mandado de segurança, o que ocasionou a desconstituição de anterior auto de lançamento lavrado tempestivamente (por desobediência à aludida ordem judicial), razão pela qual não fluiu o lustro decadencial, uma vez que não se caracterizou a inércia do sujeito ativo, que, com a cassação da decisão impeditiva, pelo STF, em 21.6.2002, procedeu ao lançamento antes do decurso do prazo qüinqüenal, em 23.9.2004. 5. Recurso especial desprovido. [STJ, 1ª Turma, REsp 849.273, rel. Min. Luiz Fux, j. 4.3.2008, v.u., *DJU* 7.5.2008, p. 1]

No sentido de que não cabe prescrição intercorrente no processo administrativo tributário, decidiu o STJ:

> Recurso especial – Processual civil – Tributário – Execução fiscal – Prescrição intercorrente – Pendência de recurso administrativo – Recurso parcialmente conhecido e, nessa parte, desprovido. 1. Não viola o art. 535 do CPC, tampouco nega a prestação jurisdicional, o acórdão que adota fundamentação suficiente para decidir de modo integral a controvérsia. 2. "É inadmissível o recurso extraordinário, quando a deficiência na sua fundamentação não permitir a exata compreensão da controvérsia" (Súmula n. 284/STF). 3. A discussão acerca de haver a Certidão da Dívida Ativa – CDA preenchido todos os requisitos pre-

vistos no art. 2º, § 5º, da Lei de Execuções Fiscais, além de gozar de presunção de legitimidade, esbarra no óbice da Súmula n. 7/STJ. 4. O Código Tributário Nacional estabelece três fases acerca da fruição dos prazos prescricional e decadencial referentes aos créditos tributários. A primeira fase estende-se até a notificação do auto de infração ou do lançamento ao sujeito passivo – período em que há o decurso do prazo decadencial (art. 173 do CTN); a segunda fase flui dessa notificação até a decisão final no processo administrativo – em tal período encontra-se suspensa a exigibilidade do crédito tributário (art. 151, III, do CTN) e, por conseguinte, não há o transcurso do prazo decadencial, nem do prescricional; por fim, na terceira fase, com a decisão final do processo administrativo, constitui-se definitivamente o crédito tributário, dando-se início ao prazo prescricional de cinco anos para que a Fazenda Pública proceda à devida cobrança, segundo o que dispõe o art. 174 do CTN, a saber: "A ação para a cobrança do crédito tributário prescreve em 5 (cinco) anos, contados da data da sua constituição definitiva" – Precedentes. 5. Enquanto há pendência de recurso administrativo não correm os prazos prescricional e decadencial. Somente a partir da data em que o contribuinte é notificado do resultado do recurso é que tem início a contagem do prazo de prescrição previsto no art. 174 do CTN. Destarte, não há falar em prescrição intercorrente em sede de processo administrativo fiscal. 6. Recurso especial parcialmente conhecido e, nessa parte, desprovido. [STJ, 1ª Turma, REsp 718.139-SP, rela. Min. Denise Arruda, j. 18.3.2008, v.u., *DJU* 23.4.2008, p. 1]

Sobre o cabimento de exceção de pré-executividade para argüir prescrição, assim se manifestou o STJ:

Processual civil – Tributário – Recurso especial – Exceção de pré-executividade – ISS – Ilegitimidade passiva *ad causam* – Inocorrência – Arts. 150, § 7º, da CF/1988 e 128 do CTN – Vício na citação – Inocorrência – Decadência – Fato gerador – Lei municipal n. 1.603/1984 – Direito local – Súmula n. 280 do STF – Argüição de prescrição em sede de exceção de pré-executividade – Possibilidade – Prescrição – Inocorrência – Juntada da lei municipal à inicial da ação – Não-obrigatoriedade. 1. O art. 8º, II, da Lei n. 6.830/1980 estabelece como regra, na execução fiscal, a citação pelo Correio, com aviso de recepção, sendo certo que, como *lex specialis*, prevalece sobre os arts. 222, "d", e 224 do CPC, por isso que a pessoalidade da citação é dispensada, sendo despicienda, inclusive, a assinatura do aviso de recebimento pelo próprio executado, bastando que reste inequívoca a entrega no seu endereço. 2. A norma insculpida no art. 12, III, da Lei n. 6.830/1980 considera a prescindibilidade da citação pessoal, determinando que, nas hipóteses em que o AR não contiver a assinatura do executado ou de seu representante legal, impõe-se que a intimação da penhora seja feita pessoalmente, corroborando o entendimento supra. 3. A exceção de pré-executividade configura comparecimento espontâneo, suprindo a falta de citação, e não afetando, portanto, a validade do processo (precedentes: AgR no Ag n. 504.280, *DJU* 8.11.2004; AgR no Ag n. 476.215-RJ, *DJU* 7.3.2005; REsp n. 658.566-DF, *DJU* 2.5.2005). 4. O ente federado com competência tributária, baseado no art. 128 do CTN – o qual tem como fundamento de validade o art. 150, § 7º, da CF/1988 –, está autorizado a editar lei específica, instituindo a responsabilidade pelo crédito tributário a terceira pessoa, desde que vinculada ao fato gerador da respectiva obrigação, de forma que a Lei municipal n. 1.603/1984 veio tão-somente a dar efetividade aos referidos dispositivos legais. Ademais, análise mais profunda da questão esbarraria no óbice da Súmula n. 280 do STF, máxime porque a *quaestio iuris* foi solucionada pelo Tribunal Estadual também à luz da interpretação de lei local, qual seja, a Lei municipal n. 1.603/1984, em seus arts. 20 e 30. 5. A 1ª Seção consolidou entendimento no sentido de que, em se tratando de tributo sujeito a lançamento por homologação, no caso em que não ocorre o pagamento antecipado pelo contribuinte, como no caso *sub judice*, o poder-dever do Fisco de efetuar o lançamento de ofício substitutivo deve obedecer ao prazo decadencial estipulado pelo art. 173, I, do CTN, segundo o qual o direito de a Fazenda Pública constituir o crédito tributário extingue-se após cinco anos contados do primeiro dia do exercício seguinte àquele em que o lançamento poderia ter sido efetuado. 6. Desta sorte, como o lançamento direto (art. 149 do CTN) poderia ter sido efetivado desde a ocorrência do fato gerador, é do primeiro dia do exercício financeiro seguinte ao nascimento da obrigação tributária que se conta o prazo decadencial para a constituição do crédito tributário na hipótese, entre outras, da não-ocorrência do pagamento antecipado de tributo sujeito a lançamento por homologação, independentemente da data extintiva do direito potestativo de o Estado rever e homologar o ato de formalização do crédito tributário efetuado pelo contribuinte (precedentes da 1ª Seção: AgR nos EREsp n. 190.287-SP, desta relatoria, publicado no *DJU* 2.10.2006; e EREsp n. 408.617-SC, rel. Min.

João Otávio de Noronha, publicado no *DJU* 6.3.2006). 7. Todavia, *in casu*, para o deslinde da controvérsia relativa à decadência dos créditos tributários em tela, faz-se mister a interpretação de lei local, qual seja, a Lei municipal n. 1.603/1984, porquanto necessário perscrutar o momento de ocorrência da hipótese de incidência tributária, determinado pelo referido diploma legal, mormente quando a sentença e o acórdão recorrido consideraram diferentes critérios temporais. Destarte, revela-se incabível a via recursal extraordinária para rediscussão da matéria, ante a incidência da Súmula n. 280/STF: "Por ofensa a Direito local não cabe recurso extraordinário" (precedentes: AgA n. 434.121-MT, *DJU* 24.6.2002; REsp n. 191.528-SP, *DJU* 24.6.2002). 8. Isto porque, consoante assentado pelo Juízo singular, *in verbis*: "A Lei municipal n. 1.063/1984 já contemplava o ISS, seu fato gerador, Lista de Serviços e a possibilidade de cobrar o imposto do responsável tributário, o dono da obra (...). Com a sucessão de leis no tempo, entrou em vigor o atual Código Tributário Municipal (Lei Complementar n. 25/1997), que manteve as disposições da lei anterior (...). A decadência, enquanto forma de extinção do crédito tributário, somente se opera após cinco anos contados do primeiro dia útil do exercício seguinte àquele em que o lançamento poderia ter sido efetuado (CTN, art. 173, I). Ora, mesmo considerando o término da obra em 1997, como alega a excipiente, o Fisco teria cinco anos para efetuar o lançamento, a contar de 1.1.1998. Portanto, a decadência somente se operaria em 1.1.2003. Ocorre que o lançamento, que constitui o crédito tributário, se deu antes, em 23.4.1999 (fls. 39 e informação de fls. 41). Realizado o lançamento, não se fala mais em decadência, e a partir daí tem o Fisco novo prazo de cinco anos, de natureza prescricional, para ajuizar a ação para a cobrança do crédito tributário, contado da data da sua constituição definitiva". 9. A exceção de pré-executividade é servil à suscitação de questões que devam ser conhecidas de ofício pelo juiz, como as atinentes à liquidez do título executivo, os pressupostos processuais e as condições da ação executiva. 10. O espectro das matérias suscitáveis através da exceção tem sido ampliado por força da exegese jurisprudencial mais recente, admitindo-se a argüição de prescrição e de ilegitimidade passiva do executado, desde que não demande dilação probatória (*exceptio secundum eventus probationis*). 11. A prescrição, por ser causa extintiva do direito do exeqüente, é passível de ser veiculada em exceção de pré-executividade (precedentes: EREsp n. 614.272-PR, 1ª Seção, rel. Min. Castro Meira, *DJU* 6.6.2005; EREsp 388.000-RS, Corte Especial, rel. para o acórdão Min. José Delgado, *DJU* 28.11.2005). 12. Entrementes, a exceção de pré-executividade não é a via adequada para suscitar a questão relativa à nulidade do lançamento, matéria objeto dos embargos à execução. 13. A prescrição, causa extintiva do crédito tributário, resta regulada pelo art. 174 do CTN, *verbis*: "Art. 174. A ação para a cobrança do crédito tributário prescreve em 5 (cinco) anos, contados da data da sua constituição definitiva. Parágrafo único. A prescrição se interrompe: I – pela citação pessoal feita ao devedor; I – pelo despacho do juiz que ordenar a citação em execução fiscal; (redação dada pela Lei Complementar n. 118/2005) II – pelo protesto judicial; III – por qualquer ato judicial que constitua em mora o devedor; IV – por qualquer ato inequívoco ainda que extrajudicial, que importe em reconhecimento do débito pelo devedor". 14. A constituição definitiva do crédito tributário, sujeita à decadência, inaugura o decurso do prazo prescricional de cinco anos para o Fisco cobrar judicialmente o crédito tributário. 15. Malgrado a divergência doutrinária existente, a jurisprudência pacífica desta Corte Superior perfilha a tese de que, nas hipóteses em que o lançamento se dá de ofício (seja de modo originário, seja em caráter substitutivo), o crédito tributário é considerado definitivamente constituído: (a) com a regular notificação do lançamento ao contribuinte, quando não interposto recurso administrativo; ou (b) com a regular notificação da decisão administrativa irreformável, momento em que não pode mais o lançamento ser contestado na esfera da Administração Tributária judicante, na qual se dá o exercício do poder de autotutela mediante o controle de legalidade da constituição do crédito tributário (Súmula n. 473/STF: "A Administração pode anular seus próprios atos, quando eivados de vícios que os tornam ilegais, porque deles não se originam direitos; ou revogá-los, por motivo de conveniência ou oportunidade, respeitados os direitos adquiridos, e ressalvada, em todos os casos, a apreciação judicial"). 16. *In casu*, verifica-se, tanto da leitura da sentença quanto do voto-condutor do aresto recorrido, que houve recurso na esfera administrativa interposto pela recorrente, tendo sido proferida decisão final de desacolhimento da pretensão, cuja ciência pessoal do Fisco foi efetivada em 9.9.2000 (fls. 67). Destarte, considerando-se que a ação exacional foi proposta em 6.1.2003, ressoa inequívoca a inocorrência da prescrição. 17. O art. 337 do CPC dispõe que: "A parte, que alegar Direito municipal, estadual, estrangeiro ou consuetudinário, provar-lhe-á o teor e a vigência, se assim o determinar o juiz". 18. Nesse diapasão, é imperioso concluir que, como decorrência do princípio geral segundo o qual o juiz conhece o Direito (*iura novit curia*) – o qual não depende, portanto, em princípio, de prova –, não há imprescindibilidade de juntada da legislação local ou alienígena quando da propositura da ação, salvo se o juiz a requerer, quando então abre-se prazo para que a parte cumpra com o dever de praticar o ato processual requestado. 19. Recurso especial parcialmente conhecido e, nesta parte, desprovido. [STJ, 1ª Turma, REsp 857.614, rel. Min. Luiz Fux, j. 4.3.2008, v.u., *DJU* 30.4.2008, p. 1]

No sentido de que o lançamento constitui o crédito tributário:

Tributário – Arrolamento de bens e de direitos (Lei n. 9.532/1997, art. 64) – Exigência de prévia constituição do crédito tributário, que ocorre, quando pela via de lançamento, com a notificação do sujeito passivo, após realizadas as atividades descritas no art. 142 do CTN. 1. O art. 64 da Lei n. 9.532/1997 autoriza o "arrolamento de bens e direitos do sujeito passivo sempre que o valor dos créditos tributários de sua responsabilidade for superior a 30% (trinta por cento) do seu patrimônio conhecido" (*caput*) e "superior a R$ 500.000,00 (quinhentos mil Reais)" (§ 7º). Depreende-se do texto legal que os créditos cuja existência justifica o arrolamento devem estar constituídos ("formalizados", na expressão do § 1º), pois somente com a constituição é que se podem identificar o sujeito passivo e o *quantum* da obrigação tributária, informações indispensáveis para que se verifique a presença ou não de tais requisitos de fato. 2. Importa, então, precisar o momento em que se tem por constituído o crédito tributário, quando a constituição ocorrer, como no caso, por via de lançamento. 3. "Encerrado o lançamento, com os elementos mencionados no art. 142 do CTN e regularmente notificado o contribuinte, nos termos do art. 145 do CTN, o crédito tributário estará definitivamente constituído (...) sendo evidente que, se o sujeito passivo não concordar com ele, terá direito de opor-se à sua exigibilidade, que fica administrativamente suspensa, nos termos do art. 151 do CTN (...). A suspensão da exigibilidade do crédito tributário constituído, todavia, não tira do crédito tributário as suas características de definitivamente constituído, apenas o torna administrativamente inexigível" (Ives Gandra Martins). No mesmo sentido, com apoio na doutrina clássica, Mary Elbe Gomes Queiroz Maia. 4. No caso dos autos, portanto, realizado, ao fim do procedimento fiscalizatório, o lançamento de ofício, e regularmente notificado o contribuinte, tem-se por constituído o crédito tributário. Tal formalização faculta, desde logo – presentes os demais requisitos exigidos pela lei –, que se proceda ao arrolamento de bens ou direitos do sujeito passivo, independentemente de eventual contestação da existência do débito na via administrativa ou judicial (salvo, evidentemente, nessa última hipótese, se, logrando convencer o juiz da verossimilhança de seu direito e do risco de dano grave, obtiver provimento liminar determinando a sustação daquela medida) – Precedente: REsp n. 689.472, 1ª Turma, Min. Luiz Fux, *DJU* 13.11.2006. 5. Recurso especial a que se nega provimento. **[STJ, 1ª Turma, REsp 770.863-RS, rel. Min. Teori Albino Zavascki, j. 1.3.2007, v.u., *DJU* 22.3.2007, p. 159]**

Quanto ao prazo para a repetição de indébito tributário:

Tributário – Repetição de indébito – Decadência – Pendência de processo administrativo. I – A decadência do direito à repetição do indébito tributário inicia-se após cinco anos, contados a partir de quando se tornou definitiva a decisão administrativa que apreciou o pedido do contribuinte (CTN, art. 168, II). II – À falta de decisão, não se opera decadência. **[STJ, 1ª Turma, REsp 151.520 (reg. 97/0073139-1), rel. Min. Humberto Gomes de Barros, j. 15.12.1997, v.u., *DJU* 20.4.1998, p. 37]**

Questões

1. Que é "crédito tributário"?

2. Que é "lançamento"?

3. Quais são as espécies de lançamento segundo o Código Tributário Nacional?

4. É possível a retificação do lançamento após a notificação do contribuinte?

5. Que é "auto de infração"?

6. Compare os temas de prescrição e decadência no direito civil e no direito tributário.

7. Qual é o termo inicial do lapso decadencial nos tributos sujeitos a lançamento direto, por declaração e por homologação?

8. Qual é o termo inicial do lapso prescricional para a propositura da ação de cobrança? E da ação repetitória?

9. Quais são as causas suspensivas do prazo prescricional? E interruptivas?

10. Qual é a relevância da distinção entre prescrição e decadência?

CONSULTAS

1. [132º Exame de Ordem/SP, 2007, n. 5] Suponha que determinada empresa tenha recebido um auto de infração e imposição de multa, pendente de julgamento na esfera administrativa, pelo não-recolhimento de IPI em fevereiro/2006. A alíquota do imposto lançado, à época dos fatos, era 10%, e a multa punitiva de 75%. Suponha, ainda, que em fevereiro/2007 tenha ocorrido alteração na legislação do IPI, com a redução da alíquota do imposto para 5% e redução da multa para 50%. Como advogado do contribuinte autuado, que pleito poderia ser realizado perante os julgadores do processo administrativo para os fatos geradores objeto do lançamento? Fundamente.

2. [131º Exame de Ordem/SP, 2006, n. 5] A empresa "X" foi autuada pelo Fisco Federal, em janeiro/2007, por omissão de receitas no ano-base de 2001, sendo-lhe exigidos o IR, CSLL, PIS, COFINS e multa qualificada de 150%. A aplicação da multa agravada deu-se, no entender do agente fiscal, por estar configurado dolo na conduta do contribuinte. A referida empresa procura-o e pede uma opinião legal acerca da aplicação do instituto da decadência ao caso concreto. Qual o seu posicionamento a respeito?

3. [118º Exame de Ordem/SP, 2002, n. 1] Seu cliente é proprietário de imóvel urbano localizado no Município de São Bernardo do Campo. Em 1999 construiu ali um galpão, mas apenas comunicou a Prefeitura a respeito em 2001, embora devesse fazê-lo de imediato. Agora, recebeu notificação de lançamento do IPTU de 2000, por meio da qual a Prefeitura Municipal, revendo o lançamento anteriormente efetuado, exige a diferença correspondente à área construída do galpão. Pode a Prefeitura tomar essa atitude? Responda justificando adequadamente.

MEDIDAS JUDICIAIS

1. [124º Exame de Ordem/SP, 2004, n. 2] A Hotel da Manhã Ltda. pleiteou, em juízo, a restituição de PIS e COFINS que entendia ter sido recolhido em excesso, tendo em vista haver incluído, em sua base de cálculo, o valor das gorjetas, cobradas de seus hóspedes juntamente com o valor dos serviços. A ementa da decisão proferida pelo TRF-3ª Região tinha o seguinte teor: "Tributário – Gorjetas – Não-integração à base de cálculo de exações fiscais – Prescrição – Correção monetária e juros – Taxa SELIC. 1. As gorjetas, por serem parte integrante do salário, não integram a base de cálculo das exações fiscais que oneram as empresas (precedentes do STF). 2. Prescrição qüinqüenal que, em relação às exações autolançadas, tem prazo contado em dobro, 10 anos, da data do fato gerador (precedentes majoritários do STJ). 3. Expurgos inflacionários que integram os índices de correção monetária (precedente da Corte Especial). 4. Juros calculados pela taxa SELIC. 5. Honorários. A Fazenda Nacional, em recurso próprio, alega que as parcelas do PIS e da COFINS, recolhidas há mais de cinco anos da propositura da ação, estão prescritas, nos termos do art. 168, inciso I, c/c o art. 156, inciso I, do CTN. Sustenta que o fato de as gorjetas integrarem o salário não as exclui da base de cálculo do PIS e da COFINS. Entende que as leis que tratam do PIS e COFINS, por serem leis especiais, prevalecem sobre a legislação trabalhista, que tem um caráter geral. Inconforma-se, ainda, com a aplicação da taxa SELIC, eis que os índices a ela referentes não possuem natureza moratória, e sim remuneratória. **QUESTÃO:** Na qualidade de advogado da Hotel da Manhã Ltda., elabore o instrumento processual adequado.

2. [130º Exame de Ordem/SP, 2006, n. 3] A empresa de engenharia de informação Procomputer S/A, sucessora de outra empresa do mesmo grupo, porém atuante no ramo tecnológico em mecânica de máquinas, Protecmaq Ltda., vem sofrendo problemas financeiros, agravada sua situação em virtude da falta de investimento por parte dos sócios estrangeiros. Como resultado dessa circunstância, a Procomputer se viu obrigada a atrasar o pagamento de tributos federais de modo deliberado, com o intuito de poupar caixa para fazer frente às despesas com empregados e fornecedores. Não obstante impontual no cumprimento das obrigações principais, a empresa manteve as obrigações acessórias em dia, efetuando os lançamentos fiscais e prestando as informações sobre os tributos impagos. Os débitos fiscais da Procomputer foram inscritos na dívida ativa da União, dando-se início às execuções fiscais correspondentes. A Procomputer foi citada nas mencionadas execuções fiscais. Inerte no prazo legal, teve bens penhorados para garantia do débito e intimado o representante legal da penhora realizada, na qualidade de depositário legal. Seu departamento contábil, porém, verificou que determinados tributos federais lançados há mais de seis anos foram inscritos na dívida ativa extemporaneamente. **QUESTÃO:** Na qualidade de advogado da empresa, elabore a medida judicial solicitada por seu cliente.

DISSERTAÇÕES

1. "Lançamento Tributário. Definição. Espécies. Efeitos Jurídicos".
2. "Prescrição e Decadência. Conceito. Termo Inicial. Efeitos".

TEMA PARA PESQUISA

"Lançamento Tributário. Conceito. Natureza Jurídica. Efeitos. Espécies. Auto de Infração".

TESTES

1. [134º Exame de Ordem/SP, 2008, n. 83] Em relação à prescrição intercorrente ocorrida no curso da execução fiscal, assinale a opção correta:

a) ( ) Esse tipo de prescrição não pode ser decretado de ofício.

b) ( ) Tal prescrição não pode ser decretada de ofício, por serem indisponíveis os interesses patrimoniais da Fazenda Pública.

c) ( ) Essa prescrição pode ser decretada de ofício, desde que estejam caracterizados a omissão e o desinteresse da Fazenda Pública no processamento da execução fiscal.

d) ( ) É possível o reconhecimento, de ofício, da prescrição intercorrente, desde que a Fazenda Pública seja previamente ouvida sobre a matéria.

2. [132º Exame de Ordem/SP, 2007, n. 83] No que respeita ao lançamento tributário, é correto afirmar que:

a) ( ) O lançamento reporta-se à data da ocorrência do fato gerador da obrigação e rege-se pela lei então vigente, ainda que posteriormente modificada ou revogada.

b) ( ) O lançamento regularmente notificado ao sujeito passivo não pode ser alterado.

c) ( ) Lançamento de ofício é a modalidade em que o contribuinte declara, apura e recolhe o tributo devido, para ulterior homologação pelo Fisco.

d) ( ) Havendo decisão administrativa definitiva que anule determinado lançamento fiscal por vício formal, fica impedido o Fisco de efetuar novo lançamento para constituição do crédito tributário.

3. [132º Exame de Ordem/SP, 2007, n. 81] Quando houver decisão administrativa anulando o lançamento efetuado pelo Fisco por vício formal, passa a correr prazo:

a) ( ) Decadencial de cinco anos, contados da data do lançamento originalmente efetuado pelo Fisco.

b) ( ) Prescricional de cinco anos, contados da data em que o lançamento fiscal foi anulado.

c) ( ) Decadencial de cinco anos, contados da data em que se tornar definitiva a decisão que anulou o lançamento por vício formal.

d) ( ) Decadencial de cinco anos, contados da data do fato gerador do tributo.

4. [127º Exame de Ordem/SP, 2005, n. 88] O lançamento é efetuado e revisto de ofício nas seguintes hipóteses, exceto:

a) ( ) Quando a declaração não for prestada, por quem de direito, no prazo e na forma da legislação tributária.

b) ( ) Quando a lei determinar.

c) ( ) Em qualquer hipótese em que houver falsidade, erro ou omissão, mesmo que seja referente a elemento que, pela legislação tributária, não precisa ser obrigatoriamente declarado.

d) ( ) Quando se comprove que o sujeito passivo agiu com dolo, fraude ou simulação.

5. [122º Exame de Ordem/SP, 2003, n. 90] O prazo prescricional para cobrança de tributos lançados de ofício esgota-se:

a) ( ) Em cinco anos, a partir da ocorrência do fato gerador.

b) ( ) No primeiro dia útil do quinto exercício seguinte em que o tributo deveria ter sido lançado.

c) ( ) Em cinco anos, a partir do lançamento.

d) ( ) Em cinco anos, a partir da declaração de ocorrência do fato gerador.

6. [122º Exame de Ordem/SP, 2003, n. 83] A Receita Federal verificou que Tício deixara de apresentar declaração de rendimentos referente ao ano-base 1997, até o dia 30 de abril do ano seguinte (data prevista em lei), e, em conseqüência, não pagou o imposto devido. Pergunta-se: em dezembro corrente o Fisco pode proceder ao lançamento de ofício do respectivo crédito?

a) ( ) Sim.

b) ( ) Não, pois já teriam ocorrido a decadência e a prescrição.

c) ( ) Não, de vez que já verificada a decadência.

d) ( ) Não, porquanto já consumada a prescrição.

7. [121º Exame de Ordem/SP, 2003, n. 88] Esgotado o prazo legal para lançamento de tributo sem que a Fazenda Pública o tenha efetuado, ocorre a situação de:

a) ( ) Exclusão.

b) ( ) Suspensão.

c) ( ) Decadência.

d) ( ) Prescrição.

8. [121º Exame de Ordem/SP, 2003, n. 87] Como exemplo de impostos sujeitos normalmente a lançamento de ofício e por homologação, respectivamente, pode-se citar:

a) ( ) O imposto territorial urbano e o IPI.

b) ( ) O imposto de renda e o imposto territorial rural.

c) ( ) O ICMS e o imposto de renda.

d) ( ) O imposto de importação e o IOF.

9. [120º Exame de Ordem/SP, 2003, n. 89] A modalidade de lançamento em que o sujeito passivo deve fornecer à autoridade fiscal informações sobre matéria de fato indispensável à sua efetivação sem, contudo, adiantar o respectivo pagamento é denominada:

a) ( ) Por declaração.
b) ( ) De ofício.
c) ( ) Por homologação.
d) ( ) Autolançamento.

10. [119º Exame de Ordem/SP, 2003, n. 89] O lançamento é efetivado e revisto de ofício pela autoridade administrativa quando:

I – A lei assim o determine.

II – A pessoa legalmente obrigada atenda a pedido de esclarecimento, formulado pela autoridade administrativa, sobre declaração prestada no prazo e na forma da legislação tributária.;

III – Se comprove omissão ou inexatidão, por parte da pessoa legalmente obrigada, no exercício do lançamento por homologação.

IV – Deva ser apreciado o fato conhecido ou provado por ocasião do lançamento anterior.

Aponte as hipóteses verdadeiras:

a) ( ) I e III, apenas.
b) ( ) II e IV, apenas.
c) ( ) I, II e III, apenas.
d) ( ) I, II, III e IV.

11. [118º Exame de Ordem/SP, 2002, n. 70] O lançamento de ofício pode ser revisto:

a) ( ) Sempre que a autoridade administrativa assim o desejar, a qualquer tempo.

b) ( ) Apenas nas hipóteses previstas em lei, a qualquer tempo.

c) ( ) Sempre que a autoridade administrativa assim o desejar, enquanto não extinto o direito da Fazenda Pública.

d) ( ) Apenas nas hipóteses previstas em lei, enquanto não extinto o direito da Fazenda Pública.

15
GARANTIAS E PRIVILÉGIOS DO CRÉDITO TRIBUTÁRIO

15.1 Diretrizes gerais. 15.2 Garantias: 15.2.1 Bem de família – 15.2.2 FGTS – 15.2.3 Presunção de fraude – 15.2.4 Indisponibilidade dos bens e rendas do devedor. 15.3 Privilégios: 15.3.1 Na falência – 15.3.2 Recuperação judicial e extrajudicial – 15.3.3 Privilégios entre os entes tributantes. [DOUTRINA – JURISPRUDÊNCIA – QUESTÕES – DISSERTAÇÕES – TESTES]

15.1 Diretrizes gerais

Para fins de compreensão do disposto neste capítulo, tem-se que:

Garantia é meio jurídico necessário para assegurar ao Fisco o recebimento do tributo. Noutro giro, é o que, nos termos da lei, assegura o ressarcimento do credor pelo não-recebimento tempestivo do montante tributário.

Privilégio[1] *é a preferência legalmente atribuída ao Fisco para o recebimento do crédito tributário no concurso com os demais credores.*

Justifica-se a existência de garantias e privilégios do crédito tributário pelo interesse público que o envolve (princípio implícito da supremacia do interesse público).

---

1. A propósito, observe-se que *prelação*, na Teoria Geral do Direito, é o privilégio (preferência) de um credor no concurso com os demais credores, desde que haja litígio sobre os bens pertencentes ao devedor comum.

15.2 Garantias

As garantias do crédito tributário estão previstas no Código Tributário Nacional, como também nas leis federais, estaduais, distritais ou municipais, conforme a natureza ou características do tributo.[2] No mais, o crédito tributário não deixa de ser tributário em virtude da natureza eventualmente diversa da garantia que lhe tenha sido atribuída, como, por exemplo, tornar-se real em virtude de estar assegurado por um penhor. Transcreva-se

> [CTN] Art. 183. A enumeração das garantias atribuídas neste Capítulo ao crédito tributário não exclui outras que sejam expressamente previstas em lei, em função da natureza ou das características do tributo a que se refiram.
>
> Parágrafo único. A natureza das garantias atribuídas ao crédito tributário não altera a natureza deste nem a da obrigação tributária a que corresponda.

Dentre outras garantias que possam ser atribuídas por lei ao crédito tributário, estabelece ainda o Código Tributário Nacional que a totalidade dos bens e das rendas do sujeito passivo, do espólio e da massa falida, *inclusive os gravados por ônus real ou cláusula de inalienabilidade ou impenhorabilidade*, seja qual for a data da constituição do ônus ou da cláusula, exceto os bens e as rendas que a *lei* declare absolutamente impenhoráveis, responderão pelo pagamento da dívida tributária. Apenas para ilustrar, veja-se o que dispõe o CPC:

> [CPC] Art. 649. São absolutamente impenhoráveis: I – os bens inalienáveis e os declarados, por ato voluntário, não sujeitos à execução; II – os móveis, pertences e utilidades domésticas que guarnecem a residência do executado, salvo os de elevado valor ou que ultrapassem as necessidades comuns correspondentes a um médio padrão de

---

2. Aliomar Baleeiro ressalta que esta possibilidade diz respeito tão-somente às garantias – ou seja, Estados e Municípios não podem inovar em matéria de privilégios (*Direito Tributário Brasileiro*, 11ª ed., Rio de Janeiro, Forense, 2000, p. 603). De nossa parte, observamos apenas que, se a premissa consistir em que os privilégios hão de ser veiculados por meio de lei complementar federal, então, nos termos do artigo em comento, não apenas Estados e Municípios mas, de igual modo, o Distrito Federal e a União também não poderão introduzir para si mesmos, mediante suas respectivas leis ordinárias, novos privilégios.

vida; III – os vestuários, bem como os pertences de uso pessoal do executado, salvo se de elevado valor; IV – os vencimentos, subsídios, soldos, salários, remunerações, proventos de aposentadoria, pensões, pecúlios e montepios; as quantias recebidas por liberalidade de terceiro e destinadas ao sustento do devedor e sua família, os ganhos de trabalhador autônomo e os honorários de profissional liberal, observado o disposto no § 3º deste artigo; V – os livros, as máquinas, as ferramentas, os utensílios, os instrumentos ou outros bens móveis necessários ou úteis ao exercício de qualquer profissão; VI – o seguro de vida; VII – os materiais necessários para obras em andamento, salvo se essas forem penhoradas; VIII – a pequena propriedade rural, assim definida em lei, desde que trabalhada pela família; IX – os recursos públicos recebidos por instituições privadas para aplicação compulsória em educação, saúde ou assistência social; X – até o limite de 40 (quarenta) salários mínimos, a quantia depositada em caderneta de poupança; XI – os recursos públicos do fundo partidário recebidos, nos termos da lei, por partido político.

§ 1º. A impenhorabilidade não é oponível à cobrança do crédito concedido para a aquisição do próprio bem.

§ 2º. O disposto no inciso IV do *caput* deste artigo não se aplica no caso de penhora para pagamento de prestação alimentícia.

Observe-se que a impenhorabilidade decorrente de ato de vontade não opera efeitos contra o Fisco. Cuida-se de norma especial (art. 184 do CTN) que prevalece sobre norma geral (*v.g.*, inciso I do art. 649 do CPC e art. 1.711 do CC), consoante o adágio *lex specialis derogat generale*.

Convém salientar ainda que, embora o dispositivo abaixo transcrito empregue o termo "privilégios", cuida-se, na verdade, de garantias. Veja-se:

> **[CTN] Art. 184.** Sem prejuízo dos privilégios especiais sobre determinados bens, que sejam previstos em lei, responde pelo pagamento do crédito tributário a totalidade dos bens e das rendas, de qualquer origem ou natureza, do sujeito passivo, seu espólio ou sua massa falida, inclusive os gravados por ônus real ou cláusula de inalienabilidade ou impenhorabilidade, seja qual for a data da constituição do ônus ou da cláusula, excetuados unicamente os bens e rendas que a lei declare absolutamente impenhoráveis.

Em conformidade com o referido art. 184, também dispõe a Lei de Execução Fiscal que a penhora não pode recair sobre bens declarados por lei absolutamente impenhoráveis (art. 10 da Lei 6.830/1980), *verbis*:

> **[Lei 6.830/1980] Art. 10.** Não ocorrendo o pagamento, nem a garantia da execução de que trata o art. 9º, a penhora poderá recair em qualquer bem do executado, exceto os que a lei declare absolutamente impenhoráveis.

Vejamos, com destaque, algumas outras garantias previstas em lei.

15.2.1 Bem de família

A *Lei 8.009, de 20.3.1990*, estabelece a impenhorabilidade do *bem de família* e as respectivas exceções, dentre as quais a hipótese de se tratar de cobrança de IPTU, taxas ou contribuições devidas em função do imóvel familiar:

> **[Lei 8.009/1990] Art. 1º.** O imóvel residencial próprio do casal, ou da entidade familiar, é impenhorável e não responderá por qualquer tipo de dívida civil, comercial, fiscal, previdenciária ou de outra natureza, contraída pelos cônjuges ou pelos pais ou filhos que sejam seus proprietários e nele residam, salvo nas hipóteses previstas nesta Lei.
>
> (...).
>
> **Art. 3º.** A impenhorabilidade é oponível em qualquer processo de execução civil, fiscal, previdenciária, trabalhista ou de outra natureza, salvo se movido: (...) IV – para cobrança de impostos, predial ou territorial, taxas e contribuições devidas em função do imóvel familiar; (...).

Há outras exceções trazidas nessa lei acerca da impenhorabilidade do bem de família legal; mas para o presente estudo é suficiente a menção à exceção acima transcrita.

15.2.2 FGTS

Também para ilustrar, a Lei 9.036/1990 preceitua que as contas vinculadas em nome dos trabalhadores, como é o caso do Fundo de Garantia de Tempo de Serviço (FGTS), são absolutamente impenhoráveis.

15.2.3 Presunção de fraude

Outra garantia dada ao Fisco para assegurar o recebimento do crédito tributário consiste na presunção legal de fraude sempre que, após a inscrição do crédito em dívida ativa, o devedor alienar ou onerar bens ou rendas.[3] Veja-se:

> [CTN] Art. 185. Presume-se fraudulenta a alienação ou oneração de bens ou rendas, ou seu começo, por sujeito passivo em débito para com a Fazenda Pública por crédito tributário regularmente inscrito como dívida ativa.
>
> Parágrafo único. O disposto neste artigo não se aplica na hipótese de terem sido reservados, pelo devedor, bens ou rendas suficientes ao total pagamento da dívida inscrita.

Assim, pode-se dizer que se trata de uma presunção legal absoluta de fraude contra o Fisco sempre que o sujeito passivo alienar bens, estando em débito para com a Fazenda Pública por crédito regularmente inscrito, sem reservar bens ou rendas suficientes ao pagamento da respectiva dívida.

Dito de outro modo, não se configurará tal presunção se o devedor reservar bens ou rendas suficientes.

15.2.4 Indisponibilidade dos bens e rendas do devedor

Admite-se a possibilidade de se decretar judicialmente a indisponibilidade dos bens e rendas suficientes para o pagamento do débito tributário quando o devedor, citado, não pagar nem oferecer bens à penhora, *verbis*:

> [CTN] Art. 185-A. Na hipótese de o devedor tributário, devidamente citado, não pagar nem apresentar bens à penhora no prazo legal

---

3. A Lei Complementar 118, de 9.2.2005, suprimiu a expressão "em fase de execução", que constava no final deste dispositivo e que ensejava a seguinte divergência doutrinária: para uns, a "fase de execução" iniciava-se com a inscrição da dívida ativa, de modo que a alienação do bem após a inscrição gerava presunção de fraude contra o Fisco; para outros, apenas a alienação do bem pelo devedor após sua citação na execução fiscal é que geraria a aludida presunção.

e não forem encontrados bens penhoráveis, o juiz determinará a indisponibilidade de seus bens e direitos, comunicando a decisão, preferencialmente por meio eletrônico, aos órgãos e entidades que promovem registros de transferência de bens, especialmente ao registro público de imóveis e às autoridades supervisoras do mercado bancário e do mercado de capitais, a fim de que, no âmbito de suas atribuições, façam cumprir a ordem judicial.

§ 1º. A indisponibilidade de que trata o *caput* deste artigo limitar-se-á ao valor total exigível, devendo o juiz determinar o imediato levantamento da indisponibilidade dos bens ou valores que excederem esse limite.

§ 2º. Os órgãos e entidades aos quais se fizer a comunicação de que trata o *caput* deste artigo enviarão imediatamente ao juízo a relação discriminada dos bens e direitos cuja indisponibilidade houverem promovido.

Saliente-se que o art. 185-A e os respectivos §§ 1º e 2º do CTN foram inseridos pela Lei Complementar 118, de 9.2.2005, com o escopo de adaptar as garantias do crédito tributário à nova Lei de Falências.

São essas, pois, algumas das garantias atribuídas ao crédito tributário.

15.3 Privilégios

O Código Tributário Nacional também dispõe sobre as preferências do crédito tributário em concurso com os demais créditos. Estabelece, por exemplo, que os créditos tributários preferem a qualquer outro, exceto os créditos decorrentes da legislação do trabalho ou do acidente de trabalho:

> [CTN] **Art. 186.** O crédito tributário prefere a qualquer outro, seja qual for a natureza ou o tempo da constituição deste, ressalvados os créditos decorrentes da legislação do trabalho ou do acidente de trabalho.

Vejamos, separadamente, a ordem de sua preferência em caso de falência.

15.3.1 Na falência

A Lei Complementar 118, de 9.2.2005, acrescentou um parágrafo único ao referido dispositivo do Código Tributário Nacional para tratar dos privilégios do crédito tributário em caso de falência:

[CTN] Art. 186. (...).

Parágrafo único. Na falência: I – o crédito tributário não prefere aos créditos extraconcursais ou às importâncias passíveis de restituição, nos termos da lei falimentar, nem aos créditos com garantia real, no limite do valor do bem gravado; II – a lei poderá estabelecer limites e condições para a preferência dos créditos decorrentes da legislação do trabalho; e III – a multa prefere apenas aos créditos subordinados.

O art. 188 do CTN estabelece que os créditos tributários decorrentes de fatos imponíveis ocorridos no curso do processo de falência são denominados "extraconcursais".

O Decreto-lei 7.661/1945 cuidava da concordata e da falência. No tocante à classificação dos créditos e à ordem de pagamento era necessário considerar os disposto em leis extravagantes, mais precisamente no Código Civil e de Processo Civil, na Consolidação das Leis do Trabalho, no Código Tributário Nacional, e assim por diante.

Contudo, a Lei 11.101, de 9.2.2005, conhecida como a "Nova Lei de Falências", instituiu a recuperação judicial e extrajudicial, assim como dispôs sobre a classificação dos créditos e, em seus arts. 151, 84 e 83, sucessivamente, sobre a ordem de pagamento.

Cumpre, no entanto, atentar para eventuais incompatibilidades entre a inovação trazida pela atual Lei de Falências e as citadas inovações trazidas pela Lei Complementar 118 acerca dos privilégios do crédito tributário no processo de falência, tendo em conta que cabe à lei complementar dispor sobre normas gerais em matéria de legislação tributária (art. 146 da CF de 1988).

Nada obstante, feita essa importante ressalva, vejamos o que dispõe a nova Lei de Falências sobre os privilégios do crédito tributário.

Em primeiro lugar, tão logo haja disponibilidade em caixa, preferem a qualquer outro os créditos trabalhistas de natureza estritamente salarial vencidos nos três meses anteriores à decretação da falência, até o limite de cinco salários mínimos por trabalhador (art. 151).

Posteriormente, havendo ainda recursos disponíveis em caixa, terão preferência os créditos extraconcursais (art. 84), dentre eles os tributos relativos a fatos geradores ocorridos após a decretação da falência, respeitada a ordem estabelecida no art. 83, a seguir exposta:

[Lei 11.101/2005] Art. 83. A classificação dos créditos na falência obedece à seguinte ordem: I – os créditos derivados da legislação do trabalho, limitados a 150 (cento e cinqüenta) salários mínimos por credor, e os decorrentes de acidentes de trabalho; II – créditos com garantia real até o limite do valor do bem gravado; III – créditos tributários, independentemente da sua natureza e tempo de constituição, excetuadas as multas tributárias; IV – créditos com privilégio especial, a saber: a) os previstos no art. 964 da Lei n. 10.406, de 10 de janeiro de 2002; b) os assim definidos em outras leis civis e comerciais, salvo disposição contrária desta Lei; c) aqueles a cujos titulares a lei confira o direito de retenção sobre a coisa dada em garantia; V – créditos com privilégio geral, a saber: a) os previstos no art. 965 da Lei n. 10.406, de 10 de janeiro de 2002; b) os previstos no parágrafo único do art. 67 desta Lei; c) os assim definidos em outras leis civis e comerciais, salvo disposição contrária desta Lei; VI – créditos quirografários, a saber: a) aqueles não previstos nos demais incisos deste artigo; b) os saldos dos créditos derivados da legislação do trabalho que excederem o limite estabelecido no inciso I do *caput* deste artigo; VII – as multas contratuais e as penas pecuniárias por infração das leis penais ou administrativas, inclusive as multas tributárias; VIII – créditos subordinados, a saber: a) os assim previstos em lei ou em contrato; b) os créditos dos sócios e dos administradores sem vínculo empregatício.

[CTN] Art. 186. O crédito tributário prefere a qualquer outro, seja qual for a natureza ou o tempo da constituição deste, ressalvados os créditos decorrentes da legislação do trabalho ou do acidente de trabalho.

Em suma, observado o disposto nos arts. 151 e 84 da Lei de Falências, segue-se a ordem de preferência a que se referem os incisos do art. 83 do mesmo diploma legal. Transcreva-se:

[Lei 11.101/2005] Art. 151. Os créditos trabalhistas de natureza estritamente salarial vencidos nos 3 (três) meses anteriores à decretação da falência, até o limite de 5 (cinco) salários mínimos por trabalhador, serão pagos tão logo haja disponibilidade em caixa.

Registrem-se, ademais, as inovações da nova Lei de Falências sobre créditos extraconcursais:

> **[Lei 11.101/2005] Art. 84.** Serão considerados créditos extraconcursais e serão pagos com precedência sobre os mencionados no art. 83 desta Lei, na ordem a seguir, os relativos a: I – remunerações devidas ao administrador judicial e seus auxiliares, e créditos derivados da legislação do trabalho ou decorrentes de acidentes de trabalho relativos a serviços prestados após a decretação da falência; II – quantias fornecidas à massa pelos credores; III – despesas com arrecadação, administração, realização do ativo e distribuição do seu produto, bem como custas do processo de falência; IV – custas judiciais relativas às ações e execuções em que a massa falida tenha sido vencida; V – obrigações resultantes de atos jurídicos válidos praticados durante a recuperação judicial, nos termos do art. 67 desta Lei, ou após a decretação da falência, e tributos relativos a fatos geradores ocorridos após a decretação da falência, respeitada a ordem estabelecida no art. 83 desta Lei.

Retornando ao Código Tributário Nacional, observe-se que a cobrança do crédito tributário não se sujeita a concurso de credores ou habilitação em falência, recuperação judicial, concordata, inventário ou arrolamento (art. 187 do CTN; v. também art. 29 da Lei de Execução Fiscal e art. 76 da atual Lei de Falências).

No mais, a Lei Complementar 118/2005 também alterou a redação do *caput* do art. 188 para substituir a expressão "massa falida" pelo termo "extraconcursais":

> **[CTN] Art. 188.** São extraconcursais os créditos tributários decorrentes de fatos geradores ocorridos no curso do processo de falência.
>
> § 1º. Contestado o crédito tributário, o juiz remeterá as partes ao processo competente, mandando reservar bens suficientes à extinção total do crédito e seus acrescidos, se a massa não puder efetuar a garantia da instância por outra forma, ouvido, quanto à natureza e valor dos bens reservados, o representante da Fazenda Pública interessada.
>
> § 2º. O disposto neste artigo aplica-se aos processos de concordata.

Resta, pois, aguardar o entendimento jurisprudencial acerca da compatibilidade da nova Lei de Falências com o disposto no Código Tributário Nacional.

15.3.2 Recuperação judicial e extrajudicial

Observe-se que, nos termos do Decreto-lei 7.661, de 21.6.1945, havia a concordata, preventiva ou suspensiva, e a falência. Agora, segundo a nova Lei de Falências, fala-se em "recuperação judicial e extrajudicial", mantendo-se a falência, porém com a nova ordem de preferência acima mencionada.

Todavia, a Lei 11.101/2005 refere-se apenas à falência ao dispor sobre classificação dos créditos e ordem de pagamento, pois quando se tratar de recuperação judicial e extrajudicial essa ordem deve ser buscada no respectivo plano de recuperação da sociedade empresária.

Observe-se, ademais, que a recuperação judicial assim como a extrajudicial são inovações veiculadas pela nova Lei de Falências com o escopo de assegurar o atendimento ao princípio da função social da empresa.

Com efeito, por meio desses institutos busca-se, concomitantemente, não apenas proteger os interesses dos credores, como também proporcionar condições para a recuperação da sociedade empresária, vista como fonte produtora de riquezas, geradora de empregos, de circulação de bens e serviços – e, por isso mesmo, imprescindível ao desenvolvimento econômico do país.

Nada obstante, o art. 191-A do CTN, também inserido pela Lei Complementar 118/2005, reduziu bastante o alcance da recuperação judicial ao condicionar sua concessão à prova de quitação de todos os tributos; ou seja, não apenas os tributos relativos à sua atividade mercantil. Veja-se:

> [CTN] **Art. 191-A.** A concessão de recuperação judicial depende da apresentação da prova de quitação de todos os tributos, observado o disposto nos arts. 151, 205 e 206 desta Lei.

Além disso, conforme mencionado no capítulo da responsabilidade tributária, em conformidade com a modificação do art. 133 do CTN pela Lei Complementar 118/2005, restou afastada a possibilidade de sucessão tributária em casos de alienação judicial de filial ou unidade produtiva isolada, em processo de recuperação judicial.

Outrossim, também não têm direito ao benefício da recuperação extrajudicial os titulares de créditos de natureza tributária derivados da legislação do trabalho ou decorrentes de acidente de trabalho (art. 161, § 1º, da atual Lei de Falências).

15.3.3 Privilégios entre os entes tributantes

O Código Tributário Nacional admite ordem de preferência entre os créditos de pessoas políticas de direito público:

> **[CTN] Art. 187.** (...).
> Parágrafo único. O concurso de preferência somente se verifica entre pessoas jurídicas de direito público, na seguinte ordem: I – União; II – Estados, Distrito Federal e Territórios, conjuntamente e *pro rata*; III – Municípios, conjuntamente e *pro rata*.

A propósito, estabelece a CF brasileira em vigor:

> **[CF] Art. 19.** É vedado à União, aos Estados, ao Distrito Federal e aos Municípios: (...) III – criar distinções entre brasileiros ou preferências entre si.

Todavia, cumpre não olvidar que fora introduzido dispositivo semelhante na Constituição de 1969 pela Emenda Constitucional 16/1980 ("Art. 9º. À União, aos Estados, ao Distrito Federal, aos Territórios e aos Municípios é vedado: I – criar distinções entre brasileiros ou preferências em favor de uma dessas pessoas de direito público interno contra outra"). E – apenas para registro – é dessa época a Súmula 563 do STF ("O concurso de preferência a que se refere o parágrafo único do art. 187 do CTN é compatível com o disposto no art. 9º, I, da CF").

Nada obstante, cremos ser discutível o citado parágrafo único do art. 187 do CTN em face dos princípios constitucionais federativo e da isonomia das pessoas políticas de direito público.

DOUTRINA

No que tange à *presunção de fraude contra o Fisco*, sustenta Aliomar Baleeiro:[4]

---

4. Aliomar Baleeiro, *Direito Tributário Brasileiro*, 11ª ed., pp. 604-605.

O CTN, no art. 185, estabelece uma presunção geral, *juris et de jure*, isto é, sem possibilidade de prova em contrário, de que é fraudulenta, contra o Fisco, a alienação ou oneração de bens ou rendas, ou seu começo, por sujeito passivo desde que o crédito tributário contra ele esteja regularmente inscrito (CTN, arts. 201 a 204) e em fase de execução.

Mas entender-se-á que esta presunção absoluta está limitada ao caso de o sujeito passivo alienar ou onerar seus bens ou rendas em tal proporção que lhe não reste o suficiente para o total pagamento da dívida em execução fiscal.

No CC, arts. 106 a 113, o credor não goza de presunção legal: deverá propor a ação anulatória, salvo no caso do art. 111. Embora o Código Tributário Nacional não o diga, aplica-se ao Fisco o art. 1.586 do CC, que prevê o caso de o herdeiro renunciar à herança para prejudicar seu credor. Este, nessa hipótese, autorizado pelo juiz, poderá aceitar a herança em nome do renunciante, a fim de cobrar-se, entregando o saldo aos herdeiros beneficiários da renúncia.

A propósito, posiciona-se Yussef Said Cahali no sentido de ser cabível ação pauliana ajuizada pelo Fisco para tornar ineficaz a alienação ou oneração levada a cabo pelo devedor anteriormente à inscrição da dívida ativa, *verbis*:

Naquilo que o art. 185 do CTN tem de preciso, dois extremos se prenunciam como de fácil aceitação:

(a) Desde há muito se tem como assentado que, *não estando ainda inscrita a dívida fiscal* quando o contrato foi celebrado, não é possível considerá-lo em fraude à execução relativamente a essa dívida; se a alienação foi feita anteriormente à inscrição da dívida fiscal, não há fraude contra o Fisco; a simples existência de procedimento tributário administrativo, do qual poderia surgir ou não um débito, não obsta à indisponibilidade eficaz do bem, eis que não haveria ainda dívida inscrita ao tempo de sua prática.

Ocorrendo essa anterioridade, a alienação que se pretende ver desconstituída, ou declarada ineficaz, de modo a possibilitar a penhora do bem objeto da disposição em garantia do crédito fiscal, deverá a Fazenda Pública ajuizar ação pauliana, provando os requisitos dos arts. 106 e 107 do CC.

(...).

Acerca da penhora *on-line*, a que se refere o art. 185-A, inserido no CTN pela Lei Complementar 118/2005, Eduardo Domingos Bottallo[5] posiciona-se no sentido de sua admissibilidade, desde que respeitada a ordem das diligências estabelecidas nos incisos do art. 11 da Lei de Execução Fiscal. Eis suas considerações fundamentadas:

> Deve ser, desde logo, consignado que o preceito não diz respeito ao crédito fiscal propriamente dito, mas sim a procedimentos judiciais visando à sua cobrança. Assim, embora formalmente veiculado por lei complementar, ele não tem natureza de *norma geral em matéria de legislação tributária* na acepção do art. 146, III e alíneas, da Constituição.
>
> Daí decorre que, sob o ponto de vista material, estamos diante de norma de lei ordinária, expressando a competência da União para legislar sobre *direito processual*, nos termos do art. 22, I, da Carta.
>
> Esta consideração é importante porque insere a *penhora on-line* no contexto das normas da Lei de Execução Fiscal e do próprio Código de Processo Civil, devendo ser destacado, no cenário traçado por estes diplomas, o importante *princípio da menor onerosidade*, segundo o qual, "quando por vários meios o credor puder promover a execução, o juiz mandará que se faça pelo modo menos gravoso para o devedor".
>
> Portanto, a *penhora on-line* não pode, sob nenhum aspecto, ser considerada um "cheque em branco", suscetível de ser utilizado para constranger o devedor ou até mesmo impedi-lo de exercer suas atividades.

JURISPRUDÊNCIA

Levando em consideração que a cobrança da dívida ativa tributária há de ser feita nos termos da Lei de Execução Fiscal, decidiu o STJ pela ilegitimidade da Fazenda Pública para propor pedido de Falência:

> Processo civil – Pedido de falência formulado pela Fazenda Pública com base em crédito fiscal – Ilegitimidade – Falta de interesse –

---

5. Eduardo Bottallo, *Grandes Questões de Direito Tributário*, São Paulo, Dialética, 2005, pp. 85-86.

Doutrina – Recurso desacolhido. I – Sem embargo dos respeitáveis fundamentos em sentido contrário, a 2ª Seção decidiu adotar o entendimento de que a Fazenda Pública não tem legitimidade, e nem interesse de agir, para requerer a falência do devedor fiscal. II – Na linha da legislação tributária e da doutrina especializada, a cobrança do tributo é atividade vinculada, devendo o Fisco utilizar-se do instrumento afetado pela lei à satisfação do crédito tributário, a execução fiscal, que goza de especificidades e privilégios, não lhe sendo facultado pleitear a falência do devedor com base em tais créditos. [**STJ, 2ª Seção, REsp 164.389-MG, rel. Min. Castro Filho, rel. para o acórdão Min. Sálvio de Figueiredo Teixeira, j. 13.8.2003, m.v., *DJU* 16.8.2004, p. 249**]

Antes da supressão pela Lei Complementar 118/2005 da frase "em fase de execução" que constava no art. 185 do CTN, assim decidiu o STJ acerca da aquisição de veículo pertencente a contribuinte em débito para com o Fisco após o ajuizamento da execução fiscal:

Tributário – Execução fiscal – Embargos de terceiro – Desconstituição e penhora – Veículo alienado – Inexistência de restrição quanto à transferência do bem – Inocorrência de fraude – Adquirente de boa-fé – Precedentes. 1. A aquisição de mercadoria, mediante nota fiscal emitida por firma regularmente estabelecida, gera a presunção de boa-fé do adquirente, cabendo ao Fisco a prova em contrário. A pena de perdimento não pode se dissociar do elemento subjetivo (inexistente na espécie), tampouco desconsiderar a boa-fé do adquirente. 2. *In casu*, restou comprovado que o veículo foi alienado em data anterior à citação do sócio co-responsável. Não poderia, portanto, o embargante saber da existência de execuções contra o primitivo proprietário, pois seus cuidados foram apenas em obter certidão do veículo junto ao DETRAN, onde não constavam quaisquer gravames na matrícula do veículo. 3. Inocorrência de fraude à execução, tendo em vista a boa-fé na aquisição do veículo. 4. Precedentes das 1ª e 2ª Turmas desta Corte Superior. 5. Recurso não provido. [**STJ, 1ª Turma, REsp 489.629-PR, rel. Min. José Delgado, j. 6.5.2003, v.u., *DJU* 2.6.2003, p. 209**]

Já reconheceu o STJ a eficácia de aquisição de imóvel por terceiro de boa-fé após sucessivas transmissões. Veja-se:

Tributário – Alienação fraudulenta e responsabilidade tributária – CTN, 185. No contexto do art. 185 do CTN, "sujeito passivo" é expressão que denota pessoa submetida a cobrança de um crédito tributário, só apanhando o "responsável" se a execução fiscal já lhe tiver sido redirecionada; de outro modo não haveria segurança nas relações jurídicas – Processo civil – Fraude à execução – Situação do terceiro de boa-fé – CPC, art. 593, II. A ineficácia da alienação de imóvel com fraude à execução não pode ser oposta ao terceiro de boa-fé que vem a adquiri-lo depois de sucessivas transmissões – Necessidade de tutela à boa-fé – Embargos de declaração rejeitados. [STJ, 2ª Turma, REsp/ED 45.453-SP, rel. Min. Ari Pargendler, j. 24.2.1997, *DJU* 17.3.1997, p. 7.461]

Antes das inovações trazidas pela Lei Complementar 118/2005 e pela Lei 11.101/2005, assim já vinha decidindo o STJ quanto aos privilégios dos créditos tributário e trabalhista:

Processual civil e tributário – Execução fiscal – Massa falida – Preferência do crédito trabalhista – Pacificação de entendimento (REsp n. 118.148-RS). 1. A Corte Especial, no julgamento do REsp n. 118.148-RS, e, posteriormente, a 1ª Seção, nos EREsp 444.964-RS, pacificaram entendimento de que a preferência do crédito trabalhista há de subsistir quer a execução fiscal tenha sido aparelhada antes ou depois da decretação da falência e, mesmo já aparelhada a execução fiscal com penhora, uma vez decretada a falência da empresa executada, sem embargo do prosseguimento da execução singular, o produto da alienação deve ser remetido ao juízo falimentar, para que ali seja entregue aos credores, observada a ordem de preferência legal. 2. Embargos de divergência conhecidos e providos. **[STJ, REsp/EDv 536.033-RS, rela. Min. Eliana Calmon, j. 1.12.2004, *DJU*-1 9.2.2005, p. 181]**

Antes mesmo das inovações trazidas pela Lei Complementar 118/2005 e pela Lei 11.101/2005, assentou o STJ que os créditos decorrentes de serviços prestados à massa falida, inclusive a remuneração do síndico, têm natureza trabalhista, de modo que preferem ao crédito tributário no processo de falência:

Direito comercial – Recurso especial – Falência – Prestação de contas – Remuneração do síndico – Crédito trabalhista – Preferência sobre os créditos tributários – Incidência da Súmula n. 219/STJ. 1. Esta Corte Superior firmou entendimento no sentido de que "os créditos decorrentes de serviços prestados à massa falida, inclusive a remuneração do síndico, gozam dos privilégios próprios dos trabalhistas" (Súmula n. 219/STJ). Destarte, entendendo a remuneração do síndico como crédito trabalhista, aquela tem preferência sobre os créditos tributários, e, portanto, deve ser atendida antes destes. Com efeito, de acordo com o art. 186 do CTN, "o crédito tributário prefere a qualquer outro, seja qual for a natureza ou o tempo da constituição deste, ressalvados os créditos decorrentes da legislação do trabalho". 2. Precedentes (REsp n. 161.320-MG, rel. Min. Carlos Alberto Menezes Direito, *DJU* 4.9.2000; REsp n. 135.296-MG, rel. Min. Aldir Passarinho Jr., *DJU* 19.8.2002; REsp n. 166.855-MG, rel. Min. Antônio de Pádua Ribeiro, *DJU* 26.6.2000; REsp n. 212.965-MG, rel. Min. Eduardo Ribeiro, *DJU* 17.12.1999). 3. Recurso não conhecido. **[STJ, 4ª Turma, REsp 166.430, rel. Min. Jorge Scartezzini, j. 18.5.2006, v.u., *DJU* 19.6.2006, p. 142]**

Acerca dos privilégios entre os entes tributantes, tem-se o seguinte posicionamento do STJ:

Execução fiscal – Concurso de credores – INSS – Fazenda Pública Estadual. A União e suas autarquias preferem aos Estados, mas quando tiver sido ajuizada a execução, com a instauração do concurso de credores (CTN, art. 187). Não é lícita sua intervenção em execução movida pela Fazenda Estadual. Deverá ajuizar execução própria, exercendo oportunamente sua preferência – Recurso provido. **[STJ, 1ª Turma, REsp 167.381, rel. Min. Garcia Vieira, j. 8.6.1998, v.u., *DJU* 24.8.1998, p. 24]**

No mais, quanto à preferência do crédito tributário nos casos de precedência de penhora em execução movida por terceiro, vejam-se os seguintes julgados do STJ:

Tributário – Crédito tributário – Preferência – Execução movida por terceiro. Parte dos chamados privilégios e garantias do crédito tributário (CTN, arts. 191 e 193) foi outorgada exatamente para compensar a demora da Fazenda Pública na respectiva cobrança, de modo que, ao invés da valorização da iniciativa do credor, vige na espécie o princípio de que o crédito tributário prefere independentemente de quem tenha a precedência da penhora – Hipótese em que, mal-sucedida a execução fiscal pela sucessão de leilões negativos, o crédito tributário podia, sim, concorrer ao produto da arrematação levada a efeito em execução proposta contra o devedor por terceiro – Recurso especial conhecido e provido. **[STJ, 2ª Turma, REsp 74.207-RS, rel. Min. Ari Pargendler, j. 5.5.1998, m.v., *DJU* 18.12.1998, p. 316]**

Tributário – Crédito tributário – Execução movida por terceiro. 1. Preferência. A tutela do crédito tributário constitui norma geral de direito tributário que só pode ser modificada por lei complementar (cf. art. 146, III, c/c CTN, art. 187), razão pela qual a regra do art. 711 do CPC, que, em concurso de créditos, manda observar a anterioridade da penhora, lhe é inaplicável; parte dos chamados privilégios e garantias do crédito tributário (CTN, arts. 191 a 193) foi outorgada exatamente para compensar a demora da Fazenda Pública na respectiva cobrança, de modo que, ao invés da valorização da iniciativa do credor na cobrança, vige na espécie o princípio de que o crédito tributário prefere independentemente dela. 2. Procedimento. O concurso de preferências não viabiliza a defesa do devedor, de modo que a consideração pura e simples do crédito tributário, sem a possibilidade de que o sujeito passivo da obrigação tributária ou responsável possam se lhe opor, afronta o devido processo legal, implicando a atribuição de caráter executório ao lançamento fiscal, que só é modalidade de ato administrativo exeqüível. Já proposta a execução obtido na execução ajuizada pelo credor privado ou pelo credor público com preferência menor; dela intimado o devedor, aguardar-se-á o prazo dos embargos respectivos; se não forem opostos, o dinheiro será convertido em renda da Fazenda Pública; se forem opostos, a destinação dele se dará *secundum eventum litis*. Ainda não ajuizada a execução fiscal, a Fazenda Pública tem a seu dispor a ação cautelar. O único procedimento inviável é o da espécie, em que a Fazenda Pública se arrogou o direito de haver seu crédito em execução proposta por terceiro sem o contraditório regular – Recurso conhecido e provido. [**STJ, 2ª Turma, REsp 25.028-SP, rel. Min. Ari Pargendler, j. 11.4.1996, v.u., *DJU* 13.5.1996, p. 15.542**]

No sentido de que a transmissão de bem de família na pendência de execução fiscal não caracteriza fraude têm-se os seguintes acórdãos do TJRS:

> Direito tributário – Execução fiscal – Transferência, aos filhos, do único bem imóvel residencial – Inexistência de fraude à execução. Provado nos autos, via certidões negativas dos registros imobiliários, que o imóvel alienado pelo devedor tributário é o único residencial da sua família, sua transferência, aos filhos, não constitui fraude à execução fiscal, porquanto protegido pela impenhorabilidade pela Lei n. 8.009/1990. [**TJRS, 2ª Câmara Cível, AI 70014319735, rel. Des. Arno Werlang, m.v., j. 27.6.2006**]

> Agravo de instrumento – Direito tributário e fiscal – Execução fiscal – ICMS. Nada obstante deferido o processamento da recupera-

ção judicial, a execução fiscal prossegue sobranceira, salvo a hipótese de concessão de parcelamento, de tal obviedade que dispensaria constar do texto legal – Agravo provido – Unânime. **[TJRS, 21ª Câmara Cível, AI 70018381657, rel. Des. Genaro José Baroni Borges, j. 30.5.2007]**

Agravo de instrumento – Inocorrente nulidade da decisão por falta de fundamentação. Embora sucinta, a decisão não padece do vício alegado – Existência de processo de recuperação judicial da principal devedora – Situação que não suspende a execução fiscal, nos termos do art. 6º, § 7º, da Lei n. 11.101/2005 – Alegação de prejudicialidade externa que se rejeita – À unanimidade, negaram provimento ao recurso. **[TJRS, 21ª Câmara Cível, AI 70016303216, rel. Des. Francisco José Moesch, j. 8.11.2006]**

Agravo de instrumento – Ação de execução – Crédito tributário – Prevalência sobre o crédito hipotecário. O crédito tributário prefere a qualquer outro, seja qual for sua natureza ou o tempo de sua constituição, ressalvados os créditos decorrentes da legislação do trabalho ou do acidente de trabalho – Inteligência dos arts. 184 e 186 do CTN, repetidos no art. 30 da Lei n. 6.830/1980. Ainda, o art. 187 do mesmo diploma legal, também com a redação alterada pela Lei Complementar n. 118/2005, reza que a cobrança judicial do crédito tributário não está sujeita a concurso de credores ou habilitação em falência, recuperação judicial, concordata, inventário ou arrolamento – Agravo improvido. **[TJRS, 17ª Câmara Cível, AI 70015155898, rela. Desa. Elaine Harzheim Macedo, j. 17.8.2006]**

Agravo – Apensamento da execução fiscal ao processo de falência – Descabimento. O crédito tributário prefere a qualquer outro, ressalvados os decorrentes da legislação do trabalho ou do acidente do trabalho, e não se submete a concurso de credores, habilitação em falência, recuperação judicial ou concordata (CTN, arts. 186 e 187, redação da Lei Complementar n. 118/2005). Para além disso, ou por causa disso, a competência para processar e julgar a execução da dívida ativa exclui a de qualquer outro juízo, inclusive o da falência (Lei n. 6.830/1980, art. 5º). Por isso a decretação da falência não atrai a execução fiscal – Agravo provido. **[TJRS, 21ª Câmara Cível, AI 70012328563, rel. Des. Genaro José Baroni Borges, j. 14.12.2005]**

O Estatuto dos Advogados não prevalece sobre o disposto no Código Tributário Nacional no que concerne à ordem de preferência do crédito tributário. Nesse sentido:

Processual civil e tributário – Execução fiscal – Penhora – Dedução de valores referentes a honorários de advogado – Impossibilidade – Preferência dos créditos de natureza tributária – Art. 186, *caput*, do CTN. 1. Por força dos arts. 186 e 187 do CTN, ficam estabelecidos as preferências e privilégios relativos aos créditos tributários, os quais só são preteridos pelos créditos oriundos da legislação trabalhista e de acidente de trabalho. 2. Nos arts. 22, 23 e 24 da Lei n. 8.906/1994 chega-se a estabelecer um certo grau de privilégio para os créditos relativos à fixação de honorários advocatícios, bem como uma cobrança facilitada da verba honorária, mediante sua dedução do montante oriundo da condenação judicial. Contudo, tais previsões não operam – de modo algum – o efeito de superar a preferência dos créditos de natureza tributária, especialmente quando já são objeto de constrição judicial. 3. Recurso especial desprovido. **[STJ, 1ª Turma, REsp 722.197-RS, rela. Min. Denise Arruda, j. 23.10.2007, v.u., *DJU* 22.11.2007, p. 189]**

Questões

1. Que se entende por "garantias do crédito tributário"? E "privilégios"?

2. Pode o legislador estadual ou municipal estipular privilégios para os créditos tributários, além dos previstos no Código Tributário Nacional? Fundamente.

3. Os créditos tributários gozam de privilégio total e absoluto? E os extraconcursais? Fundamente.

4. Quando há presunção de fraude contra o Fisco? Fundamente.

5. O bem de família responde pelo pagamento do crédito tributário? E o FGTS? Fundamente.

Dissertações

1. "Garantias do Crédito Tributário. Noção. Exemplos. Presunção de Fraude".

2. "Privilégios do Crédito Tributário. Noção. Necessidade de Lei Complementar. Cotejo com a Nova Lei de Falências".

3. "Análise do Parágrafo Único do Art. 187 do CTN em Face da Constituição Federal de 1988".

Testes

1. [134º Exame de Ordem/SP, 2008, n. 85] A alienação do patrimônio por parte do devedor com débitos perante a Fazenda Pública não pode ser anulada. À luz do Código Tributário Nacional, a afirmativa acima:

a) ( ) Não é verdadeira, pois a Fazenda Pública pode pleitear a anulação da alienação do patrimônio efetuada a partir da inscrição do débito em dívida ativa, desde que o devedor não tenha outros bens que possam satisfazer o pagamento total do débito.

b) ( ) Não é verdadeira, pois a Fazenda Pública pode pleitear a anulação da alienação do patrimônio efetuada desde a ocorrência do fato gerador que ensejou o débito.

c) ( ) É verdadeira, pois a Fazenda Pública não pode pleitear a anulação da alienação do patrimônio efetuada pelo devedor, em razão da ausência de previsão no Código Tributário Nacional.

d) ( ) É verdadeira, pois a Fazenda Pública não pode pleitear a anulação da alienação do patrimônio efetuada pelo devedor, haja vista que a dívida ativa regularmente inscrita não traz a presunção de sua certeza e liquidez.

2. [133º Exame de Ordem/SP, 2007, n. 89] Analise as proposições nos termos do Código Tributário Nacional:

I – A restituição de tributos que comportem transferência do respectivo encargo financeiro somente será feita a quem provar haver assumido referido encargo ou, no caso de tê-lo transferido a terceiro, estar por este expressamente autorizado a recebê-la.

II – Em caso de revogação de moratória anteriormente concedida em caráter individual, o tempo decorrido entre a concessão e a revogação não se computa para efeito da prescrição do direito à cobrança do crédito se restar configurado dolo ou simulação.

III – Há dever legal de conservação dos livros obrigatórios de escrituração comercial e fiscal, bem como os comprovantes dos lançamentos neles efetuados, pelo sujeito passivo das respectivas obrigações tributárias, independentemente de já ter ocorrido a prescrição dos créditos tributários decorrentes das operações a que se refiram.

Quanto às proposições, pode-se afirmar que:

a) ( ) Todas estão corretas.

b) ( ) Estão corretas apenas I e II.

c) ( ) Estão incorretas I e III.

d) ( ) Estão incorretas II e III.

16
SUSPENSÃO DA EXIGIBILIDADE DO CRÉDITO TRIBUTÁRIO[1]

16.1 Introdução. 16.2 Moratória. 16.3 Depósito judicial. 16.4 Recurso administrativo. 16.5 Concessão de liminar. 16.6 Parcelamento.
[Doutrina – Jurisprudência – Questões – Consulta – Dissertação – Testes]

16.1 Introdução

Ocorrido o fato gerador, nasce a obrigação tributária. O lançamento, em quaisquer de suas modalidades referidas pelo Código Tributário Nacional, tem por finalidade tornar líquido e certo o crédito tributário e, conforme o caso, em condições de ser pago pelo sujeito passivo ou exigível judicialmente pelo credor.

Todavia, feito ou não o lançamento, e antes que ocorra uma das causas extintivas da obrigação tributária em concreto, poderá, nos termos da lei, ocorrer um fato hábil a suspender o dever de lançar e, se já realizado o lançamento, suspender o dever do sujeito passivo de pagar o tributo, assim como o dever do Fisco de cobrá-lo judicialmente.

A esse respeito, ora sob a denominação de *suspensão do crédito tributário*, ora referindo-se à *suspensão da exigibilidade do crédito tributário*, o Código Tributário Nacional arrola seis causas suspensivas, *in verbis*: (a) *moratória*; (b) o *depósito do seu montante integral*; (c) as *reclamações* e os *recursos*, nos termos das leis reguladoras do processo tributário administrativo; (d) a *concessão de medida liminar em mandado de segurança*; (e) a *concessão de medida liminar*

---

1. Arts. 151 a 155 do CTN.

ou de tutela antecipada em outras espécies de ação judicial; (f) o *parcelamento*.[2]

Observe-se, desde já, que apenas a moratória e o parcelamento não têm cunho processual e, como veremos na seqüência, são as únicas causas suspensivas que foram especificamente disciplinadas pelo Código Tributário Nacional.

16.2 Moratória

Como noção preambular, pode-se definir *moratória* como sendo a dilação legal do prazo para o voluntário pagamento do tributo.

Por força do princípio da indisponibilidade dos bens públicos, somente lei pode conceder moratória. Por igual razão, o prazo de pagamento determinado pela lei tributária somente poderá ser alterado por lei de igual hierarquia.

Registre-se, ainda, que, ancorados na noção constitucional de competência tributária, a moratória somente pode ser concedida por lei da entidade competente para a criação do respectivo tributo, sob pena de desrespeito aos princípios federativo e da autonomia política dos Municípios.

Doutra parte, o princípio constitucional da isonomia exige que a moratória somente seja concedida diante de circunstâncias desfavoráveis para os contribuintes de uma determinada região, tais como enchente, incêndio, terremoto etc.

Segundo o Código Tributário Nacional, a moratória pode ser concedida em caráter geral ou individual:

> **[CTN] Art. 152.** A moratória somente pode ser concedida: I – em caráter geral: a) pela pessoa jurídica de direito público competente para instituir o tributo a que se refira; b) pela União, quanto a tributos de competência dos Estados, do Distrito Federal ou dos Municípios quando simultaneamente concedida quanto aos tributos de competência federal e às obrigações de direito privado; II – em caráter indivi-

---

2. A concessão de medida liminar ou de tutela antecipada em outras espécies de ação judicial, assim como o parcelamento, foi acrescentada pela Lei Complementar 104, de 10.1.2001.

dual, por despacho da autoridade administrativa, desde que autorizada por lei nas condições do inciso anterior.

Parágrafo único. A lei concessiva de moratória pode circunscrever expressamente a sua aplicabilidade a determinada região do território da pessoa jurídica de direito público que a expedir, ou a determinada classe ou categoria de sujeitos passivos.

Infere-se desse dispositivo que a moratória geral é a concessão de um prazo maior para o pagamento do tributo a que se refere a lei, em benefício de todos os respectivos contribuintes.

O CTN também estabelece os requisitos que a lei concessiva da moratória deverá especificar:

[CTN] Art. 153. A lei que conceda moratória em caráter geral ou autorize sua concessão em caráter individual especificará, sem prejuízo de outros requisitos: I – o prazo de duração do favor; II – as condições da concessão do favor em caráter individual; III – sendo o caso: a) os tributos a que se aplica; b) o número de prestações e seus vencimentos, dentro do prazo a que se refere o inciso I, podendo atribuir a fixação de uns e de outros à autoridade administrativa, para cada caso em caráter individual; c) as garantias que devem ser fornecidas pelo beneficiado no caso de concessão em caráter individual.

Nesse passo, convém tecer uma distinção entre as locuções "suspensão do credito tributário" e "suspensão da exigibilidade do crédito tributário".

Na primeira hipótese cremos poder nos referir à suspensão do dever de realizar o lançamento, com a correlata suspensão da fluência do prazo decadencial.

A segunda hipótese – qual seja, a suspensão da exigibilidade do crédito tributário – supõe a existência de um crédito já devidamente formalizado, mas que não pode ser cobrado judicialmente ante a existência de uma causa suspensiva, a qual suspende, de igual modo, a fluência do prazo prescricional.

Deveras, com a ocorrência do fato imponível surge um vínculo de cunho patrimonial entre o Fisco e o contribuinte. Todavia, para que o débito possa ser regularmente satisfeito, ou, doutro enfoque, para que o crédito possa ser exigido pelo credor, impõe-se sua formalização pelo lançamento. É dizer, a exigibilidade do tributo supõe a consecução do lançamento tributário.

No que concerne à moratória, depreende-se do Código Tributário Nacional que, salvo disposição de lei em contrário, a simples dilação do prazo antes da formalização da dívida não suspenderá o dever do sujeito passivo de pagar o tributo, assim como não ficará suspenso o correlato dever do Fisco de proceder à cobrança judicial. Por via de conseqüência, também não haverá, nesse caso, a suspensão do prazo decadencial.

Assim, como regra geral, dispõe o Código Tributário Nacional que o crédito tributário deve estar constituído para que se possa suspender a cobrança da dívida por meio da concessão de moratória, hipótese de *suspensão da exigibilidade do crédito tributário* Como conseqüência, também estará suspensa a fluência do prazo prescricional. Infere-se, ainda, do referido Código que, na hipótese de já ter sido tomada alguma medida preparatória do lançamento, haverá a suspensão do prazo decadencial ante essa causa suspensiva do dever do Fisco de proceder ao lançamento, ou, na terminologia do legislador, ante a *suspensão do crédito tributário* pela moratória. Vejamos:

[CTN] **Art. 154.** Salvo disposição de lei em contrário, a moratória somente abrange os créditos definitivamente constituídos à data da lei ou do despacho que a conceder, ou cujo lançamento já tenha sido iniciado àquela data por ato regularmente notificado ao sujeito passivo.

Parágrafo único. A moratória não aproveita aos casos de dolo, fraude ou simulação do sujeito passivo ou de terceiro em benefício daquele.

Nessa linha de raciocínio, pode-se concluir que *causas suspensivas do crédito tributário* são os fatos aos quais a lei atribui o efeito de suspender o dever de realizar o lançamento tributário. De seu turno, *causas suspensivas da exigibilidade do tributo* são os fatos aos quais a lei atribui o efeito de suspender o dever do sujeito passivo de pagar o tributo ou de ser esse cobrado judicialmente pelo Fisco.

Registre-se que o ato administrativo que concede a moratória individual não é discricionário, e sim vinculado. Logo, deverá ser *anulado* pela própria Administração quando o contribuinte deixar de satisfazer os requisitos legais.

O período entre a concessão e a anulação da moratória será computado para a aferição do prazo prescricional em benefício do contribuinte. Noutras palavras: a moratória não é causa suspensiva da fluência do prazo de que dispõe a Fazenda Pública para cobrar a dívida.

Nas hipóteses de fraude ou simulação, porém, a fluência do prazo prescricional não beneficiará o contribuinte:

> **[CTN] Art. 155.** A concessão da moratória em caráter individual não gera direito adquirido e será revogada de ofício, sempre que se apure que o beneficiado não satisfazia ou deixou de satisfazer as condições ou não cumprira ou deixou de cumprir os requisitos para a concessão do favor, cobrando-se o crédito acrescido de juros de mora: I – com imposição da penalidade cabível nos casos de dolo ou simulação do beneficiado, ou de terceiro em benefício daquele; II – sem imposição de penalidade, nos demais casos.
>
> Parágrafo único. No caso do inciso I deste artigo, o tempo decorrido entre a concessão da moratória e sua revogação não se computa para efeito da prescrição do direito à cobrança do crédito; no caso do inciso II deste artigo, a revogação só pode ocorrer antes de prescrito o referido direito.

Infere-se, ainda, do citado dispositivo que a moratória individual deverá ser anulada de ofício se o contribuinte deixar de satisfazer as condições legais para o benefício, desde que não se tenha operado a prescrição, pois nesse caso a dívida já estará extinta.

16.3 Depósito judicial[3]

O depósito do valor controverso efetuado na esfera administrativa apenas enseja a atualização monetária, uma vez que as reclamações e recursos administrativos, por si sós, são causas suspensivas.

Por outro lado, o depósito judicial do valor controverso enseja atualização monetária e suspende sua exigibilidade.

É dizer, o ingresso às vias judiciais não impede a Fazenda Pública de prosseguir na cobrança do crédito tributário. Desta forma, poderá o contribuinte garantir o pagamento da dívida mediante o depósito judicial do valor controverso, cabendo à Fazenda Pública aguardar a decisão final de mérito a ser proferida na ação ajuizada pelo contribuinte.

---

3. O depósito de crédito tributário federal deve ser feito na Caixa Econômica Federal, que deverá repassá-lo para o Tesouro Nacional, segundo determina a Lei 9.703, de 17.11.1998.

Observe-se que os princípios constitucionais do livre acesso à jurisdição e da isonomia conduzem à assertiva de que a realização do depósito constitui mera faculdade do contribuinte, que tem o direito e não o dever de depositar.

Daí a inconstitucionalidade do art. 38 da Lei de Execução Fiscal (Lei 6.830/1980) na parte em que condiciona a propositura da ação anulatória de débito fiscal ao prévio depósito da quantia em litígio: violação aos princípios da igualdade e da universalidade da jurisdição.

Nesse sentido dispõe a Súmula 247 do extinto TFR:

> **[TFR] Súmula 247.** Não constitui pressuposto da ação anulatória do débito fiscal o depósito de que cuida o art. 38 da Lei n. 6.830, de 1980.

16.4 Recurso administrativo

As reclamações e os recursos administrativos são causas suspensivas da exigibilidade do crédito tributário (art. 151, III, do CTN).

O contribuinte poderá questionar a exigência tributária perante a própria Administração ou perante o Poder Judiciário.

O exaurimento das vias administrativas não configura condição legal para ter acesso ao Poder Judiciário.

16.5 Concessão de liminar

Com o advento da Lei Complementar 104/2001, o deferimento de liminares e de tutela antecipada em quaisquer ações suspende a exigibilidade do crédito tributário.

A concessão de liminar não pode ser condicionada ao depósito do valor controverso, sob pena de violação aos princípios constitucionais do livre acesso à jurisdição e da igualdade.

16.6 Parcelamento

Parte da doutrina sustentava que o parcelamento configurava novação, pois implica substituição da primitiva obrigação tributária por outra, entre as mesmas partes, porém com novo objeto. Neste caso, o parcelamento seria causa extintiva da obrigação tributária anterior.

Atualmente, com a inovação trazida pela Lei Complementar 104/2001, o pedido de parcelamento deferido pela Fazenda Pública acarreta a suspensão da exigibilidade do crédito tributário, nos termos do inciso VI do art. 151 do CTN.

Doutrina

Observa Hugo de Brito Machado:[4]

> (...) a suspensão da exigibilidade do crédito tributário pode ser: (a) prévia, operando-se antes do surgimento da própria exigibilidade, porque no curso do próprio procedimento de constituição do crédito, caso em que mais propriamente se devia dizer *impedimento*, em lugar de suspensão; e (b) posterior, operando-se depois que o crédito está constituído e por isto mesmo é exigível.
>
> (...).
>
> As reclamações e os recursos, evidentemente, constituem modalidade de suspensão necessariamente prévia, pois o crédito tributário definitivamente constituído não mais comporta tais medidas. A rigor, o que aqui denominamos *suspensão prévia* não caracteriza *suspensão*, mas *impedimento*. As reclamações e os recursos na verdade não *suspendem* a exigibilidade do crédito tributário, pois, ao serem interpostos, o crédito ainda não está definitivamente constituído, e, assim, não é exigível – e não se pode cogitar de suspender algo que ainda não existe. A exigibilidade nasce quando já não cabe reclamação nem recurso contra o lançamento respectivo, quer porque transcorreu o prazo legalmente estipulado para tanto, quer porque tenha sido proferida decisão de última instância administrativa.
>
> Como a interposição de reclamações ou de recursos impede o surgimento da exigibilidade e, até, do próprio crédito tributário, a norma que exige o depósito como condição para o conhecimento de reclamações ou recursos, além de ser inconstitucional, porque restringe indevidamente o exercício do direito de defesa, contraria o Código Tributário Nacional.

---

4. Hugo de Brito Machado, *Curso de Direito Tributário*, 29ª ed., São Paulo, Malheiros Editores, 2008, pp. 182-183.

JURISPRUDÊNCIA

Sobre o levantamento de depósito em caso de extinção do processo sem resolução do mérito:

> Processual civil e tributário – Depósito judicial para suspensão da exigibilidade do crédito tributário – Art. 151, II, do CTN – Extinção do processo sem julgamento de mérito – Conversão do depósito em renda – Precedentes. 1. Com a extinção do processo sem resolução de mérito, o depósito do montante integral realizado pelo contribuinte nos termos do art. 151, II, do CTN para suspender a exigibilidade do crédito tributário deve ser convertido em renda da Fazenda Pública – Precedentes da 1ª Seção e de ambas as Turmas de Direito Público. 2. Agravo regimental não provido. **[STJ, 2ª Turma, REsp/AgR 901.739-SP, rel. Min. Castro Meira, j. 12.2.2008, v.u., *DJU* 25.2.2008, p. 1]**

O levantamento do depósito somente pode ocorrer após o trânsito em julgado da sentença da ação principal. Nesse sentido:

> Cautelar – FINSOCIAL – Levantamento de depósito antes do trânsito em julgado da ação principal – Impossibilidade – Art. 151, II, do CTN. I – Em reiterados precedentes, as Turmas de Direito Público deste STJ têm decidido que o deferimento de levantamento de depósito judicial bem como a sua conversão em renda em favor da União pressupõem o trânsito em julgado da sentença da ação principal – Precedentes: REsp n. 169.365-SP, rel. Min. Garcia Vieira, *DJU* 13.10.1998; REsp n. 179.294-SP, rel. Min. José Delgado, *DJU* 7.2.2000; e REsp n. 577.092-SE, rel. Min. Luiz Fux, *DJU* 30.8.2004. II – Recurso especial provido. **[STJ, 1ª Turma, REsp 862.711-RJ, rel. Min. Francisco Falcão, j. 7.11.2006, v.u., *DJU* 14.12.2006, p. 313]**

Outrossim:

> Processual civil e tributário – *Writ of mandamus* – Depósito judicial – Denegação da segurança – Conversão em renda da União – Lançamento tácito – Decadência – Inocorrência – Omissão – Inexistência. I – O Tribunal *a quo* julgou satisfatoriamente a lide, não havendo que se falar em omissão no julgado atacado, porquanto se pronunciou sobre o tema proposto, tecendo as devidas considerações acerca da questão da natureza do depósito efetuado, de seu levantamento, bem como com relação ao lançamento fiscal e à decadência. II – Verifica-se que, a teor do art. 151, inciso II, do CTN, é depósito

judicial, e não caução, o montante ofertado pela recorrente por ocasião da concessão da liminar em mandado de segurança, porquanto se trata de valor em dinheiro e que equivale ao discutido na ação em comento. III – O depósito judicial, em razão da denegação da segurança, deve ser convertido em renda em favor da União, após o trânsito em julgado da sentença, representando a garantia do cumprimento de seu débito fiscal. IV – Esta Corte já teve oportunidade de se manifestar, por meio do ED no REsp n. 736.918-RS, rel. Min. José Delgado, *DJU* 3.4.2006, p. 257, no sentido de que o depósito judicial, no caso de tributo sujeito a lançamento por homologação, equivale ao recolhimento da exação, condicionada à sua conversão em renda no caso de improcedência da demanda. Sendo assim, não haveria que se falar em decadência, porquanto ocorrido o lançamento tácito. V – Recurso especial improvido. [**STJ, 1ª Turma, REsp 76.328-RS, rel. Min. Francisco Falcão, j. 26.9.2006, v.u., *DJU* 13.11.2006, p. 232**]

É inconstitucional a exigência de depósito prévio como condição para a admissibilidade do recurso administrativo:

Processual civil – Recurso especial – Tributário – Recurso administrativo – Depósito prévio – Suposta ofensa ao art. 151, III, do CTN – Inconstitucionalidade da exigência reconhecida pelo STF. 1. Malgrado a jurisprudência desta Corte tenha-se firmado no sentido de que o pressuposto de admissibilidade de recurso administrativo, consubstanciado na exigência de depósito prévio, não se incompatibiliza com a norma inserta no art. 151, III, do CTN, pois, preenchidos os requisitos de admissibilidade determinados por lei, entre os quais o depósito, a exigibilidade do crédito tributário continua suspensa com a interposição do recurso administrativo, o STF, através do seu Pleno, nas assentadas de 28.3 e 2.4.2007, entendeu que: "É inconstitucional a exigência de depósito prévio como condição de admissibilidade de recurso na esfera administrativa" (*Informativo* 461/STF). 2. Restou, ainda, consignado que a exigência do depósito prévio "ofende o art. 5º, LV, da CF – que assegura aos litigantes, em processo judicial ou administrativo, e aos acusados em geral o contraditório e a ampla defesa, com os meios e recursos a ela inerentes –, bem como o art. 5º, XXXIV, 'a', da CF, que garante o direito de petição, gênero no qual o pleito administrativo está inserido, independentemente do pagamento de taxas". 3. Desse modo, reconhecida a incompatibilidade entre a exigência do depósito prévio e os princípios consagrados no art. 5º, XXXIV e LV, da CF/1988 – direito de petição e garantia do contraditório e da ampla defesa –, não há como se sustentar a legalidade da exigência tendo-se como parâmetro o art. 151, III, do CTN, o qual determina que "suspendem a exigibilidade do crédito tributário (...) as reclamações e os recursos, nos termos das leis reguladoras do processo tributário administrativo". Essa conclusão decorre da inafastável supremacia da Constituição Federal em face da legislação federal. 4. Recurso especial desprovido. [STJ, 1ª Turma, REsp 650.370-RJ, rela. Min. Denise Arruda, j. 3.5.2007, v.u., *DJU* 31.5.2007, p. 327]

Outrossim:

> Tributário – Contribuição previdenciária – Recurso administrativo – Exigibilidade do depósito prévio – Impossibilidade – Art. 151, III, do CTN. 1. A determinação de que seja efetivado o depósito de 30% da exigência fiscal definida na decisão administrativa, ou o arrolamento de bens, como condição de procedibilidade do recurso administrativo, viola o art. 151, III, do CTN. 2. Recurso especial provido. [STJ, 2ª Turma, REsp 508.115-SC, rel. Min. João Otávio de Noronha, j. 12.6.2007, v.u., *DJU* 3.8.2007, p. 323]

Ainda a propósito:

> Tributário – Ação anulatória de débito fiscal – Certidão positiva com efeitos de negativa – Obtenção – Art. 151, V, do CTN. 1. A teor do disposto no art. 151, V, do CTN, pode o contribuinte-devedor valer-se, independentemente do oferecimento de qualquer garantia, da ação declaratória de nulidade de débito fiscal com vistas a obter a expedição de certidão positiva com efeitos de negativa. 2. Agravo regimental improvido. [STJ, 2ª Turma, Ag/AgR 883.084-BA, rel. Min. João Otávio de Noronha, j. 16.10.2007, v.u., *DJU* 12.11.2007, p. 207]

Simples petição em ação de mandado de segurança ou de rito ordinário é suficiente para oferecer depósito, sendo despiciendo, para esse fim, ajuizamento de ação cautelar:

> Processual civil e tributário – Depósito para suspensão da exigibilidade do crédito tributário – Art. 151, II, do CTN – Mandado de segurança como substituto de ação cautelar preparatória – Descabimento. 1 – Segundo a jurisprudência do STJ, o depósito judicial, no montante integral, suspende a exigibilidade do crédito tributário (art. 151, II, do CTN) e constitui faculdade do contribuinte, sendo desnecessário o ajuizamento de ação cautelar específica para a providência, porque pode ser requerida na ação ordinária ou em mandado de segurança, median-

te simples petição. 2. Mandado de segurança que, sem discutir a exigibilidade do crédito tributário decorrente de imposto de renda devido a título de imposto de renda sobre verbas tidas pela impetrante como indenizatórias, objetivou tão-somente depositar em juízo tais valores enquanto pendente de julgamento processo administrativo em curso e processo judicial a ser ajuizado "futuramente". 3. Processo administrativo julgado definitivamente e processo judicial não ajuizado. 4. Utilização indevida do mandado de segurança como substituto de ação cautelar preparatória, inclusive sem observância do prazo do art. 806 do CPC – Descabimento. 5. Recurso ordinário não provido. **[STJ, 2ª Turma, RMS 21.145-PE, rela. Min. Eliana Calmon, j. 18.3.2008, v.u., *DJU* 4.4.2008, p. 1]**

Sobre a possibilidade de o pedido administrativo de dação em pagamento de títulos da dívida agrária ter, ou não, o condão se suspender a exigibilidade de crédito previdenciário, veja-se o seguinte acórdão:

> Tributário – Suspensão da exigibilidade do crédito tributário – Art. 151, III, do CTN – Dação em pagamento de título da dívida agrária – Lei n. 9.711/1998 – Ordem de serviço do INSS. Possibilidade. 1. Os títulos da dívida agrária tornam-se servis à dação em pagamento de débitos previdenciários por força da Lei n. 9.711/1998, cujo art. 1º dispõe: "Art. 1º. Até 31 de dezembro de 1999, fica o Instituto Nacional do Seguro Social – INSS autorizado a receber, como dação em pagamento, títulos da dívida agrária a serem emitidos pela Secretaria do Tesouro Nacional do Ministério da Fazenda, por solicitação de lançamento do Instituto Nacional de Colonização e Reforma Agrária – INCRA, especificamente para aquisição, para fins de reforma agrária: I – de imóveis rurais pertencentes a pessoas jurídicas responsáveis por dívidas previdenciárias de qualquer natureza, inclusive oriundas de penalidades por descumprimento de obrigação fiscal acessória; II – de imóveis rurais pertencentes a pessoas físicas integrantes de quadro societário ou a cooperados, no caso de cooperativas, com a finalidade única de quitação de dívidas das pessoas jurídicas referidas no inciso anterior; III – de imóveis rurais pertencentes ao INSS. § 1º. Os títulos da dívida agrária a que se refere este artigo serão recebidos pelo INSS com desconto, sobre o valor de face, estabelecido em portaria conjunta dos Ministros de Estado da Fazenda e da Previdência e Assistência Social. § 2º. Os valores pagos pelo INCRA, em títulos e

em moeda corrente, pela aquisição de imóveis rurais, inclusive por desapropriação efetuada a partir de 12 de setembro de 1997, na forma deste artigo, serão utilizados, até o limite da dívida, para amortização ou quitação de dívidas previdenciárias, na seguinte ordem de preferência: I – valores em moeda corrente; II – títulos da dívida agrária, até o limite restante da dívida. § 3º. Para os efeitos deste artigo, serão consideradas as dívidas previdenciárias cujos fatos geradores tenham ocorrido até março de 1997". 2. A Ordem de Serviço Conjunta n. 88, de 9.10.1998, em seu item "1", reproduz no essencial o referido dispositivo legal ao preceituar: "1. Até 31 de dezembro de 1999, as pessoas jurídicas responsáveis por dívidas previdenciárias de qualquer natureza, inclusive oriundas de penalidades por descumprimento de obrigação fiscal acessória, até a competência de março de 1997, poderão oferecer, sob a forma de dação em pagamento, para quitação ou amortização das mesmas, títulos da dívida agrária a serem emitidos pela Secretaria do Tesouro Nacional por solicitação de lançamento do Instituto Nacional de Colonização e Reforma Agrária – INCRA, para aquisição, inclusive por desapropriação efetuada a partir de 12 de setembro de 1997, de imóveis rurais de sua propriedade, ou da propriedade de pessoas físicas integrantes de seu quadro societário, ou de cooperados, em caso de cooperativa". 3. Oferecidos referidos títulos e aceitos os mesmos para quitação da dívida calcada a anuência em ordem de serviço do próprio credor, revela-se indene de *error in procedendo* a decisão judicial que sobresta a execução fiscal até a consumação da forma de solução do débito. 4. À evidência, a hipótese assemelha-se ao disposto no art. 151, III, do CTN e distancia-se da hipótese simples de suspensão da exigibilidade do crédito inscrito e não demandado, sem depósito integral em dinheiro. 5. Hipótese em que a controvérsia a ser dirimida cinge-se em definir se o pedido administrativo de dação em pagamento de títulos da dívida agrária teria o condão se suspender a exigibilidade de crédito previdenciário. 6. Dispõe o art. 151, III, do CTN, que: "Suspendem a exigibilidade do crédito tributário: (...) III – as reclamações e os recursos, nos termos das leis reguladoras do processo tributário administrativo". 7. *In casu*, o contribuinte ingressou com pedido administrativo para que, nos termos da Lei n. 9.711/1998, fossem aceitos títulos da dívida agrária como forma de pagamento de seu débito previdenciário, evidenciando, assim, sua intenção em quitar o seu débito para com a Fazenda Pública. 8. Recurso especial desprovido. **[STJ, 1ª Turma, REsp 784.371-RJ, rel. Min. Luiz Fux, j. 20.9.2007, v.u., *DJU* 18.10.2007, p. 274]**

O depósito do montante integral equivale a verdadeiro lançamento por homologação. Nesse sentido:

> Tributário – Depósito do montante integral – Art. 151, II, do CTN – Suspensão da exigibilidade do crédito tributário – Conversão em renda – Decadência. 1. Com o depósito do montante integral tem-se verdadeiro lançamento por homologação. O contribuinte calcula o valor do tributo e substitui o pagamento antecipado pelo depósito por entender indevida a cobrança. Se a Fazenda aceita como integral o depósito, para fins de suspensão da exigibilidade do crédito, aquiesceu expressa ou tacitamente com o valor indicado pelo contribuinte, o que equivale à homologação fiscal prevista no art. 150, § 4º, do CTN. 2. Uma vez ocorrido o lançamento tácito, encontra-se constituído o crédito tributário, razão pela qual não há mais falar no transcurso do prazo decadencial nem na necessidade de lançamento de ofício das importâncias depositadas – Precedente. 3. Recurso especial não provido. **[STJ, 2ª Turma, REsp 976.514-RS, rel. Min. Castro Meira, j. 6.9.2007, v.u., *DJU* 20.9.2007, p. 282]**

Em caso de suspensão da exigibilidade do crédito tributário, o Fisco ficará impedido de realizar atos tendentes à sua cobrança, mas não de promover o lançamento:

> Recurso especial – Tributário – Art. 151 do CTN – Suspensão da exigibilidade do crédito tributário – Impossibilidade de o Fisco realizar atos tendentes à sua cobrança, mas não de promover seu lançamento – EREsp n. 572.603-PR – Recurso desprovido. 1. O art. 151, IV, do CTN determina que o crédito tributário terá sua exigibilidade suspensa havendo a concessão de medida liminar em mandado de segurança. Assim, o Fisco fica impedido de realizar atos tendentes à sua cobrança, tais como inscrevê-lo em dívida ativa ou ajuizar execução fiscal, mas não lhe é vedado promover o lançamento desse crédito. 2. A 1ª Seção deste STJ, dirimindo a divergência existente entre as duas Turmas de Direito Público, manifestou-se no sentido da possibilidade de a Fazenda Pública realizar o lançamento do crédito tributário mesmo quando verificada uma das hipóteses previstas no citado art. 151 do CTN. Na ocasião do julgamento dos EREsp n. 572.603-PR entendeu-se que "a suspensão da exigibilidade do crédito tributário impede a Administração de praticar qualquer ato contra o contribuinte visando à cobrança do seu crédito, tais como inscrição em dívida, execução e penhora, mas não impossibilita a Fazenda de proceder à

sua regular constituição para prevenir a decadência do direito de lançar" (rel. Min. Castro Meira, *DJU* 5.9.2005). 3. Recurso especial desprovido. [**STJ, 1ª Turma, REsp 736.040-RS, rela. Min. Denise Arruda, j. 15.5.2007, v.u., *DJU* 11.6.2007, p. 268**]

Não se aplica o art. 151, III, do CTN quando o contribuinte, em processo administrativo, pretende liquidar seu débito por via de compensação:

> Tributário – Recurso especial – Art. 151, III – Interpretação. 1. A suspensão da exigibilidade do crédito tributário nas situações previstas no art. 151 e incisos do CTN aplica-se quando o contribuinte insurge-se contra a obrigação fiscal que lhe está sendo exigida. 2. Constituída de modo definitivo a obrigação tributária, com o reconhecimento expresso ou tácito do débito pelo contribuinte, não há mais que se cuidar de suspensão de exigibilidade tributária, salvo por via de embargos de devedor, mandado de segurança ou sentença judicial, quando a discussão envolva questões relativas a não mais existência de débito a ser liquidado. 3. Não se aplica o art. 151, III, do CTN quando o contribuinte, em processo administrativo, pretende liquidar o seu débito por via de compensação com créditos de terceiros que adquiriu sem consentimento da Fazenda Pública. 4. O art. 151 do CTN não se aplica quando há discussão, apenas, sobre as formas de liquidação do débito fiscal. 5. Recurso especial não provido. [**STJ, 1ª Turma, REsp 977.083-RJ, rel. Min. José Delgado, j. 20.11.2007, v.u., *DJU* 6.12.2007, p. 292**]

Sobre o parcelamento como causa suspensiva da exigibilidade do crédito tributário:

> Sonegação fiscal e falsificação de sinais públicos e vale postal – Preliminar – Parcelamento do débito tributário – Concessão da ordem de ofício – Suspensão da ação penal. Comprovados nos autos o parcelamento e o regular pagamento do débito tributário junto à Fazenda Estadual, é impositiva a suspensão da ação penal – Ordem concedida de ofício, para suspender a ação penal enquanto houver o parcelamento do débito tributário devido à Fazenda Estadual – Inteligência do art. 9º, *caput*, da Lei n. 10.864/2003, c/c a Lei Complementar 104/2001, que alterou o art. 151 do CTN. [**STF, 2ª Turma, HC 83.936-TO, rel. Min. Joaquim Barbosa, j. 31.8.2004, v.u., *DJU* 25.2.2005, p. 35**]

Exige-se, para o fornecimento de certidão positiva de débitos com efeitos de negativa, o regular parcelamento do débito das obrigações assumidas pelo contribuinte:

Processual civil – Recurso especial – Certidão positiva com efeitos de negativa desde que cumprido o parcelamento – Cabimento – Precedentes. 1. Recurso especial interposto por Monte Carlo Comércio de Alimentos Ltda. contra acórdão proferido pelo TRF-5ª Região (fls. 145/162) que, por maioria, negou provimento ao agravo interno ao entendimento de que somente o depósito integral das prestações do parcelamento administrativo é que autoriza a expedição da certidão positiva com efeitos de negativa, consoante interpretação do Código Tributário Nacional. Na via especial, a recorrente aponta negativa de vigência dos arts. 151, II e VI, e 206 do CTN e divergência jurisprudencial. Sustenta, em síntese, que o depósito e o parcelamento são hipóteses de suspensão do crédito tributário, desse modo deve ser autorizada a emissão da certidão pleiteada. 2. Jurisprudência de ambas as Turmas que compõem a 1ª Seção desta Corte no sentido de que é exigência para o fornecimento de certidão positiva de débitos com efeitos de negativa o regular parcelamento do débito das obrigações assumidas pelo contribuinte. 3. Nesse sentido: "Estando regular o parcelamento da dívida, com o cumprimento, no prazo, das obrigações assumidas pelo contribuinte, não lhe pode ser negado o fornecimento da CND. A dívida fiscal parcelada não é exigível fora dos termos negociados, sendo descabida a exigência de garantia posterior" (AgR no Ag n. 310.429-MG, rel. Min. Paulo Gallotti, *DJU* 24.9.2001). "O contribuinte tem direito à certidão de que trata o art. 206 do CTN mesmo na hipótese de parcelamento do respectivo débito, desde que as parcelas venha sendo pagas regularmente" (AgR no Ag n. 248.960-PR, desta relatoria, *DJU* 29.11.2006). "O parcelamento, que é espécie de moratória, suspende a exigibilidade do crédito tributário (CTN, art. 151, I e VI). Tendo ele sido deferido independentemente de outorga de garantia, e estando o devedor cumprindo regularmente as prestações assumidas, não pode o Fisco negar o fornecimento da certidão positiva com efeitos de negativa" (REsp n. 369.607-SC, 2ª Turma, Min. João Otávio de Noronha, *DJU* 23.5.2006; AgR no REsp n. 444.566-TO, 1ª Turma, Min. Denise Arruda, *DJU* 17.12.2004; REsp 833.350-SP, rel. Min. Teori Albino Zavascki, *DJU* 7.8.2006). "Uma vez deferido o pedido de parcelamento da dívida tributária e cumpridas as obrigações assumidas para com o INSS, não pode este negar-se a expedir certidão positiva de débito com efeito de negativa, alegando, para tanto, inexistir garantia, cuja prestação não fora exigida do sujeito passivo por ocasião do referido pleito" (REsp n. 498.143-CE, rel. Min. João Otávio de Noronha, *DJU* 2.8.2006) 4. Recurso especial provido. **[STJ, 1ª Turma, REsp 1.012.866-CE, rel. Min. José Delgado, j. 25.3.2008, v.u., *DJU* 30.4.2008, p. 1]**

Sobre a impossibilidade de inclusão de débitos tributários em parcelamento em curso, tendo em conta a proibição legal, bem como sobre o entendimento de que pedido de parcelamento constitui confissão irretratável de dívida, mas a exatidão do valor dele constante poderá ser objeto de verificação, veja-se o seguinte acórdão:

> REFIS – Pedido de novo parcelamento – Lei n. 10.522/2002 – CTN, art. 111, inciso I. A melhor interpretação a ser dada ao art. 14, parágrafo único, da Lei n. 10.522/2002 é no sentido de, uma vez concedido o favor fiscal, ser vedado ao contribuinte qualquer novo parcelamento. Ao utilizar o termo "tributo" – categoria abstrata e genérica –, o legislador pretendeu impedir que o contribuinte que parcelou um determinado tributo (PIS, COFINS etc.) tenha acesso a outro parcelamento enquanto não totalmente quitado o anterior, pouco importando quais fatos geradores o integraram. O CTN, no art. 111, I, determina que a interpretação da legislação que trata de suspensão do crédito tributário deve ser interpretada literalmente. Assim, não há falar na possibilidade de inclusão de débitos tributários em parcelamento em curso, tendo em conta a proibição legal. O art. 11, § 5º, da Lei n. 10.522/2002 dispõe: "(...). O pedido de parcelamento constitui confissão irretratável de dívida, mas a exatidão do valor dele constante poderá ser objeto de verificação (...)". Tal dispositivo deve ser entendimento de forma menos ampla que o pretendido pelo contribuinte. Isso porque o referido parágrafo disciplina acerca da possibilidade do contribuinte e da Fazenda questionarem os valores da dívida relativamente a determinados fatos geradores já incluídos no parcelamento. Diferentemente é o caso dos autos, em que pretende o impetrante incluir no parcelamento novos fatos geradores relativos aos mesmos tributos objeto de parcelamento, os quais constituem dívida distinta, não sendo possível, portanto, a sua inclusão no programa em curso. **[TRF-4ª Região, 1ª Turma, AMS 2002.70.00.8610-1, rel. Min. Vilson Darós, j. 17.12.2007, v.u., *DJE* 15.1.2008]**

QUESTÕES

1. Que são causas suspensivas da exigibilidade do crédito tributário?
2. Que é "moratória"?
3. Qual a distinção entre moratória "geral" e "individual"?
4. Quais são os efeitos do depósito efetuado na esfera judicial? E na esfera administrativa?
5. Lei pode condicionar o ingresso às vias administrativas ao prévio depósito da quantia controversa?

CONSULTA

[133º Exame de Ordem/SP, 2007, n. 3] A empresa "D" sofreu uma autuação de ISS e, após apresentar impugnação ao referido lançamento, recebeu intimação da Secretaria de Finanças respectiva informando da decisão que manteve o referido lançamento, por entender não ter havido qualquer irregularidade. Ocorre que, pela legislação municipal, o recurso à instância administrativa superior deve ser precedido de depósito em dinheiro de 30% do valor do auto de infração para o conhecimento e processamento do pleito. Como advogado de "D", qual a argumentação jurídica possível contra a exigência do referido depósito?

DISSERTAÇÃO

"Crédito Tributário. Suspensão da Exigibilidade. Causas Suspensivas".

TESTES

1. [133º Exame de Ordem/SP, 2007, n. 84] Ainda que constituído, o crédito tributário pode ter sua exigibilidade suspensa, em razão de:

a) ( ) Consignação em pagamento, decisão judicial definitiva, anistia e remissão.

b) ( ) Moratória, liminar em mandado de segurança, consignação em pagamento e parcelamento.

c) ( ) Liminar em ação cautelar, depósito do montante integral do crédito, compensação e moratória.

d) ( ) Parcelamento, depósito do montante integral do crédito, reclamações e recursos administrativos previstos em lei e moratória.

2. [130º Exame de Ordem/SP, 2006, n. 89] São hipóteses de suspensão da exigibilidade do crédito tributário:

a) ( ) A moratória e a transação.

b) ( ) O depósito do seu montante integral e a remissão.

c) ( ) As reclamações e os recursos, nos termos das leis reguladoras do processo tributário administrativo, e o pagamento.

d) ( ) A concessão de medida liminar em mandado de segurança e o parcelamento.

3. [128º Exame de Ordem/SP, 2005, n. 88] Nos termos do Código Tributário Nacional, são causas de suspensão da exigibilidade do crédito tributário as hipóteses abaixo mencionadas, exceto:

a) ( ) Arrolamento de bens do contribuinte.

b) ( ) Depósito de seu montante integral.

c) ( ) Parcelamento.

d) ( ) Moratória.

4. [126º Exame de Ordem/SP, 2005, n. 90] Sobre as hipóteses de suspensão da exigibilidade do crédito tributário, pode-se afirmar que:

a) ( ) A remissão é forma de suspensão da exigibilidade do crédito tributário.

b) ( ) O depósito do montante integral do crédito tributário suspende sua exigibilidade.

c) ( ) O parcelamento é forma de suspensão da exigibilidade do crédito tributário que, salvo disposição de lei em contrário, exclui a incidência de juros e multas.

d) ( ) Os recursos judiciais são formas de suspensão da exigibilidade do crédito tributário.

5. [124º Exame de Ordem/SP, 2004, n. 85] Compete exclusivamente à lei tributária:

a) ( ) A instituição dos tributos, ali compreendida a definição de seu fato gerador e das condições espaciais e temporais para o cumprimento da obrigação tributária.

b) ( ) Explicitar os casos em que a imunidade tributária poderá ser limitada.

c) ( ) Autorizar a autoridade administrativa a conceder moratória, quando em caráter individual, podendo circunscrever expressamente a sua aplicabilidade a determinada região do território da pessoa jurídica de direito público que a expedir, ou a determinada classe ou categoria de sujeitos passivos.

d) ( ) Enumerar os casos em que o depósito do montante integral do crédito tributário suspende sua exigibilidade.

6. [123º Exame de Ordem/SP, 2004, n. 90] Suspendem a exigibilidade do crédito tributário, dentre outras hipóteses:

a) ( ) As reclamações e os recursos, nos termos das leis reguladoras do processo tributário administrativo, e a concessão de medida liminar em mandado de segurança.

b) ( ) A moratória, o pagamento antecipado e a homologação do lançamento.

c) ( ) A consignação em pagamento e o parcelamento.

d) ( ) A concessão de medida liminar ou de tutela antecipada, a compensação ou o depósito do montante integral.

7. [121º Exame de Ordem/SP, 2003, n. 82] Não é hipótese de suspensão do crédito tributário:

a) ( ) A moratória.

b) ( ) O depósito de seu montante integral.

c) ( ) O parcelamento.

d) ( ) A compensação.

8. [118º Exame de Ordem/SP, 2002, n. 62] Suspende(m) a exigibilidade do crédito tributário:

I – A moratória.

II – O depósito do seu montante integral.

III – As reclamações e recursos administrativos.

IV – A concessão de medida liminar.

Pode-se afirmar que:

a) ( ) Todos os itens estão corretos.

b) ( ) Apenas os itens I e II estão corretos.

c) ( ) Todos os itens estão incorretos.

d) ( ) Apenas os itens II, III e IV estão corretos.

17
EXTINÇÃO DO CRÉDITO TRIBUTÁRIO[1]

17.1 Formas de extinção do crédito tributário. 17.1.1 Pagamento. 17.1.2 Compensação. 17.1.3 Transação. 17.1.4 Remissão. 17.1.5 A prescrição e a decadência. 17.1.6 A conversão de depósito em renda. 17.1.7 O pagamento antecipado e a homologação do lançamento nos termos do disposto no art. 150 e seus §§ 1º e 4º do CTN. 17.1.8 Consignação em pagamento, nos termos do disposto no § 2º do art. 164. 17.1.9 A decisão judicial passada em julgado. 17.1.10 A dação em pagamento em bens imóveis, na forma e condições estabelecidas em lei. [DOUTRINA – JURISPRUDÊNCIA – QUESTÕES – CONSULTAS – DISSERTAÇÃO – TESTES]

17.1 Formas de extinção do crédito tributário

Extingue-se o débito tributário com o pagamento ou por qualquer outro meio hábil a eliminar quaisquer dos elementos identificadores da obrigação jurídica – no caso, tributária.

O art. 156 do CTN arrola como causas extintivas do crédito tributário e, conseqüentemente, de toda a obrigação tributária:

[CTN] Art. 156. Extinguem o crédito tributário: I – o pagamento; II – a compensação; III – a transação; IV – a remissão; V – a prescrição e a decadência; VI – a conversão de depósito em renda; VII – o pagamento antecipado e a homologação do lançamento nos termos do disposto no art. 150 e seus §§ 1º e 4º; VIII – a consignação em pagamento, nos termos do disposto no § 2º do art. 164; IX – a decisão administrativa irreformável, assim entendida a definitiva na órbita administrativa, que não mais possa ser objeto de ação anulatória; X

---

1. Arts. 156 a 174 do CTN.

– a decisão judicial passada em julgado; XI – a dação em pagamento em bens imóveis, na forma e condições estabelecidas em lei. [*Inciso XI acrescentado pela Lei Complementar 104/2001*]

A rigor, nem todas as causas constantes do art. 156 do CTN são efetivamente causas extintivas da *obrigação tributária*. Deveras, conforme teremos a oportunidade de constatar, essas referidas causas extintivas podem ser reduzidas a apenas seis: (a) *pagamento, em quaisquer de suas modalidades*; (b) *compensação*; (c) *transação*; (d) *remissão*; (e) *prescrição*; (f) *decadência*.

Demais disso, convém salientar que a obrigação tributária constitui-se, basicamente, de cinco elementos: um sujeito ativo, um sujeito passivo, um objeto, um crédito e um débito. Ora, não se pode negar que o desaparecimento de qualquer um desses elementos acarreta a extinção do tributo.

Logo, sob esse enfoque, pode-se sustentar a existência de outras causas suspensivas, além das discriminadas pelo Código Tributário Nacional, tais como: *confusão*; *desaparecimento sem sucessor do sujeito ativo do tributo*; *desaparecimento sem sucessor do sujeito passivo*.

17.1.1 Pagamento

É o cumprimento do objeto (prestação pecuniária) da obrigação tributária.

Saliente-se, desde já, que o pagamento de penalidades não exime o sujeito passivo de responder pelo pagamento dos tributos devidos, uma vez que são obrigações distintas. A respeito, enfatiza o CTN:

[CTN] Art. 157. A imposição de penalidade não ilide o pagamento integral do crédito tributário.

Por igual razão, tratando-se de prestações sucessivas, o descumprimento de uma delas *não* gera a presunção de pagamento das demais, nem de outros créditos tributários (art. 158 do CTN).

O Código Tributário Nacional traz, outrossim, as seguintes regras gerais acerca dessa modalidade de extinção do tributo:

Quanto ao tempo – o prazo para o recolhimento do tributo há de estar previsto genericamente na lei tributária e especificamente no auto de lançamento; na ausência de previsão em lei específica, o Código Tributário Nacional estabelece o prazo de 30 dias, contados da notificação do lançamento, para o contribuinte pagar ou se defender:

> **[CTN] Art. 160.** Quando a legislação tributária não fixar o tempo do pagamento, o vencimento do crédito ocorre 30 (trinta) dias depois da data em que se considera o sujeito passivo notificado do lançamento.
>
> Parágrafo único. A legislação tributária pode conceder desconto pela antecipação do pagamento, nas condições que estabeleça.

Quanto ao lugar (art. 159 do CTN) – o pagamento deverá ser efetuado no local da repartição competente do domicílio do sujeito passivo, desde que a legislação tributária não disponha diversamente.

Observe-se, de passagem, a distinção entre o local em que deve ser efetuado o pagamento do tributo e o conceito de "domicílio tributário". Este, na falta de eleição, será, (a) no caso de *pessoa física*, a residência habitual ou o centro habitual de atividade; (b) se se tratar de *pessoa jurídica de direito privado*, o lugar de sua sede ou do estabelecimento em que ocorreu o fato gerador; (c) no caso de *pessoa jurídica de direito público*, qualquer de suas repartições no território da entidade tributante.

Se o sujeito passivo tiver escolhido um local de difícil acesso que impeça ou dificulte a fiscalização e a arrecadação do tributo, a autoridade administrativa poderá recusar o domicílio eleito.

Por fim, não sendo possível a aplicação de qualquer daquelas hipóteses, ter-se-á como domicílio tributário o lugar da situação dos bens ou da ocorrência dos atos ou fatos que deram origem à obrigação.

Para enfatizar, vejamos como dispõe o CTN:

> **[CTN] Art. 127.** Na falta de eleição, pelo contribuinte ou responsável, de domicílio tributário, na forma da legislação aplicável, considera-se como tal: I – quanto às pessoas naturais, a sua residência habitual, ou, sendo esta incerta ou desconhecida, o centro habitual de sua atividade; II – quanto às pessoas jurídicas de direito privado ou às firmas individuais, o lugar da sua sede, ou, em relação aos atos ou fatos que derem origem à obrigação, o de cada estabelecimento; III – quanto às pessoas jurídicas de direito público, qualquer de suas repartições no território da entidade tributante.

§ 1º. Quando não couber a aplicação das regras fixadas em qualquer dos incisos deste artigo, considerar-se-á como domicílio tributário do contribuinte ou responsável o lugar da situação dos bens ou da ocorrência dos atos ou fatos que deram origem à obrigação.

§ 2º. A autoridade administrativa pode recusar o domicílio eleito, quando impossibilite ou dificulte a arrecadação ou a fiscalização do tributo, aplicando-se então a regra do parágrafo anterior.

Quanto ao modo (art. 162 do CTN) – em moeda ou equivalente (cheque, títulos da dívida pública resgatáveis, papel selado ou estampilha).

[CTN] **Art. 162.** O pagamento é efetuado: I – em moeda corrente, cheque ou vale postal; II – nos casos previstos em lei, em estampilha, em papel selado, ou por processo mecânico.

§ 1º. A legislação tributária pode determinar as garantias exigidas para o pagamento por cheque ou vale postal, desde que não o torne impossível ou mais oneroso que o pagamento em moeda corrente.

§ 2º. O crédito pago por cheque somente se considera extinto com o resgate deste pelo sacado.

§ 3º. O crédito pagável em estampilha considera-se extinto com a inutilização regular daquela, ressalvado o disposto no art. 150.

§ 4º. A perda ou destruição da estampilha, ou o erro no pagamento por esta modalidade, não dão direito a restituição, salvo nos casos expressamente previstos na legislação tributária, ou naquelas em que o erro seja imputável à autoridade administrativa.

§ 5º. O pagamento em papel selado ou por processo mecânico equipara-se ao pagamento em estampilha.

Observe-se que a mera aquisição da estampilha não enseja a extinção do débito tributário; a extinção se dá com a inutilização da estampilha. Ademais, se se tratar de tributo sujeito a lançamento por *homologação*, somente esta, e não a mera inutilização da estampilha, propiciará a extinção da dívida.

Quanto à ordem preferencial de pagamento (art. 163 do CTN) – (a) primeiro os débitos do contribuinte, depois os decorrentes de responsabilidade tributária; (b) as contribuições de melhoria, as taxas e os impostos, respectivamente; (c) na ordem crescente dos prazos de prescrição; (d) na ordem decrescente dos montantes.

O não-pagamento da dívida tributária enseja juros de mora, penalidades cabíveis, medidas de garantia, além do próprio tributo:

> **[CTN] Art. 161.** O crédito não integralmente pago no vencimento é acrescido de juros de mora, seja qual for o motivo determinante da falta, sem prejuízo da imposição das penalidades cabíveis e da aplicação de quaisquer medidas de garantia previstas nesta Lei ou em lei tributária.
>
> § 1º. Se a lei não dispuser de modo diverso, os juros de mora são calculados à taxa de 1% ao mês.
>
> § 2º. O disposto neste artigo não se aplica na pendência de consulta formulada pelo devedor dentro do prazo legal para pagamento do crédito.

A consulta formulada pelo devedor dentro do prazo legal para o pagamento do tributo é causa suspensiva da sua exigibilidade e, por tal razão, não ensejará medidas de garantia, assim como, na hipótese de resposta desfavorável ao devedor, não implicará a exigência de juros de mora e das penalidades cabíveis.

17.1.2 Compensação

Tanto no direito privado[2] como no direito público, a compensação é causa extintiva da obrigação sempre que duas pessoas forem ao mesmo tempo credor e devedor uma da outra, hipótese em que as obrigações se extinguem até onde se compensarem.

Conforme preceitua o Código Civil de 2002, a compensação efetua-se entre dívidas líquidas, vencidas e de coisas fungíveis (art. 369). De seu turno, o Código Tributário Nacional estabelece que, para fins tributários, a compensação há de estar prevista em lei do ente tributante e, por outro lado, admite que seja efetuada não apenas entre dívidas vencidas, mas também em relação a créditos vincendos.

Deveras, considerando-se que cabe à lei complementar, sempre em conformidade com as diretrizes constitucionais, veicular as normas gerais em matéria de legislação tributária, nos termos do art. 146, III, da CF, dispõe o Código Tributário Nacional – fazendo as vezes da referida

---

2. V. arts. 368 e ss. do vigente CC brasileiro.

lei complementar – que a compensação, na esfera tributária, pressupõe (a) previsão em lei do ente tributante, (b) a existência de créditos líquidos e certos, (c) que esses créditos sejam do sujeito passivo perante o Fisco. Transcreva-se:

> **[CTN] Art. 170.** A lei pode, nas condições e sob as garantias que estipular, ou cuja estipulação em cada caso atribuir à autoridade administrativa, autorizar a compensação de créditos líquidos e certos, vencidos ou vincendos, do sujeito passivo contra a Fazenda Pública.
>
> Parágrafo único. Sendo vincendo o crédito do sujeito passivo, a lei determinará, para os efeitos deste artigo, a apuração do seu montante, não podendo, porém, cominar redução maior que a correspondente ao juro de 1% ao mês pelo tempo a decorrer entre a data da compensação e a do vencimento.

Assim, em breve síntese, temos:

Compensação, na esfera tributária, é o encontro de contas do Fisco e do contribuinte quando forem credor e devedor um do outro, evitando-se dois pagamentos (art. 170 do CTN).

Requisitos: (a) mesmas partes; (b) créditos líquidos e certos; (c) autorização legal do ente tributante.

Dito de outro modo, é um direito subjetivo do sujeito passivo da obrigação tributária de quitar seu débito perante o Fisco, desde que satisfeitos os requisitos legais.

Cumpre não olvidar, porém, que o direito à compensação encontra seu fundamento na Constituição Federal. Com efeito, o pagamento indevido ou a maior a terceira pessoa configura enriquecimento sem causa, vedado pelo nosso ordenamento jurídico, donde resulta o direito de repetir e de compensar por parte daquele que o realizou.

Como corolário disso, lei que veicule normas gerais ou os requisitos para a compensação tributária de forma alguma poderá tolher o exercício desse direito constitucional de obter a extinção de obrigações. Por maior razão também não poderão fazê-lo atos meramente infralegais.

Vejamos, pois, a legislação que se seguiu ao Código Tributário Nacional no que concerne à compensação de tributos federais.

A Lei 8.383, de 30.12.1991, autorizou a compensação de tributos federais desde que da mesma espécie; e, nos casos de tributos sujeitos a lançamento por homologação, sem necessidade de requerimento junto à autoridade administrativa, *verbis*:

> **[Lei 8.383/1991] Art. 66.** Nos casos de pagamento indevido ou a maior de tributos e contribuições federais, inclusive previdenciárias, mesmo quando resultante de reforma, anulação, revogação ou rescisão de decisão condenatória, o contribuinte poderá efetuar a compensação desse valor no recolhimento de importância correspondente a períodos subseqüentes.
>
> § 1º. A compensação só poderá ser efetuada entre tributos e contribuições da mesma espécie.

A pretexto de explicitar o que se deve entender por "tributos da mesma espécie", dispôs a Instrução Normativa SRF-67, de 26.5.1992, sem respaldo em lei, que a compensação somente pode ocorrer quando se tratar de tributos que apresentem os mesmos códigos de receita. Nada obstante, prescrevia a Lei 9.069/1991:

> **[Lei 9.069/1991] Art. 58.** O inciso III do art. 10 e o art. 66 da Lei n. 8.383, de 30 de dezembro de 1991, passam a vigorar com a seguinte redação:
>
> (...).
>
> "Art. 66. Nos casos de pagamento indevido ou a maior de tributos, contribuições federais, inclusive previdenciárias, e receitas patrimoniais, mesmo quando resultante de reforma, anulação, revogação ou rescisão de decisão condenatória, o contribuinte poderá efetuar a compensação desse valor no recolhimento de importância correspondente a período subseqüente.
>
> "§ 1º. A compensação só poderá ser efetuada entre tributos, contribuições e receitas da mesma espécie."

A Lei 9.250, de 26.12.1995, alterou o disposto no art. 66 da Lei 8.383/1991, para enfatizar a necessidade de que os tributos a serem compensados tenham a mesma destinação constitucional:

> **[Lei 9.250/1995] Art. 39.** A compensação de que trata o art. 66 da Lei n. 8.383, de 30 de dezembro de 1991, com a redação dada pelo art. 58 da Lei n. 9.069, de 29 de junho de 1995, somente poderá ser efetuada com o recolhimento de importância correspondente a imposto, taxa, contribuição federal ou receitas patrimoniais de mesma espécie e destinação constitucional, apurado em períodos subseqüentes.

Outrossim, acrescentou o art. 74 da Lei 9.430/1996 a exigência de que a compensação, quando se tratar de tributos sujeitos a lançamento por homologação, deve ser requerida pelo contribuinte junto à Secretaria da Receita Federal:

> **[Lei 9.430/1996] Art. 74.** Observado o disposto no artigo anterior, a Secretaria da Receita Federal, atendendo a requerimento do contribuinte, poderá autorizar a utilização de créditos a serem a ele restituídos ou ressarcidos para a quitação de quaisquer tributos e contribuições sob sua administração.

Posteriormente, o aludido dispositivo recebeu nova redação:

> **[Lei 9.430/1996] Art. 74.** O sujeito passivo que apurar crédito, inclusive os judiciais com trânsito em julgado, relativo a tributo ou contribuição administrado pela Secretaria da Receita Federal, passível de restituição ou de ressarcimento, poderá utilizá-lo na compensação de débitos próprios relativos a quaisquer tributos e contribuições administrados por aquele Órgão. *[Redação dada pela Lei 10.637/2002]*

Em suma, infere-se da legislação tributária em apreço a possibilidade de compensação de tributos federais da mesma espécie. Ressalve-se, ademais, o disposto nas Leis 8.212/1991, 9.032/1995 e 9.129/1995, que, sem se aterem ao princípio constitucional da igualdade, circunscrevem o direito de compensar contribuições previdenciárias em apenas 25% e 30% do montante a ser recolhido a cada 30 dias.

Cumpre não olvidar a inovação trazida ao Código Tributário Nacional pela Lei Complementar 104/2001, abaixo reproduzida, que veda a compensação de tributos cuja exigibilidade fora submetida ao crivo do Judiciário sem que tenha transitado em julgado a respectiva decisão. Veja-se:

> **[CTN] Art. 170-A.** É vedada a compensação mediante o aproveitamento de tributo, objeto de contestação judicial pelo sujeito passivo, antes do trânsito em julgado da respectiva decisão judicial.

A propósito, nos termos da Súmula 212 do STJ:

> **[STJ] Súmula 212.** A compensação de créditos tributários não pode ser deferida em ação cautelar ou por medida liminar cautelar ou antecipatória.

Por fim, registre-se a possibilidade de compensar créditos relativos ao precatório cujas parcelas não sejam liquidadas até o final do exercício a que se referem, para a extinção de tributos administrados pela Secretaria da Receita Federal, conforme se infere do art. 78 do ADCT, inserido pela Emenda Constitucional 30/2000, *verbis*:

> **[ADCT] Art. 78.** Ressalvados os créditos definidos em lei como de pequeno valor, os de natureza alimentícia, os de que trata o art. 33 deste Ato das Disposições Constitucionais Transitórias e suas complementações e os que já tiverem os seus respectivos recursos liberados ou depositados em juízo, os precatórios pendentes na data de promulgação desta Emenda e os que decorram de ações iniciais ajuizadas até 31 de dezembro de 1999 serão liquidados pelo seu valor real, em moeda corrente, acrescido de juros legais, em prestações anuais, iguais e sucessivas, no prazo máximo de 10 (dez) anos, permitida a cessão dos créditos.
>
> (...).
>
> § 2º. As prestações anuais a que se refere o *caput* deste artigo terão, se não liquidadas até o final do exercício a que se referem, poder liberatório do pagamento de tributos da entidade devedora.

17.1.3 Transação

Acordo celebrado *com base em lei específica* entre o Fisco e o contribuinte pelo qual a primitiva obrigação desaparece, dando origem a nova ou novas obrigações tributárias:

> **[CTN] Art. 171.** A lei pode facultar, nas condições que estabeleça, aos sujeitos ativo e passivo da obrigação tributária celebrar transação que, mediante concessões mútuas, importe em determinação[3] de litígio e conseqüente extinção de crédito tributário.

Observe-se que no direito civil se admite a transação não apenas para extinguir litígios, como também para preveni-los (art. 840 do CC de 2002).

Todavia, a verificação do cabimento da transação no âmbito tributário, como instituto hábil a ensejar a extinção do crédito tributário, deve pautar-se na observância dos princípios da legalidade e da indisponibilidade do interesse público.

---

3. O correto seria "terminação de litígio".

17.1.4 Remissão

É o perdão legal do débito tributário. Somente pode ser concedido por meio de lei específica da pessoa política competente para a instituição do tributo. Pode ser total ou parcial:

> **[CTN] Art. 172.** A lei pode autorizar a autoridade administrativa a conceder, por despacho fundamentado, remissão total ou parcial do crédito tributário, atendendo: I – à situação econômica do sujeito passivo; II – ao erro ou ignorância escusáveis do sujeito passivo, quanto a matéria de fato; III – à diminuta importância do crédito tributário; IV – a considerações de eqüidade, em relação com as características pessoais ou materiais do caso; V – a condições peculiares a determinada região do território da entidade tributante.

Distingue-se da *remição*, que advém do verbo "remir" e significa "readquirir", "resgatar". Aliás, costuma ser empregado juridicamente este vocábulo para se referir ao resgate de um bem mediante o pagamento das respectivas dívidas.

A *remissão*, de sua vez, advém do verbo "remitir", que significa "perdoar". Para fins tributários, compreende apenas o perdão do tributo; portanto, também não se confunde com *anistia*. Esta – frise-se – consiste no perdão legal da multa fiscal.

Por fim, a remissão difere ainda da *isenção*, hipótese em que a dívida não chega a existir. A remissão equivale à dispensa do pagamento do tributo; portanto, supõe a ocorrência do fato imponível que dará nascimento à obrigação tributária, para que só então possa ser o contribuinte dispensado do seu cumprimento.

A propósito, diga-se de passagem que o art. 150, § 6º, da CF exige lei complementar para regular a forma segundo a qual lei específica poderá conceder subsídio ou isenção, redução de base de cálculo, concessão de crédito presumido, anistia ou *remissão* relativos a impostos, taxas ou contribuições.

17.1.5 A prescrição e a decadência

Pareceu-nos mais oportuno cuidar do tema referente à decadência e à prescrição do crédito tributário num capítulo próprio, situado logo após o estudo do lançamento tributário, de modo a propiciar uma visão conjunta de ambos.

17.1.6 A conversão de depósito em renda

Cuida-se de uma das formas de ser efetuado o pagamento do tributo. Após a discussão da dívida em juízo, mediante a garantia de depósito do valor controverso, se, a final, a decisão proferida for favorável ao Fisco, dá-se a conversão do depósito para os cofres públicos.

Ressalve-se apenas a inovação trazida pela Lei 9.703/1998 no que concerne aos tributos e contribuições federais, com fulcro na qual o pagamento provisório proporcionado pelo referido depósito transmuda-se, com a decisão final desfavorável ao contribuinte, em pagamento definitivo, uma vez que o valor discutido já se encontrava numa conta única do Tesouro Nacional. Transcreva-se:

[Lei 9.703/1998] Art. 1º. Os depósitos judiciais e extrajudiciais, em dinheiro, de valores referentes a tributos e contribuições federais, inclusive seus acessórios, administrados pela Secretaria da Receita Federal do Ministério da Fazenda, serão efetuados na Caixa Econômica Federal, mediante Documento de Arrecadação de Receitas Federais – DARF, específico para essa finalidade.

§ 1º. O disposto neste artigo aplica-se, inclusive, aos débitos provenientes de tributos e contribuições inscritos em dívida ativa da União.

§ 2º. Os depósitos serão repassados pela Caixa Econômica Federal para a Conta Única do Tesouro Nacional, independentemente de qualquer formalidade, no mesmo prazo fixado para recolhimento dos tributos e das contribuições federais.

§ 3º. Mediante ordem da autoridade judicial ou, no caso de depósito extrajudicial, da autoridade administrativa competente, o valor do depósito, após o encerramento da lide ou do processo litigioso, será: I – devolvido ao depositante pela Caixa Econômica Federal, no prazo máximo de 24 (vinte e quatro) horas, quando a sentença lhe for favorável ou na proporção em que o for, acrescido de juros, na forma estabelecida pelo § 4º do art. 39 da Lei n. 9.250, de 26 de dezembro de 1995, e alterações posteriores; ou II – transformado em pagamento definitivo, proporcionalmente à exigência do correspondente tributo ou contribuição, inclusive seus acessórios, quando se tratar de sentença ou decisão favorável à Fazenda Nacional.

17.1.7 O pagamento antecipado e a homologação do lançamento nos termos do disposto no art. 150 e seus §§ 1º e 4º do CTN

De igual modo, cuida-se outra forma de se realizar o pagamento do tributo.

Deveras, cuidando-se de tributos sujeitos ao denominado lançamento por homologação, o sujeito passivo, num primeiro momento, declara e recolhe o montante devido para que, só então, possa o Fisco manifestar-se a respeito, seja para declarar a extinção da dívida, por meio do respectivo ato homologatório, seja para efetuar o lançamento de ofício acerca da quantia faltante.

17.1.8 Consignação em pagamento, nos termos do disposto no § 2º do art. 164

A mera propositura de ação de consignação em pagamento, ainda que seja, nos moldes da lei processual, consignado o montante do débito em juízo, não configura causa extintiva da respectiva obrigação.

De fato, conforme já visto no item 17.1.6, somente após conversão em renda do depósito efetuado pelo contribuinte ter-se-á a respectiva extinção da obrigação tributária.

17.1.9 A decisão judicial passada em julgado

Consoante já explicitado nos itens antecedentes, a propositura de ação judicial somente viabilizará a extinção da dívida quando vier a ser transitada em julgado decisão favorável à Fazenda Pública, seguida da conversão em renda do depósito eventualmente efetuado ou do respectivo pagamento.

Noutro giro, cuidando-se de decisão judicial favorável ao Fisco transitada em julgada, somente o pagamento, em quaisquer de suas modalidades, ensejará a extinção da obrigação tributária.

17.1.10 A dação em pagamento em bens imóveis, na forma e condições estabelecidas em lei

Frise-se, de plano, que a aquisição de bens móveis ou imóveis por parte da Administração Pública está sujeita ao procedimento de licitação. Em tese, somente lei poderá excepcionar essa regra, dispondo sobre as raras hipóteses em que poderá ser dispensada a licitação – como, por exemplo, no caso de dação em pagamento.

A Lei Complementar 104/2001, que inseriu o inciso XI no rol das causas extintivas constantes do art. 156 do CTN, tem *status* de lei nacional, e não de simples lei federal, pois veicula norma geral que deve ser observada pela União, Estados, Distrito Federal e Municípios sempre que, por meio de suas respectivas leis ordinárias, autorizarem a extinção de seus débitos tributários por meio da dação em pagamento.

Em suma, cabe à lei do próprio ente tributante estabelecer a forma e as condições que deverão ser rigorosamente observadas para que possa ser extinto o débito tributário por meio da dação em pagamento.

Doutrina

Eduardo Marcial Ferreira Jardim[4] discorre com maestria a respeito da *compensação* e da *transação*:

> (...) somente nas hipóteses previstas em lei é que o sujeito passivo pode promover a compensação de débitos com indébitos, a exemplo do quanto ocorre na sistemática do ICMS ou do IPI, por força da não-cumulatividade constitucional.
>
> Igual sorte opera-se com relação ao sujeito ativo, uma vez que a Fazenda Pública somente pode compensar indébitos do sujeito passivo com débitos se houver estatuição legislativa a respeito do assunto, a teor do quanto dispõe a Lei 9.430, de 27.12.1996.
>
> Note-se que, nos casos em tela, estamos a cogitar de compensação tributária a ser exercida *moto proprio*, quer pelo sujeito ativo, quer pelo sujeito passivo. No primeiro caso, em havendo previsão legal específica, sempre que o sujeito passivo pedir a devolução de indébito, a

---

4. Eduardo Marcial Ferreira Jardim, *Manual de Direito Financeiro e Tributário*, 3ª ed., São Paulo, Saraiva, 1996, pp. 259-262.

Fazenda Pública pode compensá-lo com eventuais débitos do requerente. Já no segundo, o sujeito passivo pode efetuar a compensação, independentemente de qualquer pedido, desde que haja igualmente estipulação normativa sobre o assunto.

Por outro lado, mesmo à míngua de qualquer disposição subconstitucional acerca da matéria, o Judiciário pode editar a competente norma individual autorizando a compensação em prol do sujeito passivo, com fulcro, é bem de ver, nos direitos e garantias consubstanciados nos princípios da segurança jurídica, da vedação ao confisco e da igualdade entre governantes e governados, como quer a quintessência da República Democrática. Ao demais, convém atremar que o direito à compensação não encontra limites em relação à natureza do tributo ou de sua destinação constitucional, mas tão-somente na existência de créditos e débitos entre os mesmos sujeitos ativo e passivo da relação constitucional.

(...) a transação supõe um comportamento penetrado de subjetividade, próprio de atos discricionários, o que, por si só, bastaria para revelar a incompatibilidade entre o instituto questionado e o princípio da vinculabilidade da tributação. Com efeito, quando o legislador estabelece objetivamente duas possibilidades de comportamento, quer com referência à penalidade tributária, quer quanto à possibilidade de pagar um imposto com redução até uma certa data, tais hipóteses não dizem respeito a transação, mas cogitam de dois comportamentos diferençados, ambos suscetíveis de serem colhidos por atos vinculados.

Em face desses argumentos, temos pleno convencimento de que no universo do direito tributário não há lugar para a transação, motivo por que seria oportuno suprimi-la do contexto do Código Tributário Nacional.

Paulo de Barros Carvalho[5] explicita o fenômeno da *extinção da obrigação tributária*:

Decompõe-se a figura obrigacional que reproduzimos: (a) pelo desaparecimento do sujeito ativo; (b) pelo desaparecimento do sujeito passivo; (c) pelo desaparecimento do objeto; (d) pelo desaparecimento

---

5. Paulo de Barros Carvalho, *Curso de Direito Tributário*, 13ª ed., São Paulo, Saraiva, 2000, pp. 444-445.

do direito subjetivo de que é titular o sujeito pretensor, que equivale à desaparição do crédito; (e) pelo desaparecimento do dever jurídico cometido ao sujeito passivo, que equivale à desaparição do débito.

Qualquer hipótese extintiva da relação obrigacional que possamos aventar estará contida, inexoravelmente, num dos cinco itens que enumeramos. Carece de possibilidade lógica imaginar uma sexta solução, precisamente porque esta é a fisionomia básica de um vínculo de tal natureza.

(...).

Depois de tudo o que dissemos, claro está que desaparecido o crédito decompõe-se a obrigação tributária, que não pode subsistir na ausência desse nexo relacional que atrela o sujeito pretensor ao objeto e que consubstancia seu direito subjetivo de exigir a prestação. O crédito tributário é apenas um dos aspectos da relação jurídica obrigacional, mas sem ele inexiste o vínculo. Nasce no exato instante em que irrompe a obrigação e desaparece juntamente com ela.

Lamentavelmente, disso não se apercebeu o legislador do Código, que resolveu sistematizar a disciplina jurídica da matéria em torno do conceito de extinção do crédito, quando cumpriria fazê-lo levando em conta a obrigação, que é o todo. Não importa, porém, o trajeto escolhido pela autoridade legislativa para descrever o fenômeno da extinção. Temos acesso a ele pelo recurso da reflexão, inspirada pelas categorias da Teoria Geral do Direito, embora isso não tenha a força de apagar os efeitos prejudiciais de uma elaboração normativa confusa.

No tocante à *confusão* como causa extintiva da obrigação tributária, sintetiza Aliomar Baleeiro:[6]

No direito privado há outras modalidades de extinção de obrigações, como a *novação* (CC, arts. 999 e 1.008) e a *confusão* (CC, arts. 1.049 a 1.052), que o Código Tributário Nacional não contemplou.

A *novação*, isto é, constituição de nova dívida para substituição da anterior, ou substituição de credor por outro novo, não parece compatível com a obrigação tributária.

Mas a *confusão*, isto é, extinção determinada quando, por um fato ou ato jurídico, as qualidades de credor e devedor se reúnem na mesma

---

6. Aliomar Baleeiro, *Direito Tributário Brasileiro*, 11ª ed., Rio de Janeiro, Forense, 2000, pp. 860-861.

pessoa, pode acontecer esporadicamente no direito tributário. Se o pai credor, por exemplo, vem a ser herdeiro necessário do filho devedor, desaparece a dívida deste para com ele, porque ninguém pode ser credor de si mesmo, ainda que civilistas, inclusive Espínola, discutissem o autocontrato (*Selbscontrahiren*).

Ora, uma pessoa de direito público pode ser legatária da universalidade de bens e obrigações de alguém. A União recolhe as heranças jacentes, isto é, os bens deixados pelos defuntos sem herdeiros nem legatários conhecidos. Passando a dona da *universitas rerum* do *de cujus*, opera-se aí a confusão.

Outras vezes, a União incorpora, como fez durante a II Grande Guerra, bens dos inimigos, inclusive no território nacional. Ocorre também aí a *confusão*, do art. 1.049 do CC.

JURISPRUDÊNCIA

Já decidiu o STJ pela necessidade de lei específica para que se possa realizar a compensação de tributos, nos termos do art. 170 do CTN:

> Tributário e processual civil – Créditos fiscal e privado – Compensação – Exigência de liquidez e certeza – CC, arts. 1.010 e 1.017 – CTN, art. 170 – Súmulas ns. 282 e 356/STF e 211/STJ. 1. Questões de índole constitucional escapam de exame na via especial – Divergência jurisprudencial incomprovada – Conhecimento restrito aos padrões legais prequestionados. 2. A compensação, hipótese de extinção de crédito tributário(art. 156, II, do CTN), assentada na liquidez e certeza dos créditos, pressupõe a existência de lei ordinária, ditando específicas condições (art. 170 do CTN; arts. 1.010 e 1.017 do CC). 3. Negado provimento ao recurso. **[STJ, 1ª Turma, REsp 115.442-SP, rel. Min. Milton Luiz Pereira, j. 15.9.1998, v.u., *DJU* 3.11.1998, p. 16]**

Sobre a compensação, nos termos da Lei 8.383/1991, quando se tratar de tributo sujeito a lançamento por homologação, assim julgou o STJ:

> Tributário – Compensação. 1. Tributos lançados por homologação – Ação judicial. Nos tributos sujeitos ao regime do lançamento por homologação, a compensação prevista no art. 66 da Lei n. 8.383/1991 constitui um incidente desse procedimento, no qual o contribuinte, ao invés de antecipar o pagamento, registra na escrita fiscal o crédito

oponível à Fazenda, que tem cinco anos, contados do fato gerador, para a respectiva homologação (CTN, art. 150, § 4º); esse procedimento tem natureza administrativa, mas o juiz pode, independentemente do tipo da ação, declarar que o crédito é compensável, decidindo desde logo os critérios da compensação (*v.g.*, data do início da correção monetária). 2. Contribuição previdenciária. A contribuição previdenciária para autônomos e administradores, instituída pela Lei n. 7.787/1989 e modificada pela Lei n. 8.212/1991, foi declarada inconstitucional (RE n. 166.772-RS e ADI n. 1.102-DF); os valores recolhidos a esse título são compensáveis com contribuição previdenciária sobre a folha de salários – Recurso especial conhecido e provido, em parte. **[STJ, 2ª Turma, REsp 169.721, rel. Min. Ari Pargendler, j. 4.8.1998, v.u., *DJU* 20.8.1998, p. 63]**

Sobre a diferença entre os regimes de compensação veiculados pela Lei 8.383/1991 e pela Lei 9.430/1996, assim se manifestou o STJ:

Tributário – Compensação – Diferença entre os regimes da Lei n. 8.383/1991 e da Lei n. 9.430/1996. No regime da Lei n 8.383/1991 (art. 66), a compensação só podia se dar entre tributos da mesma espécie, mas independe, nos tributos lançados por homologação, de pedido à autoridade administrativa. Já no regime da Lei n. 9.430/1996 (art. 74), mediante requerimento do contribuinte, a Secretaria da Receita Federal está autorizada a compensar os créditos a ela oponíveis "para a quitação de quaisquer tributos ou contribuições sob sua administração" (Lei n. 9.430/1996). Quer dizer, a matéria foi alterada tanto em relação à abrangência da compensação quanto em relação ao respectivo procedimento, não sendo possível combinar os dois regimes, como seja, autorizar a compensação de quaisquer tributos ou contribuições independentemente de requerimento à Fazenda Pública – Agravo regimental improvido. **[STJ, 2ª Turma, REsp/AgR 144.250-PB, rel. Min. Ari Pargendler, j. 25.9.1997, v.u., *DJU* 13.10.1997, p. 51.569]**

A compensação somente extingue o débito tributário após a devida homologação pelo Fisco. Desse teor tem-se o seguinte acórdão do STJ:

Tributário – Processual civil – Recurso especial – Reexame de aspectos fáticos – Súmula n. 7/STJ – Prequestionamento – Ausência – Súmula n. 282/STF – Compensação – Modalidade de extinção do crédito (CTN, art. 156, II) – Necessidade de informação à Administração sobre o procedimento, para viabilizar o exercício do direito de fiscalização – Direito do contribuinte à obtenção de Certidão Negativa de Débito enquanto não há verificação fiscal. 1. É vedado o reexame de matéria fático-probatória em sede de recurso especial, a teor do que prescreve a Súmula n. 7 desta Corte. 2. A ausência de debate, na instância recorrida, sobre os dispositivos legais cuja violação se alega no recurso especial atrai, por analogia, a incidência da Súmula n. 282 do STF. 3. Realizando a compensação, e, com isso, promovendo a extinção do crédito tributário (CTN, art. 156, II), é indispensável que o contribuinte informe o Fisco a respeito. Somente assim poderá a Administração averiguar a regularidade do procedimento, para, então, (a) homologar, ainda que tacitamente, a compensação efetuada, que, uma vez declarada, gera direito à obtenção de CND; (b) proceder ao lançamento de eventual débito remanescente, a partir de quando ficará interditado o fornecimento da CND. 4. No caso, a compensação foi informada por meio de DCTF, razão por que, enquanto não houver a verificação do procedimento compensatório por parte da Administração, não é possível a negativa de expedição da CND. 5. Recurso especial parcialmente conhecido e improvido. [**STJ, 1ª Turma, REsp 667.337-RS, rel. Min. Teori Albino Zavascki, j. 19.2.2008, v.u., *DJU* 3.3.2008, p. 1**]

De igual modo:

Tributário – Declaração do débito pelo contribuinte – Forma de constituição do crédito tributário, independente de qualquer outra providência do Fisco – Compensação – Modalidade de extinção do crédito (CTN, art. 156, II) – Necessidade de informação à Administração sobre o procedimento, para viabilizar o exercício do direito de fiscalização. 1. A apresentação, pelo contribuinte, de Declaração de Débitos e Créditos Tributários Federais – DCTF (instituída pela Instrução Normativa SRF n. 129/1986, atualmente regulada pela Instrução Normativa SRF n. 395/2004, editada com base nos arts. 5º do Decreto-lei n. 2.124/1984 e 16 da Lei n. 9.779/1999) ou de Guia de Informação e Apuração do ICMS – GIA, ou de outra declaração dessa natureza, prevista em lei, é modo de formalizar a existência (= constituir) do crédito tributário, dispensada, para esse efeito, qualquer outra providência por parte do Fisco – Precedentes da 1ª Seção: AgR nos EREsp n. 638.069-SC, *DJU* 13.6.2005; AgR nos EREsp n. 509.950-PR, *DJU* 13.6.2005. 2. No que se refere especificamente às contribuições sociais declaradas em GFIP (Guia de Recolhimento do FGTS e Informações à Previdência Social), cuja apresentação obrigatória está prevista no art. 32, IV, da Lei n. 8.212/1991 (regulamentado pelo art. 225, IV, e seus §§ 1º a 6º, do Decreto n. 3.048/1999), a própria lei instituidora é expressa no sentido de que a referida declaração é um dos modos de constituição do crédito da seguridade social (Lei n. 8.212/1991, art. 33, § 7º, redação da Lei n. 9.528/1997). 3. A falta de recolhimento, no devido prazo, do valor correspondente ao crédito tributário assim regularmente constituído acarreta, entre outras conseqüências, as de (a) autorizar a sua inscrição em dívida ativa; (b) fixar o termo *a quo* do prazo de prescrição para a sua cobrança; (c) inibir a expedição de certidão negativa do débito; (d) afastar a possibilidade de denúncia espontânea. 4. É também conseqüência natural da constituição do crédito tributário por declaração do contribuinte (via DCTF ou GFIP) a de permitir a sua compensação com valores de indébito tributário. A compensação, com efeito, supõe, de um lado, créditos tributários devidamente constituídos e, de outro, obrigações líquidas, certas e exigíveis (CTN, art. 170). Os tributos constantes de DCTF ou GFIP são desde logo passíveis de compensação justamente porque a declaração do contribuinte importou a sua constituição como crédito tributário. 5. Realizando a compensação, e, com isso, promovendo a extinção do crédito tributário (CTN, art. 156, II), é indispensável que o contribuinte informe o Fisco a respeito. Somente assim poderá a Administração averiguar a regularidade do procedimento, para, então, (a) homologar, ainda que tacitamente, a compensação efetuada, desde cuja realização, uma vez declarada, não se poderá recusar a expedição de CND; (b) proceder ao lançamento de eventual débito remanescente, a partir de quando ficará interditado o fornecimento da CND. 6. Recurso especial a que se nega provimento. [**STJ, 1ª Turma, REsp 701.634-SC, rel. Min. Teori Albino Zavascki, j. 16.6.2005, v.u., DJU 6.3.2006, p. 195**]

No sentido de que a medida cautelar não pode ser empregada para proceder à compensação de créditos tributários ou para obter a restituição de tributo pago a maior, sem que isso configure ofensa ao disposto no inciso II do art. 151 do CTN, assim vem decidindo o STJ:

> Recurso especial – Tributário – Medida cautelar – Suspensão da exigibilidade do crédito tributário para assegurar futura compensação – Impossibilidade – Art. 170-A do CTN – Não-provimento. 1. Frigodário Comercial Frigorífico Ltda. interpõe recurso especial pela letra

"a" do permissivo constitucional para desafiar acórdãos assim ementados: "Medida cautelar – Compensação das parcelas recolhidas como encargo da TRD – Correção monetária – Aplicação do INPC de fevereiro a dezembro/1991 e UFIR de 1992 em diante. I – A tutela cautelar apenas assegura, enquanto as duas formas de tutela jurisdicional, a de conhecimento e executiva, satisfazem direitos subjetivos e pretensões. II – Não pode a presente ação cautelar conter julgamento da lide; não é ela meio próprio para compor a lide (eliminá-la) resultante do conflito de interesses caracterizado pela resistência oposta à pretensão do requerente de compensar crédito e obter a repetição do imposto pago a maior, pela incidências da TRD estabelecida pela Lei n. 8.177, de 4.3.1991. III – Apelação a que se dá provimento" (fls. 125). "Embargos de declaração em apelação civil – Contrariedade ao disposto no art. 151, II, do CTN – Encargo da TRD. I – Não houve negativa de vigência da norma contida no art. 151, II, do CTN, já que esta não se destina a permitir a compensação, ou outras espécies de extinção de créditos tributários, em sede de ação cautelar inominada, mas apenas permitir ao sujeito passivo a discussão judicial das matéria tributárias controvertidas, suspendendo-se a exigibilidade dos respectivos créditos tributários e afastando-se, como efeito de sua função única de garantia de tais créditos, os efeitos da mora. II – Embargos de declaração a que se nega provimento" (fls. 158). A recorrente alega que o acórdão negou vigência ao art. 151, inciso II, do CTN, pois, conforme se denota do citado dispositivo, o sujeito passivo da obrigação tributária tem o direito de realizar o depósito da importância correspondente ao crédito tributário para suspender a sua exigibilidade – Contra-razões pelo não-provimento do recurso. 2. Não é possível, em sede de ação cautelar, proceder-se à compensação de tributo, ainda que mediante o depósito dos valores que se forem compensando. São incontáveis os precedentes do egrégio STJ no sentido de que não se mostra possível o deferimento de compensação de tributos por via de medida cautelar, porquanto tal provimento não comporta prestação de caráter satisfativo. 3. Recurso especial não provido. [**STJ, 1ª Turma, REsp 892.791-RJ, rel. Min. José Delgado, j. 3.5.2007, v.u., *DJU* 24.5.2007, p. 330**]

Ainda nesse sentido:

Agravo regimental no agravo de instrumento – PIS e COFINS – Crédito declarado em DCTF objeto de compensação pelo contribuinte – Modalidade de extinção do crédito (CTN, art. 156, II) – Lançamento tributário – Não-ocorrência – Expedição de CND – Possibilidade – Intenção protelatória – Agravo não provido – Multa. 1. A Fazenda Nacional desafia com agravo regimental decisão desta relatoria que, aplicando a Súmula N. 83/STJ, negou provimento a agravo de instrumento que objetivava viabilizar a subida de recurso especial obstado na instância *a quo*. Afirma a agravante que, "(...) tratando-se de crédito tributário validamente constituído, verifica-se que o ato impugnado, recusa ao fornecimento da CND, deu-se dentro dos estritos limites legais". 2. Se o contribuinte, por DCTF, comunica ao Fisco que quitou o débito mediante compensação, não há que se obstar ao fornecimento da CND enquanto a compensação não for rejeitada com a formalização de um procedimento administrativo que possibilite ao contribuinte exercer a mais ampla defesa, porque inexistente crédito tributário devidamente constituído. 3. Agravo regimental não provido – Aplicação da multa do art. 557, § 2º, do CPC no percentual de 2%. **[STJ, 1ª Turma, Ag/AgR 848.432-SC, rel. Min. José Delgado, j. 5.6.2007, v.u., *DJU* 29.6.2007, p. 502]**

Em sede de liminar não se pode proceder à compensação, mas tão-somente garantir-se do direito de vir a realizá-la:

Constitucional – Tributário – Compensação – Art. 66 da Lei n. 8.383/1991 – Prescrição – Decadência – Termo inicial do prazo. 1. A 1ª Seção do STJ firmou entendimento de que, por ser sujeito a lançamento por homologação o empréstimo compulsório sobre combustíveis, seu prazo decadencial só se inicia quando decorridos cinco anos da ocorrência do fato gerador, acrescidos de cinco anos, a contar-se da homologação tácita do lançamento. Já o prazo prescricional inicia-se a partir da data em que foi declarada a inconstitucionalidade do diploma legal em que se fundou a citada exação. 2. No mesmo ângulo, a 1ª Seção desta Corte, em sede de embargos de divergência, por voto de desempate, acolheu a tese de que o art. 66 da Lei n. 8.383/1991, em sua interpretação sistêmica, autoriza ao contribuinte efetuar, via autolançamento, compensação de tributos pagos cuja exigência foi indevida ou inconstitucional. 3. Há possibilidade de, em sede de ação mandamental, garantir-se o direito de compensação. 4. Ressalvado o ponto de vista do Relator – Homenagem à função estabilizadora da lei federal exercida pelo STJ. 5. Recurso da Fazenda Nacional improvido – Recurso da empresa impetrante provido. **[STJ, 1ª Turma, REsp 16.849.298/0020954-0, rel. Min. José Delgado, j. 16.6.1998, v.u., *DJU* 24.8.1998, p. 25]**

A propósito:

> Processual civil – Mandado de segurança – Liminar garantida por depósito para suspender a exigibilidade (CTN, arts. 151, II, e 156, VI) 1. A compensação ou a conversão em renda do valor depositado para suspender a exigibilidade do crédito tributário somente viabiliza-se após o trânsito em julgado do provimento judicial terminativo do litígio, inadmitindo-se a antecipação da execução, indevidamente forçando a extinção do processo. 2. Multiplicidade de precedentes. 3. Recurso improvido. **[STJ, 1ª Turma, REsp 95.290-PR, rel. Min. Milton Luiz Pereira, j. 14.8.1997, v.u., DJU 10.11.1997, p. 57.704]**

Para a compensação de créditos referentes aos chamados *impostos indiretos* exige-se a prova de transferência do respectivo encargo, nos moldes do art. 166 do CTN. Nesse sentido:

> Tributário – Compensação – Natureza jurídica – ICMS – Prova negativa de repercussão. I – Compensação tributária é uma forma de restituição, na qual o contribuinte que recolheu tributo indevido, em lugar de recuperar o respectivo dinheiro, apresenta seu crédito ao Fisco, imputando-o como pagamento de dívida que tenha para com este. II – Em sendo forma de restituição, a compensação tributária de ICMS submete-se à prova negativa de transferência do respectivo encargo (CTN, art. 116 *[sic]*). **[STJ, 1ª Turma, REsp 191.005-RJ, rel. Min. Humberto Gomes de Barros, j. 21.10.1999, v.u., DJU-E-1 17.12.1999, p. 328]**

No mais, a legislação tributária não autoriza a compensação de créditos tributários com multas:

> Tributário – Denúncia espontânea – Parcelamento – Multa moratória – Compensação com créditos tributários vincendos da COFINS. A compensação prevista no art. 66 da Lei n. 8.383/1991 não abrange hipótese de compensação entre créditos de natureza não-tributária (multas) com tributos propriamente ditos (COFINS) – Agravo improvido. **[STJ, 1ª Turma, REsp/Ag 315.072-RS, rel. Min. Garcia Vieira, j. 28.8.2001, v.u., DJU 8.10.2001, p. 176]**

No tocante à decisão transitada em julgado, para fins de extinção da obrigação tributária, decidiu o STJ:

> Recurso especial – Ação rescisória – Embargos de declaração – Omissão – Art. 156, X, do CTN – Súmula n. 456/STF – Art. 515, §

2º, do CPC – Aplicação analógica. 1. Os embargos de declaração, cujos pressupostos estão expressamente relacionados no art. 535 do CPC, são perfeitamente cabíveis quando o acórdão que provê o recurso especial deixa de se manifestar sobre questão expressamente impugnada nas contra-razões da parte *ex adversa* que, até então, não tinha interesse em recorrer – Entendimento que se mostra coerente com o disposto no art. 515, § 2º, do CPC, aplicado à hipótese em exame por analogia, e com o enunciado da Súmula n. 456/STF. 2. Para fins de extinção do crédito tributário com base na hipótese do art. 156, X, do CTN, há de se entender como decisão transitada em julgado aquela que não comporta mais recurso de natureza ordinária ou extraordinária. 3. Embargos de declaração acolhidos parcialmente, sem alteração do julgado. **[STJ, 2ª Turma, REsp/ED 524.335-DF, rel. Min. João Otávio de Noronha, j. 20.9.2007, v.u., *DJU* 6.12.2007, p. 298]**

Sobre a necessidade de lei específica para que seja concedida a remissão, cite-se a seguinte decisão do STJ:

Tributário – Remissão parcial. O reconhecimento da remissão depende de previsão legal expressa, não podendo o crédito tributário regularmente constituído ser dispensado, sob pena de responsabilidade funcional (CTN, art. 141) – Recurso especial não conhecido. **[STJ, 2ª Turma, REsp 35.583-SP, rel. Min. Ari Pargendler, j. 3.6.1996, v.u., *DJU* 1.7.1996, p. 24.028]**

No que diz respeito à transação e ao emprego de incentivos fiscais:

Processual civil e tributário – Omissão, contradição ou obscuridade no acórdão recorrido – Vícios não configurados – Remissão e anistia parciais previstas na Lei n. 9.779/1999 – Honorários advocatícios – Condenação – Possibilidade. 1. A ofensa ao art. 535 do CPC, não se configura se o tribunal de origem julgou satisfatoriamente a lide, solucionando a questão dita controvertida tal como lhe foi apresentada. 2. "Não há de se confundir o favor fiscal instituído com transação legal, em que as partes fazem concessões mútuas. A dispensa da multa e dos juros de mora é mero incentivo à regularização da sua situação tributária, pelos contribuintes. O contribuinte que opta por essa sistemática abdica da discussão judicial, assume que o valor referente a essa contribuição é devido e o faz mediante pagamento, assim também considerada a conversão do depósito já efetuado em renda. Em suma, desiste da demanda, preferindo conformar-se em pagar o montante devido sem a multa e os juros de mora" (REsp 739.037-RS, rel.

Min. Castro Meira, *DJU* 1.8.2005). 3. São devidos os honorários advocatícios nos casos de desistência de ação judicial para fruição dos benefícios instituídos pelo art. 17 da Lei n. 9.779/1999. 4. Recurso especial parcialmente provido. [**STJ, 2ª Turma, REsp 789.878-RJ, rel. Min. Herman Benjamin, j. 21.11.2006, v.u.,** *DJU* **14.9.2007, p. 343**]

O STJ também reconhece a necessidade de lei específica para que se possa proceder à extinção da obrigação tributária mediante a dação em pagamento. Veja-se:

Processual civil – Tributário – Recurso especial – Extinção do crédito tributário – Dação em pagamento de bem imóvel (CTN, art. 156, XI) – Preceito normativo de eficácia limitada. 1. O inciso XI do art. 156 do CTN (incluído pela Lei Complementar n. 104/2001), que prevê, como modalidade de extinção do crédito tributário, "a dação em pagamento em bens imóveis, na forma e condições estabelecidas em lei", é preceito normativo de eficácia limitada, subordinada à intermediação de norma regulamentadora. O Código Tributário Nacional, na sua condição de lei complementar destinada a "estabelecer normas gerais em matéria de legislação tributária" (CF, art. 146, III), autorizou aquela modalidade de extinção do crédito tributário, mas não a impôs obrigatoriamente, cabendo assim a cada ente federativo, no domínio de sua competência e segundo as conveniências de sua política fiscal, editar norma própria para implementar a medida. 2. Recurso especial improvido. [**STJ, 1ª Turma, REsp 884.272-RJ, rel. Min. Teori Albino Zavascki, j. 6.3.2007, v.u.,** *DJU* **29.3.2007, p. 238**]

O STJ decidiu que o credor pode refutar a apresentação dos títulos da dívida pública pelo devedor, como modalidade de pagamento, sempre que desrespeitada a ordem estabelecida pelo art. 11 da Lei de Execução Fiscal, haja vista que a execução é feita no interesse do exeqüente:

Tributário e processual civil – Agravo regimental – Penhora – Extinção de débito tributário – Indicação de título da dívida pública – Ordem prevista no art. 156, c/c o art. 162, do CTN – Aplicação analógica da Lei n. 6.830/1980 – Ordem prevista no art. 11 – Precedentes. 1. Agravo regimental interposto contra decisão que negou provimento ao agravo de instrumento intentado pela empresa agravante. 2. O acórdão *a quo*, em ação executiva fiscal, indeferiu a nomeação à penhora de título da dívida pública. 3. O CTN explicita, em seu art. 156, as modalidades de extinção do crédito tributário, sendo a primeira delas o pagamento. Mais adiante, o art. 162, I, determina que o pagamento deve ser efetuado em moeda corrente, cheque ou vale postal. Não há qualquer referência de se efetuar a quitação com TDPs. 4. Não tendo a devedora obedecido à ordem prevista no art. 11 da Lei n. 6.830/1980, visto que em primeiro lugar está o dinheiro, e não os TDPs, é lícito ao credor e ao julgador a não-aceitação da nomeação à penhora desses títulos, pois a execução é feita no interesse do exeqüente, e não do executado – Precedentes. 5. Agravo regimental não provido. **[STJ, 1ª Turma, Ag/AgR 583.498-RS, rel. Min. José Delgado, j. 5.4.2005, v.u., *DJU* 2.5.2005, p. 164]**

Questões

1. Que são e quais são as causas extintivas do crédito tributário?

2. Discorra sobre o tempo, o lugar e o modo de recolhimento do tributo.

3. "Remissão", "remição", "anistia" e "isenção" são termos equivalentes?

4. Quais são os requisitos para se proceder à compensação na esfera tributária?

5. Quais são as causas extintivas referidas pela doutrina? Explique.

Consultas

1. [131º Exame de Ordem/SP, n. 3] A Procuradoria-Geral do Estado "X", após pesquisa detalhada na composição de sua dívida ativa, verificou que há grande número de contribuintes que devem valores muito pequenos ao Fisco. Verificou, também, que o custo a ser incorrido para a cobrança dos referidos créditos tributários será maior que o próprio valor do crédito. Diante disso, pretende sugerir ao Governador que encaminhe à Assembléia Legislativa projeto que preveja o perdão de tais créditos. Pergunta-se: qual o instrumento normativo, no campo do direito tributário, necessário para a concessão do perdão e qual(is) o(s) instituto(s) jurídico(s) que deverá(ão) ser utilizado(s) para tanto? Fundamente a resposta.

2. [121º Exame de Ordem/SP, 2003, n. 3] Sócio de empresa comercial procura-o, indagando se os valores pagos a maior a título de ICMS, destacados em suas notas fiscais e julgados inconstitucionais pelo STF, podem ser objeto de compensação e, eventualmente, o crédito ser lançado para compensação. Opine, considerando as possíveis conseqüências da conclusão adotada.

Dissertação

"Causas Extintivas do Crédito Tributário".

Testes

1. [131º Exame de Ordem/SP, 2007, n. 90] São modalidades de extinção do crédito tributário:
a) ( ) O pagamento, a transação e a moratória.
b) ( ) A compensação, a remissão, a prescrição e a decadência.
c) ( ) O pagamento, a conversão de depósito em renda e o parcelamento.
d) ( ) A prescrição e a decadência, a decisão judicial passada em julgado e a concessão de medida liminar em mandado de segurança.

2. [128º Exame de Ordem/SP, 2005, n. 85] Com relação à transação na esfera tributária, prevista pelo art. 156 do CTN, pode-se afirmar que:
a) ( ) A transação na esfera tributária é admitida apenas na função terminativa de litígios.
b) ( ) A transação, embora prevista no Código Tributário Nacional, não tem aplicação prática na esfera tributária, uma vez que, por representarem os tributos direitos indisponíveis, não podem ser objeto de transação.
c) ( ) Somente é admitida em relação aos tributos federais.
d) ( ) Não tem cabimento após iniciado o procedimento de fiscalização do contribuinte.

3. [126º Exame de Ordem/SP, 2005, n. 81] Sobre as formas de extinção do crédito tributário, é correto afirmar:
a) ( ) As formas de extinção do crédito tributário mencionadas pelo art. 156 do CTN ocorrem sempre após o lançamento.
b) ( ) A moratória concedida por prazo superior a cinco anos extingue o crédito tributário.
c) ( ) A anistia, assim como a remissão, extingue o crédito tributário decorrente da falta de recolhimento do tributo.
d) ( ) As causas que modificam o crédito tributário não atingem a obrigação que lhe deu origem.

4. [125º Exame de Ordem/SP, 2004, n. 88] A remissão, em matéria tributária:
a) ( ) Pode ser concedida, independentemente de lei que a preveja, no caso de erro ou ignorância escusáveis do sujeito passivo, quanto a matéria de fato.
b) ( ) É concedida pela União em caráter geral, vedada a consideração quanto a condições peculiares de determinada região do seu território.

c) ( ) Sempre depende de previsão em lei.

d) ( ) Uma vez prevista em lei, independe de qualquer ato por parte da autoridade administrativa.

5. [124º Exame de Ordem/SP, 2004, n. 86] O sujeito passivo da obrigação tributária principal:

a) ( ) Denomina-se "contribuinte", quando vinculado a seu fato gerador, ou "responsável", quando a lei, de modo expresso, atribuir a responsabilidade pelo crédito a terceira pessoa, desvinculada do fato gerador.

b) ( ) Poderá eleger seu domicílio tributário, na forma da legislação aplicável, facultado à autoridade administrativa recusar o domicílio eleito, quando impossibilite ou dificulte a arrecadação ou a fiscalização.

c) ( ) Tem, necessariamente, sua responsabilidade surgida no momento do fato gerador da obrigação tributária.

d) ( ) Será aquele indicado nas convenções particulares, relativas à responsabilidade tributária, nos casos em que a lei apontar mais de uma pessoa solidariamente responsável pelo pagamento do tributo.

6. [123º Exame de Ordem/SP, 2004, n. 87] Indique a assertiva verdadeira sobre a extinção da obrigação tributária:

a) ( ) A penalidade pecuniária é uma alternativa legal, à disposição do Fisco, ao pagamento do tributo.

b) ( ) Quando a lei que instituir o tributo não dispuser a respeito, o vencimento do crédito ocorre 30 dias depois da data em que se considera o sujeito passivo notificado do lançamento, vedada a fixação de prazo diverso por decreto.

c) ( ) Por determinação do chefe do Poder Executivo, é possível que sujeito passivo e sujeito ativo celebrem transação, a fim de encerrar o litígio em matéria tributária.

d) ( ) A lei pode autorizar a autoridade administrativa a conceder, por despacho fundamentado, remissão total ou parcial do crédito tributário atendendo, dentre outras circunstâncias, ao erro ou ignorância escusáveis do sujeito passivo quanto a matéria de fato.

7. [120º Exame de Ordem/SP, 2003, n. 90] Não é modalidade de extinção do crédito tributário:

a) ( ) O pagamento.

b) ( ) A moratória.

c) ( ) A remissão.

d) ( ) A transação.

8. [118º Exame de Ordem/SP, 2002, n. 65] Aponte a variante inexata:

a) ( ) O pagamento total de um crédito tributário gera presunção de pagamento de outros créditos tributários anteriores referentes aos mesmos sujeito passivo e tributo, cabendo ao credor ilidir a presunção mediante prova inequívoca.

b) ( ) O crédito tributário tem preferência sobre qualquer outro, seja qual for sua natureza ou o tempo de sua constituição, ressalvados os créditos decorrentes da legislação do trabalho.

c) ( ) A isenção, salvo disposição legal em contrário, não é extensiva aos tributos instituídos posteriormente à sua concessão.

d) ( ) A consignação judicial da importância do crédito tributário pode ser feita pelo sujeito passivo, entre outros, nos casos de exigência, por mais de uma pessoa jurídica de direito público, de tributo idêntico sobre um mesmo fato gerador.

18

EXCLUSÃO DO CRÉDITO TRIBUTÁRIO

18.1 Diretrizes gerais. 18.2 Isenção: 18.2.1 Revogação de isenção e princípio da anterioridade – 18.2.2 Isenção e obrigações acessórias. 18.3 Anistia. [DOUTRINA – JURISPRUDÊNCIA – QUESTÕES – CONSULTAS – DISSERTAÇÃO – TEMA PARA PESQUISA – TESTES]

18.1 Diretrizes gerais

O Código Tributário Nacional cuida em capítulo próprio das cláusulas excludentes do crédito tributário:

> **[CTN] Art. 175.** Excluem o crédito tributário: I – a isenção; II – a anistia.

Observe-se que, em consonância com uma interpretação literal desse dispositivo, pode-se concluir que "isenção" é sinônimo de "remissão", uma vez que exclusão do crédito tributário equivale ao perdão da dívida, à dispensa do pagamento do tributo.

18.2 Isenção

Noutra linha interpretativa, porém, é possível traçar uma distinção precisa entre isenção e remissão.

Com efeito, vale lembrar que, por serem a imunidade e a isenção hipóteses explícitas de não-incidência tributária, em tais hipóteses não haverá sequer dívida tributária a ser exigida, pois somente fatos descritos nas hipóteses de incidência das regras-matrizes de incidência tributária poderão ensejar o nascimento de obrigação tributária em concreto. Logo, isenção não se confunde com remissão, que supõe o nascimento da obrigação para que possa ocorrer a dispensa legal do respectivo pagamento.

A diferença entre imunidade e isenção, como se pode inferir, reside unicamente na origem da vedação da incidência normativa, a qual, conforme o caso, pode derivar da própria Constituição (imunidade) ou por opção do ente tributante (isenção).

Chamam-se "autonômicas" as isenções concedidas pelo próprio ente competente para criar o tributo. Constituem a regra geral, pois quem tem competência para tributar tem competência para isentar.

Chamam-se "heterônomas" as isenções excepcionalmente concedidas por pessoa diversa do ente competente para tributar, nos casos expressamente determinados pela Lei Maior.

Exemplos:

[CF] **Art. 155.** (...).

(...).

§ 2º. (...) XII – cabe à lei complementar: (...) e) *excluir da incidência do imposto*, nas exportações para o Exterior, serviços e outros produtos além dos mencionados no inciso X, "a"; (...). *[Grifamos]*

Art. 156. Compete aos Municípios instituir impostos sobre: (...) III – serviços de qualquer natureza, não compreendidos no art. 155, II, definidos em lei complementar; (...).

(...).

§ 3º. Em relação ao imposto previsto no inciso III, cabe à lei complementar: (...) II – *excluir da sua incidência* exportações de serviços para o Exterior; (...). *[Grifamos]*

18.2.1 Revogação de isenção e princípio da anterioridade

Vimos que somente a Constituição Federal estabelece os casos de imunidade tributária, uma vez que o poder de atribuir competência legislativa lhe é inerente. A imunidade, portanto, reflete uma garantia maior ao seu titular, haja vista que não pode ser revogada por lei infraconstitucional.

Considerando-se que a revogação de lei isentiva torna tributável a situação que, até então, não se subsumia à hipótese de incidência, deverá ser respeitado, em tais casos, o princípio da anterioridade.

A propósito da isenção concedida por prazo certo, dispõe o CTN:

> **[CTN] Art. 176.** A isenção, ainda quando prevista em contrato, é sempre decorrente de lei que especifique as condições e requisitos exigidos para a sua concessão, os tributos a que se aplica e, sendo caso, o prazo de sua duração.
>
> **Art. 178.** A isenção, salvo se concedida por prazo certo ou em função de determinadas condições, pode ser revogada ou modificada por lei a qualquer tempo, observado o disposto no inciso III do art. 104.

A isenção condicionada pode ser concedida em caráter geral ou em caráter específico; neste caso, mediante ato administrativo vinculado da autoridade administrativa ao preenchimento pelo interessado dos requisitos legais para sua concessão. Transcreva-se:

> **[CTN] Art. 179.** A isenção, quando não concedida em caráter geral, é efetivada, em cada caso, por despacho da autoridade administrativa, em requerimento com o qual o interessado faça prova do preenchimento das condições e do cumprimento dos requisitos previstos em lei ou contrato para concessão.

Observe-se que, em caso de isenção condicionada e por prazo certo, uma vez findo o prazo legal da isenção, as situações antes isentas poderão voltar a ser tributadas sem necessidade de observância do princípio da anterioridade. Veja-se:

> **[CTN] Art. 179.** (...).
>
> § 1º. Tratando-se de tributo lançado por período certo de tempo, o despacho referido neste artigo será renovado antes da expiração de cada período, cessando automaticamente os seus efeitos a partir do primeiro dia do período para o qual o interessado deixar de promover a continuidade do reconhecimento da isenção.
>
> § 2º. O despacho referido neste artigo não gera direito adquirido, aplicando-se, quando cabível, o disposto no art. 155.

Contudo, na hipótese de revogação antes de findo o prazo isentivo, hão de ser respeitados eventuais direitos adquiridos daqueles que, por terem preenchido as condições estabelecidas em lei, estavam a usufruir da referida isenção condicionada e por prazo certo.

18.2.2 Isenção e obrigações acessórias

Doutra parte, registre-se que a isenção não dispensa o cumprimento das obrigações acessórias, *dependentes* da obrigação principal, cujo crédito seja excluído, ou dela conseqüente (art. 175, parágrafo único, do CTN), *verbis*:

> **[CTN] Art. 175.** (...).
>
> Parágrafo único. A exclusão do crédito tributário não dispensa o cumprimento das obrigações acessórias dependentes da obrigação principal cujo crédito seja excluído, ou dela conseqüente.

Registre-se, ademais, que a isenção condicionada ao preenchimento de determinadas condições não pode atritar com o princípio constitucional da igualdade. A propósito:

> **[CTN] Art. 176.** (...).
>
> Parágrafo único. A isenção pode ser restrita a determinada região do território da entidade tributante, em função de condições a ela peculiares.

No mais, a concessão de isenção é uma faculdade do ente tributante no que diz respeito aos tributos de sua competência, e devem estar discriminados em lei não apenas o tributo como também as respectivas hipóteses de isenção:

> **[CTN] Art. 177.** Salvo disposição de lei em contrário, a isenção não é extensiva: I – às taxas e às contribuições de melhoria; II – aos tributos instituídos posteriormente à sua concessão.

18.3 Anistia

A anistia equivale ao perdão da infração tributária ocorrida anteriormente à entrada em vigor da lei que a concede. Infrações fiscais não se confundem com crimes ou contravenções penais, pois apenas estes se submetem ao regime jurídico penal. As infrações fiscais regem-se pelos princípios gerais de direito administrativo.

A propósito, dispõe o CTN:

[CTN] Art. 180. A anistia abrange exclusivamente as infrações cometidas anteriormente à vigência da lei que a concede, não se aplicando: I – aos atos qualificados em lei como crimes ou contravenções e aos que, mesmo sem essa qualificação, sejam praticados com dolo, fraude ou simulação pelo sujeito passivo ou por terceiro em benefício daquele; II – salvo disposição em contrário, às infrações resultantes de conluio entre duas ou mais pessoas naturais ou jurídicas.

A anistia também pode ser concedida em caráter geral ou específico:

[CTN] Art. 181. A anistia pode ser concedida: I – em caráter geral; II – limitadamente: (a) às infrações da legislação relativa a determinado tributo; (b) às infrações punidas com penalidades pecuniárias até determinado montante, conjugadas ou não com penalidades de outra natureza; (c) a determinada região do território da entidade tributante, em função de condições a ela peculiares; (d) sob condição do pagamento de tributo no prazo fixado pela lei que a conceder, ou cuja fixação seja atribuída pela mesma lei à autoridade administrativa.

Art. 182. A anistia, quando não concedida em caráter geral, é efetivada, em cada caso, por despacho da autoridade administrativa, em requerimento com a qual o interessado faça prova do preenchimento das condições e do cumprimento dos requisitos previstos em lei para sua concessão.

Parágrafo único. O despacho referido neste artigo não gera direito adquirido, aplicando-se, quando cabível, o disposto no art. 155.

Doutrina

A respeito das *causas de exclusão do crédito tributário*, Sacha Calmon Navarro Coêlho leciona:[1]

> O crédito tributário, se resistir, no todo ou em parte, a qualquer das cláusulas de suspensão de sua exigibilidade, somente desaparecerá em razão das causas extintivas, que serão estudadas à frente, incluindo-se entre tais a anistia e delas excluída a isenção, figuras que o Código agrupa sob a denominação imprópria de *exclusão do crédito tributário*.

---

1. Sacha Calmon Navarro Coêlho, *Manual de Direito Tributário*, 1ª ed., Rio de Janeiro, Forense, 2000, p. 443.

Estamos a dizer que inexiste, cientificamente, exclusão do crédito tributário. Existem tão-somente as modalidades de sua extinção. Sim, porque a isenção impede o seu nascimento, e a anistia dispensa o pagamento de multa fiscal devida, assim como a remissão dispensa o pagamento de tributo devido, esta última corretamente arrolada entre as causas extintivas.

Quanto à *isenção*, ressalta Hugo de Brito Machado:[2]

Distingue-se a *isenção* da *não-incidência*. Isenção é a exclusão, por lei, de parcela da hipótese de incidência, ou suporte fático da norma de tributação, sendo objeto da isenção a parcela que a lei retira dos fatos que realizam a hipótese de incidência da regra de tributação. A *não-incidência*, diversamente, configura-se em face da própria norma de tributação, sendo objeto da não-incidência todos os fatos que não estão abrangidos pela própria definição legal da *hipótese de incidência*.

(...).

Ainda que na Constituição esteja escrito que determinada situação é de *isenção*, na verdade de isenção não se cuida, mas de *imunidade*. E se a lei porventura referir-se à hipótese de *imunidade*, sem estar apenas reproduzindo, inutilmente, norma da Constituição, a hipótese não será de imunidade, mas de *isenção*.

(...).

A revogação de uma lei que concede isenção equivale à criação de tributo. Por isto deve ser observado o princípio da anterioridade da lei, assegurado pelo art. 150, inciso III, letra "b", da CF, e já por nós estudado. O STF, todavia, tem entendido de modo diverso, decidindo que a revogação da isenção tem eficácia imediata, vale dizer, ocorrendo a revogação da isenção, o tributo pode ser cobrado no curso do mesmo exercício, sem ofensa ao referido princípio constitucional (RE 99.908-RS, rel. Min. Rafael Mayer, publicado na *RTJ* 107/430-432).

Atento para não confundir a linguagem do direito positivo com a realidade social que ele normatiza, leciona Paulo de Barros Carvalho[3] sobre a isenção na esfera tributária:

---

2. Hugo de Brito Machado, *Curso de Direito Tributário*, 29ª ed., São Paulo, Malheiros Editores, 2008, pp. 228, 229-230 e 232.

3. Paulo de Barros Carvalho, *Curso de Direito Tributário*, 18ª ed., São Paulo, Saraiva, 2007, pp. 503-504 e 506.

(...) as normas de isenção pertencem à classe das regras de estrutura, que intrometem modificações no âmbito da regra-matriz de incidência tributária, esta, sim, norma de conduta. (...). O que o preceito de isenção faz é subtrair *parcela* do campo de abrangência do critério do antecedente ou do conseqüente. (...). Consoante o entendimento que adotamos, a regra de isenção pode inibir a funcionalidade da regra-matriz tributária, comprometendo-a para certos casos, de oito maneiras distintas: quatro pela hipótese e quatro pelo conseqüente: I – *pela hipótese*: (a) atingindo-lhe o critério material, pela desqualificação do verbo; (b) atingindo-lhe o critério material, pela subtração do complemento; (c) atingindo-lhe o critério espacial; (d) atingindo-lhe o critério temporal; II – *pelo conseqüente*: (e) atingindo-lhe o critério pessoal, pelo sujeito ativo; (f) atingindo-lhe o critério pessoal, pelo sujeito passivo; (g) atingindo-lhe o critério quantitativo, pela base de cálculo; (h) atingindo-lhe o critério quantitativo, pela alíquota. *(Grifos do autor)*

JURISPRUDÊNCIA

O Judiciário não pode equiparar alíquotas nem suprimir alíquotas (isentar), pois, em ambos os casos, estaria alterando o sentido inequívoco da norma e, portanto, fazendo as vezes de legislador positivo, com ofensa ao princípio da separação de Poderes – cláusula pétrea, diga-se de passagem. Veja-se:

> Agravo regimental no recurso extraordinário – Contribuição social sobre o lucro – Instituições financeiras – Alíquotas diferenciadas – Isonomia – Equiparação ou supressão – Impossibilidade jurídica do pedido. 1. A declaração de inconstitucionalidade dos textos normativos que estabelecem distinção entre as alíquotas recolhidas, a título de contribuição social, das instituições financeiras e aquelas oriundas das empresas jurídicas em geral teria como conseqüência normativa ou a equiparação dos percentuais ou a sua supressão. Ambas as hipóteses devem ser afastadas, dado que o STF não pode atuar como legislador positivo nem conceder isenções tributárias. Daí a impossibilidade jurídica do pedido formulado no recurso extraordinário – Agravo regimental a que se nega provimento. **[STF, 2ª Turma, RE/AgR 370.590-RJ, rel. Min. Eros Grau, j. 29.4.2008, v.u., *DJU* 16.5.2008, p. 1.258]**

Sobre a vedação constitucional ao emprego de isenção heterônoma, decidiu o STF:

Agravo regimental no recurso extraordinário – Constitucional – Tributário – Imposto sobre serviços/ISS – Lei Complementar n. 56/1987 – Lista de Serviços anexa – Caráter taxativo – Serviços executados por instituições autorizadas a funcionar pelo Banco Central – Exclusão – Hipótese de não-incidência tributária. 2. O STF, estabelecida a compreensão de que a Lista de Serviços anexa à Lei Complementar n. 56/1987 é taxativa, fixou jurisprudência no sentido de que os itens 44, 46 e 48 da citada Lista excluíram da tributação do ISS determinados serviços praticados por instituições autorizadas a funcionar pelo Banco Central. Não se teria, no caso, isenção heterônoma – o que é expressamente vedado pelo art. 151, III, da Constituição brasileira/1988 –, mas sim hipótese de não-incidência do tributo municipal – Agravo regimental a que se nega provimento. **[STF, 2ª Turma, RE/Ag 464.844-SP, rel. Min. Eros Grau, j. 1.4.2008, v.u., *DJU* 9.5.2008, p. 688]**

Outrossim:

Direito tributário – Recepção pela Constituição da República de 1988 do Acordo Geral de Tarifas e Comércio – Isenção de tributo estadual prevista em tratado internacional firmado pela República Federativa do Brasil – Art. 151, inciso III, da Constituição da República – Art. 98 do CTN – Não-caracterização de isenção heterônoma – Recurso extraordinário conhecido e provido. 1. A isenção de tributos estaduais prevista no Acordo Geral de Tarifas e Comércio para as mercadorias importadas dos países signatários quando o similar nacional tiver o mesmo benefício foi recepcionada pela Constituição da República de 1988. 2. O art. 98 do CTN "possui caráter nacional, com eficácia para a União, os Estados e os Municípios" (voto do eminente Min. Ilmar Galvão). 3. No Direito Internacional apenas a República Federativa do Brasil tem competência para firmar tratados (art. 52, § 2º, da Constituição da República), dela não dispondo a União, os Estados-membros ou os Municípios. O Presidente da República não subscreve tratados como chefe de governo, mas como chefe de Estado, o que descaracteriza a existência de uma isenção heterônoma, vedada pelo art. 151, inciso III, da Constituição. 4. Recurso extraordinário conhecido e provido. **[STF, Tribunal Pleno, RE 229.096-RS, rel. Min. Ilmar Galvão, j. 16.8.2007, v.u., *DJU* 11.4.2008, p. 985]**

Sobre a possibilidade de lei ordinária revogar isenção prevista em lei complementar, decidiu o STF:

> Recurso extraordinário – Sociedade civil de prestação de serviços profissionais relativos ao exercício de profissão legalmente regulamentada – COFINS – Modalidade de contribuição social – Outorga de isenção por lei complementar (Lei Complementar n. 70/1991) – Matéria não submetida à reserva constitucional de lei complementar – Conseqüente possibilidade de utilização de lei ordinária (Lei n. 9.430/1996) para revogar, de modo válido, a isenção anteriormente concedida pela Lei Complementar n. 70/1991 – Inexistência de violação constitucional – Questão concernente às relações entre a lei complementar e a lei ordinária – Inexistência de vínculo hierárquico-normativo entre a lei complementar e a lei ordinária – Espécies legislativas que possuem campos de atuação materialmente distintos – Doutrina – Precedentes (STF) – Recurso de agravo improvido. **[STF, RE/AgR 573.255-PR, rel. Min. Celso de Mello, j. 11.3.2008, m.v., *DJU* 23.5.2008, p. 1.254]**

O Plenário do STJ entende que a redução da base de cálculo equivale a isenção parcial, razão pela qual pode ser revogada a qualquer tempo, sem necessidade de observância do princípio da anterioridade. Para ilustrar:

> Processual civil e tributário – Embargos à execução fiscal – ICMS – Redução da base de cálculo – Isenção parcial – Revogação – Possibilidade – art. 178, c/c o art. 104, do CTN – Súmula n. 544/STF – Aplicação da taxa SELIC – Possibilidade – Lei estadual n. 6.763/1975 (com redação alterada pela Lei n. 10.562/1991) – Violação do art. 535 do CPC – Inexistência. 1. Inexiste ofensa ao art. 535 do CPC se o tribunal analisa, ainda que implicitamente, a questão tida por omissa. 2. Segundo o STF, a redução da base de cálculo do ICMS equivale a isenção parcial do tributo, aplicando-se a mesma disciplina em ambas as hipóteses – Precedentes. 3. A revogação da isenção e do benefício da redução da base de cálculo do imposto pode ocorrer a qualquer tempo, exceto se concedidos por prazo certo e em função de determinadas condições (art. 178, c/c o art. 104, III, do CTN). 4. Correção do acórdão que entendeu possível a supressão do benefício fiscal sem observância do princípio da anterioridade. 5. Recurso especial não provido. **[STJ, 2ª Turma, REsp 762.754-MG, rela. Min. Eliana Calmon, j. 20.9.2007, v.u., *DJU* 2.10.2007, p. 230]**

Sobre o emprego da isenção com fins extrafiscais, vide acórdão da Suprema Corte:

Agravo de instrumento – IPI – Açúcar de cana – Lei n. 8.393/1991 (art. 2º) – Isenção fiscal – Critério espacial – Aplicabilidade – Exclusão de benefício – Alegada ofensa ao princípio da isonomia – Inocorrência – Norma legal destituída de conteúdo arbitrário – Atuação do Judiciário como legislador positivo – Inadmissibilidade – Recurso improvido – Concessão de isenção tributária e utilização extrafiscal do IPI. A concessão de isenção em matéria tributária traduz ato discricionário, que, fundado em juízo de conveniência e oportunidade do Poder Público (RE n. 157.228-SP), destina-se – a partir de critérios racionais, lógicos e impessoais estabelecidos de modo legítimo em norma legal – a implementar objetivos estatais nitidamente qualificados pela nota da extrafiscalidade. A isenção tributária que a União Federal concedeu, em matéria de IPI, sobre o açúcar de cana (Lei n. 8.393/1991, art. 2º) objetiva conferir efetividade ao art. 3º, incisos II e III, da Constituição da República. Essa pessoa política, ao assim proceder, pôs em relevo a função extrafiscal desse tributo, utilizando-o como instrumento de promoção do desenvolvimento nacional e de superação das desigualdades sociais e regionais – O postulado constitucional da isonomia – A questão da igualdade na lei e da igualdade perante a lei (*RTJ* 136/444-445, rel. para o acórdão Min. Celso de Mello). O princípio da isonomia – que vincula, no plano institucional, todas as instâncias de poder – tem por função precípua, consideradas as razões de ordem jurídica, social, ética e política que lhe são inerentes, a de obstar a discriminações e extinguir privilégios (*RDA* 55/114), devendo ser examinado sob a dupla perspectiva da igualdade na lei e da igualdade perante a lei (*RTJ* 136/444-445). A alta significação que esse postulado assume no âmbito do Estado Democrático de Direito impõe, quando transgredido, o reconhecimento da absoluta desvalia jurídico-constitucional dos atos estatais que o tenham desrespeitado – Situação inocorrente na espécie. A isenção tributária concedida pelo art. 2º da Lei n. 8.393/1991, precisamente porque se acha despojada de qualquer coeficiente de arbitrariedade, não se qualifica – presentes as razões de política governamental que lhe são subjacentes – como instrumento de ilegítima outorga de privilégios estatais em favor de determinados estratos de contribuintes – Isenção tributária – Reserva constitucional de lei em sentido formal e postulado da separação de Poderes. A exigência constitucional de lei em sentido formal para a veiculação ordinária de isenções tributárias impede que o Judiciário estenda semelhante benefício a quem, por razões impregnadas de legitimidade jurídica, não foi contemplado com esse *favor legis*. A extensão dos benefícios isencionais, por via jurisdicional, encontra limitação absoluta no dogma da separação de Poderes. Os magistrados e tribunais, que não dispõem de função legislativa – considerado o princípio da divisão funcional do poder –, não podem conceder, ainda que sob fundamento de isonomia, isenção tributária em favor daqueles a quem o legislador, com apoio em critérios impessoais, racionais e objetivos, não quis contemplar com a vantagem desse benefício de ordem legal. Entendimento diverso, que reconhecesse aos magistrados essa anômala função jurídica, equivaleria, em última análise, a converter o Poder Judiciário em inadmissível legislador positivo, condição institucional que lhe recusa a própria Lei Fundamental do Estado. Em tema de controle de constitucionalidade de atos estatais o Poder Judiciário só deve atuar como legislador negativo – Precedentes. **[STF, 2ª Turma, AI/AgR n. 360.461-MG, rel. Min. Celso de Mello, j. 6.12.2005, v.u., *DJU* 28.3.2008, p. 1.077]**

De igual modo:

Constitucional – Tributário – ISS – Isenção concedida pela União – CF/1967, com a Emenda Constitucional n. 1/1969, art. 19, § 2º – Proibição de concessão, por parte da União, de isenções de tributos estaduais e municipais – CF/1988, art. 151, III. I – O art. 41 do ADCT/1988 compreende todos os incentivos fiscais, inclusive isenções de tributos, dado que a isenção é espécie do gênero incentivo fiscal. II – Isenções de tributos municipais concedidas pela União na sistemática da CF/1967, art. 19, § 2º – Decreto-lei n. 406/1968, art. 11, redação da Lei Complementar n. 22/1971 – Revogação, com observância das regras de transição inscritas no art. 41, §§ 1º, 2º e 3º, do ADCT/1988. III – Agravo não provido. **[STF, 2ª Turma, RE/AgR 361.829-RJ, rel. Min. Carlos Velloso, j. 17.5.2005, v.u., *DJ* 2.9.2005, p. 43]**

No que diz respeito à anistia, vide os acórdãos que seguem:

Agravo regimental no recurso especial – Tributário – Anistia fiscal – Lei n. 9.779/1999 – Interpretação harmoniosa do *caput* do art. 17 com os parágrafos acrescidos pela Medida Provisória n. 2.158-35/2001 – Ausência de prequestionamento de dispositivo legal dito violado (Súmulas ns. 211/STJ e 282/STF) – Impossibilidade de conhecimento de dissídio jurisprudencial acerca de matéria não debatida na instância *a quo* – Art. 535 do CPC não contrariado – Recurso desprovido.

(...). 3. O contribuinte, para fazer jus ao benefício da anistia, deve não apenas preencher os requisitos dos parágrafos acrescidos ao art. 17 da Lei n. 9.779/1999, mas também conjugá-los com o disposto em seu *caput*. 4. Agravo regimental desprovido. **[STJ, 1ª Turma, REsp/AgR 504.537-PR, rela. Min. Denise Arruda, j. 17.10.2006, v.u., *DJU* 7.11.2006, p. 230]**

Processo civil e tributário – Embargos de declaração – Isenção do imposto de renda – Favor fiscal aos anistiados civis e militares – Lei n. 10.559/2002 – Vigência da lei – Inexistência de omissão. 1. A Seção, a par da jurisprudência da Corte, confirmou a tese da isenção do imposto de renda incidente sobre os valores recebidos pelos anistiados políticos, servidor civil ou militar e seus dependentes. 2. Inexiste omissão quanto à vigência da lei, porque restou decidido que a anistia fiscal também alcançou os anistiados anteriores à sua vigência – Posição que se encontra em harmonia com os precedentes da 1ª Seção (MS n. 9.543-DF, MS n. 9.587-DF e MS n. 10.967-DF). 3. Embargos de declaração rejeitados. **[STJ, 2ª Turma, REsp/ED 668.711-RS, rela. Min. Eliana Calmon, j. 16.5.2006, v.u., *DJU* 14.6.2006, p. 203]**

Tributário – Execução fiscal – ICMS – Anistia – Decreto estadual n. 44.970/2000 – Art. 180, I e II, do CTN. 1. O STJ firmou entendimento de que o não-recolhimento do tributo por si só não constitui infração à lei. 2. Se o contribuinte preenche os requisitos da norma que concedeu anistia fiscal, não é lícito impedir o gozo do benefício em face do art. 180, I e II, do CTN, presumindo-se ter havido dolo pelo não-recolhimento do tributo, sem procedimento administrativo com obediência ao contraditório e ao devido processo legal. 3. Recurso especial provido. **[STJ, 2ª Turma, REsp 448.193-SP, rela. Min. Eliana Calmon, j. 10.8.2004, v.u., *DJU* 11.10.2004, p. 264]**

Execução fiscal – Honorários de advogado – Anistia após oferecimento de embargos – Súmula n. 153 do STJ. Em caso de cancelamento do débito ou de anistia fiscal, os honorários de advogado são devidos pelo exeqüente – Recurso improvido. **[STJ, 1ª Turma, REsp 226.458-RS, rel. Min. Garcia Vieira, j. 21.10.1999, v.u., *DJU* 29.11.1999, p. 136]**

Questões

1. Imunidades tributárias são cláusulas pétreas?
2. Quais as semelhanças e dessemelhanças entre imunidade e isenção?

3. Quais são as imunidades genéricas? Explique.

4. Cite três exemplos de imunidade específica. Justifique.

5. A imunidade concedida aos impostos não conflita com o princípio da capacidade contributiva?

CONSULTAS

1. [118º Exame de Ordem/SP, 2002, n. 2] Determinada Prefeitura concedeu, às empresas localizadas em certa área, isenção do imposto predial e territorial urbano – IPTU, pelo prazo de cinco anos, desde que contratassem menores aprendizes oferecidos pelo Serviço Social municipal. Passados dois anos, a Prefeitura se arrependeu do benefício e encaminhou à Câmara Municipal lei revogando a isenção. Se essa lei for aprovada, revogando a isenção, poderá ser questionada? Motive seu posicionamento.

2. [110º Exame de Ordem/SP, 2000, n. 1] Um constituinte indaga se o instituto da isenção é aplicável a todos os tributos, indistintamente.

3. [125º Exame de Ordem/SP, 2005, n. 2] Observe o seguinte trecho do voto-vista pronunciado pelo Min. Humberto Gomes de Barros quando do julgamento do AgR no REsp 382.736-SC: "Outra razão, que adoto como fundamento de voto, finca-se na natureza do STJ. Quando digo que não podemos tomar lição, não podemos confessar que a tomamos. Quando chegamos ao Tribunal e assinamos o termo de posse, assumimos, sem nenhuma vaidade, o compromisso de que somos notáveis conhecedores do Direito, que temos notável saber jurídico. Saber jurídico não é conhecer livros escritos por outros. Saber jurídico a que se refere a Constituição Federal é a sabedoria que a vida nos dá. A sabedoria gerada no estudo e na experiência nos tornou condutores da jurisprudência nacional. Somos condutores e não podemos vacilar. Assim faz o STF. Nos últimos tempos, entretanto, temos demonstrado profunda e constante insegurança. Vejam a situação em que nos encontramos: se perguntarem a algum dos integrantes desta Seção especializada em direito tributário qual é o termo inicial para a prescrição da ação de repetição de indébito nos casos de empréstimo compulsório sobre aquisição de veículo ou combustível, cada um haverá de dizer que não sabe, apesar de já existirem dezenas, até centenas de precedentes. Há 10 anos que o Tribunal vem afirmando que o prazo é decenal (cinco mais cinco anos). Hoje, ninguém sabe mais. (...). O STJ existe e foi criado para dizer o que é a lei infraconstitucional. Ele foi concebido como condutor dos tribunais e dos cidadãos. Em matéria tributária, como condutor daqueles que pagam, dos contribuintes. (...). Nós somos os condutores, e eu – Ministro de um Tribunal cujas decisões os próprios Ministros não respeitam – sinto-me triste. Como contribuinte, que também sou, mergulho em insegurança como um passageiro daquele vôo trágico em que o piloto se perdeu no meio da noite em cima da Selva Amazônica: ele se virava para a esquerda, dobrava para a direita, e os passageiros sem saber nada, até que eles de repente descobriram que estavam perdidos. O avião com o STJ está extremamente perdido. Agora estamos a rever uma Súmula que fixamos há menos de um trimestre. Agora dizemos que está errada, porque alguém nos deu uma lição dizendo que essa Súmula não devia ter sido feita assim. Nas praias de turismo, pelo mundo afora, existe um brinquedo em que uma enorme bóia, cheia de pessoas, é arrastada por uma lancha. A função do piloto dessa lancha é fazer derrubar as pessoas montadas no dorso da bóia. Para tanto, a lancha desloca-se em linha reta e, de repente, descreve curvas de quase noventa graus. O jogo só termina quando todos os passageiros da bóia estão dentro do mar. Pois bem, o STJ parece ter assumido o papel do piloto dessa lancha. Nosso papel tem sido derrubar os jurisdicionados". O voto acima foi proferido por ocasião de um julgamento no qual se discutia, em síntese, a revisão da Súmula 276/STJ, cujo enunciado é: "As sociedades civis de prestação de serviços profissionais são isentas da COFINS, irrelevante o regime tributário adotado". A revisão, proposta pelo Relator, Min. Castro Meira, daria à Sumula a seguinte nova redação: "As sociedades civis de prestação de serviços profissionais, até o advento da Lei n. 9.430/1996, são isentas da COFINS, irrelevante o regime tributário adotado". **QUESTÃO:** Qual a controvérsia jurídica existente anteriormente à edição da Lei 9.430/1996 que levou à edição da Súmula 276, e por que depois se iniciou novo debate acerca da questão mencionada?

DISSERTAÇÃO

"Imunidade e Isenção. Conceito. Distinções. Imunidades Genéricas e Específicas. Exemplos".

TEMA PARA PESQUISA

"Isenção e Princípio da Anterioridade".

TESTES

1. [IX Concurso Público de Ingresso na Magistratura Federal, TRF-1ª Região, 2004] Assinale a alternativa correta:
 a) ( ) A União poderá, em determinadas situações, conceder isenção do ICMS, de competência dos Estados, e do ISS, de competência dos Municípios.
 b) ( ) Estados Federados poderão, em determinadas situações, conceder isenção de tributos municipais.
 c) ( ) Lei que institui isenção para determinado tipo de indústria não poderá estendê-la às taxas e às contribuições de melhoria.

d) ( ) Isenção concedida por prazo indeterminado poderá ser revogada a qualquer tempo, sem a observância do princípio da anterioridade.

2. [132º Exame de Ordem/SP, 2007, n. 84] Com relação ao exato significado (inclusive em função do julgamento pelo STF) do termo "isenção", constante do art. 195, § 7º, da CF – que dispõe: "São isentas de contribuição para a seguridade social as entidades beneficentes de assistência social que atendam às exigências estabelecidas em lei" –, pode-se afirmar que:

a) ( ) Se trata efetivamente do instituto da isenção.

b) ( ) Se refere à hipótese de não-incidência.

c) ( ) Se trata de imunidade constitucional.

d) ( ) Se refere à isenção condicionada.

3. [131º Exame de Ordem/SP, 2007, n. 84] Sobre as limitações do poder de tributar, assinale a alternativa incorreta:

a) ( ) O princípio da legalidade estabelece que é vedado à União, aos Estados, ao Distrito Federal e aos Municípios exigir ou aumentar tributo sem lei que o estabeleça.

b) ( ) A União, os Estados, o Distrito Federal e os Municípios não podem cobrar tributos em relação a fatos geradores ocorridos antes do início da vigência da lei que os houver instituído ou aumentado.

c) ( ) O princípio da igualdade estabelece que é vedado à União, aos Estados, ao Distrito Federal e aos Municípios instituir tratamento desigual entre contribuintes que se encontrem em situação equivalente, proibida qualquer distinção em razão de ocupação profissional ou função por eles exercida, independentemente da denominação jurídica dos rendimentos, títulos ou direitos.

d) ( ) A União, os Estados, o Distrito Federal e os Municípios não podem instituir impostos sobre patrimônio, renda ou serviços, uns dos outros, sendo certo que tal imunidade não se estende às autarquias e às fundações instituídas e mantidas pelo Poder Público.

4. [127º Exame de Ordem/SP, 2005, n. 90] O Código Tributário Nacional prevê que a lei poderá autorizar a autoridade administrativa a conceder remissão ou anistia do crédito tributário mediante despacho devidamente fundamentado, que deverá levar em conta os seguintes aspectos, exceto:

a) ( ) A situação econômica do sujeito passivo.

b) ( ) A extrafiscalidade, visando a privilegiar um determinado segmento do setor produtivo.

c) ( ) A condição econômica de uma determinada região do território da entidade tributante.

d) ( ) O valor diminuto do crédito tributário.

5. [126º Exame de Ordem/SP, 2005, n. 85] É vedado à União:

a) ( ) Instituir isenções de tributos da competência dos Estados, do Distrito Federal ou dos Municípios, resguardada a possibilidade de lei complementar prever isenções de caráter nacional, desde que atinjam simultaneamente a própria União.

b) ( ) Tributar a renda das obrigações da dívida pública dos Estados, bem como a remuneração e os proventos de seus agentes públicos, em níveis superiores aos que fixar para suas obrigações e para seus agentes.

c) ( ) Estabelecer diferença entre bens e serviços, de qualquer natureza, em razão de sua procedência ou destino.

d) ( ) Utilizar tributo com efeito de confisco, ressalvados os casos de relevante interesse nacional.

6. [124º Exame de Ordem/SP, 2004, n. 89] A isenção:

a) ( ) Uma vez concedida, dispensa o cumprimento das obrigações acessórias, dependentes da obrigação principal cujo crédito seja excluído ou dela conseqüente.

b) ( ) Sobre os livros, jornais, periódicos e o papel é matéria que deve constar da lei que institua um imposto de competência da União.

c) ( ) Em relação a tributos estaduais e municipais, pode ser concedida pela União, desde que a lei federal que assim disponha assegure, simultaneamente, a isenção de tributos federais.

d) ( ) Se concedida por prazo certo e em função de determinadas condições, não pode ser negada ao contribuinte que tenha iniciado sua fruição, mesmo que tenha sido revogada a lei que a instituiu.

7. [120º Exame de Ordem/SP, 2003, n. 86] Considere estas afirmações:

I – É vedado à União conceder isenções de tributos de competência dos Estados e dos Municípios.

II – É vedado aos Estados e ao Distrito Federal estabelecer diferença tributária entre bens e serviços em razão de sua procedência ou destino.

III – A instituição de imunidades tributárias é matéria reservada à lei complementar.

Diante das limitações constitucionais ao poder de tributar, são corretas as afirmações:

a) ( ) I e II, apenas.
b) ( ) I e III, apenas.
c) ( ) II e III, apenas.
d) ( ) I, II e III.

19
DA ADMINISTRAÇÃO TRIBUTÁRIA

19.1 Fiscalização. 19.2 Dívida ativa. 19.3 Certidões negativas.
[DOUTRINA – JURISPRUDÊNCIA – QUESTÕES – CONSULTA – DISSERTAÇÃO – TESTES]

19.1 Fiscalização

Segundo o Código Tributário Nacional, compete à legislação tributária – portanto, não apenas à lei – dispor sobre a competência e os poderes das autoridades administrativas em matéria de fiscalização da sua aplicação – ou seja, disciplinar a fiscalização de tributos.

> **[CTN] Art. 194.** A legislação tributária, observado o disposto nesta Lei, regulará, em caráter geral, ou especificamente em função da natureza do tributo de que se tratar, a competência e os poderes das autoridades administrativas em matéria de fiscalização da sua aplicação.

São, porém, inaplicáveis dispositivos legais que limitem ou excluam o direito das autoridades administrativas de examinar mercadorias, livros, arquivos, documentos, papéis e efeitos comerciais ou fiscais dos comerciantes, industriais ou produtores, ou a obrigação destes de exibi-los:

> **[CTN] Art. 195.** Para os efeitos da legislação tributária, não têm aplicação quaisquer disposições legais excludentes ou limitativas do direito de examinar mercadorias, livros, arquivos, documentos, papéis e efeitos comerciais ou fiscais dos comerciantes, industriais ou produtores, ou da obrigação destes de exibi-los.

Exige-se do sujeito passivo a conservação dos livros e documentos até o término do prazo prescricional dos respectivos créditos tributários:

[CTN] Art. 195. (...).

Parágrafo único. Os livros obrigatórios de escrituração comercial e fiscal e os comprovantes dos lançamentos neles efetuados serão conservados até que ocorra a prescrição dos créditos tributários decorrentes das operações a que se refiram.

Doutra parte, incumbe à autoridade administrativa fixar o termo inicial do procedimento de fiscalização, bem como o prazo máximo de sua conclusão:

[CTN] Art. 196. A autoridade administrativa que proceder ou presidir a quaisquer diligências de fiscalização lavrará os termos necessários para que se documente o início do procedimento, na forma da legislação aplicável, que fixará prazo máximo para a conclusão daquelas.

O Código Tributário Nacional impõe o dever de informar, assim como o sigilo profissional (tabeliães, bancos, inventariantes, síndicos etc.). Ressalve-se, no entanto, que após a Constituição de 1988 tornou-se imprescindível que esse dever seja prestado mediante ordem judicial, e não em obediência a simples intimação escrita por parte da autoridade administrativa. A despeito disso, dispõe o CTN:

[CTN] Art. 197. Mediante intimação escrita, são obrigados a prestar à autoridade administrativa todas as informações de que disponham com relação aos bens, negócios ou atividades de terceiros: I – os tabeliães, escrivães e demais serventuários de ofício; II – os bancos, casa bancárias, caixas econômicas e demais instituições financeiras; III – as empresas de administração de bens; IV – os corretores, leiloeiros e despachantes oficiais; V – os inventariantes; VI – os síndicos, comissários e liquidatários; VII – quaisquer outras entidades ou pessoas que a leis designe, em razão de seu cargo, ofício, função, ministério, atividade ou profissão.

Portanto, desde a entrada em vigor do Código Tributário Nacional restou afastado o disposto no art. 17 do CComercial, segundo o qual "nenhuma autoridade, juízo ou tribunal, debaixo de pretexto algum, por mais precioso que seja, pode praticar ou ordenar alguma diligência para examinar se o comerciante arruma ou não devidamente seus livros de escrituração mercantil, ou neles tem contido algum vício".

A propósito, a Lei Complementar 105, de 10.1.2001, traz normas gerais acerca do sigilo bancário. Cuida-se normas de cunho procedimental, razão pela qual têm aplicação imediata, nos termos do § 1º do art. 144 do CTN. No que concerne às instituições financeiras, assim dispôs:

> [Lei Complementar 105/2001] Art. 1º. As instituições financeiras conservarão sigilo em suas operações ativas e passivas e serviços prestados.
>
> (...).
>
> § 3º. Não constitui violação do dever de sigilo: (...) III – o fornecimento das informações de que trata o § 2º do art. 11 da Lei n. 9.311, de 24 de outubro de 1996. *["Art. 11. As instituições responsáveis pela retenção e pelo recolhimento da contribuição prestarão à Secretaria da Receita Federal as informações necessárias à identificação dos contribuintes e os valores globais das respectivas operações, nos termos, nas condições e nos prazos que vierem a ser estabelecidos pelo Ministro de Estado da Fazenda".]*

Há, com algumas ressalvas, o dever de sigilo fiscal da Fazenda Pública (responsabilidade civil) ou de seus funcionários (responsabilidade civil e criminal) no que concerne especificamente à situação econômica ou financeira do sujeito passivo ou de terceiros:

> [CTN] Art. 198. Sem prejuízo do disposto na legislação criminal, é vedada a divulgação, por parte da Fazenda Pública ou de seus servidores, de informação obtida em razão do ofício sobre a situação econômica ou financeira do sujeito passivo ou de terceiros e sobre a natureza e o estado de seus negócios ou atividades.
>
> § 1º. Excetuam-se do disposto neste artigo, além dos casos previstos no art. 199, os seguintes: I – requisição de autoridade judiciária no interesse da justiça; II – solicitações de autoridade administrativa no interesse da Administração Pública, desde que seja comprovada a instauração regular de processo administrativo, no órgão ou na entidade respectiva, com o objetivo de investigar o sujeito passivo a que se refere a informação, por prática de infração administrativa.
>
> § 2º. O intercâmbio de informação sigilosa, no âmbito da Administração Pública, será realizado mediante processo regularmente instaurado, e a entrega feita pessoalmente à autoridade solicitante, mediante recibo, que formalize a transferência e assegure a preservação do sigilo.

§ 3º. Não é vedada a divulgação de informações relativas a: I – representações fiscais para fins penais; II – inscrições na dívida ativa da Fazenda Pública; III – parcelamento ou moratória.

Ademais, o CTN admite a prestação de assistência mútua e permuta de informações entre as Fazendas Públicas:

> **[CTN] Art. 199.** A Fazenda Pública da União e as dos Estados, do Distrito Federal e dos Municípios prestar-se-ão mutuamente assistência para a fiscalização dos tributos respectivos e permuta de informações, na forma estabelecida, em caráter geral ou específico, por lei ou convênio.
>
> Parágrafo único. A Fazenda Pública da União, na forma estabelecida em tratados, acordos ou convênios, poderá permutar informações com Estados estrangeiros no interesse da arrecadação e da fiscalização de tributos.

Há, nos termos do CTN, a possibilidade de ser requisitado pelas autoridades administrativas o auxílio de força pública federal, estadual ou municipal:

> **[CTN] Art. 200.** As autoridades administrativas federais poderão requisitar o auxílio da força pública federal, estadual ou municipal, e reciprocamente, quando vítimas de embaraço ou desacato no exercício de suas funções, ou quando necessário à efetivação de medida prevista na legislação tributária, ainda que não se configure fato definido em lei como crime ou contravenção.

19.2 Dívida ativa

Conforme define o CTN, é a proveniente de crédito inscrito na repartição administrativa competente depois de devidamente constituído:

> **[CTN] Art. 201.** Constitui dívida ativa tributária a proveniente de crédito dessa natureza, regularmente inscrita na repartição administrativa competente, depois de esgotado o prazo fixado, para pagamento, pela lei ou por decisão final em processo regular.

O termo de inscrição deve satisfazer os requisitos legais (nome do devedor, quantia devida, origem do crédito, data da inscrição etc.):

> **[CTN] Art. 202.** O termo de inscrição da dívida ativa, autenticado pela autoridade competente, indicará obrigatoriamente: I – o nome do

devedor e, sendo caso, o dos co-responsáveis, bem como, sempre que possível, o domicílio ou a residência de um e de outros; II – a quantia devida e a maneira de calcular os juros de mora acrescidos; III – a origem e a natureza do crédito, mencionada especificamente a disposição da lei em que seja fundado; IV – a data em que foi inscrita; V – sendo caso, o número do processo administrativo de que se originar o crédito.

O Código Tributário Nacional prevê a nulidade da inscrição se houver erro ou omissão quanto aos requisitos. A nulidade poderá ser sanada até a decisão de primeira instância.

[CTN] Art. 203. A omissão de quaisquer dos requisitos previstos no artigo anterior ou o erro a eles relativo são causas de nulidade da inscrição e do processo de cobrança dela decorrente, mas a nulidade poderá ser sanada até a decisão de primeira instância, mediante substituição da certidão nula, devolvido ao sujeito passivo, acusado ou interessado, o prazo para a defesa, que somente poderá versar sobre a parte modificada.

Cuida-se de condição da ação de execução fiscal (art. 6º, § 1º, da Lei 6.830/1980), de modo que certidão de inscrição nula, assim como a ausência de certidão de dívida ativa, enseja a extinção do processo de execução, nos termos do art. 267, VI, do CPC.

Há presunção relativa de certeza e liquidez da dívida ativa regularmente inscrita:

[CTN] Art. 204. A dívida regularmente inscrita goza da presunção de certeza e liquidez e tem o efeito de prova pré-constituída.

19.3 Certidões negativas

No tocante à prova de quitação de tributo, dispõe o CTN:

[CTN] Art. 205. A lei poderá exigir que a prova da quitação de determinado tributo, quando exigível, seja feita por certidão negativa, expedida à vista de requerimento do interessado, que contenha todas as informações necessárias à identificação de sua pessoa, domicílio fiscal e ramo de negócio ou atividade e indique o período a que se refere o pedido.

O CTN viabiliza a expedição de certidão positiva com efeitos de negativa (crédito não vencido ou cuja exigibilidade esteja suspensa; pendência de ação de execução em que tenha sido efetivada penhora):

> **[CTN] Art. 206.** Tem os mesmos efeitos previstos no artigo anterior a certidão de que conste a existência de créditos não vencidos, em curso de cobrança executiva em que tenha sido efetivada a penhora, ou cuja exigibilidade esteja suspensa.

E também possibilita a dispensa da prova de quitação de tributo para evitar a caducidade de direito:

> **[CTN] Art. 207.** Independentemente de disposição legal permissiva, será dispensada a prova de quitação de tributos, ou o seu suprimento, quando se tratar de prática de ato indispensável para evitar a caducidade de direito, respondendo, porém, todos os participantes no ato pelo tributo porventura devido, juros de mora e penalidades cabíveis, exceto as relativas a infrações cuja responsabilidade seja pessoal ao infrator.

Sobre a responsabilidade pessoal, funcional e criminal se expedida a certidão com dolo ou fraude:

> **[CTN] Art. 208.** A certidão negativa expedida com dolo ou fraude, que contenha erro contra a Fazenda Pública, responsabiliza pessoalmente o funcionário que a expedir, pelo crédito tributário e juros de mora acrescidos.

Exige-se prova de quitação de tributo:

(a) Para que seja concedida concordata ou para que sejam declaradas extintas as obrigações do falido ou para que seja concedida recuperação judicial:

> **[CTN] Art. 191.** A extinção das obrigações do falido requer prova de quitação de todos os tributos.
>
> **Art. 191-A.** A concessão de recuperação judicial depende da apresentação da prova de quitação de todos os tributos, observado o disposto nos arts. 151, 205 e 206 desta Lei.

(b) Para que seja proferida sentença de partilha ou adjudicação:

> **[CTN] Art. 192.** Nenhuma sentença de julgamento de partilha ou adjudicação será proferida sem prova da quitação de todos os tributos relativos aos bens do espólio, ou às suas rendas.

(c) Para contratar ou para que possa ser aceita proposta em concorrência pública:

> **[CTN] Art. 193.** Salvo quando expressamente autorizado por lei, nenhum departamento da Administração Pública da União, dos Estados, do Distrito Federal ou dos Municípios, ou sua autarquia, celebrará contrato ou aceitará proposta em concorrência pública sem que contratante ou proponente faça prova da quitação de todos os tributos devidos à Fazenda Pública interessada, relativos à atividade em cujo exercício contrata ou concorre.

(d) Para ser autorizada alienação em processos de falência, concordata, liquidação, inventário, arrolamento ou concurso de credores (art. 31 da Lei de Execução Fiscal):

> **[Lei 6.830/1980] Art. 31.** Nos processos de falência, concordata, liquidação, inventário, arrolamento ou concurso de credores, nenhuma alienação será judicialmente autorizada sem a prova de quitação da dívida ativa ou a concordância da Fazenda Pública.

Doutrina

A propósito, esclarece Aliomar Baleeiro:[1]

> Uma das peculiaridades do direito fiscal consiste no privilégio que tem o Fisco de criar seus próprios títulos e instrumentos de crédito, ao passo que no direito comum o credor executa o devedor por meio de título em que este reconhece a certeza e liquidez do débito. Estas, no direito tributário, resultam do ato e instrumento da lavra do próprio credor (art. 204).
>
> A inscrição cria o título líquido e certo, ao passo que a certidão da inscrição o documenta para entrada da Fazenda em juízo.

Jurisprudência

Decidiu o STJ que não há violação de sigilo bancário nas hipóteses em que a Fazenda Pública obtém das instituições financeiras informações sobre o patrimônio líquido, fundos administrados, taxa de

---

1. Aliomar Baleeiro, *Direito Tributário Brasileiro*, 11ª ed., Rio de Janeiro, Forense, 2000, p. 626.

administração e conta de escrituração de seus clientes, uma vez que isso não expõe a movimentação ativa e passiva do correntista:

> Tributário – Fiscalização tributária – art. 195 do CTN – Ausência de violação do sigilo bancário – Publicidade que reveste as informações que deveriam ter sido prestadas. I – As indagações da Fazenda Pública referentes ao patrimônio líquido, tipos de fundos, taxa de administração e conta de escrituração não caracterizam violação ao sigilo bancário, sendo tais informações inerentes às atividades das instituições financeiras. II – Negando-se a instituição financeira a prestar as aludidas informações, tem-se como válida a aplicação de multa. III – Recurso especial improvido. **[STJ, 1ª Turma, REsp 224.500-MG, rel. Min. Francisco Falcão, j. 12.4.2005, p. 213]**

No caso abaixo exigiu-se, dentro do prazo decadencial, a comprovação de prejuízos utilizados pelo contribuinte na apuração da base de cálculo do IRPJ num dado exercício, de modo que a apresentação dos documentos comprobatórios desses prejuízos interessa diretamente ao Fisco, para a fiscalização e apuração do tributo no exercício seguinte, mais precisamente para comprovar a compensação de prejuízos fiscais com o IRPJ e CSLL. Em suma, persiste o dever do sujeito passivo de exibir o LALUR sempre que a solicitação do Fisco ocorrer antes de consumado o prazo decadencial. Esse é o entendimento do STJ:

> Recurso especial – Tributário – Mandado de segurança – Art. 195 do CTN – Obrigatoriedade de conservação e exibição do Livro de Apuração do Lucro Real referente aos anos de 1988 a 1995 – Aferição de prejuízos ocorridos no ano-base de 1995 – IRPJ e CSLL – Tributos sujeitos a lançamento por homologação – Prescrição inocorrente – Manutenção do acórdão recorrido – Improvimento. 1. É questão assente neste Tribunal que nos tributos sujeitos a lançamento por homologação, categoria na qual se inserem o IRPJ e a CSLL, ocorrendo pagamento antecipado, conta-se o prazo decadencial para a constituição do crédito tributário a partir da ocorrência do fato gerador (REsp n. 183.603-SP, 2ª Turma, rela. Min. Eliana Calmon, *DJU* 13.8.2001). 2. Conforme narra o aresto recorrido, os fatos geradores dos tributos relativos ao IRPJ e à CSLL ocorreram no ano-base de 1995, tendo a recorrente recebido o termo de solicitação para a exibição do LALUR no ano de 1999; portanto, antes de consumado o prazo decadencial. Desse modo, persiste o dever do contribuinte de preservar e exibir o

referido Livro, consoante prevê o art. 195 do CTN, eis que os créditos tributários decorrentes das operações a que se refere ainda não foram alcançados pela decadência. 3. Inexiste qualquer afronta aos dispositivos do Código Tributário Nacional, razão pela qual merece o acórdão hostilizado permanecer intacto em seus fundamentos. 4. Recurso especial a que se nega provimento. [**STJ, 1ª Turma, REsp 643.329-PR, rel. Min. José Delgado, j. 21.9.2004, v.u., *DJU* 18.10.2004, p. 195**]

A Lei Complementar 105/2001 veicula normas gerais sobre sigilo bancário e autoriza o acesso da autoridade administrativa às informações das instituições financeiras referentes à movimentação da CPMF necessárias à identificação dos contribuintes para fins de procedimento fiscal. O STJ, reportando-se ao princípio da moralidade pública e privada, admite que a Administração, nos termos da citada lei e sem autorização judicial, quebre o sigilo bancário de contribuinte, inclusive durante período anterior à sua vigência. Se não, vejamos:

> Processual civil, tributário e administrativo – Agravo regimental – Utilização de dados da CPMF – Quebra de sigilo bancário – Excepcionalidade da medida – Período anterior à Lei Complementar n. 105/2001 – Aplicação imediata – Retroatividade permitida pelo art. 144, § 1º, do CTN – Precedentes. 1. Agravo regimental contra decisão que negou provimento a agravo de instrumento. 2. O acórdão *a quo* deferiu pedido de utilização de informações e dados bancários referentes à movimentação da CPMF para fins de procedimento administrativo-fiscal. 3. A orientação preconizada por esta Corte é no sentido de que, a teor do que dispõe o art. 144, § 1º, do CTN, as leis tributárias procedimentais ou formais têm aplicação imediata, pelo quê a Lei Complementar n. 105/2001, art. 6º, por envergar essa natureza, atinge fatos pretéritos. Assim, por força dessa disposição, é possível que a Administração, sem autorização judicial, quebre o sigilo bancário de contribuinte durante período anterior à sua vigência. 4. A prevalência da tese do recorrente levaria a criar situações em que a Administração Tributária, mesmo tendo ciência de possível sonegação fiscal, ficaria impedida de apurá-la. É inadmissível que o ordenamento jurídico crie proteção de tal nível a quem, possivelmente, cometeu infração. O sigilo bancário não tem conteúdo absoluto. Ele deve ceder todas as vezes que as transações bancárias são denotadoras de ilicitude. 5. O princípio da moralidade pública e privada tem força de natureza absoluta. Nenhum cidadão pode, sob o alegado manto de garantias fundamentais, cometer ilícitos. O sigilo bancário é garantido pela Cons-

tituição Federal como direito fundamental para guardar a intimidade das pessoas desde que não sirva para encobrir ilícitos. 6. Precedentes: EREsp n. 608.053-RS, rel. Min. Teori Albino Zavascki, *DJU* 4.9.2006; REsp n. 701.996-RJ, rel. Min. Teori Albino Zavascki, *DJU* 6.3.2006; AgR no REsp n. 513.540-PR, rel. Min. Teori Albino Zavascki, *DJU* 6.3.2006; REsp n. 597.431-SC, rel. Min. Teori Albino Zavascki, *DJU* 13.2.2006; AgR no REsp n. 700.789-RS, rel. Min. Francisco Falcão, *DJU* 19.12.2005; REsp n. 691.601-SC, 2ª Turma, Min. Eliana Calmon, *DJU* 21.11.2005; AgR no REsp n. 558.633-PR, rel. Min. Francisco Falcão, *DJU* 7.11.2005; REsp n. 628.116-PR, 2ª Turma, Min. Castro Meira, *DJU* 3.10.2005; REsp n. 628.527-PR, rela. Min. Eliana Calmon, *DJU* 3.10.2005; AgR no REsp n. 669.157-PE, rel. Min. Francisco Falcão, *DJU* 1.7.2005. 7. Agravo regimental não provido. **[STJ, 1ª Turma, Ag/AgR 946.173-SP, rel. Min. José Delgado, j. 18.3.2008, v.u., *DJU* 23.4.2008, p. 1]**

Saliente-se, ademais, que a 2ª Turma do STJ reconhece a necessidade de ordem judicial para a quebra excepcional do sigilo bancário após a entrada em vigor da Lei Complementar 105/2001 e da Lei 9.311/1996:

> Administrativo – Sigilo bancário – Pedido de informações formulado pela Receita Federal – Arts. 195, 197 e 198 do CTN. 1. Antes do advento da Lei Complementar n. 105/2001 e da Lei n .9.311/1996, que instituiu a CPMF, a questão do fornecimento de informações bancárias ao Fisco era tratada pelo Código Tributário Nacional, diploma que autorizava o requerimento do Fisco e a obrigação do estabelecimento bancário. 2. Ao advento da Constituição Federal/1988, doutrina e jurisprudência passaram a considerar uma demasia o pedido de quebra se sigilo bancário por ofensa ao princípio da privacidade, inserido nos incisos X e XII do art. 5º. 3. Princípio constitucional que não é absoluto, podendo obter-se a quebra mediante ordem judicial. 4. Recurso especial improvido. **[STJ, 2ª Turma, REsp 493.082-MG, rela. Min. Eliana Calmon, j. 22.6.2004, v.u., *DJU* 20.9.2004, p. 238]**

Com amparo no princípio da legalidade, decidiu a 1ª Turma do STJ pela necessidade de autorização judicial para que livros e documentos sejam apreendidos, nos termos do art. 195 do CTN:

> Tributário – Interpretação do art. 195 do CTN – Apreensão de documentos. 1. O ordenamento jurídico-tributário brasileiro está rigoro-

samente vinculado ao princípio da legalidade. 2. O art. 195 do CTN não autoriza a apreensão de livros e documentos pela Fiscalização sem autorização judicial. 3. Recurso improvido. [STJ, 1ª **Turma, REsp 300.065-MG, rel. Min. José Delgado, j. 5.4.2001, v.u., *DJU* 18.6.2001, p. 117]**

Dentre as pessoas referidas no art. 197 do CTN que devem prestar à autoridade administrativa, mediante intimação escrita, todas as informações de que disponham com relação aos bens, negócios ou atividades de terceiros encontram-se as empresas de administração de bens. Nesse sentido:

> Recurso especial – Alínea "a" – Tributário – Mandado de segurança – Administradora de *shopping center* – Exibição de documentos elaborados com base nos relatórios de vendas das lojas administradas – Obrigatoriedade – Arts. 195, *caput*, e 197, inciso III, do CTN. O dever de prestar informações à autoridade fiscal não se restringe ao sujeito passivo das obrigações tributárias, ou seja, o contribuinte ou responsável tributário, alcançando também a terceiros, na forma prevista em lei. Dispõe o art. 195, *caput*, do CTN que, "para efeitos da legislação tributária, não têm aplicação quaisquer disposições legais excludentes ou limitativas do direito de examinar mercadorias, livros, arquivos, documentos, papéis e efeitos comerciais ou fiscais dos comerciantes, industriais, ou produtores, ou da obrigação destes de exibi-los". Impõe o art. 197 do mesmo *Codex*, por seu turno, obrigação a terceiros de fornecer dados que auxiliem a atuação dos auditores fiscais, inserindo-se, dentre as pessoas jurídicas elencadas, empresas da modalidade da recorrente, administradora das lojas do *Shopping* Conjunto Nacional, situado nesta Capital. Forçoso concluir, dessarte, que não merece censura o v. acórdão proferido pelo Tribunal de Justiça do Distrito Federal e Territórios. Como bem ponderou o ilustre Revisor da apelação, "a apelante dispõe de documentos comerciais que permitem ao Fisco verificar possíveis irregularidades e mesmo evasão fiscal. A sua recusa não é legítima. Pouco importa não seja contribuinte do ICMS. Há obrigação dela em fornecer os documentos. É o que estabelece o art. 197 do CTN, segundo o qual as administradoras de bens – caso da impetrante – estão obrigadas a prestar, à autoridade administrativa, todas as informações de que dispõem quanto aos bens, negócios ou atividades de terceiros" – Recurso especial não provido. **[STJ, 2ª Turma, REsp 201.459-DF, rel. Min. Franciulli Netto, j. 17.2.2004, m.v.,** *DJU* **3.9.2007, p. 154]**

É vedado o fornecimento de informações pela Fazenda Pública que digam respeito à situação econômica ou financeira do sujeito passivo ou de terceiros:

Tributário – Mandado de segurança – Sigilo bancário e fiscal – art. 198 do CTN – Fornecimento de cópias de procedimentos administrativos – Possibilidade. 1. A teor do disposto no art. 198 do CTN, a impossibilidade de fornecimento de informações pela Fazenda Pública restringe-se àquelas que digam respeito à situação econômica ou financeira da empresa requerente. 2. Recurso especial improvido. [STJ, 2ª Turma, REsp 584.958-PE, rel. Min. João Otávio de Noronha, j. 27.2.2007, v.u., *DJU* 16.3.2007, p. 332]

Excepcionalmente, por meio do Judiciário poderão ser requisitadas informações à Receita Federal sobre a situação econômico-financeiro do sujeito passivo ou de terceiros:

Recurso especial – Tributário – Execução fiscal – Requisição de informações sigilosas – Art. 198 do CTN – Impossibilidade – Recurso especial desprovido. 1. Cabe ao exeqüente envidar todos os esforços necessários à localização de bens do devedor suficientes para garantir a execução fiscal. Só com a comprovação de que, mesmo após a realização das diligências necessárias, não foi possível a localização de bens para a penhora poderá invocar-se a atuação do Judiciário a fim de se requisitar informações à Receita Federal sobre a situação econômico-financeira do executado. 2. Recurso especial desprovido. [STJ, 1ª Turma, REsp 159.590-PB, rel. Min. José Delgado, j. 10.3.1998, v.u., *DJU* 27.4.1998, p. 114]

Constitui regra absoluta a vedação à divulgação pública da situação econômico-financeira do sujeito passivo ou de terceiros em relação à Fazenda Pública:

Recurso especial – Direito tributário-fiscal – art. 198 do CTN. I – Não se admite, na forma da lei, a qualquer pretexto, a divulgação pública da situação econômico-financeira dos sujeitos passivos em relação à Fazenda Pública. II – Tal ato, cometido pelo Poder Público, tem conotação execrante ou de descrédito, não admitido pela lei. III – Recurso conhecido e provido. [STJ, 1ª Turma, RMS 800-GO, rel. Min. Pedro Acioli, j. 10.4.1991, m.v., *DJU* 5.8.1991, p. 9.972]

Acerca do art. 199 do CTN o STJ perfilha o entendimento da Suprema Corte, segundo o qual não se pode negar valor probante à prova emprestada coligida mediante a garantia do contraditório, *verbis*:

> Tributário – Prova emprestada – Fisco Estadual *vs.* Fisco Federal (arts. 7º e 199 do CTN). 1. A capacidade tributária ativa permite delegação quanto às atividades administrativas, com a troca de informações e aproveitamento de atos de fiscalização entre as entidades estatais (União, Estados, Distrito Federal e Municípios). 2. Atribuição cooperativa que só se perfaz por lei ou convênio. 3. Prova emprestada do Fisco Estadual pela Receita Federal que se mostra inservível para comprovar omissão de receita. 4. Recurso especial improvido. **[STJ, 2ª Turma, REsp 310.210-MG, rela. Min. Eliana Calmon, j. 20.8.2002, v.u., *DJU* 4.11.2002, p. 236]**
>
> Processo civil e tributário – Imposto de renda – Lançamento – Prova emprestada – Fisco Estadual – Art. 199 do CTN – Art. 658 do Regulamento do Imposto de Renda (art. 936 do RIR vigente). 1. O art. 199 do CTN prevê a mútua assistência entre as entidades da Federação em matéria de fiscalização de tributos, autorizando a permuta de informações, desde que observada a forma estabelecida, em caráter geral ou específico, por lei ou convênio. 2. O art. 658 do RIR então vigente (Decreto n. 85.450/1980, atualmente art. 936 do Decreto n. 3.000/1999) estabelecia que "são obrigados a auxiliar a Fiscalização, prestando informações e esclarecimentos que lhes forem solicitados, cumprindo ou fazendo cumprir as disposições deste Regulamento e permitindo aos fiscais de tributos federais colher quaisquer elementos necessários à repartição, todos os órgãos da Administração Federal, Estadual e Municipal, bem como as entidades autárquicas, paraestatais e de economia mista". 3. Consoante entendimento do STF, não se pode negar valor probante à prova emprestada coligida mediante a garantia do contraditório (*RTJ* 559/265). 4. Recurso especial improvido. **[STJ, 2ª Turma, REsp 81.094-MG, rel. Min. Castro Meira, j. 5.8.2004, v.u., *DJU* 6.9.2004, p. 187]**

Sobre a importância do art. 202 do CTN para assegurar o acesso à ampla defesa do sujeito passivo, assim já se manifestou o STJ, *verbis*:

> Tributário – IPTU e taxa de serviços urbanos – Certidão de Dívida Ativa – Nulidade. 1. A CDA deve preencher todos os requisitos constantes do art. 202 do CTN, de modo a permitir ao executado a ampla defesa. Ao agregar em um único valor os débitos originários do IPTU

e da taxa de serviços urbanos, o exeqüente impossibilita a exata compreensão do *quantum* objeto de cobrança e causa prejuízo à defesa do executado. 2. Agravo regimental não provido. **[STJ, 2ª Turma, Ag/ AgR 977.180-MG, rel. Min. Castro Meira, j. 8.4.2008, v.u., *DJU* 23.4.2008, p. 1]**

Outrossim:

Processual civil – Recurso especial – Execução fiscal – PIS/COFINS – Declaração de inconstitucionalidade pelo STF – Lei n. 9.718/1998, art. 3º, § 1º – Decisão do Juízo de primeiro grau que determinou a adequação ao entendimento do STF e o desentranhamento das CDAs, além de suspender a execução – Ausência de violação do art. 535, II, do CPC – Inexistência de prequestionamento de dispositivos legais – Súmulas ns. 282/STF e 211/STJ. 1. Tratam os autos de agravo de instrumento interposto pela Fazenda contra decisão do Juízo da Vara de Execuções Fiscais que, ante a inconstitucionalidade do art. 3º, § 1º, da Lei n. 9.718/1998, determinou a devolução das CDAs ao credor ao fundamento de que para a adequação do respectivo crédito tributário à decisão do STF não bastaria um simples cálculo, sendo necessária a participação do contribuinte, motivo pelo qual ordenou o desentranhamento dos títulos e a suspensão da execução pelo prazo requerido pela Fazenda. O TRF-3ª Região negou provimento ao agravo, mantendo incólume a decisão atacada – Recurso especial da Fazenda indicando vulneração dos arts. 535, II, 128 e 2º do CPC; art. 2º, §§ 5º e 6º, e art. 3º da Lei n. 6.830/1980. 2. O Plenário do STF, em sessão datada de 9.11.2005, apreciando recursos extraordinários (RE n. 346.084-PR, RE n. 357.950-RS, RE n. 358.273-RS e RE n. 390.840-MG), considerou inconstitucional o § 1º do art. 3º da Lei n. 9.718/1998 ("§ 1º. Entende-se por receita bruta a totalidade das receitas auferidas pela pessoa jurídica, sendo irrelevantes o tipo de atividade por ela exercida e a classificação contábil adotada para as receitas"). 3. Não podem ser desconsideradas as decisões do Plenário do STF que reconhecem a constitucionalidade ou a inconstitucionalidade de diploma normativo. Mesmo quando tomadas em controle difuso, são decisões de incontestável e natural vocação expansiva, com eficácia imediatamente vinculante para os demais tribunais, inclusive o STJ (REsp n. 833.970-PE, rel. Min. Teori Albino Zavascki, *DJU* 30.6.2006). 4. Devem ser mantidas integralmente as decisões ordinárias que determinaram a retificação das CDAs para adequação ao entendimento manifestado pelo STF. (...). 5. Inexistência de ofensa ao art. 535, II, do

CPC. O acórdão recorrido está suficientemente fundamentado, tendo decidido a controvérsia nos limites do pedido. 6. A simples declaração, pelo Tribunal *a quo*, de que estão prequestionados os arts. 2º e 128 do CPC não é suficiente para viabilizar o seguimento do apelo especial. É imprescindível que a matéria tenha sido objeto de efetivo debate e deliberação pelo órgão julgador – Incidência das Súmulas ns. 282/STF e 211/STJ. 7. Recurso especial parcialmente conhecido e não provido. [**STJ, 1ª Turma, REsp. 1.012.859, rel. Min. José Delgado, j. 8.4.2008, v.u., *DJU* 24.4.2008, p. 1**]

Sobre a presunção relativa da CDA, bom como sobre o ônus da prova na execução fiscal:

Tributário – Execução fiscal – Redirecionamento – Responsabilidade do sócio-gerente – CDA – Presunção *juris tantum* de liquidez e certeza – Ônus da prova – Exceção de pré-executividade – Inviabilidade. 1. A 1ª Seção, no julgamento dos EREsp n. 702.232-RS, de relatoria do Min. Castro Meira, assentou entendimento segundo o qual se a execução foi ajuizada apenas contra a pessoa jurídica, mas o nome do sócio consta da CDA, o ônus da prova também compete ao sócio, em face da presunção *juris tantum* de liquidez e certeza da referida certidão. 2. Na hipótese dos autos, a CDA incluiu o sócio-gerente como co-responsável tributário, cabendo a ele o ônus de provar a ausência dos requisitos do art. 135 do CTN. 3. A alegação de que a agravante nunca exerceu a gerência da empresa executada não pode ser aviada em sede de exceção de pré-executividade, que possui hipótese de cabimento restrita. Não sendo cabível quando a defesa demandar dilação probatória – Agravo regimental improvido. [**STJ, 2ª Turma, REsp/AgR 1.010.495-MG, rel. Min. Humberto Martins, j. 18.3.2008, v.u., *DJU* 1.4.2008, p. 1**]

Também sobre a presunção relativa de liquidez e certeza, bem como sobre a inversão do ônus da prova:

Tributário e processual civil – Agravo regimental – Execução fiscal – CDA – Presunção de liquidez e certeza – Inversão do ônus da prova. 1. A Seção de Direito Público pacificou o entendimento de que, constando o nome do sócio/diretor na CDA, há inversão do ônus da prova, não ocorrendo ofensa ao art. 135 do CTN, porquanto a sua responsabilidade se presume, cabendo-lhe a prova em contrário por meio de embargos à execução. 2. Agravo regimental provido. [**STJ, 2ª Turma, REsp/AgR 731.539-MG, rel. Min. João Otávio de Noronha, j. 18.9.2007, v.u., *DJU* 26.10.2007, p. 345**]

E mais:

> CDA – Presunção de certeza e liquidez. Não infirmada por prova inequívoca, a cargo do sujeito passivo, ou do terceiro a que aproveite, deve a mesma prevalecer – Art. 204, parágrafo único, do CTN – Recurso extraordinário conhecido e provido. **[STF, 2ª Turma, RE 87.066-SP, rel. Min. Cordeiro Guerra, j. 25.11.1977, *DJU* 29.12.1977, p. 9.431]**

Não ofende o disposto no art. 203 do CTN o reconhecimento de validade do lançamento em caso de simples erro, passível de correção:

> IPTU – Simples erro, facilmente extremável, na aplicação do fator de obsolescência não tem o efeito de contaminar de nulidade todo o lançamento. Correto, assim, o entendimento do acórdão recorrido, que, concedendo a restituição, reduziu a exação ao montante exigível, sem por isso negar a vigência do art. 203 do CTN e do art. 2º, § 8º, da Lei n. 6.830/1980 – Dissídio jurisprudencial não demonstrado quanto a essa questão – Correção monetária devida a partir do recolhimento do imposto, evidenciada aqui a divergência com acórdãos do Supremo Tribunal, cuja orientação merece prevalência – Recurso extraordinário conhecido e provido, em parte, no tocante à correção monetária. **[STF, 1ª Turma, RE 109.798-SP, rel. Min. Octávio Gallotti, j. 19.8.1986, *DJU* 19.9.1986]**

Sobre a possibilidade de substituição da CDA, veja-se os quatro acórdãos que seguem:

> Tributário – Execução fiscal – Embargos – Substituição da CDA – Alteração no lançamento – Impossibilidade. 1. A substituição da CDA, nos termos do § 8º do art. 2º da Lei n. 6.830/1980, pode ser realizada para correção de erro material ou formal do título executivo, porém não é permitida nas hipóteses de ocorrência de revisão do próprio lançamento tributário: AgR no Ag n. 815.732-BA, 1ª Turma, Min. Denise Arruda, *DJU* 3.5.2007; REsp n. 773.640-BA, 2ª Turma, Min. Herman Benjamin, *DJU* 11.2.2008. 2. Recurso especial improvido. **[STJ, 1ª Turma, REsp 701.429-RS, rel. Min. Teori Albino Zavascki, j. 6.3.2008, v.u., *DJU* 26.3.2008, p. 1]**

> Processo civil – Tributário – Execução fiscal – CDA – Substituição até a sentença dos embargos à execução – Art. 2º, § 8º, da Lei de Execução Fiscal – Violação. art. 538 do CPC – Multa – Súmula n.

98/STJ – Afastamento. 1. É permitida à Fazenda Pública a substituição da CDA até a prolação da sentença dos embargos à execução – Inteligência do § 8º do art. 2º da Lei n. 6.830/1980. 2. Viola o art. 2º, § 8º, da Lei de Execução Fiscal o acórdão que, em reexame necessário e sem requerimento da Fazenda exeqüente, anula sentença de procedência dos embargos para permitir a substituição da CDA que fundamenta a execução fiscal. 3. Reconhecida a ofensa ao art. 2º, § 8º, da Lei de Execução Fiscal e tendo sido os embargos de declaração opostos também com o propósito de prequestionamento, aplica-se a Súmula n. 98 do STJ para afastar a multa do art. 538 do CPC. 4. Anulação do acórdão recorrido com retorno dos autos à Corte local, que deverá prosseguir no julgamento do recurso de apelação interposto pela Municipalidade que se considerara prejudicada. 5. Recurso especial provido em parte. **[STJ, 2ª Turma, REsp 989.933, rel. Min. Castro Meira, j. 27.11.2007, v.u., *DJU* 10.12.2007, p. 364]**

Processual civil – Execução fiscal – Substituição da CDA por decisão *ex officio* – Impossibilidade. 1. Inexistente a alegada violação do art. 535 do CPC, pois a prestação jurisdicional foi dada na medida da pretensão deduzida, conforme se depreende da análise do acórdão recorrido. 2. A eventual inconstitucionalidade de parte da CDA deve ser alegada pela interessada, em embargos à execução, e não determinada a sua substituição, *ex officio*, pelo Poder Judiciário. 3. *In casu*, o título está formalmente perfeito e, portanto, não induz a falta de liquidez e certeza da CDA a declaração feita pelo STF, em caso análogo e em sede de controle difuso, de que parte deste crédito é inconstitucional – Recurso especial conhecido em parte e provido, para determinar o regular processamento da execução fiscal. **[STJ, 2ª Turma, REsp 957.499-RS, rel. Min. Humberto Martins, j. 13.11.2007, v.u., *DJU* 26.11.2007, p. 163]**

Processo civil – Recurso especial – Tributário – IPTU – Inclusão do novel proprietário – Substituição da CDA – Impossibilidade – Ressalva do Relator. 1. A emenda ou substituição da CDA são admitidas diante da existência de erro material ou formal, não sendo possível, entretanto, a alteração do sujeito passivo da obrigação tributária – Precedentes: AgR no Ag n. 771.386-BA, 1ª Turma, *DJU* 1.2.2007; AgR no Ag 884.384-BA, rel. Min. João Otávio de Noronha, 2ª Turma, *DJU* 22.10.2007. 2. Ressalva do entendimento do Relator, que, alienada a coisa litigiosa, é lícita a substituição das partes (art. 42 do CPC), preceito que se aplica à execução fiscal, em cujo procedimento há regra expressa de alteração da inicial, qual a de que é lícito substituir a CDA antes do advento da sentença. 3. Recurso especial desprovido. [STJ, 1ª Turma, REsp 880.724-BA, rel. Min. Luiz Fux, j. 23.10.2007, v.u., *DJU* 25.2.2008, p. 1]

Sobre o direito à CDA em caso de parcelamento regular:

Tributário – Parcelamento – PASEP. 1. (a) O fato de o débito encontrar-se inscrito na dívida ativa da União, em decorrência de procedimento administrativo regular, não impede a concessão do seu parcelamento, haja vista não constar tal restrição no art. 7º da Medida Provisória n. 38/2002: "O regime especial do parcelamento referido no art. 1º implica a consolidação dos débitos na data referida no *caput* e abrangerá a totalidade dos débitos existentes em nome do optante, constituídos ou não, inclusive os juros de mora incidentes até a data da opção". (b) Os débitos de contribuição ao PASEP, desde que estejam constituídos, porém com a exigibilidade suspensa, nos termos da Medida Provisória n. 38/2002, ou mesmo sem essa suspensão, conforme permite a Medida Provisória n. 66/2002, podem ser parcelados. (c) Inexiste determinação legal impedindo parcelamento de débito inscrito em dívida ativa. (d) Impõe-se a expedição da certidão positiva com efeitos de negativa, art. 206 da CTN, quando os débitos tributários estão regularmente parcelados e com prestações regularmente pagas. 2. Recurso especial parcialmente conhecido e, na parte conhecida, não provido. [STJ, 1ª Turma, REsp 976.792-RS, rel. Min. José Delgado, j. 4.3.2008, v.u., *DJU* 17.3.2008, p. 1]

Sobre a necessidade de CDA para instruir a execução fiscal:

Execução fiscal – Ausência de CDA – Requisito essencial para a propositura da ação – Carência de ação – Previsão expressa – Art. 6º, § 1º, da Lei n. 6.830/1980 – Inaplicabilidade do disposto nos arts. 284, 614 e 616 do CPC. 1. A ação de execução fiscal proposta pelo Município de Supiranga foi extinta por ausência de condição da ação, uma vez que não foi instruída com a CDA, tão-somente com a procuração. 2. A CDA instrumentaliza a execução fiscal, e, como tal, é requisito essencial para a propositura da ação, nos termos do art. 6º, § 1º, da Lei n. 6.830/1980. Relaciona-se, pois, com a própria condição da ação, o que possibilita ao juiz reconhecer de ofício a carência da ação e extinguir o presente feito de ofício. 3. O recurso não pode ser conhecido, também, sob o fundamento da alínea "c", porquanto não realizou o recorrente o necessário cotejo analítico. O requerente não demonstrou suficientemente as circunstâncias identificadoras da divergência com o caso confrontado, conforme dispõem os arts. 541 do CPC e 255, §§ 1º e 2º, do RISTJ. 4. Especificamente com relação ao art. 284 do CPC, os precedentes colacionados pelo recorrente dizem respeito à possibilidade de se emendar a inicial no caso de nulidade da CDA; nada se refere quanto à aplicação deste dispositivo legal quando a petição inicial vem desacompanhada do título executivo. Quanto ao disposto no art. 614, a jurisprudência desta Corte é assente no sentido de que não se aplica subsidiariamente o referido dispositivo – Precedentes – Recurso especial parcialmente conhecido e improvido. [STJ, 2ª Turma, REsp 1.017.343-RS, rel. Min. Humberto Martins, j. 21.2.2008, v.u., *DJU* 3.3.2008, p. 1]

De igual modo:

Tributário – Tributo sujeito a lançamento por homologação – Débito declarado e não pago – Constituição do crédito – Inscrição na dívida ativa – Momento distinto – Certidão negativa de débito – Legalidade da recusa – CTN, arts. 205 e 206 – Precedentes. 1. Sendo o caso de débito declarado e não pago, tem-se por constituído o crédito tributário independentemente de sua inscrição em dívida ativa. 2. A inscrição em dívida ativa realiza controle de legalidade, registra a dívida na contabilidade pública e forma o título executivo, já pressupondo a constituição do crédito, e com ela não se confunde. 3. Diante da existência de débito tributário vencido em nome da recorrida e não estando presente nenhuma das hipóteses previstas no art. 206 do CTN, correta a recusa da autoridade administrativa em expedir a certidão negativa ou a positiva com efeitos de negativa. 4. Recurso especial provido. [STJ, 2ª Turma, REsp 941.588-MG, rel. Min. Castro Meira, j. 4.9.2007, v.u., *DJU* 18.9.2007, p. 291]

Sobre a nulidade da CDA:

Tributário – Execução fiscal – IPTU – Alegações genéricas (Súmula n. 284/STF) – Falta de prequestionamento (Súmula n. 282/STF) – Nulidade da CDA – Ausência de discriminação dos valores por exercício, dos juros e da multa – Dissídio jurisprudencial não configurado. 1. Dissídio jurisprudencial não configurado porque não demonstrada, mediante a realização do devido cotejo analítico, a existência de similitude das circunstâncias fáticas e o Direito aplicado nos acórdãos recorrido e paradigmas – Desatendido o comando dos arts. 541 do CPC e 255 do RISTJ. 2. Aplica-se o teor da Súmula n. 284/

STF quando se limita o recorrente a fazer alegações genéricas, sem indicar de forma clara e precisa em que consiste a violação aos dispositivos legais tidos por violados. 3. Não se conhece do recurso especial, por ausência de prequestionamento, se a matéria trazida nas razões recursais não foi debatida no tribunal de origem – Aplicação da Súmula n. 282/STF. 4. A CDA é título formal, cujos elementos devem estar bem delineados para não impedir a defesa do executado. 5. Hipótese dos autos em que a CDA deixou de discriminar os valores do IPTU cobrado por exercício, bem como os juros e a multa, o que prejudica a defesa do executado, que se vê tolhido de questionar as importâncias e a forma de cálculo. 6. Recurso especial não provido. **[STJ, 2ª Turma, REsp 937.375-RS, rela. Min. Eliana Calmon, j. 21.2.2008, v.u., *DJU* 6.3.2008, p. 1]**

Outrossim:

Tributário – Execução fiscal – IPVA – Fundamentação deficiente – Súmula n. 284/STF – Nulidade da CDA – Ausência de discriminação dos valores por exercício e individualização do veículo – Obrigatoriedade de oportunização de substituição ou emenda da CDA até a prolação da sentença. 1. Aplica-se o teor da Súmula n. 284/STF, por deficiência na fundamentação, quando o recorrente não apresenta razões a sustentar alegada violação a dispositivos legais. 2. A CDA é título formal, cujos elementos devem estar bem delineados para não impedir a defesa do executado. 3. Hipótese dos autos em que a CDA deixou de discriminar os valores do IPVA cobrado por exercício, bem como de individualizar o veículo que desencadeou a presente execução, o que prejudica a defesa do executado, que se vê tolhido de questionar a origem, as importâncias e a forma de cálculo. 4. A Fazenda Pública pode substituir ou emendar a CDA até a prolação da sentença, a teor do disposto no § 8º do art. 2º da Lei n. 6.830/1980. 5. Não é possível o indeferimento da inicial do processo executivo, por nulidade da CDA, antes de se possibilitar à exeqüente a oportunidade de emenda ou substituição do título. 6. Recurso especial provido em parte. **[STJ, 2ª Turma, REsp 865.643-RS, rela. Min. Eliana Calmon, j. 20.11.2007, v.u., *DJU* 30.11.2007, p. 424]**

Sobre a possibilidade de propor novamente a execução fiscal com base em nova CDA:

Processual civil e tributário – Recurso especial – ICMS – Execução fiscal – Nulidade de CDA – Extinção da ação executiva – Repropositura da ação executiva com base em nova CDA – Coisa julgada material – Inocorrência – Prescrição – Ocorrência. 1. Os arts. 202 do CTN e 2º, § 5º, da Lei n. 6.830/1980 preconizam que a inscrição da dívida ativa somente gera presunção de liquidez e certeza na medida em que contenha todas as exigências legais, inclusive a indicação da natureza do débito e sua fundamentação legal, bem como a forma de cálculo de juros e de correção monetária. 2. A finalidade dessa regra de constituição do título é atribuir à CDA a certeza e liquidez inerentes aos títulos de crédito, o que confere ao executado elementos para opor embargos, obstando a execuções arbitrárias. 3. *In casu*, o primeiro processo executivo foi extinto em virtude da nulidade da CDA, posto ausentes a origem e a natureza do débito. Destarte, houve a invalidação tão-somente do título executivo embasador da execução fiscal, e não do lançamento tributário, veículo introdutor de norma individual e concreta constitutiva do crédito tributário. 4. Nesse segmento, o acórdão primitivo extinguiu o processo sem julgamento do mérito, atendo-se ao exame de condição específica para o legítimo exercício da ação executiva fiscal – o título executivo –, razão pela qual não há que cogitar de coisa julgada material, tendo restado incólume o lançamento tributário, e, por conseguinte, o crédito tributário, que, dentro do prazo prescricional, é plenamente exigível. 5. A constituição definitiva do crédito tributário, sujeita à decadência, inaugura o decurso do prazo prescricional de cinco anos para o Fisco cobrar judicialmente o crédito tributário. 6. A exegese do STJ quanto ao art. 174, *caput*, do CTN é no sentido de que, enquanto há pendência de recurso administrativo, não se admite aduzir suspensão da exigibilidade do crédito tributário, mas, sim, um hiato que vai do início do lançamento, quando desaparece o prazo decadencial, até o julgamento do recurso administrativo ou a revisão ex officio (REsp n. 485.738-RO, rela. Min. Eliana Calmon, *DJ* j. 13.9.2004, e REsp n. 239.106-SP, rela. Min. Nancy Andrighi, *DJU* 24.4.2000). 7. Destarte, salvantes os casos em que o crédito tributário origina-se de informações prestadas pelo próprio contribuinte (GIA e DCTF, por exemplo), ou na inexistência de recurso administrativo – quando o crédito tributário resta constituído com a regular notificação do lançamento ao contribuinte –, a constituição do mesmo resta definitivamente concluída quando não pode mais o lançamento ser contestado na esfera administrativa. Conclusão, esta, que se coaduna com a suspensão de exigibilidade do crédito tributário pela oposição de recurso administrativo (art. 151, III, do CTN). 8. A redação atual do parágrafo único do art. 174 somente arrola como marcos interruptivos da prescrição o despacho ordenador da citação do devedor em execução fiscal, o protesto judicial, qualquer ato judicial que constitua em mora o devedor e qualquer ato inequívoco, ainda que extrajudicial, que importe em reconhecimento do débito pelo devedor. Todavia, impende assinalar que o prazo prescricional do direito de o Fisco cobrar o crédito tributário finda-se se não houver o exercício do direito de ação no lapso qüinqüenal. 9. O surgimento do fato jurídico prescricional pressupõe o decurso do intervalo de tempo prescrito em lei associado à inércia do titular do direito de ação pelo seu não-exercício, desde que inexistente fato ou ato a que a lei atribua eficácia impeditiva, suspensiva ou interruptiva do curso prescricional. 10. Doutrina abalizada sustenta que, *in verbis*: "(...). Ao interpretar o § 2º do art. 8º da Lei n. 6.830/1980, que prescreve um termo consumativo, podemos considerar o 'interrompe a prescrição' como 'faz cessar definitivamente' ou 'faz cessar temporariamente, reiniciando-se posteriormente'. Sendo assim, esse dispositivo serve como base empírica para definir o *dies ad quem*, ou termo final, da regra da prescrição, que é a propositura da ação, bem como o *dies a quo*, ou termo inicial, que irá instaurar novo prazo de prescrição no caso de coisa julgada formal, propiciando a formação de ulterior processo, pois não haveria sentido em se cogitar de perda do direito de ação no curso do processo que decorre fática e logicamente do exercício dessa ação. Carvalho Santos, explicando os casos convencionais de interrupção da prescrição, aduz que: 'Quando a interrupção é operada pela citação inicial da demanda, o mesmo (encerramento do prazo inicial e fixação de novo prazo) não se sucede. Porque o prazo da prescrição anteriormente decorrido é inutilizado com a citação, mas deste momento da citação não começa a correr novo prazo. Verifica-se um interregno, dentro do qual o novo prazo não começa a correr. Somente com o último termo da demanda ou quando esta tiver fim é que começa a correr prazo para a prescrição'. Assim, o despacho do juiz ordenando a citação tem a finalidade de reconhecer juridicamente que, com a propositura da ação, se operou o termo consumativo da prescrição, interrompendo-se o seu curso. Ao mesmo tempo, esse ato incide e realiza a hipótese da regra de reinício do prazo de prescrição do direito do Fisco, estipulando o final do processo como novo prazo para o eventual exercício do direito de ação, *e.g.*, no caso de suceder a coisa julgada formal" (Eurico Marco Diniz de Santi, in *Decadência e Prescrição no Direito Tributário*, 3ª ed., ed. Max Limonad, São Paulo, 2004, pp. 232-233). 11. Ainda acerca do termo inicial para o recomeço da contagem, é cediço na doutrina que: "Embora, em tese, pudesse recomeçar o prazo prescricional assim que ocorrida a hipótese de interrupção, o início da recontagem ficará impedido enquanto não se verificar requisito indispensável para o seu curso, que é a inércia do credor. Assim, se, efetuada a citação, o credor nada mais solicitar e a execução não tiver curso em razão da sua omissão, o prazo terá recomeçado. Entretanto, se, efetuada a citação, for promovido o prosseguimento da execução pelo credor, com a penhora de bens, realização de leilão etc., durante tal período não há que se falar em curso do prazo prescricional. Só terá ensejo o reinício da contagem quando quedar inerte o exeqüente" (Leandro Paulsen, in *Direito Tributário – Constituição e Código Tributário à Luz da Doutrina e da Jurisprudência*, 8ª ed., ed. Livraria do Advogado, Porto Alegre, 2006, pp. 1.284-1.285). 12. *In casu*, extrai-se das decisões proferidas na instância ordinária que: (a) o auto de infração relativo ao ICMS dos exercícios de 1989 e 1990 foi regularmente lavrado em 4.4.1991, obstando, assim, à decadência; (b) tendo sido interposto recurso administrativo pela contribuinte, o crédito tributário restou definitivamente constituído em 5.4.1994, data da decisão definitiva do Conselho de Contribuintes, a partir de quando iniciou-se a contagem do prazo prescricional; (c) a primeira execução foi ajuizada em junho/1995, interrompendo o prazo prescricional, e extinta em 19.11.1998, quando então recomeçou a sua contagem. 13. Desta sorte, tendo a primitiva ação executiva fiscal findado em 19.11.1998 e considerando-se a impossibilidade de cogitação de perda do direito de ação no curso do processo que decorre fática e logicamente do exercício dessa ação, exsurge inequívoca a inocorrência da prescrição, posto ter sido a segunda execução fiscal proposta em 20.11.2000. 14. Recurso especial desprovido. [STJ, 1ª Turma, REsp 865.266-MG, rel. Min. Luix Fux, j. 4.10.2007, v.u., *DJU* 5.11.2007, p. 232]

Sobre a certidão positiva com efeito de negativa:

Tributário e processual civil – Ação cautelar – Caução – Art. 206 do CTN – Certidão positiva com efeito de negativa – Possibilidade – Valor da garantia – Correspondência com débito – Art. 535 do CPC – Violação – Ocorrência. 1. É lícito ao contribuinte oferecer, antes do ajuizamento da execução fiscal, caução no valor do débito inscrito em dívida ativa com o objetivo de, antecipando a penhora que garantiria o processo de execução, obter certidão positiva com efeitos de negativa – Precedentes. 2. A recorrente alegou insuficiência da garantia prestada quando do oferecimentos das razões do recurso e também nos embargos de declaração opostos na Corte de origem. Nada obstante, sobre esse ponto não houve pronunciamento. 3. Há violação do art. 535 do CPC quando o tribunal se descuida de apreciar matéria relevante ao deslinde da controvérsia posta em julgamento, cujo pronunciamento lhe foi requerido nas razões recursais e por ocasião dos aclaratórios opostos. 4. Anulação do acórdão proferido nos embargos declaratórios, com devolução dos autos à origem para que sejam supridas as omissões em novo julgamento. 5. Recurso especial provido. **[STJ, 2ª Turma, REsp 977.930-RS, rel. Min. Castro Meira, j. 18.10.2007, v.u., *DJU* 8.11.2007, p. 223]**

A concessão de CDA quanto a tributos sujeitos a lançamento por homologação supõe a referida homologação:

Tributário – Fornecimento de certidão negativa de débito – Lançamento por homologação. Tratando-se de tributo cujo lançamento é feito por homologação, sujeito à aprovação pela autoridade administrativa, somente depois desse procedimento poderá ser fornecida a certidão negativa. **[STJ, 2ª T., REsp 164.207-RS (reg. 98/0010214-0), rel. Min. Hélio Mosimann, j. 22.9.1998, v.u., *DJU* 19.10.1998, p. 66]**

Quanto à fraude à execução:

Agravo regimental em recurso especial – Processual civil e tributário – Ausência de impugnação de um dos fundamentos do acórdão recorrido – Deficiência na fundamentação recursal – Súmulas ns. 283 e 284 do STF – Execução fiscal – Fraude à execução – Art. 185 do CTN – Doação de nua-propriedade imobiliária – Inexistência de citação válida do doador no executivo fiscal – Inexistência de *consilium fraudis*. 1. A ausência de impugnação específica de um dos fundamentos do acórdão recorrido enseja o não-conhecimento do recurso especial, incidindo o enunciado da Súmula n. 283 do STF ("É inadmissível o recurso extraordinário, quando a decisão recorrida assenta em mais de um fundamento suficiente e o recurso não abrange todos eles") – Precedentes: REsp n. 495.434-CE, rel. Min. Hamilton Carvalhido, 6ª Turma, *DJU* 13.12.2004; AgR no Ag n. 512.084-MG, rel. Min. Jorge Scartezzini, 4ª Turma, *DJU* 8.11.2004; AgR no Ag n. 356.794-MG, rel. Min. Franciulli Netto, 2ª Turma, *DJU* 18.10.2004. 2. *In casu*, a um dos fundamentos nodais do aresto hostilizado, o pertinente à impossibilidade de redirecionamento do executivo fiscal ao sócio-gerente à míngua de prova de atos praticados com infração à lei ou ao contrato social, o recorrente furtou-se a tecer qualquer impugnação, sustentando, em suma, que o art. 185 do CTN dispensa até mesmo citação para a caracterização da fraude à execução, exigindo apenas haja crédito regularmente inscrito em dívida ativa em fase de execução (fls. 199). 3. A ausência de impugnação de um dos fundamentos do acórdão recorrido revela a deficiência das razões do recurso especial, fazendo incidir a Súmula n. 284 do STF: É inadmissível o recurso extraordinário quando a deficiência na sua fundamentação não permitir a exata compreensão da controvérsia – Precedentes: REsp n. 664.437-SP, decisão monocrática desta relatoria, *DJU* 3.3.2005; Ag n. 712.268-MT, rel. Min. Teori Albino Zavascki, 1ª Turma, *DJU* 8.11.2005; REsp n. 649.193-RJ, rel. Min. Félix Fischer, 5ª Turma, *DJU* 2.8.2004. 4. *Ad argumentantum tantum*, o Código Tributário Nacional nem o Código de Processo Civil, em face da execução, não estabelecem a indisponibilidade de bem alforriado de constrição judicial. A preexistência de dívida inscrita ou de execução, por si, não constitui ônus *erga omnes*, efeito decorrente da publicidade do registro público. Para a demonstração do *consilium fraudis* não basta o ajuizamento da ação. A demonstração de má-fé pressupõe ato de efetiva citação ou de constrição judicial ou atos reipersecutórios vinculados a imóvel, para que as modificações na ordem patrimonial configurem a fraude – Validade da alienação a terceiro que adquiriu o bem sem conhecimento de constrição, já que nenhum ônus foi dado à publicidade. Os precedentes desta Corte não consideram fraude de execução a alienação ocorrida antes da citação do executado alienante (EREsp n. 31.321-SP, rel. Min. Milton Luiz Pereira, 1ª Seção, *DJU* 16.11.1999). 5. Agravo regimental desprovido. **[STJ, 1ª Turma, REsp/AgR 770.064-RS, rel. Min. Luiz Fux, j. 10.4.2007, v.u., *DJU* 7.5.2007, p. 279]**

Quanto à competência das autoridades administrativas em matéria de fiscalização da aplicação da legislação tributária:

Administrativo – Licenciamento – Infração de trânsito – Multa – Exigência de correção monetária – Necessidade de prévia notificação – Direito de defesa – CTN, arts. 110, 115 e 194 – Decreto n. 62.127/1968 (arts. 125, 210 e 217) – Súmula n. 127/STJ. 1. Como condição para o licenciamento, é ilegal a exigência do pagamento de multa imposta sem prévia notificação do infrator para defender-se em processo administrativo. 2. Precedentes jurisprudenciais – Súmula n. 127/STJ. 3. Recurso improvido. **[STJ, 1ª Turma, REsp 184.554-SC, rel. Min. Milton Luiz Pereira, j. 3.11.1998, *DJU* 29.3.1999, p. 95]**

Outrossim:

Administrativo – Infração de trânsito – Multa – Correção monetária – Necessidade de prévia notificação – Direito de defesa – CTN, arts. 110, 115 e 194 – Decreto n. 62.127/1968 (arts. 125, 210 e 217) – Decreto n. 98.933/1990 – Súmula n. 127/STJ. 1. Como condição para licenciamento, é ilegal a exigência do pagamento de multa imposta sem prévia notificação do infrator para defender-se no processo administrativo. 2. Constituiria injúria à razão a aplicação de correção monetária em valor de multa constituída ilegalmente. Não pode ocorrer atualização sobre inexistente base de cálculo. 3. Multifários precedentes jurisprudenciais. 4. Recurso provido. **[STJ, 1ª Turma, REsp 110.281-SP, rel. Min. Milton Luiz Pereira, j. 17.9.1998, *DJU* 1.2.1999, p. 107]**

QUESTÕES

1. Que significa "dívida ativa"?

2. Qual é a distinção entre "certidão negativa" e "certidão positiva com efeitos de negativa"?

3. É insanável a nulidade decorrente de erro ou omissão de algum requisito da inscrição de dívida ativa?

4. Há alguma hipótese de dispensa de certidão de quitação de tributos?

5. Quando pode ser exigida prova de quitação de tributo, segundo o Código Tributário Nacional?

CONSULTA

[112º Exame de Ordem/SP, n. 2] Em agosto/1998 a sociedade Sonho Meu Comércio de Alimentos Ltda. deixou de recolher a COFINS incidente sobre seu faturamento. A falta de recolhimento deveu-se ao fato de a empresa não haver declarado à Receita Federal parcela substancial de seu faturamento, correspondente ao chamado "caixa-dois". A Fiscalização detectou a omissão de declaração em março/ 2000, após confrontar a movimentação bancária da sociedade, procedimento, este, que passou a ser permitido por lei promulgada em 1999. A sociedade pergunta-lhe se é possível que a Fiscalização adote, para apurar o imposto devido, procedimento administrativo que não era permitido à época da ocorrência do fato gerador.

DISSERTAÇÃO

"Administração Tributária. Fiscalização. Dívida Ativa. Certidões Negativas".

TESTES

1. [133º Exame de Ordem/SP, 2007, n. 85] A nulidade de inscrição da dívida ativa, decorrente da omissão de dados que dela deveriam obrigatoriamente constar:

a) ( ) Pode ser sanada até a prolação da decisão de primeiro grau.
b) ( ) Pode ser sanada em qualquer fase processual.
c) ( ) É insanável.
d) ( ) Pode ser sanada, desde que no prazo da impugnação dos embargos da execução fiscal.

2. [132º Exame de Ordem/SP, 2007, n. 83] Não será expedida a certidão positiva de débitos com efeitos de negativa quando:

a) ( ) Os débitos forem objeto de execução fiscal na qual foi apresentada apenas exceção de pré-executividade.
b) ( ) O auto de infração que constituiu o crédito tributário for impugnado pelo contribuinte, nos termos das leis reguladoras do processo administrativo tributário.
c) ( ) Os débitos estiverem incluídos no parcelamento.
d) ( ) O contribuinte tiver efetuado o depósito do montante integral dos débitos.

3. [130º Exame de Ordem/SP, 2006, n. 90] Assinale a alternativa incorreta:

a) ( ) Tem os mesmos efeitos da certidão negativa a certidão de que conste a existência de créditos não-vencidos, em curso de cobrança executiva, em que tenha sido efetivada a penhora, ou cuja exigibilidade esteja suspensa.
b) ( ) A responsabilidade por infrações é excluída pela denúncia espontânea da infração, acompanhada, se for o caso, do pagamento do tributo devido e dos juros de mora, ou do depósito da importância arbitrada pela autoridade administrativa, quando o montante do tributo dependa de apuração.
c) ( ) Compete privativamente à autoridade administrativa: constituir o crédito tributário pelo lançamento, assim entendido o procedimento administrativo tendente a verificar a ocorrência do fato gerador da obrigação correspondente; determinar a matéria tributável; calcular o montante do tributo devido; identificar o sujeito passivo; e, sendo o caso, propor a aplicação da penalidade cabível.

d) ( ) O Código Tributário Nacional permite, em algumas hipóteses, a compensação mediante o aproveitamento de tributo, objeto de contestação judicial pelo sujeito passivo, antes do trânsito em julgado da respectiva decisão judicial.

4. [122º Exame de Ordem/SP, 2003, n. 88] A inscrição de determinado crédito tributário na dívida ativa:

a) ( ) É o ato administrativo que aperfeiçoa definitivamente a sua constituição.

b) ( ) É ato discricionário, não sujeito a controle judicial.

c) ( ) Torna-o líquido e certo, ainda que não exigível.

d) ( ) É requisito para sua exigência judicial.

20
PROCESSO ADMINISTRATIVO TRIBUTÁRIO[1]

20.1 Noções preambulares. 20.2 Consulta tributária: 20.2.1 Na esfera federal – 20.2.2 Na esfera estadual – 20.2.3 Na esfera municipal. 20.3 Denúncia espontânea. 20.4 Restituição. 20.5 Compensação. 20.6 Contencioso: 20.6.1 Na esfera federal – 20.6.2 Na esfera estadual – 20.6.3 Na esfera municipal (Município de São Paulo). [DOUTRINA – JURISPRUDÊNCIA – QUESTÕES – CONSULTAS – DISSERTAÇÃO – TESTES]

20.1 Noções preambulares

O contribuinte tem o direito de questionar na esfera administrativa os atos e decisões que consubstanciam exigências indevidas.

Dentre os princípios que devem ser observados no processo administrativo tributário destacam-se:

Princípio da legalidade – exige-se que o procedimento administrativo seja instaurado com base e para a preservação da lei; ampara o particular e permite a defesa da norma jurídica.

Princípio da oficialidade – compete ao Poder Público seu impulso até decisão final, sob pena de responsabilidade, mesmo na ausência de impugnação do sujeito passivo, ou no caso de sua intempestividade.

Princípio da verdade material – a autoridade administrativa pode conhecer de novas provas até o julgamento final (no processo judicial o juiz deve se ater às provas tempestivamente indicadas pelas partes).

---

1. Sobre o tema, v.: Alexandre Barros Castro, *Procedimento Administrativo Tributário*, São Paulo, Atlas, 1996; Eduardo Marcial Ferreira Jardim, *Manual de Direito Financeiro e Tributário*, São Paulo, Saraiva, 1993; Eduardo Domingo Bottallo, *Procedimento Administrativo Tributário*, São Paulo, Ed. RT, 1977.

Princípio da garantia de defesa ou do devido processo – observância do rito adequado, ciência do procedimento ao acusado, oportunidade para contestar a acusação, produção de provas, acompanhamento dos atos da instrução, oportunidade de recorrer etc.

A Lei 9.784, de 29.1.1999, traz normas gerais sobre o processo administrativo no âmbito da Administração Pública Federal.

20.2 Consulta tributária

Procedimento pelo qual o contribuinte indaga ao Fisco sobre sua situação legal diante de determinado fato, de duvidoso entendimento (fato concreto ou mera hipótese). Uma vez formulada, veda a ação fiscal contra o consulente.

20.2.1 Na esfera federal

Decreto 70.235/1972 e Lei 9.430/1996 – disciplinam a consulta fiscal sobre a aplicação da legislação tributária na esfera federal.

Legitimidade – contribuinte; órgãos interessados da Administração Pública; entidades representativas de categoria econômica ou profissional.

Efeitos – impede a cobrança de juros moratórios, a imposição de penalidades e a aplicação de medidas de garantia (art. 161, § 2º, do CTN).

Deve ser apresentada – ao órgão da Secretária da Receita Federal do domicílio do consulente (art. 48 da Lei 9.430/1996). Veja-se:

> **[Lei 9.430/1996] Art. 48.** No âmbito da Secretaria da Receita Federal, os processos administrativos de consulta serão solucionados em instância única.
>
> § 1º. A competência para solucionar a consulta ou declarar sua ineficácia será atribuída: I – a órgão central da Secretaria da Receita Federal, nos casos de consultas formuladas por órgão central da Administração Pública Federal ou por entidade representativa de categoria econômica ou profissional de âmbito nacional; II – a órgão regional da Secretaria da Receita Federal, nos demais casos.

Regra – não cabe recurso nem pedido de reconsideração da solução da consulta ou do despacho que declarar sua ineficácia (§ 3º do art. 48 da Lei 9.430/1996).

Exceção – admite-se recurso especial, sem efeito suspensivo, para o órgão central da Secretaria da Receita Federal se houver diferença de conclusões entre soluções de consultas relativas a uma mesma matéria, fundadas em idêntica norma jurídica, dentro de 30 dias, contados da ciência da solução (§§ 5º e 6º do art. 48 da Lei 9.430/1996).

20.2.2 Na esfera estadual

Varia conforme a legislação de cada Estado, com base na legislação federal.

Deve ser protocolada na repartição fiscal a que estiver vinculado o consulente; e nas Capitais, na Consultoria Tributária.

20.2.3 Na esfera municipal

Aplica-se subsidiariamente o disposto na legislação federal.

20.3 Denúncia espontânea

Preceitua o art. 138 do CTN:

> **[CTN] Art. 138.** A responsabilidade é excluída pela denúncia espontânea da infração, acompanhada, se for o caso, do pagamento do tributo devido e dos juros de mora, ou do depósito da importância arbitrada pela autoridade administrativa, quando o montante do tributo dependa de apuração.
>
> Parágrafo único. Não se considera espontânea a denúncia apresentada após o início de qualquer procedimento administrativo ou medida de fiscalização, relacionados com a infração.

Cuida-se da denúncia espontânea, meio pelo qual se exclui a responsabilidade da infração. Observe-se que somente se tornará inexigível o pagamento da penalidade na hipótese de ter sido oferecida a denúncia antes de qualquer procedimento administrativo ou medida de fiscalização relacionados com a infração.

Exceção – até o vigésimo dia subseqüente à data de recebimento do termo de início de fiscalização somente nos casos de tributos e contribuições previamente declarados (art. 47 da Lei 9.430/1996 e art. 70 da Lei 9.532/1997).

> **[TFR] Súmula 208.** A simples confissão da dívida, acompanhada do pedido de parcelamento, não configura denúncia espontânea.
>
> **[STF] Súmula 565.**[2] A multa fiscal moratória constitui pena administrativa, não se incluindo no crédito habilitado na falência.

20.4 Restituição

O contribuinte poderá pleitear na esfera administrativa a restituição de um pagamento indevido a título de tributo na mesma proporção, dos juros moratórios e multas impostas, monetariamente corrigidos.[3]

Preceitua o Código Tributário Nacional:

> **[CTN] Art. 165.** O sujeito passivo tem direito, independentemente de prévio protesto, à restituição total ou parcial do tributo, seja qual for a modalidade do seu pagamento, (...).
>
> **Art. 169.** Prescreve em 2 (dois) anos a ação anulatória da decisão administrativa que denegar a restituição.

20.5 Compensação

O contribuinte poderá pleitear a compensação não apenas na esfera judicial, mas também na esfera administrativa. Estabelece o CTN:

> **[CTN] Art. 170.** A lei pode, nas condições e sob as garantias que estipular, ou cuja estipulação em cada caso atribuir à autoridade administrativa, autorizar a compensação de créditos tributários com créditos líquidos e certos, vencidos ou vincendos, do sujeito passivo contra a Fazenda Pública.

---

2. Esse novo entendimento cancelou a Súmula 191.
3. Súmula 46 do extinto TFR: "(...) a correção monetária é calculada desde a data do depósito ou do pagamento indevido e incide até o efetivo recebimento da importância reclamada".

Preceitua a Lei 8.383/1991 (com a redação determinada pela Lei 9.069/1995):

> **[Lei 8.383/1991] Art. 66.** Nos casos de pagamento indevido ou a maior de tributos, contribuições federais, inclusive previdenciárias, e receitas patrimoniais, mesmo quando resultante de reforma, anulação, revogação, ou rescisão de decisão condenatória, o contribuinte poderá efetuar a compensação desse valor no recolhimento de importância correspondente a período subseqüente.
>
> § 1º. A compensação só poderá ser efetuada entre tributos, contribuições e receitas da mesma espécie.
>
> § 2º. É facultado ao contribuinte optar pelo pedido de restituição.
>
> § 3º. A compensação ou restituição será efetuada pelo valor do tributo ou contribuição ou receita corrigido monetariamente com base na variação da UFIR.

20.6 Contencioso

20.6.1 Na esfera federal

Decreto 70.235/1972 – também disciplina o processo administrativo de determinação e exigência dos créditos tributários da União.

Formaliza-se a exigência do crédito tributário com a notificação do lançamento ou do *auto de infração e imposição de multa* (AIIM).

No tocante à competência para o julgamento, dispõe o art. 25 do referido decreto:

> **[Decreto 70.235/1972] Art. 25.** O julgamento do processo de exigência de tributos ou contribuições administrados pela Secretaria da Receita Federal compete: *[Redação dada pela Medida Provisória 2.158-35, de 2001]* I – em primeira instância, às Delegacias da Receita Federal de Julgamento, órgãos de deliberação interna e natureza colegiada da Secretaria da Receita Federal *[Redação dada pela Medida Provisória 2.158-35, de 2001]*: a) aos Delegados da Receita Federal, titulares de Delegacias especializadas nas atividades concernentes a julgamento de processos, quanto aos tributos e contribuições administrados pela Secretaria da Receita Federal *[Redação dada pela Lei 8.748, de 1993]*; b) às autoridades mencionadas na legislação de cada um dos demais tributos ou, na falta dessa indicação, aos chefes

da projeção regional ou local da entidade que administra o tributo, conforme for por ela estabelecido. II – em segunda instância, aos Conselhos de Contribuintes do Ministério da Fazenda, com a ressalva prevista no inciso III do § 1º.

Após a notificação, tem o contribuinte o prazo de 30 dias para impugná-lo. Com ou sem impugnação a peça terá continuidade. Veja-se:

> **[Decreto 70.235/1972] Art. 33.** Da decisão caberá recurso voluntário, total ou parcial, com efeito suspensivo, dentro dos 30 (trinta) dias seguintes à ciência da decisão.
>
> § 1º. No caso de provimento a recurso de ofício, o prazo para interposição de recurso voluntário começará a fluir da ciência, pelo sujeito passivo, da decisão proferida no julgamento do recurso de ofício. *[Incluído pela Lei 10.522/2002]*

Da decisão de primeira instância não cabe pedido de reconsideração (art. 36 do Decreto 70.235/1972).

Recurso à segunda instância – a competência para o julgamento dos recursos em segunda instância pertence aos Conselhos de Contribuintes do Ministério da Fazenda, em conformidade com a matéria. Veja-se mais uma vez o disposto no Decreto 70.235/1972:

> **[Decreto 70.235/1972] Art. 25.** (...)
>
> § 1º. Os Conselhos de Contribuintes julgarão os recursos, de ofício e voluntário, de decisão de primeira instância, observada a seguinte competência por matéria: I – 1º Conselho de Contribuintes: Imposto sobre Renda e Proventos de qualquer Natureza; Imposto sobre Lucro Líquido (ISLL); Contribuição sobre o Lucro Líquido; Contribuições para o Programa de Integração Social (PIS), para o Programa de Formação do Patrimônio do Servidor Público (PASEP), para o Fundo de Investimento Social (FINSOCIAL) e para o financiamento da Seguridade Social (COFINS), instituídas, respectivamente, pela Lei Complementar n. 7, de 7 de setembro de 1970, pela Lei Complementar n. 8, de 3 de dezembro de 1970, pelo Decreto-lei n. 1.940, de 25 de maio de 1982, e pela Lei Complementar n. 70, de 30 de dezembro de 1991, com as alterações posteriores; *[redação dada pela Lei 8.748/1993]* II – 2º Conselho de Contribuintes: Imposto sobre Produtos Industrializados;[4]

---

4. "Decreto n. 2.562, de 27 de abril de 1998. Altera a competência relativa a matérias objeto de julgamento pelos Segundo e Terceiro Conselhos de Contribuintes

III – 3º Conselho de Contribuintes: Tributos estaduais e municipais que competem à União nos Territórios e demais Tributos federais, salvo os incluídos na competência julgadora de outro órgão da Administração Federal; *[o Decreto 79.630/1977 extinguiu o 3º Conselho de Contribuintes, cujas atribuições e competências foram transferidas para o 2º Conselho de Contribuintes, e renomeou o 4º Conselho de Contribuintes como 3º Conselho de Contribuintes]* IV – 4º Conselho de Contribuintes: Imposto sobre a Importação, Imposto sobre a Exportação e demais tributos aduaneiros, e infrações cambiais relacionadas com a importação ou a exportação. *[Renomeado como 3º Conselho de Contribuintes pelo Decreto 79.630/1977] [A competência relativa a matérias objeto de julgamento pelos 2º e 3º Conselhos de Contribuintes foi alterada pelo Decreto 4.395/2002[5]]*

do Ministério da Fazenda. Art. 1º. Fica transferida do Segundo para o Terceiro Conselho de Contribuintes do Ministério da Fazenda a competência para julgar os recursos interpostos em processos fiscais de que trata o art. 25 do Decreto n. 70.235, de 6 de março de 1972, alterado pela Lei n. 8.748, de 9 de dezembro de 1993, cuja matéria, objeto de litígio, decorra de lançamento de ofício de classificação de mercadorias relativa ao imposto sobre Produtos Industrializados – IPI. Art. 2º. O Ministro de Estado da Fazenda resolverá os conflitos de competência decorrentes da aplicação das regras fixadas no artigo anterior, assim como providenciará a adequação dos Regimentos Internos do Segundo e do Terceiro Conselhos de Contribuintes às disposições deste Decreto. Art. 3º. Este Decreto entra em vigor na data de sua publicação."
5. "Decreto n. 4.395, de 27 de setembro de 2002. Altera a competência relativa a matérias objeto de julgamento pelos Segundo e Terceiro Conselhos de Contribuintes do Ministério da Fazenda e dá outras providências. Art. 1º. Fica transferida do Segundo para o Terceiro Conselho de Contribuintes do Ministério da Fazenda a competência para julgar os recursos interpostos em processos administrativos fiscais de que trata o art. 25 do Decreto n. 70.235, de 6 de março de 1972, alterado pela Lei n. 8.748, de 9 de dezembro de 1993, cuja matéria, objeto de litígio, seja: I – a contribuição para Fundo de Investimento Social, quando sua exigência não esteja lastreada, no todo ou em parte, em fatos cuja apuração serviu para determinar a prática de infração a dispositivos legais do Imposto sobre a Renda; II – o Imposto sobre Produtos Industrializados incidente sobre produtos saídos da Zona Franca de Manaus ou a ela destinados; ou III – tributos e empréstimos compulsórios e matéria correlata não incluídos na competência julgadora dos demais Conselhos ou de outros órgãos da Administração Federal. Parágrafo único. Incluem-se na competência prevista neste artigo os recursos pertinentes a pedidos de restituição ou de compensação e a reconhecimento de direito a isenção ou a imunidade tributária. Art. 2º. Fica atribuída ao Terceiro Conselho de Contribuintes do Ministério da Fazenda a competência para julgar os recursos interpostos em processos administrativos fiscais, cuja matéria, objeto do litígio, seja a Contribuição de Intervenção no Domínio Econômico. Art. 3º. O Ministro de Estado da Fazenda resolverá os conflitos de competência decorrentes da aplicação das regras fixadas no art. 1º e providenciará a adequação do Regimento Interno dos Conselhos

§ 2º. Cada Conselho julgará ainda a matéria referente a adicionais e empréstimos compulsórios arrecadados com os tributos de sua competência.

§ 3º. O 4º Conselho de Contribuintes terá sua competência prorrogada para decidir matéria relativa ao Imposto sobre Produtos Industrializados, quando se tratar de recursos que versem falta de pagamento desse imposto, apurada em despacho aduaneiro ou em ato de revisão de declaração de importação. *[Renomeado para 3º Conselho de Contribuintes pelo Decreto 79.630/1977] [A competência relativa a matérias objeto de julgamento pelos 2º e 3º Conselhos de Contribuintes foi alterada pelo Decreto 4.395/2002⁵]*

Julgamento em instância especial – compete ao Ministro da Fazenda julgar recursos de decisões dos Conselhos de Contribuintes interpostos pelos procuradores representantes da Fazenda junto aos mesmos Conselhos; bem como decidir sobre as propostas de aplicação de eqüidade apresentadas pelos Conselhos de Contribuintes (art. 26 do Decreto 70.235/1972).

Proposta de súmula – a Câmara Superior de Recursos Fiscais do Ministério da Fazenda – CSRF poderá, por iniciativa de seus membros, dos presidentes dos Conselhos de Contribuintes, do Secretário da Receita Federal ou do Procurador-Geral da Fazenda Nacional, aprovar proposta de súmula de suas decisões reiteradas e uniformes (art. 26-A do Decreto 70.235/1972, incluído pela Lei 11.196/2005).

20.6.2 Na esfera estadual

Inicia-se com o *auto de infração e imposição de multa* (AIIM), que deverá conter todos os elementos necessários à defesa do contribuinte.

---

de Contribuintes e da Câmara Superior de Recursos Fiscais às disposições deste Decreto. Art. 4º. Fica delegada ao Ministro de Estado da Fazenda competência para promover alteração de competência dos Conselhos de Contribuintes do Ministério da Fazenda para julgamento de recursos interpostos em processos administrativos fiscais. Art. 5º. Este Decreto entra em vigor na data de sua publicação."

Defesa – dentro de 30 dias, contados da notificação; decorrido o prazo, deve o Fisco manifestar-se.

Com ou sem defesa, sob pena de inscrição da dívida, deve o contribuinte recolher o tributo ou recorrer.

Conselhos Estaduais de Contribuintes (em São Paulo denomina-se TIT – Tribunal de Impostos e Taxas) – julgam o recurso ordinário.

Cabe pedido de reconsideração.

20.6.3 Na esfera municipal (Município de São Paulo)

Auto de Infração e Imposição de Multas – AIIM, defesa, decisão de primeira instância.

Recurso voluntário – se a decisão for contrária ao contribuinte e o valor originário for superior a 100 UFMs (Unidades Fiscais do Município).

Recurso de ofício – se a decisão for desfavorável à Fazenda Pública, respeitado o limite de 1000 UFMs.

Órgão julgador – Diretor do Departamento de Rendas Mobiliárias; deste julgamento caberá recurso dirigido ao Secretário das Finanças, que funciona como última instância.

DOUTRINA

A respeito da *denúncia espontânea*, elucida Hugo de Brito Machado:[6]

> Como a lei diz que a denúncia há de ser acompanhada, *se for o caso*, do pagamento do tributo devido, resta induvidoso que a exclusão da responsabilidade tanto se refere a infrações das quais decorra o não-pagamento do tributo como a infrações meramente formais, vale dizer, infrações das quais não decorra o não-pagamento do tributo. Inadimplemento de obrigações tributárias meramente acessórias.

---

6. Hugo de Brito Machado, *Curso de Direito Tributário*, 29ª ed., São Paulo, Malheiros Editores, 2008, pp. 164-165.

O ilustre autor também não faz distinção entre *multa de mora* e *multa punitiva*:[7]

Resta evidente, pois, a prevalência do entendimento segundo o qual não se pode distinguir multa moratória de multa punitiva, e de que, em conseqüência, não tem sentido deixar-se de aplicar o art. 138 do CTN para a exclusão das multas moratórias.

(...).

Assim, dúvida não pode haver de que o contribuinte, tendo feito a apuração do valor devido e oferecido à autoridade administrativa a informação respectiva, se não paga no prazo legal mas não sofre a cobrança correspondente, tem direito de fazer a denúncia espontânea, invocando o art. 138 do CTN, e ter excluída a sua responsabilidade pela infração – o atraso –, livrando-se da multa moratória.

(...).

Sem razão, portanto, *data venia*, o STJ, no julgado acima referido, que parece considerar a multa de mora como se fora de natureza não-punitiva, desprezando assim a orientação jurisprudencial da Corte Maior, que tem afirmado a natureza punitiva da multa moratória.

JURISPRUDÊNCIA

A Suprema Corte declarou a inconstitucionalidade do art. 3º da Medida Provisória 1.699-41/1998, que condicionava o seguimento do recurso voluntário ao arrolamento de bens e direitos de valor equivalente a 30% da exigência fiscal definida na decisão:

A exigência de depósito ou arrolamento prévio de bens e direitos como condição de admissibilidade de recurso administrativo constitui obstáculo sério (e intransponível, para consideráveis parcelas da população) ao exercício do direito de petição (CF, art. 5º, XXXIV), além de caracterizar ofensa ao princípio do contraditório (CF, art. 5º, LV). A exigência de depósito ou arrolamento prévio de bens e direitos pode converter-se, na prática, em determinadas situações, em supressão do direito de recorrer, constituindo-se, assim, em nítida violação ao princípio da proporcionalidade – Ação direta julgada procedente para declarar a inconstitucionalidade do art. 32 da Medida Provisória

---

7. Hugo de Brito Machado, "Tributo declarado e denúncia espontânea", *IOB Jurisprudência* 16/421, São Paulo, IOB, 2000.

n. 1.699-41 – posteriormente convertida na Lei n. 10.522/2002 –, que deu nova redação ao art. 33, § 2º, do Decreto 70.235/1972. **[STF, Tribunal Pleno, ADI n. 1.976-7, rel. Min. Joaquim Barbosa, j. 28.3.2007, v.u., *DJU* 18.5.2007]**

Nada obstante, o Plenário do STF, ao julgar, em 12.11.1997, o RE 210.246, firmara entendimento no sentido de que a exigência do depósito, para efeito de recurso administrativo, não viola o princípio da ampla defesa:

> Constitucional. 2. Administrativo. 3. Recurso – Obrigatoriedade do depósito prévio da multa imposta. 4. Recepção do art. 636, § 1º, da CLT pela Constituição – Compatibilidade da exigência com o art. 5º, LV, da CF/1988. 5. Precedente: ADI n. 1.049 (cautelar). 6. Recurso conhecido e provido. **[STF, Tribunal Pleno, RE 210.246-GO, rel. Min. Ilmar Galvão, rel. para o acórdão Min. Nelson Jobim, j. 12.11.1997, m.v., *DJU* 17.3.2000, p. 28]**

Veja-se, ainda:

> Constitucional – Depósito do valor de multa – Pressuposto de admissibilidade de recurso administrativo – Lei n. 8.870/1994. I – O art. 93 da Lei n. 8.212/1991, com redação que lhe deu a Lei n. 8.870/1994, impõe a comprovação do depósito do valor da multa como pressuposto para a admissibilidade de recurso administrativo, o que não se contrapõe ao princípio da ampla defesa (ADI n. 1.049-DF). II – O STF firmou o entendimento de que o devido processo legal não impõe direito à existência do recurso administrativo e, por esta razão, o condicionamento do seu exercício ao depósito não afeta a garantia do *due process of law*. III – Sem honorários, por força da Súmula n. 512/STF. IV – Custas *ex lege*. V – Apelação da União provida. VI – Apelação do Ministério Público provida. VII – Remessa prejudicada. **[TRF-3ª Região, 3ª Turma, AMS 2000.01.00.079074-3-MA, rel. Juiz Cândido Ribeiro, j. 16.8.2000, v.u., *DJU* 4.6.2001, p. 207]**

Também sobre a exigência de depósito para recorrer na esfera administrativa, convém registrar os seguintes acórdãos:

> Administrativo – Princípio da proporcionalidade – Recurso – Multa – Depósito prévio. 1. Na forma do § 2º do art. 250 da Lei estadual n. 5/1975, com a redação dada pela Lei n. 3.188/1999, o depósito prévio equivalente a no mínimo 50%, posteriormente reduzido para 30%, do valor da exigência fiscal definida em primeira instância

administrativa é condição de admissibilidade dos recursos administrativos. 2. Efetuado o lançamento e notificado o sujeito passivo, sem que se efetue o pagamento, cabe à Fazenda Pública exigir judicialmente o seu crédito, depois de inscrevê-lo na dívida ativa. 3. As obrigações tributárias não gozam de auto-executoriedade. 4. O art. 151 do CTN relaciona as hipóteses de suspensão do crédito tributário, em que, mesmo depois de efetuado o lançamento e inexistindo pagamento, a Fazenda Pública está impedida de propor a execução judicial. 5. As reclamações e os recursos, nos termos das leis reguladoras do processo tributário administrativo, previstos no inciso III do art. 151 do CTN, são uma das hipóteses de suspensão do crédito tributário. 6. O procedimento administrativo contencioso é imprescindível; logo, as leis federais, estaduais e municipais não podem negar efeito suspensivo às impugnações e recursos administrativos. 7. É ilegal e inconstitucional a exigência de depósito prévio como condição específica de admissibilidade dos recursos administrativos. 8. Provimento do recurso. [**TJRJ, 8ª Câmara, AC 2000.00115109, rela. Desa. Letícia Sardas, j. 9.6.2000, m.v., *DJRJ*-1 28.6.2001, p. 287**]

Administrativo – Recurso – Admissibilidade mediante depósito prévio – Exigência indevida. O inciso LV do art. 5º da CF garante aos litigantes o direito à ampla defesa, tanto em processos judiciais quanto em administrativos. A exigência de depósito prévio para efeito de admissibilidade de recurso administrativo conflita com aquele dispositivo constitucional – Apelação e remessa improvidas. [**TRF-1ª Região, 4ª Turma, AMS 98.01.00.020975-9-MG, j. 23.6.1998, v.u., *DJU* 13.8.1998, p. 95**]

Segundo já decidiu o STJ, o parcelamento equipara-se ao pagamento, para fins de denúncia espontânea:

Tributário – Denúncia espontânea – Parcelamento – Multa indevida – Art. 138 do CTN. 1. Deferido o parcelamento, tem-se que esse equipara-se ao pagamento para efeito de denúncia espontânea. Assim, sem antecedente procedimento administrativo descabe a imposição de multa. Exigi-la seria desconsiderar o voluntário saneamento da falta, malferindo o fim inspirador da denúncia espontânea e animando o contribuinte a permanecer na indesejada via da impontualidade, comportamento prejudicial à arrecadação da receita tributária, principal objetivo da atividade fiscal. 2. Precedentes iterativos. 3. Recurso não provido. [**STJ, 1ª Turma, REsp 150.607-CE, rel. Min. Milton Luiz Pereira, j. 1.3.2001, v.u., *DJU* 5.11.2001, p. 80**]

Não configura denúncia espontânea a entrega extemporânea da declaração de imposto sobre a renda. Nesse sentido:

> Tributário – Imposto de renda – Entrega extemporânea da declaração – Caracterização – Infração formal – Não-configuração – Denúncia espontânea. I – A entrega da declaração do imposto de renda fora do prazo previsto na lei constitui infração formal, não podendo ser tida com pura infração de natureza tributária, apta a atrair o instituto da denúncia espontânea previsto no art. 138 do CTN. II – Ademais, "a par de existir expressa previsão legal para punir o contribuinte desidioso (art. 88 da Lei n. 8.981/1995), é de fácil inferência que a Fazenda não pode ficar à disposição do contribuinte, não fazendo sentido que a declaração possa ser entregue a qualquer tempo, segundo o arbítrio de cada um" (REsp n. 243.241-RS, rel. Min. Franciulli Netto, *DJU* 21.8.2000). III – Embargos de divergência rejeitados. **[STJ, 1ª Seção, EREsp 208.091-PR, rel. Min. Francisco Falcão, j. 29.5.2001, m.v., *DJU* 15.10.2001, p. 229]**

Sobre multa punitiva e multa remuneratória, decidiu o STJ:

> Tributário – Multa moratória – Dispensa – CTN, art. 138 – Distinção entre multa punitiva e remuneratória – Inexistência. I – O art. 138 do CTN não permite a distinção entre a multa punitiva e remuneratória, até porque "não disciplina o Código Tributário Nacional as sanções fiscais de modo a estremá-las em punitivas ou moratórias, apenas exige sua legalidade" (STF, RE n. 79.625). II – A multa moratória foi concebida como forma de punir o atraso no cumprimento das obrigações fiscais, tornando-o oneroso. Seu escopo final é intimidar o contribuinte, prevenindo sua mora. Inegável sua natureza punitiva. O ressarcimento pelo atraso fica é por conta dos juros e eventual correção monetária. **[STJ, 1ª Turma, REsp 243.239-SC, rel. Min. Humberto Gomes de Barros, j. 24.10.2000, v.u., *DJU*-E-1 11.12.2000, p. 176]**

Nesse sentido, também decidiu a 2ª Turma:

> Tributário – ICM – Denúncia espontânea – Inexigibilidade da multa de mora. O Código Tributário Nacional não distingue entre multa punitiva e multa simplesmente moratória; no respectivo sistema, a multa moratória constitui penalidade resultante de infração legal, sendo inexigível no caso de denúncia espontânea, por força do art. 138, mesmo em se tratando de imposto sujeito a lançamento por homologação – Recurso especial conhecido e provido. **[STJ, 2ª Turma, REsp**

169.877 (reg. 98.23956-1), rel. Min. Ari Pargendler, j. 4.8.1998, v.u., DJU 24.8.1998, p. 64]

QUESTÕES

1. Que é "processo administrativo tributário"?
2. Que é "consulta fiscal ou tributária"?
3. Que é "denúncia espontânea"?
4. Que é "multa moratória"?
5. A exigência de depósito, para efeito de recurso administrativo, viola o princípio da ampla defesa?

CONSULTAS

1. **[108º Exame de Ordem/SP, 1999, n. 2]** A LMN S/A está sujeita ao recolhimento da contribuição ao PIS. Todavia, deixou de efetuar o respectivo pagamento durante todo o exercício de 1996. Mesmo não sendo cobrada ou fiscalizada desde então, no início do ano a empresa efetuou o recolhimento da contribuição atrasada, devidamente corrigida e acrescida de juros de mora. A Receita Federal acaba de expedir aviso de cobrança de diferenças do PIS relativo àquele exercício, sob o fundamento de que o valor recolhido foi insuficiente, pois não embutiu o valor da multa moratória. A cobrança é legítima? Explique.

DISSERTAÇÃO

"Processo Administrativo Tributário. Consulta. Denúncia Espontânea".

TESTES

1. **[Concurso para Procurador do Município/SP, março/2000]** A responsabilidade por infrações à legislação tributária será excluída pela denúncia espontânea da infração, acompanhada do pagamento do tributo devido e dos juros de mora. Considera-se espontânea a denúncia:

   a) ( ) Quando apresentada até 48 horas após a ocorrência do fato gerador.
   b) ( ) A qualquer tempo.
   c) ( ) Quando apresentada antes do início de qualquer procedimento administrativo ou medida de fiscalização relacionados com a infração.
   d) ( ) Durante o processo administrativo, mas antes da decisão administrativa irreformável.
   e) ( ) Durante o processo judicial, mas antes da decisão judicial passada em julgado.

2. [Concurso para Procurador do Município/SP, março/2000] A omissão de quaisquer dos requisitos necessários para inscrição da dívida ativa acarretará a nulidade da inscrição, nulidade a qual poderá ser sanada:

a) ( ) A qualquer tempo.

b) ( ) Até a decisão administrativa irreformável, assim entendida a definitiva na órbita administrativa.

c) ( ) Até a decisão administrativa irreformável, assim entendida a definitiva na órbita administrativa, que não mais possa ser objeto de ação anulatória.

d) ( ) Até a decisão de primeira instância.

e) ( ) Até a decisão judicial passada em julgado.

21
DO PROCESSO JUDICIAL TRIBUTÁRIO

21.1 Processo tributário. 21.2 Ações do Fisco: 21.2.1 Execução fiscal – 21.2.2 Cautelar fiscal. 21.3 Suspensão da exigibilidade do crédito tributário. 21.4 Ações do contribuinte: 21.4.1 Embargos à execução contra a Fazenda Pública – 21.4.2 Ação anulatória: 21.4.2.1 Renúncia – 21.4.3 Ação de repetição de indébito – 21.4.4 Ação declaratória – 21.4.5 Ação de consignação em pagamento – 21.4.6 Mandado de segurança. 21.5 Medidas liminares: 21.5.1 Liminar em mandado de segurança – 21.5.2 Tutela antecipada – 21.5.3 Medida cautelar. 21.6 Recursos: 21.6.1 Apelação – 21.6.2 Agravo – 21.6.3 Embargos infringentes – 21.6.4 Embargos de declaração – 21.6.5 Recurso ordinário – 21.6.6 Recurso Especial e Recurso Extraordinário – 21.6.7 Embargos de divergência em Recurso Extraordinário e em Recurso Especial – 21.6.8 Recurso Extraordinário e repercussão geral. 21.7 Divisão judiciária: 21.7.1 Justiça Federal – 21.7.2 Justiça Estadual – 21.7.3 Órgãos jurisdicionais. 21.8 Competência jurisdicional. 21.9 Competência territorial: 21.9.1 Justiça Federal – 21.9.2 Justiça Estadual. 21.10 Competência quanto à matéria. 21.11 Competência de juízo. 21.12 Competência quanto ao valor da causa. 21.13 Quanto à possibilidade de prorrogação da competência. 21.14 Quadro sinótico de competências. [DOUTRINA – JURISPRUDÊNCIA – QUESTÕES – CONSULTAS – MEDIDAS JUDICIAIS – DISSERTAÇÕES – TESTES]

21.1 Processo tributário

Grosso modo, processo judicial tributário é um instrumento hábil a veicular em geral normas individuais e concretas, a partir do direito tributário material.

Expliquemo-nos: os tributos são criados por leis, as quais, por presunção, são constitucionais e, portanto, válidas. A despeito disso, o Fisco procederá à cobrança de débitos tributários sempre que o contribuinte não efetuar seu recolhimento tempestivamente. Doutra parte, ainda que as leis tributárias estejam em plena conformidade com a Lei Maior, ilegalidades poderão ser cometidas pelas próprias autoridades administrativas no momento da aplicação da lei, isto é, da cobrança do tributo.

Dentre essas e outras hipóteses, o exercício da função jurisdicional poderá ser provocado, para que, por meio da atividade processual, seja dado um provimento judicial a respeito, de modo a preservar, conseqüentemente, o ordenamento jurídico.

A propósito, destacam-se no processo judicial tributário, dentre outros igualmente relevantes, os princípios da *inafastabilidade do controle judicial* ("a lei não excluirá da apreciação do Poder Judiciário lesão ou ameaça a direito" – art. 5º, XXXV, da CF), do *contraditório* e da *ampla defesa* ("aos litigantes, em processo judicial ou administrativo, e aos acusados em geral são assegurados o contraditório e ampla defesa, com os meios e recursos a ela inerentes" – art. 5º, LV, da CF).

Convém ainda salientar que, quanto ao seu objeto, o processo judicial pode ser dividido em:

Processo de conhecimento – visa a compor um litígio, dirimir controvérsia sobre o direito material.

Processo de execução – visa efetivar o direito, tendo como *pressuposto* título executivo judicial (sentença) ou extrajudicial (documento a que a lei atribui essa qualidade – *v.g.*, certidão de inscrição da dívida ativa).

Processo cautelar – busca-se (a) a providência para a preservação de um direito que está ou será questionado, mas que depende desta providência, ou (b) a preservação de uma situação de fato que permita a efetivação de uma providência para fazer valer um direito. Portanto, é uma atividade que busca assegurar o êxito da processo de conhecimento ou do processo de execução.

21.2 Ações do Fisco[1]

A cobrança da dívida ativa da Fazenda Pública[2] é efetuada por meio da ação de *execução judicial*, que se encontra disciplinada pela

---

1. Sobre o tema, v. Vladimir Passos de Freitas (org.), *Execução Fiscal: Doutrina e Jurisprudência*, São Paulo, Saraiva, 1998.
2. A expressão "Fazenda Pública", empregada sem qualificação, alcança todas as esferas de governo: federal, estadual, distrital e municipal (art. 209 do CTN).

Lei 6.830, de 22.9.1980, conhecida na esfera tributária como *Lei de Execução Fiscal*. Subsidiariamente, aplica-se o Código de Processo Civil (art. 1º da Lei de Execução Fiscal).

Noutro giro, para a cobrança de dívidas tributárias a Fazenda Pública dispõe da chamada *execução fiscal*. Em tese, também poderá fazer uso da cautelar fiscal, como uma das formas de que dispõe para tornar indisponíveis os bens do devedor.

21.2.1 Execução fiscal

A dívida ativa da Fazenda Pública, tributária ou não, abrange atualização monetária, juros e multa de mora, além de outros encargos previstos em lei ou contrato (§ 2º do art. 2º da Lei de Execução Fiscal).

A competência para processá-la e julgá-la exclui a de qualquer outro juízo, seja de falência, de concordata, de liquidação, de insolvência ou de inventário, nos termos do art. 187 do CTN e dos arts. 5º e 29 da Lei de Execução Fiscal.

Há de ser proposta a execução fiscal no foro do domicílio do réu, ou no de sua residência, ou no lugar onde for encontrado, perante o juízo das execuções fiscais, onde houver.

Sobre a legitimidade para figurar no pólo passivo dessa ação, dispõe a Lei de Execução Fiscal:

> **[Lei 6.830/1980] Art. 4º.** A execução fiscal poderá ser promovida contra: I – o devedor; II – o fiador; III – o espólio; IV – a massa; V – o responsável, nos termos da lei, por dívidas, tributárias ou não, de pessoas físicas ou pessoas jurídicas de direito privado; e VI – os sucessores a qualquer título.

A petição inicial da execução fiscal deverá indicar apenas o juiz a quem é dirigida, o pedido e o requerimento para a citação, uma vez que as demais informações estarão contidas na certidão de dívida ativa (CDA), que fará parte integrante da inicial.[3]

---

3. O Decreto 3.048, de 6.5.1999, assim estabelece: "Art. 358. Na execução judicial da dívida ativa da União, suas autarquias e fundações públicas, será facultado ao exeqüente indicar bens à penhora, a qual será efetivada concomitantemente com a citação inicial do devedor".

O valor da causa será o da dívida constante na CDA, com os encargos legais.

Após a citação o executado terá o prazo de cinco dias para pagar a dívida ou garantir a execução, sob pena de penhora.

O deferimento do pedido inicial implica: (a) ordem para citação do devedor; (b) penhora de bens, se não for paga a dívida e nem garantida a execução por meio de depósito ou fiança; (c) arresto, quando o executado não tiver domicílio ou dele se ocultar; (d) registro da penhora ou do arresto; e (e) avaliação dos bens penhorados ou arrestados.

Assim, o devedor poderá optar por: (a) pagar a dívida, extinguindo a execução; (b) pagar parte da dívida, isto é, a parcela que julgar incontroversa, e garantir a execução do saldo devedor; (c) oferecer garantia da execução, que poderá ser em dinheiro,[4] fiança bancária ou penhora de bens.

A quitação da dívida, que levará à extinção do processo de execução, compreende o pagamento dos juros, multa de mora e encargos constantes na CDA.

Quanto à garantia da execução, estabelece o art. 9º da Lei de Execução Fiscal:

> [Lei 6.830/1980] Art. 9º. Em garantia da execução, pelo valor da dívida, juros e multa de mora e encargos indicados na certidão da dívida ativa, o executado poderá: I – efetuar depósitos em dinheiro, à ordem do juízo em estabelecimento oficial de crédito, que assegure atualização monetária; II – oferecer fiança bancária; III – nomear bens

---

4. A propósito, dispõe a Lei de Execução Fiscal:
"Art. 32. Os depósitos judiciais em dinheiro serão obrigatoriamente feitos: I – na Caixa Econômica Federal, de acordo com o Decreto-lei n. 1.737, de 20 de dezembro de 1979, quando relacionados com a execução fiscal proposta pela União ou suas autarquias; II – na Caixa Econômica ou no banco oficial da unidade federativa ou, à sua falta, na Caixa Econômica Federal, quando relacionados com execução fiscal proposta pelo Estado, Distrito Federal, Municípios e suas autarquias.

"§ 1º. Os depósitos de que trata este artigo estão sujeitos a atualização monetária, segundo os índices estabelecidos para os débitos tributários federais.

"§ 2º. Após o trânsito em julgado da decisão, o depósito, monetariamente atualizado, será devolvido ao depositante ou entregue à Fazenda Pública, mediante ordem do juízo competente."

à penhora, observada a ordem do art. 11; ou IV – indicar à penhora bens oferecidos por terceiros e aceitos pela Fazenda Pública.

Não sendo paga a dívida, nem garantida a execução, quaisquer bens do executado poderão ser penhorados, exceto os que a lei declarar absolutamente impenhoráveis (art. 10 da Lei de Execução Fiscal).

Não sendo a execução embargada, a Fazenda Pública manifestar-se-á sobre a garantia, procedendo-se à avaliação dos bens penhorados e à sua alienação por meio de leilão público, sendo a arrematação feita por lance igual ou superior à importância da avaliação; quitada a dívida, devolve-se o saldo remanescente ao devedor, se houver, adjudicando-se o bem penhorado.

Cumpre ponderar que o juiz poderá deferir ao executado a substituição da penhora por depósito em dinheiro ou fiança bancária, assim como poderá deferir à Fazenda Pública a substituição de bens penhorados por outros ou o reforço da penhora insuficiente.

Somente após a garantia da execução, voluntária ou não, poderá o executado apresentar sua defesa por meio dos embargos.

A execução fiscal será extinta, sem qualquer ônus para as partes, se, antes da decisão de primeira instância, a inscrição da dívida ativa for, a qualquer título, cancelada (art. 26 da Lei de Execução Fiscal).

Das sentenças de primeira instância proferidas em execução fiscal caberá recurso de apelação, exceto quando proferidas em execuções de valor igual ou inferior a 50 Obrigações do Tesouro Nacional (OTNs), em que somente serão admitidos embargos infringentes e de declaração (art. 34 da Lei de Execução Fiscal).

21.2.2 Cautelar fiscal

A cautelar fiscal está disciplinada na Lei 8.397/1992 e na Lei 9.532/1997, art. 65. Em linhas gerais, tem-se que:

Por meio dela a Fazenda Pública pode obter, de imediato, a indisponibilidade patrimonial dos bens dos devedores.

É cabível nas hipóteses legais, antes ou no curso da execução fiscal. Se for concedida em procedimento preparatório, deverá a Fazenda Pública propor a execução judicial da dívida ativa no prazo de

60, contados da data em que a exigência se tornar irrecorrível na esfera administrativa.

Sua inicial deve indicar o juiz a quem é dirigida; a qualificação e o endereço, se conhecido, do requerido; as provas que serão produzidas; bem como o requerimento para citação.

A liminar poderá ser concedida independentemente de justificação prévia e de prestação de caução, cabendo agravo de instrumento dessa decisão.

Da sentença que decretar a medida cautelar fiscal caberá apelação, sem efeito suspensivo, salvo se o requerido oferecer garantia correspondente ao valor da prestação da Fazenda Pública.

21.3 Suspensão da exigibilidade do crédito tributário

Tendo em conta que a propositura das ações de conhecimento – declaratória e anulatória – não impede a propositura da execução fiscal, cumpre examinar os meios de que dispõem o contribuinte ou interessado para promover a suspensão da exigibilidade do crédito tributário.

Nos termos do art. 151, II, do CTN, o depósito do valor controverso assim como a concessão de liminar ou de tutela antecipada destacam-se dentre as demais causas suspensivas ali referidas.

Desnecessários a obtenção de "liminar para depósito" ou o ajuizamento de "ação cautelar para depósito", pois o depósito é um direito do contribuinte, que, se efetuado, constitui, por si só, causa suspensiva. Dito de outro modo, para o fim em comento, o depósito não pode decorrer de uma exigência legal ou judicial, sob pena de desrespeito aos princípios constitucionais da igualdade e do livre acesso à jurisdição.

Convém frisar que o depósito deve corresponder ao valo controverso, pois, se parcial, haverá tão-somente a suspensão parcial da exigibilidade.

21.4 Ações do contribuinte

Conforme a pretensão a ser deduzida pelo contribuinte, tem-se uma ação própria para viabilizá-la. Vejamos:

21.4.1 Embargos à execução contra a Fazenda Pública

No curso da execução fiscal o devedor poderá exercer plenamente seu direito de defesa por meio dos *embargos à execução* (art. 741 do CPC). Abaixo, tem-se a redação dada pela Lei 11.232/2005 a esse dispositivo:

> **[CPC] Art. 741.** Na execução contra a Fazenda Pública, os embargos só poderão versar sobre: I – falta ou nulidade da citação, se o processo correu à revelia; II – inexigibilidade do título; III – ilegitimidade das partes; IV – cumulação indevida de execuções; V – excesso de execução;[5] VI – qualquer causa impeditiva, modificativa ou extintiva da obrigação, como pagamento, novação, compensação, transação ou prescrição, desde que superveniente à sentença; VII – incompetência do juízo da execução, bem como suspeição ou impedimento do juiz.
>
> Parágrafo único. Para efeito do disposto no inciso II do *caput* deste artigo, considera-se também inexigível o título judicial fundado em lei ou ato normativo declarados inconstitucionais pelo Supremo Tribunal Federal, ou fundado em aplicação ou interpretação da lei ou ato normativo tidas pelo Supremo Tribunal Federal como incompatíveis com a Constituição Federal.

Nos termos do § 2º do art. 16 da Lei de Execução Fiscal, o embargante deverá aduzir toda a matéria útil à sua defesa, requerer provas, juntar documentos, apresentar rol de testemunhas etc.

A propósito, convém registrar certa semelhança entre a ação monitória (introduzida no Código de Processo Civil pela Lei 9.079, de 14.7.1995) em face da Fazenda Pública e a execução fiscal promovida pela Fazenda Pública. Com efeito, ambas asseguram ao devedor o oferecimento de embargos, cujas características são de um verdadeiro processo de conhecimento.

---

5. A respeito, explicita o CPC: "Art. 743. Há excesso de execução: I – quando o credor pleiteia quantia superior à do título; II – quando recai sobre coisa diversa daquela declarada no título; III – quando se processa de modo diferente do que foi determinado na sentença; IV – quando o credor, sem cumprir a prestação que lhe corresponde, exige o adimplemento da do devedor (art. 582); V – se o credor não provar que a condição se realizou".

Todavia, somente serão admissíveis os embargos após a garantia da execução, voluntária ou não.[6] A garantia voluntária deve ser efetuada dentro de 5 dias, contados da citação. Garantida a execução, intima-se o devedor para embargá-la dentro do prazo de 30 dias (art. 16 da Lei de Execução Fiscal). Cuida-se de ação própria que prosseguirá no rito ordinário; exige preparo e segue em apenso à ação de execução fiscal. Julgados procedentes os embargos, extingue-se o processo de execução.

No que concerne à ação monitória, o juiz deferirá de plano a expedição do mandado de pagamento ou de entrega da coisa no prazo de 15 dias, desde que a petição inicial esteja devidamente instruída (art. 1.102-B do CPC). Uma vez deferida, o réu poderá, dentro do referido prazo, oferecer embargos, por meio dos quais a eficácia do mandado inicial ficará suspensa. Veja-se, pois, a redação dada pela Lei 11.232/2005 ao art. 1.102-C do CPC brasileiro:

> [CPC] Art. 1.102-C. No prazo previsto no art. 1.102-B, poderá o réu oferecer embargos, que suspenderão a eficácia do mandado inicial. Se os embargos não forem opostos, constituir-se-á, de pleno direito, o título executivo judicial, convertendo-se o mandado inicial em mandado executivo e prosseguindo-se na forma do Livro I, Título VIII, Capítulo X, desta Lei.
>
> (...).
>
> § 3º. Rejeitados os embargos, constituir-se-á, de pleno direito, o título executivo judicial, intimando-se o devedor e prosseguindo-se na forma prevista no Livro I, Título VIII, Capítulo X, desta Lei.

Cumpre, no entanto, ressaltar que a cobrança de dívida fiscal tem como pressuposto a existência de título executivo extrajudicial, enquanto a ação monitória deve ter como fundamento prova escrita sem eficácia de título executivo. Logo, a Fazenda Pública não poderá fazer uso da ação monitória, uma vez que dispõe de um título executivo extrajudicial e de uma ação específicos para esse fim.

Doutro lado, é questionável o emprego da ação monitória em face da Fazenda Pública, haja vista a necessidade de precatório para o cumprimento das sentenças desfavoráveis ao Fisco.

---

6. Sobre a penhora *on-line*, v. capítulo "Garantias e Privilégios do Crédito Tributário".

21.4.2 Ação anulatória

Caberá ação anulatória de indébito fiscal ou ação anulatória de lançamento tributário para pleitear a invalidação de lançamento, de decisão administrativa ou de qualquer exigência que o contribuinte entenda indevida, em decorrência de erro na apuração da base de cálculo ou na determinação da alíquota, ou pela não-ocorrência do fato imponível, ou por entender configuradas as hipóteses de imunidade, isenção etc.

Como o objeto dessa ação é a anulação de um ato ou de uma decisão administrativa, o momento para sua propositura é logo após a notificação do lançamento ou do auto de infração, assim como durante ou após sua discussão na esfera administrativa.

A propósito, convém refrisar que o mero ajuizamento de uma ação judicial para questionar o débito tributário não impede a Fazenda Pública de ajuizar a respectiva execução fiscal para sua cobrança. Nesse sentido, explicita o CPC:

> **[CPC] Art. 585.** São títulos executivos extrajudiciais: (...) VII – a certidão de dívida ativa da Fazenda Pública da União, dos Estados, do Distrito Federal, dos Territórios e dos Municípios, correspondente aos créditos inscritos na forma da lei; (...).
>
> § 1º. A propositura de qualquer ação relativa ao débito constante do título executivo não inibe o credor de promover-lhe a execução.

Desse modo, o juiz, de ofício ou a requerimento das partes, deverá reconhecer a existência de conexão entre essas duas ações, seja pela identidade de pedido, seja pela identidade de causa de pedir (arts. 103 e 105 do CPC), de modo a evitar sentenças contraditórias. Cuidando-se de ações conexas perante juízes que têm a mesma competência territorial, considera-se prevento aquele que despachou em primeiro lugar (art. 106 do CPC). No mais, a Súmula 235 do STJ veda a conexão se um dos processos já tiver sido julgado.

Como uma das opções para suspender a exigibilidade do tributo, poderá o contribuinte efetuar o depósito do valor controverso, haja vista que, se não garantida a instância, estará sujeito a execução fiscal. O depósito – enfatize-se – é uma faculdade do contribuinte, ou seja, não pode decorrer de imposição legal ou judicial, sob pena de violação aos princípios da igualdade e do livre acesso à jurisdição. Nada obstante, assim dispõe o citado art. 38 da Lei de Execução Fiscal:

> **[Lei 6.830/1980] Art. 38.** A discussão judicial da dívida ativa da Fazenda Pública só é admissível em execução, na forma desta Lei, salvo as hipóteses de mandado de segurança, ação de repetição do indébito ou ação anulatória do ato declarativo da dívida, esta precedida do depósito preparatório do valor do débito, monetariamente corrigido e acrescido dos juros e multa de mora e demais encargos.
>
> Parágrafo único. A propositura, pelo contribuinte, da ação prevista neste artigo importa em renúncia ao poder de recorrer na esfera administrativa e desistência do recurso acaso interposto.

No mais, conforme o valor da causa seja superior ou inferior a 60 vezes o salário mínimo, ter-se-á, respectivamente, o rito ordinário ou sumário (art. 275, I, do CPC, com a redação dada pela Lei 10.444, de 7.5.2002).

21.4.2.1 *Renúncia*

Conforme visto, a Lei de Execução Fiscal determina que a dívida ativa da Fazenda Pública pode ser discutida judicialmente (a) na execução fiscal, por meio dos respectivos embargos; (b) no mandado de segurança; (c) na repetição de indébito; (d) e na ação anulatória precedida de depósito.

Saliente-se que a propositura dessa ação implicará, conforme o caso, renúncia ao direito de recorrer no âmbito administrativo ou desistência de recurso eventualmente interposto (parágrafo único do art. 38 da Lei de Execução Fiscal). Portanto, não é necessário o esgotamento da via administrativa para o ingresso na esfera judicial. Veja-se:

> **[Lei 6.830/1980] Art. 38.** (...).
>
> Parágrafo único. A propositura, pelo contribuinte, da ação prevista neste artigo importa em renúncia ao poder de recorrer na esfera administrativa e desistência do recurso acaso interposto.

Cumpre registrar que a constitucionalidade desse preceito foi reconhecida pela Suprema Corte. Trata-se do julgamento de uma série de recursos extraordinários contra acórdão do TJRJ que negara provimento à apelação das recorrentes e confirmara sentença que indeferira mandado de segurança preventivo por elas impetrado, sob o fundamento de impossibilidade da utilização simultânea das vias administrativa e judicial para discussão da mesma matéria, com base no citado parágrafo único (v. *Informativo* 387 do STF).

O Min. Gilmar Mendes, em seu voto, diz não vislumbrar desproporcionalidade nesse dispositivo que declara a prejudicialidade da tutela administrativa se o contribuinte optar por obter, desde logo, a proteção judicial devida, pois cuida-se de providência que apenas confere racionalidade a essa dúplice proteção oferecida pelo sistema jurídico.

No entender do Min. Celso de Mello esse dispositivo não deve ser declarado inconstitucional, uma vez que deverá ser aplicado sempre que a decisão judicial não estiver revestida de coisa julgada. De seu turno, o Min. Marco Aurélio, relator, aditou o voto para incluir em sua fundamentação a ofensa ao direito de petição e declarou a inconstitucionalidade do indigitado parágrafo único, dando provimento aos respectivos recursos extraordinários.

21.4.3 Ação de repetição de indébito

"Repetir", numa acepção comum, significa "tornar a fazer"; e o verbete "repetição", além de significar o "ato ou efeito de repetir", também é empregado, mormente na seara jurídica, como sinônimo de "devolução", "restituição". Logo, a ação de repetição de indébito visa à restituição de algo que fora pago indevidamente ou a maior.

Com efeito, se o contribuinte já tiver efetuado o pagamento do tributo e posteriormente, por considerá-lo indevido, quiser pleitear sua devolução, deverá ajuizar ação de repetição de indébito, dentro do prazo de cinco anos, contados da data em que fora efetuado o pagamento indevido, ou da decisão administrativa ou judicial de teor favorável ao contribuinte (art. 168 do CTN).

A inicial dessa ação deverá estar instruída com documentação hábil para comprovar o recolhimento indevido, cuja restituição se postula. Apenas para ilustrar, o autor poderá sustentar erro no lançamento quanto à identificação do sujeito passivo, assim como reforma, anulação, revogação ou rescisão da decisão condenatória que ensejara o pagamento indevido.

Todavia, a *restituição dos impostos indiretos* é praticamente inviável, nos termos do CTN:

> **[CTN] Art. 166.** A restituição de tributos que comportem, por sua natureza, transferência do respectivo encargo financeiro somente será feita a quem prove haver assumido referido encargo, ou, no caso de tê-lo transferido a terceiro, estar por este expressamente autorizado a recebê-la.

Contudo, o teor desse dispositivo encontra-se roborado pela *Súmula 546 do STF*, ora reproduzida:

> **[STF] Súmula 546.** Cabe restituição do tributo pago, indevidamente, quando reconhecido por decisão que o contribuinte *de jure* não recuperou do contribuinte *de facto* o *quantum* respectivo.

Entretanto, há divergência doutrinária quanto à constitucionalidade do referido art. 166 do CTN, pois se o fundamento constitucional dessa ação cinge-se à existência de um pagamento indevido a título de tributo, pode-se concluir que basta a prova do referido pagamento efetuado pelo autor para que lhe seja reconhecido seu direito à repetição. É dizer, o pedido de restituição seria devido sem a necessidade de observância das citadas exigências infraconstitucionais: prova de haver assumido o referido encargo ou, no caso de tê-lo transferido a terceiro, estar por este expressamente autorizado a receber a restituição.

21.4.4 Ação declaratória

Para obter uma decisão judicial que apenas declare a ausência de relação jurídica tributária em caso concreto, deve-se intentar uma ação declaratória (art. 4º, I e II, do CPC).

Deveras, a proteção dos direitos fundamentais supõe a existência de Constituição rígida e, portanto, a possibilidade de um controle de constitucionalidade das leis que nela se presumem fundamentadas.

Esse controle pode ser feito pela via difusa ou pela via concentrada. No primeiro caso a declaração de inconstitucionalidade é meramente incidental, pressuposta, prejudicial, enfim, apenas um meio de alcançar seu fim precípuo – qual seja, dirimir judicialmente a lide.

Infere-se dessa breve síntese que a ação declaratória de inexistência de relação jurídica tributária a que se refere o art. 4º, I, do CPC não se confunde com a ação declaratória de inconstitucionalidade (ou de constitucionalidade) contra lei em tese, prevista no art. 102 da Lei Maior, onde também constam expressamente os legitimados para ajuizá-la.

Ora, a ação declaratória de inexistência de relação jurídica tributária visa a declarar a existência ou inexistência de determinada relação jurídica tributária, isto é, a dirimir dúvida sobre a juridicização ou subsunção de uma dada situação fática. Diante de cada caso concreto infere-se a legitimidade *ad causam* para a propositura dessa ação declaratória, assim como na comprovação da dúvida acerca da existência, ou não, de *relação jurídica* tributária reside o correlato interesse processual (art. 267, VI, do CPC).

Enfatize-se, portanto, o não-cabimento de ação declaratória para atestar exclusivamente a existência ou inexistência de simples fato, ressalva feita à declaração de falsidade de documento (art. 4º, II, do CPC).

Deveras, assim como não é cabível, pelo controle difuso, ação declaratória contra lei em tese – pois, como se sabe, o Judiciário não é órgão de livre consulta –, também não se admite ação declaratória para reconhecer a ocorrência de determinado fato sem que se questione eventual relação jurídica dele oriunda, ou seja, sem que haja uma correlata norma jurídica cuja aplicação se questiona.

Convém ressaltar que a declaração de inexistência de relação jurídica tributária pode resultar, *grosso modo*, da declaração incidental de inconstitucionalidade de lei, seja por vícios formais, seja por vícios materiais, tais como o desrespeito aos princípios constitucionais, assim como a inobservância das hipóteses de imunidade ou de isenção aplicáveis ao caso *sub judice*. A suposta inconstitucionalidade formal ou material da lei consubstancia o embasamento jurídico da causa de pedir a que se refere o pedido da ação declaratória de inexistência de relação jurídica tributária (art. 267, VI, do CPC).

Cumpre também ressaltar o aspecto dúplice da ação declaratória, pois tanto a sentença que julgue procedente quanto a que julgue improcedente o pleito declaratório eliminará a dúvida, respectivamente, quanto à existência ou inexistência da questionada relação jurídica tributária.

Como corolário disso, a sentença que declare procedente o pedido de reconhecimento da inexistência de relação jurídica tributária no controle difuso atribui (a) ao autor o direito subjetivo de se comportar como se não figurasse no pólo passivo dessa relação jurídica e (b) ao réu o dever de adotar um comportamento omissivo, ou seja, de não exercer o direito subjetivo que, de igual modo, fora declarado inexistente. Sob esse prisma, portanto, as sentenças declaratórias, apesar do seu referido teor normativo, não revelam eficácia executiva.

Doutro lado, evidencia-se o caráter de título executivo da sentença declaratória de pagamento indevido que concomitantemente reconheça o direito à compensação. Nesse caso, apresenta-se como título executivo judicial para assegurar o recebimento, em dinheiro, da quantia devida.

Por fim, em conformidade com o que já foi dito, a sentença declaratória de inexistência de relação jurídica tributária diante de uma situação concreta não tem efeitos *erga omnes*, mas tão-somente para as partes litigantes. No que concerne a saber se a declaração faz coisa julgada em relação às cobranças posteriores predomina o entendimento jurisprudencial de que se limita aos débitos existentes à época do ajuizamento.

A rigor, pode-se concluir que será aplicado o comando normativo emanado da sentença enquanto perdurar a referida situação fático-jurídica, desde que devidamente delimitados o conteúdo e a extensão da parte dispositiva da sentença, conforme o pedido e a causa de pedir constantes na inicial.

Tendo em conta que a simples propositura da ação declaratória não impede o Fisco de efetuar o lançamento e proceder à cobrança da referida dívida fiscal, nela também há de ser formulado o pedido de suspensão da exigibilidade do crédito tributário, mediante o reconhecimento de uma das causas que constam no art. 151 do CTN.

21.4.5 *Ação de consignação em pagamento*

Quando o contribuinte encontrar dificuldades junto ao Fisco para extinguir a obrigação tributária mediante simples quitação do débito, deverá ajuizar ação de consignação em pagamento (ou ação consignatória), que se encontra disciplinada nos arts. 890 e ss. do CPC.

O CTN, todavia, especifica as hipóteses de cabimento da ação consignatória na esfera tributária:

[CTN] Art. 164. A importância do crédito tributário pode ser consignada judicialmente pelo sujeito passivo, nos casos: (...) III – de exigência, por mais de uma pessoa jurídica de direito público, de tributo idêntico sobre um mesmo fato gerador.

§ 1º. A consignação só pode versar sobre o crédito que o contribuinte se propõe a pagar.

§ 2º. Julgada procedente a consignação, o pagamento se reputa efetuado e a importância consignada é convertida em renda; julgada improcedente a consignação no todo ou em parte, cobra-se o crédito acrescido de juros de mora, sem prejuízo das penalidades cabíveis.

Em tese, nos termos do disposto nos incisos I, II e III do art. 164 do CPC, tem-se que: (a) o contribuinte quer pagar o tributo, porém sem uma das condições impostas pelo credor, referidas nos dois primeiros incisos do art. 164; (b) o contribuinte quer pagar o tributo que entende devido a apenas um dos entes tributantes que se dizem credores.

Na esfera tributária, portanto, é pressuposto da ação de consignação em pagamento que o autor admita sua condição de contribuinte de um tributo devido e não-pago. Por via de conseqüência, o contribuinte não propõe essa ação com o fito de se eximir de seu pagamento.

Essa ação deverá ser ajuizada no foro do lugar do pagamento. O local do pagamento será o da repartição competente do *domicílio do contribuinte*,[7] se pessoa física, ou de *sua sede*, se pessoa jurídica, salvo disposição legal em contrário (art. 159 do CTN).

Se houver dois ou mais réus, com diferentes domicílios, podem ser demandados em quaisquer deles, à escolha do autor (§ 4º do art. 94 do CPC), desde que não seja o caso de observar normas de competência em razão da matéria (art. 111 do CPC).

No mais, se o tributo estiver sendo exigido tanto pela Fazenda Federal quanto pela Fazenda Estadual, a ação deverá ser ajuizada peran-

---

7. Na falta de eleição pelo contribuinte, seu domicílio será: (a) se se tratar de pessoa física, a residência habitual ou o centro habitual de atividade; (b) se se tratar de pessoa jurídica de direito privado, o lugar de sua sede ou do estabelecimento em que ocorreu o fato gerador; (c) no caso de pessoa jurídica de direito público, qualquer de suas repartições no território da entidade tributante (art. 127 do CTN).

te a Justiça Federal, determinando-se a citação de ambas e continuando o processo a correr unicamente entre os credores, caso em que se observará o procedimento ordinário (art. 898 do CPC).

O pedido de depósito da quantia que o contribuinte entende devida deve constar na inicial, para que possa ser efetuado no prazo de cinco dias, contados do deferimento. O autor também deve requerer na inicial a citação do réu para levantar o depósito ou oferecer resposta. Em suma, deve o autor sempre requerer o depósito, bem como a citação dos que o disputam, para provarem seu direito (art. 895 do CPC).

Se comparecer mais de um credor, o juiz declarará efetuado o depósito e extinta a obrigação, e o processo tramitará unicamente entre os credores (art. 898 do CPC). Efetuado o depósito, cessam os juros e os riscos, salvo se a ação vier a ser julgada improcedente (art. 891 do CPC). Na hipótese de existirem prestações periódicas, o depósito das que forem vencendo deve ser efetuado em até cinco dias, contados da data do respectivo vencimento.

Diante do art. 164 do CTN, entende-se que a alteração trazida pela Lei 8.951/1994 ao art. 890 do CPC, autorizadora do depósito extrajudicial e, portanto, precedente à esfera judicial, não se aplica em matéria tributária.

21.4.6 Mandado de segurança

O mandado de segurança sempre poderá ser impetrado dentro do prazo de 120 dias contados da ciência oficial do ato a ser impugnado.

Autoridade coatora é a que, no suposto exercício de função pública, agiu abusiva ou ilegalmente. É a pessoa que ordena ou omite a prática do ato impugnado; não se confunde com o mero executor do ato.

O *impetrado* é a própria autoridade coatora cujo ato é imputado em razão do ofício, e não a pessoa jurídica ou o órgão ao qual pertence.[8]

Assim, a União, os Estados, o Distrito Federal e os Territórios poderão ingressar nos autos como litisconsortes ou assistentes, repre-

---

8. Nesse sentido: Hely Lopes Meirelles, *Mandado de Segurança*, 31ª ed., São Paulo, Malheiros Editores, 2008, pp. 64 e ss.

sentados por seus procuradores. O Município, para esse fim, integrará a lide com o ingresso do prefeito no processo.

Tecnicamente, "Município" é pessoa jurídica, "Prefeitura" é órgão e "prefeito" é agente. Não obstante, já decidiu o STF (*RTJ* 96/759) que essas expressões são equivalentes para efeito de legitimidade *ad causam*.

O mandado de segurança somente pode versar sobre matéria eminentemente de direito, e eventuais provas hão de ser apresentadas de plano, pois não será admissível a dilação probatória no curso do processo.

A impetração contra lei em tese (inadmissível no nosso direito positivo) difere da impetração preventiva, pois essa última supõe a ocorrência de um fato concreto cuja juridicidade se questiona. Contra lei em tese é cabível a ação direta de controle de constitucionalidade.

A concessão da liminar suspende a exigibilidade da obrigação tributária; ou seja, o Fisco ficará impedido de ajuizar a respectiva execução fiscal.

Ao despachar a inicial notifica-se a autoridade coatora para prestar informações, determinando-se a manifestação do Ministério Público.

Considerando-se que os requisitos "constitucionais" para a impetração de mandado de segurança são (a) direito líquido e certo *violado* por ato de autoridade ou (b) direito líquido e certo *ameaçado* por ato de autoridade, têm-se duas modalidades de mandado de segurança, quais sejam, respectivamente, (i) o *repressivo* e (ii) o preventivo.

Como corolário disso, tem-se ainda que a sentença de mérito do mandado de segurança há de ser uma resposta ao pedido do impetrante, ou seja, deve tão-somente limitar-se a reconhecer, ou não, a existência de um desses requisitos constitucionais.

É dizer: se for reconhecida a presença de direito líquido e certo violado ou ameaçado de lesão por ato de autoridade, haverá sentença definitiva; portanto, com resolução de mérito. Neste caso cuidar-se-á de decisão judicial que apenas determinará à autoridade coatora a prática ou a abstenção do ato impugnado, em conformidade com o pedido inicial. Logo, a sentença concessiva do mandado de segurança tem caráter mandamental.

Disso também se infere que o mandado de segurança não deve ser empregado para fazer as vezes de ação declaratória, condenatória ou constitutiva. Noutro giro, o mandado de segurança não é substituto da ação declaratória de inexistência de relação jurídica tributária, da ação anulatória de débito fiscal, da ação de repetição de indébito etc.

Nada impede, no entanto, que essas ações venham a ser ajuizadas pelo impetrante que teve seu pedido julgado procedente numa sentença de mérito transitada em julgado, quando, então, poderá pleitear, por exemplo, a compensação ou a devolução do tributo indevido ou pago a maior. Ressalte-se, ainda, que a sentença favorável ao impetrante está sujeita a remessa oficial (duplo grau de jurisdição).

No mais, haverá sentença terminativa, isto é, sem resolução de mérito, se se decidir pela ausência de direito líquido e certo violado ou ameaçado de lesão por ato de autoridade. Ademais, a inicial poderá ser indeferida por ausência de requisito essencial, inépcia, ausência de pressupostos processuais, inadequação da via eleita etc.

21.5 Medidas liminares

Num sentido amplo, fala-se em medida liminar ante situação que demanda uma providência urgente. Nesse item, todavia, apenas ressaltaremos as peculiaridades de alguns pleitos liminares específicos, isto é, em sede de mandado de segurança, em processo de rito ordinário, em processo cautelar.

21.5.1 Liminar em mandado de segurança

O pedido de liminar consiste em obter uma ordem judicial que imponha à autoridade coatora a prática ou a abstenção de determinado ato que viole ou ameace direito líquido e certo do impetrante, haja vista que – convém frisar – os requisitos "constitucionais" para a impetração de mandado de segurança são (a) direito líquido e certo *violado* por ato de autoridade ou (b) direito líquido e certo *ameaçado* por ato de autoridade.

O impetrante tem direito subjetivo à concessão de liminar em mandado de segurança sempre que estejam presentes apenas e tão-somente os requisitos impostos pela Lei 1533/1951, quais sejam: (a) urgência (fundado receito de dano irreparável ou de difícil reparação ou *periculum in mora*) e (b) relevante fundamento (ou *fumus boni iuris*), ou seja, sua concessão não pode estar condicionada à prestação de contracautela.

Apenas para ilustrar, citem-se como exemplos desses requisitos a exigência de tributo indevido ou a maior pelo Fisco (relevante fundamento) e a pressa do devedor em afastar as conseqüências de seu descumprimento (urgência), tais como a inscrição em dívida ativa, cobrança judicial, multas, obtenção de certidão positiva de débito etc.

Ao juiz caberá, em decisão fundamentada, deferir ou indeferir o pedido de liminar. Como se trata de decisão interlocutória, e sendo suscetível de causar à parte lesão grave e de difícil reparação, será admitida a interposição de agravo de instrumento, no prazo de 10 dias (art. 522 do CPC).

A decisão concessiva de liminar é revogável a qualquer tempo; enquanto não revogada, vigorará pelo prazo de 90 dias, contados da sua efetivação, prorrogável por mais 30 dias.

21.5.2 Tutela antecipada

Em ação declaratória admite-se pedido de tutela antecipada, nos termos do art. 273 do CPC. Assim, se o pleito da ação declaratória consiste em obter a certeza jurídica de que num caso concreto não incide determinado tributo, será cabível pedido de tutela antecipada para prevenir-se de eventual autuação fiscal.

> **[CPC] Art. 273.** O juiz poderá, a requerimento da parte, antecipar, total ou parcialmente, os efeitos da tutela pretendida no pedido inicial, desde que, existindo prova inequívoca, se convença da verossimilhança da alegação e: I – haja fundado receio de dano irreparável ou de difícil reparação; ou II – fique caracterizado o abuso de direito de defesa ou o manifesto propósito protelatório do réu.
>
> § 1º. Na decisão que antecipar a tutela, o juiz indicará, de modo claro e preciso, as razões do seu convencimento.
>
> § 2º. Não se concederá a antecipação da tutela quando houver perigo de irreversibilidade do provimento antecipado.

§ 3º. A execução da tutela antecipada observará, no que couber, o disposto nos incisos II e III do art. 588.

§ 3º. A efetivação da tutela antecipada observará, no que couber e conforme sua natureza, as normas previstas nos arts. 588, 461, §§ 4º e 5º, e 461-A.

§ 4º. A tutela antecipada poderá ser revogada ou modificada a qualquer tempo, em decisão fundamentada.

§ 5º. Concedida ou não a antecipação da tutela, prosseguirá o processo até final julgamento.

§ 6º. A tutela antecipada também poderá ser concedida quando um ou mais dos pedidos cumulados, ou parcela deles, mostrar-se incontroverso.

§ 7º. Se o autor, a título de antecipação de tutela, requerer providência de natureza cautelar, poderá o juiz, quando presentes os respectivos pressupostos, deferir a medida cautelar em caráter incidental do processo ajuizado.

De todo o exposto, pode-se traçar um breve cotejo entre o pedido de liminar em mandado de segurança e o pedido de tutela antecipatória.

Ambos coincidem com o pedido de mérito; portanto, ambos têm natureza antecipatória.

Seus requisitos, porém, não são idênticos: a concessão de liminar em mandado de segurança supõe a satisfação de dois requisitos legais: (a) urgência e (b) relevante fundamento. Os requisitos para a concessão de tutela antecipada, *grosso modo*, também revelam a necessidade de urgência e relevante fundamento; afinal, (a) da verossimilhança da alegação, decorrente de prova inequívoca, infere-se o relevante fundamento, assim como do pressuposto de que (b) haja fundado receio de dano irreparável ou de difícil reparação, ou de que fiquem caracterizados o abuso de direito de defesa ou o manifesto propósito protelatório do réu, infere-se a urgência.

Diferem, no entanto, pelo fato de os requisitos legais para a concessão de liminar em mandado de segurança resultarem de um pressuposto constitucional específico (a exigir rito sumário), qual seja, o direito líquido e certo violado ou ameaçado de lesão por ato de autoridade. Logo, pela via do mandado de segurança somente se poderá pleitear o afastamento do ato de autoridade que viola ou que ameaça violar direito líquido e certo. Por tal razão, esse pedido liminar também poderá ser feito em ação declaratória, condenatória ou constitutiva, as quais, todavia, seguem o rito ordinário, menos célere.

21.5.3 Medida cautelar

A disciplina do processo cautelar compreende disposições gerais e específicas (arts. 796 e ss. do CPC). Fala-se, então, em medidas cautelares inominadas e nominadas, respectivamente. Além das inominadas previstas em lei, também poderá o juiz determinar as medidas provisórias que julgar adequadas, quando houver fundado receio de que uma parte, antes do julgamento da lide, cause lesão grave e de difícil reparação ao direito da outra.

O processo cautelar pode ser instaurado antes ou no curso do processo principal, e deste é sempre dependente. Em regra, o juiz determinará medida cautelar com a audiência das partes. Somente em casos excepcionais, previstos em lei, poderá o juiz determiná-la *inaudita altera parte* – por exemplo, quando verificar que o réu, sendo citado, poderá tornar a medida ineficaz. Nada obstante, nesse caso poderá ainda determinar que o requerente preste caução real ou fidejussória para o fim de ressarcir os danos que o requerido possa vir a sofrer.

Ainda em breve síntese, cabe medida cautelar inominada ou atípica sempre que houver fundado receio de grave lesão a direito subjetivo, com fulcro nos arts. 798 a 803 do CPC. Em tais casos, cuida-se de medida preparatória de outra ação judicial, uma vez que, como foi dito, tem por objeto garantir a eficácia do processo de conhecimento ou de execução. Como requisitos gerais de qualquer medida liminar, devem estar configurados o *fumus boni juris* e o *periculum in mora*. A ameaça deve ser concreta. A *sentença* tem eficácia mandamental e declaratória e, portanto, *efeito devolutivo*.

A Lei 8.437/1992, que "dispõe sobre a concessão de medidas cautelares contra atos do Poder Público e dá outras providências", veda liminar contra atos do Poder Público, no procedimento cautelar ou em quaisquer outras ações de natureza cautelar ou preventiva, sempre que providência semelhante não puder ser concedida em ações de mandado de segurança, em virtude de vedação legal. De igual modo, outra alternativa de defesa do contribuinte que também teve sua eficácia restringida pela Lei 9.494/1997 é a *tutela antecipatória* (art. 273 do CPC).

21.6 Recursos

Nos termos de nosso Código de Processo Civil, são cabíveis os seguintes recursos: apelação, agravo de instrumento, agravo retido, embargos infringentes, embargos de declaração, recurso ordinário, recurso especial, recurso extraordinário e embargos de divergência em recurso especial e em recurso extraordinário (art. 496). Dos despachos não cabe recurso (art. 504).

É de 15 dias o prazo para interpor apelação, recursos ordinário, especial e extraordinário, bem como para oferecer embargos infringentes e de divergência (art. 508), contados da intimação das partes ou da publicação do dispositivo do acórdão no órgão oficial (art. 506). Todavia, o prazo para interpor agravo de instrumento é de 10 dias (art. 522) e o prazo para oferecer embargos de declaração é de 5 dias (art. 536).

O recurso pode ser interposto (a) pela parte vencida, (b) pelo terceiro prejudicado, desde que demonstre o nexo de interdependência entre seu interesse de intervir e a relação jurídica submetida à apreciação judicial, e (c) pelo Ministério Público, que tem legitimidade para recorrer tanto no processo em que é parte como naqueles em que oficiou como fiscal da lei (art. 499). Saliente-se que cada parte interporá o recurso, independentemente, no prazo, e observadas as exigências legais. Mas, se forem vencidos autor e réu no recurso interposto por qualquer deles, a outra parte poderá aderir ao recurso interposto dessa decisão. O recurso adesivo fica subordinado ao recurso principal (art. 500).

O recurso extraordinário e o recurso especial não impedem a execução da sentença. A interposição do agravo de instrumento não obsta ao andamento do processo, ressalvando-se as hipóteses das quais possa resultar lesão grave e de difícil reparação, em que o relator poderá suspender o cumprimento da decisão até o pronunciamento definitivo da Turma ou Câmara (art. 497).

Quando forem interpostos embargos infringentes para impugnar dispositivo de acórdão que contenha julgamento por maioria de votos e julgamento unânime, ficará sobrestado até a intimação da decisão nos embargos o prazo para recurso extraordinário ou recurso especial relativamente ao julgamento unânime. Por outro lado, se não forem interpostos embargos infringentes, o prazo relativo à parte unânime da decisão terá como dia de início aquele em que transitar em julgado a decisão por maioria de votos (art. 498).

No ato de interposição do recurso o recorrente comprovará, quando exigido pela legislação pertinente, o respectivo preparo, inclusive porte de remessa e de retorno, sob pena de deserção (art. 511 do CPC). Ressalve-se que, nos termos do § 1º do art. 511 do CPC, são dispensados de preparo os recursos interpostos pelo Ministério Público, pela União, pelos Estados e Municípios e respectivas autarquias.

21.6.1 Apelação

Sentença – vale gizar – é a decisão que extingue o procedimento em primeiro grau de jurisdição, com ou sem resolução de mérito. Da sentença poderá ser interposto recurso de apelação, no prazo de 15 dias, que devolverá ao tribunal o conhecimento da matéria impugnada, bem como as questões anteriores à sentença, ainda não decididas (arts. 515 e 516 do CPC). Registre-se, ademais:

[CPC] Art. 515. (...).

§ 1º. Serão, porém, objeto de apreciação e julgamento pelo tribunal todas as questões suscitadas e discutidas no processo, ainda que a sentença não as tenha julgado por inteiro.

§ 2º. Quando o pedido ou a defesa tiver mais de um fundamento e o juiz acolher apenas um deles, a apelação devolverá ao tribunal o conhecimento dos demais.

§ 3º. Nos casos de extinção do processo sem julgamento do mérito (art. 267), o tribunal pode julgar desde logo a lide, se a causa versar questão exclusivamente de direito e estiver em condições de imediato julgamento. *[Incluído pela Lei 10.352/2001]*

§ 4º. Constatando a ocorrência de nulidade sanável, o tribunal poderá determinar a realização ou renovação do ato processual, intimadas as partes; cumprida a diligência, sempre que possível prosseguirá o julgamento da apelação. *[Incluído pela Lei 11.276/2006]*

Em suma: são vedadas a *reformatio in mellius* além ou fora do pedido e a *reformatio in pejus*. Questões suscitadas e discutidas no processo podem ser reexaminadas, pelo efeito translativo (matéria de ordem pública).

O apelante deve elaborar duas petições: a petição de interposição, endereçada ao juízo *a quo*, e outra endereçada ao juízo *ad quem*, contendo as razões de seu inconformismo e pedido de nova decisão. Ambas devem ser assinadas pelo advogado.

Preceitua o art. 514 do CPC que a apelação deve ser dirigida ao juiz e conter os nomes e a qualificação das partes; os fundamentos de fato e de direito; o pedido de nova decisão. Desse modo, compete ao juiz monocrático examinar os pressupostos de admissibilidade ao receber a apelação ou as contra-razões.

Admite-se a interposição do recurso via *fax* (fac-símile), devendo ser entregues os originais em até cinco dias contados da data do término do prazo recursal (art. 1º da Lei 9.800/1999).

A apelação pode ser recebida apenas no efeito devolutivo ou nos efeitos devolutivo e suspensivo, conforme especificar a lei. Excepcionalmente, é cabível agravo de instrumento para atacar essa decisão posterior à sentença que declara os efeitos do recurso de apelação, por ser inócuo, na hipótese, o agravo retido.

Em alguns casos, quando, por exemplo, se tratar de decisão em processo cautelar, de decisão que rejeita liminarmente embargos à execução ou que os julgue improcedentes, assim como de sentença que confirme a antecipação dos efeitos da tutela, a apelação será recebida somente no efeito devolutivo, hipótese em que o apelado poderá promover a execução provisória da sentença, extraindo a respectiva carta (arts. 520 e 521 do CPC).

Nas hipóteses em que a lei só admite o efeito devolutivo o parágrafo único do art. 558 do CPC permite ao relator conceder efeito suspensivo, a requerimento do apelante, sempre que restar comprovada a possibilidade de lesão grave e de difícil reparação.

21.6.2 Agravo

É o recurso cabível contra decisão interlocutória, no prazo de 10 dias (art. 522 do CPC).

Agravo retido nos autos – independe de preparo; o agravante deve requerer expressamente, nas razões ou na resposta da apelação, que o tribunal dele conheça preliminarmente, no julgamento da apelação.

Agravo de instrumento – diretamente dirigido ao tribunal competente; a petição deve conter a exposição do fato e do direito, as razões do pedido de reforma da decisão, o nome e o endereço completo dos advogados, constantes do processo; deve obrigatoriamente ser instruída com cópias da decisão agravada, da certidão da respectiva intimação e das procurações outorgadas aos advogados do agravante e do agravado. É cabível quando se tratar de decisão suscetível de causar à parte lesão grave e de difícil reparação, bem como nos casos de inadmissão da apelação e nos relativos aos efeitos em que a apelação é recebida.

Outrossim, no prazo de três dias deve o agravante requerer a juntada, aos autos do processo, de cópia da petição do agravo de instrumento e do comprovante de sua interposição, assim como a relação dos documentos que instruíram o recurso. Se assim não proceder, e isso for argüido e provado pelo agravado, importará inadmissibilidade do agravo (art. 526 do CPC).

Poderá ser concedido efeito suspensivo pelo relator quando houver possibilidade de lesão grave e de difícil reparação, bem como nos casos de inadmissão da apelação e nos relativos aos efeitos em que a apelação é recebida, mandando remeter os autos ao juiz da causa. Admite-se, ainda, a concessão de efeito suspensivo ativo quando a decisão impugnada seja de conteúdo negativo.

Em prazo não superior a 30 dias da intimação do agravado, o relator pedirá dia para julgamento ou considerará prejudicado o agravo se o juiz comunicar que reformou inteiramente a decisão (arts. 528 e 529 do CPC).

21.6.3 Embargos infringentes

Há dois recursos distintos denominados "embargos infringentes":

(a) Os embargos infringentes previstos pela Lei de Execução Fiscal (art. 34), que devem ser interpostos no prazo de 10 dias, mediante petição endereçada ao juízo *a quo*, somente quando se tratar de sentenças proferidas em execuções de valor igual ou inferior a 50 ORTNs. Veja-se:

> **[Lei 6.830/1980] Art. 34.** Das sentenças de primeira instância proferidas em execuções de valor igual ou inferior a 50 (cinqüenta) Obrigações Reajustáveis do Tesouro Nacional – ORTNs, só se admitirão embargos infringentes e de declaração.

§ 1º. Para os efeitos deste artigo considerar-se-á o valor da dívida monetariamente atualizado e acrescido de multa e juros de mora e de mais encargos legais, na data da distribuição.

§ 2º. Os embargos infringentes, instruídos, ou não, com documentos novos, serão deduzidos, no prazo de 10 (dez) dias perante o mesmo juízo, em petição fundamentada.

§ 3º. Ouvido o embargado, no prazo de 10 (dez) dias, serão os autos conclusos ao juiz, que, dentro de 20 (vinte) dias, os rejeitará ou reformará a sentença.

(b) Os embargos infringentes previstos no art. 530 do CPC para impugnar acórdão não-unânime que houver reformado, em grau de apelação, a sentença de mérito ou houver julgado procedente ação rescisória. Se o desacordo for parcial, os embargos serão restritos à matéria objeto da divergência.

No mais, dispõe a Súmula 597 do STF:

[STF] Súmula 597. Não cabem embargos infringentes de acórdão que, em mandado de segurança, decidiu, por maioria de votos, a apelação.

Esses embargos devem ser interpostos no prazo de 15 dias, mediante petição dirigida ao relator do acórdão embargado e protocolada no cartório ou na secretaria do tribunal. A petição deve conter a identificação do embargante e do embargado, o pedido de novo julgamento, as razões de inconformismo e a comprovação do preparo. Uma vez admitidos, serão processados e julgados conforme dispuser o regimento do tribunal (art. 533 do CPC). Se não admitidos, caberá agravo, em cinco dias, para o órgão competente para o julgamento do recurso (art. 532 do CPC).

21.6.4 Embargos de declaração

Cabíveis contra sentença ou acórdão que revelem (a) obscuridade, (b) contradição ou (c) omissão de ponto sobre o qual devia pronunciar-se o juiz ou tribunal (art. 535 do CPC). A rigor, não são *recurso*, pois não têm por escopo a reforma da decisão quanto ao seu teor. Nada obstante, interrompem o prazo para a interposição de outros recursos, por qualquer das partes (art. 538). A propósito:

[CPC] Art. 538. (...).

Parágrafo único. Quando manifestamente protelatórios os embargos, o juiz ou o tribunal, declarando que o são, condenará o embargante a pagar ao embargado multa não excedente de 1% sobre o valor da causa. Na reiteração de embargos protelatórios, a multa é elevada a até 10%, ficando condicionada a interposição de qualquer outro recurso ao depósito do valor respectivo. *[Redação dada pela Lei 8.950, de 13.12.1994]*

No mais, o prazo para a interposição é de cinco dias, sem preparo. A petição deve ser dirigida ao juiz ou ao relator do acórdão e, obviamente, há de conter a indicação do ponto obscuro, contraditório ou omisso.

21.6.5 Recurso ordinário

Pode ser interposto recurso ordinário perante o STF assim como perante o STJ.

No primeiro caso, somente quanto se tratar de mandados de segurança, *habeas data* e mandados de injunção decididos em única instância pelos Tribunais Superiores, quando denegatória a decisão.

Ao STJ caberá julgar recurso ordinário em (a) mandados de segurança decididos em única instância pelos TRFs ou pelos Tribunais dos Estados e do Distrito Federal e Territórios, quando denegatória a decisão; assim como (b) nas causas em que forem partes, de um lado, Estado estrangeiro ou organismo internacional e, do outro, Município ou pessoa residente ou domiciliada no país.

O recurso ordinário a ser julgado pelo STF e pelo STJ há de observar os mesmos "requisitos de admissibilidade" e o "procedimento no juízo de origem" dos recursos de apelação e de agravo, dispostos no Código de Processo Civil e nos respectivos regimentos internos.

21.6.6 Recurso Especial e Recurso Extraordinário

Por primeiro, vejamos o que dispõe nossa vigente Constituição Federal sobre o recurso extraordinário:

[CF] Art. 102. Compete ao Supremo Tribunal Federal, precipuamente, a guarda da Constituição, cabendo-lhe: (...) III – julgar, mediante recurso extraordinário, as causas decididas em única ou última instância, quando a decisão recorrida: a) contrariar dispositivo desta Constituição; b) declarar a inconstitucionalidade de tratado ou lei federal; c) julgar válida lei ou ato de governo local contestado em face desta Constituição; d) julgar válida lei local contestada em face de lei federal. *[Incluída pela Emenda Constitucional 45/2004]*

(...).

§ 3º. No recurso extraordinário o recorrente deverá demonstrar a repercussão geral das questões constitucionais discutidas no caso, nos termos da lei, a fim de que o Tribunal examine a admissão do recurso, somente podendo recusá-lo pela manifestação de dois terços de seus membros. *[Incluído pela Emenda Constitucional 45/2004]*

E no tocante ao recurso especial:

[CF] Art. 105. Compete ao Superior Tribunal de Justiça: (...) III – julgar, em recurso especial, as causas decididas, em única ou última instância, pelos Tribunais Regionais Federais ou pelos Tribunais dos Estados, do Distrito Federal e Territórios, quando a decisão recorrida: a) contrariar tratado ou lei federal, ou negar-lhes vigência; b) julgar válido ato de governo local contestado em face de lei federal; *[redação dada pela Emenda Constitucional 45/2004]* c) der a lei federal interpretação divergente da que lhe haja atribuído outro tribunal.

Observe-se, portanto, que somente será admissível a interposição de recurso especial e de recurso extraordinário nos casos previstos na Lei Maior. Ambos deverão ser interpostos mediante petições distintas, perante o presidente ou o vice-presidente do tribunal recorrido.

Essa petição deverá conter a exposição do fato e do direito, a demonstração do cabimento do recurso interposto, bem como as razões do pedido de reforma da decisão recorrida. Uma vez recebida a petição pela Secretaria do Tribunal, será intimado o recorrido para apresentar contra-razões e posteriormente serão os autos conclusos para admissão ou não do recurso, no prazo de 15 dias, em decisão fundamentada.

Os recursos especial e extraordinário somente serão recebidos no efeito devolutivo, e quando interpostos contra decisão interlocutória em processo de conhecimento, cautelar ou embargos à execução ficarão retidos nos autos e somente serão processados se o reiterar a parte, no prazo para a interposição do recurso contra a decisão final ou para as contra-razões.

Admitidos ambos os recursos, os autos serão remetidos ao STJ e, concluído o julgamento do recurso especial, serão os autos remetidos ao STF, para apreciação do recurso extraordinário, se este não estiver prejudicado. Doutra parte, isto é, não sendo admitidos, caberá agravo de instrumento, no prazo de 10 dias, para o STF ou para o STJ, conforme o caso. E, ainda, no caso de decisão do relator que não admitir o agravo de instrumento, negar-lhe provimento ou reformar o acórdão recorrido, caberá agravo, no prazo de cinco dias, ao órgão competente para o julgamento do recurso, observado o disposto nos §§ 1º e 2º do art. 557.

Também poderá ocorrer que o relator do recurso especial considere que o recurso extraordinário é prejudicial àquele. Nesse caso, em decisão irrecorrível, sobrestará seu julgamento e remeterá os autos ao STF, para o julgamento do recurso extraordinário.

21.6.7 Embargos de divergência em Recurso Extraordinário e em Recurso Especial

Caberão embargos de divergência em face de decisão da Turma que, (a) em recurso especial, divergir do julgamento de outra Turma, da Seção ou do Órgão Especial ou que, (b) em recurso extraordinário, divergir do julgamento de outra Turma ou do Plenário, devendo ser observado o procedimento recursal estabelecido no Regimento Interno (art. 546 do CPC).

Em tais casos caberá ao embargante fazer a prova da divergência mediante certidão, cópia autenticada ou pela citação do repositório de jurisprudência, oficial ou credenciado, inclusive em mídia eletrônica, em que tiver sido publicada a decisão divergente, ou, ainda, pela reprodução de julgado disponível na Internet, com indicação da respectiva fonte, mencionando, em qualquer caso, as circunstâncias que identifiquem ou assemelhem os casos confrontados (parágrafo único do art. 541 do CPC).

21.6.8 Recurso Extraordinário e repercussão geral

Ainda nos termos do Código de Processo Civil, o STF, em decisão irrecorrível, não conhecerá do recurso extraordinário quando a questão constitucional nele versada não oferecer repercussão geral, nos termos do art. 543-A. Considera-se repercussão geral (a) a existência, ou não, de questões relevantes do ponto de vista econômico, político, social ou jurídico, que ultrapassem os interesses subjetivos da causa, ou (b) sempre que o recurso impugnar decisão contrária a súmula ou jurisprudência dominante do Tribunal.

Incumbe ao recorrente demonstrar, em preliminar do recurso, para apreciação exclusiva do STF, a existência da repercussão geral. Na hipótese de não ser reconhecida, essa decisão valerá para todos os recursos sobre matéria idêntica, que serão indeferidos liminarmente, salvo revisão da tese – tudo nos termos do RISTF. De igual modo, os recursos sobrestados considerar-se-ão automaticamente não admitidos.

Julgado o mérito do recurso extraordinário, os recursos sobrestados serão apreciados pelos Tribunais, Turmas de Uniformização ou Turmas Recursais, que poderão declará-los prejudicados ou retratar-se. Caso seja mantida a decisão e admitido o recurso, poderá o STF, nos termos do Regimento Interno, cassar ou reformar, liminarmente, o acórdão contrário à orientação firmada.

21.7 Divisão judiciária

Foro designa o local onde o juiz exerce a jurisdição. Na esfera estadual fala-se em "Comarca", enquanto no âmbito federal foro corresponde à "Seção Judiciária".

21.7.1 Justiça Federal

Seção Judiciária – no Estado de São Paulo, por exemplo, têm-se: Vara Cíveis, Vara da Fazenda Pública, Vara das Execuções Fiscais.

Subseções do Interior – em alguns Estados.

Consta na Constituição Federal de 1988:

[CF] **Art. 110.** Cada Estado, bem como Distrito Federal, constituirá uma Seção Judiciária que terá por sede a respectiva Capital, e Varas localizadas segundo o estabelecido em lei.

Parágrafo único. Nos Territórios Federais, a jurisdição e as atribuições cometidas aos juízes federais caberão aos juízes da Justiça local, na forma da lei.

21.7.2 Justiça Estadual

Comarcas maiores – nessas têm-se Varas especializadas; por exemplo: Varas Cíveis, Varas Criminais, Varas da Fazenda Pública etc. Na Comarca da Capital do Estado de São Paulo, *v.g.*, há: Fórum Central (Varas Cíveis, Varas Criminais, Varas da Fazenda Pública etc.) e Fóruns Regionais (Varas Cíveis, Varas Criminais etc.).

Comarcas menores – Vara cumulativa, que, por sua vez, compreende todas as matérias, todas as pessoas, qualquer valor.

As Comarcas podem ser reunidas em Circunscrições para fins administrativos.

21.7.3 Órgãos jurisdicionais

– *Supremo Tribunal Federal* (art. 102 da CF de 1988).
– *Superior Tribunal de Justiça* (art. 105 da CF de 1988).
– *Tribunais Regionais Federais.*
– *Juízes Federais.*
– *Tribunais de Justiça* (Estaduais).
– *Juízes de Direito Estaduais.*

São *órgãos da Justiça Federal* os Tribunais Regionais Federais (TRFs) e os juízes federais (art. 106 da CF de 1988).

A Justiça Federal subdivide-se em cinco Regiões, que compreendem as Seções Judiciárias.

Temos cinco Tribunais Regionais Federais (TRFs):

1ª Região – com sede na Capital Federal e jurisdição no Distrito Federal e nos Estados do Acre, Amapá, Amazonas, Bahia, Goiás, Maranhão, Mato Grosso, Minas Gerais, Pará, Piauí, Rondônia, Roraima e Tocantins, compõe-se de 27 juízes vitalícios, nomeados pelo Presidente da República.

2ª Região – com sede na cidade do Rio de Janeiro e jurisdição no território dos Estados do Rio de Janeiro e do Espírito Santo, compõe-se de 27 juízes vitalícios, nomeados pelo Presidente da República.

3ª Região – com sede na Capital do Estado de São Paulo e jurisdição sobre as Seções Judiciárias de São Paulo e Mato Grosso do Sul, compõe-se de 43 juízes federais vitalícios, nomeados pelo Presidente da República.

4ª Região – com sede na cidade de Porto Alegre e jurisdição no território dos Estados do Rio Grande do Sul, Santa Catarina e Paraná, compõe-se de 27 juízes fFederais vitalícios, nomeados pelo Presidente da República.

5ª Região – com sede na cidade de Recife, Estado de Pernambuco, e jurisdição no território dos Estados do Ceará, Rio Grande do Norte, Paraíba, Pernambuco, Alagoas e Sergipe, compõe-se de 10 juízes federais vitalícios, nomeados pelo Presidente da República.

São *órgãos da Justiça Estadual* os Tribunais de Justiça e os juízes de direito (art. 125 da CF de 1988).

21.8 Competência jurisdicional

A Constituição de 1988 delimita expressamente o âmbito de competência da Justiça Federal, de modo que a competência da Justiça Estadual é residual. Vejamos:

> **[CF] Art. 108.** Compete aos *Tribunais Regionais Federais*: (...) II – julgar, em grau de recurso, as causas decididas pelos juízes federais e pelos juízes estaduais no exercício da competência federal da área de sua jurisdição.
>
> **Art. 109.** Aos *juízes federais* compete processar e julgar: I – as causas em que a União, entidade autárquica ou empresa pública federal forem interessadas na condição de autoras, rés, assistentes ou oponentes, exceto as de falência, as de acidentes de trabalho e as sujeitas à Justiça Eleitoral e à Justiça do Trabalho; (...).

(...).

§ 3º. Serão processadas e julgadas na *Justiça Estadual*, no foro do domicílio dos segurados ou beneficiários, as causas em que forem parte *instituição de previdência social e segurado*, sempre que a Comarca não seja sede de Vara do Juízo Federal, e, se verificada essa condição, a lei poderá permitir que outras causas sejam também processadas e julgadas pela Justiça Estadual.

§ 4º. Na hipótese do parágrafo anterior, o recurso cabível será sempre para o *Tribunal Regional Federal* na área de jurisdição do juiz de primeiro grau. *[Grifamos]*

Compete à Justiça Federal a apreciação de matéria relacionada a tributos federais; e à Justiça Estadual a apreciação de matéria relacionada a tributos estaduais e municipais.

Onde não houver Justiça Federal a competência para apreciar matéria previdenciária passa a ser da Justiça Estadual, mantendo-se, todavia, a competência recursal do TRF.

21.9 Competência territorial

Estabelece a Lei Maior:

[CF] Art. 109. (...).

§ 1º. As causas em que a *União for autora* serão aforadas na Seção Judiciária onde tiver domicílio a outra parte.

§ 2º. As causas intentadas *contra a União* poderão ser aforadas na Seção Judiciária em que for domiciliado o autor, naquela onde houver ocorrido o ato ou fato que deu origem à demanda ou onde esteja situada a coisa, ou, ainda, no Distrito Federal. *[Grifamos]*

21.9.1 Justiça Federal

– *União-autora (art. 109, § 1º)* – domicílio do réu.

– *União-ré (art. 109, § 2º)* – foros concorrentes: domicílio do autor; local do ato ou fato; situação da coisa; Distrito Federal.

Nos demais casos, *regra* – domicílio do réu (arts. 94 a 100 do CPC). Por exemplo, causas em que entidade autárquica ou empresa pública federal forem interessadas na condição de autoras, rés, assistentes ou oponentes.

21.9.2 Justiça Estadual

– *Arts. 94 a 100 do CPC.*

– *Regra* – domicílio do réu.

21.10 Competência quanto à matéria

A *Justiça Cível* é competente para apreciar matéria tributária.

A *Justiça Criminal* é competente para apreciar crimes tributários.

A *Vara da Fazenda Pública* ou das *Execuções Fiscais*, onde houver, é competente para apreciar as execuções fiscais propostas pelo Fisco e os respectivos embargos oferecidos pelo contribuinte/devedor.

21.11 Competência de juízo

É feita por distribuição.

Matéria tributária – Vara Cível; Vara da Fazenda Pública; Vara das Execuções Fiscais.

21.12 Competência quanto ao valor da causa

Até 40 salários mínimos – o autor pode optar pelos Juizados Especiais.

Até 20 salários mínimos – não é necessário advogado; mas para recorrer, sim.

Questões tributárias – não se submetem aos Juizados Especiais.

21.13 Quanto à possibilidade de prorrogação da competência

A competência *absoluta* (improrrogável) pode ser:

(a) quanto à matéria (cível, penal, por exemplo);

(b) quanto à Justiça (Federal, Estadual, por exemplo);

(c) quanto à hierarquia (primeira ou segunda instância, por exemplo).

A competência *relativa* (prorrogável) compreende a competência em função do valor da causa e a competência territorial. Argüida por exceção processual, é uma das formas de resposta do réu.

21.14 Quadro sinótico de competências

TRIBUTOS FEDERAIS

	Competência	Endereçamento	Pólo passivo
Ações de rito ordinário	Domicílio do autor	Exmo. Sr. Dr. Juiz Federal da ... Vara da Seção Judiciária de (...)	União
Agravo de instrumento e apelação	Tribunal a que se subordinar o juiz *a quo*	Exmo. Sr. Dr. Desembargador Presidente do egrégio Tribunal de (...)	União
Embargos à execução fiscal	Domicílio do devedor, por dependência	Exmo. Sr. Dr. Juiz Federal da ... Vara das Execuções Fiscais da Seção Judiciária de (...)	União
Mandado de segurança	Local do ato ou fato que deu origem à demanda	Exmo. Sr. Dr. Juiz Federal da ... Vara da Seção Judiciária de (...)	Ilmo. Sr. Dr. Delegado da Receita Federal (não aduaneiro); Ilmo ... Inspetor da Receita Federal (aduaneiro); Ilmo ... Superintendente do INSS

TRIBUTOS ESTADUAIS E MUNICIPAIS

	Competência	Endereçamento	Pólo passivo
Ações de rito ordinário	Domicílio do autor	Exmo. Sr. Dr. Juiz de Direito da ... Vara da Fazenda Pública da Comarca de ...	Fazenda Pública do Estado de ...
Apelação	Tribunal a que se subordinar o juiz *a quo*	Exmo. Sr. Dr. Desembargador Presidente do do Tribunal de Justiça de ...	O mesmo da ação principal
Embargos à execução fiscal	Domicílio do devedor, por dependência	Exmo. Sr. Dr. Juiz de Direito da ... Vara das Execuções Fiscais da Comarca de ...	Fazenda Pública do Estado de ...
Mandado de segurança	Local do ato ou fato que deu origem à demanda	Exmo. Sr. Dr. Juiz de Direito da ... Vara da Fazenda Pública da Comarca de ...	*Na esfera estadual* Ilmo. Sr. Dr. Delegado Regional Tributário *Na esfera municipal* Ilmo. Sr. Dr. Diretor do Departamento de Rendas Mobiliárias (ISS); Ilmo ... Imobiliárias (ITBI, IPTU); Ilmo ... de Arrecadação e Fiscalização (certidões)

DOUTRINA

Hugo de Brito Machado[9] traz alguns esclarecimentos acerca da *impetração preventiva* do mandado de segurança e da *impetração contra lei em tese*, in verbis:

---

9. Hugo de Brito Machado, *Curso de Direito Tributário*, 29ª ed., São Paulo, Malheiros Editores, 2008, pp. 472-473.

A doutrina tem afirmado que a impetração preventiva só é admissível com a prova da ameaça, e isto tem gerado equívocos na apreciação do mandado de segurança em matéria tributária. Como em grande número de impetrações preventivas o contribuinte ataca a futura exigência de tributo fundada em lei inconstitucional, tem-se dito que tais impetrações voltam-se contra a *lei em tese*.

Impetração contra a lei em tese, porém, não se confunde com a impetração preventiva. Se a lei já incidiu, ou se já foram praticados atos importantes à configuração de sua hipótese de incidência, a impetração já é possível, e tem caráter preventivo, um vez que a exigência do tributo ainda não ocorreu. Não há necessidade de comprovar a ameaça de tal exigência porque, sendo a atividade de lançamento vinculada e obrigatória, não é razoável presumir-se que a autoridade vai deixar de praticá-la. Pelo contrário, presume-se que ela vai cumprir a lei e, assim, fazer o lançamento. Daí o justo receio justificador da impetração preventiva.

Impetração contra a lei em tese é a que ataca a norma abstratamente. Norma que não incidiu. Se a norma não incidiu não se pode falar em direito subjetivo do impetrante. E neste caso é incabível não apenas o mandado de segurança, mas a propositura de qualquer ação, posto que sem a concreção do direito não pode haver atividade jurisdicional.

Contra a lei em tese apenas é cabível ação direta de controle de constitucionalidade, que a rigor não tem natureza jurisdicional, mas legislativa. [Nossos os últimos grifos]

Outrossim, leciona Cleide Previtalli Cais,[10] acerca da possibilidade de se discutir o débito na ação de consignação em pagamento:

O pedido é de liberação da dívida e a discussão atinge o seu valor, admitindo sejam enfrentadas matérias de fato, de interpretação de cláusulas contratuais e de normas legais, a fim de se verificar se o depósito é integral. Conseqüentemente, é juridicamente impossível ação de consignação em pagamento fundada em dúvida do autor quanto à efetiva existência do débito. Diante dessas características, não cabe formular pedido sucessivo em ação de consignação em pagamento.

No que concerne à legitimação para figurar no pólo passivo do mandado de segurança, sintetiza Cleide Previtalli Cais:[11]

---

10. Cleide Previtalli Cais, *O Processo Tributário*, 4ª ed., São Paulo, Ed. RT, 2004, p. 520.
11. Idem, pp. 314-315.

Celso Agrícola Barbi, acompanhando Seabra Fagundes, Castro Nunes e Themístocles Cavalcanti, sustenta que a parte passiva do mandado de segurança é a pessoa jurídica de direito público a cujos quadros pertence a autoridade apontada como coatora, ao entendimento de que o ato do funcionário é ato da entidade pública a que ela se subordina, operando-se os respectivos efeitos em relação à pessoa jurídica de direito público. Interpretando a omissão da Lei 1.533/1951 na determinação da citação da pessoa jurídica de direito público, considera que a circunstância de determinar a lei que seja feito o "pedido de informação à autoridade coatora" quer significar, apenas, mudança de técnica, em favor da brevidade do processo, já que o coator é citado em juízo como "representante" da pessoa jurídica de direito público, e não como parte. Diante desse entendimento, conclui que a condenação nas despesas judiciais opera contra a entidade de direito público e não contra o coator, já que vencida na causa será aquela, e não este.

Muito embora a doutrina moderna seja praticamente unânime em afirmar que o sujeito passivo do mandado de segurança é a pessoa de direito público (ou, eventualmente, privado, nos casos do art. 5º, LXIX, da CF, quando se tratar de agende de pessoa jurídica no exercício de atribuições do Poder Publico), a notificação que determina o inciso I do art. 7º da Lei 1.533/1951 ao coator prestar informações que entender necessárias configura uma fenda nos princípios de direito processual. Melhor andaria a lei se houvesse determinado a citação da pessoa de direito público para ocupar sua posição no processo, além de determinar a intimação do agente da pessoa jurídica para prestar as informações.

JURISPRUDÊNCIA

Por maioria, o STF decidiu pela constitucionalidade do parágrafo único do art. 38 da Lei de Execuções Fiscais:

> Constitucional. Processual Tributário. Recurso administrativo destinado à discussão da validade de dívida ativa da Fazenda Pública. Prejudicialidade em razão do ajuizamento de ação que também tenha por objetivo discutir a validade do mesmo crédito. Art. 38, par. ún., da Lei 6.830/1980. O direito constitucional de petição e o princípio da legalidade não implicam a necessidade de esgotamento da via administrativa para discussão judicial da validade de crédito inscrito em Dívida Ativa da Fazenda Pública. É constitucional o art. 38, par. ún.,

da Lei 6.830/1980 (Lei da Execução Fiscal – LEF), que dispõe que "a propositura, pelo contribuinte, da ação prevista neste artigo [*ações destinadas à discussão judicial da validade de crédito inscrito em dívida ativa*] importa em renúncia ao poder de recorrer na esfera administrativa e desistência do recurso acaso interposto". Recurso Extraordinário conhecido, mas ao qual se nega provimento. **[RE 233.582-RJ, rel. Min. Marco Aurélio, j. 16.8.2007, *DJe* 16.5.2008]**

Sobre a denominação da ação, assentou o STF:

> Processual civil – Ação declaratória. Ela visa a eliminar estado de incerteza. Deve apresentar-se pura, mas, quando agregada de elemento constitutivo ou condenatório, o erro de nome não anula a ação. 2. Pedido de declaração de inexistência de relação jurídica de dívida e de conseqüente nulidade da duplicata que foi levada a protesto – Compatibilidade entre os pedidos. 3. Agravo regimental a que se nega provimento. **[STF, 1ª Turma, AI/AgR 91.528-SP, rel. Min. Alfredo Buzaid, j. 19.4.1983, v.u., *DJU* 13.5.1983, p. 428]**

A 2ª Turma do STJ já admitiu que a ação, embora denominada declaratória, veicule pedido de repetição de indébito:

> Processual civil e tributário – Omissão – Acórdão que entendeu por cabimento de ação – Julgamento de mérito na instância ordinária. 1. Esta Turma reconheceu que é admissível a ação que, embora intitulada de declaratória, postula o reconhecimento do direito à repetição, por creditamento, de tudo que foi pago indevidamente, a título de ICMS, por força da majoração indevida da alíquota do imposto, de 17% para 18%, prevista na Lei estadual paulista n. 6.556/1989, que teve sua inconstitucionalidade declarada pela Suprema Corte. (...). **[STJ, 2ª Turma, REsp/ED 652.224-SP, rel. Min. Castro Meira, j. 5.9.2006, v.u., *DJU* 20.9.2006, p. 204]**

Efeitos *ex nunc* nos casos de segurança jurídica ou de excepcional interesse social somente são cabíveis no controle concentrado. Nesse sentido:

> Processo civil e tributário – Arts. 458, II, e 535, I e II, do CPC – Violação não configurada – IPTU, TCLLP e TIP – Efeitos da declaração de inconstitucionalidade – Art. 27 da Lei n. 9.868/1999 – Eficácia prospectiva – Inadmissibilidade em sede de controle difuso – Juros moratórios – Art. 161, c/c o art. 167, parágrafo único, do CTN. 1. Evidenciadas as razões de decidir do acórdão, inexiste falha na fun-

damentação da decisão recorrida, não havendo de se falar em deficiência da jurisdição prestada. Inexistente o apontado malferimento dos arts. 458, II, e 535, I e II, do CPC. 2. O STF, por decisão de maioria de dois terços de seus membros, está autorizado a estabelecer limites aos efeitos da declaração de inconstitucionalidade, proferindo decisões com eficácia *ex nunc* ou *pro futuro* em vista de razões de segurança jurídica ou de excepcional interesse social. 3. Tal possibilidade, entretanto, apenas é admitida no julgamento de ação direta de inconstitucionalidade e de ação declaratória de constitucionalidade, inexistindo em sede de controle difuso. 4. Orientação do STF nesse sentido. 5. Precedentes da 1ª Turma. 6. Em repetição de indébito são devidos juros moratórios de 1% ao mês, a partir do trânsito em julgado da decisão (Súmula n. 188/STJ), nos termos do art. 161, c/c o art. 167, parágrafo único, do CTN. 7. Acórdão conhecido em parte e, nessa, improvido. **[STJ, 2ª Turma, REsp 650.424-RJ, rela. Min. Eliana Calmon, j. 17.2.2006, v.u., *DJU* 6.3.2006, p. 318]**

Nessa esteira:

Processo civil – Coisa julgada – Ação declaratória – Efeitos – Sócio que se retira – Responsabilidade. 1. A sentença proferida em ação declaratória não tem efeitos gerais e *erga omnes*. Limita-se a afastar a incerteza jurídica das relações existentes à época do ajuizamento da ação. 2. O sócio que se retira da sociedade continua responsável pelos débitos que antecederam a alienação. 3. Recurso improvido. **[STJ, 2ª Turma, RMS 9.658-DF, rela. Min. Eliana Calmon, j. 19.10.1999, v.u., *DJU* 6.12.1999, p. 75]**

Quanto ao não-cabimento de ação declaratória em face de lei em tese, explicitou a Suprema Corte:

Processual civil e tributário – Ação declaratória – Inexistência de relação jurídica – Incidência do ISS – Caráter genérico – Não-especificação do dano – Inadequação da via eleita – Extinção do processo sem julgamento do mérito – Art. 267, inciso IV, do CPC – Embargos de declaração – Omissão – Inexistência – Inversão dos ônus sucumbenciais – Acolhimento. I – Os embargos de declaração constituem recurso de rígidos contornos processuais, consoante disciplinamento imerso no art. 535 do CPC, exigindo-se, para seu acolhimento, que estejam presentes os pressupostos legais de cabimento. Inocorrentes as hipóteses de obscuridade, contradição, omissão ou, ainda, erro material, não há como prosperar o inconformismo, cujo real intento é a obtenção de efeitos infringentes. II – As matérias insertas nos dispositivos apontados como violados foram devidamente debatidas na instância *a quo*, não havendo que se falar em falta de prequestionamento. III – Inexiste, da mesma forma, o reexame do substrato probatório dos autos, tendo a discussão acerca da inadequação da via eleita sido estritamente de direito. IV – O aresto embargado aplicou corretamente a interpretação ao art. 4º do CPC, tendo se manifestado no sentido de que incabível a declaração de inexistência de relação jurídico-tributária genérica e abstrata, sem a especificação do dano ocorrido, por meio da menção às atividades mercantis específicas que realizou com seus clientes. V – A condenação do vencido no pagamento dos honorários advocatícios é conseqüência lógica do julgado que deu provimento ao recurso especial, porquanto aquele sucumbiu no pedido. VI – Embargos de declaração de Épico Decorações Ltda. rejeitados e embargos declaratórios da Fazenda do Estado de São Paulo acolhidos, para sanar a omissão ocorrida no acórdão atacado. [STJ, 1ª **Turma, REsp/ED 786.952-SP, rel. Min. Francisco Falcão, j. 9.5.2006, v.u.,** *DJU* **25.5.2006, p. 176]**

Inconstitucionalidade enseja a declaração de nulidade da norma, com efeitos *ex tunc*. A revogação de norma válida, portanto, tem efeitos *ex nunc*, pois não padecia de vício de inconstitucionalidade algum na sua vigência. Logo, somente é cabível a repristinação nos casos de declaração de inconstitucionalidade. Nesse sentido:

> Processual civil – Tributário – Mandado de segurança – Declaração de inconstitucionalidade de lei revogadora – Eficácia *ex tunc* – Inaptidão da lei inconstitucional para produzir quaisquer efeitos – Inocorrência de revogação – Distinção entre declaração de inconstitucionalidade e revogação de lei. 1. O vício da inconstitucionalidade acarreta a nulidade da norma, conforme orientação assentada há muito tempo no STF e abonada pela doutrina dominante. Assim, a afirmação da constitucionalidade ou da inconstitucionalidade da norma, mediante sentença de mérito em ação de controle concentrado, tem efeitos puramente declaratórios. Nada constitui nem desconstitui. Sendo declaratória a sentença, a sua eficácia temporal, no que se refere à validade ou à nulidade do preceito normativo, é *ex tunc*. 2. A revogação, contrariamente, tendo por objeto norma válida, produz seus efeitos para o futuro (*ex nunc*), evitando, a partir de sua ocorrência, que a norma continue incidindo, mas não afetando de forma alguma as situações decorrentes de sua (regular) incidência, no intervalo situado en-

tre o momento da edição e o da revogação. 3. A não-repristinação é regra aplicável aos casos de revogação de lei, e não aos casos de inconstitucionalidade. É que a norma inconstitucional, porque nula *ex tunc*, não teve aptidão para revogar a legislação anterior, que, por isso, permaneceu vigente. 4. No caso dos autos, foi declarado inconstitucional o art. 25, § 2º, da Lei n. 8.870/1994, que determinava a revogação do art. 22, inciso I, da Lei n. 8.212/1990, alterando a base de incidência da contribuição da folha de pagamentos para o faturamento. Não tendo essa lei, porém, face ao reconhecimento de sua inconstitucionalidade, jamais sido apta a realizar o comando que continha, vigeu e vige, desde a sua edição até os dias atuais, o art. 22, inciso I, da Lei n. 8.212/1990, que determina que as empresas de atividade rural recolham a contribuição sobre a folha de salários – Precedente da 1ª Seção: EREsp n. 445.455-BA, Min. Teori Albino Zavascki, *DJU* 5.12.2005. 5. Embargos de divergência a que se nega provimento. **[STJ, 1ª Seção, EREsp 517.789-AL, rel. Min. Teori Albino Zavascki, j. 22.3.2006, v.u., *DJU* 10.4.2006, p. 112]**

Sobre litispendência, continência e conexão assim se manifestou o STF:

Processual civil – Tributário – Mandado de segurança e ação declaratória – Litispendência não caracterizada – Conexão e continência. 1. Litispendência entre a ação ordinária objetivando a declaração de inexigibilidade do pagamento da COFINS (períodos de 10.2.1997 até 10.4.1997 e 31.5.1997 até a data do ajuizamento da ação ordinária) e o reconhecimento do direito à compensação dos valores indevidamente recolhidos e mandado de segurança impetrado para assegurar direito líquido e certo da empresa impetrante de não ser submetida à ilegal e inconstitucional cobrança da COFINS a partir da data da impetração com efeitos *ex nunc*. 2. Consoante dispõe o art. 301, § 1º, do CPC, ocorre a litispendência quando forem propostas ações com as mesmas partes litigantes, o mesmo pedido e a mesma causa de pedir. 3. Importa registrar que a *ratio essendi* da litispendência visa a que a parte não promova duas demandas visando ao mesmo resultado, o que, frise-se, em regra, ocorre quando o autor formula, em face do mesmo sujeito, idêntico pedido, fundado da mesma causa de pedir. 4. Esta Corte, em inúmeros julgados, sedimentou entendimento de que em hipóteses como a que se afigura, ou seja, à míngua da tríplice identidade, não existe entre as demandas referidas litispendência, mas antes conexão ou continência, que é uma espécie daquela. 5. O instituto da conexão tem, assim, como sua razão maior de ser evitar o risco de decisões inconciliáveis. Por esse motivo, diz-se, também, que são conexas duas ou mais ações quando, em sendo julgadas separadamente, podem gerar decisões inconciliáveis, sob o ângulo lógico e prático. 6. O reconhecimento da litispendência depende da ocorrência da tríplice identidade entre partes, causa de pedir e pedido, o que inocorre na hipótese *sub examine*, porquanto o *mandamus* é via adequada à reparação de ilegalidade ou abuso de poder e a ação ordinária, com plena cognição, inclusive probatória, objetiva a declaração de inexistência de relação jurídico-tributária e consectariamente o reconhecimento do direito de compensar eventuais indébitos. 7. *In casu*, a análise dos pedidos engendrados tanto na ação ordinária quanto na ação mandamental, mercê de aparente identidade, não permite a configuração da litispendência, mas antes revela hipótese de continência, que no dizer de Carnelutti implica litispendência parcial, porquanto uma ação está contida na outra. 8. Consoante se infere do voto-condutor do acórdão hostilizado, *litteris*: "(...). São idênticos as partes, o pedido e a causa de pedir. O fato de naquele *writ* não haver pedido explícito de declaração do direito de compensação, e nesta ordinária a parte autora tê-lo feito, não tem o condão de afastar a aplicação do instituto da litispendência. Tendo em vista que à apelação da parte autora naquele mandado de segurança foi dado parcial provimento, declarado indevido o recolhimento no período anterior à vigência da Lei n. 9.430/1996, a repetição do indébito poderá ser feita administrativamente, através da compensação. O direito permanece intacto". 9. Recurso especial provido para afastar a preliminar de litispendência e determinar o retorno dos autos ao Tribunal *a quo* para que prossiga no julgamento do mérito da ação ordinária. **[STJ, 1ª Turma, REsp 725.143-PR, rel. Min. Luiz Fux, j. 5.9.2006, v.u.,** *DJU* **21.9.2006, p. 220]**

Para ilustrar, veja-se um caso de cabimento de exceção de pré-executividade reconhecido pelo STJ e que diz respeito aos efeitos prospectivos da sentença em relação aos fatos geradores similares àqueles por ela apreciados, desde que ocorridos sob uma mesma situação jurídica:

Processo civil – Exceção de pré-executividade – Eficácia da coisa julgada em matéria tributária – Sentença que, em ação declaratória, reconheceu o direito à correção monetária dos saldos credores do ICMS – Eficácia prospectiva da coisa julgada. 1. A decisão em ação declaratória que reconhece, em manifestação trânsita, o direito ao creditamento de correção monetária de determinado período inadmite execução em relação ao mesmo lapso, proposta subseqüentemente à coisa julgada, sob pena de violação da eficácia preclusiva da mesma, que se opera na forma do art. 474 do CPC. 2. A exceção de pré-executividade é servil à suscitação de questões que devam ser conhecidas de ofício pelo juiz, como a coisa julgada, que consubstancia condição genérica negativa para o legítimo exercício do direito de ação. 3. Conquanto seja de sabença que o que faz coisa julgada material é o dispositivo da sentença, faz-se mister ressaltar que o pedido e a causa de pedir, tal qual expressos na petição inicial e adotados na fundamentação do *decisum*, integram a *res judicata*, uma vez que atuam como delimitadores do conteúdo e da extensão da parte dispositiva da sentença. Dessa forma, enquanto perdurar a situação fático-jurídica descrita na causa de pedir aquele comando normativo emanado na sentença, desde que esta transite em julgado, continuará sendo aplicado, protraindo-se no tempo, salvo a superveniência de outra norma em sentido diverso. 4. Na seara tributária, valioso e atual se mostra o escólio de Rubens Gomes de Sousa, *verbis*: "(...) a solução exata estaria em distinguir, em cada caso julgado, entre as decisões que tenham se pronunciado sobre os elementos permanentes e imutáveis da relação jurídica, como a constitucionalidade ou inconstitucionalidade do tributo, a sua incidência ou não-incidência na hipótese materialmente considerada, a existência ou inexistência de isenção legal ou contratual e o seu alcance, a vigência da lei tributária substantiva ou a sua revogação etc., e as que se tenham pronunciado sobre elementos temporários ou mutáveis da relação jurídica, como a avaliação de bens, as condições personalíssimas do contribuinte em seus reflexos tributários, e outras da mesma natureza; à coisa julgada das decisões do primeiro tipo há que se atribuir uma eficácia permanente; e às segundas, uma eficácia circunscrita ao caso específico em que foram proferidas" ("Coisa julgada", in *Repertório Enciclopédico do Direito Brasileiro*, Rio de Janeiro, ed. Borsói, p. 298) 5. Conseqüentemente, a regra de que a sentença possui efeito vinculante somente em relação às situações já perfeitas, não alcançando aquelas decorrentes de fatos futuros, deverá ser relativizada quando se tratar de situações jurídicas permanentes, que não se alteram de um exercício para o outro, nem findam com o término da relação processual. Nesses casos, a sentença terá efeitos prospectivos em relação aos fatos geradores similares àqueles por ela apreciados, desde que ocorridos sob uma mesma situação jurídica. 6. *In casu*, a natureza permanente da situação jurídica que engendrou a decisão com trânsito em julgado, qual seja, a necessidade de preservação do valor dos créditos tributários da empresa contribuinte, em face dos efeitos nefastos da inflação, pelos mesmos índices de correção monetária aplicados pelo Estado aos seus créditos fiscais, de forma a impedir-se a carga tributária indevida e o enriquecimento sem causa por parte do Estado. Conseqüentemente, em virtude da perduração do contexto jurídico em que proferida a sentença da ação declaratória, encontra-se albergado pela eficácia da coisa julgada o direito da recorrente à atualização monetária do saldo credor do ICMS. 7. Recurso especial provido. **[STJ, 1ª Turma, REsp 795.724-SP, rel. Min. Luiz Fux, j. 1.3.2007, v.u., *DJU* 15.3.2007, p. 274]**

Ainda sobre a exceção de pré-executividade:

Tributário – Execução fiscal – Possibilidade de apreciação da matéria alegada em exceção de pré-executividade – Prequestionamento da matéria impugnada – Redirecionamento – Certidão da dívida ativa não consta nome do sócio – Ônus da prova da Fazenda Pública de que agiu o sócio-gerente em uma das hipóteses do art. 135 do CTN. 1. O executado alegou, em exceção de pré-executividade, prescrição do crédito tributário, não-dissolução irregular da sociedade em face do processo falimentar e também adequação da via eleita para sua defesa. 2. As matérias tratadas na exceção de pré-executividade não demandam dilação probatória, bem como restou prequestionada a questão no tocante à não-inclusão do nome do sócio-gerente na CDA – Precedente: REsp n. 816.100-SE, rela. Min. Eliana Calmon, *DJU* 16.8.2007. 3. Na hipótese dos autos, a CDA não incluiu o sócio-gerente como co-responsável tributário, cabendo à Fazenda o ônus de provar a presença dos requisitos do art. 135 do CTN – Agravo regimental improvido. **[STJ, 2ª Turma, REsp/AgR/ED 701.827-SC, rel. Min. Humberto Martins, j. 6.12.2007, v.u., *DJU* 14.12.2007, p. 385]**

Acerca do depósito como causa suspensiva da exigibilidade do crédito tributário:

Tributário – Processual civil – Violação do art. 535, II, do CPC – Não ocorrência – Execução fiscal – Ação anulatória de débito fiscal e consignatória – Suspensão do executivo fiscal – Impossibilidade – Exame de matéria constitucional – Impossibilidade na via do recurso especial. 1. Inexistindo omissão, obscuridade ou contradição a ser sanada no acórdão embargado, devem ser os embargos declaratórios rejeitados, sem que isso importe em violação do preceito inscrito no art. 535, II, do CPC. 2. O ajuizamento de ação anulatória ou consignatória sem o depósito em dinheiro no valor integral da dívida não tem o condão de suspender a execução fiscal e, por conseguinte, autorizar a expedição de expedição de certidão positiva de débito com efeitos de certidão negativa. A suspensão do processo executivo fiscal, nos termos do art. 151 do CTN, depende de garantia do juízo. 3. O recurso especial não é sede própria para a apreciação de questões situadas no patamar do direito constitucional. 4. Recurso especial improvido. [STJ, 2ª Turma, REsp 624.156-RS, rel. Min. João Otávio de Noronha, j. 1.3.2007, v.u., *DJU* 20.3.2007, p. 258]

Nos termos do voto do Ministro Relator no AgR no Ag 883.084-BA, o art. 151, V, do CTN viabiliza o contribuinte devedor a valer-se, independentemente de qualquer garantia, do mandado de segurança, da ação declaratória de nulidade ou de ação desconstitutiva de débito fiscal para o fim de obter certidão positiva com efeitos de negativa. Veja-se a respectiva ementa desse julgamento:

Tributário – Ação anulatória de débito fiscal – Certidão positiva com efeitos de negativa – Obtenção – Art. 151, V, do CTN. 1. A teor do disposto no art. 151, V, do CTN, pode o contribuinte-devedor valer-se, independentemente do oferecimento de qualquer garantia, da ação declaratória de nulidade de débito fiscal com vistas a obter a expedição de certidão positiva com efeitos de negativa. 2. Agravo regimental improvido. [STJ, 2ª Turma, AgR no Ag 883.084-BA, rel. Min. João Otávio de Noronha, j. 16.10.2007, v.u., *DJU* 12.11.2007, p. 207]

Constitui pressuposto para a concessão de certidão positiva com efeitos de negativa a existência de débitos que estejam com sua exigibilidade suspensa ou garantidos por uma das formas previstas em lei, dentre as quais não figura a caução. Demais disso, não é suficiente para caracterizar o prequestionamento a mera alegação genérica da existência de omissões quanto às teses jurídicas suscitadas nos embargos de declaração. Nesse sentido:

Administrativo e processual civil – Recurso especial – Ação declaratória – Certidão positiva com efeitos de negativa – Caução – Antecipação dos efeitos da penhora – Inviabilidade – Inteligência do art. 206

do CTN – Precedentes – Ausência de prequestionamento de diversos preceitos legais – Súmulas ns. 282/STF e 211/STJ – Não conhecimento do recurso pela apontada violação do art. 535 do CPC. 1. Cuidam os autos de ação declaratória com pedido de tutela antecipada ajuizada por Inácio Procópio Neto contra a Fazenda Nacional objetivando a suspensão da exigibilidade do crédito tributário inscrito em dívida ativa pelo retardamento no ajuizamento de ação de execução fiscal, reconhecendo-se o direito de obter certidão positiva de débitos com efeitos de negativa mediante o oferecimento de caução, bem como seja determinada a retirada do seu nome do Cadastro de Inadimplentes (CADIN). Determinada a emenda da inicial por não constar do pedido da tutela antecipada o referente à retirada do nome do autor do CADIN, retificou-se o pedido com a exclusão desta pretensão. A tutela foi indeferida, havendo pedido de reconsideração que não foi atendido. A sentença julgou procedentes os pedidos para acolher como garantia de pagamento do débito fiscal o bem móvel indicado e declarar o direito do autor de obter, quando requerido e enquanto o valor de mercado do bem oferecido for superior ao valor do débito consolidado – o que poderá ser aferido periodicamente pela Fazenda Nacional –, certidão positiva com efeitos de negativa, se outro débito não constar em seu desfavor. Apelou a Fazenda, tendo o TRF-4ª Região negado-lhe provimento, mas dado parcial provimento à remessa oficial para afastar a pretensão de suspensão da exigibilidade do crédito tributário – Opostos embargos de declaração, que foram acolhidos parcialmente, para efeito de prequestionamento – Recurso especial fundamentado na alínea "a", de autoria da Fazenda, discutindo a impossibilidade da apresentação de caução que permita a emissão de certidão positiva com efeitos de negativa. Externa, ainda, contrariedade ao fato dos embargos de declaração terem sido acolhidos apenas para efeito de prequestionamento, sem, contudo, examinar os dispositivos tidos como omitidos. Para tanto, alega como contrariados os seguintes preceitos infraconstitucionais: arts. 9º e 11 da Lei de Execução Fiscal e 111, I, 151, II, e 206 do CTN – Sem contra-razões. 2. Ausência de prequestionamento dos arts. 9º e 11 da Lei de Execução Fiscal e 111, I, e 151, II, do CTN, os quais não foram objeto de debate e deliberação pela Corte de origem – Incidência das Súmulas ns. 282/STF e 211/STJ. 3. A mera indicação de violação do teor do art. 535, II, do CPC, desprovida das razões para que seja anulado o acórdão *a quo*, é insuficiente para se emprestar seguimento ao recurso especial. Há necessidade de que a parte fundamente o seu pedido, discorrendo motivadamente sobre a infringência ao preceito legal federal, e aponte o vício existente (omissão, obscuridade ou contradição) a macular o julgado proferido. Não basta a alegação genérica da existência de omissões quanto às teses jurídicas suscitadas nos embargos declaratórios de segundo grau. Não se pode presumir que as alegações defendidas naquela seara ordinária sejam as mesmas desta via especial. 4. Comete afronta ao art. 206 do CTN o decisório que entende ser possível, mediante o ajuizamento de ação declaratória ou ação cautelar, o oferecimento de caução com o objetivo de antecipar a eficácia da penhora em ação executiva, para fins de obtenção de certidão positiva com efeitos de negativa. 5. A expedição de certidão positiva com efeitos de negativa tem como pressuposto para a sua concessão a existência de débitos que estejam com sua exigibilidade suspensa ou garantidos por uma das formas previstas em lei. 6. Precedentes da 1ª Turma desta Corte: REsp n. 575.002-SC, rel. para o acórdão Min. Teori Albino Zavascki, *DJU* 17.2.2005; REsp n. 545.533-RS, desta relatoria, *DJU* 1.8.2005; REsp n. 572.157-RS, rela. para o acórdão Min. Denise Arruda, *DJU* 14.11.2005; REsp n. 716.260-RS, rel. Min. Francisco Falcão, *DJU* 19.12.2005. 7. Recurso especial parcialmente conhecido e provido. **[STJ, 1ª Turma, REsp 843.911-PR, rel. Min. José Delgado, j. 5.9.2006, v.u., *DJU* 5.10.2006, p. 273]**

Nada obstante, a partir dos EREsp 815.629-RS, julgados no dia 11.10.2006, o STJ reformulou seu entendimento acerca do cabimento de caução para se obter certidão positiva com efeitos de negativa, assim como passou a admitir que devem ser providos os embargos declaratórios propostos com o fim exclusivo de prequestionamento, de forma a viabilizar o acesso à instância superior.

Processo Civil e Tributário – Garantia real – Débito vencido mas não executado – Pretensão de obter certidão positiva com efeito de negativa (art. 206 do CTN). 1. É possível ao contribuinte, após o vencimento da sua obrigação e antes da execução, garantir o juízo de forma antecipada, para o fim de obter certidão positiva com efeito negativo (art. 206 CTN). 2. O depósito pode ser obtido por medida cautelar e serve como espécie de antecipação de oferta de garantia, visando futura execução. 3. Depósito que não suspende a exigibilidade do crédito. 4. Embargos de divergência conhecido mas improvido. **[EREsp 815629-RS, S1, rel. Min. Eliana Calmon, j. 11.10.2006, p.m., *DJU* 6.11.2006, p. 299]**

Transcreva-se, ainda:

Administrativo e processual civil – Recurso especial – Ação declaratória – Certidão positiva com efeitos de negativa – Caução real – Antecipação dos efeitos da penhora – Novo entendimento da 1ª Seção deste Sodalício – Viabilidade – Recurso não provido. 1. Em exame recurso especial interposto desafiado pela Fazenda Nacional com esteio na alínea "a" da permissão constitucional contra acórdãos assim ementados: "Processual civil e tributário – Ação cautelar – Caucionamento – Obtenção de CPD-EN. A jurisprudência mais atual desta Corte e do STF vem aceitando a possibilidade de medida cautelar com o caucionamento, ao fundamento de que o contribuinte não pode sofrer prejuízo com a demora da Fazenda Pública em ajuizar executivo fiscal para cobrança dos créditos tributários" (fls. 42); "Processual civil – Embargos declaratórios – Prequestionamento. Devem ser providos os embargos declaratórios propostos com o fim exclusivo de prequestionamento, de forma a viabilizar o acesso à instância superior" (fls. 49). A recorrente sustenta violação dos arts. 535, II, do Código de Processo Civil e 151, II, e 206 do Código Tributário Nacional, sob o pálio da seguinte argumentação: (a) violação do art. 535, II, do CPC por o acórdão ter se restringido a enumerar os artigos suscitados pela recorrente nos embargos de declaração apenas para prequestioná-los, sem, contudo, oferecer o necessário debate sobre eles; (b) no que se refere ao art. 151, II, do Código Tributário Nacional, a infringência acontece na medida em que, ao ser concedida cautelar para a obtenção de CTN-EN, deferiu-se, indiretamente, a suspensão de exigibilidade do crédito tributário mediante o oferecimento de simples caução, quando, na verdade, tal só é possível pelo depósito integral e em dinheiro do débito; (c) não pode ser concedida CND-EN ao contribuinte que não preenche os requisitos elencados no art. 206 do Código Tributário Nacional, uma vez que essa certidão seria "... ideologicamente falsa, pois que traduziria inverdade, além de contrariar frontalmente a lei". Não foram ofertadas contra-razões. 2. Embora o acórdão dos embargos declaratórios não sirva para prequestionar o art. 151, II, "d", do CTN, uma vez que limitou-se a citar os artigos suscitados pela recorrente, sem realmente debatê-los, a parte não ficou prejudicada, já que o art. 206 do CTN foi prequestionado pelo acórdão da apelação. Não ficando, destarte, caracterizado prejuízo à Fazenda Nacional. Afasta-se, pois, a alegada infringência do art. 535, II, do CPC. 3. A 1ª Turma de Direito Público deste Sodalício vinha expressando o entendimento pela impossibilidade de se obter a certidão negativa de débitos com efeitos de positiva por meio do oferecimento de caução pelo contribuinte em sede de ação cautelar. Então, o posicionamento era de não existir fundamento jurídico a ensejar a pretensão de suspensão da exigibilidade de crédito tributário e a conseqüente expedição de CND-EN, já que a caução de bem não pode suspender a exigibilidade do crédito. Contudo, a 1ª Seção, por maioria, em recente julgamento proferido nos EREsp n. 819.629-RS, no dia 11.10.2006, por meio de voto vencedor da Min. Eliana Calmon, mudou esse entendimento, passando a admitir o oferecimento de caução de bem para obtenção, pelo contribuinte, de certidão negativa de débitos com efeitos de positiva nos casos em que ainda não houvesse sido ajuizada a execução fiscal pelo Fisco. Adota-se o entendimento firmado pela Seção, com ressalva do ponto de vista pessoal. 4. Recurso especial não provido. **[STJ, 1ª Turma, REsp 883.459-RS, rel. Min. José Delgado, j. 10.4.2007, v.u., *DJU* 7.5.2007, p. 292]**

O STJ reconhece a eficácia executiva da ação declaratória, por exemplo, para fins de compensação tributária, *verbis*:

Processual civil – Tributário – Valores indevidamente pagos a título de FINSOCIAL – Sentença declaratória do direito de crédito contra a Fazenda para fins de compensação – Eficácia executiva da sentença declaratória, para haver a repetição do indébito por meio de precatório. 1. No atual estágio do sistema do processo civil brasileiro não há como insistir no dogma de que as sentenças declaratórias jamais têm eficácia executiva. O art. 4º, parágrafo único, do CPC considera "admissível a ação declaratória ainda que tenha ocorrido a violação do direito", modificando, assim, o padrão clássico da tutela puramente declaratória, que a tinha como tipicamente preventiva. Atualmente, portanto, o Código dá ensejo a que a sentença declaratória possa fazer juízo completo a respeito da existência e do modo de ser da relação jurídica concreta. 2. Tem eficácia executiva a sentença declaratória que traz definição integral da norma jurídica individualizada. Não há razão alguma, lógica ou jurídica, para submetê-la, antes da execução, a um segundo juízo de certificação, até porque a nova sentença não poderia chegar a resultado diferente do da anterior, sob pena de comprometimento da garantia da coisa julgada, assegurada constitucionalmente. E instaurar um processo de cognição sem oferecer às partes e ao juiz outra alternativa de resultado que não um, já prefixado, representaria atividade meramente burocrática e desnecessária, que poderia receber qualquer outro qualificativo, menos o de jurisdicional. 3. A sentença declaratória que, para fins de compensação tributária, certifica o direito de crédito do contribuinte que recolheu indevidamente o tributo contém juízo de certeza e de definição exaustiva a respeito de todos os elementos da relação jurídica questionada, e, como tal, é título executivo para a ação visando à satisfação, em dinheiro, do valor devido – Precedente da 1ª Seção: EREsp n. 502.618-RS, Min. João Otávio de Noronha, *DJU* 1.7.2005. 4. Embargos de divergência a que se dá provimento. [**STJ, 1ª Seção, EREsp 609.266-RS, rel. Min. Teori Albino Zavascki, j. 23.8.2006, v.u.,** *DJU* **11.9.2006, p. 223**]

O STJ admite o emprego da ação de consignação em pagamento para dirimir controvérsias em torno do *an* e do *quantum debeatur*:

Processo civil – Ação de consignação em pagamento – Propriedade – Prestações em atraso – Possibilidade de consignar-se. 1. A consignação em pagamento é ação própria para discutir-se a natureza, a origem e o valor da obrigação, quando controvertidos. 2. Repudia-se antiga prática de expurgar-se, do âmago da consignatória, cognição quanto a controvérsias em torno do *an* e *quantum debeatur*. 3. Prestações atrasadas, se idôneas para o credor, podem ser consignadas. 4. Recurso especial improvido. [**STJ, 2ª Turma, REsp 256.275, rela. Min. Eliana Calmon, j. 19.2.2002, v.u.,** *DJU* **8.4.2002, p. 171**]

Cuidando-se de ação de consignação em pagamento:

Tributário e processual civil – Ação revisional e ação consignatória de débito fiscal – Suspensão da execução fiscal – Impossibilidade, na hipótese – Necessidade de depósito integral do montante executado – Art. 151 do CTN. I – Não é possível a suspensão do processo de execução à consideração de que há prejudicialidade externa entre este e a demanda ordinária proposta, haja vista depender tal suspensão "da garantia do juízo ou do depósito do montante integral do débito, como preconizado pelo 151 do CTN" (AgR no REsp n. 588.208-RS, rel. Min. Castro Meira, *DJU* 12.9.2005). II – Incidência da Súmula n. 83/STJ, *in casu*. III – Agravo regimental improvido. [**STJ, 1ª Turma, REsp/AgR 1.021.081-RS, rel. Min. Francisco Falcão, j. 25.3.2008, v.u.,** *DJU* **5.5.2008, p. 1**]

No tocante ao pólo passivo da consignação em pagamento:

Processual civil – Tributário – Ação de consignação em pagamento de ICMS (arts. 156, VIII, e 164 do CTN e arts. 890 e ss. do CPC)

– Legitimidade passiva *ad causam* do Estado – Recurso conhecido e provido. I – O fato de o estabelecimento bancário, que é autorizado pelo Fisco a proceder à arrecadação tributária, negar-se a fazê-lo por motivos alheios à vontade do órgão estatal não é suficiente, por si só, para afastar a Fazenda Estadual do pólo passivo da ação de consignação em pagamento. II – Recurso conhecido e provido. [STJ, 2ª Turma, REsp 48.518-SP, rel. Min. Adhemar Maciel, j. 8.10.1998, v.u., *DJU* 22.2.1999, p. 89]

Sobre a renúncia em recorrer na esfera administrativa após o ingresso na via judicial, e desde que haja identidade de objeto nas duas demandas – *v.g.*, se o objeto da instância administrava não for mais amplo que o da judicial –, decidiu o STJ:

> Tributário – Processo administrativo fiscal – Mandado de segurança – Ação judicial – Renúncia de recorrer na esfera administrativa – Identidade do objeto – Art. 38, parágrafo único, da Lei n. 6.830/1980. 1. Incide o parágrafo único do art. 38 da Lei n. 6.830/1980 quando a demanda administrativa versar sobre objeto menor ou idêntico ao da ação judicial. 2. A exegese dada ao dispositivo revela que: "O parágrafo em questão tem como pressuposto o princípio da jurisdição una, ou seja, que o ato administrativo pode ser controlado pelo Judiciário e que apenas a decisão deste é que se torna definitiva, com o trânsito em julgado, prevalecendo sobre eventual decisão administrativa que tenha sido tomada ou pudesse vir a ser tomada. (...). Entretanto, tal pressupõe a identidade de objeto nas discussões administrativa e judicial" (Leandro Paulsen e René Bergmann Ávila, *Direito Processual Tributário*, Porto Alegre, Livraria do Advogado, 2003, p. 349). 3. *In casu*, os mandados de segurança preventivos, impetrados com a finalidade de recolher o imposto a menor e evitar que o Fisco efetue o lançamento a maior, comportam o objeto da ação anulatória do lançamento na via administrativa, guardando relação de excludência. 4. Destarte, há nítido reflexo entre o objeto do *mandamus* – tutelar o direito da contribuinte de recolher o tributo a menor (pedido imediato) e evitar que o Fisco efetue o lançamento sem o devido desconto (pedido mediato) – com aquele apresentado na esfera administrativa, qual seja, anular o lançamento efetuado a maior (pedido imediato) e reconhecer o direito da contribuinte em recolher o tributo a menor (pedido mediato). 5. Originárias de uma mesma relação jurídica de direito material, despicienda a defesa na via administrativa quando seu objeto subjuga-se ao versado na via judicial, face à preponderância do

mérito pronunciado na instância jurisdicional. *Mutatis mutandis*, mencionada exclusão não pode ser tomada com foros absolutos, porquanto, *a contrario sensu*, torna-se possível demandas paralelas quando o objeto da instância administrativa for mais amplo que a judicial. 7. Outrossim, nada impede o reingresso da contribuinte na via administrativa, caso a demanda judicial seja extinta sem julgamento de mérito (CPC, art. 267), pelo quê não estará solucionada a relação do direito material. 8. Recurso especial provido, divergindo do Ministro Relator. **[STJ, 1ª Turma, REsp 840.556, rel. Min. Luiz Fux, j. 26.9.2006, m.v., *DJU* 20.11.2006, p. 286]**

Sobre a necessidade de desistência da ação ante prévia confissão irretratável (v. também jurisprudência inserida no capítulo "Tributo", desta obra):

Processo civil – Tributário – Execução fiscal – Medida Provisória n. 1.858-9/1999 – Desistência da ação – Honorários advocatícios – Condenação – Possibilidade. 1. A fruição do favor fiscal estabelecido no art. 11 da Medida Provisória n. 1.858-9/1999 implica na desistência dos processos ajuizados e na condenação nos ônus da sucumbência, consoante se extrai da sua redação, a saber: "Estende-se o benefício da dispensa de acréscimos legais, de que trata o art. 17 da Lei n. 9.779, de 1999, com a redação dada pelo art. 10, aos pagamentos realizados até o último dia útil do mês de setembro de 1999, em quota única, de débitos de qualquer natureza, junto à Secretaria da Receita Federal ou à Procuradoria-Geral da Fazenda Nacional, inscritos ou não em dívida ativa da União, desde que até o dia 31 de dezembro de 1998 o contribuinte tenha ajuizado qualquer processo judicial onde o pedido abrangia a exoneração do débito, ainda que parcialmente e sob qualquer fundamento". 2. O art. 17 da Lei n. 9.779/1999, por seu turno, dispõe, *verbis*: "Fica concedido ao contribuinte ou responsável exonerado do pagamento de tributo ou contribuição por decisão judicial proferida, em qualquer grau de jurisdição, com fundamento em inconstitucionalidade de lei, que houver sido declarada constitucional pelo Supremo Tribunal Federal, em ação direta de constitucionalidade ou inconstitucionalidade, o prazo até o último dia útil do mês de janeiro de 1999 para o pagamento, isento de multa e juros de mora, da exação alcançada pela decisão declaratória, cujo fato gerador tenha ocorrido posteriormente à data de publicação do pertinente acórdão do Supremo Tribunal Federal". 3. Desta sorte, concluiu com acerto o Juiz *a quo* que (fls. 86): "A opção ao benefício da Medida Provisória

n. 1.858-9/1999 não é obrigatória, mas, em havendo, ocorre (a) a confissão irretratável da dívida, (b) a aceitação plena e irretratável de todas as condições estabelecidas para o seu ingresso e permanência no Programa, (c) a impossibilidade de impor condições para se beneficiar do favor legal, ou continuar discutindo a matéria em juízo, (d) a suspensão da exigibilidade do crédito tributário, com a possibilidade de parcelá-lo administrativamente, (e) a obrigatoriedade de desistir da ação e renunciar ao direito a que ela se funda no primeiro caso, e, no segundo caso, a compulsoriedade da parte interessada no benefício (isenção de multa e juros de mora) em pedir conversão em renda dos valores depositados em juízo, o que equivale ao pedido de desistência e renúncia, na medida em que culmina com o cancelamento administrativo da dívida e perda do objeto da demanda por ação voluntária da própria parte, e (f) a possibilidade de extinguir o débito tributário, caso o recolhimento do valor exigido seja total, como no caso dos autos. Embora esta colenda Turma já esposasse tese no sentido de que incabe verba honorária em opções de parcelamento (REFIS), tal entendimento foi modificado para prestigiar decisão da egrégia 1ª Seção que entendeu devida a verba nos casos de opção ao REFIS por força do art. 26 do CPC. [**STJ, 1ª Turma, REsp 806.479-RS, rel. Min. Luiz Fux, j. 19.10.2006, v.u., *DJU* 16.11.2006, p. 226**]

No entender do STJ, aplica-se o art. 166 do CTN apenas nos casos de compensação e restituição de tributos, mas não, por exemplo, quando se postula a dedução da diferença entre alíquotas cuja inconstitucionalidade se alega. Transcreva-se:

Processual civil – Tributário – Exceção de pré-executividade – ICMS – Majoração de alíquota – 17% para 18% – Inconstitucionalidade – Inteligência do art. 166 do CTN – Honorários advocatícios – Súmula n. 282/STF. 1. A comprovação da ausência de repasse do encargo financeiro correspondente ao tributo, nos moldes do art. 166 do CTN e da Súmula n. 546/STF, somente é exigida nas hipóteses em que se pretende a compensação ou restituição de tributos. No caso concreto não há cogitar de tal exigência, já que a pretensão da embargante não é a de obter restituição de tributo, mas apenas de reduzir o valor que lhe é exigido em sede de execução fiscal, mediante o abatimento da CDA do montante correspondente ao aumento da alíquota, que sustenta ser inconstitucional. 2. Recurso especial a que se dá provimento. [**STJ, 1ª Turma, REsp 960.958-SP, rel. Min. Teori Albino Zavascki, j. 25.3.2008, v.u., *DJU* 14.4.2008, p. 1**]

Não é possível aferir em sede liminar a certeza e a liquidez dos créditos que se pretende compensar. Nesse sentido:

> Processo civil e tributário – Agravo regimental – Compensação – Liminar em medida cautelar – Certeza do crédito, mas iliquidez – Impossibilidade. 1. Debate desenvolvido no curso da presente ação, ora examinada em grau de recurso especial, acerca da possibilidade de se compensar tributos através de liminar em medida cautelar. 2. Não se vislumbra presente o direito líquido e certo à tutela antecipada pleiteada e concedida, a fim de possibilitar a compensação almejada. Ao contrário, tem-se por correto o seu indeferimento, visto que o art. 170 do CTN estabelece certas condições à compensação de tributos, as quais não se acham presentes no caso em apreço. A certeza e a liquidez dos créditos são requisitos indispensáveis para a compensação autorizada por lei, segundo o texto legal referenciado. 3. Créditos que não se apresentam líquidos, porque dependem, tão-somente, de valores de conhecimento da parte autora, não sendo possível aferir sua correção em sede liminar ou em antecipação da tutela. 4. Inegável a certeza do crédito, diante do posicionamento do colendo STF pela inconstitucionalidade do tributo discutido, sendo, porém, ilíquido. 5. Pacificação do assunto no seio jurisprudencial das 1ª e 2ª Turmas do STJ no sentido de que o instituto da compensação, via liminar em mandado de segurança ou em ação cautelar, ou em qualquer tipo de provimento que antecipe a tutela da ação, não é permitido. 6. Há consenso nesta Corte de que o prequestionamento não precisa se explícito, mas, sim, que a matéria jurídica tenha sido discutida no decisório *a quo*; portanto, com abordagem implícita. 7. Inexistência, no caso, de decisão *extra petita*. 8. Agravo regimental improvido. [**STJ, 1ª Turma, REsp/AgR 218.808-SP, rel. Min. José Delgado, j. 9.11.1999, v.u.,** *DJU*-**E-1 17.12.1999, p. 331**]

Por igual razão, o STJ também não admite pedido de tutela antecipada para a compensação de créditos tributários:

> Tributário e processual – Compensação tributária – Tutela antecipada – Impossibilidade – Precedentes. 1. A compensação de créditos tributários demanda o atendimento de requisitos específicos que a tornam incompatível com o seu deferimento mediante tutela antecipada. 2. Recurso especial conhecido e provido. [**STJ, 2ª Turma, REsp 197.818-SP, rel. Min. Peçanha Martins, j. 21.11.2000, v.u.,** *DJU*-**E-1 12.2.2001, p. 104**]

Em sede de liminar, apenas a declaração de direito à compensação pode ser obtida. Nesse sentido:

> Tributário – Substituição para a frente – Direito à restituição de indébito tributário – Possibilidade jurídica – Mandado de segurança – Compensação tributária – Súmula n. 213/STJ. I – É juridicamente possível o exercício da ação para ver declarado o direito à devolução de quantia paga a título de substituição tributária por antecipação. Tal possibilidade existe mesmo que não se tenha apontado qualquer recolhimento concreto, desde que o autor seja do ramo em que costumeiramente ocorre a substituição antecipada (REsp n. 244.087/Humberto). II – O mandado de segurança constitui ação adequada para a declaração de direito à compensação tributária (Súmula n. 213/STJ). **[STJ, 1ª Turma, REsp 246.714-SP, rel. Min. Humberto Gomes de Barros, j. 7.11.2000, v.u., *DJU*-1 18.12.2000, p. 161]**

Somente em ação de repetição de indébito aplica-se o disposto no art. 166 do CTN; e, no tocante à legitimidade para sua propositura, tem-na o chamado contribuinte de direito. Nesse sentido:

> Tributário – ICMS – Ação anulatória pela vendedora – Legitimidade. 1. O contribuinte de direito, ainda que não seja aquele que suportou o ônus, tem legitimidade e interesse em anular o lançamento, se errôneo. 2. A prova de que fala o art. 166 do CTN só tem valia em ação de repetição. 3. Recurso não conhecido. **[STJ, 2ª Turma, REsp 53.090-SP, rela. Min. Eliana Calmon, j. 16.6.2000, v.u., *DJU* 1.8.2000, p. 217]**

Desnecessária a realização de "liminar para depósito", ou o ajuizamento de "ação cautelar para depósito", pois o depósito é um direito do contribuinte, que, se exercido, é, por si só, causa suspensiva. Demais disso, o depósito deve corresponder ao valo controverso, pois, se parcial, haverá tão-somente a suspensão parcial da exigibilidade:

> Tributário e processual civil – Execução fiscal – Ação anulatória de débito fiscal. Uma vez proposta ação anulatória de débito fiscal, com o depósito do valor questionado, é defeso à Fazenda Pública ajuizar execução fiscal. Se o faz, responde a exeqüente pelo prejuízo que causou – Recurso conhecido e desprovido. **[STJ, 1ª Turma, REsp 4.089, rel. Min. José de Jesus Filho, j. 27.2.1991, m.v., *DJU* 29.4.1991, p. 5.249]**

No que concerne ao arrolamento de bens e direitos, explicitou o STJ:

> Tributário – Arrolamento de bens e de direitos (Lei n. 9.532/1997, art. 64) – Exigência de prévia constituição do crédito tributário, que ocorre, quando pela via de lançamento, com a notificação do sujeito passivo, após realizadas as atividades descritas no art. 142 do CTN. 1. O art. 64 da Lei n. 9.532/1997 autoriza o "arrolamento de bens e direitos do sujeito passivo sempre que o valor dos créditos tributários de sua responsabilidade for superior a 30% do seu patrimônio conhecido" (*caput*) e "superior a R$ 500.000,00 (quinhentos mil Reais)" (§ 7º). Depreende-se do texto legal que os créditos cuja existência justifica o arrolamento devem estar constituídos ("formalizados", na expressão do § 1º), pois somente com a constituição é que se podem identificar o sujeito passivo e o *quantum* da obrigação tributária, informações indispensáveis para que se verifique a presença ou não de tais requisitos de fato. 2. Importa, então, precisar o momento em que se tem por constituído o crédito tributário, quando a constituição ocorrer, como no caso, por via de lançamento. 3. "Encerrado o lançamento, com os elementos mencionados no art. 142 do CTN, e regularmente notificado o contribuinte, nos termos do art. 145 do CTN, o crédito tributário estará definitivamente constituído (...) sendo evidente que, se o sujeito passivo não concordar com ele, terá direito de opor-se à sua exigibilidade, que fica administrativamente suspensa, nos termos do art. 151 do CTN (...). A suspensão da exigibilidade do crédito tributário constituído, todavia, não tira do crédito tributário as suas características de definitivamente constituído, apenas o torna administrativamente inexigível" (Ives Gandra Martins). No mesmo sentido, com apoio na doutrina clássica, Mary Elbe Gomes Queiroz Maia. 4. No caso dos autos, portanto, realizado, ao fim do procedimento fiscalizatório, o lançamento de ofício, e regularmente notificado o contribuinte, tem-se por constituído o crédito tributário. Tal formalização faculta, desde logo – presentes os demais requisitos exigidos pela lei –, que se proceda ao arrolamento de bens ou direitos do sujeito passivo, independentemente de eventual contestação da existência do débito na via administrativa ou judicial (salvo, evidentemente, nessa última hipótese, se, logrando convencer o juiz da verossimilhança de seu direito e do risco de dano grave, obtiver provimento liminar determinando a sustação daquela medida) – Precedente: REsp n. 689.472, 1ª Turma, Min. Luiz Fux, *DJU* 13.11.2006. 5. Recurso especial a que se

nega provimento. **[STJ, 1ª Turma, REsp 770.863-RS, rel. Min. Teori Albino Zavascki, j. 1.3.2007, v.u., *DJU* 22.3.2007, p. 288]**

Sobre a isenção da Fazenda Pública no que se refere às custas nas ações de execução fiscal, veja-se:

> Processual civil – Execução fiscal – Extinção – Prescrição – Custas processuais – Isenção – Fazenda Pública – Art. 39, *caput* e parágrafo único, da Lei de Execução Fiscal e art. 27 do CPC. 1. A Fazenda Pública da União, dos Estados, do Distrito Federal e dos Municípios é isenta do recolhimento de custas nas ações de execução fiscal, sendo irrelevante a esfera do Poder Judiciário (Federal ou Estadual) na qual a demanda tramita (precedente: EREsp n. 463.192-RS, rel. Min. Luiz Fux, *DJU* 3.10.2005). 2. Recurso especial provido. **[STJ, 2ª Turma, REsp 1.028.173-RS, rel. Min. Castro Meira, j. 17.4.2008, v.u., *DJU* 9.5.2008, p. 1]**

Sobre a condenação em honorários de advogado nas execuções fiscais em processo de falência, decidiu o STJ:

> Processo civil – Execução fiscal – Massa falida – Verba honorária – Possibilidade de cobrança – Precedentes. 1. É legítima a condenação dos honorários advocatícios nas execuções fiscais contra a massa falida. 2. A restrição contida no art. 208, § 2º, do Decreto-lei n. 7.661/1945 (Lei de Falências) só é aplicável nos processos falimentares. 3. Recurso especial conhecido e provido. **[STJ, REsp 214.483-RS, rel. Min. Peçanha Martins, j. 18.4.2000, v.u., *DJU* 29.5.2000, p. 143]**

E quanto à condenação em honorários, na hipótese de desistência da execução fiscal:

> Execução fiscal – Desistência – Oferecimento dos embargos já efetivado – Custas e honorários – Responsabilidade do Fisco – Interpretação do art. 26 da Lei n. 6.830/1980. 1. Requerida a desistência da execução fiscal, após ofertados os embargos, a exeqüente tem o ônus de suportar o reembolso das custas e da verba honorária – Não-violação do art. 26 da Lei n. 6.830/1980. 2. Recurso não conhecido. 3. Precedentes jurisprudenciais. **[STJ, REsp 88.410-SP, rel. Min. José Delgado, *DJU*-1 17.6.1996, p. 21.460]**

Ainda sobre execução fiscal, admite-se a alteração do pólo passivo em relação ao sócio em casos de responsabilidade solidária:

Tributário – Prescrição – Redirecionamento da execução fiscal – Prazo. A ordem de citação da pessoa jurídica interrompe a prescrição em relação ao sócio quando se lhe imputa a responsabilidade solidária pelo débito (CTN, art. 125, III); o redirecionamento da execução fiscal, nesse caso, deve se dar no prazo de cinco anos, inaplicável o art. 40 da Lei n. 6.830/1980, que se aplica ao devedor, não ao responsável – Recurso especial não conhecido. [STJ, 2ª Turma, REsp 45.636-SP, rel. Min. Ari Pargendler, v.u., *DJU*-1 9.12.1996, p. 49.239]

No que concerne à necessidade de intimação pessoal do devedor acerca da penhora, bem como sobre o prazo para oferecer embargos à execução fiscal, manifestou-se o STJ:

Processo civil – Execução fiscal – Auto de penhora – Mandado de intimação – Advertência expressa do devedor do prazo para o oferecimento de embargos – Precedentes. 1. A jurisprudência do STJ pacificou o entendimento no sentido de que no processo de execução fiscal, para que seja o devedor efetivamente intimado da penhora, é necessária sua intimação pessoal, devendo constar, expressamente, no mandado, advertência do prazo para o oferecimento dos embargos à execução. 2. O oficial de justiça deverá advertir o devedor, também de modo expresso, de que o prazo de 30 dias para oferecimento de embargos inicia-se a partir daquele ato. 3. A obrigatoriedade de menção categórica do prazo justifica-se exatamente no intuito de que o destinatário da intimação fique ciente do período de tempo de que dispõe para tomar as providências que lhe proverem, sendo irrelevante que do mandado conste, tão-somente, a expressão "prazo legal". 4. Precedentes das 1ª, 2ª e 4ª Turmas desta Corte Superior. 5. Recurso improvido. [STJ, 1ª Turma, REsp 328.000-RS, rel. Min. José Delgado, j. 21.8.2001, v.u., *DJU* 24.9.2001, p. 251]

De igual modo:

Processual – Execução fiscal – Intimação da penhora – Assinatura do auto de depósito – Prazo para embargos. A assinatura do auto de depósito do bem penhorado não equivale à intimação da penhora, para os efeitos da Lei n. 6.830/1980 (art. 16). Para que se tenha o devedor como intimado da penhora, no processo de execução fiscal, é necessário que o oficial de justiça advirta-o expressamente de que a partir daquele ato inicia-se o prazo de 30 dias para oferecimento de embargos. [STJ, 1ª Turma, REsp 97.389-MG, rel. Min. Humberto Gomes de Barros, *DJU* 3.2.1997, p. 679]

Outrossim:

> Execução fiscal – Fazenda Pública – Intimação. I – Qualquer intimação do representante da Fazenda Pública, na execução fiscal, há de ser feita pessoalmente. II – Aplicação do art. 25 e parágrafo único da Lei n. 6.830, de 22.9.1980, e da Súmula n. 240 do TFR. III – Recurso especial conhecido e provido. **[STJ, REsp 85.061-MG, rel. Min. Antônio de Pádua Ribeiro, *DJU* 13.5.1996, p. 15.549]**

Sobre a autonomia do processo de execução fiscal e o processo de falência, tem-se O seguinte acórdão do STJ:

> Processual – Execução fiscal – Massa falida – Bens penhorados – Dinheiro obtido com a arrematação – Entrega ao juízo universal – Credores privilegiados. A decretação da falência não paralisa o processo de execução fiscal, nem desconstitui a penhora. A execução continuará a se desenvolver, até a alienação dos bens penhorados. Os créditos fiscais não estão sujeitos a habilitação no juízo falimentar, mas se livram de classificação, para disputa de preferência com créditos trabalhistas (Decreto-lei n. 7.661/1945, art. 126). Na execução fiscal contra falido o dinheiro resultante da alienação dos bens penhorados deve ser entregue ao juízo da falência, para que se incorpore ao monte e seja distribuído, observadas as preferências e as forças da massa. **[STJ, REsp 84.884-MS, rel. Min. Humberto Gomes de Barros, v.u., *DJU* 8.4.1996, p. 10.459]**

Decidiu o STJ que não pode ser imputado ao contribuinte que tem condições de oferecer bens suficientes à garantia da dívida o prejuízo pela demora do Fisco em ajuizar a execução fiscal para a cobrança do débito tributário:

> Processual civil e tributário – Ação cautelar para assegurar a expedição de certidão positiva com efeitos de negativa. 1. Dispõe o art. 206 do CTN que "tem os mesmos efeitos previstos no artigo anterior a certidão de que conste a existência de créditos não vencidos, em curso de cobrança executiva em que tenha sido efetivada a penhora, ou cuja exigibilidade esteja suspensa". A caução oferecida pelo contribuinte antes da propositura da execução fiscal é equiparável à penhora antecipada e viabiliza a certidão pretendida. 2. É viável a antecipação dos efeitos que seriam obtidos com a penhora no executivo fiscal, através de caução de eficácia semelhante. A percorrer-se entendimento diverso, o contribuinte que contra si tenha ajuizada ação de execução fiscal ostenta condição mais favorável que aquele contra o

qual o Fisco não se voltou judicialmente ainda – Precedentes (REsp n. 363.518, REsp n. 99.653 e REsp n. 424.166). 3. Deveras, não pode ser imputado ao contribuinte solvente, isto é, aquele em condições de oferecer bens suficientes à garantia da dívida, prejuízo pela demora do Fisco em ajuizar a execução fiscal para a cobrança do débito tributário. Raciocínio inverso implicaria em que o contribuinte que contra si tenha ajuizada ação de execução fiscal ostenta condição mais favorável que aquele contra o qual o Fisco ainda não se voltou judicialmente. 4. *Mutatis mutandis*, o mecanismo assemelha-se ao previsto no art. 570 do CPC, por força do qual o próprio devedor pode iniciar a execução. Isso porque as obrigações, como vínculos pessoais, nasceram para serem extintas pelo cumprimento, diferentemente dos direitos reais, que visam à perpetuação da situação jurídica nele edificada. 5. Outrossim, instigada a Fazenda pela caução oferecida, pode ela iniciar a execução, convertendo-se a garantia prestada por iniciativa do contribuinte na famigerada penhora que autoriza a expedição da certidão. 6. Recurso especial desprovido. [**STJ, 1ª Turma, REsp 536.037-PR, rel. Min. Teori Albino Zavascki, rel. para o acórdão Min. Luiz Fux, j. 12.4.2005, m.v.,** *DJU* **23.5.2005, p. 1.510**]

QUESTÕES

1. Em que consiste a execução fiscal? E os embargos à execução?

2. Qual é o objeto da ação declaratória de inexistência de relação jurídica tributária?

3. Qual é o objeto da ação anulatória em matéria tributária?

4. Compare a ação de repetição de indébito com a ação de consignação em pagamento.

5. Quais os meios de que o contribuinte dispõe para pleitear uma decisão liminar?

CONSULTAS

1. [128º Exame de Ordem/SP, 2005, n. 1] A empresa "X" auferiu receitas ao longo do exercício de 1999, tendo, conforme determina a legislação tributária aplicável, declarado às autoridades fiscais os valores devidos a título de PIS e de COFINS. Ocorre que, embora declarados, os respectivos valores não foram recolhidos em favor da União Federal, porquanto a referida empresa passava por sérias dificuldades financeiras. A Procuradoria da Fazenda Nacional, no regular exercício de suas prerrogativas, inscreveu os citados débitos de PIS e COFINS em dívida ativa da União Federal em 1.1.2004. Em 5.7.2005 foi ajuizada execução fiscal para cobrança da dívida, tendo a empresa sido citada em 6.7.2005. Neste contexto, indaga-se se foi respeitado o prazo prescricional para a cobrança (ajuizamento da ação de execução fiscal) em tela. Justifique a sua resposta indicando a base legal aplicável.

2. [117º Exame de Ordem/SP, 2002, n. 4] Certo Município exige dos proprietários de imóveis urbanos localizados em seu território o pagamento de taxa de limpeza e conservação. Seu cliente, sujeito passivo dessa taxa, deseja questioná-la judicialmente, pois entende ser ela inconstitucional. Contudo, tem um problema prático, pois a taxa é lançada conjuntamente com o IPTU, sendo ambos os tributos objeto da mesma notificação e do mesmo boleto de pagamento. Nenhum agente arrecadador, por sua vez, está autorizado a receber parcialmente os tributos lançados. Qual o meio cabível para solver o IPTU, enquanto questiona judicialmente a taxa de limpeza e conservação? Explicite e fundamente.

MEDIDAS JUDICIAIS

1. [131º Exame de Ordem/SP, 2006, n. 3] A empresa Comex Exportadora S/A tem por objeto social a exportação de produtos na área de Tecnologia Avançada e a comercialização de produtos de Informática no mercado doméstico. O diretor financeiro da referida empresa consulta-o a respeito da constitucionalidade da incidência da CSLL sobre o lucro obtido com as operações de exportação. Segundo informação do aludido diretor financeiro, inúmeros concorrentes da Comex Exportadora S/A deixaram de tributar os lucros auferidos com a exportação de produtos, tendo em vista a edição da Emenda Constitucional 33/2001. Ele, porém, tem receio de deixar de recolher tal tributo e sofrer sanções do Fisco Federal, uma vez que participa de várias concorrências para venda de seus produtos no mercado nacional, inclusive para empresas públicas. **QUESTÃO:** Na qualidade de advogado da empresa, ingresse com a medida judicial mais apropriada para afastar a exigência da CSLL. O cliente, contudo, não pretende deixar de recolher a referida exação tributária, desde já, pois teme pelo insucesso da tese tributária que envolve o caso. Assim, solicita-lhe que ingresse com medida judicial apenas para resguardar os seus direitos.

2. [129º Exame de Ordem/SP, 2006, n. 3] Ex-procurador de empresa estrangeira foi citado por edital para pagar dívida fiscal de empresa sediada no Brasil, controlada pela empresa estrangeira da qual foi procurador, decorrente de falta de recolhimento de ICMS. Ao apreciar os autos da execução fiscal, constata-se a revelia da empresa brasileira, que, citada, teve seus bens penhorados e silenciou. A sentença nos autos da execução transitou em julgado. Diante da insuficiência de bens da executada, porém, o juiz acatou petição da Procuradoria do Estado e determinou fosse citado, também, o ex-procurador da empresa estrangeira. **QUESTÃO:** Como advogado, adote as medidas judiciais cabíveis visando a assegurar o patrimônio do ex-procurador da empresa.

3. **[127º Exame de Ordem/SP, 2005, n. 3]** Após o trânsito em julgado de decisão favorável ao contribuinte em ação de repetição de indébito, foi expedido precatório, tendo a União Federal, em 2003, depositado integralmente o valor que havia sido condenada a pagar. Contudo, no momento em que o contribuinte requereu o levantamento do depósito judicial, o Juiz da "X" Vara Federal de São Paulo indeferiu o pedido, alegando não ter o contribuinte apresentado as certidões negativas de tributos federais, estaduais e municipais, bem como a certidão de regularidade para com a seguridade social, nos termos do art. 19 da Lei 11.033/2004. **QUESTÃO:** Como advogado do contribuinte, ingresse com a medida cabível para reformar o despacho que indeferiu o levantamento do depósito judicial do precatório, apresentando a adequada fundamentação.

4. **[127º Exame de Ordem/SP, 2005, n. 1]** Uma empresa sofre execução fiscal promovida pela Procuradoria da Fazenda do Estado de São Paulo e, nos cinco dias indicados pelo juiz para quitar a dívida ou oferecer bens à penhora, a empresa executada permanece inerte. Todavia, transcorrido o prazo indicado, a executada oferece à penhora bens de sua propriedade, como máquinas utilizadas em sua linha de produção. Após tomar ciência da relação de bens indicados pela executada, a Fazenda Pública protocola petição rejeitando os bens oferecidos, argüindo a baixa liquidez destes bens no mercado, e, paralelamente, solicita a penhora de 30% do faturamento da executada, pedido que é integralmente deferido pelo juiz. Contra a referida decisão a executada interpõe, perante o TJSP, agravo de instrumento, contestando a falta de liquidez e pedindo o levantamento da penhora sobre o faturamento, recurso que, por votação unânime da Turma Julgadora, foi declarado improcedente. **QUESTÃO:** Considerando a penhora de 30% do faturamento da executada, o que poderia comprometer as suas atividades, e o fato de ter a executada indicado outros bens que julga terem liquidez, como advogado da empresa, tomar as medidas cabíveis nos autos do agravo de instrumento.

5. **[126º Exame de Ordem/SP, 2005, n. 1]** Em sede de execução fiscal ajuizada pela Fazenda do Estado de São Paulo perante o Juízo de Direito da Vara das Execuções Fiscais da Comarca de São Paulo, a Distribuidora Igreji Ltda. foi surpreendida, na última sexta-feira, por o Juiz de Direito haver determinado a expedição de ofício ao Banco Central requisitando informações sobre a existência de ativos financeiros em nome da executada, com o bloqueio e transferência, em caso positivo, das quantias ou importâncias depositadas até o limite do débito exeqüendo. A referida ordem foi dada não obstante a existência de penhora, no próprio processo, de bens imóveis na Capital, acolhendo manifestação da exeqüente. Com efeito, esta informou nos autos que, quando aceitara a primeira penhora, não havia notícia de que os referidos bens não despertariam o

interesse de eventuais arrematantes, inexistindo razão para procurar outros bens, já que é notório que a atividade da executada implica grande movimentação financeira, permitindo rápida e eficaz garantia do crédito tributário. Ademais, segundo se argumenta na decisão, ao nosso ordenamento não arrepia a penhora de faturamento, em tudo semelhante ao bloqueio de contas bancárias, exceto pelos entraves burocráticos que a primeira impõe. A referida Distribuidora depende de recursos financeiros para a sua atividade, já não dispondo de crédito na praça. **QUESTÃO:** Na qualidade de advogado da Distribuidora Igreji Ltda., tome a medida judicial cabível para permitir que ela possa movimentar livremente seus recursos.

6. [126º Exame de Ordem/SP, 2005, n. 2] A Telecelular S/A, sediada na Capital do Estado de São Paulo, onde opera serviços de telefonia móvel, impetrou mandado de segurança preventivo, perante o TJSP, visando a não ser constrangida ao pagamento de ICMS sobre o valor cobrado de seus assinantes a título de habilitação do aparelho móvel celular, baseando-se no Convênio ICMS-69/1998, que dispõe a esse respeito. O acórdão recentemente proferido pelo Tribunal denegou a ordem, alegando que o legislador ordinário pode definir prestação de serviços de comunicação, para efeitos tributários, e o Secretário de Estado da Fazenda, executor da política tributária e financeira do Estado, pode determinar a imposição tributária em relação ao fato gerador estabelecido no Convênio ICMS-69/1998. Além disso, a definição de serviços de telecomunicações (art. 60 da Lei 9.472/1997) não impede a compreensão da habilitação como uma de suas modalidades, se o respectivo serviço é justamente o conjunto de atividades que possibilitam a respectiva oferta. Ademais, não há razão para não se dar à habilitação o tratamento tributário dos serviços de comunicação a ela relacionados. **QUESTÃO:** Na qualidade de advogado da Telecelular S/A, apresente o recurso cabível contra a decisão, com os fundamentos jurídicos para sustentar a não-incidência do ICMS sobre a taxa de habilitação dos aparelhos móveis celulares.

7. [124º Exame de Ordem/SP, 2004, n. 3] A JET Transportes Aéreos Ltda. impetrou mandado de segurança visando a obter provimento assegurando o desembaraço aduaneiro de uma aeronave Boeing 737-400 e dois motores sem o pagamento do ICMS, tendo em vista tratar-se de operação internacional de arrendamento mercantil. Não obtenido a medida liminar pretendida, foi elaborado agravo de instrumento, perante o TJSP, em acórdão assim ementado: "Agravo de instrumento – ICMS – Desembaraço aduaneiro de uma aeronave Boeing 737-400 e dois motores – Alegada ilegalidade da incidência do ICMS – Indeferimento da tutela antecipada – Ausência dos requisitos da verossimilhança da tese e do dano de difícil reparação – Recurso não provido". Embora tenha sido efetuado o recurso próprio, este foi admitido exclusivamente em seu efeito devolutivo. Tendo em vista que as aeronaves se encontram, ainda, pendentes de desembaraço, sua cliente, a JET Transportes Aéreos Ltda., vem tendo constantes vôos cancelados. **QUESTÃO:** Elabore medida judicial adequada para pleitear o imediato desembaraço das aeronaves, sem o pagamento o imposto, mesmo antes do julgamento do recurso proposto.

8. [117º Exame de Ordem/SP, 2002, n. 1] Caio adquiriu de Túlio um imóvel localizado no Município de São Paulo. Para tanto, celebrou contrato de compromisso de compra e venda, em caráter irrevogável e irretratável, por meio do qual se comprometeu a pagar o preço de R$ 100.000,00 em 10 prestações mensais, iguais e sucessivas de R$ 10.000,00, após o quê seria outorgada a escritura definitiva de compra e venda. Era interesse de Caio registrar, no cartório de registro de imóveis competente, o contrato de compromisso de compra e venda. Contudo, ao apresentar o contrato para registro, na última semana, Caio foi surpreendido com a exigência do pagamento do imposto sobre transmissão de bens imóveis (ITBI) à alíquota de 2% sobre o valor da transação, com respaldo em lei municipal a exigi-lo desde logo no caso de compromissos irretratáveis e irrevogáveis. **QUESTÃO:** Como advogado de Caio, proponha a medida judicial conveniente aos interesses do cliente.

9. [117º Exame de Ordem/SP, 2002, n. 3] João é sócio da sociedade Alpha Remédios Ltda., detendo 50% do capital da empresa. Apesar de possuir proporção significativa do capital, nunca se interessou pela administração da sociedade, confiada ao sócio, Rubens. Pelo contrato social, a gerência incumbe exclusivamente a Rubens. João foi surpreendido pelo recebimento de um mandado de citação, intimação e penhora dando conta da propositura de execução fiscal movida contra a sociedade e ambos os seus sócios, visando à cobrança da quantia de R$ 50.000,00 a título de IPI. João nunca soubera da existência dessa dívida, nem tem idéia da sua origem. Ao procurar Rubens, não obteve êxito, pois este evadiu-se, para evitar a citação. O oficial de justiça, dando cumprimento ao mandado, citou João e penhorou-lhe bens no valor suficiente para a garantia da dívida, intimando-o desse fato há 15 dias. **QUESTÃO:** Na qualidade de advogado exclusivo de João, aja em seu favor. Considere que a execução fiscal corre perante o Anexo Fiscal da Comarca de Itu, sede da sociedade e domicílio de João.

10. [116º Exame de Ordem/SP, 2001, n. 2] A sociedade Mirassol Agroindustrial S/A vendeu, em março/1998, um imóvel integrante de seu ativo imobilizado, pelo valor de R$ 100.000,00. Esse imóvel estava registrado na contabilidade da sociedade pelo mesmo valor de R$ 100.000,00, que correspondia ao preço de sua aquisição pela sociedade. No mesmo ano-base de 1998 a empresa contabilizou um prejuízo fiscal de R$ 70.000,00, e, portanto, não pagou imposto de renda (IRPJ). Contudo, a Fiscalização Federal, revendo os livros contábeis, verificou que o valor da venda não foi lançado como receita e autuou a sociedade pelo valor correspondente, adicionando este ao resultado e cobrando o IRPJ no montante de R$ 4.500,00, equivalente ao lucro líquido de R$ 30.000,00. A sociedade não se defendeu do auto de infração e o crédito foi inscrito na dívida ativa, com a subseqüente propositura de execução fiscal. **QUESTÃO:** Na qualidade de advogado da empresa, atue em seu benefício. Considere que a constituinte tem sede na cidade de São José do Rio Pardo e que foi intimada da penhora de seus bens há 10 dias.

11. [116º Exame de Ordem/SP, 2001, n. 3] A Beija-Flor Revestimentos Ltda., com sede em São Paulo, é empresa que se dedica à comercialização de papéis de parede. Seus sócios pretendem aumentar o capital da sociedade, atualmente de R$ 100.000,00, para $ 300.000,00, mediante a conferência de imóvel, avaliado pelo diferencial de R$ 200.000,00. Contudo, para realizar a transferência da propriedade do bem exige-se a comprovação do recolhimento do imposto sobre transmissão de bens imóveis – ITBI, conforme circular do Diretor do Departamento de Rendas Mobiliárias da Secretaria das Finanças do Município de São Paulo, que exige o pagamento do tributo na hipótese. A alteração contratual correspondente já foi arquivada pela JUCESP, restando apenas a integralização do aumento de capital. **QUESTÃO:** Na qualidade de advogado da Beija-Flor Revestimentos Ltda., acione o meio judicial adequado à solução do impasse.

DISSERTAÇÕES

1. "Processo Judicial Tributário. Ações do Fisco".
2. "Processo Judicial Tributário. Ações do Contribuinte".
3. "Processo Judicial Tributário. Embargos à Execução".
4. "Processo Judicial Tributário. Recursos".

TESTES

1. [134º Exame de Ordem/SP, 2008, n. 81] A concomitância da tramitação de defesa administrativa e medida judicial em nome do contribuinte interessado enseja:

   a) ( ) O indeferimento da medida judicial, em razão do processamento da defesa junto à instância administrativa.

   b) ( ) O sobrestamento da medida judicial até resolução da questão perante a instância administrativa.

   c) ( ) A extinção da defesa administrativa, sem apreciação de mérito, se a matéria discutida em ambas as instâncias for absolutamente idêntica.

   d) ( ) A aplicação da multa por litigância de má-fé ao interessado, por utilizar-se de duas vias de defesa – administrativa e judicial – para discussão da mesma matéria.

2. [128º Exame de Ordem/SP, 2005, n. 89] Recentemente, a Lei Complementar 118/2005 inseriu o art. 185-A no CTN, introduzindo, assim, no direito tributário novo regime para penhora de bens. A grande inovação deste dispositivo consiste:

a) ( ) Na possibilidade de penhora do estabelecimento e do faturamento das empresas.

b) ( ) Na dispensa de penhora se o potencial depositário apresentar plano de administração e esquema de pagamento do débito exigido.

c) ( ) Na imediata penhora de bens e direitos do contribuinte executado, mas agora por mera comunicação eletrônica.

d) ( ) Não ser mais necessário que o contribuinte executado ofereça bens à penhora.

3. [127º Exame de Ordem/SP, 2005, n. 85] Contribuinte questiona a cobrança de um tributo e obtém liminar para não recolhê-lo. Durante a vigência da liminar:

a) ( ) O contribuinte não poderá ser autuado, sob pena de o funcionário da Administração ser responsabilizado por crime de desobediência.

b) ( ) O contribuinte poderá ser autuado, com cobrança de juros e imposição de multa.

c) ( ) O fato de ter ingressado com medida judicial implica renúncia ao processo administrativo, de tal forma que não se justifica a autuação fiscal.

d) ( ) O contribuinte poderá ser autuado para que se evite eventual perecimento do direito, mas sem imposição de multa.

4. [118º Exame de Ordem/SP, 2002, n. 66] Em relação à ação anulatória de dívida fiscal inscrita, pode-se afirmar que:

a) ( ) Para a sua propositura é indispensável o depósito do valor integral da dívida.

b) ( ) Poderá ser proposta com o depósito do valor integral da dívida, hipótese em que suspenderá a exigibilidade do débito.

c) ( ) Não poderá ser proposta após ajuizamento da execução fiscal.

d) ( ) Tem âmbito restrito à discussão sobre a validade formal do ato de inscrição da dívida.

5. [118º Exame de Ordem/SP, n. 65] Aponte a variante inexata:

a) ( ) O pagamento total de um crédito tributário gera presunção de pagamento de outros créditos tributários anteriores referentes aos mesmos sujeito passivo e tributo, cabendo ao credor ilidir a presunção mediante prova inequívoca.

b) ( ) O crédito tributário tem preferência sobre qualquer outro, seja qual for sua natureza, ou o tempo de sua constituição, ressalvados os créditos decorrentes da legislação do trabalho.

c) ( ) A isenção, salvo disposição legal em contrário, não é extensiva aos tributos instituídos posteriormente à sua concessão.

d) ( ) A consignação judicial da importância do crédito tributário pode ser feita pelo sujeito passivo, entre outros, nos casos de exigência, por mais de uma pessoa jurídica de direito público, de tributo idêntico sobre um mesmo fato gerador.

ANEXOS

1. Gabarito das medidas judiciais (pontos do Exame de Ordem/SP)

133ª Exame de Ordem/SP
1. Medida Judicial: *Mandado de Segurança preventivo com pedido de liminar* ou *ação declaratória (ordinária) com pedido de tutela antecipada.* **Mérito:** as taxas de serviço, no sistema tributário nacional, somente podem ser instituídas por serviços públicos, específicos e divisíveis. No caso, o serviço de segurança pública é considerado serviço universal e indivisível, portanto, inconstitucional a mencionada taxa (arts. 145, da CF, e 77 e ss., do CTN).

132ª Exame de Ordem/SP
1. Medida Judicial: *Mandado de Segurança repressivo com pedido de liminar.* **Mérito:** A imunidade prevista no art. 150, inciso VI, alínea "c", da CF, não pode ser entendida restritivamente; desde que os recursos recebidos a título de aluguel sejam utilizados na consecução do objeto social da entidade de educação a imunidade a impostos deve ser aplicada.

3. Medida Judicial: *Mandado de Segurança repressivo com pedido de liminar* ou *ação declaratória de inexistência de relação jurídico-tributária com pedido de tutela antecipada.* **Mérito:** imunidade dos templos de qualquer culto previsto no artigo 150, VI, alínea "b", da CF. Os veículos da entidade religiosa utilizados na sua atividade fim também estão ao abrigo da imunidade, não se podendo restringir a sua aplicação.

131ª Exame de Ordem/SP
1. Medida Judicial: *Mandado de Segurança repressivo com pedido de liminar.* **Mérito:** (argumento maior) imunidade recíproca prevista no art. 150, inciso VI, alínea "a", da CF; (argumento menor) decadência no período de 1988 a 2001, art. 173 do CTN.

3. Medida Judicial: *Ação Declaratória de inexistência de relação jurídico-tributária.* **Mérito:** A EC 33/2001 prevê uma imunidade para as contribuições incidentes sobre as receitas decorrentes de exportação. Sendo assim, tendo em vista que o lucro das exportações está englobado dentro do valor das receitas, este também estaria albergado pela imunidade antes referida.

130º Exame de Ordem/SP

3. Medida Judicial: *Embargos de devedor com fulcro no artigo 736 e seguintes, do Código de Processo Civil, e no artigo 16 da Lei 6.830, de 22.9.1980.* **Mérito:** A empresa deve alegar que se aplica a regra da prescrição do direito do Fisco na constituição do crédito pelo contribuinte, cuja hipótese supõe o fluxo de 5 anos, contados da data da entrega do documento de formalização do crédito ao Fisco (DCTF, GIA etc.), sem pagamento antecipado, *ex vi* dos arts. 150 e 174 do CTN. Conseqüentemente, houve a extinção do direito de ação do Fisco cobrar judicialmente o crédito tributário.

129º Exame de Ordem/SP

1. Medida Judicial: *Mandado de segurança preventivo* ou *ação declaratória de inexistência de relação jurídico-tributária.* **Mérito:** Os serviços públicos em questão são executados em benefício da população em geral, sem possibilidade de individualização dos respectivos usuários e, conseqüentemente, da referibilidade a contribuintes determinados, não se prestando para custeio mediante taxa, conforme entendimento jurisprudencial. A base de cálculo eleita pela lei em questão não é própria de taxa, que deve ser o valor suficiente para ressarcir o Estado pelo exercício do poder de polícia ou pela prestação de serviços públicos específicos e divisíveis, prestados ao contribuinte ou postos a sua disposição – jamais o faturamento das empresas estabelecidas no município, como determina a CF no § 2º do art. 145 e confirma a jurisprudência do STF. Igualmente é cabível o argumento de que a taxa em questão implica a utilização de tributo com efeito de confisco, também vedada pelo art. 150, IV, da Constituição Federal.

3. Medida Judicial: *Interposição de exceção de pré-executividade com pedido de exclusão do nome do ex-procurador do pólo passivo da execução fiscal.*

128º Exame de Ordem/SP

3. Medida Judicial: *Embargos à execução (art. 135, III, do CTN).* **Mérito:** Sustentar que mero não pagamento de tributo não configura excesso de poder ou infração de lei suficiente para responsabilizar pessoalmente o diretor.

127º Exame de Ordem/SP

1. Medida Judicial: *Recurso especial perante o Superior Tribunal de Justiça.* **Mérito:** Segundo entendimento de grande parte da jurisprudência, especificamente do STJ, a penhora sobre o faturamento somente tem cabimento na ausência de oferecimento de bens alternativos, uma vez que o gravame deverá importar o menor ônus ao contribuinte executado; a penhora sobre o faturamento poderá conduzir a empresa à insolvência (trecho do julgado: "Inicialmente, esta Turma entendeu que poderia penhorar 30% do rendimento da empresa, mas, depois, a Turma e a própria Seção mudaram a orientação e não permitem mais a penhora do rendimento da empresa, porque isso equivale a penhorar a própria empresa (...) Se houver penhora do faturamento ou do rendimento, a empresa pode ficar inviável").

3. Medida Judicial: *Interposição de Agravo de Instrumento dirigido ao Tribunal Regional Federal da Região.* **Mérito:** A lei não pode retroagir para atingir a coisa julgada – a lei não poderia ter efeitos sobre os precatórios já expedidos ou com pagamento em curso; trata-se de um ato coercitivo para cobrança de tributos (cobrança indireta) e que fere os princípios da legalidade, igualdade e coisa julgada.

126º Exame de Ordem/SP

1. Medida Judicial: *Agravo de Instrumento, com pedido de efeito suspensivo, perante o Tribunal de Justiça do Estado.* Alternativamente: *Mandado de Segurança, com pedido de medida liminar, perante o Tribunal.* No primeiro caso, a agravada é a Fazenda Pública do Estado; no segundo, apontar ato coator do MM. Juiz de Direito da Vara das Execuções Fiscais da Comarca.

2. Medida Judicial: *Recurso Ordinário em Mandado de Segurança, endereçado ao Superior Tribunal de Justiça (art. 105, II, "b", da CF).* **Mérito:** (1) inexistência de prestação de serviço no mero ato de habilitação: o ICMS pressupõe a efetiva prestação do serviço de comunicações, o que inocorre quando da mera disponibilização do serviço ao usuário; (2) proibição de analogia gravosa em matéria tributária (art. 108, § 1º, do CTN), que impede a extensão do tratamento tributário dado aos serviços de comunicação à habilitação que os precede; (3) a definição de prestação de serviços de comunicação não pode ser alterada exclusivamente para fins tributários, já que se trata de conceito empregado para a demarcação de competências tributárias (art. 110 do CTN). Precedente: STJ, Recurso Ordinário em MS 11.368-MT, Rel. Min. Francisco Falcão (*DJU* 9.2.2005)

125º Exame de Ordem/SP

1. Medida Judicial: *I – Endereçamento ao Presidente ou Vice-Presidente do Tribunal Regional Federal da Região; II – Preliminar de intempestividade do recurso; III – Preliminar de ausência de prequestionamento do art. 195, I, da CF, em sua redação original; IV – Preliminar de não-cabimento do recurso extraordinário, porque o fundamento do acórdão da apelação para afastar a aplicação do art. 3º da Lei 9.718/1998 é legal, de modo que o recurso cabível seria o recurso especial.* **Mérito:** I – Não há necessidade de submeter o julgamento do Plenário do Tribunal Regional Federal quando o fundamento é legal; somente quando é constitucional; e II – Impossibilidade de equiparação dos conceitos de faturamento e receita bruta.

2. I – A Lei Complementar 70/1991, em seu art. 6º, fixou norma de isenção da COFINS nos seguintes termos: "Art. 6º. São isentas da contribuição: (...) II – As sociedades civis de que trata o artigo 1º do Decreto-lei n. 2.397, de 22.12.1987". Por sua vez, o referido art. 1º do Decreto-lei 2.397 assim dispunha: "Art. 1º. A partir do exercício financeiro de 1989, não incidirá o imposto de renda das pessoas jurídicas sobre o lucro apurado, no encerramento de cada período-base, pelas sociedades civis de prestação de serviços profissionais relativos ao exercício de profissão legalmente regulamentada, registradas no Registro Civil das Pessoas Jurídicas e constituídas exclusivamente por pessoas físicas domiciliadas no País". Quando da edição da Súmula, a discussão ainda não versava acerca da revogação, ou não, daquela isenção. Naquela época, a discussão era de outro jaez: a Fazenda Nacional, adotando interpretação restritiva das normas acima, entendia que as sociedades civis deveriam ser, necessariamente, sob pena de perder o direito à isenção, optantes pelo regime de tributação pelo lucro real. Daí o STJ, por diversos precedentes, como, por exemplo, o REsp 144.851-RS, rel. Min. Garcia Vieira, ter decidido que, independentemente do regime de tributação escolhido para fins de imposto de renda, aquelas sociedades teriam o direito à isenção. II – O novo debate que se passou a travar tem a ver com a revogação da isenção veiculada pelo art. 6º da Lei Complementar 70/1991, pelo art. 56 da Lei 9.430/1996. A discussão então travada passou a ser se, tendo a isenção sido veiculada por uma lei complementar, apenas outra lei complementar a poderia revogar. No julgamento acima relatado, buscou-se sustentar que a Lei Complementar 70/1991, conquanto formalmente complementar, seria materialmente ordinária, nada obstando, daí, ser a isenção por ela concedida revogada por lei ordinária; entretanto, por maioria de votos, a Seção decidiu pela manutenção da Súmula, com seu teor original, prevalecendo, naquele Tribunal, o entendimento de que seria necessária uma lei complementar para revogar a isenção, em nome do princípio da hierarquia das leis.

124º Exame de Ordem/SP

1. Instrumento: *Contra-Razões de Recurso Extraordinário, dirigidas ao Supremo Tribunal Federal, com petição de encaminhamento, dirigida ao Presidente ou ao Vice-Presidente do Tribunal de Justiça do Estado.* **Conteúdo:** I – Falta de prequestionamento: o acórdão recorrido não versa sobre o mérito de o contribuinte dedicar-se a outras atividades, além da exportação de livros; II – **No mérito**, alegar que o laminado de polímero de polipropileno, ou filme BOPP, é material assimilável a papel, integrando-se a este e adquirindo sua natureza, assegurando-se, daí, a imunidade do art. 150, VI, "d", da CF.

2. Instrumento: *Contra-Razões de Recurso Especial, dirigidas ao Superior Tribunal de Justiça, com petição de encaminhamento, dirigida ao Presidente ou ao Vice-Presidente do Tribunal Regional Federal da Região.* **Conteúdo:** I – Falta de prequestionamento: o acórdão recorrido não versa sobre o pretendido caráter geral da legislação trabalhista; II – **No mérito**, alegar que a gorjeta não é receita do Hotel da Manhã, mas apenas remuneração dos seus empregados (sujeita aos tributos próprios: imposto de renda na fonte e contribuição ao INSS) e que a base de cálculo do PIS e Cofins inclui apenas as receitas do contribuinte; afastar o argumento da especialidade da lei tributária, tendo em vista que a relação de especialidade exigiria que os dois diplomas legais versassem sobre a mesma matéria; *in casu*, o diploma tributário não alcança as verbas trabalhistas. Quanto à prescrição, alegar que o entendimento do STJ é que o prazo de prescrição de cinco anos somente começa a contar a partir da data da homologação do pagamento e que, nos termos do art. 168 do CTN, o prazo para requerer a restituição dos pagamentos indevidos será de 5 anos da extinção do crédito tributário. No tocante à taxa Selic, afirmar que sua incidência é matéria de lei (art. 39, § 4º, da Lei 9.250/1995)

3. Instrumento: *Medida cautelar ajuizada, perante o Superior Tribunal de Justiça, pela JET Transportes Aéreos Ltda. em face da Fazenda do Estado, visando a conferir efeito suspensivo ao recurso especial interposto.* **Conteúdo:** Alegar estar presente o requisito do *fumus boni juris*, tendo em vista que o acórdão recorrido negou vigência ao art. 3º, inciso VIII, da Lei Complementar 87/1996; salientar a presença do *periculum in mora*, pautado no risco de prejuízo irreparável a que estaria sujeita, em face da retenção da aeronave e conseqüente cancelamento de vôos.

117º Exame de Ordem/SP

1. Medida judicial: *Mandado de Segurança, com pedido de liminar, contra ato do Diretor do Departamento de Rendas Imobiliárias da Secretaria das Finanças do Município, visando à dispensa do pagamento do ITBI* (a ação poderá ser dirigida contra outra autoridade, desde que o candidato demonstre ser a coatora, aquela que tem a competência legal de exigir o tributo – o que não é o caso de nenhum servidor do Cartório de Registro de Imóveis). **Mérito:** sustentar que o registro do compromisso de compra e venda não opera, por si só, a transferência de direito real, de modo a afastar a hipótese de incidência do ITBI. A transferência da propriedade apenas se daria no momento do registro da escritura definitiva. Para tanto, invocar os dispositivos concernentes à hipótese de incidência (art. 156, II, da CF, e art. 35 do CTN), bem como o art. 110 do CTN, que proíbe à lei tributária alterar conceitos de direito privado. O pedido de liminar deve ser justificado. Alternativamente, poderá ser interposta Ação Declaratória contra o Município para o reconhecimento da não-incidência do ITBI, pelos mesmos fundamentos. Nesse caso, deve-se requerer tutela antecipada, devidamente justificada, que permita o registro do compromisso independente do pagamento do tributo questionado.

3. Medida judicial: *Oposição de Embargos do Executado* [João] *àquela execução fiscal, (art. 16 da Lei 6.830/1980) dirigidos ao Juízo competente* (no caso, do Anexo Fiscal da Comarca de Itu). **Mérito:** pedir a exclusão de João do pólo passivo da relação jurídico processual sob o fundamento de não ser sócio gerente (art. 135, III, do CTN) e por não responder por obrigações da empresa decorrentes de atos que não praticou ou de omissões a ele imputáveis, nem se configurando qualquer causa de responsabilidade tributária.

116º Exame de Ordem/SP

2. Medida judicial: *Oposição de Embargos à Execução, com base nos arts. 16 e ss. da Lei 6.830/1980.* **Mérito:** sustentar que a venda de bens do ativo fixo não constitui receita tributável, porque não implicou variação patrimonial para a sociedade (lucro), conforme compreendido no conceito de renda do art. 153, III, da CF e do art. 43 do CTN. A ação deverá ser proposta perante o juízo estadual (no caso: anexo fiscal da Comarca de São José do Rio Pardo), por onde deve tramitar a execução.

3. Medida judicial: *Mandado de Segurança contra ato do Diretor do Departamento de Rendas Mobiliárias, endereçado a uma das Varas da Fazenda Pública da Comarca, com pedido de liminar, visando à dispensa do recolhimento do ITBI na hipótese.* Opcionalmente, poderá ser proposta *Ação Declaratória com tutela antecipada, formulando pedido similar.* No **mérito**, deverá a ação basear-se no disposto no art. 156, § 2º, I, da CF, que estabelece a não-incidência do ITBI na hipótese, já que a sociedade não tem por objeto a compra e venda ou locação de bens imóveis, nem o arrendamento mercantil.

2. Gabarito das consultas (questões práticas do Exame de Ordem/SP)

133ª Exame de Ordem/SP

3. A exigência de depósito prévio, como medida de conhecimento de recurso na esfera administrativa, é inconstitucional por desrespeito ao art. 5º da CF. O processo administrativo deve ser equiparado ao processo judicial, com direito ao segundo grau de jurisdição e a revisão dos atos praticados por tribunal administrativo superior. Qualquer prática tendente a eliminar tais direitos acarreta a ilegalidade/inconstitucionalidade da medida.

4. Uma das características da competência tributária é a incaducabilidade, ou seja, o não exercício da competência por parte da União, no caso do IGF, não retira o direito de esta instituí-lo a qualquer momento. Não há decadência do referido direito. Portanto, o argumento pretendido pelo cliente não é adequado.

5. A cobrança do IPTU no caso é inconstitucional, pois os referidos imóveis estão no patrimônio da entidade religiosa; portanto aplicável a imunidade prevista no art. 150 da CF. Ademais disso, ainda que utilizados para locação de terceiros, o produto financeiro do referido contrato será utilizado nos fins constantes do objeto social da referida entidade religiosa. O STF acolhe a tese da imunidade do IPTU nesses casos.

132ª Exame de Ordem/SP

1. Deve ser alegada a imunidade a impostos dos livros, jornais, periódicos e o papel destinado a sua impressão, previsto no art. 150, VI, "d" da CF. O conteúdo do periódico não é motivo para restringir a imunidade. Assim, periódicos que contenham fotos de modelos nus ou matérias de entretenimento também estão albergados pela imunidade tributária.

3. A taxa referida é inconstitucional. O serviço de proteção ou segurança das praças públicas é de caráter universal e indivisível. Ofende, portanto, o art. 145 da CF.

4. A cobrança do ITBI é inconstitucional, pois a integralização de imóveis ao capital social de empresa que não exerce atividade imobiliária é imune, nos termos do disposto no art. 156, § 2º, da CF.

5. Pode ser pleiteada a redução da multa nos termos do art. 106 do CTN.

131º Exame de Ordem/SP

2. Tendo em vista o princípio da anterioridade nonagesimal previsto no art. 150, III, "c", combinado com o § 1º do mesmo artigo, deve ser respeitado o prazo de 90 dias. O aumento do IPI referido somente poderá ser efetivado para fatos geradores ocorridos a partir de 12 de março de 2007.

3. Para o valor dos tributos o instituto que deverá ser utilizado é o da remissão previsto no art. 156, IV, do CTN; para o valor das multas o instituto que deverá ser utilizado é o da anistia, previsto no art. 175, II, do CTN. O instrumento legal para ambos os casos é a Lei.

4. O STF (RE 473.818-0) já sufragou a tese no sentido de que se aplica às multas o princípio constitucional da vedação do confisco em matéria tributária, previsto no art. 150, IV, da CF. Logo, pode-se contestar a cobrança das multas excessivas, como é o caso das multas previstas para a CPMF.

5. Por força do disposto no § 4º do art. 150 do CTN, havendo dolo na conduta do contribuinte aplicar-se-á o disposto no art. 173, I, do referido diploma legal. Portanto, no caso concreto, não há como alegar a decadência. Somente se derrubada a alegação de dolo na conduta da empresa é que se poderá dizer que ocorreu a decadência.

130º Exame de Ordem/SP

2. Nos termos do art. 138 do CTN, "A responsabilidade é excluída pela denúncia espontânea da infração, acompanhada, se for o caso, do pagamento do tributo devido e dos juros de mora, ou do depósito da importância arbitrada pela autoridade administrativa, quando o montante do tributo dependa de apuração". A denúncia espontânea afasta a exigência não só da multa punitiva, mas, também, da multa moratória. Dessa forma, sobre os débitos denunciados espontaneamente há apenas a incidência de juros moratórios, correspondentes aos juros equivalentes à taxa referencial do Sistema Especial de Liquidação e de Custódia – SELIC.

128º Exame de Ordem/SP

1. O prazo prescricional não foi respeitado. A inscrição em dívida ativa suspende o prazo prescricional por 180 dias (art. 2º, § 3º, da Lei 6.830/1980). A execução foi ajuizada quase um ano e meio após a inscrição em dívida ativa (5.7.2005), o que significa que a contagem do prazo prescricional voltou a ocorrer 180 dias após a data de inscrição em dívida ativa, ou seja, 7.2004. Portanto, tomando-se as datas de ocorrência dos fatos geradores até a distribuição da ação de execução fiscal, descontados os 180 dias de suspensão, terá sido consumada a prescrição. Ver também o art. 174 do CTN.

3. Tendo fixado residência no Brasil, o Sr. Pierre passará a ser tributado segundo o princípio da universalidade – deverá pagar imposto sobre o rendimento auferido no Brasil e na França, O imposto pago na França (sobre os rendimentos lá auferidos) poderá ser compensado com o imposto devido no Brasil sobre esses rendimentos.

127º Exame de Ordem/SP

3. O Presidente da República, na celebração dos tratados internacionais, age como representante da República Federativa do Brasil, englobados União, Estados, Distrito Federal e Municípios, e não apenas como representante da União; apenas a União goza da soberania e, portanto, apenas o seu representante pode celebrar tratados internacionais desta natureza; cf. CF "Art. 21. Compete à União: I – manter relações com Estados estrangeiros e participar de organizações internacionais (...) Art. 84. Compete privativamente ao Presidente da República: (...) VIII – celebrar tratados, convenções e atos internacionais, sujeitos a referendo do Congresso Nacional". Há entendimentos (tais como os defendidos por Ives Gandra Silva Martins e Roque Carrazza) no sentido de que tratados internacionais não podem conceder isenções de tributos municipais e estaduais. Todavia, a doutrina dominante entende tratar-se de lei de caráter nacional, obrigando a todos os entes da federação.

4. Trata-se de responsabilidade por sucessão tributária por aquisição de estabelecimento, prevista no art. 133 do CTN: "A pessoa natural ou jurídica de direito privado que adquirir de outra, por qualquer título, fundo de comércio ou estabelecimento comercial, industrial ou profissional, e continuar a respectiva exploração, sob a mesma ou outra razão social ou sob firma ou nome individual, responde pelos tributos, relativos ao fundo ou estabelecimento adquirido, devidos até a data do ato: I – integralmente, se o alienante cessar a exploração do comércio, indústria ou atividade; II – subsidiariamente com o alienante, se este prosseguir na exploração ou iniciar dentro de seis meses, a contar da data da alienação, nova atividade no mesmo ou em outro ramo de comércio, indústria ou profissão". A "Panificadora Pães e Bolos" terá que arcar integralmente com o débito da "Panificadora Doces e Salgados", pois os sócios desta última, tendo se aposentado, não deram seguimento à atividade.

126º Exame de Ordem/SP

1. Não é devido o IPTU, tendo em vista que a Santa Casa é imune ao imposto (art. 150, VI, "c", da CF). No caso, ficou evidente que a exploração do imóvel estava relacionada com a obtenção de recursos para a própria Santa Casa atingir sua finalidade, afastando-se, daí, o § 4º do mesmo art. 150 CF. Sendo o IPTU um imposto sobre a propriedade, a indicação de um possuidor como contribuinte apenas é possível se a posse se faz com *animus domini*. A posse por um contrato de uso, com prazo determinado, não caracteriza aquele *animus*.

125º Exame de Ordem/SP

2. I – A Lei Complementar 70/1991, em seu art. 6º, fixou norma de isenção da COFINS nos seguintes termos: "Art. 6º. São isentas da contribuição: (...); II – As sociedades civis de que trata o art. 1º do Decreto-lei n. 2.397/87, de 22 de dezembro de 1987". Por sua vez, o referido art. 1º do Decreto-lei 2.397 assim dispunha: "Art. 1º. A partir do exercício financeiro de 1989, não incidirá o Imposto de Renda das pessoas jurídicas sobre o lucro apurado, no encerramento de cada período-base, pelas sociedades civis de prestação de serviços profissionais relativos ao exercício de profissão legalmente regulamentada, registradas no Registro Civil das Pessoas Jurídicas e constituídas exclusivamente por pessoas físicas domiciliadas no País". Quando da edição da Súmula, a discussão ainda não versava acerca da revogação, ou não, daquela isenção. Naquela época, a discussão era de outro jaez: a Fazenda Nacional, adotando interpretação restritiva das normas acima, entendia que as sociedades civis deveriam ser, necessariamente, sob pena de perder o direito à isenção, optantes pelo regime de tributação pelo lucro real. Daí o STJ, por diversos precedentes, como, por exemplo, o REsp 144.851-RS, rel. Min. Garcia Vieira, ter decidido que, independentemente do regime de tributação escolhido para fins de imposto de renda, aquelas sociedades teriam o direito à isenção. II – O novo debate que se passou a travar tem a ver com a revogação da isenção veiculada pelo art. 6º da Lei Complementar 70/1991, pelo art. 56 da Lei 9.430/1996. A discussão então travada passou a ser se, tendo a isenção sido veiculada por uma lei complementar, apenas outra lei complementar a poderia revogar. No julgamento acima relatado, buscou-se sustentar que a Lei Complementar 70/1991, conquanto formalmente complementar, seria materialmente ordinária, nada obstando, daí, ser a isenção por ela concedida revogada por lei ordinária; entretanto, por maioria de votos, a Seção decidiu pela manutenção da Súmula, com seu teor original, prevalecendo, naquele Tribunal, o entendimento de que seria necessária uma lei complementar para revogar a isenção, em nome do princípio da hierarquia das leis.

124º Exame de Ordem/SP

2. I – A imunidade se estende às unidades alugadas a terceiros. É o que dispõe a Súmula 724 do STF: Ainda quando alugado a terceiros, permanece imune ao IPTU o imóvel pertencente a qualquer das entidades referidas pelo art. 150, VI, "c", da CF, desde que o valor dos aluguéis seja aplicado nas atividades essenciais de tais entidades. II – Sobre as unidades cedidas, não incide o IPTU, já que o Lar mantém a propriedade (não transferida pelo contrato de uso), aplicando-se a imunidade da entidade de assistência social.

122º Exame de Ordem/SP

1. Apenas se cogita da responsabilidade pessoal dos sócios, em caso de liquidação, na hipótese de sociedade de pessoas (CTN, art. 134, VII). No caso, como se trata de sociedade anônima, não haverá responsabilização pessoal do acionista a esse título.

3. Não é possível alegar a imunidade recíproca, de que trata o art. 150, VI, "a", da CF, já que a imunidade não se estende aos serviços "relacionados com exploração de atividades econômicas regidas pelas normas aplicáveis a empreendimentos privados, ou em que haja contraprestação ou pagamento de preços ou tarifas pelo usuário" (art. 150, § 3º). Com relação aos faturamentos de janeiro e fevereiro, estão eles livres da tributação, tendo em vista que a Emenda Constitucional 42 introduziu a alínea "c" no art. 150, III, da CF, vedando a cobrança de tributos "antes de decorridos noventa dias da data em que haja sido publicada a lei que os instituiu ou aumentou".

4. Ambos os argumentos não prosperam. O primeiro argumento baseia-se na idéia de capacidade contributiva, aplicável a impostos. Não é pacífica sua extensão às taxas. De qualquer modo, o valor venal não poderia ser usado como base de cálculo da taxa, à luz do art. 145, § 2º, do texto constitucional, que veda que as taxas tenham base de cálculo próprio de impostos. O segundo argumento também é falho, já que as taxas podem ser cobradas por serviços postos à disposição do contribuinte (art. 145, II, da CF, ou arts. 77 e 79 do CTN).

121ª Exame de Ordem/SP

1. A empresa não poderá ser responsabilizada pelo débito tributário já existente, em virtude do parágrafo único do art. 130 do CTN: "No caso de arrematação em hasta pública, a sub-rogação ocorre sobre o respectivo preço".

2. Pode haver a cobrança da contribuição de melhoria em questão, como dispõe o art. 177 do CTN: "Salvo disposição de lei em contrário, a isenção não é extensiva: I – às taxas e às contribuições de melhoria; (....)".

3. Art. 166 do CTN. Só poderá haver restituição de tributos que comportem transferência do encargo fiscal para terceiro se o contribuinte de direito provar: a) ter assumido o ônus não repassando o tributo ou; b) estar expressamente autorizado pelo contribuinte de fato a recebê-los.

4. A questão deve ser considerada com invocação do art. 150, I da CF, sendo inconstitucional a pretensão em face do princípio da estrita legalidade da tributação. Ainda, a inconstitucionalidade se manifesta em razão da indevida delegação de poderes ao Executivo.

120ª Exame de Ordem/SP

2. Não. Segundo o art. 125, II, do CTN, a isenção concedida em caráter pessoal beneficia apenas Júlio. Bernardo continuaria devendo o tributo, proporcionalmente.

3. A imunidade recíproca não atinge o promitente comprador em virtude da regra expressa do art. 150, § 3º, da CF. Assim, Manuel deve recolher o IPTU e o ITBI relativos ao imóvel.

4. A ocorrência da denúncia espontânea, prevista no art. 138 do CTN, tem o condão de elidir a exigência da multa de mora. Para a concretização desta figura, faz-se necessária a concorrência de dois pressupostos, quais sejam, a autodenúncia (confissão do ilícito) do infrator antes de qualquer procedimento fiscal, somada ao pagamento do tributo devido com acréscimo de juros e correção monetária.

119ª Exame de Ordem/SP

1. A Empresa, para regularizar a situação, deverá recolher o imposto calculado pela alíquota de 17%, uma vez que deve ser aplicada a lei vigente na data da ocorrência do fato gerador, em face da estrita legalidade prevista na CF, bem como das disposições do art. 144 do CTN. Não se aplica, no caso, a retroatividade benéfica.

2. Maria é responsável tributária por solidariedade, sendo certo de que a responsabilidade tributária solidária não comporta benefício de ordem, razão pela qual é responsável pelo pagamento do tributo integral – que, todavia, não poderá ser de 100%, mas de 99% em face da isenção a que faz jus o Sr. Antonio da Silva, conforme preceitua o art. 124, I, e seu parágrafo único, c/c o art. 125, II, do CTN.

3. Roberto de Carvalho é o responsável tributário porque a obrigação subroga-se na pessoa do adquirente, quando se trata de crédito tributário relativo a impostos cujo fato gerador seja a propriedade, o domínio útil ou a posse de bens imóveis, levando em conta que não constou da escritura pública a prova da quitação dos tributos. O fato de a escritura prever expressamente que a responsabilidade dos débitos existentes até a data da celebração da escritura fosse do vendedor, não pode ser oposto à Fazenda Pública para modificar a definição legal do sujeito passivo da obrigação tributária, conforme preceituam os arts. 123 e 130 do CTN.

4. Não está correto o procedimento relativo ao pagamento da multa, uma vez que o recolhimento é amparado pelo art. 138 do CTN, que exclui, nos casos de denúncia espontânea, a aplicação de quaisquer penalidades. Sendo norma geral de direito tributário, com *status* de lei complementar, não pode a lei estadual contrariar a regra ali instituída.

118º Exame de Ordem/SP

1. Sim, a teor do art. 149, VIII, do CTN, que permite a revisão de lançamento para apreciação de fato não conhecido ou não provado por ocasião do lançamento anterior, qual seja, a construção do galpão.

2. Sim. Poderá ser questionada com fundamento no art. 178 do CTN, que dispõe sobre as isenções condicionadas e concedidas a prazo certo.

4. As relações jurídicas tributárias sancionadoras não integram o conceito de obrigação tributária. As obrigações tributárias têm por objeto a imputação de direitos e deveres correspondentes aos sujeitos de uma relação jurídica tributária, logo que concretizado o evento previsto no antecedente da norma de incidência. O objeto das relações tributárias decorre de fato lícito, já que o conceito de tributo somente comporta fatos lícitos, excluindo de seu campo os atos ilícitos (art. 3º do CTN). Verifica-se que inexiste possibilidade para inclusão das relações sancionadoras no conceito de "obrigação tributária", tendo em vista que estas decorrem de fatos lícitos e, as obrigações sancionatórias, de atos ilícitos.

117º Exame de Ordem/SP

4. Como o IPTU não é questionado, não pode ser objeto de depósito judicial para fins de suspender a sua exigibilidade. Trata-se, na verdade, da hipótese da subordinação do pagamento de um tributo (IPTU) à quitação de outro (Taxa de Limpeza e Conservação), o que viabiliza a consignação judicial do IPTU nos termos do art. 164, I, do CTN. Alternativamente, ação visando o reconhecimento da inconstitucionalidade da taxa e pedido cautelar (medida liminar ou tutela antecipada) para possibilitar o pagamento do IPTU devido.

116º Exame de Ordem/SP

1. O princípio da anterioridade, previsto nos arts. 150, III, "b", e 62, § 2º, da CF, apenas se aplica a casos de instituição ou majoração de tributos. Como a nova tabela resulta em redução de tributo devido, pode ser aplicada imediatamente.

2. A imunidade recíproca conferida aos entes federativos aplica-se apenas às fundações e autarquias por eles mantidas, por força do art. 150, § 2º, da CF. Além disso, às sociedades de economia mista que exercem atividade econômica aplica-se o regime tributário das pessoas jurídicas de direito privado (CF, art. 173, § 1º, II, e § 2º).

3. A sanção tributária deve respeitar o direito de propriedade do contribuinte, não sendo lícito a tomada de seus bens (seu papel equivale a figura do não-confisco tributário). Ainda é de ser verificado o princípio da tipicidade nas normas sancionadoras, pois, o enquadramento do ilícito, exige a concretização de fatos descritos em lei, excluindo-se a figura da presunção. Por outro lado, pela nítida distinção entre tributo e sanção tributária, entendemos que as normas sancionadoras tributárias não estão sujeitas aos princípios da anterioridade, não-confisco, capacidade contributiva, pois estes são princípios atinentes à instituição, regulamentação e forma de cobrança dos tributos, nada acrescendo à figura das sanções tributárias. O princípio da segurança jurídica atinge as normas sancionadoras, assim como todas as demais normas jurídicas do ordenamento, e o princípio da irretroatividade das leis, vê-se aplicado também pelas normas sancionadoras, por ordem do sistema constitucional, com exceção das questões de interpretação da lei mais favorável ao infrator (retroatividade da lei benéfica).

4. A substituição tributária é um tipo de responsabilidade tributária, em que o dever de reter o tributo é atribuído a terceira pessoa, relacionada indiretamente com o fato jurídico tributário. O substituto tributário faz as vezes do contribuinte quando do pagamento do tributo, sendo responsável exclusivo pelo referido encargo. Na substituição tributária não existe solidariedade, pois a solidariedade expressa relação entre pessoas que compõe conjuntamente o pólo passivo da obrigação tributária, o que não acontece com relação ao substituto tributário. O dever de pagar o tributo é atribuído por lei ao responsável, de forma exclusiva. O substituto não recebe o papel do verdadeiro contribuinte, apenas compõe o pólo passivo indireto da relação jurídica tributária.

112º Exame de Ordem/SP

2. É possível, tendo em vista o art. 144, § 1º, do CTN, que permite a aplicação de lei posterior ao fato gerador que amplie os poderes de fiscalização das autoridades administrativas.

110º Exame de Ordem/SP

1. Não. Segundo estabelece o CTN, em seu art. 177 a isenção não é extensiva: às taxas, às contribuições de melhoria e aos tributos instituídos posteriormente à sua concessão.

107º Exame de Ordem/SP

2. Nos termos do § 2º do art. 161 do CTN, o contribuinte deverá pagar o valor do crédito tributário sem os acréscimos, tais como juros e multas, desde que o faça no prazo de 30 dias após ser notificado, segundo o disposto no art. 160 do CTN.

105º Exame de Ordem/SP

1. Sim, estará sujeito ao pagamento de contribuição de melhoria, nos termos do art. 145, III, da CF.

3. Sim, poderá multá-lo, pois, na consideração da falta, não se leva em conta a intenção nem o fato de haverem sido pagos os impostos, conforme arts. 136 e 157 do CTN.

3. Gabarito dos testes

O gabarito refere-se aos testes que constam no final dos capítulos desta obra.

Capítulo 1: 1. (**d**); 2. (**b**); 3. (**d**).

Capítulo 2: 1. (**c**); 2. (**c**); 3. (**c**); 4. (**a**); 5. (**b**); 6. (**b**); 7. (**b**).

Capítulo 3: 1. (**c**); 2. (**c**); 3. (**c**).

Capítulo 4: 1. (**d**); 2. (**c**); 3. (**b**); 4. (**a**); 5. (**a**); 6. (**b**); 7. (**d**); 8. (**c**); 9. (**c**); 10. (**c**); 11. (**a**); 12. (**d**); 13. (**a**); 14. (**c**); 15. (**c**); 16. (**e**); 17. (**b**); 18. (**b**); 19. (**d**); 20. (**d**); 21. (**b**).

Capítulo 5: 1. (**d**); 2. (**b**); 3. (**a**); 4. (**a**); 5. (**d**); 6. (**c**); 7. (**d**).

Capítulo 6: 1. (**b**).

Capítulo 7: 1. (**b**); 2. (**a**); 3. (**d**); 4. (**c**); 5. (**a**); 6. (**a**); 7. (**b**); 8. (**c**); 9. (**a**); 10. (**a**); 11. (**d**).

Capítulo 8: 1. (**a**); 2. (**d**); 3. (**d**); 4. (**c**); 5. (**a**); 6. (**b**); 7. (**b**).

Capítulo 9: 1. (**a**); 2. (**b**); 3. (**a**); 4. (**b**); 5. (**d**); 6. (**c**); 7. (**a**); 8. (**d**); 9. (**b**); 10. (**c**); 11. (**b**); 12. (**b**); 13. (**d**); 14. (**d**); 15. (**b**); 16 (**c**).

Capítulo 10: 1. (**b**); 2. (**d**); 3. (**b**); 4. (**b**); 5. (**c**) 6. (**c**).

Capítulo 11: 1. (**c**); 2. (**a**).

Capítulo 12: 1. (**c**); 2. (**d**); 3. (**a**); 4. (**d**); 5. (**d**); 6. (**c**); 7. (**d**); 8. (**a**); 9. (**d**); 10. (**b**); 11. (**c**); 12. (**c**); 13. (**b**); 14. (**a**).

Capítulo 13: 1. (**a**); 2. (**b**); 3. (**c**); 4. (**c**); 5. (**c**); 6. (**c**); 7. (**c**); 8. (**b**); 9. (**d**); 10. (**b**); 11. (**a**); 12. (**a**); 13. (**a**); 14. (**c**); 15. (**b**).

Capítulo 14: 1. (**d**); 2. (**a**); 3. (**c**); 4. (**c**); 5. (**c**); 6. (**a**); 7. (**c**); 8. (**a**); 9. (**a**); 10. (**a**); 11 (**d**).

Capítulo 15: 1. (**a**); 2. (**b**).

Capítulo 16: 1. (**d**); 2. (**d**); 3. (**a**); 4. (**b**); 5. (**c**); 6. (**a**); 7. (**d**); 8. (**a**).

Capítulo 17: 1. (**b**); 2. (**a**); 3. (**d**); 4. (**c**); 5. (**b**); 6. (**d**); 7. (**b**); 8. (**a**).

Capítulo 18: 1. (**a**); 2. (**c**); 3. (**d**); 4. (**b**); 5. (**b**); 6. (**c**); 7. (**b**).

Capítulo 19: 1. (**a**); 2. (**a**); 3. (**d**); 4. (**d**).

Capítulo 20: 1. (**c**); 2. (**d**).

Capítulo 21: 1. (**c**); 2. (**c**); 3. (**d**); 4. (**b**); 5. (**a**).

BIBLIOGRAFIA

AMARO, Luciano. *Curso de Direito Tributário*. 14ª ed. São Paulo, Saraiva, 2008.
AMORIM FILHO, Agnelo. "Critério científico para distinguir a prescrição da decadência e para identificar as ações imprescritíveis". *RT* 300/37. São Paulo, Ed. RT.
ATALIBA, Geraldo. *Apontamentos de Ciência das Finanças, Direito Financeiro e Tributário*. São Paulo, Ed. RT, 1969.
——————. *Hipótese de Incidência Tributária*. 6ª ed., 10ª tir. São Paulo, Malheiros Editores, 2009.

BALEEIRO, Aliomar. *Direito Tributário Brasileiro*. 11ª ed. Rio de Janeiro, Forense, 2000.
BANDEIRA DE MELLO, Celso Antônio. *Curso de Direito Administrativo*. 26ª ed., São Paulo, Malheiros Editores, 2009.
BANDEIRA DE MELLO, Oswaldo Aranha. *Princípios Gerais de Direito Administrativo*. 3ª ed., vol. I. São Paulo, Malheiros Editores, 2007.
BECKER, Alfredo Augusto. *Teoria Geral do Direito Tributário*. 3ª ed. São Paulo, Lejus, 1998.
BOTTALLO, Eduardo Domingos. *Grandes Questões de Direito Tributário*. São Paulo, Dialética, 2005.
——————. *Procedimento Administrativo Tributário*. São Paulo, Ed. RT, 1977.
——————. *Curso de Processo Administrativo Tributário*. 2ª ed. São Paulo, Malheiros Editores, 2009.

CAIS, Cleide Previtalli. *O Processo Tributário*. 4ª ed. São Paulo, Ed. RT, 2004.
CARRAZZA, Roque Antonio. *Curso de Direito Constitucional Tributário*. 24ª ed. São Paulo, Malheiros Editores, 2008.
CARVALHO, Paulo de Barros. *Curso de Direito Tributário*. 18ª ed. São Paulo, Saraiva, 2007.
CASSONE, Vittorio. *Direito Tributário*. 18ª ed. São Paulo, Atlas, 2007.
CASTRO, Alexandre Barros. *Procedimento Administrativo Tributário*. São Paulo, Atlas, 1996.

COÊLHO, Sacha Calmon Navarro. *Curso de Direito Tributário Brasileiro*. 3ª ed. Rio de Janeiro, Forense, 1999.

—————. *Manual de Direito Tributário*. 1ª ed. Rio de Janeiro, Forense, 2000.

COSTA, Alcides Jorge. "Obrigação tributária". In: MARTINS, Ives Gandra da Silva (coord.). *Curso de Direito Tributário*. 7ª ed. São Paulo, Saraiva, 2000.

DERZI, Misabel. "Notas de Atualização" ao *Direito Tributário Brasileiro*, de Aliomar Baleeiro. 11ª ed. Rio de Janeiro, Forense, 2000.

DI PIETRO Maria Sylvia Zanella. *Direito Administrativo*. 19ª ed. São Paulo, Atlas, 2006.

DINIZ DE SANTI, Eurico Marcos. *Decadência e Prescrição no Direito Tributário*. 2ª ed. São Paulo, Max Limonad, 2001.

FALCÃO, Amílcar. *Fato Gerador da Obrigação Tributária*. 1ª ed. Rio de Janeiro, Financeiras, 1964.

FARIA, Luiz Alberto Gurgel de. In: FREITAS, Vladimir Passos de (coord.). *Código Tributário Nacional Comentado*. São Paulo, Ed. RT, 1999.

FREITAS, Vladimir Passos de (coord.). *Código Tributário Nacional Comentado*. São Paulo, Ed. RT, 1999.

—————(org.). *Execução Fiscal: Doutrina e Jurisprudência*. São Paulo, Saraiva, 1998.

FURLAN, Valéria C. P. *IPTU*. 2ª ed. São Paulo, Malheiros Editores, 2004.

JARDIM, Eduardo Marcial Ferreira. *Manual de Direito Financeiro e Tributário*. São Paulo, Saraiva, 1993; 3ª ed. São Paulo, Saraiva, 1996.

MACHADO, Hugo de Brito. *Curso de Direito Tributário*. 29ª ed. São Paulo, Malheiros Editores, 2008.

—————. "Tributo declarado e denúncia espontânea". *IOB Jurisprudência* 16. São Paulo, IOB, 2000.

MARQUES, Márcio Severo. *Classificação Constitucional dos Tributos*. São Paulo, Max Limonad, 2000.

MARTINS, Ives Gandra da Silva (coord.). *Curso de Direito Tributário*. 7ª ed. São Paulo, Saraiva, 2000.

MAXIMILIANO, Carlos. *Hermenêutica e Aplicação do Direito*. 15ª ed. Rio de Janeiro, Forense, 1995.

MAZZUOLI, Valério de Oliveira. *Curso de Direito Internacional Público*. 2ª ed. São Paulo, Ed. RT, 2007.

MEIRELLES, Hely Lopes. *Direito Administrativo Brasileiro*. 35ª ed. São Paulo, Malheiros Editores, 2009.

—————. *Mandado de Segurança*. 32ª ed. São Paulo, Malheiros Editores, 2009.

MICHELI, Gian Antonio. *Curso de Direito Tributário*. Trad. de Marco Aurélio Greco e Pedro Luciano Marrey Jr. São Paulo, Ed. RT, 1978.

MIRANDA, Gílson Delgado, e PIZZOL, Patrícia Miranda. *Recursos*. 2ª ed. São Paulo, Atlas, 2001.

MONTEIRO NETO, Nélson. "Ato fraudulento e alcance do poder impositivo do Fisco (novo parágrafo único do art. 116 do CTN)". *IOB* 1/15.732. São Paulo, IOB, 1ª quinzena de março/2001.

MORAES, Bernardo Ribeiro de. *A Taxa no Sistema Tributário Brasileiro*. São Paulo, Ed. RT, 1968.

PEREIRA FILHO, Luiz Alberto. *As Taxas no Sistema Tributário Brasileiro*. Curitiba, Juruá, 2002.

PIZZOL, Patrícia Miranda, e MIRANDA, Gílson Delgado. *Recursos*. 2ª ed. São Paulo, Atlas, 2001.

TAVARES PAES, P. R. *Comentários ao Código Tributário Nacional*. 6ª ed. São Paulo, Lejus, 1998.

TORRES, Ricardo Lobo. *Normas de Interpretação e Integração do Direito Tributário*. 3ª ed. Rio de Janeiro, Renovar, 2000.

GRÁFICA PAYM
Tel. (011) 4392-3344
paym@terra.com.br